POST GRADUATE (PG)

स्नातकोत्तर

प्रवेश परीक्षा

POST GRADUATE (PG)

स्नातकोत्तर

प्रवेश परीक्षा

जन्तु विज्ञान

विभिन्न केन्द्रीय तथा राज्य विश्वविद्यालयों में आयोजित
स्नातकोत्तर प्रवेश परीक्षाओं के लिए अति उपयोगी

अंजना रेदवाल

arihant
अरिहन्त पब्लिकेशन्स (इण्डिया) लिमिटेड

अरिहन्त पब्लिकेशन्स (इण्डिया) लिमिटेड

卐 **रजि. कार्यालय**

'रामछाया' 4577/15, अग्रवाल रोड, दरिया गंज, नई दिल्ली- 110002
फोन: 011-47630600, 43518550; **फैक्स:** 011-23280316

मुख्य कार्यालय

कालिन्दी, टी०पी० नगर, मेरठ (यूपी)– 250002
फोन: 0121-2401479, 2512970, 4004199; **फैक्स:** 0121-2401648

卐 **शाखा कार्यालय**

आगरा, अहमदाबाद, बरेली, बंगलुरु, चेन्नई, दिल्ली, गुवाहाटी, हैदराबाद, जयपुर, झाँसी, कोलकाता, लखनऊ, नागपुर, मेरठ तथा पुणे

卐 **ISBN** 978-93-13190-17-2

卐 **मूल्य** ₹ 190.00

PUBLISHED BY ARIHANT PUBLICATIONS (INDIA) LTD.

'अरिहन्त' की पुस्तकों के बारे में अधिक जानकारी के लिए हमारी वेबसाइट **www.arihantbooks.com** पर लॉग इन करें या **info@arihantbooks.com** पर सम्पर्क करें।

/arihantpub **/@arihantpub** **Arihant Publications** **/arihantpub**

प्रस्तावना

वर्तमान युग में कॉलेजों व विश्वविद्यालयों की संख्या कम तथा उनमें प्रवेश की इच्छा रखने वाले अभ्यर्थियों की संख्या अधिक होने के कारण अभ्यर्थियों को उच्च शिक्षा देने वाले शिक्षण संस्थानों में प्रवेश पाने के लिए कठिन प्रतियोगिताओं का सामना करना पड़ता है। पिछले कुछ वर्षों से ज्यादातर विश्वविद्यालय एवं उच्च स्तरीय शिक्षण संस्थान विज्ञान स्नातकोत्तर (M.Sc.) की विभिन्न शाखाओं में प्रवेश प्राप्त करने के लिए प्रवेश परीक्षाओं का आयोजन करने लगे हैं।

स्नातकोत्तर प्रवेश परीक्षाओं की आवश्यकताओं को ध्यान में रखते हुए तथा विद्यार्थियों को उनकी अपेक्षा अनुरूप तैयारी कराने के लिए अरिहन्त प्रकाशन ने विभिन्न विषयों की स्नातकोत्तर प्रवेश परीक्षाओं के लिए पुस्तकों की श्रृंखला को तैयार किया है। इस श्रृंखला की प्रत्येक पुस्तक आपको स्नातकोत्तर प्रवेश परीक्षाओं में उच्च अंक प्राप्त कराने तथा आपके जीवन के लक्ष्य की ओर बढ़ने में आपकी सहायता करेगी।

सामान्यत: स्नातकोत्तर प्रवेश परीक्षाओं में बहुविकल्पीय प्रश्नों द्वारा विद्यार्थी के विषय ज्ञान की जाँच की जाती है। अतएव, इस पुस्तक में स्नातकीय स्तर के विभिन्न टॉपिकों/अध्यायों पर आधारित 1000 से अधिक बहुविकल्पीय प्रश्नों का समायोजन किया गया है, जोकि इस पुस्तक की उपयोगिता को दर्शाते हैं।

इस पुस्तक की मुख्य विशेषताएँ निम्नलिखित हैं

- सम्पूर्ण पाठ्यक्रम को अध्यायों में बाँटा गया है तथा प्रत्येक अध्याय की शुरूआत में उससे सम्बन्धित महत्त्वपूर्ण तथ्यों की जानकारी दी गई हैं।
- अध्याय की पाठ्य सामग्री के बाद अभ्यास प्रश्नावली दी गई है, जिसमें अभ्यास के लिए बहुविकल्पीय प्रश्न दिए गए हैं।
- अभ्यर्थियों की शंकाओं को दूर करने के लिए सभी प्रश्नों के उत्तर दिए गए हैं।
- परीक्षा के सम्पूर्ण अभ्यास के लिए पुस्तक के अन्त में 5 प्रैक्टिस सैट्स भी दिए गए हैं।

इस पुस्तक को त्रुटिमुक्त बनाने के लिए अत्यधिक प्रयास किए गए हैं। भविष्य में किसी भी प्रकार के सुधार के लिए हम आपके सुझावों को सहर्ष स्वीकार करेंगे।

लेखक

विषय–सूची

1

निम्न अकशेरुकी
Lower Non-Chordates

निम्न अकशेरुकी के अन्तर्गत संघ–प्रोटोजोआ, पोरीफेरा, सीलेन्ट्रेटा (निडेरिया), टीनोफोरा एवं हेल्मिन्थीज (एस्कैहेल्मिन्थीज एवं प्लैटीहेल्मिन्थीज), आदि का अध्ययन किया जाता है। **व्हीटेकर** ने सन् 1969 में जीव जगत को मोनेरा, प्रोटिस्टा, फन्जाई, प्लान्टी एवं एनीमेलिया पाँच जगत में वर्गीकृत किया। जगत मोनेरा एवं प्रोटिस्टा की स्थापना **अर्नेस्ट हेकल** द्वारा की गयी। जीव विज्ञान के जनक अरस्तु (384-322 बी सी) ने जन्तुओं को रुधिर के आधार पर ऐनैइमा (Anaima-रुधिर का रंग लाल नहीं होता) एवं इनैइमा (Enaima-लाल रुधिर दो समूहों में बाँटा)।

संघ–प्रोटोजोआ: एककोशिकीय प्राणी
(Phylum–Protozoa: Unicellular Animals)

प्रोटोजोआ का प्रथम अध्ययन ल्यूवेनहॉक (Leeuwenhoek; 1677) ने किया। गोल्डफस (Goldfuss; 1817) ने इस संघ को **प्रोटोजोआ** नाम दिया। इनके अध्ययन को **प्रोटोजोआ विज्ञान** (Protozoology) कहते हैं।

लक्षण (Characteristics)

- प्रोटोजोआ संघ के जन्तु जलीय तथा एकल (solitary) रूप में रहते हैं।
- इनका शरीर नग्न या महीन पेलिकल द्वारा ढका होता है, जबकि कुछ में कठोर खोल में बन्द होता है।
- इनमें गमन के लिए **पादाभ** (pseudopodia) *अमीबा* में, **कशाभिकाएँ** (flagella) *यूग्लीना* में तथा **रोमाभ** (cilia) *पैरामीशियम* में पाए जाते हैं।
- इनमें पोषण **प्राणिसम** (holozoic), **पादपसम** (holophytic), **मृतोपजीवी** (saprophytic or saprozoic) या **परजीवी** (parasitic) होता है। प्राणिसम सदस्यों में पाचन **खाद्यधानियों** (food vacuoles) में होता है।
- ये **अन्तःकोशिकीय** (intracellular) **श्रम विभाजन** (division of labour) प्रदर्शित करते हैं। इसीलिए प्रोटोजोआ को **जीवद्रव्य के स्तर पर गठित** (protoplasmic level of organisation) **जन्तु** कहते हैं।
- इनमें उत्सर्जन **संकुचनशील रिक्तिका** (contractile vacuole) द्वारा अथवा शारीरिक सतह से होता है।
- इनमें जनन अलैंगिक या लैंगिक होता है। जनन के लिए या प्रतिकूल वातावरणीय दशाओं में सुरक्षा के लिए **परिकोष्ठन** (encystment) की व्यापक क्षमता होती है।

उदाहरण–*अमीबा (Amoeba)*, *पैरामीशियम (Paramecium)*।

वर्गीकरण (Classification)

गमनीय अंगों के आधार पर संघ–प्रोटोजोआ को चार वर्गों में विभाजित किया जाता है

(i) **मैस्टिगोफोरा** या **फ्लैजिलेटा** (Mastigophora or Flagellata) उदाहरण–*ट्रिपैनोसोमा* (*Trypanosoma*), *लीशमानिया (Leishmania)*।

(ii) **सारकोडिना** (Sarcodina) उदाहरण–*अमीबा (Amoeba)*, *एण्टअमीबा (Entamoeba)*।

(iii) **स्पोरोजोआ** (Sporozoa) उदाहरण–*प्लाज्मोडियम (Plasmodium)*।

(iv) **सिलिएटा** (Ciliata) उदाहरण—*पैरामीशियम (Paramecium)*, *वोरटिसेला* (*Vorticella*), *ओपेलाइना* (*Opalina*)।

संघ–पोरीफेरा : छिद्रधारी जन्तु
(Phylum–Porifera : Pore Bearer Animals)

'पोरीफेरा' शब्द का प्रयोग सबसे पहले **रॉबर्ट ग्राण्ट** (Robert Grant) ने 1825 में किया था। संघ–पोरीफेरा में स्पंजों को रखा गया है। **जोन इलिस** (John Ellis) ने 1765 में स्पंजों की जन्तु प्रवृत्ति के बारे में बताया। स्पंजों के अध्ययन को **पैराजूलोजी** (Parazoology) कहते हैं। स्पंजों का शरीर गठन **कोशिकीय स्तर** का होता है।

लक्षण (Characteristics)

- सभी स्पंज जलीय, अधिकाँश समुद्री, बहुत कम स्वच्छ जलीय, एकल या सामूहिक होते हैं।
- इनका शरीर छिद्रयुक्त (porous) होता है। छिद्र दो प्रकार के होते है; जैस–**ऑस्टिया** (ostia) तथा **ऑस्कुलम** (osculum)।
- स्पंजों के शरीर की मध्य शरीर गुहा, **स्पंजगुहा** (spongocoel) या **पैरागैस्ट्रिकगुहा** (paragastric cavity) कहलाती है।
- स्पंजों को वास्तविक बहुकोशिकीय प्राणी या मेटाजोआ नहीं माना जाता है, क्योंकि इनकी कोशिकाएँ ऊतकों का निर्माण नहीं करती हैं।
- जन्तुओं में **नाल तन्त्र** (canal system) केवल स्पंजों में पाया जाता हैं।
- **कीप कोशिकाओं** या **क्वानोसाइट्स** (collar cells or choanocytes) की उपस्थिति स्पंजों का एक विशिष्ट गुण है।
- सभी स्पंजों में लैंगिक एवं अलैंगिक दोनों प्रकार का जनन होता है।

- स्पंजों का कंकाल कंटिकाओं (spicules) या स्पंजिन तन्तुओं (spongin fibres) अथवा दोनों का बना होता है।
- स्पंज **अमोनिया उत्सर्गी** (ammonotelic) होते हैं।
- भ्रूणीय विकास में **पैरेनकाइमुला** या **एम्फीब्लास्टुला** (parenchymula or amphiblastula) अवस्था पाई जाती है।

वर्गीकरण (Classification)

कंकाल के आधार पर संघ–पोरीफेरा को तीन वर्गों में विभाजित किया जाता है

(i) **कैल्केरिआ** (Calcarea) उदाहरण–*साइकॉन (Sycon)* *ल्यूकोसोलीनिया (Leucosolenia)*।

(ii) **हेक्सैक्टिनेलिडा** (*Hexactinellida*) या *हायलोस्पंजीआइ (Hyalospongiae)*, उदाहरण–*यूप्लैक्टेला (Euplectella)*।

(iii) **डीमोस्पंजी** (Demospongiae) उदाहरण–*यूस्पंजिया* (*Euspongia*), स्पंजिला (*Spongilla*) ।

यूप्लैक्टेला (वीनस की फूलों की टोकरी), *हायलोनीमा* (काँच रस्सी रूपी स्पंज), *यूस्पंजिया* (स्नान स्पंज) , *क्लाइओना* (बंधक स्पंज), *कैलाइना* (मरमेड के दस्ताने) एवं हिपोस्पंजिया (अख स्पंज) कहलाते हैं।

संघ—निडेरिया (Phylum—Cnidaria)

ल्यूकार्ट (Leuckart) ने सन् 1847 में इसे **सीलेण्ट्रेटा** (Coelenterata) नाम दिया 'निडेरिया' शब्द (Gk. *Kinde*–सुई) से बना है, जिसका अर्थ दंश कोशिकाओं (cnidoblast cells) से है।

निडेरियन्स के अध्ययन को **नीडोलॉजी** (Cnidology) कहते हैं। निडेरिया में **कोशिका ऊतकीय स्तर** (cell tissue grade) का शरीर संगठन होता है।

लक्षण (Characteristics)

- सभी निडेरियन जलीय जन्तु हैं। कुछ को छोड़कर अधिकाँश समुद्री जल में रहते हैं; जैसे–*हाइड्रा* (*Hydra*) स्वच्छ जलीय है।
- ये **द्विजनस्तरीय** (diploblastic) होते हैं। बाहरी स्तर एपीडर्मिस तथा भीतरी स्तर गैस्ट्रोडर्मिस के बीच मीसोग्लिया (mesoglaea) नामक जैली स्तर होता है।
- इनकी देहगुहा को **सीलेन्ट्रॉन** (coelenteron) या **जठरवाही गुहा** (gastrovascular cavity) कहते हैं।
- इनमें सुरक्षा के लिए **दंशकोरक** (cnidoblast) अथवा **निमेटोसिस्ट** (nematocyst) पाए जाते हैं।
- इनमें जनन लैंगिक तथा अलैंगिक दोनों प्रकार का होता है। अलैंगिक जनन मुकुलन (budding) द्वारा होता है।
- निडेरियन्स माँसाहारी होते हैं।
- ये अपने जीवन काल में दो अवस्थाओं में पाए जाते हैं; जैसे-**बेलनाकार पॉलिप** तथा छतरीनुमा **मेड्यूसा** अवस्था।
- इनकी मेड्यूसा अवस्था में केवल लैंगिक जनन होता है।
- उत्सर्जन **अमोनिया उत्सर्गी** प्रकार का होता है।
- इस संघ के लारवा को **प्लैनुला** (planula) कहते हैं।
- इनके जीवन चक्र में पीढ़ियों का एकान्तरण होता है,जिसे **मेटाजेनेसिस** (metagenesis) कहते हैं।

वर्गीकरण (Classification)

इस संघ का वर्गीकरण पॉलिप अवस्था या मेड्यूसा अवस्था की प्राथमिकता के आधार पर किया गया है।

(i) **हाइड्रोजोआ** (Hydrozoa) उदाहरण–*हाइड्रा (Hydra)*, *ओबेलिया (Obelia)*।

(ii) **सायफोजोआ** (Scyphozoa) उदाहरण–*ओरेलिया* (*Aurelia*), *राइजोस्टोमा* (*Rhizostoma*)।

(iii) **एन्थोजोआ** (Anthozoa) उदाहरण–*गोरगोनिया* (*Gorgonia*), *मेट्रीडियम* (*Metridium*)।

ओबेलिया (समुद्री समूर), *फाइसैलिया* (पुर्तगाली सिपाही), *ऑरेलिया* (जैली मीन), *मैट्रीडियम* (समुद्री एनीमोन), *पैनाट्युला* (समुद्री कलम), *गोरगोनिया* (समुद्री पंखा), *एल्साथोनियम* (मृत मनुष्य की अंगुलियाँ), *कोरेलियम* (मूँगा), *ट्यूबीफोरा* (आर्गन पाइप प्रवाल), *फन्जिया* (मशरूम प्रवाल), आदि महत्त्वपूर्ण सीलेन्ट्रेट्स हैं।

संघ–टीनोफोरा (Phylum–Ctenophora)

टीनोफोरा समुद्री जीवों का एक छोटा, संघ है, जो सामान्यता या समुद्री अखरोट कहलाते हैं। यह संघ दो, ग्रीक शब्द *टीनोस* एवं *फोरोस* से मिलकर बना है, जहाँ *टीनोस* का अर्थ कॉम्ब तथा *फोरोस* का अर्थ रखने वाला होता है अर्थात् कॉम्ब जैसे संरचना युक्त टीनोफोरा के अन्तर्गत आते हैं। यह कॉम्ब संरचना जीवों के प्रचलन में सहायता करती है। पूर्व में इस संघ के सदस्यों को उप-संघ–निडेरिया (संघ–सीलेन्ट्रेटा) में स्थान दिया गया था। टीनोफ़ोरा को एक अलग संघ के रूप में एससोल्ज (1829) स्वीकृत या मान्यता दी तथा हैटसचेक ने इसे अलग संघ में रखा। उदाहरण–*प्लूरोब्रैकिया, हर्मीफोरा बिराई*, वीनस गर्डल।

बाहरी त्वचा पर जुड़े सीलिया युक्त कॉम्ब प्लेट की आठ उर्ध्वाधर रेखाएँ होती हैं। इसलिए इन्हें कॉम्ब जैली कहा जाता है। एक जोड़ी स्पर्शक पाए जाते हैं। शरीर बाहरी त्वचा युक्त अगुहिक और ट्रिप्लोब्लास्टिक होता है।

पाचन तन्त्र होलोजॉइक (मुख से) प्रकार का होता है। तन्त्रिका तन्त्र विसरित प्रकार (diffuse type) तथा संवेदी अंग स्टेटोसिस्ट होता है।

सभी द्विलिंगी (bisexual) होते हैं, जनद पाचन द्वार के साथ-साथ विकसित होते हैं। अलैंगिक जनन होता है, लेकिन पीढ़ी एकान्तरण (alternation of generation) नहीं पाया जाता है। पुनरुद्भवन एवं पीडोजेनेसिस सामान्यतया होता है।

संघ—प्लेटीहेल्मिन्थीज (Phylum–Platyhelminthes)

प्लेटीहेल्मिन्थीज शब्द का प्रयोग गैगेनबॉर (Gegenbaur) ने 1859 में किया था। फीताकृमियों के अध्ययन को **हेल्मिन्थोलॉजी** (Helminthology) कहा जाता है।

लक्षण (Characteristics)

- प्लेटीहेल्मिन्थीज संघ के जीवों का शरीर चपटा और फीते जैसा होता है।
- इनके शरीर पर प्रचलन अंगों का अभाव होता है, परन्तु आसंजक अंग (attachment organ); जैसे–चूषक (suckers) या हुक (hooks) पाए जाते हैं।
- ये **अगुहिक** (acoelomate), **द्विपार्श्व सममित**, **त्रिस्तरीय जन्तु** हैं। इनके शरीर की रचना ऊतक-अंग तन्त्र स्तर (tissue-organ system level) की होती है।
- श्वसन अधिकतर अवायवीय (anaerobic) होता है और उत्सर्जन के लिए विशेष **ज्वाला कोशिकाएँ** (flame cells) होती हैं।

- इस संघ के अधिकाँश सदस्य परजीवी होते हैं और इनके शरीर में देहगुहा का अभाव होता है। पैरेनकाइमा (parenchyma) नामक ढीला संयोजी ऊतक आंतरागों के बीच-बीच में फैला होता है और यह देहगुहा की कमी को पूरा करता है।
- इस संघ के सदस्यों में पहली बार **शिरोमवन** (cephalisation) का प्रारम्भ हुआ।
- ये जन्तु प्रायः **उभयलिंगी** (hermaphrodite) होते हैं और इनमें पुनरुद्भवन की अपार क्षमता होती है।
- आहारनाल भी प्रथम बार इसी संघ के सदस्यों में पायी गयी।
- केवल टर्बीलेरिया वर्ग में ही ऐसे बहुकोशिकीय प्राणी हैं, जो द्विखण्डीय विभाजन द्वारा प्रजनन करते हैं।

वर्गीकरण (Classification)

इस संघ को शरीर के आकार तथा जीवन चक्र के आधार पर तीन वर्गों में बाँटा गया है

(i) **टर्बीलेरिया** (Turbellaria), उदाहरण–*ड्यूजेसिया (Dugesia)*,

(ii) **ट्रिमेटोडा** (Trematoda), उदाहरण–*फेशिओला (Fasciola)*,

(iii) **सेस्टोडा** (Cestoda), उदाहरण–*टीनिया (Taenia)*
फेफड़ा कृमि (*पैरागोनीमस रिंगेरी*),रुधिर कृमि (*सिस्टोसोमा हीमेटोबियम*), गोमाँस फीताकृमि (*टीनिया सैजिनेटा*), कुत्ता फीताकृमि (*इकाइनोकोकस लोसस*), आदि महत्त्वपूर्ण प्लैटीहेल्मिन्थीज से सम्बन्धित हैं।

संघ–ऐस्केहेल्मिन्थीज : गोलकृमि (Phylum—Aschelminthes)

गैगेनबॉर (Gegenbaur) ने निमेटेथेहेल्मिन्थीज (Nemathelminthes) शब्द का प्रयोग 1859 में किया। 'ऐस्केहेल्मिन्थीज' (Aschelminthes) शब्द का प्रयोग ग्रोबन (Grobben) ने 1910 में किया। निमेटोड्स के अध्ययन को **निमेटोलॉजी** (Nematology) कहते हैं।

लक्षण (Characteristics)

- इस संघ के सदस्य **त्रिस्तरीय** (triploblastic), **द्विपार्श्व** (bilateral) **सममिति** वाले तथा **कूट देहगुहीय** (pseudocoelomate) प्राणी हैं।
- इनमें **बहुकेन्द्रकी** (syncytial) एपीडर्मिस पाई जाती है।
- ये नलिका के भीतर नलिका (tube within tube) शरीर संरचना प्रस्तुत करते हैं।
- इनमें उत्सर्जन यूरिया-उत्सर्गी (ureotelic) प्रकार का होता है।
- ये प्रायः एकलिंगी (unisexual) होते हैं और इनमें प्रजनन केवल लैंगिक प्रकार का होता है।
- इनमें श्वसन अंग एवं परिवहन तन्त्र अनुपस्थित होते हैं।

वर्गीकरण (Classification)

संघ–निमेटहेल्मिन्थीज को इनके संवेदांग **फेज्मिड** के आधार पर दो वर्गों में बाँटा गया है

वर्ग–एफेज्मीडिया (Aphasmidia) पुच्छीय (caudal) संवेदांग तथा उत्सर्जी अंग अनुपस्थित होते हैं किन्तु अग्र भाग में भिन्न प्रकार के फेज्मिड पाए जाते हैं। उदाहरण–*एनोप्लस* (*Enoplus*), *पैरामर्मिस* (*Paramermis*)।

वर्ग–फेज्मीडिया (Phasmidia) पुच्छीय संवेदांग तथा उत्सर्जी अंग पाए जाते हैं।उदाहरण–*ऐस्केरिस* (*Ascaris*), *ट्राइकाइनेला* (*Trichinella*), *रहेब्डीटिस* (*Rhabditis*), *ऑक्सीयूरिस* (*Oxyuris*), *एन्साइलोस्टोमा* (*Ancylostoma*), *वूचेरेरिया* (*Wuchereria*)।

कशाकृमि (*ट्राइक्यूरिस*) उदरान्त्रीय पीड़ा कारक, फाइलेरिया कृमि (*वूचेरेरिया बैंक्रोफ्टी*) फाइलेरिएसिस कारक, आँख कृमि (*लोआ-लोआ*) कैलाबार सूजन, हुक कृमि (*एन्साइलोस्टोमा ड्यूओडिनेल*) एन्साइलोस्टोमिएसिस कारक, गिनी कृमि (*ड्रैकनकुलस मेडिनेनसिस*) अतिसार कारक, पिन कृमि (*एण्टेरोबियस वर्मीकुलेरिस*) चुन्ना कारक एवं ट्रिचिना कृमि (*ट्रिचिनेला स्पाइरेलिस*) ट्राइकिनोसिस का कारक है।

अभ्यास प्रश्नावली

1. *अमीबा* की संकुचनशील रिक्तिका का कार्य है
(a) उत्सर्जन (b) जल नियन्त्रण
(c) जनन (d) पोषण

2. 'अन्ध आशय' (blind sac) शरीर रचना पाई जाती है
(a) ऐनीलिडा तथा कॉर्डेटा में
(b) ऐस्केहैल्मिन्थीज में
(c) आर्थ्रोपोडा में
(d) सीलेन्ट्रेटा में

3. 'वीनस की फूलों की टोकरी' किसका साधारण नाम है?
(a) *साइकन* (b) *यूप्लैक्टेला*
(c) *यूस्पंजिया* (d) *ल्यूकोसोलीनिया*

4. कॉलर कोशिकाएँ पाई जाती हैं
(a) स्पंजों में (b) *हाइड्रा* में
(c) सेंड कृमि में (d) तारा मछली में

5. दंशकोशिका (nematocyst) है, एक
(a) अंग (b) कोशिका
(c) कोशिका का समूह (d) कोशिका का भाग

6. लड़ाई का पुर्तगाली जहाज कहलाता है
(a) *फाइसेलिया* (b) *पैनाट्युला*
(c) *ओबेलिया* (d) कोरल

7. हिप्नोटॉक्सिन का निर्माण किसके द्वारा होता है?
(a) स्पंजों द्वारा
(b) नहाने के स्पंज द्वारा
(c) दंश कोशिका द्वारा
(d) *ल्यूकोसोलीनिया* द्वारा

8. ज्वाला कोशिकाएँ (flame cells) पाई जाती हैं
(a) पोरीफेरा में (b) सीलेन्ट्रेटा में
(c) प्लेटीहैल्मिन्थीज में (d) ऐस्केहैल्मिन्थीज में

9. इनमें से कौन सीलेन्ट्रेट है?
(a) समुद्री ऐनीमॉन (b) समुद्री खीरा
(c) समुद्री गाय (d) समुद्री अश्व

10. किसके जीवन चक्र में मिरैसिडियम या सरकेरिया प्रावस्था होती है?
(a) जोंक (b) *टीनिया*
(c) *ऐस्केरिस* (d) *फैशिओला*

11. अलवणजलीय तालाब न रहे, तो कौन-से परजीवी का अस्तित्व नहीं रहेगा?
(a) *टीनिया सोलियम*
(b) *ऐस्केरिस लुम्ब्रीकॉइडिस*
(c) *फैशिओला* तथा *वूचेरेरिया बैंक्रोफ्टी*
(d) *एण्टअमीबा*

12. जापान में कौन-सा स्पंज भेंट में दिया जाता है?
(a) *हायलोनीमा* (b) *यूप्लैक्टेला*
(c) *टेथ्या* (d) *ल्यूकोसोलीनिया*

13. कशेरुकियों की आँत के फीताकृमि अपना पोषण करते हैं
(a) चूषकों द्वारा खाद्य कणों के अन्तर्ग्रहण से
(b) हुकों द्वारा पोषण की आन्त्रीय दीवार को खुरचकर
(c) स्वयं अपने शरीर में पोषक पदार्थों के संश्लेषण द्वारा
(d) अपनी त्वचा से तरल पदार्थों के अवशोषण द्वारा

14. 'प्रोटिस्टा' शब्द का प्रयोग सबसे पहले किसने किया?
(a) कैरोलस लिनियस ने (b) जॉन रे ने
(c) क्यूवियर ने (d) अर्नेस्ट हेकल ने

15. एम्निओटा समूह में कौन-से जन्तु आते हैं?
(a) पक्षी एवं सरीसृप (b) पक्षी एवं स्तनी
(c) सरीसृप एवं स्तनी (d) सरीसृप, पक्षी एवं स्तनी

16. फीताकृमि (टेपवर्म) में आहारनाल होती है
(a) अधिक विकसित (b) कम विकसित
(c) निष्क्रिय (d) अनुपस्थित

17. सभी कृमि होते हैं
(a) असममित (b) अरीय सममिति
(c) द्विस्तरीय (d) त्रिस्तरीय

18. *टीनिया* में उत्सर्जन के लिए कौन-सी संरचनाएँ होती हैं?
(a) सोलेनोसाइट्स (b) क्लोम
(c) नेफ्रिडिया (d) इनमें से कोई नहीं

19. *चीनोपोडियम* के तेल का उपयोग किस रोग में करते हैं?
(a) ऐस्केरिएसिस में (b) मलेरिया में
(c) फाइलेरिएसिस में (d) टायफॉइड में

20. कोरल चट्टानें कौन-से जन्तु बनाते हैं?
(a) मोलस्क (b) इकाइनोडर्म
(c) सीलेन्ट्रेट्स (d) प्रोटोजोआ

21. वर्गीकरण का जनक कौन माना जाता है?
(a) डार्विन (b) लैमार्क
(c) कैरोलस लिनियस (d) बैन्थम व हुकर

22. जन्तु जगत तथा प्राणी जगत के बीच की संयोजी कड़ी है
(a) *अमीबा* (b) *ट्रिपैनोसोमा*
(c) *यूग्लीना* (d) *एण्टअमीबा*

23. फीताकृमि की कौन-सी प्रावस्था मानव के लिए संक्रामक होती है?
(a) मिरैसिडियम (b) सरकेरिया
(c) ब्लैडरवर्म (d) इनमें से कोई नहीं

24. जन्तु विज्ञान के जनक कौन हैं?
(a) कैरोलस लिनियस (b) अरस्तु
(c) थियोफ्रेस्टस (d) लैजारो स्पेलैन्जानी

25. सिस्टिसर्कस होता है
(a) *टीनिया* की लार्वा प्रावस्था (b) *मोनोसिस्टिस* की संक्रमण प्रावस्था
(c) मेंढक के अन्तःकर्ण का एक भाग (d) कॉकरोच का एक उदर उपांग

26. *पैरामीशियम* में जननिक पदार्थ का आदान-प्रदान किस प्रक्रिया में होता है?
(a) द्विविभाजन (b) संयुग्मन
(c) एण्डोमिक्सिस (d) परिकोष्ठन

27. प्रोटोजोआ का कौन-सा वर्ग केवल परजीवियों का है?
(a) प्लाज्मोड्रोमा (b) सीलिएटा
(c) मैस्टीगोफोरा (d) स्पोरोजोआ

28. मलेरिया परजीवी के जीवन चक्र में शाइजॉण्ट (schizont) कहाँ बनता है?
(a) RBC में
(b) यकृत में
(c) (a) व (b) दोनों में
(d) केवल मादा *एनॉफिलीज* के आमाशय पर

29. मनुष्य में मलेरिया परजीवी की खोज करने वाले वैज्ञानिक थे
(a) रोनाल्ड रॉस (b) चार्ल्स लैवरॉन
(c) लुई पाश्चर (d) ग्रासी

30. रोग 'ओरिएण्टल सोर' का कारक है
(a) जीवाणु (b) विषाणु (c) प्रोटोजोआ (d) फफूँद

31. *हाइड्रा* में निमेटोब्लास्ट में पाए जाने वाले विष का नाम है
(a) ग्लुटाथायोन (b) हिप्नोटॉक्सिन
(c) HCl (d) इनमें से कोई नहीं

32. *हाइड्रा* का उत्सर्जी पदार्थ है
(a) अमोनिया (b) यूरिया (c) यूरिक अम्ल (d) ये सभी

33. ज्वाला कोशिकाएँ पाई जाती हैं
(a) *प्लेनेरिया* में (b) *ऐस्केरिस* में
(c) *फेरेटिमा* में (d) मोलस्का में

34. अरीय सममिति वाले जन्तु प्रायः
(a) जलवासी होते हैं
(b) इनमें आहारनाल केवल एक ही छिद्र से बाहर खुलती है
(c) किसी आधार वस्तु से चिपके रहते हैं
(d) सिलियरी विधि से भोजन ग्रहण करते हैं

35. ब्लास्टोसील से व्युत्पन्न देहगुहा को कहते हैं
(a) हीमोसील (b) स्यूडोसीलोम
(c) एन्ट्रोसीलोम (d) शाइजोसील

36. लॉरर की नलिका (Laurer's canal) किसमें पाई जाती है?
(a) *फैशिओला* में (b) *टीनिया* में
(c) *ऐस्केरिस* में (d) कॉकरोच में

37. टर्बिलेरियन होते हैं
(a) स्वतन्त्र जीवी (b) बाह्य परजीवी
(c) अन्तःपरजीवी (d) चपटे कृमि

38. *फैशिओला हिपेटिका* पाया जाता है
(a) भेड़ की आँत में (b) भेड़ के यकृत में
(c) मनुष्य के यकृत में (d) भेड़ के आमाशय में

39. 'फिल्टर फीडिंग' किसमें होती है
(a) *पाइला* में (b) *यूनिओ* में
(c) *पैरामीशियम* में (d) *डेन्टैलियम* में

40. बिना अपवाद के सारी स्पंजें
(a) समुद्री होती हैं
(b) इनमें कंटिकाएँ होती हैं
(c) इनमें स्पंजिन धागे होते हैं
(d) इनमें स्पंजोसील और कशाभ युक्त की कोशिकाएँ होती हैं

41. सेस्टोड्स (cestodes) में अण्डपूर्ण (gravid) देहखण्डों का शरीर से अलग होना कहलाता है
(a) प्रमोचन (b) स्वांगोच्छेदन
(c) शावकी जनन (d) स्वत:भोजिता

42. *टीनिया सोलियम* का सिस्टीसर्कस लारवा पाया जाता है
(a) मनुष्य में (b) भेड़ में (c) सुअर में (d) घोंघा में

43. निम्न में से *ऐस्केरिस* का लारवा कौन-सा है?
(a) रहैब्डीटीफॉर्म (b) ट्रोकोफोर
(c) वेलिजर (d) ग्लोकीडियम

44. *टीनिया सैजिनेटा* के बारे में कौन-सा कथन सही है?
(a) इसमें रोस्टेलम पर हुक नहीं होते
(b) रोस्टेलम पर हुकों की दो कतारें होती हैं
(c) जीवन चक्र में सुअर द्वितीयक पोषद होता है
(d) स्कोलेक्स पर दो बड़े चूषक होते हैं

45. *वूचेरेरिया बैंक्रोफ्टी* का संक्रमण होता है
(a) बालू मक्खी (b) सी-सी मक्खी
(c) *एनॉफिलीज* (d) *क्यूलेक्स*

46. फीलपाँव (filariasis) का कारक है
(a) *शिस्टोसोमा* (b) *वूचेरेरिया बैंक्रोफ्टी*
(c) *ऑक्सीयूरिस* (d) इसमें से कोई नहीं

47. *ऐस्केरिस* में देहगुहा होती है
(a) एन्ट्रोसील (b) शाइजोसील
(c) हीमोसील (d) स्यूडोसील

48. *ऐस्केरिस* के लारवा का प्रथम निर्मोचन होता है
(a) मृदा में (b) फुफ्फुस में
(c) आंत्र में (d) अण्ड में

49. काला-अजार किसके द्वारा होता है?
(a) *लीश्मानिया ट्रॉपिका* (b) *लीश्मानिया डोनोवानी*
(c) *ट्रिपेनोसोमा क्रूजी* (d) (a) व (b) दोनों

50. *ल्यूकोसोलीनिया* में थीसोसाइट्स का कार्य होता है
(a) श्लेष्म स्रावण (b) जनन
(c) पोषक पदार्थ संग्रहण (d) भ्रूणीय संरक्षण

51. *टीनिया* तथा अन्य फीताकृमियों में आहारनाल नही होती, क्योंकि ये भोजन ग्रहण करते हैं
(a) मुख द्वारा (b) चूषकों द्वारा
(c) त्वचा द्वारा (d) इन सबके द्वारा

52. बाथ स्पंज होता है
(a) *यूप्लैक्टेला* (b) *स्पांजिला*
(c) *यूस्पंजिया* (d) स्पंज का सूखा कंकाल

53. मोती उद्योग के लिए कौन-सा स्पंज हानिकारक है?
(a) *यूस्पंजिया* (b) *क्लिओना*
(c) *कैलाइना* (d) *ल्यूकोसोलीनिया*

54. स्पंजों में भोजन ग्रहण करने में कौन-सी कोशिकाएँ सहायक हैं?
(a) मीसोसाइट्स (b) कीप कोशिकाएँ
(c) पिनैकोसाइट्स (d) स्कलीरोसाइट्स

55. स्पंजों में जल धारा बहती है
(a) पिनैकोसाइट द्वारा (b) पोरोसाइट द्वारा
(c) कोएनोसाइट द्वारा (d) अमीबोसाइट द्वारा

56. सूची I को सूची II से सुमेलित कीजिए।

सूची I		सूची II
A.	ऑस्टिया	1. हाइड्रोजोआ
B.	निमैटोसिस्ट	2. *ल्यूकोसोलीनिया*
C.	जवलन कोशिका	3. घरेलू मक्खी
D.	मैगट	4. *फैशिओला*

कूट

	A	B	C	D
(a)	1	2	3	4
(b)	3	4	1	2
(c)	2	1	4	3
(d)	4	3	2	1

57. स्पंजों में कंकाल का निर्माण करने वाली कोशिकाएँ हैं
(a) अमीबोसाइट्स (b) थीसोसाइट्स
(c) आर्कियोसाइट्स (d) स्कलीरोसाइट्स

58. किसी आधार वस्तु से चिपके रहने वाले जन्तुओं में प्राय:
(a) आहारनाल का बाहर खलुने वाला एक ही छिद्र होता है
(b) असममित शरीर होता है
(c) अरीय सममिति होती है
(d) जलधारा उत्पन्न करने हेतु शरीर पर रोमाभ होते हैं

59. सीलेन्ट्रेटा संघ का लारवा है
(a) रहैब्डीटीफार्म लारवा (b) प्लैनुला लारवा
(c) मिरासीडियम लारवा (d) हाइड्डुला लारवा

60. यकृत कृमि के जीवन चक्र की वह प्रावस्था, जो प्राथमिक पोषद के लिए संक्रामक होती है
(a) सिस्टिसरकस (b) रीडिया
(c) स्पोरोजॉइट (d) सरकेरिया

61. *हाइड्रा* में दंश कोशिकाओं की उत्पत्ति होती है
(a) बाह्य चर्म से (b) अन्त:चर्म से
(c) मीजोग्लिया से (d) मध्य:चर्म स्तर से

उत्तरमाला

1. (b)	**2.** (d)	**3.** (b)	**4.** (a)	**5.** (d)	**6.** (a)	**7.** (c)	**8.** (c)	**9.** (a)	**10.** (d)
11. (c)	**12.** (b)	**13.** (d)	**14.** (d)	**15.** (d)	**16.** (d)	**17.** (d)	**18.** (a)	**19.** (a)	**20.** (c)
21. (c)	**22.** (c)	**23.** (c)	**24.** (b)	**25.** (a)	**26.** (b)	**27.** (d)	**28.** (b)	**29.** (b)	**30.** (c)
31. (b)	**32.** (a)	**33.** (a)	**34.** (a)	**35.** (b)	**36.** (a)	**37.** (a)	**38.** (b)	**39.** (c)	**40.** (d)
41. (a)	**42.** (c)	**43.** (a)	**44.** (a)	**45.** (d)	**46.** (b)	**47.** (d)	**48.** (c)	**49.** (b)	**50.** (c)
51. (c)	**52.** (c)	**53.** (b)	**54.** (b)	**55.** (c)	**56.** (c)	**57.** (d)	**58.** (c)	**59.** (b)	**60.** (a)
61. (a)									

2

उच्च अकशेरुकी
Higher Non-Chordates

उच्च अकशेरुकी के अन्तर्गत संघ–ऐनेलिडा, आर्थ्रोपोडा, मोलस्का, इकाइनोडर्मेटा, आदि का अध्ययन किया जाता है। संघ–ऐनेलिडा, आर्थ्रोपोडा एवं मोलस्का को प्रोटोस्टोमिया के उप-प्रभाग–शाइजोसीलोमेट्स के अन्तर्गत रखा गया है।

संघ–इकाइनोडर्मेटा को ड्यूटेरोस्टोमिया के उप-प्रभाग–एन्टरोसीलोमेट्स में रखा गया है।

संघ–ऐनेलिडा (Phylum–Annelida)

लैमार्क (Lamarck) ने 1801 में 'ऐनेलिडा' शब्द का प्रयोग किया।

लक्षण (Characteristics)

इस संघ के सदस्यों के सामान्य लक्षण निम्नलिखित हैं

- ऐनेलिडा वास्तविक देहगुहा (true coelom) वाले जन्तु हैं।
- इस संघ के जन्तु त्रिस्तरीय (triploblastic) तथा द्विपार्श्व (bilateral) सममिति वाले होते हैं।
- इनमें अंगतन्त्र स्तर का शरीर संगठन पाया जाता है।
- इनके उत्सर्जी अंग **नेफ्रिडिया** (nephridia) कहलाते हैं। नेफ्रिडिया देह खण्डों में विन्यासित होते हैं।
- ये जन्तु प्रायः द्विलिंगी (bisexual), उभयलिंगी (hermaphrodite), द्विलिंगाश्रयी (monoecious) होते हैं।
  उदाहरण–जोंक, *नेरीस*।
- प्रचलन अंग शूक (setae) होते हैं, जो मुख्यतया काइटिन (chitin) के बने होते हैं।
- इनमें बन्द प्रकार का रुधिर परिसंचरण तन्त्र पाया जाता है। रुधिर में हीमोग्लोबिन नामक श्वसन वर्णक पाया जाता है, जो प्लाज्मा में घुला रहता है।
- इनमें श्वसन के लिए पार्श्वपाद (parapodia) होते हैं अथवा नम त्वचा द्वारा ही गैसों का आदान-प्रदान होता है।
- इनमें जनन अंगों का विकास देहगुहीय एपीथीलियम से होता है।
- कुछ ऐनेलिड्स में लारवा अवस्था अनुपस्थित होती है तथा कुछ में **ट्रोकोफोर लारवा** (trochophore larva) पाया जाता है।

वर्गीकरण (Classification)

प्रचलन अंग शूक के आधार पर इस संघ को चार वर्गों में बाँटा गया है

(i) **पोलीकीटा** (Polychaeta) उदाहरण–*नेरीस*।

(ii) **ओलिगोकीटा** (Oligochaeta) उदाहरण–*फेरेटिमा*।

(iii) **हिरुडीनिया** (Hirudinea) उदाहरण–*हिरुडिनेरिया* (*Hirudinaria*)।

(iv) **आर्किऐनेलिडा** (Archiannelida)।
उदाहरण–*पोलीगोर्डियस (Polygordius)*।

कुछ ऐनेलिड्स तथा उनके प्रचलित नाम
(Some annelids and their papular name)

सामान्य नाम	प्रचलित नाम
नेरीस	रेतकृमि या सीपी कृमि या चीर कृमि
एफ्रोडाइट	सी माउस
स्पाइनोकोलस	पीनट कृमि
एरीनोकोला	लग वार्म

संघ–आर्थ्रोपोडा (Phylum–Arthropoda)

वॉन सीबॉल्ड (Von Seibold) ने 1845 में आर्थ्रोपोडा संघ का नाम दिया। आर्थ्रोपोडा **जन्तु जगत का सबसे बड़ा संघ** है। इसमें लगभग 9 लाख जातियाँ हैं। सम्पूर्ण जन्तु जगत में आर्थ्रोपोडा संघ के जन्तुओं की सबसे अधिक संख्या कीट वर्ग (class–Insecta) में हैं।

संघ आर्थ्रोपोडा के सदस्यों में निम्नलिखित विशेषताएँ होती हैं।

- आर्थ्रोपोडा संघ के जन्तुओं में काइटिन युक्त क्यूटिकल का बना बाह्य कंकाल पाया जाता है।
- प्रत्येक खण्ड पर मूलतः एक जोड़ी पार्श्वीय सन्धित उपांग पाए जाते हैं।
- इनमें **परिसंचरण तन्त्र खुले प्रकार** का होता है और रुधिर से भरी एक हीमोसील गुहा (haemocoel cavity) पाई जाती है।
- इनमें रुधिर का रंग **नीला** होता है। यह नीला रंग रुधिर वर्णक **हीमोसायनिन** की उपस्थिति के कारण होता है, जिसमें कॉपर उपस्थित होता है।

- जन्तु द्विपार्श्वीय (bilateral), त्रिस्तरीय (triploblastic) एवं यूसीलोमेट (eucoelomate) होते हैं।
- जलीय जन्तुओं में श्वसन क्लोम (gills) या बुक क्लोम (book gills) से होता है तथा स्थलीय जन्तुओं में श्वासनलियों (trachea) या बुक लंग्स (book lungs) से होता है।
- इनमें उत्सर्जी अंग **ग्रीन ग्रन्थियाँ** (green glands) या **मैल्पीघियन नलिकाएँ** (Malpighian tubules) होती हैं। कुछ में **कोक्सल ग्रन्थि** (coxal glands) पाई जाती हैं।
- ये जन्तु एक लिंगी होते हैं और लैंगिक द्विरूपता (sexual dimorphism) प्रदर्शित करते हैं और इनमें निर्मोचन पाया जाता है।
- जीवन चक्र में कई लारवा अवस्थाएँ पाई जाती हैं; जैसे–**नॉप्लियस** (Nauplius), मैगालोपा (Megalopa), एलिमा (Alima), आदि।
- इनमें निषेचन आन्तरिक होता है।
- इनमें सरल नेत्र-ऑसिलाई (ocelli) प्रकाश ग्रहण करते हैं तथा संयुक्त नेत्र (compound eyes) दृष्टि के लिए होते हैं।
- कुछ आर्थोपोड्स विशेषकर कीट फीरोमोन (pheromones) स्रावित करते हैं।
- कुछ जन्तुओं में अनिषेकजनन (parthenogenesis) पाया जाता है; जैसे–मधुमक्खी, ततैया, आदि।

वर्गीकरण (Classification)

शरीर विभाजन तथा कुछ उपांगों की उपस्थिति या अनुपस्थिति के आधार पर संघ–आर्थोपोडा को चार उपसंघों में विभाजित किया गया है

1. उप-संघ–ट्राइलोबाइटोमोरफा (Trilobitomorpha)

इसके अन्तर्गत मुख्यतया अधिकांश प्राचीन विलुप्त समुद्री आर्थोपोडा, जीवाश्म कैम्ब्रियन से परमियन कल्प की चटटानों से प्राप्त। उदाहरण–*डेलमेनिटिस* (*Dalmanites*), *ट्राइआर्थ्स* (*Triarthrus*)।

2. उप-संघ–केलिसिरैटा (Chelicerata)

इसके अन्तर्गत मुख्यतया स्थलीय, स्वतन्त्र जीवी एवं छोटे आकार के होते हैं यह निम्न वर्गों मे विभक्त होता है

(i) **मीरोस्टोमेटा** (Merostomata) उदाहरण–*लिम्यूलस* ।

(ii) **एरैक्नाइडा** (Arachnida) उदाहरण–बिच्छू, मकड़ी।

3. उप-संघ–मैन्डीबुलेटा (Mandibulata)

यह निम्न वर्गों में विभक्त होता है
इसके अन्तर्गत मुख्यतया शरीर सिर एवं धड़ में या सिर, वक्ष एवं उदर भागों में विभेदित होता है।

(i) **क्रस्टेशिया** (Crustacea) उदाहरण–क्रेफिश, केकड़ा, झींगा।

(ii) **इन्सेक्टा** (Insecta) उदाहरण–कॉकरोच, मक्खी, मच्छर, टिड्डी।

(iii) **डिप्लोपोडा** (Diplopoda) उदाहरण–स्पाइरोबोलस (Spirobolus), जूलस (*Julus*)।

(iv) **वर्ग–काइलोपोडा** (Chilopoda) उदाहरण–*स्कोलोपेण्ड्रा* (*Scolopendra*) कानखजूरा या शतपाद (centipede)।

(v) **वर्ग–सिम्फाइला** (Symphyla) उदाहरण–*स्कूटीजेरेला (Scutigerella)*।

(vi) **वर्ग–पॉरोपोडा** (Pauropoda) उदाहरण–*पौरोपस* (*Pauropus*)।

4. उप-संघ–ओनाइकोफोरा (Onychophora)

इसके अन्तर्गत मुख्यतया स्थलीय चलने वाले कृमि होते हैं। उदाहरण–*पेरिपेटस* (*Peripatus*)

आर्थोपोड्स एवं उनके प्रचलित नाम
(Arthropods and their popular names)

सामान्य नाम	प्रचलित नाम
एस्टॉकस	क्रेफिश
लेपिस्मा	रजत मीन
बोम्बेक्स मोराई	रेशम कीट
एडीज एजिटाई	टाइगर मच्छर

संघ–मोलस्का (Phylum–Mollusca)

'मोलस्का' शब्द का प्रयोग सबसे पहले जॉनस्टन (Jonston) ने 1650 में किया था। मोलस्क जन्तुओं के अध्ययन को **मोलस्क विज्ञान** (Malacology) कहते हैं। मोलस्का के कवच (shell) के अध्ययन को **शंख विज्ञान या कॉन्कोलोजी** (Conchology) कहते हैं।

लक्षण (Characteristics)

संघ–मोलस्का के जन्तुओं के सामान्य लक्षण निम्न हैं

- मोलस्का संघ के जन्तुओं में देहगुहा रुधिर प्रगुहा (haemocoel) होती है।
- इनमें द्विपार्श्व सममिति पाई जाती है।
- इनमें श्वसन वर्णक **हीमोसायनिन** होता है और श्वसन क्लोम या टिनिडिया या फेफड़ों द्वारा होता है।
- शरीर अखण्डित, त्रिस्तरीय (triploblastic) होता है तथा मुखगुहा में चबाने वाला अंग **रेडुला** (radula) होता है।
- इनमें उत्सर्जन एक जोड़ी वृक्क या मेटानेफ्रिडिया (metanephridia) के द्वारा होता है।
- इस संघ के जन्तुओं में **वैलिजर** (velliger), **ग्लोकीडियम** (glochidium) तथा ट्रोकोफॉर (trochophore) नामक लारवा अवस्थाएँ पाई जाती हैं।
- मोलस्क में मेण्टल (mantle) के द्वारा एक कठोर कैल्केरस खोल स्रावित होता है।
- कुछ मोलस्कों में विमोटन या टॉरशन (torsion) होता है (शरीर 180° पर घूम जाता है)।
- मोलस्क मे रुधिर परिवहन तन्त्र का कुछ भाग बन्द तथा कुछ खुला होता है।
- मोलस्क संघ के जन्तुओं में तन्त्रिका तन्त्र जोड़ों में लगी गुच्छिकाओं (ganglia), संयोजकों (connectives) तथा तन्त्रिकाओं (nerves) का बना होता है।
- संवेदी अंग नेत्र **सन्तुलनपुटी** (statocysts), स्पर्शक (tentacles) और कुछ में **ऑस्फ्रेडियम** (osphradium) पाया जाता है।
- इनमें लिंग प्राय: पृथक होते हैं, परन्तु कुछ उभयलिंगी (hermaphrodite) भी होते हैं।

वर्गीकरण (Classification)

पाद, मेण्टल तथा कवच की रचना एवं स्थिति के आधार पर संघ–मोलस्का को छः वर्गों में बाँटा गया है

(i) **मोनोप्लेकोफोरा** (Monoplacophora)
उदाहरण–*नियोप्लाइना* (*Neopilina*)।

(ii) **एम्फीन्यूरा** (Amphineura) उदाहरण–*काइटन* (*Chiton*)।

(iii) **स्कैफोपोडा**(Scaphopoda) **उदाहरण**– *डेण्टेलियम* (*Dentalium*)।

(iv) **गैस्ट्रोपोडा** (Gastropoda) उदाहरण–*पाइला* (*Pila*)।

(v) **पेलेसीपोडा** (Pelecypoda) उदाहरण–*यूनिओ* (*Unio*)।

(vii) **सिफेलोपोडा** (Cephalopoda) उदाहरण-*ऑक्टोपस* (*Octopus*)।

पर्ल ओइस्टर (pearl oyster) *पिंकटाडा वल्गेरिस* (*Pinctada vulgaris*) से मोती प्राप्त होता है।

जापान के कोकीची मिकीमोटो (Kokichi Mikimoto) को **मोती उद्योग** (pearlindustry) **का जनक** कहा जाता है।

मोलस्का एवं उनके प्रचलित नाम
(Molluscs and their popular names)

सामान्य नाम	प्रचलित नाम
पिंक्टाडा	भारतीय मोती
काइटन	समुद्री चुहिया
सिप्रिया	कौडीं
ऐप्लीसिया	समुद्री खरगोश
इओलिस	समुद्री स्लग
लोलिगो	स्क्विड
डोरिस	समुद्री नींबू
हेलिक्स	उद्यान घोंघा
टेरिडो	जलयान कृमि
सीपिया	कटल फिश
ऑक्टोपस	डेविल फिश

संघ—इकाइनोडर्मेटा (Phylum–Echinodermata)

'इकाइनोडर्मेटा' नाम जैकब क्लेन (Jacob Klein) ने सन् 1738 में दिया था। ये जन्तु नितान्त रूप से समुद्री होते हैं।

लक्षण (Characteristics)

इकाइनोडर्मेट्स के जन्तुओं के सामान्य लक्षण निम्न हैं

- इकाइनोडर्म **त्रिजनस्तरीय** (triploblastic) जन्तु है, जिनमें पंच कोणीय अरीय सममिति होती है, परन्तु लारवा अवस्था में द्विपार्श्व सममिति (bilateral symmetry) होती है।
- इनमें अंग तन्त्र स्तर का संगठन पाया जाता है।
- इनमें **शीर्ष निर्माण** (cephalisation) अनुपस्थित होता है।
- इनमें गमन के लिए **विशिष्ट पाद नाल** (peculiar tube feet) विकसित होती है।
- आन्तरिक कंकाल कैल्केरियस प्लेट्स, जिन्हें **अस्थिकाएँ** (ossicles) कहते हैं, से मिलकर बना होता है, जो मध्य चर्म से उत्पन्न होती हैं।

देहगुहा निम्न दो तन्त्र बनाती हैं

(i) **जलीय संवहन तन्त्र** (Water vascular system), जिसके द्वारा समुद्र का जल शरीर में प्रवेश करता है तथा नाल पाद (tube feet) इससे सम्बन्धित रहते हैं, जो प्रचलन में सहायता करते हैं।

(ii) **रुधिर तन्त्र** (Blood vascular system), जिसमें रुधिर लसिका का परिवहन होता है। रुधिर परिवहन तन्त्र खुले प्रकार का होता है।

- इकाइनोडर्म में उत्सर्जन अमीबी कोशिकाओं (amoebocytes) द्वारा होता है।
- इकाइनोडर्म में श्वसन **चर्म रन्ध्रों** (dermal branchiae), **पेरिटोनियम गिल्स** (peritonium gills) तथा पाद नलिकाओं के द्वारा होता है।
- इनके जीवन काल में प्रायः रोमाभयुक्त लारवा होता है; जैसे–**द्विपिच्छक** (bipinnaria), **लघुबाहु** (branchiolaria), **कर्णकाभ** (auricularia) डिम्भकों में कायान्तरण (metamorphosis) होता है।
- **स्वांगोच्छेदन** (autotomy) की प्रक्रिया, अंतरंगक्षेपण (evisceration) (विसरा का त्याग) तथा **पुनरुद्भवन** (regeneration) इकाइनोडर्म का सामान्य लक्षण है।
- ये **एक लिंगाश्रयी** (dioecious) होते हैं, परन्तु कोई लैंगिक द्विसमरूपता नहीं होती और निषेचन बाह्य होता है

वर्गीकरण (Classification)

संघ–इकाइनोडर्मेटा को पाँच वर्गों में बाँटा गया है

(i) **एस्टेराइडिया** (Asteroidea) उदाहरण–*एट्रॉपेक्टेन* ।

(ii) **ऑफियूराइडिया** (Ophioroidea)।
उदाहरण-*ऑफिओडर्मा* (*Ophioderms*)।

(iii) **इकाइनॉइडिया** उदाहरण–*इकाइनस* या समुद्री अर्चिन।

(iv) **हेलोथ्यूराइडिया** उदाहरण–*होलोथ्यूरिया* या समुद्री खीरे।

(v) **क्रिनॉडिया** उदाहरण–*एण्टीडॉन* या पक्षतारा में विभाजित किया गया है।

इकाइनोडर्मेट्स तथा उनके प्रचलित नाम

सामान्य नाम	प्रचलित नाम
एस्टीरिएस	सितारा मछली (समुद्री तारा)
ऑफियूरा,एवं आफियोडर्मा	ब्रिटिल स्टार या भंगुर तारे
एकाईनस	सी अर्चिन
क्लिपिऐस्टर	केक अर्चिन
इकाइनोकार्डियम	हृदय अर्चिन
कुकुमेरिया एवं होलोथूरिया	समुद्री खीरे

अभ्यास प्रश्नावली

1. जोंक की लार में प्रतिस्कन्दक (anticogulant) होता है, जो कहलाता है
(a) हिस्टीडीन (b) हिरुडीन
(c) हिपैरिन (d) हिस्टामीन

2. केंचुएँ के उत्सर्जी अंग होते हैं
(a) सीलोम नलिका (b) ज्वाला कोशिका
(c) नेफ्रिडिया (d) वृक्क

3. 'बॉट्रिओइडल ऊतक' किसमें होता है?
(a) जोंक (b) *ऐस्केरिस*
(c) खरगोश (d) केंचुए

4. अरस्तु की लालटेन पाई जाती है
(a) समुद्री अर्चिन में (b) तारामीन में
(c) समुद्री एनीमोन में (d) ये सभी में

5. मेटामॉरफोसिस (metamorphosis) किसमें नहीं होता?
(a) पॉलीकीटा में (b) ओलिगोकीटा (केंचुआ) में
(c) निडेरिया में (d) ये सभी में

6. पाद नलिकाएँ (tube feet) पाई जाती हैं
(a) कॉकरोच में (b) कटलमीन में
(c) कैटफिश में (d) तारामीन में

7. ओवोटेस्टिस होता है
(a) कॉकरोच में (b) झींगर में
(c) द्विलिंगी घोंघों में (d) मक्खी में

8. पर्ल ओयस्टर किस वर्ग का जन्तु है?
(a) सिफेलोपोडा (b) पेलेसीपोडा
(c) स्केफोपोडा (d) गैस्ट्रोपोडा

9. एकाइनोडर्मेटा में प्लूटियस लार्वा किस वर्ग के सदस्यों के जीवन चक्र में बनता है?
(a) होलोथुरॉइडिया (b)एकाइनॉइडिया
(c) एस्टीरॉइडिया (d) ऑफियूरॉइडिया

10. *पेरीपेटस* किसकी संयोजक कड़ी (connecting link) है?
(a) सरीसृप एवं पक्षी (b) ऐनेलिडा एवं आर्थ्रोपोडा
(c) मोलस्का एवं ऐनेलिड (d) मोलस्का एवं आर्थ्रोपोडा

11. कॉकरोच से आने वाली तीव्र दुर्गन्ध का कारण है
(a) फैलिक ग्रन्थि का स्रावण
(b) कोलेटिरियल ग्रन्थि का स्रावण
(c) फीरोमोन का स्रावण
(d) क्योंकि यह गंदी नालियों में रहता है

12. किस संघ में वयस्क अरीय एवं लार्वी द्विपार्श्वीय सममिति वाली होती है?
(a) तारामीन तथा अन्य इकाइनोडर्मेटा
(b) निडेरिया
(c) निमैटोडा
(d) मोलस्का

13. जातियों की संख्या के आधार पर सबसे बड़ा संघ है
(a) प्रोटोजोआ (b) आर्थ्रोपोडा
(c) प्लेटीहेल्मिन्थीज (d) कॉर्डेटा

14. रजतमछली (सिल्वरफिश) होती है, एक
(a) कीट (b) निडेरियन
(c) क्रस्टेशियन (d) मछली

15. कॉकरोच के उत्सर्जी अंग हैं
(a) मैल्पीघियन नलिका (b) नेफ्रिडिया
(c) मैल्पीघियन कणिका (d) ज्वाला कोशिकाएँ

16. पर्ल ऑइस्टर में मोती कहाँ और किससे बनता है?
(a) मछली के आँसू से
(b) वर्षा की पहली बूँद से
(c) उस अण्डे से जो शरीर से बाहर नहीं निकल पाता
(d) त्वचा में धंसे किसी बाहरी कण के चारों ओर

17. कूटप्रगुहा (pseudocoelom) पाई जाती है
(a) *हाइड्रा* में (b) ऐस्केरिस में
(c) कॉकरोच में (d) केंचुएँ में

18. अपने शरीर के किस भाग से निकले स्राव से मकड़ियाँ जाल बनाती हैं?
(a) मुख से (b) लार ग्रन्थियों से
(c) पादों से (d) उदर के पश्च भाग से

19. इनमें से कौन-सी वास्तविक मछली है?
(a) क्रेफिश (b) फ्लाइंग फिश
(c) कटलफिश (d) सिल्वर फिश

20. केंचुएँ का मुख्य नाइट्रोजन युक्त उत्सर्जी पदार्थ है
(a) यूरिक अम्ल (b) अमोनिया
(c) यूरिया (d) अमीनो अम्ल

21. किसमें वक्ष भाग नहीं होता है?
(a) व्हेल (b) गिलहरी
(c) सेन्टीपीड (d) रेशम कीट

22. जॉन्स्टन का अंग (Johnston's organ) किसमें पाया जाता है?
(a) कॉकरोच के शीर्ष में
(b) मच्छर के शृंगिका में
(c) घरेलू मक्खी के उदर में
(d) मकड़ी के उदर में

23. मलेरिया नियन्त्रण के लिए प्रयोग में आने वाली मछली है
(a) *गैम्बूसिया* (b) रोहू
(c) (a) एवं (b) दोनों (d) *वैलेगो*

24. क्लोरोगोगन कोशिकाओं का कार्य है
(a) पाचन (b) उत्सर्जन
(c) श्वसन (d) भोज्य पदार्थों का संचय करना

25. केंचुएँ में कौन-से खण्ड में हृदय होता है?
(a) 8वें, 12वें, 13वें खण्ड
(b) 10वें, 12वें, 13वें खण्ड
(c) 7वें, 9वें, 12वें, 13वें खण्ड
(d) 15वें, 16वें, 17वें, 18वें खण्ड

26. मोलस्का का वह वर्ग, जिसके सदस्यों में सिर पर कशेरुकियों की भाँति, बड़ी-बड़ी आँखें होती हैं
(a) गैस्ट्रोपोडा (b) बाइवाल्विया
(c) पेलिसीपोडा (d) सिफैलोपोडा

27. केंचुएँ की क्लोरोगोगन कोशिकाएँ समरूप होती हैं
(a) वृक्क (b) यकृत
(c) त्वचा (d) आहारनाल

28. केंचुएँ में पोरफाइरिन वर्णक का कार्य है
(a) रुधिर में O_2 का संवहन
(b) त्वचा में भोजन निर्माण
(c) शरीर की हानिकारक पराबैंगनी किरणों से रक्षा
(d) उत्सर्जन में सहायक

29. *ऑक्टोपस* द्वारा जल में तीव्र गमन किस प्रकार होता है?
(a) ये अपने चूषकों द्वारा तेजी से तैरने वाले जन्तुओं से चिपक जाते हैं
(b) पार्श्व-पखनों की तरंग-गति द्वारा
(c) साइफन से पानी की तेज धारा निकालकर
(d) शीर्ष भुजाओं की गति द्वारा

30. केंचुएँ में हीमोग्लोबिन पाया जाता है
(a) RBC में
(b) रुधिर प्लाज्मा में
(c) प्रगुही तरल में
(d) जीव द्रव्य में

31. केंचुएँ में नर जनन छिद्र उपस्थित होते हैं
(a) 17वें खण्ड में
(b) 14वें खण्ड में
(c) 18वें खण्ड में
(d) 19वें खण्ड में

32. सूची I को सूची II से सुमेलित करें

सूची I	सूची II
A. पेरिपेटस	1. मोलस्का
B. *यूनियो*	2. आर्थोपोडा
C. *ऐस्टेरियस*	3. इकानोडर्मेटा
D. *एफ्रोडाइट*	4. ऐनेलिडा

कूट

	A	B	C	D
(a)	1	2	3	4
(b)	2	1	3	4
(c)	3	1	2	4
(d)	4	3	2	1

33. टिडियों (locusts) का किससे नजदीकी सम्बन्ध होता है?
(a) मॉथ से
(b) बटरफ्लाई से
(c) टिड्डी से
(d) बीटल से

34. कॉकरोच में संयुक्त नेत्र किस प्रकार का प्रतिबिम्ब बनाते हैं?
(a) स्तराधान
(b) अध्यारोपण
(c) (a) एवं (b) दोनों
(d) उपरोक्त में से कोई नहीं

35. कोंग्लोबेट ग्रन्थि पाई जाती है
(a) केंचुएँ में
(b) मेंढक में
(c) झींगा में
(d) कॉकरोच में

36. कॉकरोच में एलरी पेशियाँ किससे सम्बन्धित है?
(a) हृदय
(b) डायफ्राम
(c) ट्रैकिया
(d) मैल्पीघियन नलिका

37. अविकसित कॉकरोच कहलाता है
(a) मैगट
(b) निम्फ
(c) इफाइरा
(d) प्यूपा

38. कॉकरोच में कॉर्पोरा एलाटा का स्त्रावण सहायक है
(a) वृद्धि में
(b) पाचन में
(c) वृद्धि एवं कायान्तरण में
(d) जनन में

39. कोलेटिरियल ग्रन्थियाँ (colaterial glands) पाई जाती हैं
(a) खरहे में
(b) नर कॉकरोच में
(c) मादा कॉकरोच में
(d) (b) एवं (c) दोनों में

40. कॉकरोच का हृदय होता है
(a) 13 कक्षों वाला
(b) 12 कक्षों वाला
(c) 11 कक्षों वाला
(d) 10 कक्षों वाला

उत्तरमाला

1. (b)	**2.** (c)	**3.** (a)	**4.** (a)	**5.** (d)	**6.** (d)	**7.** (c)	**8.** (b)	**9.** (b)	**10.** (b)
11. (c)	**12.** (a)	**13.** (b)	**14.** (a)	**15.** (a)	**16.** (d)	**17.** (b)	**18.** (d)	**19.** (b)	**20.** (c)
21. (c)	**22.** (b)	**23.** (a)	**24.** (b)	**25.** (c)	**26.** (d)	**27.** (b)	**28.** (c)	**29.** (c)	**30.** (b)
31. (c)	**32.** (b)	**33.** (c)	**34.** (a)	**35.** (d)	**36.** (a)	**37.** (b)	**38.** (c)	**39.** (c)	**40.** (a)

3

प्रोटोकॉर्डेटा
Protochordata

कॉर्डेटा संघ की स्थापना बेलफोर (Balfour) ने सन् 1880 में की थी। सभी कशेरुकियों में स्पष्ट सिर होता है और इनके शरीर को दो समान भागों में बाँटा जा सकता है। इनमें गुदा से पीछे का शरीर का ठोस भाग **पूँछ** कहलाता है।

इनकी भ्रूणीय अवस्था में स्पष्ट विखण्डीकरण (segmentation) पाया जाता है। सभी कशेरुकियों में हृदय अधर तल पर स्थित होता है तथा बन्द परिवहन तन्त्र तथा निवाहिका तन्त्र (portal system) पाया जाता है। सभी कशेरुकियों में वास्तविक देहगुहा (true coelom) पाई जाती है तथा अस्थियों तथा उपास्थियों का अन्तः कंकाल (endoskeleton) उपस्थित होता है।

प्रत्येक कार्डेट्स के जीवन की किसी न किसी अवस्था में नोटोकॉर्ड (notochord) पृष्ठ नालाकार तन्त्रिका रज्जु (dorsal tubular nerve cord) एवं ग्रसनीय गिल दरारें (pharyngeal gill slits) की उपस्थिति पाई जाती हैं। ये तीनों प्राथमिक लक्षण अवस्था में अनुपस्थित या रूपान्तरित हो जाते हैं। वर्टीब्रेट्स में नोटोकॉर्ड से कशेरुकदण्ड (vertebral column) पृष्ठ नालाकार तन्त्रिका रज्जु से तन्त्रिका नाल (neural canal), जिसका अग्र भाग मस्तिष्क तथा पश्च भाग से मेरूरज्जु (spinal cord) का निर्माण होता हैं, जबकि निम्नस्तरीय कॉर्डेट्स व प्रोटोकॉर्डेटा में गिल दरारें जीवन पर्यन्त पाई जाती हैं तथा उच्च स्तरीय कॉर्डेट्स के वयस्क में अनुपस्थित होती हैं। संघ–कॉर्डेटा को **एक्रेनिएटा** (प्रोटोकॉर्डेटा) एवं **क्रेनिएटा** (वर्टीब्रेटा) में वर्गीकृत किया जाता है।

नोट **एक्रेनिएटा** में खोपड़ी (cranium) का अभाव होता है। एक्रेनिएटा जन्तुओं को पुनः तीन उप–संघ—हेमीकॉर्डेटा, यूरोकॉर्डेटा एवं सिफेलोकॉर्डेटा में वर्गीकृत किया जाता है।

उप-संघ—हेमीकॉर्डेटा (Hemichordata)

इस उप-संघ के सामान्य लक्षण निम्नलिखित हैं

- इस उप-संघ के जन्तु कृमि के आकार के जीभ कृमि होते हैं।
- इनका शरीर तीन भागों शुण्ड (proboscis), कॉलर (collar) तथा धड़ (trunk) में विभाजित होता है।
- इन जन्तुओं में परिसंचरण तन्त्र खुला होता है।
- उप-संघ सदस्यों में कंकाल ऊतक का अभाव होता है
- नोटोकॉर्ड की उपस्थिति संदेहास्पद, छोटी, प्रोबोसिस में सीमित, जोकि कॉर्डेट्स के पृष्ठ रज्जु के असमजात होती है। नोटोकॉर्ड की संदेहास्पद उपस्थिति के कारण इन्हें मुखीय डाइवर्टीकुला (buccal diverticula) कहते हैं, इसलिए वैज्ञानिक इसको नार्न-कॉर्डेटा में स्थान देते हैं।
- इन जीवों में उत्सर्जन शुण्ड में स्थित एक केशिकागुच्छ (glomerulus) द्वारा होता है।
- ये एकलिंगी जीव हैं और इनमें परिवर्धन के समय **टॉरनेरिया** (tornaria) लारवा पाया जाता है।
  उदाहरण–जीभ कृमि या *बैलेनोग्लॉसस* (*Balanoglossus*)।

उप-संघ—यूरोकॉर्डेटा (Urochordata)

यूरोकॉर्डेटा के सामान्य लक्षण निम्नलिखित हैं

- यूरोकॉर्डेट में ग्रसनी क्लोम दरारें, टेडपोल के समान लार्वा में नॉटोकॉर्ड एवं नालाकार पृष्ठ तन्त्रिका नाल तथा पृष्ठ रज्जु केवल डिम्भक की पुच्छ (भेक) में उपस्थित होती है। इसलिए इन्हें यूरोकॉर्डेटा कहते हैं, वयस्कों में कॉर्डेट लक्षण लुप्त हो जाते हैं अतः **प्रतिक्रमणी रूपान्तरण** (retrogressive metamorphosis) पाया जाता है।
- इन जन्तुओं में सीलोम अनुपस्थित होती है।
- जन्तु उभयलिंगी (hermaphrodite) होते हैं तथा प्रत्येक जनद में वृषण (testis) तथा अण्डाशय (ovary) उपस्थित होती हैं।
- इनमें उत्सर्जन हेतु नेफ्रोसाइट्स, पायलोरिक तथा न्यूरल ग्रन्थि होती हैं।
  उदाहरण–*हर्डमानिया* (*Herdmania*), *साल्पा* (*Salpa*), आदि।

उप-संघ—सिफैलोकॉर्डेटा (Cephalochordata)

इस उप-संघ के सामान्य लक्षण निम्नलिखित हैं।

- इस उप-संघ के अधिकाँश जन्तु हेमीकॉर्डेटा तथा यूरोकॉर्डेटा दोनों उप-संघों की भाँति समुद्रीय (marine) होते हैं।
- इन जन्तुओं का आकार मछली के समान तथा कॉर्डेट्स के लगभग सभी लक्षण उपस्थित होते हैं।
- अग्रभाग से पश्च भाग तक फैली नोटोकॉर्ड की उपस्थिति के कारण इनको सिफैलोकॉर्डेटा कहा जाता है।
- जीवन चक्र में प्रत्यक्ष परिवर्धन पाया जाता है तथा लारवा अवस्था का अभाव होता है।
- सिफैलोकॉर्डेटा उप-संघ के जन्तुओं में **नोटोकॉर्ड** एवं **पृष्ठ रज्जु** (nerve cord) सम्पूर्ण लम्बाई में जीवन पर्यन्त उपस्थित होती हैं।
- इनमें पृष्ठीय **खोखली तन्त्रिका रज्जु** उपस्थित होती है।
- इनमें उत्सर्जी अंग **नलोत्सर्ग** (solenocyts) युक्त **प्रोटोनेफ्रिडिया** (protonephridia) होते हैं।
- इनका रुधिर श्वसन वर्णक रहित होता है।
- इनमें हृदय अनुपस्थित होता है, परन्तु रुधिर परिसंचरण तन्त्र उपस्थित होता है। उदाहरण–*ब्रैकियोस्टोमा* (*एम्फीऑक्सस*), *एसिम्मैट्रॉन*, आदि।

अभ्यास प्रश्नावली

1. प्रोटोकॉर्डेट्स है
(a) अलवणीय (b) लवणीय
(c) स्थलीय (d) वायवीय

2. यूरोकॉर्डेटा होते हैं
(a) स्वच्छ जलीय
(b) खारे जलवासी
(c) समुद्री अलवणीय
(d) रुके हुए पानी में रहने वाले

3. मेरुदण्ड का विकास होता है
(a) एक्टोडर्म से (b) आर्केन्ट्रॉन की दीवार से
(c) एन्डोडर्म से (d) मीसोडर्म से

4. निम्नलिखित में से कौन-सा अकशेरुकी का संघ है?
(a) हेमीकॉर्डेटा (b) सिफैलोकॉर्डेटा
(c) यूरोकॉर्डेटा (d) कॉर्डेटा

5. यूरोकॉर्डेटा में नोटोकॉर्ड स्थित होती है
(a) सिर भाग में (b) पूँछ भाग में
(c) धड़ भाग में (d) आमाशय में

6. अकशेरुकियों में होता है
(a) पूर्ण विकसित देहगुहा आहारनाल के साथ
(b) पार्श्व ट्यूबूलर तन्त्रिका रज्जू
(c) अधरतलीय हृदय
(d) उपरोक्त सभी

7. कॉर्डेटा के मुख्य लक्षण है
(a) पृष्ठ नालाकार तन्त्रिका तन्त्र (b) फैरिन्जियल क्लोम दरार
(c) नोटोकॉर्ड (d) ये सभी

8. किसमें देहगुहा पाँच भागों में विभाजित होती है?
(a) *बैलेनोग्लॉसस* (b) *सिफैलोडिसकस*
(c) *रैब्डोप्लूरा* (d) *टाइकोडेरा*

9. सिफैलोकॉर्डेट्स में
(a) पैर, सिर के पास होता है
(b) सिर, पैर पर स्थित होता है
(c) नोटोकॉर्ड बढ़कर सिर तक जाती है
(d) नोटोकॉर्ड पूँछ भाग में होता है

10. निम्न में से किसके आधार पर कशेरुकियों तथा अकशेरुकियों में अन्तर किया जा सकता है?
(a) अधर तन्त्रिका रज्जू
(b) पार्श्व तन्त्रिका रज्जू
(c) मस्तिष्क
(d) पार्श्व ट्यूबर तन्त्रिका रज्जू

11. *बैलेनोग्लॉसस* को मुख्यतया क्या कहते हैं?
(a) टंग वर्म अथवा एक्रॉन वर्म (b) *टिकोडेरा*
(c) *ग्लॉसोबेलनस* (d) *डोलिकोग्लॉसस*

12. टर्नैरिया लारवा होता है
(a) *ब्रैंकियोस्टोमा* में
(b) *बैलेनोग्लॉसस* में
(c) *सिफैलोडिसकस* में
(d) *रैब्डोप्लूरा* में

13. *हर्डमानिया* के उत्सर्जी अंग है
(a) फ्लेम कोशिका (b) न्यूरल कॉम्प्लेक्स
(c) प्रोटोनेफ्रिडिया (d) ये सभी

14. *एम्फीऑक्सस* का उप-संघ
(a) कॉर्डेटा (b) हेमीकॉर्डेटा
(c) यूरोकॉर्डेटा (d) सिफैलोकॉर्डेटा

15. *बैलेनोग्लॉसस* किस-संघ से सम्बन्धित है?
(a) सिफैलोकॉर्डेटा (b) यूरोकॉर्डेटा
(c) हेमीकॉर्डेटा (d) प्रोटोकॉर्डेटा

16. *बैलेनोग्लॉसस* का शरीर कितने भागों में विभाजित होता है?
(a) दो (b) तीन
(c) चार (d) पाँच भागों

17. *बैलेनोग्लॉसस* का रुधिर होता है
(a) रंगहीन तथा गुलाबी रंग की रुधिर कणिकाएँ युक्त
(b) गुलाबी रंग तथा रंगहीन कोशिकाएँ युक्त
(c) लाल रंग का रुधिर तथा लाल रुधिर कणिकाएँ युक्त
(d) रंगहीन रुधिर तथा रंगकणिकाएँ युक्त

18. वास्तविक सीलोम किसमें एक चीर के रूप में बनती है?
(a) एन्डोडर्म
(b) मीसोडर्म
(c) एक्टोडर्म
(d) (a) एवं (c) दोनों

19. पूँछ एवं कंकाल पेशियाँ हेमीकॉर्डेटा में
(a) उपस्थित होती हैं
(b) अनुपस्थित होती हैं
(c) केवल लार्वल अवस्था में उपस्थित रहती हैं
(d) वयस्कों में विकसित होती हैं

20. *बैलेनोग्लॉसस* के विषय में क्या सत्य नहीं है?
(a) वास्तविक सीलोम होता है
(b) सीलोम प्रोबोसिस, कॉलर और ट्रंक तीनों क्षेत्रों में पाई जाती है
(c) सीलोम केवल धड़ क्षेत्र में पाई जाती है
(d) सीलोम केवल प्रोबोसिस क्षेत्र में होता है

21. प्रतिगामी कायान्तरण होता है
(a) डोलियोलेरिया लारवा में (b) ऑरीकुलेरिया लारवा में
(c) बाइपिन्नेरिया लारवा में (d) टैडपोल लारवा में

22. *ब्रैंकियोस्टोमा* में मायोटोम्स की संख्या लगभग
(a) 40 (b) 50
(c) 60 (d) 70

23. हेमीकॉर्डेटा जन्तु होते हैं
(a) अलैंगिक
(b) एकलिंगी
(c) द्विलिंगी
(d) पार्थेनोजिनेसिस द्वारा उत्पन्न होता है

24. *हर्डमानिया* का लारवा कहलाता है
(a) बाइपिन्नेरिया (b) ऑरीकुलेरिया
(c) डोलियोलेरिया (d) टैडपोल

25. *बैलेनोग्लॉसस* का निवास स्थल होता है
(a) छिछले कोस्टल जल में
(b) समुद्री किनारों पर गड्ढ़ों में
(c) यह समुद्री सतह पर, स्वयं खोदे हुए 'U' आकार के बिलों में रहता है
(d) समुद्री तटों पर सुरंगों में

26. समुद्री तल पर रहने वाले जन्तु कहलाते हैं
(a) स्थिर जल के वासी (लेन्टिक)
(b) बहते जल के अर्थात् सरितावासी (लेटिक)
(c) नितलस्थ (बेन्थिक)
(d) सागरवासी (पिलैजिक)

27. कौन-सा यूरोकॉर्डेट जन्तु रात में चमकता है?
(a) *हर्डमानिया* (b) *एसीडिया*
(c) *वाटरिलस* (d) *पाइरोसोमा*

28. सी-स्कवर्ट का जन्तु वैज्ञानिक नाम
(a) *बैलेनोग्लॉसस*
(b) *हर्डमानिया*
(c) *ब्रैंकियोस्टोमा*
(d) *सिफैलोडिसकस*

29. *ब्रैंकियोस्टोमा* है
(a) सीलिएरी फीटरी (b) माँसाहारी
(c) शाकाहारी (d) परजीवी

30. *ब्रैंकियोस्टोमा* का यकृत होता है
(a) पूर्व आन्त्र (b) मध्य आन्त्र
(c) डाइवर्टीकुलम (मध्य आन्त्र) (d) पश्च आन्त्र

31. *हर्डमानिया* का रुधिर समुद्री जल की अपेक्षा होता है
(a) हाइपोटॉनिक (b) हाइपरटॉनिक
(c) आइसोटॉनिक (d) ये सभी

32. एसीडियन प्रदर्शित करते हैं
(a) निओटिनी
(b) प्रतिगामी कायान्तरण
(c) पीडोजेनेसिस
(d) ये सभी

33. *हर्डमानिया* में स्वनिषेचन नहीं होता क्योंकि यह होता है
(a) प्रोटेन्ड्रस (b) प्रोटेगाइनस
(c) मीसोगाइनस (d) मोनोगाइनस

➜ उत्तरमाला

1. (b)	**2.** (b)	**3.** (d)	**4.** (a)	**5.** (b)	**6.** (d)	**7.** (d)	**8.** (a)	**9.** (c)	**10.** (d)
11. (a)	**12.** (b)	**13.** (b)	**14.** (d)	**15.** (c)	**16.** (b)	**17.** (d)	**18.** (b)	**19.** (b)	**20.** (b)
21. (d)	**22.** (b)	**23.** (b)	**24.** (d)	**25.** (c)	**26.** (c)	**27.** (d)	**28.** (b)	**29.** (a)	**30.** (c)
31. (b)	**32.** (d)	**33.** (b)							

4

वर्ग–पिसीज, एम्फीबिया एवं रेप्टीलिया

Class–Pisces, Amphibia and Reptilia

संघ–कॉर्डेटा को दो उप-समूह–एक्रेनिएटा (प्रोटोकॉर्डेटा) एवं क्रेनिएटा (यूरोकॉर्डेटा) में बाँटा गया है। उप-समूह–क्रेनिएटा में केवल उप-संघ–वर्टीब्रेटा आता है, जो पुनः दो विभागों, **एग्नेथा** एवं **ग्नेथा** में विभाजित किया जाता है। ग्नेथा में महावर्ग–पिसीज एवं टेट्रापोड़ा (एम्फीबिया, रेप्टीलिया, एवीज एवं स्तनी वर्ग) आते हैं।

महावर्ग–पिसीज (Super-Class–Pisces)

मीन, **शीत रुधिरतापी** (cold-blooded), पृष्ठ कशेरुक, क्लोम (gills) तथा पंख (fins) युक्त होती हैं। मछलियों का अध्ययन **इक्थियोलॉजी** (Ichthyology) कहलाता है। कुछ मीनों का शरीर शीर्ष, उदर तथा पुच्छ का बना होता है। इनका हृदय द्विकोष्ठीय (two-chambered) तथा शिरीय (venous) होता है अर्थात् हृदय में केवल अशुद्ध रुधिर बहता है। मछली का शरीर शल्कों से घिरा भी हो सकता है तथा नहीं भी। मछलियाँ (Pisces) एनएम्नियॉट्स अर्थात् उल्ब (amnion) रहित होते हैं।

उदाहरण–उड़न मछली (*एक्सोसीटस*), मच्छर भक्षी मछली (*गैम्बूसिया*), समुद्री घोड़ा (*हिप्पोकैम्पस*)।

महावर्ग–मत्स्य को अन्तःकंकाल शल्क विन्यास (scale orientation) एवं क्लोम स्थिति (gills position) के आधार पर **वर्ग–प्लैकोडर्मी** (विलुप्त) **कॉण्ड्रिक्थीज** (उपास्थियुक्त मछलियाँ) एवं **ऑस्टिक्थीज** में विभाजित किया जाता है।

वर्ग–कॉण्ड्रिक्थीज (Chondrichthyes)

वर्ग–कॉण्ड्रिक्थीज के सदस्य निम्नलिखित विशेषताएँ दर्शाते हैं

- इनमें अन्तःकंकाल (cartilaginous) उपस्थित होता है एवं **प्लेकॉइड शल्क** (placoid scales) पाए जाते हैं।
- इनमें वायु आशय (air bladder) व फुफ्फुस (lung) अनुपस्थित होते हैं, जबकि स्पाइरेकल पाए जाते हैं।
- इस वर्ग की मछलियों के सिर के पृष्ठ भाग पर **एम्पुला ऑफ लोरेंजिनी** (ampulla of Lorenzini) **तापग्राही संवेदी अंग** पाए जाते हैं।
- इनमें नर प्राणी में **क्लेसपर** (clasper) मैथुनी अंग के रूप में पाए जाते हैं। यह श्रोणि पखों (pelvic fins) के भीतरी किनारों द्वारा उद्गमित होते हैं।
- कॉण्ड्रिक्थीज वर्ग के सदस्यों का हृदय द्विकोष्ठीय होता है। इसमें एक अलिन्द (auricle) व एक निलय (ventricle) पाया जाता है। इसके हृदय में एक बड़ा शिरा कोटर (sinus venosus) व कोनस आर्टिरियोसस पाया जाता है।
- अधिकाँश सदस्य अण्डज (oviparous) या अण्डजरायुज होते हैं। शार्क मछली जरायुज (viviparous) प्राणी है।
- *टॉरपीडो* (electric fish), *स्कॉलियोडॉन*, *काइमेरा* (*Chimaera*), *स्टिगोस्टीमा* (tiger fish), आदि कॉण्ड्रिक्थीज के सदस्य हैं।

वर्ग–ऑस्टिक्थीज (Osteichthyes or Telo)

वर्ग–ऑस्टिक्थीज के सामान्य लक्षण निम्न हैं

- ये सभी प्रकार के स्वच्छ, खारे, गर्म या ठण्डे जल में रहते हैं।
- शरीर तर्कु आकार तथा धारा रेखित (stream lined) होता है।
- अन्तःकंकाल मुख्यतया अस्थि (bony) का बना होता है।
- बाह्य कंकाल गैनॉइड शल्कों (ganoid scales), टीनॉइड शल्कों (ctenoid scales) तथा चक्राभ शल्कों (cycloid scales) का बना होता है।
- चार जोडी क्लोम दरारें (gill slits) अपरकुलम से ढकी रहती हैं।
- वायु आशय (air bladders) द्रव्य स्थैतिक (hydrostatic balance) बनाने में सहायक होते हैं।
- प्लेकॉयड शल्क अनुपस्थित होते हैं।
- पार्श्व रेखा तन्त्र सुविकसित तथा पृथक लिंगी होते हैं।
- *हिप्पोकैम्पस*, फुफ्फस मछलियाँ, *एक्सोसीटस*, कैट फिश एवं *ऐनाबस* (आरोही मछली) कान्ड्रिक्थीज वर्ग के सदस्य हैं।

वर्ग–उभयचर (Amphibia)

वर्ग–उभयचर के सामान्य लक्षण निम्नलिखित हैं

- उभयचर उल्ब रहित होते हैं। ये शीत रुधिर तापी जन्तु होते हैं।
- इनमें दो जोड़ी पंचागुली पाद (pentadactyl limb) पाए जाते हैं। अग्रपाद (forelimbs) में चार व पश्चपाद (hindlimbs) में पाँच अंगुलियाँ पाई जाती हैं। अपोड़ा (Apoda) में पाद अनुपस्थित होते हैं।
- त्वचा में रंग बदलने की क्षमता पाई जाती है, जिसे **मेटाक्रोसिस** कहते हैं। त्वचा के नीचे लसिका स्थान (lymph space) पाए जाने के कारण त्वचा ढीली-ढाली होती है।
- इनकी त्वचा चिकनी खुरदरी तथा ग्रन्थियों युक्त होती हैं। ग्रन्थियाँ त्वचा को नम रखती है। त्वचा पर घड़े के आकार की **श्लेष्म ग्रन्थियाँ** (mucous gland) पाई जाती हैं।

- यकृत एवं वृक्क निवाहिका तन्त्र (hepatic and renal portal system) अनुपस्थिति होते हैं। उभयचरों की लाल रुधिर कणिकाएँ (RBCs) केन्द्रक युक्त होती हैं।
- वृक्क मीसोनेफ्रिक टाइप एवं उत्सर्जी पदार्थ यूरिया होता है।
- उभयचरों के श्वसन अंग फेफड़े (lungs), मुखग्रसनी गुहिका (buccopharyngeal cavity), त्वचा (skin) तथा क्लोम (gills) होते हैं।
- इनका हृदय त्रिकोष्ठीय (three-chambered) होता है तथा ट्रंकस आरटीरियोसस (truncus arteriosus) पूर्ण विकसित होता है।
- करोटि में दो अनुकपाल अस्थिकन्द (occipital condyle) पाए जाते हैं।
- इन असमतापी (poikilothermic) जन्तुओं में 10 जोड़ी कपाल तन्त्रिकाएँ (cranial nerves) पाई जाती हैं। पार्श्व रेखा तन्त्र का अभाव होता है।
- बाह्य कर्ण का अभाव, जबकि मध्यकर्ण में कर्णास्थि (columela) उपस्थित होती हैं।
- अधिकाँश सदस्य अण्डज होते हैं तथा निषेचन जल में सम्पन्न होता है।
- इनमें लारवा अवस्था टैडपोल पाई जाती है, जिसमें क्लोम उपस्थित होते हैं।
- कुछ उभयचरों में पैतृक रक्षण (parental care) का गुण पाया जाता है।
- *एम्फियूमा, सैलामेन्ड्रा यूरियोटिफलस, इक्थियोफस, नेक्टयूरस* (waterdog या mud poppy), *ट्राइलोटोट्रिटान* (Indian salamander), *हायला* (tree frog), *टेकोफोकस* (flying frog), *राना टिग्रीना (Rana tigrina), ब्यूफो मिलैनोस्टिक्स (Bufo melanostics)* एवं *एलाइट्स (Alytes)*, आदि उभयचर वर्ग के महत्त्वपूर्ण सदस्य है।

वर्ग–सरीसृप (Reptilia)

सरीसृपों के अध्ययन को **हर्पेटोलॉजी** (Herpetology) कहा जाता है। सरीसृपों का स्वर्ण युग मीसोजोइक महाकल्प (Mesozoic era) को कहा जाता है।

सरीसृप वर्ग के सामान्य लक्षण निम्न हैं

- इन वास्तविक स्थलीय जन्तुओं की त्वचा शुष्क श्रृंगी एवं शल्कयुक्त (cornified and scaly) होती हैं।
- सरीसृप रेंगने वाले तथा बिल में रहने वाले (burrowing), शीत रुधिरतापी जन्तु हैं, जिन पर उपचर्मीय शल्क (epidermal scales) पाए जाते हैं। इनमें श्वसन सदैव फेफड़ों के द्वारा होता है।
- इनकी करोटि मोनोकोंडाइलर (monocondylar) होती है।
- हृदय $3\frac{1}{2}$ कोष्ठीय होता है। केवल मगरमच्छ व घड़ियाल में चतुर्कोष्ठीय हृदय पाया जाता है।
- गर्भ झिल्ली (foetal membrane) उपस्थित होती है। उल्ब (amnion), अपरापोषिया (allantois) तथा जरायु (chorion) भ्रूण झिल्ली हैं।
- सरीसृपों में 12 जोड़ी कपाल तन्त्रिकाएँ (cranial nerves) पाई जाती हैं लेकिन सर्पों में ये 10 जोड़ी होती हैं।
- सरीसृपों में पाया जाने वाला **जैकब्सन का अंग** (Jacobson's organ) घ्राण संवेदी होता है।
- जीवन चक्र में डिम्भक प्रावस्था (larval stage) नहीं पाई जाती।
- सर्पों तथा मगर में मूत्राशय (urinary bladder) नहीं पाया जाता।
- RBC उभयोत्तल (biconvex) व केन्द्रकयुक्त (nucleated) होती है।
- वृक्क निवाहिका उपतन्त्र (renal portal system) अल्पविकसित होता है।
- इनमें मेटानेफ्रिक वृक्क (metanephric kidney) पाए जाते हैं एवं अवस्कर (cloaca) पाया जाता है, जिसमें जनन वाहिनियाँ, मलाशय व मूत्रवाहिनियाँ खुलती हैं।
- इस वर्ग के अधिकाँश सदस्य अण्डज (oviparous) होते हैं। अतिपीतकी एवं सकोशी (polylecithal cleidoic) प्रकार के अण्डे पाए जाते हैं। **अन्तः निषेचन** (internal fertilisation) पाया जाता है। भ्रूणीय परिवर्धन के दौरान **बाह्य भ्रूणीय कला** (extra embryonic membrane) का निर्माण होता है।
- भ्रूणीय परिवर्धन के दौरान **बिम्बाभ अंशभजी विदलन** (discoidal meroblastic cleavage) पाया जाता है।

उदाहरण–*चीलोन* या *चेकोन, ट्रायोनिक्स, टेस्ट्यूडो* (turtle), *स्फीनोडोन* (living fossil), *नाजा* (cobra), अजगर (python), करैत (crait), घरेलू छिपकली (*Hemidactylus*), ड्रेको (flying lizard), *कैमेलिओन* (tree lizard), केलोटिस (girgit), *वेरेनस* (monitor lizard), हीलोडर्मा (poisonous lizard), *फ्राइनोसोमा* (horn toad)।

अभ्यास प्रश्नावली

1. मूत्राशय अनुपस्थित होता है
(a) छिपकलियों में (b) सर्पों में
(c) क्रोकोडाइल्स में (d) इन सभी में

2. निम्न में से किस सरीसृप का हृदय चार-कोष्ठीय होता है?
(a) किंग कोबरा का (b) मगर का
(c) *कैलोटस* का (d) कूर्म का

3. इलेस्मोब्रेंकाई या कॉण्ड्रिक्थीज मछलियाँ कहलाती हैं
(a) उपास्थीय मछलियाँ
(b) ऑस्टिक्थीज मछलियाँ
(c) क्रासोप्टेरगाई मछलियाँ
(d) प्लेकोडर्मोई मछलियाँ

4. विषैले सर्पों का रंग होता है
(a) भद्दा (b) केवल लाल
(c) चमकीला एवं आकर्षक (d) पीला

5. सर्प के काटने की क्रियाविधि में मुख का खुलना नियन्त्रित होता है
(a) टैम्पोनोरैलिस द्वारा (b) स्फीनोटेरीग्वॉएड द्वारा
(c) टेरीग्वॉएड द्वारा (d) डाइगैस्ट्रिक द्वारा

6. यदि विषैले सर्प किसी दूसरे विषैले सर्प को काटता है, तो काटा जाने वाले सर्प पर
(a) कोई प्रभाव नहीं पड़ेगा (b) थोड़ा प्रभाव पड़ेगा
(c) अधिक प्रभाव पड़ेगा (d) मर जायेगा

7. एम्नियॉटा समूह में कौन-से जन्तु आते हैं?
(a) पक्षी एवं सरीसृप (b) पक्षी एवं स्तनी
(c) सरीसृप एवं स्तनी (d) सरीसृप, पक्षी एवं स्तनी

8. मछलियों का सुनहरा समय था
(a) ऑर्डोविसियन काल (b) डिवोनियन काल
(c) साइलूरियन काल (d) इनमें से कोई नहीं

9. निम्न में कौन-सा प्रथम ग्नैथोस्टोमेट है
(a) मछलियाँ (b) उभयचर
(c) पक्षी (d) स्तनधारी

10. निम्न में से किसमें जरायुजता पाई जाती है?
(a) सिलेन्ट्रेटा में (b) प्रोटोजोआ में
(c) *सेलामेन्ड्रा* (d) शार्क में

11. उभयचरों का हृदय होता है
(a) त्रिकोष्ठीय (b) चतुर्कोष्ठीय
(c) द्विकोष्ठीय (d) एक कोष्ठीय

12. भ्रूण के चारों ओर एम्नियॉन नामक रक्षात्मक आवरण इनमें से किसमें बनता है?
(a) कॉकरोच (b) टोड
(c) मछली (d) छिपकली

13. पादविहीन उभयचर
(a) *इक्थियोफिस* (b) *हायला*
(c) *ऐम्बिस्टोमा* (d) *नेक्टयूरस*

14. किसके हृदय द्वारा केवल अशुद्ध रूधिर प्रवाहित होता है?
(a) शार्क (b) हेल
(c) छिपकली (d) मेंढक

15. शल्कों के स्थान पर अस्थि प्लेट्स तथा स्कट्स पाए जाते हैं
(a) हेगफिश (b) ईलफिश
(c) फ्लाइंग फिश (d) अश्वमीन

16. सेक्सुअल डाइमॉरफिज्म (जननिक विभिन्नता) पाई जाती है
(a) *स्कोलियोडॉन* में (b) *टारपीडो* में
(c) *आस्ट्रसियान* में (d) *डाइयोडान* में

17. निम्न में से कौन सर्प नहीं है?
(a) काँच गोधिका (b) रैटल सर्प
(c) करैत (d) वाइपर

18. सबसे ज्यादा पैरेन्टल केयर (पैतृक सुरक्षा) किस मछली में पाई जाती है?
(a) *एक्सोसीट्स*
(b) *हिप्पोकैम्पस* (समुद्री घोड़ा)
(c) *एकीनीस*
(d) *फिस्टूलेरिया*

19. जैकब्सन अंग किस प्रकार के अंग हैं?
(a) घ्राण अंग (b) स्वाद कलिका
(c) स्पर्श अंग (d) ये सभी

20. सरीसृप की करोटि प्राय: होती है
(a) डाइकॉन्डाइलिक (b) ट्राइकॉन्डाइलिक
(c) ट्रेटाकॉन्डाइलिक (d) मीनोकॉन्डाइलिक

21. शार्क लीवर तेल में होता है
(a) विटामिन-A (b) विटामिन-B
(c) विटामिन-C (d) विटामिन-D

22. *स्कोलियोडॉन* में योनि (वेजाइना) किसके संयोजन से बनती है?
(a) यूरेटर (b) शुक्रवाहिनी
(c) शुक्राशय (d) वासा इफरेन्शिया

23. *स्कोलियोडॉन* को डॉग फिश कहते हैं
(a) डॉग (कुत्ते) जैसे आकार के कारण
(b) डॉग (कुत्ते) जैसी पूँछ के कारण
(c) डॉग जैसी खाने की आदत के कारण
(d) डॉग जैसी तीव्र गन्ध संवेदन के कारण

24. *यूरोमैस्टिक्स* की स्टर्नम एक प्लेट के रूप में होती है, जिसकी आकृति होता है
(a) वर्गाकार (b) अनियमित
(c) गोल (d) त्रिकोणीय

25. उदर पर दोनों ओर फैले हुए बड़े आकार के शल्क किसके लक्षण हैं?
(a) रैट सर्प एवं कोबरा
(b) कोबरा एवं अजगर
(c) अजगर एवं करैत
(d) करैत एवं समुद्री सर्प

26. वायुआशय होता है
(a) स्तनियों का उत्सर्जी अंग
(b) अस्थीय मछलियों का द्रव्यस्थैतिक अंग
(c) पक्षियों का श्वसनांग
(d) एक निडेरियन

27. मछलियों के हृदय की विशेषता
(a) इसमें केवल शुद्ध रुधिर होता है
(b) इसमें दोनों प्रकार का रुधिर होता है
(c) इसमें केवल अशुद्ध रुधिर होता है
(d) इनमें रुधिर नहीं होता है

28. छिपकलियों के अध्ययन को क्या कहा जाता है?
(a) हरपेटोलॉजी (b) सोरोलॉजी
(c) ऑफियोलॉजी (d) इनमें से कोई नहीं

29. निम्न में से कौन एक सरीसृप है?
(a) सैलामेण्डर (b) न्यूट
(c) टोड (d) कछुआ

30. शीत निद्रा के समय मेंढक होते हैं
(a) अमीनोटिलिक
(b) अमीनोनोटिलिक
(c) यूरियोटिलिक
(d) यूरिकोटिलिक

31. *यूरोमैस्टिक्स* में कपालीय तन्त्रिकाओं की संख्या होती है
(a) 15 जोड़ी (b) 10 जोड़ी
(c) 6 जोड़ी (d) 12 जोड़ी

32. विषहीन सर्प की पुच्छ होती है
(a) बेलनाकार (b) चपटी
(c) लम्बी (d) छोटी

33. उभयचरों का युग था
(a) डिवोनियन काल
(b) ऑर्डोवीसियन काल
(c) साइलूरियन काल
(d) कार्बोनीफेरस काल

34. सर्वप्रथम स्थल, पर पदार्पण करने वाला कशेरुकी जन्तु हैं
(a) मछलियाँ (b) सरीसृप
(c) उभयचर (d) स्तनधारी

35. इनमें से कौन-सा *जिम्नोफियोना* में नहीं आता है?
(a) इक्थियोफिस (b) साइफोनोप्स
(c) एपोडोअनस (d) साइरन

36. *इक्थियोफिस* किस उप-वर्ग के अन्तर्गत आता है
(a) एन्यूरा (b) एपोडा
(c) यूरोडल (d) इनमें से कोई नहीं

37. सर्प का विष किसमें रूपान्तरित होता है?
(a) अधोजिव्हा में (b) जिव्हा में
(c) ज़ंभिका में (d) कर्णपूर्व में

38. एक विषहीन सर्प है
(a) वाइपर (b) बंगेरस
(c) पाइथन (d) समुद्री साँप

39. भूमि पर अण्डे देने वाला प्रथम कशेरुकी था
(a) उभयचर (b) सरीसृप
(c) पक्षी (d) मछलियाँ

40. निम्न में से किस उप-गण में छिपकली आती है?
(a) लैसरटिलिया (b) ऑफडिया
(c) आर्कोसॉरिया (d) सौरिसचिया

41. *यूरोमैस्टिक्स* का सामान्य नाम होता है
(a) कंटिका युक्त पूँछ वाली छिपकली
(b) कंटिका युक्त पूँछ वाला सर्प
(c) कंटिका युक्त हार्न वाली छिपकली
(d) कंटिका युक्त हार्न वाला सर्प

42. ग्लीनॉएड गुहा बनी होती है
(a) कॉरेकॉएड एवं इपीकॉरेकॉएड
(b) कॉरेकॉएड एवं स्कैपुला
(c) स्कैपुला और सुप्रास्कैपुला
(d) स्कैपुला एवं इपीकॉरेकॉएड

43. मछलियों का सबसे अच्छा जलपात्र संग्रहालय कहाँ है?
(a) मुम्बई में (b) चेन्नई में
(c) कोलकाता में (d) त्रिवेन्द्रम में

44. सरीसृपों के अध्ययन को कहा जाता है
(a) ऑर्निथोलॉजी (b) इक्थ्योलॉजी
(c) सोरोलॉजी (d) हर्पेटोलॉजी

45. उड़न मछली में कौन-सा पंख उड़ने में सहायक होता है?
(a) पार्श्व पंख
(b) अधर पंख
(c) श्रोणी पंख
(d) अंस पंख (पेक्टोरल फिन)

46. वृक्क निवाहिका तन्त्र उपस्थित होता हैं।
(a) *एलाइटस* में (b) हेग मछलियों में
(c) *पेट्रोमाइजोन* में (d) रोहू मछली में

47. क्रोकोडाइल और एलीगैटर दोनों में श्वसनांग होते हैं
(a) केवल जलीय
(b) जलीय तथा सहायक वायुवीय
(c) केवल वायवीय
(d) वायवीय तथा सहायक जलीय

48. जरायुज सर्प होता है
(a) कोबरा (b) करैत
(c) वाइपर (d) रैट सर्प (धामन)

➔ उत्तरमाला

1. (d)	**2.** (b)	**3.** (a)	**4.** (c)	**5.** (d)	**6.** (d)	**7.** (d)	**8.** (b)	**9.** (a)	**10.** (d)
11. (a)	**12.** (d)	**13.** (a)	**14.** (a)	**15.** (d)	**16.** (a)	**17.** (a)	**18.** (b)	**19.** (a)	**20.** (d)
21. (a)	**22.** (c)	**23.** (d)	**24.** (b)	**25.** (d)	**26.** (b)	**27.** (c)	**28.** (b)	**29.** (d)	**30.** (d)
31. (d)	**32.** (a)	**33.** (d)	**34.** (c)	**35.** (d)	**36.** (b)	**37.** (d)	**38.** (c)	**39.** (b)	**40.** (a)
41. (a)	**42.** (b)	**43.** (a)	**44.** (d)	**45.** (d)	**46.** (d)	**47.** (c)	**48.** (c)		

5

वर्ग–एवीज एवं मैमेलिया
Class–Aves and Mammalia

वर्टीब्रेटा (कशेरुकी) के खण्ड ग्नेथोस्टोमेटा में सम्मिलित पिसीज (अधिवर्ग) वर्ग–उभयचर, सरीसृप, पक्षी (एवीज) एवं स्तनी (टेट्रापोडा) उच्च कॉर्डेट्स हैं, जिनमें मस्तिष्क के चारों ओर कपाल (cranium) पाया जाता है।

क्रेएनिएटा के ग्नेथोस्टोमेटा के सदस्यों में जबड़ा (jaw) विकसित होता है। वर्ग–एवीज एवं मेमेलिया गर्म रुधिर (समतापी) युक्त कॉर्डेट्स है।

वर्ग—एवीज (Aves)

पक्षियों की उत्पत्ति जूरैसिक काल में हुई। पक्षी तथा सरीसृप में अनेक समानताओं के कारण इनको एक अन्य वर्ग–सोरोप्सिड़ा (Sauropsida) में स्थान दिया जाता है। पक्षियों के कुछ प्रमुख लक्षण निम्नलिखित हैं

- पक्षी समतापी (homoiothermal) होते हैं, जिनमें अग्रपाद, पंखों में रूपान्तरित हो जाते हैं।
- पक्षियों में ऊपरी तथा निचले जबड़े, चोंच में रूपान्तरित हो जाते हैं और इनमें दाँत नहीं पाए जाते हैं।
- इनकी आहारनाल में अन्नपुट (crop) तथा पेषणी (gizzard) होते हैं।
- इनका हृदय **चार-कोष्ठीय** (four–chambered) होता है।
- पक्षियों की पूँछ (tail) में **प्रीन-ग्रन्थि** (preen gland) पाई जाती हैं (अपवाद तोता, शुतर्मुर्ग)।
- इनमें स्वर रज्जु (vocal cords) नहीं पाए जाते हैं।
- इनमें वायु कोष (air sacs) पाए जाते हैं तथा वाक् यन्त्र, सिरिंक्स (syrinx) होता है।
- इनमें 12 जोड़ी कपाल तन्त्रिकाएँ (cranial nerves) पाई जाती हैं।
- पक्षियों की हड्डियाँ छिद्रित (pneumatic) होती हैं, जो हल्की होने के कारण वायवीय जीवन में सहायक हैं।
- इनमें लैंगिक द्विसमरूपता (sexual dimorphism) पाई जाती है। निषेचन आन्तरिक होता है तथा सभी **अण्डज** (oviparous) होते हैं।
- वर्ग–एवीज को गण **नियोऑर्निथस** (उड़ने वाले पक्षी) एवं **पेलियोग्नेथी** या **रेटिटि** (बिना उड़ने वाले पक्षी) में वर्गीकृत किया जाता है।
- करोटी में ऑक्सीपिटल कॉन्डाइल उपस्थित होता है।
- कशेरुकाओं का सेन्ट्रम विषमगर्ती (saddle-shaped or heterocoelous) लम्बर, सेक्रल, वक्षीय तथा कुछ अग्र पुच्छीय कशेरुकाएँ संयुक्त होकर सिन्सेक्रम का निर्माण करती है।
- **काडल वर्टीब्री** (अन्तिम पुच्छ कशेरुक) छोटी पूँछ से समेकित होकर **पाइगोस्टाइल** या **कपुच्छफान** बनाती है।
- लाल रुधिर कणिकाएँ अण्डाकार एवं केन्द्रक युक्त होती हैं।
- पक्षियों में मूत्राशय अनुपस्थित होता है (अपवाद शतुर्मुर्ग)।
- पक्षियों में उत्सर्जन यूरिकोटैलिक प्रकार का होता है।
- पक्षियों (मादा) में केवल बायाँ अण्डाशय अर्थात् एक अण्डाशय ही पाया जाता है।
- अण्डे सकोशी, अतिपीतिकी एवं अंशभाजी विंबाभ विदलन पाया जाता है।
- परिवर्धन के दौरान–एम्नियॉन, कोरियॉन, एलेनटॉइस एवं योक सेक (बाह्य भ्रूणीय कलाएँ) का निर्माण होता है।
- पक्षियों का अध्ययन **ऑर्निथोलॉजी** कहलाता है।

वर्ग—मैमेलिया (Mammalia)

सीनोजोइक महाकल्प (Coenozoic era) को **स्तनधारियों का युग** (Age of mammals) कहा जाता है। स्तनधारियों के अध्ययन को **मैमोलॉजी** कहते हैं। स्तनधारियों के प्रमुख लक्षण निम्नलिखित हैं

- ये जन्तु नियततापी (warm blooded) रोम युक्त होते हैं तथा इनमें स्तन ग्रन्थियाँ स्वेद ग्रन्थियाँ, तेल ग्रन्थियाँ या दूध उत्पन्न करने वाली ग्रन्थियाँ पाई जाती हैं।
- इनका हृदय **चार-कोष्ठीय** होता है। केवल बायाँ दैहिक चाप (left systemic arch) पाया जाता है।
- इनमें विभिन्न प्रकार के अर्थात् **विषमदन्ती** तथा जबड़ों के गर्तों (sockets) में धंसे हुए अर्थात् **गर्तदन्ती** (thecodont) दाँत पाए जाते हैं।
- इनमें करोटि, **द्विकन्दीय** (dicondylic) अर्थात् दो अस्थि कन्दीय (occipital condyles) होती है।
- ग्रीवों में कशेरुकों की संख्या 7 होती है तथा एसीलस कशेरुक (अगर्ती) उपस्थित होते हैं।
- मस्तिष्क में पाए जाने वाले चार दृक पिण्ड (optic lobes) को **कोर्पोरा क्वाड्रीजैमिना** कहते हैं। कपाल तन्त्रिकाओं की संख्या 12 जोड़ी होती है।

- इनमें प्रगुहा चार गुहाओं में विभक्त होती है, एक हृदयावरणी गुहा (pericardial cavity) एक **उदरीय गुहा** (abdominal cavity) तथा दो फुफ्फुसावरणी गुहा (pleural cavities) होती है।
- RBCs केन्द्रक विहिन होती है (अपवाद ऊँट एवं लामा)
- वृषण (testes) शरीर से बाहर वृषणकोषों (scrotal sacs) में स्थित होते हैं और मैथुन अंग शिश्न (penis) पाया जाता है।
- इनमें निषेचन आन्तरिक होता है और ये **जरायुज** (viviparous) जन्तु होते हैं।
- अण्ड में पीतक की मात्रा बहुत कम होती है अतः एलैसिथल (alecithal) या माइक्रोलैसिथल अण्डे पाए जाते हैं।
  उदाहरण–*प्लेटीपस*, खरगोश, गिलहरी, मनुष्य, आदि।

वर्गीकरण (Classification)

स्तनधारियों को दो मुख्य उप-वर्गों में बाँटा गया है

प्रोटोथीरिया (Prototheria)

- प्रोटोथीरिया के सदस्य अण्डा देने वाले स्तनधारी है।
- प्रोटोथीरिया में अण्डे अतिपीतकी (polylecithal) होते हैं।
- स्तन ग्रन्थियाँ स्तनाग्रों या चुंचुक रहित होती हैं। उदाहरण– डकबिल्ड प्लेटीपस (duckbilled platypus), *एकिड्ना* (*Echidna*)।

थीरिया (Theria)

- यह बच्चे देने वाले स्तनधारी है।
- उप-वर्ग–थीरिया को दो जीवित अधोवर्गों (infra-classes) **मेटाथीरिया** और **यूथीरिया** में बाँटा जाता है।
  उदाहरण– कंगारु (*Macropus*), बन्दर, मानव, खरगोश, गिलहरी, व्हेल, हाथी, ऊँट, जिराफ, गाय, भैंस, बकरी, आदि।

स्तनधारी वर्ग से सम्बन्धित महत्वपूर्ण तथ्य निम्नलिखित हैं

- आकार की दृष्टि से संसार का सबसे बड़ा और भारी जीव नीली व्हेल (*Balaenoptera musculus*) की औसत लम्बाई 34 मी और भार 185 टन होता है।
- सबसे छोटे स्तनी कलम जैसी पूँछ वाली दुर्लभ छछूंदर (shrew) हैं, जो मलेशिया, सुमात्रा, बोर्नियो, आदि द्वीपों पर पाई जाती हैं। इनकी औसत लम्बाई लगभग 250 मिमी एवं भार 40 ग्राम होता है।
- स्तनधारी प्राणियों में रुधिर का सबसे अधिक तापमान (औसत 39.9°C) पालतू बकरी (*Caprahircus*) का होता है, जबकि रुधिर का सबसे कम तापमान (औसत 22.2°C) ऑस्ट्रेलिया और न्यूगिनी में पाए जाने वाले स्तनधारी *एकिड्ना* या कटीले चींटीखोर (*Tachyglossus aculeatus*) का होता है
- डकबिल्ड प्लेटीपस (duckbilled platypus) एकमात्र विषैला स्तनी है।

अभ्यास प्रश्नावली

1. पक्षियों की विश बोन (wish bone) बनती है
(a) अंश मेखला से (b) पश्चपाद से
(c) करोटि से (d) श्रोणि मेखला से

2. पक्षी के उड़ने में कौन-सी पेशियाँ मदद करती हैं
(a) पेक्टोरलिस मेजर (b) पेक्टोरलिस माइनर
(c) (a) एवं (b) दोनों (d) गैस्ट्रोसिनेमाइनस

3. पैंग्विन में होते हैं
(a) लम्बे पैर
(b) चप्पू के समान पख
(c) अण्डे रखने के लिए कोष्ठ
(d) दो आगे की ओर तथा दो पीछे की ओर निर्देशित पाद

4. समुद्र तल के जन्तु सतह पर नहीं आ सकते क्योंकि
(a) इनमें तैरने के लिए अंग नहीं होते
(b) सतह के पास जल का दाब कम होता है
(c) इन्हें गुरुत्वाकर्षण के विरुद्ध तैरना पड़ेगा
(d) बड़े जन्तु इन्हें खा जाएँगे

5. पक्षी तथा सरीसृपों का उत्सर्जी पदार्थ है
(a) अमोनिया
(b) यूरिया
(c) यूरिक अम्ल
(d) अमोनिया तथा यूरिया

6. चमगादड़ द्वारा उत्पन्न उच्च-आवृत्ति ध्वनि तरंगें लक्ष्य से टकरा कर वापस इन्हीं के पास आ जाती हैं, इस तथ्य से सिद्ध होता है, कि
(a) ध्वनि तरंगें उत्पन्न होने के बाद चमगादड़ के चारों ओर छितर जाती हैं
(b) ये लक्ष्य से टकरा कर चारों ओर छितर जाती हैं
(c) ये सीधी रेखा में बढ़ती हैं
(d) लक्ष्य इनका अवशोषण कर लेता है

7. पक्षी वर्ग का मुख्य लक्षण है
(a) होमियोथर्मस
(b) टेट्रापोड (चतुष्पाद) कशेरुकी
(c) द्विपाद कशेरुकी
(d) परों (पखों) का बाह्य कंकाल

8. पक्षी में ध्वनि उत्पन्न करने वाला अंग है
(a) कण्ठ (larynx)
(b) घाण्टी (glottis)
(c) शब्दिनी (syrinx)
(d) नासाग्रसनी (nasopharynx)

9. निम्न में से न उड़ने वाले पक्षियों का समूह कौन-सा है
(a) पैंग्विन, मोर, उल्लू, रहिया, कीवी, शुतुरमुर्ग
(b) एमू, पैंग्विन, रहिया, कीवी, मोआ, कैसोवरी
(c) अबेट्रास, हमिंड बर्ड, फैल्कॉन, बाज, एमू,
(d) शुतुरमुर्ग, एमू, कीवी, फैल्कॉन, अबेट्रास

10. पक्षी के कशेरुकाओं के लक्षण होते हैं
(a) हेटरोसीलस (b) एसीलस
(c) ऑपिस्थयोसीलस (d) एम्फीसीलस

11. मार्सूपिएलिया का उदाहरण है
(a) कंगारु (b) हाथी
(c) घोड़ा (d) खरगोश

12. किसका प्रभाव चमगादड़ के 'ध्वनि आवृत्ति उपकरण' पर नहीं पड़ेगा
(a) केवल नेत्रों को ढकना
(b) कानों को बन्द करना
(c) पूरी थूथन को ढक देना
(d) नेत्रों को ढकना और कानों को बन्द करना

13. गैंडे के सींग हैं
(a) अस्थिय
(b) उपास्थिय
(c) किरैटिन युक्त बालों का गुच्छा
(d) आंशिक अस्थिय तथा आंशिक उपास्थिय

14. यूरोपाइजियम (uropygium) दूसरा नाम होता है
(a) पुच्छ का (b) पर (पंख) का
(c) चोंच का (d) आँख का

15. शशक में डायाफ्राम ढकता है
(a) आमाशय को (b) वृषणों को
(c) हृदय को (d) फेफड़ों को

16. इकोलोकेशन तन्त्र पाया जाता है
(a) *इक्वस* में (b) उभयचरों में
(c) चमगादड़ में (d) *ऑरिक्टोलैगस* में

17. कबूतर की प्रीन ग्रन्थि वाहक है
(a) शरीर को गर्म रखना (b) परों (पंखों) को चिकना रखना
(c) पाचन में सहायता करना (d) विटामिन-K को पूरा करना

18. पक्षी की करोटि होती है
(a) मोनोकॉन्डाइलिक (b) डाइकॉन्डाइलिक
(c) एम्फीकॉन्डाइलिक (d) ट्रिप्लोब्लास्टिक

19. खरगोश में कौन-सी सिरा युग्म में नहीं होती है?
(a) एजाइगस सिरा (b) हेमीजाइगस सिरा
(c) पुच्छ सिरा (d) ये सभी

20. चूहा, गिलहरी, आदि कौन से गण से सम्बन्धित हैं
(a) आर्टिओडैक्टाइला (b) लैगोमोर्फा
(c) रोडेन्शिया (d) पेरीसोडैक्टाइला

21. ऐसा स्तनधारी, जिसमें दोनों दूध उत्पादन करते हैं
(a) पाइथन (b) *एकिडना*
(c) *मैक्रोपस* (d) *डाइडैलिफिस*

22. गण—काइरोप्टेरा का अच्छा उदाहरण है
(a) चमगादड़ (b) बिल्ली
(c) चूहा (d) कुत्ता

23. स्तनियों की वह संरचना, जो सबसे अधिक विभिन्न कार्य करती है
(a) त्वचा (b) मूत्राशय
(c) वृक्क (d) मलाशय

24. उड़न-लोमड़ी होती है
(a) लोमड़ी (b) पक्षी
(c) सरीसृप (d) चमगादड़

25. काउपर ग्रन्थि किसमें पाई जाती है?
(a) कॉकरोच में (b) खरगोश में
(c) केंचुएँ में (d) मेंढक में

26. बिल्ली, कुत्ता, शेर, चीता, लोमड़ी, आदि कौन से गण से सम्बन्धित हैं
(a) सिटेसिया (b) साइरीनिया
(c) प्राइमेटा (d) कार्नीवोरा

27. ऐसा स्तनधारी, जो अण्डे देता है
(a) शल्कीय चींटीखोर (b) काँटेदार चींटीखोर
(c) हैजहौग (d) सेही

28. व्हेल के श्वसनांग हैं
(a) त्वचा (b) जलक्लोम
(c) बुक लंग्स (d) फेफड़े

29. पक्षी और चमगादड़ अच्छा उड़ते हैं, पक्षी, चमगादड़ से किसकी अनुपस्थित के कारण भिन्न होते हैं?
(a) चार कक्षीय हृदय (b) डायाफ्राम
(c) ट्रैकिया (d) होमिओथर्मी

30. मार्सूपिएलिया का उदाहरण है
(a) *मैक्रोपस* (b) हाथी
(c) घोड़ा (d) खरगोश

31. पक्षियों में हृदय होता है
(a) एक कक्षीय (b) दो कक्षीय
(c) अविभाजित (d) चार कक्षीय

32. शशक का मस्तिष्क, मेंढक के मस्तिष्क से भिन्न होता है
(a) कॉर्पस कैलोसम की उपस्थिति से
(b) कॉर्पस कैलोसम की अनुपस्थिति से
(c) कार्पोरा स्ट्रेटा की उपस्थिति से
(d) घ्राण पिण्ड़ों की उपस्थिति से

33. पक्षियों का मस्तिष्क विभाजित होता है
(a) तीन भागों में
(b) दो भागों में
(c) चार भागों में
(d) एक भाग में

34. कृन्तकों (rodents) में होते हैं
(a) लम्बे काँटे (b) शूक
(c) लम्बे कृन्तक (d) लम्बे रदनक

35. स्तनधारी और पक्षी हैं
(a) समतापी (b) असमतापी
(c) स्थिरतापी (d) इनमें से कोई नहीं

उत्तरमाला

1. (a)	**2.** (c)	**3.** (b)	**4.** (b)	**5.** (c)	**6.** (c)	**7.** (d)	**8.** (c)	**9.** (b)	**10.** (a)
11. (a)	**12.** (a)	**13.** (c)	**14.** (a)	**15.** (a)	**16.** (c)	**17.** (b)	**18.** (a)	**19.** (d)	**20.** (c)
21. (c)	**22.** (a)	**23.** (a)	**24.** (d)	**25.** (b)	**26.** (d)	**27.** (b)	**28.** (d)	**29.** (b)	**30.** (a)

6

जननीय जीव विज्ञान
Reproductive Biology

जननीय जीव विज्ञान के अन्तर्गत अत्यन्त आवश्यक जैव प्रक्रिया जनन का अध्ययन किया जाता है। जन्तुओं में जनन अलैंगिक एवं लैंगिक प्रकार का होता है। अलैंगिक जनन निम्न वर्ग के जन्तुओं में, द्विखण्डन (*अमीबा*), बहुविखण्डन (*प्लाज्मोडियम*), मुकुलन (*हाइड्रा*), न्यूनकायीकरण (*हाइड्रा*, स्पंज) विधियों द्वारा होता है। नर एवं मादा युग्मकों का संयुग्मन लैंगिक जनन कहलाता है।

अनिषेकजनन (Parthenogenesis)

अनिषेचित अण्डे से भ्रूण का परिवर्धन अनिषेकजनन कहलाता है; जैसे–मधुमक्खी एवं ततैया (बरैय्या) में नर अगुणित (haploid) अनिषेचित अण्डे से उत्पन्न होते हैं। अनिषेकजनन दो प्रकार का होता है

1. प्राकृतिक अनिषेकजनन (Natural Parthenogenesis)

मधुमक्खी एवं अन्य कीटों में नर अनिषेचित अण्डों से तथा मादाएँ निषेचित अण्डों से बनती हैं। नर अगुणित (haploid) तथा मादा द्विगुणित (diploid) होती है।

2. कृत्रिम अनिषेकजनन (Artificial Parthenogenesis)

फ्रांसिसी वैज्ञानिक बैटेलन (Batallon) ने 1909 में सबसे पहले मेंढक के अण्डाणुओं को सुईं चुभोकर सक्रिय बनाया, जिससे ये निषेचन के बिना ही भेकशिशुओं (tadpoles) में विकसित हो गए। ऐसे भेकशिशु कायान्तरण करके वयस्क मेंढक नहीं बन पाते और शीघ्र ही नष्ट हो जाते हैं।

मानव जनन तन्त्र (Human Reproductive System)

सभी स्तनधारियों में पृथक् नर व मादा जनन तन्त्र होते हैं, जिसमें प्राथमिक जनन अंग (primary sex organs) अर्थात् वृषण (testis) एवं अण्डाशय (ovary) तथा सहायक जनन अंग (accessory sex organs) अर्थात् शुक्रवाहिकाएँ (vas deferens), प्रोस्टेट ग्रन्थि (prostate gland), गर्भाशय (uterus), योनि (vagina), आदि होते हैं।

नर जनन तन्त्र (Male Reproductive System)

प्राथमिक जनन अंग वृषण एवं सहायक जनन अंग (शुक्रवाहिकाएँ, एपीडिडाइमिस, शुक्रवाहिनी, शुक्राशय, शिश्न, मूत्र, आदि आते हैं)।

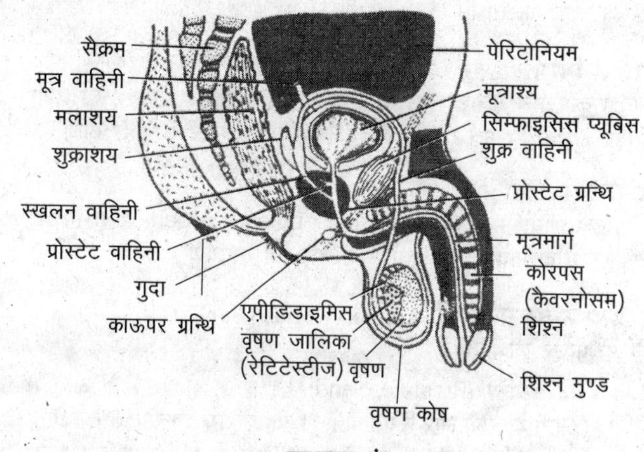

नर जनन अंग

1. वृषण (Testes)

ये ग्रन्थिल अण्डाकार ग्रन्थि हैं, जो वृषणकोष (scrotum) में उपस्थित होती हैं। वृषणकोष का तापमान शरीर के तापमान से 2°C कम होता है, जिस पर शुक्राणुओं का निर्माण होता है। वृषणों की संरचनात्मक व क्रियात्मक इकाई **शुक्रजनन नलिकाएँ** (seminiferous tubules) होती हैं।

शुक्रनलिकाओं में शुक्रजननीय कोशिकाएँ (spermatogenic cells), जो शुक्राणु बनाती है तथा सस्टेन्टेकुलर कोशिकाएँ (sustentacular cells) या सर्टोली कोशिकाएँ (Sertoli cells), जो शुक्राणु कोशिकाओं को पोषण प्रदान करती है, उपस्थित होती हैं। नलिकाओं के बीच-बीच में लीडिग कोशिकाएँ उपस्थित होती हैं। लीडिग कोशिकाएँ (Leydig's cells), टेस्टोस्टेरॉन (testosterone) हॉर्मोन का स्रवण करती है।

2. **शुक्रवाहिकाएँ (Vas Efferentia)**
कुछ मूत्रजनन नलिकाएँ (uriniferous tubules) उत्सर्जी कार्य छोड़कर शुक्रवाहिकाएँ बनाती हैं। ये वृषण से निकलने वाली बारीक नलिकाएँ कुण्डलित होकर एपीडिडाइमिस बनाती हैं, जो वृषण के शुक्राणु को वृक्क के मध्य वृक्क नलिका में ले जाने का कार्य करती है।

3. **एपीडिडाइमिस (Epididymis)**
एपीडिडाइमिस शुक्रवाहिकाओं का समूह होता है, जिसमें शुक्राणु परिपक्व होते हैं। इसमें तीन स्पष्ट भाग कैपुट एपीडिड मिस, कॉडा एपीडिडाइमिस तथा कॉर्पस एपीडिडाइमिस होते हैं। प्रत्येक वृषण से शुक्राणु एपीडिडाइमिस से होकर शुक्रवाहिनी के द्वारा मूत्रमार्ग में पहुँचते हैं।

4. **शुक्रवाहिनी (Vas Deferens)**
ये एपीडिडाइमिस से निकलती है तथा मूत्रमार्ग (urethra) के चारों ओर फैलकर शुक्राशय (seminal vesicle) बनाती हैं। यह शुक्राणुओं का संग्रह तथा चालन करती हैं।

5. **शुक्राशय (Seminal Vesicle)**
शुक्राशय छोटी थैलेनुमा रचना है, जो मूत्र मार्ग में खुलता है। शुक्राशय शुक्राणु के लिए कुण्ड (reservoir) नहीं होते, वरन श्यान द्रव्य बनाते हैं, जो वीर्य (semen) के आयतन का भाग होता है, यह शुक्राणु को संरक्षण एवं पोषण प्रदान करता है।

6. **मूत्रमार्ग (Urethra)**
यह शुक्राशय व मूत्राशय का आखिरी भाग है, जो मूत्र जनन छिद्र द्वारा बाहर खुलता है। मूत्र तथा वीर्य इसी मार्ग द्वारा शरीर से बाहर आते हैं।

7. **शिश्न (Penis)**
यह उच्छाशयी मैथुन अंग (erectile copulatory organ) होता है, जो शुक्राणुओं के मादा जनन मार्ग में संग्रहण हेतु सहायक होता है।

8. **सहायक नर ग्रन्थियाँ (Accessory Male Glands)**
ये दो प्रकार की होती हैं

(i) **प्रोस्टेट ग्रन्थि** (Prostate gland) यह ग्रन्थि शुक्राशय के अन्त में मूत्रमार्ग के चारों ओर स्थित होती है। यह क्षारीय द्रव स्रावित करती है, जो मूत्रमार्ग में अवशिष्ट मूत्र से उत्पन्न अम्लता को निष्प्रभावित करता है। यह वीर्य का मुख्य भाग बनाता है। इससे स्रावित द्रव्य की क्षारीय प्रकृति अण्डाणु के निषेचन की सम्भावना बढ़ाती है।

(ii) **काउपर ग्रन्थियाँ** (Cowper's gland) ये प्रोस्टेट ग्रन्थि के पीछे स्थित होती हैं तथा मूत्रमार्ग में खुलती हैं। इन्हें **बल्बोयूरेथ्रल ग्रन्थियाँ** भी कहते हैं। ये क्षारीय द्रव स्रावित करती है, जो मूत्रमार्ग को क्षारीय करता है, जिससे शुक्राणु सुरक्षित रहे तथा स्त्री की योनि को स्नहेन (lubricate) भी करता है।

पैरीनियल ग्रन्थियाँ तथा रेक्टल ग्रन्थियाँ दोनों मानव में अनुपस्थित होती हैं।

रतनधारियों में शुक्राणुओं का पथ निम्न प्रकार से होता है

शुक्रजनन नलिका (seminiferous tubules) → वृषण (testes) → शुक्रवाहिका (vas efferentia) → अधिवृषण (epididymis) → शुक्रवाहिनी (vas deferens) → जननमूत्र कोटर (urinogenital sinus) → मूत्रमार्ग (urethra) → योनि (vagina)

मादा जनन तन्त्र (Female Reproductive System)

मादा जनन तन्त्र में प्राथमिक जनन अंग अण्डाशय, जबकि गर्भाशय, योनि, अण्डवाहिनी, आदि सहायक जनन अंग होते हैं।

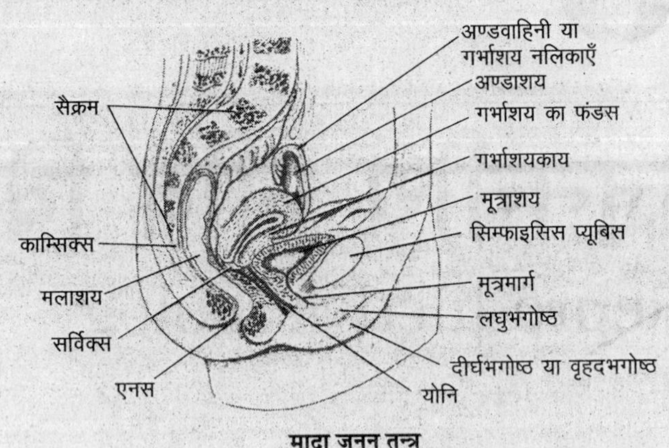

मादा जनन तन्त्र

1. **अण्डाशय (Ovaries)**
मादा में एक जोडी अण्डाशय श्रोणी गुहा (pelvis) में गर्भाशय के दोनों तरफ, अण्डवाहिनियों के पीछे, नीचे की ओर स्थित होते हैं। ये मीसोवेरियम द्वारा वृक्क के पीछे देहभित्ति से जुड़े रहते हैं।

प्रत्येक अण्डाशय अण्डाशयी स्नायु (ovarian ligament) द्वारा गर्भाशय से तथा अण्डाशयी फिम्ब्री (ovarian fimbrae) द्वारा अण्डवाहिनी से जुड़ा रहता है। अण्डाशय में परिधि की ओर **ग्राफियन पुटिकाएँ** (Graafian follicles) होती है, जिनमें अण्डाणु का निर्माण होता है।

अण्डाशय अण्डे एवं लिंग हॉर्मोन प्रोजेस्टेरॉन (progesterone) उत्पन्न करते हैं।

2. **अण्डवाहिनियाँ या फैलोपियन नलिका (Oviducts or Fallopian Tube)**
ये एक जोड़ी पतली एवं कुण्डलित नलिकाएँ होती हैं। प्रत्येक अण्डवाहिनी वायुकोष्ठिका या इन्फन्डीबुलम (infundibulum), तुम्बिका या एम्पुला (ampulla), इस्थमस या संकीर्ण पथ (isthmus) तथा गर्भाशय भाग (uterine part) में विभाजित होती है।

अण्डवाहिनियों की भित्ति में पेरीटोनियम (peritoneum) का बाह्य आवरण होता है तथा इसके नीचे पेशीय आवरण (muscular coat) होता है। इनके मुख पर कीप के आकार की **फिम्ब्रिएटेड कीप** (fimbriated funnel) होती है। इसके बाद का कुण्डलित भाग फैलोपियन नलिका कहलाता है।

3. **गर्भाशय (Uterus)**
यह मूत्राश्य (urinary bladder) के ऊपर तथा पीछे स्थित होता है और स्नायु (ligaments) के द्वारा शरीर से चिपका रहता है। गर्भाशय की दीवार सरल पेशीय तन्तुओं (smooth muscle fibres) की बनी होती है, जिसे **मायोमेट्रियम** (miometrium) कहते हैं। गर्भाशय का ल्यूमेन श्लेष्मिका झिल्ली के द्वारा घिरा रहता है, जिसे **एण्डोमेट्रियम** (endometrium) कहते हैं। गर्भाशय में भ्रूण, अपरा (placenta) के द्वारा जुड़ा रहता है।

4. **योनि (Vagina)**
यह मूत्रमार्ग तथा गुदा के बीच अग्र भाग में पेशी झिल्लिमय नलिका (musculomembranous tube) होती है, जो संगम के समय शिश्न से वीर्य ग्रहण करती है एवं शिशु जन्म के समय नलिका के रूप में कार्य करती है।

5. भग (Vulva)

मानवीय मादा के बाह्य जनन अंगों को सामूहिक रूप से भग कहते हैं, यह मोन्स प्यूबिस (mons pubis), वृहदभगोष्ठ (labia majora), लघुभगोष्ट (labia minora), पेरिनियम (perinium), भगशेफ (clitoris), प्रघाण (vestibule), आदि से मिलकर बनता है। भगशेफ नर शिश्न के समांग (homologous) होता है और संवेदनशील उच्छायी (erectile) अंग है।

6. सहायक मादा ग्रन्थियाँ (Accessory Female Glands)

(i) **बार्थोलिन ग्रन्थियाँ** (Bartholin's gland) ये एक जोडी होती हैं, जो मलाशय व वेस्टीब्यूल के बीच स्थित होती हैं। ये चिपचिपा द्रव स्रावित करती हैं, जो मैथुन में सहायक होता है। पैरीनियल व रेक्टल ग्रन्थियाँ अनुपस्थित होती हैं।

(ii) **स्तन ग्रन्थियाँ** (Mammary glands) एक जोड़ी स्तन ग्रन्थियाँ वक्ष के अधर भाग में स्थित होती हैं। ये दुग्ध स्रावण करने वाली ग्रन्थियाँ हैं। प्रत्येक ग्रन्थि 15 से 20 पालिकाओं (lobules) की बनी होती है। चूचक (nipple) के चारों ओर उपस्थित गोलाकार वर्णक युक्त भाग को एरियोला (areola) कहते हैं।

शिशु जन्म के पश्चात् स्तन ग्रन्थियों के प्रथम स्राव को **नव दुग्ध** या **कोलोस्ट्रम** (colostrum) कहते हैं।

मादा में जनन चक्र (Reproductive cycle in females) पूरे वर्ष चलता है। प्राइमेट्स में इसे **रजोधर्म चक्र** (menstrual cycle) तथा अन्य मादाओं में इसे **मद चक्र** (oestrous cycle) कहते हैं।

मासिक चक्र (Menstrual Cycle)

एक माह की अवधि के दौरान गर्भाशय में चक्रीय परिवर्तन होते हैं। मासिक चक्र का आरम्भ स्त्रियों में यौवनारम्भ (puberty) या लैंगिक परिपक्वता के समय से होता है, यह **रजोदर्शन** (menarche) कहलाता है।

मासिक चक्र की तीन अवस्थाएँ होती है; जैसे–क्रम प्रसारी (proliferative), स्रावी (secretory) तथा मासिक अवस्था (menstrual phase)।

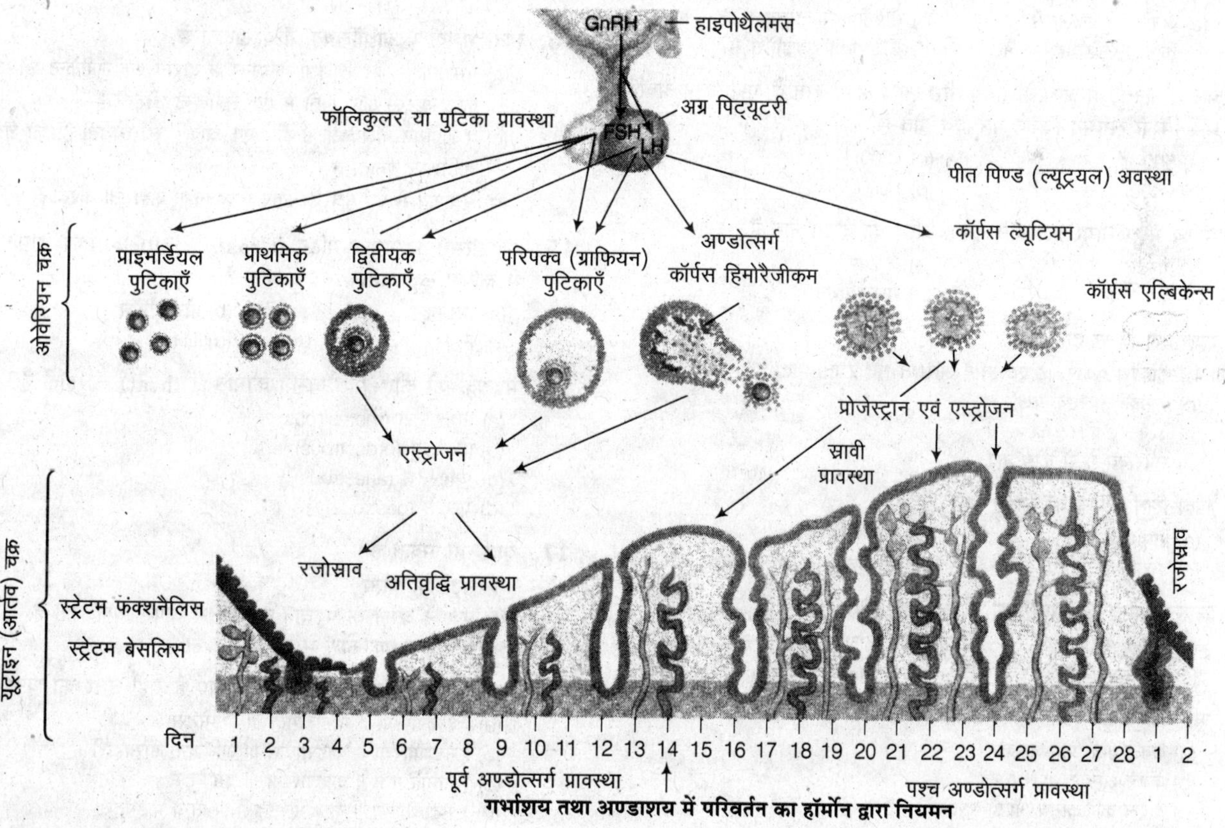

गर्भाशय तथा अण्डाशय में परिवर्तन का हॉर्मोन द्वारा नियमन

1. क्रम प्रसारी अवस्था (Proliferative Phase)

FSH पुटिकाओं को एस्ट्रोजन के स्रावण के लिए प्रेरित करता है। इस अवस्था का अन्तराल 10-12 दिनों का होता है। यह **पुटिकीय अवस्था** (follicular phase) भी कहलाती है।

2. स्रावित अवस्था (Secretory Phase)

कॉर्पस ल्यूटियम प्रोजेस्टेरॉन तथा एस्ट्रोजन की अधिक मात्रा का स्रावण करती है। इस अवस्था का अन्तराल 12-14 दिन का होता है।

इसे **प्रोग्रेविड प्रावस्था** (progravid phase) भी कहते हैं क्योंकि अन्त:स्तर सगर्भता तथा रोपण के लिए तैयार हो जाता है।

3. **मासिक अवस्था** (Menstrual Phase)

यह पुराने मासिक चक्र की अन्तिम तथा नए मासिक चक्र की प्रारम्भिक अवस्था होती है। यदि अण्डाणु निषेचित नहीं हैं, तो कॉर्पस ल्यूटियम, प्रोजेस्टेरॉन स्तर में कमी के कारण नष्ट हो जाता है। इसमें एण्डोमीट्रियम के टूटने से रुधिर का स्राव होता है। यह स्राव लगभग 3–5 दिन चलता है। यह FSH, LH, एस्ट्रोजन तथा प्रोजेस्टेरॉन के द्वारा नियन्त्रित होता है।

यदि सगर्भता नहीं रुकती तो कॉर्पस ल्यूटियम कॉर्पस एल्बिकेन्स (corpus albicans) में परिवर्तित हो जाती है, जो कालक्षेत्र चिन्ह (black scar) की तरह होता है। मासिक चक्र गर्भावस्था तथा दुग्ध स्रावण (lactation) के दौरान नहीं होता है। **रजोनिवृत्ति** (menopause) में अण्डोत्सर्ग तथा मासिक चक्र स्थायी रूप से रुक जाता है। यह 45 या 50 साल की आयु में होता है। एवं इस अवस्था में नारी में जनन की क्षमता नहीं होती।

अभ्यास प्रश्नावली

1. वृषण उदरीय होते हैं

(a) बकरे में (b) शशक में
(c) हाथी में (d) कंगारू में

2. प्रोजेस्टेरॉन की उत्पत्ति असफल हो जाती है

(a) रजोनिवृत्ति में (b) दुग्ध स्रावण में
(c) गर्भाविधि में (d) रजोधर्म में

3. सर्टोली कोशिकाएँ होती हैं

(a) जननिक उपकला में (b) सेमिनीफेरस ट्यूब्यूल्स में
(c) कैपट एपीडिडाइमिस में (d) कॉडा एपीडिडाइमिस में

4. मादा (मानव) में जन्म के समय बीस लाख अण्डे होते हैं, पूर्ण जनन अवधि में इनमें से लगभग कितने परिपक्व होते हैं?

(a) 500 (b) 1000
(c) 2000 (d) 5000

5. मनुष्य में बल्बोयूरीथ्रल ग्रन्थि किस ग्रन्थि का दूसरा नाम है?

(a) प्रोस्टेट (b) काउपर
(c) पैरीनियल (d) माइबोमियन

6. शशक में शिश्न होती है।

(a) फाइब्रस प्रकार का एवं इसमें अस्थित भूत रचना होती है
(b) फाइब्रोइलास्टिक प्रकार का
(c) वैस्कुलर प्रकार का
(d) उपरोक्त में से कोई नहीं

7. मादा लिंग हॉर्मोन को कहते हैं

(a) एण्ड्रोजन (b) एड्रीनेलिन
(c) इन्सुलिन (d) एस्ट्रोजन

8. काउपर ग्रन्थि का स्राव क्या कार्य करता है?

(a) शुक्राणु का आहार (b) रोगाणु को नष्ट करना
(c) अम्लीयता का उदासीनीकरण (d) ये सभी

9. परिपक्व ग्राफी पुटक में रक्त वाहिनियाँ भेदती हैं

(a) केवल बाह्य प्रावरक को
(b) केवल आन्तर प्रावरक को
(c) केवल कणिकामय अण्डावरण को
(d) बाह्य प्रावरक तथा आन्तर प्रावरक दोनों को

10. सस्टेण्टेकुलर (सर्टोली) कोशिकाएँ पाई जाती हैं

(a) *ऐस्कैरिस* के वृषण में (b) मेंढक के अग्न्याशय में
(c) स्तनियों के अण्डाशय में (d) स्तनियों के वृषणों में

11. पुरुष की प्रोस्टेट ग्रन्थि (prostate gland) का प्रतिरूप मादा में क्या है?

(a) बार्थोलियन ग्रन्थि (b) गर्भाशय
(c) भगशिश्न (d) इनमें से कोई नहीं

12. शशक में एपीडिडाइमिस बना होता है

(a) रीटी टेस्टिस का
(b) कैपट, कॉडा एवं शुक्रवाहिनी का
(c) कैपट, कॉपर्स एवं कॉडा क्षेत्रों का
(d) कैपट, कॉपर्स एवं शुक्रवाहिनी का

13. कॉर्पस ल्यूटियम उपस्थित होता है

(a) अण्डाशय में (b) योनि में
(c) वृक्क में (d) गर्भाशय में

14. मादा शशक में बार्थोलियन ग्रन्थि खुलती है

(a) गर्भाशय में और शिशुओं के जन्म के दौरान एक लुब्रीकेन्ट छोड़ती है
(b) वेस्टीब्यूल में और योनि में एक लुब्रीकेन्ट छोड़ती है
(c) फैलोपियन नलिकाओं में और एक स्राव (रस) छोड़ती हैं, जो शुक्राणुओं को गतिशील बनाता है
(d) मूत्राशय में एवं मूत्र के बाहर निकलने में सहायता करती है

15. अण्डोत्सर्ग के पश्चात् पुटिक (Graafian follicle) किस हॉर्मोन के प्रभाव में कॉर्पस ल्यूटियम में बदल जाता है

(a) एस्ट्रोजन (b) प्रोजेस्टेरॉन
(c) FSH (d) LH

16. मदचक्र की कौन-सी अवस्था कामोन्माद (heat) की होती है?

(a) मेटाइस्ट्रस (metestrous)
(b) प्रोइस्ट्रस (proestrous)
(c) एनइस्ट्रस (anestrous)
(d) एस्ट्रस (oestrous)

17. वृषण हो सकते हैं

I. उदर के भीतर
II. प्रजनन काल के पश्चात् देहगुहा में वापस चले जाते हैं
III. हमेशा वृषण कोश में ही रहने वाले

इन तीनों के ही उदाहरण नीचे दिए गए हैं सही उत्तर का चुनाव कीजिए

(a) I काइरोप्टेरा II मोनोट्रीमेटा III प्राइमेट्स
(b) I मेटाथीरिया II काइरोप्टेरा III अधिकाँश माँसाहारी
(c) I मोनोट्रिमेटा II काइरोप्टेरा III प्राइमेट्स
(d) I मेटाथीरिया II कुछ माँसाहारी III सभी प्राइमेट्स

18. किस जन्तु में भ्रूणीय अवस्था में वृषण उदरीय होते हैं, किन्तु जन्म के पूर्व वृषण कोश में स्थानान्तरित हो जाते हैं जहाँ पर ये आजीवन रहते हैं?

(a) व्हेलों में (b) हाथियों में
(c) मनुष्यों में (d) चूहों में

19. कॉउपर ग्रन्थि (Cowper's gland) विद्यमान होती है

(a) कॉकरोच में (b) शशक में
(c) केचुएँ में (d) मेंढक में

20. निम्नलिखित में से कौन-सी ग्रन्थि मादा में नर की काउपर्स ग्रन्थि के समान कार्य करती है?
(a) पेरीनियल ग्रन्थि (b) रेक्टल ग्रन्थि
(c) प्रोस्टेट ग्रन्थि (d) बर्थोलिन की ग्रन्थि

21. महिलाओं के आर्तव चक्र (menstrual cycle) की वह प्रावस्था, जो 7-8 दिन तक चलती है, कहलाती है
(a) पुटक प्रावस्था (b) अण्डोत्सर्ग प्रावस्था
(c) पीत पिण्ड प्रावस्था (d) रजोधर्म

22. शशक में वृषण स्क्रोटल कोष में लटकते हैं
(a) जन्म के समय
(b) केवल जनन काल के अन्तर्गत
(c) प्यूबर्टी ग्रहण करने के पश्चात्
(d) लैंगिक परिपक्वता की प्राप्ति से पूर्व

23. शुक्रवाहिकाएँ फैली होती हैं
(a) वृषण पालिकाओं से वृषण जालिका तक
(b) वृषण जालिका से शुक्रवाहक तक
(c) शुक्रवाहक से अधिवृषण तक
(d) अधिवृषण से मूत्रमार्ग तक

24. स्तनधारियों के अण्डाशय का कौन-सा भाग अण्डोत्सर्ग के पश्चात् अन्तःस्रावी ग्रन्थि की तरह कार्य करने लगता है?
(a) ग्राफियन पुटिका (b) पीठिका
(c) जनन उपकला (d) पीतकी झिल्ली

25. स्पर्मेटोगोनिया के बीच-बीच में होती है
(a) लीडिग कोशिकाएँ (b) लसीका स्थल
(c) उपकला कोशिकाएँ (d) सर्टोली की कोशिकाएँ

26. सामान्य वयस्क स्त्री में रजोधर्म चक्र होता है
(a) 48 दिनों में (b) 38 दिनों में
(c) 18 दिनों में (d) 28 दिनों में

27. मनुष्य में मध्य नलिका जहाँ गर्भाशय स्वतन्त्र रूप से खुलता है, कहलाती है
(a) ग्रीवा (b) योनि
(c) क्लाइटोरिस (d) अवस्कर

28. मनुष्य के शुक्राणु सर्वप्रथम देखे थे
(a) रॉबर्ट हुक ने (b) अर्न्सट हैकल ने
(c) लुई पाश्चर ने (d) ल्यूवेनहॉक ने

29. एण्डोमेट्रियम पाई जाती है
(a) प्लेसेन्टा में (b) चूचक में
(c) गर्भाशय में (d) इनमें से कोई नहीं

30. फैलोपियन नलिका का अण्डाशय से निकटस्थ भाग होता है
(a) संकीर्ण पथ (b) वायुकोष्ठिका
(c) गर्भाशय ग्रीवा (d) तुम्बिका

31. नर लिंग हॉर्मोन स्रावित करने वाली ग्रन्थि है
(a) लेडिग कोशिका (b) सेमिनीफेरस नलिकाएँ
(c) प्रोस्टेट ग्रन्थि (d) वृषण

32. रजोधर्म कौन-से दिन होता है?
(a) 6 वें (b) 7 वें
(c) 14 वें (d) 28 वें

33. लीडिग कोशिकाओं की स्थिति एवं उनके द्वारा स्रावित रस होते हैं
(a) वृषण एवं टेस्टोस्टेरॉन (b) अग्न्याशय एवं ग्लूकेगॉन
(c) यकृत एवं कोलेस्ट्रॉल (d) अण्डाशय एवं एस्ट्रोजन

34. पॉलीएस्ट्रल स्तनि होता है
(a) शशक (b) बिल्ली (c) मनुष्य (d) ये सभी

35. नर तथा मादा दोनों ही लिंगों में सहायक लिंग ग्रन्थियाँ (accessory sex glands) पाई जाती हैं। ये ग्रन्थियाँ सहायता करती हैं
(a) लिंग हॉर्मोनों के उत्पादन में
(b) अण्डाणु व शुक्राणु निर्माण में
(c) मैथुन की प्रक्रिया में सहायता करती हैं
(d) उपरोक्त सभी

36. स्त्रियों में मासिक चक्र के कौन-से दिन अण्डोत्सर्ग होता है
(a) 1 वें (b) 8 वें (c) 14 वें (d) 18 वें

37. प्राकृतिक अनिषेक जनन पाया जाता है
(a) मक्खी में (b) मधुमक्खी में
(c) मच्छर में (d) इन सभी में

38. एकमदकाल (monoestrous) जन्तु वे हैं, जिनमें
(a) एक अण्डाणु बनता है
(b) वर्ष में एक बार प्रजनन काल होता है
(c) प्रत्येक माह में एक बार अण्डोत्सर्ग होता है
(d) प्रत्येक माह में एक बार रजोधर्म होता है

39. शुक्राणु एवं अण्डाणु के केन्द्रकों के संलयन की प्रक्रिया को कहते हैं
(a) कैरियोगैमी (b) अनिषेकजनन
(c) पीतकजनन (d) अण्डजनन

40. 'शुक्राणु बीज के समान है व अण्डाणु मिट्टी के समान है।' विचार प्रस्तुत किया गया
(a) ल्यूवेनहॉक द्वारा (b) हाइसोइकर द्वारा
(c) स्वामरडेम द्वारा (d) बोनेट द्वारा

41. मादा के गर्भाशय के समजात अंग नर में होता है
(a) गुबरनेकुलम (b) वृषण कोश
(c) प्रोस्टेट ग्रन्थि (d) शुक्राशय

42. मद चक्र किसकी विशिष्टता है?
(a) स्तनी की
(b) स्तनीय मादाओं की
(c) मानव स्त्री की
(d) प्राइमेटों को छोड़कर शेष स्तनीय मादाओं की

43. प्रोजेस्टेरॉन किस आर्तव अवस्था में रुधिर में अनुपस्थित होता है तथा एस्ट्रोजन स्तर उच्च रहता है?
(a) आर्तव अवस्था (b) पश्च आर्तव अवस्था
(c) पूर्व अण्डोत्सर्गीय अवस्था (d) अण्डोत्सर्ग

उत्तरमाला

1. (c)	**2.** (d)	**3.** (b)	**4.** (a)	**5.** (b)	**6.** (c)	**7.** (d)	**8.** (c)	**9.** (b)	**10.** (d)
11. (d)	**12.** (c)	**13.** (a)	**14.** (b)	**15.** (d)	**16.** (d)	**17.** (c)	**18.** (c)	**19.** (b)	**20.** (d)
21. (b)	**22.** (a)	**23.** (a)	**24.** (a)	**25.** (a)	**26.** (d)	**27.** (b)	**28.** (d)	**29.** (c)	**30.** (c)
31. (d)	**32.** (d)	**33.** (a)	**34.** (d)	**35.** (c)	**36.** (c)	**37.** (b)	**38.** (b)	**39.** (a)	**40.** (b)
41. (d)	**42.** (d)	**43.** (c)							

7

युग्मकजनन एवं निषेचन

Gametogenesis and Fertilisation

वर्ग विशेष या जाति के विकास को अध्ययन के जातिवृतीय परिवर्धन (phylogenetic development), जबकि जीव या प्राणी विशेष का परिवर्धन **व्यक्तिवृत्तीय परिवर्धन** (ontogenetic development) कहलाता है।

व्यक्तिवृत्त (Ontogeny)

इसके अन्तर्गत युग्मकजनन (gametogenesis) से लेकर शिशु (infant) या लारवा बनने तक की सभी अवस्थाओं का अध्ययन किया जाता है। पूर्व में इसे **भ्रूणीय परिवर्धन** (embryonic development) कहते थे।

इसमें दो युग्मकजनक एवं निषेचन दो प्रावस्थाएँ पाई जाती हैं

युग्मकजनन (Gametogenesis)

युग्मकजनन एक जटिल प्रक्रम है, इसमें अर्द्धसूत्री तथा समसूत्री विभाजन द्वारा अगुणित (haploid) युग्मकों का निर्माण होता है। नर युग्मक, शुक्राणु (sperm) के निर्माण की प्रक्रिया को **शुक्राणुजनन** (spermatogenesis) कहते हैं, जबकि मादा युग्मक, अण्डाणु (ovum) के निर्माण की प्रक्रिया को **अण्डाणुजनन** (oogenesis) कहते हैं। शुक्रजनन व अण्डजनन में तीन प्रावस्थाएँ, गुणन प्रावस्था (multiplication phase), वृद्धि प्रावस्था (growth phase) तथा परिपक्वन प्रावस्था (maturation phase) होती हैं।

शुक्रजनन की गुणन प्रावस्था में जनन एपीथीलियम की कोशिकाओं में बार-बार समसूत्री विभाजन द्वारा शुक्राणुजन कोशिकाएँ या स्पर्मेटोगोनिया (spermatogonia) बनती हैं। वृद्धि प्रावस्था में स्पर्मेटोगोनिया पोषक पदार्थ एकत्र कर प्राथमिक स्पर्मेटोसाइट (primary spermatocytes) बनाती है, जो परिपक्वन प्रावस्था में अर्द्धसूत्री विभाजन द्वारा स्पर्मेटिड्स (spermatids) बनाती हैं। स्पर्मेटिड के शुक्राणु में परिवर्तित होने की क्रिया **स्पर्मियोजेनेसिस** या **स्पर्मेटोलियोसिस** (spermiogenesis or spermatoleosis) कहलाती है।

मनुष्य के शुक्राणु के शीर्ष में केन्द्रक तथा अग्र छोर पर **गॉल्जीकाय** से बना **एक्रोसोम** (acrosome) होता है। इसके ग्रीवा में दो सेन्ट्रियोल (centrioles) तथा मध्य भाग में **माइटोकॉण्ड्रिया से बना सर्पिल आच्छद** होता है तथा पूँछ स्वतन्त्र होती है।

अण्डजनन की गुणन प्रावस्था में अण्डाशय के भीतर की प्रारम्भिक जनन कोशिकाओं में समसूत्री विभाजन द्वारा अण्डाणुजन या अण्डजननी कोशिकाएँ (oogonia) बनती हैं।

वृद्धि प्रावस्था में अण्डजननी कोशिकाएँ पोषक पदार्थ या पीतक (yolk) एकत्र कर प्राथमिक अण्डक (primary oocyte) बनाती हैं। डिम्बोत्सर्ग या अण्डोत्सर्ग (ovulation) के पश्चात् अर्द्धसूत्री विभाजन द्वारा प्राथमिक अण्डक कोशिका एक बड़ी द्वितीयक अण्डक कोशिका (secondary oocyte) तथा छोटी प्रथम ध्रुव कोशिका (first polar body) बनाती है। द्वितीयक अण्ड कोशिका समसूत्री विभाजन द्वारा एक छोटी द्वितीयक ध्रुव कोशिका तथा बड़ा अण्डाणु (ootid) बनाती है।

शुक्राणु की संरचना (Structure of Sperms)

प्रत्येक शुक्राणु शीर्ष, मध्यखण्ड तथा पुच्छ तीन भागों में विभेदित होता है,

(i) **शीर्ष** (Head) शीर्ष प्रायः फूला हुआ, घुण्डीदार होता है, परन्तु अनेक जन्तु जातियों में यह लम्बा, दण्डनुमा होता है। इसमें केन्द्रक (nucleus) स्थित होता है और केन्द्रक के चारों ओर थोड़ा-सा कोशिकाद्रव्य (cytoplasm) होता है। इसके शीर्ष पर गॉल्जीकायों (Golgi bodies) की बनी **एक्रोसोम** (acrosome) नामक रचना टोपी की भाँति ढकी होती है।

(ii) **मध्यखण्ड** (Middle portion) मध्यखण्ड शीर्ष से पतला, दण्डनुमा भाग होता है, जो छोटी सी ग्रीवा (neck) द्वारा शीर्ष से जुड़ा रहता है। मध्य खण्ड में **माइटोकॉण्ड्रिया** उपस्थित होते हैं। माइटोकॉण्ड्रिया के आगे, ग्रीवा में, आगे पीछे स्थित दो सेन्ट्रियोल्स (centrioles) होते हैं।

(iii) **पुच्छ** (Tail) पुच्छ प्रायः लम्बी, कोड़ेनुमा और अत्यधिक गतिशील होती है। पुच्छ द्वारा शुक्राणु तरल माध्यम में तैरता है।

अण्डाणु की संरचना (Structure of Ova)

अण्डाणु आकार में गोल (spherical) होते हैं। अण्डाणु का ऊपरी आधा भाग प्राणी गोलार्ध (animal hemisphere) होता है, जिसका ऊपरी भाग प्राणी ध्रुव (animal pole) कहलाता है तथा बाकि भाग वेजिटल पोल कहलाता है।

अण्डों के प्रकार (Types of Eggs)

I. **पीतक** (yolk) की मात्रा के आधार पर, अण्डे निम्न प्रकार के होते हैं

(a) **सूक्ष्मपीतकी या माइक्रोलेसिथल** (Microlecithal) पीतक थोड़ी मात्रा में उपस्थित होता है। उदाहरण–स्पंज, *एम्फिऑक्सस* (*Amphioxus*), ट्यूनिकैट्स (tunicates), यूथीरियन, आदि।

(b) **मध्यपीतकी या मीसोलेसिथल** (Mesolecithal) इनमें पीतक की मात्रा मध्यम दर्जे की होती है। उदाहरण–*पेट्रोमाइजोन* (*Petromyzon*), उभयचर (amphibians), आदि।

(c) **अतिपीतकी या पॉलीलेसिथल** (Polylecithal) इनमें पीतक की मात्रा अधिक होती है। उदाहरण–पक्षी, सरीसृप, अस्थिमय मछली आदि।

II. **पीतक** की स्थिति के आधार पर अण्डे अधोलिखित प्रकार के होते हैं

(a) **समपीतकी या आइसोलेसिथल** (Isolecithal) जीवद्रव्य में पीतक समान रूप से वितरित रहता है।

उदाहरण–स्पंज, ट्यूनिकेट, *एम्फिऑक्सस*, आदि।

(b) **गोलार्धपीतकी या टीलोलेसिथल** (Telolecithal) पीतक अधिक मात्रा में होता है तथा यह वर्धी गोलार्ध की ओर एकत्रित रहता है।

उदाहरण–पक्षी, उभयचर, सरीसृप, आदि।

(c) **केन्द्रपीतकी या सेण्ट्रोलेसिथल** (Centrolecithal) पीतक केन्द्र में उपस्थित होता है। उदाहरण–कीटों के अण्डे।

निषेचन (Fertilisation)

नर व मादा युग्मों के संयोजन को निषेचन कहते हैं,जिसके फलस्वरूप द्विगुणित युग्मनज (zygote) का निर्माण होता है।

निषेचन के पूर्व अण्ड फर्टिलाइजीन (fertilisin) का स्रावण करता है। यह शुक्राणु की सतह पर एन्टीफर्टिलाइजीन नामक ग्राही से क्रिया करता है, जिसके फलस्वरूप आंसजन हो जाता है। निषेचन के समय एक्रोसोम हाइलुरोनिडेस (hyaluronidase) एन्जाइम का मोचन करता है, जो अण्ड को घेरे हुए कोरोना रेडिएटा (corona radiata) में उपस्थित हाइलुरोनिक अम्ल को घोल देता है।

निषेचन क्रिया उपरान्त युग्मनज बनता है, जो विदलन के परिणामस्वरूप वृद्धि करता हुआ भ्रूण में परिवर्तित होता है, भ्रूण की वृद्धि के फलस्वरूप प्रौढ़ विकसित होता है।

निषेचन दो प्रकार का होता है

(i) **बाह्य निषेचन** (External fertilisation) जब निषेचन शरीर के बाहर होता है, तो वह बाह्य निषेचन कहलाता है, गह सदैव जलीय माध्यम में होता है।

(ii) **आन्तरिक निषेचन** (Internal fertilisation) यह शरीर के अन्दर होता है। यह जलीय माध्यम में भी होता है, परन्तु जनन वाहिनियों के अन्दर नहीं होता है।

अभ्यास प्रश्नावली

1. अण्डोत्सर्ग, स्तनियों में किसके कारण होता है?
(a) FSH एवं TSH (b) FSH एवं LH
(c) FSH एवं LTH (d) LTH एवं LH

2. स्तनियों में अण्डोत्सर्ग प्रक्रिया में क्या होता है?
(a) फैलोपियन नलिका में अण्डे का निषेचन होता है
(b) अण्डा फैलोपियन नलिका के झुर्रीदार कीप से होकर गुजरता है
(c) ग्राफियन पुटिकाओं से अण्डा बाहर निकलता है
(d) अनिषेचित अण्डा मादा के शरीर से बाहर निकलता है

3. शुक्रजनन में 50 शुक्राणु स्पर्मेटोसाइट्स द्वारा कितने द्वितीयक रपर्मेटोसाइट्स का निर्माण होता है
(a) 50 (b) 300
(c) 200 (d) 500

4. सरीसृपों तथा पक्षियों के अण्डे होते हैं
(a) एलेसीथल (b) आइसोलेसीथल
(c) टीलोलेसीथल (d) होमोलेसीथल

5. युग्मकजनन (gametogenesis) के दौरान विभाजन होते हैं
(a) असूत्रीय एवं समसूत्रीय (b) समसूत्रीय एवं अर्द्धसूत्रीय
(c) असूत्रीय एवं अर्द्धसूत्रीय (d) केवल अर्द्धसूत्रीय

6. शुक्राणुजनन का अर्थ है
(a) प्राथमिक पुमणुजन से शुक्राणुओं का उत्पादन
(b) शुक्राणुओं का शुक्राणुओं में रूपान्तरण
(c) सर्टोली कोशिकाओं से शुक्राणुओं का मोचन
(d) शुक्राणुओं का समूहन

7. शुक्राणु के अग्र पिण्डक (acrosome of spermatozoa) का निर्माण होता है
(a) लाइसोसोम से (b) गॉल्जीकाय से
(c) राइबोसोम से (d) माइटोकॉण्ड्रिया से

8. अण्डोत्सर्ग के समय अण्डा प्राथमिक ऊसाइट अवस्था में पाया जाता है
(a) लोमड़ी में (b) कुत्तों में
(c) *ऐस्केरिस* में (d) इन सभी में

9. फर्टीलाइजिन नामक पदार्थ किसके द्वारा स्रावित होता है
(a) परिपक्व अण्डे (b) एक्रोसोम
(c) शुक्राणु के मध्य भाग (d) ध्रुव कोशिकाओं

10. शुक्राणु परिपक्व होते हैं
(a) वृषण जालिका में (b) शुक्रवाहक में
(c) प्रोस्टेट में (d) इनमें से कोई नहीं

11. कितने द्वितीयक स्पर्मेटोसाइट्स से 400 शुक्राणु बनेंगे?
(a) 100 (b) 400
(c) 40 (d) 200

12. शुक्रजनन का सही क्रम है
(a) स्पर्मेटोगोनिया → स्पर्मेटोसाइट्स → स्पर्मेटिडस → शुक्राणु
(b) स्पर्मेटोसाइट्स → स्पर्मेटोगोनिया → स्पर्मेटोजोआ → स्पर्मेटिड्स
(c) स्पर्मेटोगोनिया → प्राथमिक स्पर्मेटोसाइट्स → द्वितीयक स्पर्मेटोसाइट्स → स्पर्मेटिड्स → स्पर्मेटोजोआ
(d) प्राथमिक स्पर्मेटोसाइट्स → द्वितीयक स्पर्मेटोसाइट्स → स्पर्मेटोगोनिया → स्पर्मेटिड्स

13. फैलोपियन ट्यूब निम्न में से किसका भाग है?
(a) गर्भाशय का (b) मूत्रवाहिनी का
(c) अण्डवाहिनी का (d) शुक्रवाहिनी का

14. स्पर्मेटोलियोसिस से बनते हैं
(a) स्पर्मेटोड्स (b) प्राथमिक स्पर्मेटोसाइट्स
(c) स्पर्मेटोगोनिया (d) शुक्राणु

15. निषेचन या संसेचन प्रक्रिया में शुक्राणु
(a) की पूँछ अण्डाणु में प्रवेश करती है
(b) का शीर्ष अण्डाणु में प्रवेश करता है
(c) अण्डाणु में प्रवेश करता है
(d) का मध्य भाग अण्डाणु को निषेचित करता है

16. अण्डजनन की प्रक्रिया में, जब अण्डाशय की द्विगुणित कोशिका में अर्द्धसूत्रण होता है, तो परिणामस्वरूप कितने अण्डे बनते हैं?
(a) 1 (b) 2
(c) 3 (d) 4

17. 100 प्राथमिक अण्डजों से कितने अण्डाणु बनेंगे?
(a) 300 (b) 400
(c) 200 (d) 100

18. शुक्रजनन में एक प्राथमिक स्पर्मेटोसाइट से कितने शुक्राणु बनते हैं?
(a) 4 (b) 1
(c) 8 (d) 2

19. नर युग्मकों के बनने की प्रक्रिया को कहते हैं
(a) शुक्राणुजनन
(b) युग्मकजनन
(c) अण्डजनन
(d) पुनरुद्भवन

20. अण्डाशय में अण्डों के निर्माण की प्रक्रिया कहलाती है
(a) अण्डजनन (b) अण्डोत्सर्ग
(c) अण्डनिक्षेपण (d) अण्डजरायुजता

21. स्पर्मियोजिनेसिस में होता है
(a) प्राथमिक स्पर्मेटोसाइट्स → द्वितीयक स्पर्मेटोसाइट्स
(b) स्पर्मेटिड → शुक्राणु
(c) जनन उपकला → स्पर्मेटोगोनिया
(d) द्वितीयक स्पर्मेटोसाइट → स्पर्मेटिड

22. मेंढक की प्राथमिक शुक्र कोशिका में गुणसूत्रों की संख्या होती है
(a) स्पर्मेटोगोनिया से आधे
(b) शुक्र कोशिका से आधे
(c) स्पर्मेटोगोनिया के बराबर
(d) द्वितीयक शुक्र कोशिका के समय

23. सूक्ष्मपीतक अण्डे, जिनमें आरक्षित भोज्य पदार्थ की बहुत कम मात्रा होती है
(a) मेंढक में (b) कीटों में
(c) मनुष्य में (d) मछली में

24. शुक्राणुपूर्वी से शुक्राणु बनने की क्रिया को कहते हैं
(a) स्पर्मेटोजिनेसिस (b) स्पर्मियोजिनेसिस
(c) स्पर्मेटोसाइटोसिस (d) स्पर्मिऐशन

25. स्तनधारियों के शुक्राणु की जीवन क्षमता (viability) के सम्बन्ध में निम्नलिखित में से कौन-सा कथन असत्य है?
(a) शुक्राणु केवल 24 घण्टों तक जीवित रह पाता है
(b) शुक्राणु की जीवन क्षमता माध्यम के pH पर निर्भर करती है और यह क्षारीय माध्यम में अधिक सक्रिय होता है
(c) शुक्राणु की जीविता इसकी गति द्वारा निर्धारित होती है
(d) शुक्राणुओं को एक गाढ़े निलम्बन (thick suspension) में सान्द्रित होना चाहिए

26. स्तनधारियों में अण्डजनन की गुणन प्रावस्था (multiplication phase) होती है
(a) प्रसवपूर्व काल में (b) प्रसवोत्तर काल में
(c) जन्म के समय में (d) तरुणावस्था (puberty) में

27. मनुष्य के अण्डे होते हैं
(a) माइक्रोलेसीथल (b) एलेसीथल
(c) मेक्रोलेसीथल (d) मीजोलेसीथल

28. यदि मनुष्य में शुक्रवाहिनियों को काट कर हटा दें, तो
(a) वीर्य में शुक्राणु केन्द्रविहीन होंगे (b) शुक्राणु जनन नहीं होगा
(c) वीर्य में शुक्राणु अचल होंगे (d) वीर्य में शुक्राणु नहीं होंगे

29. यदि मेंढक में अनिषेचित अण्डे में एक सूक्ष्म सुई चुभाई जाए तो, यह
(a) तुरन्त नष्ट हो जाएगा
(b) विभाजन प्रारम्भ कर देगा
(c) अविभाजित रहेगा
(d) जल्दी ही एक भेकशिशु में बदल जाएगा

30. एक्रोसोम का निर्माण करता है
(a) लाइसोसोम (b) गॉल्जी बॉडी
(c) माइटोकॉण्ड्रिया (d) केन्द्रक

31. मेंढक का अण्डा होता है
(a) अपीतकी (b) केन्द्रपीतकी
(c) समपीतकी (d) गोलार्धपीतकी

32. शुक्राणु किस प्रकार का रासायनिक स्राव करता है?
(a) फर्टिलाइजिन (b) एण्टीफर्टिलाइजिन
(c) (a) व (b) दोनों (d) इनमें से कोई नहीं

33. निषेचन शंकु का निर्माण निषेचन के किस चरण की क्रिया है
(a) सन्निकटन (b) एक्रोसोम क्रिया
(c) अण्डे का सक्रियन (d) उभयमिश्रण

34. एक परिपक्व शुक्राणु की गति नियन्त्रित होती है माइट्रोकॉण्ड्रिया द्वारा, जो स्थित होते हैं
(a) अग्रभाग में (b) मध्य भाग में
(c) पुच्छ भाग में (d) सभी भागों में

➔ उत्तरमाला

1. (b)	**2.** (c)	**3.** (c)	**4.** (c)	**5.** (b)	**6.** (a)	**7.** (b)	**8.** (d)	**9.** (a)	**10.** (a)
11. (d)	**12.** (c)	**13.** (c)	**14.** (d)	**15.** (b)	**16.** (a)	**17.** (d)	**18.** (a)	**19.** (a)	**20.** (a)
21. (b)	**22.** (c)	**23.** (c)	**24.** (a)	**25.** (a)	**26.** (a)	**27.** (b)	**28.** (d)	**29.** (b)	**30.** (b)
31. (d)	**32.** (b)	**33.** (c)	**34.** (b)						

8

विदलन : प्रतिरूप एवं प्रकार

Cleavage : Pattern and Types

शब्द 'विदलन' वॉन बेयर द्वारा दिया गया। विदलन के अन्तर्गत एककोशिकीय युग्मनज से बहुकोशिकीय जीव का परिवर्धन होता है। विदलन को सर्वप्रथम स्वामर्डेम 1738 ने मेंढक के अण्डों में देखा था। तत्पश्चात् स्पेलेन्जॉनी द्वारा प्रथम एवं द्वितीय विदलनों का अध्ययन टोड (*ब्यूफो*) में किया गया। मेंढक के अण्डे का विस्तृत अध्ययन **प्रीवोस्ट** एवं **डूमास** द्वारा किया गया।

विदलन या खण्डीभवन (Cleavage or Segmentation)

युग्मज (zygote) का समसूत्री विभाजन द्वारा लगातार बढ़ती हुई संख्या और घटते हुए आकार की कोशिकाओं में सतत् विखण्डन विदलन कहलाता है। यह खण्डीभवन, कोशिका भवन (cationellul), आदि नामों से भी जाना जाता है। विदलन के फलस्वरूप बनी पुत्री कोशिकाओं को कोरक खण्ड या ब्लास्टोमियर्स कहते हैं। भ्रूणीय विकास की इस प्रथम अवस्था में, अण्डा समसूत्री विभाजन द्वारा विभाजित होता है, जिसके फलस्वरूप कोशिकाओं की संख्या तो बढ़ती है, परन्तु आकार निरन्तर घटता रहता है। अतः विदलन के समय भ्रूण में वृद्धि नहीं होती है।

विदलन के दौरान विदलन खाँच (cleavage furrow) युग्मज को कोरक खण्ड में विभाजन विदलित करते हैं विदलन खाँच युग्मनज को विभिन्न तलों या कोणों, रेखांकित (meridional plane) अनुदैर्ध्य या उदग्र (vertical) विषुवत रेखीय (equatorial), अनुप्रस्थ (transverse) एवं अक्षांशीय (lattitudinal), आदि में विभाजित करता है।

विदलन के प्रतिरूप (Patterns of Cleavage)

विदलन के परिणामस्वरूप बनी पुत्री कोशिकाएँ कोरक खण्डों का अभिविन्यास ध्रुवीय अक्ष के साथ-साथ विभिन्न प्राणियों में इसकी भिन्न-भिन्न रूपों में उपस्थिति विदलन प्रतिरूप (patterns of cleavage) कहलाता है।

विभिन्न प्राणियों में निम्नलिखित प्रकार के विदलन प्रतिरूप पाए जाते हैं।

विदलन का अरीय प्रतिरूप (Pattern of Radial Cleavage)

इसमें विदलन खाँच एक-दूसरे को समकोण पर काटते हैं। ऐसे विदलन में कोरक खण्डों का एक के ऊपर एक रूप से व्यवस्थित होते हैं (ऊपरी टायर नीचे के टायर) के ठीक ऊपर स्थित होता है। कोरक खण्ड ध्रुव अक्ष के चारों ओर अरीय सममिति (radial symmetry) विन्यासित होते हैं।
उदाहरण–अधिकाँश कॉर्डेट्स, सीलेन्ट्रेटा एवं इकाइनोडर्मेटा।

विदलन का द्विअरीय प्रतिरूप (Pattern of Biradial Cleavage)

इसमें प्रथम दो विदलन खाँच रेखांकित व तृतीय विदलन खाँच **अनुदैर्ध्य तल** से होता है। इसके फलस्वरूप आठ कोशिकाओं की एक वक्रित प्लेट निर्मित होती हैं। इस प्रकार के विदलन में कोरक खण्ड **द्विअरीय सममिति** में व्यवस्थित होते हैं। उदाहरण–टीनोफोरा।

विदलन का द्विपार्श्व प्रतिरूप (Pattern of Bilateral Cleavage)

इस प्रकार के विदलन में युग्मज का विभाजन समकोणीय तलों में होने के बावजूद असमान आकार के कोरक खण्डों का निर्माण होता है। इस विदलन प्रतिरूप में **द्विपार्श्व सममिति** (bilateral symmetry) का विकास होता है। उदाहरण–*हर्डमानिया* (*Hardmania*), *एम्फीऑक्सस* (*Amphioxus*), उभयचर (amphibians) एवं उच्च स्तनधारी (higher mammals)।

विदलन का सर्पिल प्रतिरूप (Pattern of Spiral Cleavage)

यह विदलन अरीय विदलन का रूपान्तरण होता है। समसूत्री तुर्क की स्थिति ध्रुवीय अक्ष के सम्बन्ध में **तिर्यक** (opaque) हो जाने के कारण, कोरक खण्डों का घूर्णन हो जाता है। दक्षिणावर्त घूर्णन के फलस्वरूप विदलन दक्षिणावर्त सर्पिल, जबकि वामावर्त घूर्णन वामावर्त सर्पिल प्रतिरूप दर्शाता है। यह संघ–मोलस्का अथवा ऐनेलिडा के सदस्यों में पाया जाता है।

विदलन के प्रकार (Types of Cleavage)

विदलन पीतक (yolk) की मात्रा व वितरण पर निर्भर करता है, जिसके आधार पर विदलन को निम्न दो भागों में विभक्त करते हैं

1. पूर्णभंजी विदलन (Holoblastic Cleavage)

पूर्ण विदलन द्वारा विदलन खाँचे पूर्ण युग्मनज को विभक्त करती है।

यह पुनः दो प्रकार का होता है

(i) **समान पूर्णभंजी** (Equal holoblastic) पूर्णभंजी समान विदलन के पश्चात् सभी कोरक खण्ड समान आकार के होते हैं। यह सूक्ष्मपीतक (microlecithal) तथा अपीतक (alecithal) अण्डों में होता है उदाहरण–स्पंज, सीलेन्ट्रेट, *हर्डमानिया, एम्फीऑक्सस*, मेटाथीरियन एवं यूथीरियन स्तनी।

(ii) **असमान पूर्णभंजी** (Unequal holoblastic) पूर्णभंजी असमान विदलन के पश्चात् कोरक खण्ड दो प्रकार के छोटे माइक्रोमीयर्स तथा बड़े मैक्रोमीयर्स होते हैं। यह मध्यपीतक तथा गोलार्द्धपीतक अण्डों में होता है। उदाहरण–मेंढ़क, एम्फीबिया, मोलस्का एवं निम्न श्रेणी की मछलियाँ।

2. **अपूर्ण या अंशभंजी विदलन** (Meroblastic Cleavage)

विदलन सम्पूर्ण युग्मनज में नहीं होता। यह अपूर्ण रहता है। यह पुनः दो प्रकार का होता है

(i) **सुपरफीशियल** (Superficial) यह विभाजन अण्डे की केवल सतही पर्त में ही होता है एवं केन्द्रपीतकी अण्डों में पाया जाता है। इस प्रकार के विदलन में केन्द्रक समसूत्री विभाजन द्वारा विभाजित होता है, जिसके फलस्वरूप परिधीय कोशिकाद्रव्य बहुकेन्द्रकी बन जाता है प्रत्येक केन्द्रक कोशिकाद्रव्य द्वारा घेर लिया जाता है। इसे **पृष्ठीय विदलन** (dorsal cleavage) कहते हैं। उदाहरण–कीट।

(ii) **डिस्कॉइडल या बिम्बाभ या चक्रिकाभ** (Discoidal) यह अपूर्ण विदलन अतिपीतकी अण्डों का लक्षण है, जहाँ **जर्मीनल डिस्क** या **ब्लास्टोडिस्क** में ही विभाजन होता है। इसके फलस्वरूप पीतक के ऊपर पुत्री कोशिकाओं की एक परत निर्मित हो जाती है, यह **ब्लास्टोडर्म** या **कोरक चर्म** कहलाती है। यह सिफालोपोड्स (*ऑक्टोपस*), अस्थिल मछलियाँ (bony fishes), पक्षियों एवं सरीसृप के अण्डों में पाया जाता है।

विदलन का महत्त्व (Importance of Cleavage)

इस प्रक्रम द्वारा एककोशिकीय युग्मनज द्वारा बहुकोशिकीय कोरक (blastula) तथा कन्दुक (gastrula) का निर्माण होता है। इस प्रक्रम के दौरान निर्मित कोरकगुहा (blastocoel), कन्दुकन (gastrulation) प्रक्रिया के समय विकासीय संरचना के लिए आधार एवं स्थान प्रदान करती है।

अभ्यास प्रश्नावली

1. अण्डे में विदलन के बाद क्या बनता है?
(a) मोरुला (b) ब्लास्टुला
(c) गैस्टुला (d) ये सभी

2. विदलन के फलस्वरूप बनने वाली ठोस गेंद को कहते हैं
(a) ब्लास्टुला (b) मोरुला
(c) गैस्टुला (d) न्यूरुला

3. मेंढक के युग्मनज का तीसरा विदलन होता है
(a) केवल सतह पर
(b) अक्षांशीय एवं भूमध्य रेखीय
(c) रेखांशीय एवं अपूर्ण
(d) अंक्षाशीय, परन्तु भूमध्य रेखीय नहीं

4. मनुष्य में पाया जाने वाला कोरक है
(a) घनकोरक (b) बिम्बकोरक
(c) पोषकोरक (d) परिकोरक

5. स्तनियों में किस प्रकार का विदलन होता है?
(a) पूर्णभंजी (b) अंशभंजी
(c) सतही (d) इनमें से कोई नहीं

6. पूर्णभंजी विदलन पाया जाता है
(a) केन्द्रपीतकी अण्डे में
(b) अतिगोलार्द्ध पीतकी अण्डे में
(c) अतिपीतकी अण्डे में
(d) अपीतकी, सूक्ष्मपीतकी व मध्यगोलार्द्ध पीतकी अण्डे में

7. मेंढक के अण्डे में कौन-से विदलन के बाद विदलन असमान हो जाता है?
(a) द्वितीय (b) चौथे
(c) पाँचवे (d) प्रथम

8. विदलन होता है
(a) युग्मनज में (b) अण्डे में
(c) तन्त्रिका कोशिका में (d) इन सभी में

9. अंशभंजी विदलन निम्न में से किस प्रकार के अण्डों में हो सकता है?
(a) केवल अल्पपीतकीय में
(b) केवल मध्यपीतकीय में
(c) (a) एवं (b) दोनों में
(d) केवल गुरुपीतकीय में

10. विदलन के दौरान भ्रूण के आयतन में
(a) कोई वृद्धि नहीं होती है
(b) वृद्धि होती है
(c) कमी होती है
(d) स्थिरता बनी रहती है

11. मेंढक के अण्डे का विदलन है
(a) होलोब्लास्टिक (b) मीरोब्लास्टिक
(c) डिप्लोब्लास्टिक (d) ट्रोप्लोब्लास्टिक

12. विदलन खाँचे
(a) कोशिकाद्रव्य एवं केन्द्रकों को दो भागों में बाँटती है
(b) केवल केन्द्रकों को दो भागों में बाँटती है
(c) केवल कोशिकाद्रव्य को दो भागों में बाँटती है
(d) (a) एवं (b) दोनों

13. विदलन तब तक जारी रहता है, जब तक कि परिणामी ब्लास्टोमीयर्स का आकार
(a) अण्डाणु के आकार के बराबर हो जाए
(b) शुक्राणु के आकार के बराबर हो जाए
(c) जन्तु शरीर की कोशिकाओं के बराबर हो जाए
(d) उपरोक्त में से किसी के बराबर हो जाए

14. भ्रूणीय परिवर्धन की कौन-सी प्रावस्था के पश्चात् विदलन प्रायः रुक जाता है
(a) मोरुला (b) ब्लास्टुला
(c) गैस्टुला (d) न्यूरुला

15. विदलन के फलस्वरूप बनने वाली कोशिकाओं को कहते हैं
(a) कोरक (b) कोरक खण्ड
(c) कोरक रन्ध्र (d) योक प्लग

16. निषेचित अण्डे का विकास किससे प्रारम्भ होता है?
(a) अन्तर्वलन से (b) पुनरुद्भवन से
(c) विखण्डीजनन से (d) विदलन से

17. किसी प्राणी के परिवर्धन में होने वाली घटनाओं का सही क्रम है
(a) कोरक भवन $\rightarrow$ युग्मनज (विदलन) $\rightarrow$ कन्दुकन
(b) युग्मनज (विदलन) $\rightarrow$ कोरक भवन $\rightarrow$ कन्दुकन
(c) कन्दुकन $\rightarrow$ युग्मनज (विदलन) $\rightarrow$ कोरक भवन
(d) युग्मनज (विदलन) $\rightarrow$ कन्दुकन $\rightarrow$ कोरक भवन

18. अण्डे की 16 कोशिकीय अवस्था में कितने विदलन पूर्ण हो जाते हैं?
(a) 3 (b) 4
(c) 8 (d) 12

19. निषेचित अण्डा किस क्रिया द्वारा विभाजित होता है?
(a) पुनरुद्भवन (b) अण्डजनन
(c) विदलन (d) अन्तर्वलन

20. तृतीय विदलन खाँचे कितनी ब्लास्टोमीयर्स को विभाजित करती हैं
(a) 3 (b) 4
(c) 5 (d) 2

21. पक्षियों के अण्डे में विदलन होता है
(a) समान पूर्णभंजी (b) असमान पूर्णभंजी
(c) अंशभंजी बिम्बाभ (d) अंशभंजी पृष्ठीय

22. पूर्णभंजी समान विदलन पाया जाता है
(a) अपीतकी अण्डे में (b) मध्यपीतकी अण्डे में
(c) अतिपीतकी अण्डे में (d) केन्द्रपीतकी अण्डे में

23. पृष्ठीय (superficial) विदलन किस प्रकार के अण्डे से एक युग्मनज में होता है?
(a) अपीतकीय (b) समपीतकीय
(c) केन्द्रपीतकीय (d) इनमें से कोई नहीं

24. स्तनधारियों के अण्डे में पाया जाने वाला विदलन है
(a) पूर्णभंजी समान
(b) पूर्णभंजी असमान
(c) अंशभंजी बिम्बाभ
(d) अंशभंजी पृष्ठीय

➔ उत्तरमाला

1. (a) **2.** (b) **3.** (b) **4.** (c) **5.** (b) **6.** (d) **7.** (c) **8.** (a) **9.** (d) **10.** (a)
11. (a) **12.** (a) **13.** (c) **14.** (c) **15.** (b) **16.** (d) **17.** (b) **18.** (b) **19.** (c) **20.** (b)
21. (c) **22.** (a) **23.** (c) **24.** (a)

9

कोरकभवन एवं कन्दुकन
Blastulation and Gastrulation

विदलन के फलस्वरूप 16-32 कोशिकाएँ बनने पर जर्मीनल डिस्क मोरुला अवस्था के संगत होती है। दूसरे शब्दों में निरन्तर विदलनों के उपरान्त कोशिकाओं की बनी एक ठोस गेंद को मोरुला कहते हैं। मोरुला कोरक गुहाविहीन (गुहा अनुपस्थित) होती है। युग्मनज में प्रथम तथा द्वितीय विदलन लगभग समान होते हैं, किन्तु तृतीय विदलन के पश्चात् (मेंढक में पंचम विदलन के पश्चात्) विभाजन असमान व अनियमित हो जाता है

इस अनियमित विभाजन के परिणामस्वरूप युग्मज मे सक्रिय ध्रुव (animal pole) छोटी काले रंग की कोशिकाएँ बन जाती हैं। ये कोशिकाएँ माइक्रोमियर्स कोशिकाएँ कहलाती हैं,जबकि अल्पक्रिय ध्रुव (vegetal pole) पर पीतक युक्त बडी सफेद कोशिकाएँ निर्मित हो जाती हैं, जिन्हें मेगामियर्स कहा जाता है।

चूजे के भ्रूणीय परिवर्धन में ब्लास्टोडर्म का स्वतन्त्र किनारा तेजी से वृद्धि करके पीतक के ऊपर फैल जाता है एवं सबजर्मिनल गुहा के बनने के कारण इसका केन्द्रीय भाग पीतक से पृथक हो जाता है, फलस्वरूप दो क्षेत्र, पेल्यूसिडा (pellucida region) एवं ओपेका (opaca region) का निर्माण होता है, जिससे पेल्यूसिडा क्षेत्र मुख्य भ्रूण का शरीर तथा ओपेका क्षेत्र सहायक भ्रूण संरचनाएँ बनाता है।

मेंढक में मोरुलाभवन अनुपस्थित तथा एक कोरक या ब्लास्टुला प्रावस्था बनती है।

कोरकभवन (Blastulation)

युग्मज में विदलन के परिणामस्वरूप बनी कोशिकाओं में स्वयं के आकार को गोल बनाने की प्रवृति होती है। यही कारण है, कि तीसरे विदलन के पश्चात् एनीमल पोल पर माइक्रोमियर्स तथा वेजीटल पोल पर मेगामियर्स कोशिकाएँ निर्मित होती हैं तथा इन कोशिकाओं के मध्य खण्डीभवन गुहिका (segmentation cavity) का निर्माण शुरू हो जाता है। यह खण्डीभवन गुहा विदलन के फलस्वरूप बनी 32 कोशिकीय अवस्था में पूर्णरूप से स्पष्ट हो जाती है। सक्रिय ध्रुव पर स्थित इस गुहा को कोरक गुहा (blastocoel) कहा जाता है। विदलन की यह अवस्था ब्लास्टुला (कोरक) कहलाती है। इस प्रकार मोरुला से ब्लास्टुला बनने की क्रिया कोरक भवन कहलाती है।

कोरक के भाग (Parts of Blastula)

कोरक गुहा बनने के उपरान्त विदलन प्रक्रिया से गुहा का आकार निरन्तर बढ़ता जाता है। कोरक गुहा के आकार में वृद्धि के परिणामस्वरूप सक्रिय ध्रुव पर स्थित कोशिकाओं (माइक्रोमियर्स) को परत अल्पक्रिय ध्रुव पर स्थित मेगामियर्स कोशिकाओं की अपेक्षा पतली हो जाती है। इस अवस्था में कोरक का बाह्य भाग या स्तर भाग ट्रोफोब्लास्ट कहलाता है। स्तनधारियों में यह बाह्यस्तर गोनेडोट्रापिक हॉर्मोन का स्त्रावण करता है। ब्लास्टुला का आन्तरिक भाग एम्ब्रियोब्लास्ट (embryoblast) कहलाता है, इस आन्तरिक कोशिकाओं के स्तर से भ्रूण की जनन स्तरों का निर्माण होता है

विदलन के प्रकार, पीतक की मात्रा एवं वितरण के अनुसार, जन्तुओं में निम्न प्रकार के कोरक पाए जाते हैं।

कोरक के प्रकार (Types of Blastula)

(i) **पूर्णभंजी समान विदलन** के परिणामस्वरूप बना कोरक (बड़े कोरक खण्ड एवं कम संख्या) **घनकोरक** (stereoblastula) कहलाता है। उदाहरण–मोलस्क, *नेरीज* एवं कुछ सीलेन्ट्रेट्स।

(ii) **पूर्णभंजी समान विदलन** के फलस्वरूप बना कोरक, जिसमें कोरकों की संख्या कम तथा आकार छोटा होता है, **प्रगुही कोरक** (coeloblastula) कहलाता है। उदाहरण–*एम्फीऑक्सस*, इकाइनोडर्मेटा।

(iii) **एम्फीब्लास्टुला कोरक** पूर्ण असमान विदलन के फलस्वरूप बनता है तथा यह एम्फीबिया वर्ग के जन्तुओं में पाया जाता है।

(iv) **बिम्ब कोरक** (Discoblastula) अतिगोलार्द्ध पीतकी अण्डों में अंशभंजी विम्बाभ विदलन के फलस्वरूप बनता है। यह शार्क मछलियाँ, अस्थिल, पक्षी, सरीसृप एवं स्तनधारी (प्राटोथीरियन) में पाया जाता है।

(v) **पेरिकोरक या सतही कोरक** (superficial blastula) सतही विदलन के फलस्वरूप केन्द्र पीतकी अण्डे (जैसे–कीट) में पाया जाता है।

(vi) **पोष कोरक** (Blastocyst) पूर्णभंजी समान विदलन के द्वारा पोष कोरक का निर्माण होता है तथा लागातार विदलन के फलस्वरूप कोरक खण्डों के मध्य में एक गुहा **कोरकगुहा** या ब्लास्टोसील विकसित हो जाती है, जो कोशिकीय स्त्रावण; जैसे–कार्बोहाइड्रेट व एल्ब्यूमिन से भरी रहती है। इस अवस्था को ब्लास्टुला या कोरक कहते हैं। पक्षियों में इसे ब्लास्टोसिस्ट (blastocyst) तथा स्तनियों में **ब्लास्टोडर्मिक आशय** (blastodermic vesicle) कहते हैं।

गैस्ट्रुलाभवन (Gastrulation)

कोरक में कोशिकाओं के अप्रवास (migration) तथा पुर्नस्थापना से कोरक अवस्था अनेक परिवर्तनों से गुजरती है, जिनमें एक स्तरीय ब्लास्टुला का द्विस्तरीय या त्रिस्तरीय गैस्ट्रुला में परिवर्तन हो जाता है यह प्रक्रिया कन्दुकन कहलाता है

कन्दुकन विधियाँ (Modes of Gastrulation)

कन्दुकन प्रक्रिया में, आद्यान्त्र गुहा (archenteron) का निर्माण ब्लास्टोसील का विलोप तथा तीनों जनन स्तरों का निर्माण प्रमुख क्रियाएँ होती हैं। कन्दुकभवन के अन्तर्गत होने वाले परिवर्तन या संरचनात्मक विकास गतियाँ जनन स्तरों के निर्माण आधान्त्र गुहा के निर्माण तथा कोरक गुहा के विलोपन हेतु उत्तरदायी है।

ये संरचना विकास गतियाँ या परिवर्तन अध्यारोहण (epiboly) तथा अन्तःरोहण (emboly) प्रकार के होते हैं। अन्तःरोहण को पुनःअन्तर्वलन (invagination) वर्तन या लुढ़कना (involution) में विभक्त किया जा सकता है। अध्यारोहण तथा अन्तःरोहण के अतिरिक्त अतःक्रमण या बहुअन्तर्वलन (ingression or polyinvagination), अन्तर्जनन (infiltration) तथा विस्तारण (delamination), आदि भी संरचना विकास गतियाँ है। इन सभी गतियों का अध्ययन कन्दुक भवन विधियों के अन्तर्गत करते हैं

इसमें ब्लास्टोमीयर्स मॉर्फोजिनेटिक (morphogenetic) विस्थापन गतियाँ करते हैं, ये प्रमुख गतियाँ **एपीबोली** अर्थात् भावी एक्टोडर्म कोशिकाओं का चारों ओर फैलना तथा **एम्बोली** अर्थात् भावी एण्डोडर्म एवं मीसोडर्म कोशिकाओं का अन्दर की ओर चलना।

भ्रूण तीन जनन स्तरीय बन जाता है तथा आधान्त्रगुहा या गैस्ट्रोसील (gastrocoel) गुहा का निर्माण हो जाता है। चूजे के भ्रूणीय परिवर्धन में प्राथमिक जनन स्तर के निर्माण का अध्ययन सर्वप्रथम पाण्डर द्वारा किया गया। अविभेदित कोरक चर्म से जनन स्तरों का पृथक्करण दो चरणों में पूर्ण होता है। प्रथम चरण के दौरान एक जनन स्तर अलग होता है। शेष दो जनन स्तरों का पृथक्करण द्वितीय चरण में होता है।

प्रथम चरण में बाह्य जनन स्तर पृथक होता है। उदाहरण–एम्फीबिया, मछलियाँ एवं *एम्फीऑक्सस*।

द्वितीय चरण में संयुक्त मध्यान्तर्जन (मध्य एवं अन्तः जन स्तर) पृथक होते हैं।

सरीसृप, पक्षी एवं स्तनधारियों में एण्डोडर्म (अन्तः जन स्तर) प्रथम चरण में, जबकि एक्टोडर्म तथा मीजोडर्म का पृथक्करण द्वितीय चरण में होता है। रासायनिक विभेदन के कारण होने वाली प्रक्रिया, गैस्ट्रुलेशन (कन्दुकन) बहुकोशिकीय शरीर निर्माण में एक महत्त्वपूर्ण प्रावस्था है। कन्दुकन प्रक्रिया में निर्मित आधान्त्र गुहा भविष्य में आहारनाल में परिवर्तित हो जाती है।

अंग निर्माण (organogenesis) इसमें विभिन्न अंगों की प्रारम्भिक रचनाएँ बनती हैं। **वृद्धि** इसके अन्तर्गत प्रारम्भिक अवस्था के अंगों के परिमाण में वृद्धि होती है। वृद्धि कोशिका विभाजन द्वारा होती है।

विभेदन (differentiation) इसके अन्तर्गत विभिन्न अंगों के प्रारम्भिक रचनाओं में कोशिकीय संरचनात्मक और कार्यात्मक परिवर्तन होता है। इससे विभिन्न ऊतकों और अंगों में कार्य विशेष करने की क्षमता विकसित होती है और एक ऊतक दूसरे से भिन्न हो जाता है।

कायान्तरण (metamorphosis) जिन जन्तुओं में लारवा का विकास होता है, उनमें कायान्तरण पाया जाता है

पुनर्जनन (regeneration) क्षतिग्रस्त अंगों का पुनः निर्माण होता है। ब्लास्टोजिनेसिस (blastogenesis) अलैंगिक जनन करने वाले जन्तुओं में पाई जाती है, इसके अन्तर्गत एक शारीरिक कोशिका से सम्पूर्ण नर जीव की उत्पत्ति होती है;
जैसे– *हाइड्रा* में मुकुलन (budding)

अभ्यास प्रश्नावली

1. मादा में ब्लास्टोसिस्ट
(a) रोपण से पहले अपरा का निर्माण करती है
(b) अण्डोत्सर्ग के तीन दिन पश्चात् गर्भाशय में रोपित हो जाती है
(c) रोपण के पश्चात् गर्भाशयी एण्डोमीट्रियल स्राव से पोषण प्राप्त करती है
(d) ट्रोफोब्लास्ट कोशिकाओं द्वारा एण्डोमीट्रियम में रोपित हो जाती है

2. किसकी सहायता से एम्फिबियन ब्लास्टुला के भावी क्षेत्रों को पहचानना सम्भव है?
(a) अम्लीय अभिरंजक
(b) क्षारीय अभिरंजक
(c) उदासीन अभिरंजक
(d) जैव अभिरंजक

3. कोशिकाओं का बाहरी सतह से वर्तन या लुढ़कना कहलाता है
(a) अन्तर्वलन
(b) बहुअन्तर्वलन
(c) इनवोल्यूशन
(d) अध्यारोहण

4. गैस्ट्रुला अवस्था के अण्डों से, यदि आप अन्तस्त्वचा बनाने वाली सभी कोशिकाओं को निकाल दे, तो नए जीव में कमी हो जाएगी
(a) नेत्रों की
(b) हृदय की
(c) नेत्रों तथा मस्तिष्क की
(d) मूत्राशय एवं मध्यकर्ण की

5. यदि कन्दुकन के दौरान कोरकमीसोडर्म का अन्तर्वलन के स्थान पर बर्हिवलन हो जाता है, तो
(a) केवल एक्टोडर्मल एवं एण्डोडर्मल अंगों का विकास होगा
(b) केवल एक्टोडर्मल एवं एण्डोडर्मल अंगों का विकास नहीं होगा
(c) केवल मीसोडर्मल एवं एण्डोडर्मल अंगों का विकास होगा
(d) कोई परिवर्धन नहीं होगा

6. कोरक का कन्दुक में बदलना कहलाता है
(a) कोरकभवन (b) कन्दुकन
(c) तन्त्रिका भवन (d) संरचना विकास

7. कोरक गुहा किस अवस्था में बनती है?
(a) तूतक (morula) (b) कोरक (blastula)
(c) कंदुक (gastrula) (d) इनमें से कोई नहीं

8. यदि संरचना विकास गतियाँ न हो, तो बनता है
(a) ब्लास्टुला (b) गैस्ट्रुला
(c) एक्सोगैस्ट्रुला (d) मोरुला

9. कन्दुक में पाई जाने वाली गुहा है
(a) सीलोम (b) कोरक गुहा
(c) आद्यान्त्र गुहा (d) मीसेण्टेरॉन

10. निम्न में से कौन-सी संरचना मोरुला को ब्लास्टुला से भिन्न करती है?
(a) अधिक पीतक की उपस्थिति (b) पीतक की अनुपस्थिति
(c) गुहा की उपस्थिति (d) गुहा की अनुपस्थिति

11. प्राथमिक संगठन के स्वरूप में उपस्थित रहता है
(a) गैस्ट्रुला का पृष्ट ओष्ठ (b) आद्यान्त्र
(c) गैस्ट्रुला का योक प्लग (d) कोरक रन्ध्र

12. ब्लास्टोपोर पाया जाता है
(a) कोरक में (b) मोरुला में
(c) गैस्ट्रुला में (d) न्यूरुला में

13. गैस्ट्रुला प्रावस्था में
(a) ब्लास्टोसील गुहा और इसके गिर्द बाह्य त्वचा बनती है
(b) आर्धांत्र गुहा के गिर्द बाह्य त्वचा एवं अन्तस्त्वचा बनती हैं
(c) बाह्य त्वचा, अन्तस्त्वचा एवं मध्यजनस्तर तथा एक अल्पविकसित तन्त्रिका तन्त्र बनता है
(d) बाह्य त्वचा, अन्तस्त्वचा एवं मध्यजनस्तर बनती है

14. तीन जनन स्तरों का विभेदीकरण (differentiation) होता है
(a) विदलन में (b) निषेचन में
(c) गैस्ट्रुला में (d) ब्लास्टुला में

15. आद्यान्त्र बनना शुरू हो जाती है
(a) ब्लास्टुला में (b) मोरुला में
(c) प्रारम्भिक गैस्ट्रुला में (d) प्रारम्भिक न्यूरुला में

16. समान जुड़वाँ बच्चे कब पैदा होते हैं?
(a) जब एक शुक्राणु दो अण्डाणु का निषेचन करे
(b) जब एक अण्डाणु का दो शुक्राणु निषेचन करे
(c) जब दो अण्डाणु निषेचित हो
(d) जब एक निषेचित अण्डाणु का दो कोरक खण्डों में विभाजन हो और दोनों पृथक हो

17. मेंढक में कन्दुकन पूर्ण होता है
(a) एपीबोली द्वारा (b) एम्बोली द्वारा
(c) एपीबोली व एम्बोली द्वारा (d) डीलेमीशन द्वारा

18. ब्लास्टुला की ब्लास्टोसील गुहा में किस प्रकार का द्रव भरा होता है?
(a) अम्लीय (b) एल्ब्यूमिन्स
(c) लवणीय (d) शुद्ध जल

19. आर्केन्टेरॉन बनाती है
(a) आहारनाल (b) सीलोम
(c) प्लूरल गुहा (d) इनमें से कोई नहीं

20. भ्रूणीय विकास की किस प्रावस्था की कोशिकाओं को कोरक खण्ड कहते हैं?
(a) मोरुला (b) गैस्ट्रुला
(c) ब्लास्टुला (d) (a) एवं (c) दोनों

21. मेंढ़क के विकास में गैस्ट्रुलाभवन एक अवस्था है, जहाँ
(a) ब्लास्टोसील को घेरे हुए एक्टोडर्म होती है
(b) ब्लास्टोसील को घेरे हुए एक्टोडर्म व एण्डोडर्म होती है
(c) एक्टोडर्म व आरकेन्ट्रोन को घेरे हुए एण्डोडर्म होती है
(d) एक्टोडर्म, एन्डोडर्म और मीसोडर्म के साथ अवशेषी तन्त्रिका तन्त्र

22. एक कोशिका स्तर पर विपाटन द्वारा दूसरे कोशिका स्तर से अलग होना कहलाता है
(a) अन्तर्वलन (invagination)
(b) बहुअन्तर्वलन
(c) विस्तरण (delamination)
(d) अपसरण (divergence)

23. कोरक रन्ध्र किस अवस्था में पाया जाता है?
(a) कोरक (b) तूतक (c) कन्दुक (d) न्यूरुला

24. अलैंगिक जनन इकाई द्वारा सम्पूर्ण जन्तु का निर्माण कहलाता है
(a) कोरकोद्भव (blastogenesis)
(b) भ्रूणोद्भव (embryogenesis)
(c) परिवर्धन जैविक (development biology)
(d) भ्रौणिकी (embryology)

25. अण्डे से गैस्ट्रुला अवस्था में एण्डोडर्म निर्माण करने वाली कोशिकाओं को हटा दिया जाए, तो बनने वाले जीव में किसका अभाव होगा?
(a) आँखों का (b) हृदय का
(c) आँखों व मस्तिष्क का (d) विसरल अंग का

26. आर्केन्ट्रॉन बनती है
(a) शुरूआती ब्लास्टुला में
(b) मोरुला अवस्था में
(c) शुरूआती गैस्ट्रुला में
(d) पश्च गैस्ट्रुला में

27. ब्लास्टोपोर भविष्य में क्या बनाता है?
(a) मुख (b) कर्ण
(c) गुदा (anus) (d) न्यूरोपोर (neuropore)

28. कन्दुकन की सबसे उत्तम परिभाषा हो सकती है
(a) जाइगोट लारवा में रूपान्तिरित होता है
(b) आरकेन्ट्रोन का निर्माण
(c) ब्लास्टुला व द्विस्तरीय अवस्था में बदलना
(d) कोशिकीय गति द्वारा उनका निर्धारित स्थल तक पहुँचना

29. मनुष्य के भ्रूणीय विकास में प्रावस्थाओं का क्रम
(a) युग्मज, विदलन, गैस्ट्रुला, ब्लास्टुला
(b) युग्मज, ब्लास्टुला, गैस्ट्रुला, विदलन
(c) युग्मज, विदलन, ब्लास्टुला, गैस्ट्रुला
(d) विदलन, जाइगोट, ब्लास्टुला, गैस्ट्रुला

30. संरचना विकास गतियाँ (formative movements) पाई जाती हैं
(a) कोरकभवन में (b) कन्दुकन में
(c) तन्त्रिका भवन में (d) विदलन में

31. भ्रूणविज्ञानी निम्न में से कौन-सी अवस्था में भविष्य के अंगों के विकास को ज्ञात कर सकते हैं?
(a) ब्लास्टुला (b) पूर्व गैस्ट्रुला
(c) मोरुला (d) पश्च गैस्ट्रुला

→ उत्तरमाला

1. (d)	**2.** (d)	**3.** (c)	**4.** (d)	**5.** (d)	**6.** (b)	**7.** (b)	**8.** (c)	**9.** (c)	**10.** (d)
11. (c)	**12.** (c)	**13.** (c)	**14.** (c)	**15.** (c)	**16.** (d)	**17.** (c)	**18.** (b)	**19.** (a)	**20.** (d)
21. (c)	**22.** (c)	**23.** (c)	**24.** (a)	**25.** (d)	**26.** (c)	**27.** (c)	**28.** (d)	**29.** (c)	**30.** (b)
31. (b)									

10

नियति मानचित्र एवं जनन स्तर

Fate Map and Germ Layers

नियति मानचित्र (Fate Map)

नियति मानचित्र के अन्तर्गत परिपक्व अण्डे (matured ova) अर्थात् प्रारम्भिक परिवर्धित भ्रूण (early developing embryo) का अध्ययन किया जाता है, जो परिवर्धन के साथ-साथ विभिन्न संरचनाओं तथा क्षेत्रों के विशिष्ट भागों की कार्बनिक संरचना में परिवर्तन को दर्शाते हैं। अतः नियति चार्ट या मानचित्र द्वारा एक विकसित होते भ्रूण के परिवर्धित भाग का भविष्य दर्शाया/प्रदर्शित किया जाता है। नियति मानचित्र भ्रूणीय परिवर्धन के दौरान निर्मित **युग्मनज, ब्लास्टुला** (कोरक) अवस्था, **कन्दुकन अवस्था** (गेस्ट्रुलेसन) में की जाती है तथा इसकी सहायता से विकसित होते भ्रूण के विभिन्न क्षेत्रों का मानचित्रिकरण करके सम्भावित निर्मित अगों का पूर्व अनुमान लगाया जाता है।

नियति मानचित्र निर्माण की विधियाँ (Methods of Fate Mapping)

नियति मानचित्र के निर्माण की कुछ कृत्रिम विधियाँ निम्न हैं

(i) सर्वप्रथम **वोग्ट** (Vogt) ने वाइटल डाइ स्टेनिंग विधि का विकास किया। इस विधि के अन्तर्गत एम्फीबियन में **ब्लास्टुला प्रावस्था** का **वाइटल डाइज** द्वारा स्टैनिंग किया जाता है।

(ii) **कार्बन पार्टिकल मार्किंग** का आविष्कार **स्प्राट** द्वारा किया गया। इस विधि में कार्बन कणों को चिन्हित करने में प्रयोग किया जाता है।

(iii) **रेडियोएक्टिव नामांकन** (radioactive labelling) इस आधुनिक विधि में रेडियोएक्टिव पदार्थों के उपयोग द्वारा भविष्य मानचित्र को दर्शाते हैं।

जनन स्तरों का निर्माण (Formation of Germ Layers)

कन्दुकन (gastrulation) प्रक्रिया के अन्तर्गत सम्पन्न परिवर्तन या संरचना विकास गति, योक प्लग अवस्था (yolk plug stage) में आद्यान्त्र गुहा (archenteron) का निर्माण होता है। इस गुहा के निर्माण तथा विस्तार के कारण ब्लास्टोसील गुहा का विलोपन होता है। यह कन्दुकन की पूर्णतया को दर्शाती है।

प्राथमिक जनन स्तर का निर्माण गेस्ट्रुला की निम्न प्रकार की कोशिकाओं से होता है

1. बाह्यचर्म (Ectoderm)

बाह्यचर्म के निमार्ण में सक्रिय ध्रुव (animal pole) पर स्थित माइक्रोमियर्स सूक्ष्म तथा काले रंग की कोशिकाएँ भाग लेती हैं। ये कोशिकाएँ फैलकर बाह्यचर्म स्तर का निर्माण करती हैं।

2. अन्तःचर्म (Endoderm)

आद्यान्त्र गुहा को घेरने वाले स्तर को अन्तःचर्म कहते हैं। इसका निर्माण प्रतिपृष्ठ तल पर उपस्थित मेगामियर्स कोशिकाओं द्वारा होता है। आद्यान्त्र गुहा के निचले तल पर उपस्थित मीसेण्डोडर्मल तथा कोशिकाओं द्वारा होता है, आद्यान्त्र गुहा के निचले तल पर उपस्थित मीसेण्डोडर्मल तथा प्रिजम्टिव बाह्यचर्म कोशिकाएँ (मेगामियर्स कोशिकाओं के भाग) अन्तःचर्म का निर्माण करते हैं।

3. मध्यचर्म (Mesoderm)

अन्तःचर्म तथा बाह्यचर्म के मिलने वाले स्थान पर बाह्यचर्म की कोशिकाओं की मोटाई में वृद्धि के कारण एक आदि रेखा (primitive streak) की उत्पत्ति होती है, इस रेखा के दोनों ओर तीव्र विभाजन के फलस्वरूप एकस्तरीय मीसोडर्म निर्मित होती है। यह पुनः विभाजन से दो स्तरों का निर्माण करती है। मध्यचर्म के ये दो स्तर कायिक मध्यचर्म (somatic mesoderm) तथा स्पलैंचिक मध्यचर्म (splanchnic mesoderm) कहलाते हैं। कायिक स्तर बाहरी होता है, जबकि स्पलैंचिक भीतरी स्तर होता है।

कशेरुकियों में प्राथमिक जनन स्तरों के भविष्य की एक तालिका नीचे दी गयी है।

कशेरुकियों में जनन स्तरों का भविष्य (Fate of germinal layers in vertebrates)

स्तर	भ्रूण	वयस्क
एक्टोडर्म	कायिक एक्टोडर्म	एपिडर्मिस, त्वचीय व्युत्पाद, घ्राण अंग, नेत्र का लैंस, आन्तरिक कर्ण, अग्र पिट्यूटरी, एवं मुख
	तन्त्रिका शिखर	क्लोमीय कंकाल, गैंग्लिया, संवेदी तन्त्रिकाएँ एवं एड्रीनल मेड्यूला
	तन्त्रिका नाल	मस्तिष्क, रीढ़-रज्जु, प्रेरक तन्त्रिकाएँ, रेटिना, दृष्टि तन्त्रिका एवं पश्च् पिट्यूटरी
एण्डोडर्म	आर्केन्टेरॉन	अग्न्याशय, श्वसन तन्त्र, मूत्राशय (असतर), थायरॉइड, पैराथायरॉइड, थाइमस, एवं मध्य कर्ण
मीसोडर्म	नोटोकॉर्ड, एपिमीयर, डर्मेटोम, स्क्लेरोटोम, मायोटोम, मीजोमीयर, हाइपोमीयर, सोमैटिक स्तर	लघुकृत या विलोपन डर्मिस (अंश), कशेरुकदण्ड, कंकाल पेशियाँ, अनुबन्धी कंकाल, उत्सर्जन तन्त्र, जनद-वाहिनियाँ एवं पैराइटल पेरिटोनियम
	स्प्लैंक्निक स्तर	विसरल पेरिटोनियम, मेसैन्टरीज, परिवहन तन्त्र, जनद एवं विसरल पेशियाँ
	सीलोम	देह-गुहाएँ

बाह्य या अतिरिक्त भ्रूण झिल्लियाँ (Extra-embryonic Membranes)

पक्षी भूमि पर अण्डे देते हैं, सकोशी (cleidoic) अण्डों का कैल्शियम कार्बोनेट से बना कवच यान्त्रिक आघात एवं निर्जलीकरण जैसे खतरों से रक्षा करता है, जबकि विशेष रूप से विकसित गर्भ कलाएँ (झिल्लियाँ) भ्रूण को पोषण श्वसन, उत्सर्जन जैसी जैविक क्रियाओं के अतिरिक्त सुरक्षा भी प्रदान करती हैं।

गर्भ झिल्लियाँ भ्रूण बाह्य ब्लास्टोडर्म से विकसित होती हैं और वास्तविक भ्रूण के निर्माण में भाग नहीं लेती हैं, अतः इन्हें **भ्रूण बाह्य कलाएँ** (extra embryonic membranes) भी कहते हैं। भ्रूणकलाएँ पीतक कोष (yolk sac), उल्ब या एम्निऑन (amnion), जरायु या कोरियॉन (chorion) तथा अपरापोषिका (allantois) प्रकार की होती हैं।

पीतक कोष (Yolk Sac)

भ्रूण के भोजन का मुख्य स्रोत पीतक (yolk) है। यह एक कोषसमान वेष्टन कला (investing membrane) द्वारा घिरा होता है, जिसे पीतक कोष कहते हैं। पीतक कोष पीतक की रक्षा करता है, उसे सही स्थिति में बनाए रखता है, उसे पचाता और अवशोषित करता है। इस प्रकार यह भ्रूण के पोषण का प्राथमिक अंग होता है।

उल्ब और जरायु (Amnion and Chorion)

उल्ब और जरायु साथ-साथ विकसित होती है। आन्तरिक स्तर वास्तविक उल्ब (true amnion) कहलाता है तथा बाह्य स्तर सीरमी कला (serous membrane) या जरायु कहलाता है। उल्ब एवं जरायु के बीच की भ्रूण बाह्य प्रगुहा **कोरियॉनिक गुहा** (chorionic cavity) कहलाती है।

उल्ब भ्रूण के चारों ओर एक जलाशय प्रदान करके उसके निर्जनल को दूर करता है एवं उल्ब तरल (amniotic fluid) एक रक्षी गद्दी (protective cushion) की भाँति कार्य करती है। जरायु, अपरापोषिक के साथ श्वसन के लिए कार्य करती है।

अपरापोषिका (Allantois)

उल्ब एवं जरायु के बीच भ्रूण बाह्य प्रगुहा में अपरापोषिका पाई जाती है। यह एक आशय के समान संरचना होती है, जो ऊष्मायन के लगभग चौथे दिन (28 कायखण्ड अवस्था) में प्रकट होती है। अपरापोषिका भ्रूणीय श्वसन अंग (embryonic respiratory organ) तथा भ्रूणीय मूत्राशय (embryonic urinary bladder) का कार्य करती है।

अभ्यास प्रश्नावली

1. भ्रूण को बाह्य धक्कों से सुरक्षा प्रदान करने वाला द्रव कौन-सा होता है?
(a) जरायु द्रव (b) उल्ब द्रव
(c) अपरापोषिक द्रव (d) देहगुहीय द्रव

2. कुछ प्राणी समूहों के भ्रूण पर भ्रूण बाह्य कलाएँ पाई जाती हैं। ये समूह हैं
(a) मत्स्य वर्ग, स्तनधारी एवं पक्षी
(b) एम्फीबिया, मत्स्य वर्ग एवं सरीसृप वर्ग
(c) सरीसृप, पक्षी एवं स्तनधारी वर्ग
(d) एम्फीबिया, प्रोटोथीरिया एवं सरीसृप वर्ग

3. मानव में वह कौन-सी भ्रूणीय झिल्ली है, जोकि गर्भाशय ऊतक से अन्तरंग सम्बन्ध स्थापित करती है?
(a) केवल उल्ब (b) केवल जरायु
(c) केवल अपरापोषिका (d) अपरापोषिका जरायु संरचना

4. जिन प्राणियों में भ्रूण बाह्य कलाएँ होती हैं, उन सभी को एक समूह में रखा गया है, उस समूह का नाम है
(a) एम्नियॉटा
(b) एनएम्नियॉटा
(c) वर्टिब्रेटा
(d) सीलोमेटा

5. भ्रूण के किस भाग से अपरापोषिका विकसित होता है?
(a) अग्रनाल
(b) मध्यनाल
(c) पश्चनाल
(d) पुच्छ प्रदेश

6. सूची I को सूची II से सुमेलित कीजिए।

	सूची I		सूची II
A.	पीयूष ग्रन्थि	1.	मीसोडर्म
B.	रुधिर	2.	एण्डोडर्म
C.	ग्रसनी	3.	बाह्यचर्म

कूट

	A	B	C
(a)	3	2	1
(b)	3	1	2
(c)	2	1	3
(d)	2	3	1

7. मेढक की भ्रूणीय परिवर्धन की किस अवस्था में संरचना विकास गतियाँ पाई जाती है?
(a) कोरक में (b) कन्दुक में
(c) न्यूरूला में (d) मोरूला में

8. चूजे के परिवर्धन में उत्सर्जी पदार्थ एकत्रित होते हैं
(a) उल्ब में (b) अपरापोषिका में
(c) जरायु में (d) पीतक कोष

9. उल्ब द्रव (amniotic fluid) भ्रूण को निम्न में से किससे सुरक्षा प्रदान करता है?
(a) नष्ट होने से (b) धक्कों से
(c) पुटीभवन से (d) इनमें से कोई नहीं

10. पीतक विकास किसकी विधि है?
(a) विकासशील अण्ड के चारों ओर पीतक झिल्ली का निर्माण
(b) सरीसृपों तथा पक्षियों के विकास के समय योक पिण्ड के चारों ओर पीतक कोष झिल्ली का निर्माण
(c) भ्रूण का संश्लेषण तथा इसका उभयचरों की वृद्धिकारी कोशिकाओं के मध्य जमाव
(d) (a) एवं (c) दोनों

11. भ्रूणीय परिवर्धन के समय अग्न्याशय एवं यकृत किस जनन स्तर से बनते हैं?
(a) बाह्यचर्म से (b) अन्तःचर्म से
(c) मध्यचर्म से (d) कोरक रन्ध्र से

12. सर्वप्रथम सजीव अभिरंजकों (vital stains) द्वारा नियति मानचित्र (fate map) का निर्माण किया
(a) मॉर्गन ने (b) वोग्ट ने
(c) स्पीमैन ने (d) राऊक्स ने

13. उल्ब एक भ्रूणीय कला है, जो निम्न में से एक के भ्रूण में पाई जाती है
(a) कॉकरोच (b) मेंढक
(c) *एम्फीऑक्सस* (d) छिपकली

14. निम्नलिखित में से किस एवं भ्रूणीय झिल्ली/संरचना का कार्य उत्सर्जी है?
(a) उल्ब
(b) अपरा पोषिका
(c) पीतक कोष
(d) विटेलाइन कोरियॉन

15. तीन जनन स्तरों का निर्माण किस अवस्था में होता है?
(a) कोरकभवन (b) कन्दुकन
(c) विदलन (d) अनिषेकजनन

16. सर्वप्रथम किस वैज्ञानिक ने सम्भावी रेखाचित्र निर्माण किया?
(a) ल्यूवेनहॉक ने (b) वॉन बेयर ने
(c) वॉग्ट ने (d) स्पीमान ने

17. भ्रूण कलाएँ (embryonic membranes) कितने प्रकार की होती हैं?
(a) 1 (b) 2
(c) 3 (d) 4

18. स्तनधारियों के भ्रूण की अतिरिक्त भ्रूणीय झिल्ली किसमें उत्पन्न होती है?
(a) आन्तरिक कोशिका द्रव्यमान से
(b) ट्रोफोब्लास्ट से
(c) फॉरमेटिव कोशिका से
(d) फॉलिकिल कोशिका से

19. मध्यचर्म एवं अन्तश्चर्म के अन्तर्वेशन से कौन-सी गुहा बनती है?
(a) सीलेण्टेरॉन (b) आद्यान्त्र
(c) छाया गुहा (d) सीलोम या देहगुहा

20. ब्लास्टुला की ब्लास्टोसील गुहा में किस प्रकार का द्रव भरा होता है?
(a) अम्लीय (b) एल्ब्यूमिनस
(c) लवणीय (d) शुद्ध जल

21. तन्त्रिका कोशिका, मस्तिष्क एवं मेरुरज्जु अथवा केन्द्रीय तन्त्रिका तन्त्र भ्रूण के किस स्तर से विकसित होते हैं?
(a) एक्टोडर्म (b) एण्डोडर्म
(c) मीसोडर्म (d) (a) एवं (b) दोनों

22. मुर्गी के अण्डे में पीतक की अत्यधिक मात्रा के कारण अनेक शुक्राणु भीतर प्रवेश करते हैं। एक शुक्राणु ही उभयमिश्रण में भाग लेता है व अन्य शुक्राणु मार्ग में ही मर जाते हैं। यह निषेचन है
(a) मोनोस्पर्मिक
(b) पोलिस्पर्मिक
(c) पैथोलेजिकल पोलिस्पर्मी
(d) फिजियोलोजिकल पोलिस्पर्मी

23. भ्रूण कलाओं का कार्य है
(a) भ्रूण की सुरक्षा करना
(b) भ्रूण का निर्माण करना
(c) (a) एवं (b) दोनों
(d) उपरोक्त में से कोई नहीं

24. सूची I को सूची II से सुमेलित करे

	सूची I		सूची II
A.	बाह्यचर्म	1.	माँसपेशियाँ
B.	मध्यचर्म	2.	तन्त्रिका तन्त्र
C.	अन्तश्चर्म	3.	आहारनाल

कूट

	A	B	C
(a)	1	2	3
(b)	2	1	3
(c)	2	3	1
(d)	1	3	2

25. मस्तिष्क का निर्माण किस जर्म सतह द्वारा होता है?
(a) एक्टोडर्म से (b) मीसोडर्म से
(c) एण्डोडर्म से (d) एक्टो-मीसोडर्म से

26. अन्तरारोहण (emboly) में कौन-सी कोशिकाओं में गति होती है?
(a) एक्टोडर्म व एण्डोडर्म
(b) एण्डोडर्म व मीसोडर्म
(c) एक्टोडर्म व मीसोडर्म
(d) एक्टोडर्म, मीसोडर्म व एण्डोडर्म

27. भ्रूण में श्वसन का कार्य किसके द्वारा किया जाता है?
(a) कोरियॉन
(b) एम्नियॉन
(c) अपरापोषिका
(d) पीतककोष

28. कशेरुकियों में नोटोकॉर्ड या केन्द्रीय अक्षीय कॉर्ड का निर्माण कहलाता है
(a) न्यूरुलेशन (b) ब्लास्टुलेशन
(c) मोरुलेशन (d) नोटोजेनेसिस

29. निम्न में से कौन अन्तस्त्वचा का व्युत्पन्न है?
(a) थायरॉइड (b) पीनियल ग्रन्थि
(c) प्लीहा (d) पीयूष

30. मानवों में वह कौन-सी भ्रूणबाह्य झिल्ली है, जिसके द्वारा गर्भाशय के भीतर भ्रूण का शुष्कन नहीं हो पाता?
(a) जरायु (b) अपरापोषिका
(c) पीतक कोष (d) उल्ब

31. भ्रूणीय परिवर्धन के समय आन्तरिक कंकाल एवं माँसपेशियों का निर्माण किस जनन स्तर से होता है?
(a) बाह्यचर्म से (b) अन्तःचर्म से
(c) मध्यचर्म से (d) पीतक कोष से

32. अपरापोषिका का कार्य होता है
(a) तन्त्रिका वेग
(b) उत्सर्जन
(c) पोषण तथा उत्सर्जन
(d) आघातों से बचाव

33. एक भ्रूणीय झिल्ली, जो भ्रूण को बाह्य आघात से सुरक्षा प्रदान करती है, कहलाती है
(a) उल्ब (b) जरायु
(c) अपरापोषिका (d) पीतक कोष

34. गर्भ में स्थित बच्चे का मूत्राशय होता है
(a) पीतक कोष (b) अपरापोषिका
(c) जरायु (d) उल्ब

35. मनुष्य होता है
(a) अण्डयुज (b) जरायुज
(c) अण्डजरायुज (d) उपरोक्त में से कोई नहीं

उत्तरमाला

1. (b)	**2.** (c)	**3.** (d)	**4.** (a)	**5.** (c)	**6.** (b)	**7.** (b)	**8.** (b)	**9.** (b)	**10.** (b)
11. (b)	**12.** (b)	**13.** (d)	**14.** (b)	**15.** (b)	**16.** (c)	**17.** (d)	**18.** (b)	**19.** (b)	**20.** (b)
21. (a)	**22.** (d)	**23.** (a)	**24.** (b)	**25.** (a)	**26.** (b)	**27.** (c)	**28.** (a)	**29.** (a)	**30.** (d)
31. (c)	**32.** (b)	**33.** (a)	**34.** (b)	**35.** (b)					

11

अपरा एवं इसके प्रकार
Placenta and its Types

युग्मज (zygote) से भ्रूण के विकास के अध्ययन को **भ्रौणिकी** (Embryology) या **भ्रूण विज्ञान** कहते हैं।

एक प्राणी विशेष के परिवर्धन को **व्यक्तिवृत्तीय परिवर्धन** (ontogenetic development) कहते हैं। किसी जाति या वर्ग विशेष के विकास के अध्ययन को जातिवृत्तीय परिवर्धन (phylogenetic development) कहते हैं। लैंगिक जनन में दो प्रकार की जनन कोशिकाओं के संयोग से बने भ्रूण के विकास को **एम्ब्रियोजेनेसिस** (embryogenesis) कहते हैं।

अंगविकास भ्रूणीय परिवर्धन की अन्तिम अवस्था है, जिसके अन्तर्गत जनन परत में कोशिका समूहों का विशिष्टीकरण एवं विभेदीकरण होता है।

भ्रूण विज्ञान से सम्बन्धित प्रमुख खोजें
(Major Discoveries Related to Embryology)

- अरस्तू (Aristotle; 384-322 BC) **भ्रूण विज्ञान** के पितामह हैं।
- मैल्पीघी (Malpighi; 1628-1684), ल्यूवेनहॉक (Leeuwenhoek; 1677) ने प्रीफॉर्मेशन सिद्धान्त (preformation theory) का प्रतिपादन किया। इसके अनुसार, युग्मकों में पूर्व, निर्मित सम्पूर्ण जन्तु का सूक्ष्म रूप रहता है, इसे **होमीन्कुलस** (homeinculus) कहते हैं। परिवर्धन के अन्तर्गत यह परिमाण में बड़ा हो जाता है।
- अर्नस्ट हैकल (Ernst Haeckel) ने बायोजिनेटिक नियम या पुनरावृत्ति का सिद्धान्त प्रतिपादित किया।
- अगस्त वीजमान (August Weismann) ने जर्मप्लाज्म का सिद्धान्त (germplasm theory) प्रतिपादित किया।
- फ्रेड्रिक वॉल्फ (Fredric Wolf) ने एपीजिनेटिक सिद्धान्त (apigenetic theory) प्रतिपादित किया।
- विल्हेल्म रॉक्स (Weilhelm Roux) ने मोजैक सिद्धान्त (mosaic theory) प्रतिपादित किया।
- हेन्स ड्रीश (Hans Driesch) ने रेगुलेटिव सिद्धान्त (regulative theory) प्रतिपादित किया।
- स्पीमान तथा मेनगोल्ड (Spemann and Mangold) ने आर्गेनाइजर की अवधारणा प्रस्तुत की।

अपरा (Placenta)

विलियम हार्वे (सन्1657) द्वारा अपरा को सर्वप्रथम परिभाषित किया गया, कशेरुकियों में गर्भावधि (gestation) के समय भ्रूण की सुरक्षा, पोषण, उत्सर्जन, आदि कार्यिकी क्रियाएँ, अतिरिक्त भ्रूणीय कलाएँ या झिल्लियाँ (extra-embryonic membrane) तथा इन झिल्लियों से निर्मित संरचनाओं द्वारा सम्पन्न किए जाते हैं। स्तनधारियों में अपरा इन भ्रूणीय कलाओं से निर्मित संरचना है, जो गर्भाशय में भ्रूण के आरोपण (implantation) के समय विकसित होता है।

भ्रूण तथा गर्भाशय भित्ति के मध्य वह अस्थायी संयोजी अंग केवल गर्भावधि के समय ही विकसित (निर्मित) होता है। यह अस्थायी संयोजी अंग गर्भावधि के दौरान महत्त्वपूर्ण कार्यिकी क्रियाएँ; जैसे–विसरण द्वारा भ्रूण को पोषण प्रदान करना, गैसों का विनिमय, आदि क्रियाओं द्वारा माँ तथा भ्रूण के मध्य एक अटूट सम्बन्ध दर्शाता है। अतः अपरा वह संरचना है, जिसके द्वारा जरायुज स्तनधारियों का विकासशील भ्रूण या गर्भ अपना पोषण मातृक गर्भाशयी रुधिर से प्राप्त करता है।

अपरा के प्रकार (Types of Placenta)

जरायुज प्राणियों के इस अभिलक्षण का वर्गीकरण इसकी संरचना (ऊतकीय आधार), रोगण एवं घनिष्ठता के आधार पर किया जाता है

1. भ्रूण बाह्यकला के योगदान, प्रकृति या उद्गम के आधार पर
(On the Basis of Origin, Nature and Contribution of Foetal Membrane)

अपरा पीतक कोष या विटैलाइन जैसे–मेटाथीरिया या मार्सुपिएल्स् (marsupials), अपरापोषिकीय (allontoic); जैसे–उच्च स्तनधारी तथा जरायु (chorionic) प्रकार के होते हैं, जो जरायु से विकसित होता है। इसमें अपरापोवित्र अत्यन्त छोटा या अल्पविकसित होता है।

2. अपरा, रसांकुरों या विलाई के आकार एवं वितरण के आधार पर
(On the Basis of Placenta Shape and Distribution of Villi)

अपरा **अपाती** (non-deciduous); जैसे–सुअर, घोड़ा, लेमुर में विसरित (diffuse), बकरी भेड़, गाय, हिरन में दलीय (cotyledonary) तथा ऊँट जिराफ में **मध्यवर्ती पाती** (intermediate deciduous); जैसे–बिल्ली, कुत्ता, हाथी में वलय (zonary) चमगादड़, शशक, भालू में बिंबाभ (discoidal) मनुष्य, बन्दर, कपि में पश्चक्राभ (metadiscoidal) तथा कोन्ट्रा डेसिडुअस (contra-deciduous); जैसे–बैडीकूट, मोल (*टाल्पा*) में होते हैं।

3. **औतिकी के आधार पर** (On the Basis of Histology)

माता तथा विकसित होते हुए भ्रूण के ऊतक के सम्बन्ध के आधार पर अपरा अग्र प्रकार के होते हैं।

उपकला जरायु (epitheliochorial); जैसे–सुअर, लेमूर में, जरायुयोजी (syndesmochorial); जैसे–पशु, भेड़ में, अन्तःस्तर जरायु (endothelio chorial); जैसे–माँसाहारी स्तनी में, रुधिर जरायु (haemochorial); जैसे–मनुष्य, कपि, बन्दर में तथा रुधिरान्त स्तरी (haemoendothelial); जैसे–चूहाँ, शशक में।

अपरा के कार्य (Functions of Placenta)

- भ्रूण के पोषण में सहायता करता है।
- भ्रूण के श्वसन में सहायता करता है।
- भ्रूण के उत्सर्जन में सहायता करता है।
- कुछ विषैले रसायनों जैसे हिस्टामिन, आदि के लिए प्रभावी अवरोधक की तरह कार्य करता है।
- अपरा भ्रूण के विकास हेतु महत्त्वपूर्ण हॉर्मोन; जैसे–प्रोजेस्टेरॉन, एस्ट्रोजन, गोनेडोट्रॉपिक हॉर्मोन, आदि का स्रावण करके अन्तःस्रावी अंग की भाँति कार्य करता है।

गर्भकाल (Gestation Period)

गर्भकाल निषेचन व प्रसव के बीच का समय है। यह माँ के गर्भाशय में भ्रूण द्वारा व्यतीत की गयी औसत समयावधि है। मानव में गर्भावधि का समय लगभग 37-38 सप्ताह होता है अर्थात् मनुष्य का गर्भकाल 9 माह का होता है तथा सामान्यतया एक बार में एक शिशु का जन्म होता है।

कुछ स्तनधारियों का गर्भकाल (Gestation period of some mammals)

जन्तु	गर्भकाल
हाथी	620 दिन
राइनोसिरोस	560 दिन
जिराफ	450 दिन
ऊँट	395 दिन
घोड़ा	330 दिन
गाय	280 दिन
औरत	266 दिन
शेर	106 दिन
चीता	93 दिन
कुत्ता	50-60 दिन
चूहा	20 दिन

अभ्यास प्रश्नावली

1. अपरा का क्या कार्य होता है?
(a) तन्त्रिका आवेग के संचरण का
(b) संग्रहण अंग की तरह
(c) भ्रूण को धक्कों से बचाने का
(d) विकासशील भ्रूण को पोषण प्रदान करने का

2. यूथीरियन अपरा (स्तनधारियों) किससे विकसित होता है?
(a) पीतक कोष से (b) उल्ब से
(c) अपरापोषिका से (d) जरायु अपरापोषिका से

3. पूर्ण विकसित गर्भ (foetus) तथा अपरा से उत्पन्न संकेत अन्ततः प्रसव को प्रेरित करते हैं, जिसके लिए आवश्यक होता है
(a) अपरा से एस्ट्रोजन का मोचन
(b) मातृ पिट्यूटरी से ऑक्सीटोसिन का मोचन
(c) गर्भ की पिट्यूटरी से ऑक्सीटोसिन का मोचन
(d) अपरा से रिलेक्सिन का मोचन

4. सूची I को सूची II से सुमेलित कीजिए।

	सूची I (जन्तु)		सूची II (गर्भावधि)
A.	चूहा	1.	160 दिन
B.	कुत्ता	2.	21 दिन
C.	कपि	3.	60 दिन
D.	मानव	4.	280 दिन

कूट

	A	B	C	D
(a)	1	2	3	4
(b)	2	3	4	1
(c)	2	3	1	4
(d)	1	4	2	3

5. सबसे लम्बा गर्भकाल किसमें होता है?
(a) हाथी में (b) गोरिल्ला में
(c) चिम्पैन्जी में (d) मनुष्य में

6. माँसाहारी स्तनियों में प्लेसेन्टा होता है
(a) जोनरी-डैसिडुएट (b) कान्ट्रा-डैसिडुएट
(c) मेटा-डिस्कॉइडल (d) डिस्कॉइडल

7. खरगोश का गर्भ धारण काल होता है
(a) 28-32 दिन (b) 20-25 दिन
(c) 60-70 दिन (d) 80-90 दिन

8. अपरा किसमें पाया जाता है?
(a) सभी स्तनियों में (b) मेटाथीरियन में
(c) यूथीरियन में (d) प्रोटोथीरियन स्तनी में

9. ग्रे क्रिसेन्ट (grey crescent) पाया जाता है
(a) मेंढक के युग्मज में (b) मेंढक के नेत्र में
(c) कॉकरोच के रेटिना में (d) खरहे के मस्तिष्क में

10. मनुष्य में किस प्रकार का अपरा पाया जाता है?
(a) हीमो-कोरियल (b) हीमो-एण्डोथीलियल
(c) एपिथीलियो-कोरियल (d) सिनडैस्मो-कोरियल

11. निम्न में कौन अस्तनी जन्तु एकमात्र जरायुज होते हैं?
(a) व्हेल (b) अस्थिल मछलियाँ
(c) शार्कस् (d) उपस्थीय मछलियाँ

12. अपरा द्वारा स्रावित हॉर्मोन है
(a) प्रोजेस्टीरॉन (b) रिलैक्सिन
(c) HCG (d) ये सभी

13. अपरा निर्माण का सम्बन्ध है
(a) अण्डजता से (b) अण्डजरायुजता से
(c) जरायुजता से (d) ये सभी

14. स्तनधारियों के भ्रूण की अतिरिक्त भ्रूणीय झिल्ली किससे उत्पन्न होती है?
(a) आन्तरिक कोशिका द्रव्यमान से
(b) ट्रोफोब्लास्ट से
(c) फॉरमेटिव कोशिका से
(d) फॉलिकिल कोशिका से

15. ऑपोसम में किस प्रकार का अपरा पाया जाता है?
(a) पीतक कोष
(b) अपरापोषिका
(c) (a) व (b) दोनों
(d) उपरोक्त में से कोई नहीं

16. निम्नलिखित में से किसके द्वारा प्रसव हेतु संकेतों की उत्पत्ति होती है?
(a) केवल अपरा द्वारा
(b) अपरा तथा पूर्ण विकसित गर्भ द्वारा
(c) मातृ पिट्यूटरी से स्रावित ऑक्सीटोसिन द्वारा
(d) केवल पूर्ण विकसित गर्भ द्वारा

17. खरगोश में किस प्रकार का अपरा पाया जाता है?
(a) नॉन-डैसिडुएट (b) डैसिडुएट
(c) कान्ट्रा-डैसिडुएट (d) इनमें से कोई नहीं

18. घोड़े का अपरा होता है
(a) अपाती एवं विसरित (b) अपाती एवं दलीय
(c) पाती एवं वलयकार (d) अपाती एवं मध्यवर्ती

19. प्लेसेन्टा वह रचना है, जिसके द्वारा
(a) गर्भ को माता से नाभी रज्जु द्वारा जोड़ता है
(b) गर्भ को माता के रुधिर से पोषण प्राप्त करता है
(c) भ्रूण को भ्रूणीय झिल्लियों से जुड़ा रहता है
(d) भ्रूण को बाह्य झटकों व धक्कों से रक्षा करता है

20. भ्रूण (गर्भ में स्थित बच्चे) का मूत्राशय कौन-सा होता है?
(a) पीतक कोष
(b) अपरापोषिका
(c) उल्ब
(d) जरायु एवं अपरापोषिका

21. वास्तविक प्लेसेन्टा होता है
(a) पीतक कोष अपरा (b) उल्ब
(c) अपरा पोषिका (d) इनमें से कोई नहीं

22. निम्नलिखित जन्तुओं में सबसे छोटा गर्भकाल होता है
(a) मनुष्य का (b) हाथी का
(c) बिल्ली का (d) चूहे का

23. स्तनियों में सबसे साधारण अपरा होता है
(a) पीतक कोष (b) अपरा पोषिका
(c) डैसिडुएट (d) इनमें से कोई नहीं

24. गर्भाशय की वह कौन-सी सतह है, जो कि अपरा विलाई के कारण टूट जाती है?
(a) एण्डोथीलियम
(b) एण्डोमेट्रियम
(c) एण्डोडर्म
(d) ट्रोफोब्लास्ट

उत्तरमाला

1. (d)	**2.** (d)	**3.** (b)	**4.** (c)	**5.** (a)	**6.** (a)	**7.** (a)	**8.** (a)	**9.** (a)	**10.** (a)
11. (c)	**12.** (d)	**13.** (c)	**14.** (b)	**15.** (a)	**16.** (b)	**17.** (a)	**18.** (a)	**19.** (a)	**20.** (b)
21. (c)	**22.** (d)	**23.** (a)	**24.** (a)						

12

जन्तु ऊतक
Animal Tissues

उत्पत्ति, रचना एवं कार्यों में समान कोशिकाओं का समूह **ऊतक** कहलाता है। 'ऊतक' (tissue) शब्द का प्रयोग बिचैट (Bichat; 1771-1802) ने किया। इनको 'औतिकी का जनक' (father of histology) कहा जाता है। ऊतकों का अध्ययन **मारसेलो मैल्पीघी** (Marcello Malpighi; 1694) ने किया।

जन्तु विज्ञान की वह शाखा, जिसके अन्तर्गत ऊतकों का अध्ययन किया जाता है, **ऊतक विज्ञान** या औतिकी कहलाती है।

कोशिकाओं की रचना, आकार, कार्य एवं अन्तराकोशिकीय पदार्थ के आधार पर जन्तु ऊतक चार प्रकार के होते हैं। उपकलीय ऊतक (epithelial tissue), संयोजी ऊतक (connective tissue), पेशीय ऊतक (muscular tissue) तथा तन्त्रिका ऊतक (nervous tissue) होते हैं।

I. उपकलीय ऊतक (Epithelial Tissue)

यह सरल तथा स्तरित एवं विशिष्ट उपकला ऊतक में विभाजित होता है।

1. सरल उपकला (Simple Epithelium)

इसकी संरचना सरल होती है एवं इसका निर्माण कोशिकाओं की एकल परत से होता है। यह पुनः निम्न प्रकार का होता है

(i) सरल शल्की उपकला (Simple Squamous Epithelium)

इसकी कोशिकाएँ चपटी, बहुमुखी, शल्की (scaly) अथवा चौड़ी प्लेट के आकार की होती हैं। इसको आच्छादन उपकला (pavement epithelium) भी कहते हैं।

यह फेफड़ों की वायु कूपिकाओं (alveoli), हृदय (पेरीकार्डियम), रुधिर वाहिनी (एण्डोथीलियम), बोमेन सम्पुट (Bowman's capsule) का बाहरी व भीतरी स्तर, हेनले लूप की अवरोही भुजा, उदर गुहा का आवरण, आँख का लैंस, आन्तरिक कर्ण की कलागहन (membranous labyrinth), आदि में पाई जाती हैं।

(ii) सरल घनाकार उपकला (Simple Cuboidal Epithelium)

इसकी कोशिकाएँ घनाकार (cuboidal) होती है। यह ऊतक, उन अंगों में मिलती है, जहाँ अवशोषण (absorption), उत्सर्जन (excretion) तथा स्रावण (secretion) की क्रियाएँ होती हैं।

यह ऊतक वृक्क नलिकाओं, जनदों (gonads), ब्रॉकियोल्स (bronchioles) तथा स्वेद ग्रन्थियों (sweat glands) में पाया जाता है।

(iii) सरल स्तम्भाकार उपकला (Simple Columnar Epithelium)

इसकी कोशिकाएँ स्तम्भ (pillars) के समान लम्बी व एक-दूसरे से सटी होती हैं। ये ऊतक वृक्क, आमाशय, आँत, पित्ताशय वाहिनियों (pancreatic ducts), श्वास नाल, ब्रोन्कस, ब्रोन्काई, अण्डवाहिनी, यूरेटर, टिम्पेनिक गुहा, आदि में पाई जाती हैं।

सामान्य स्तम्भी रोमाभि उपकला (simple columnar ciliated epithelium) की कोशिकाएँ रोमाभि होती हैं। यह छोटी श्वसनियों (small bronchi), अण्डवाहिनियों (oviducts), मूत्रवाहिनियों (ureters), मस्तिष्क एवं सुषुम्ना की तन्त्रिका गुहा, गर्भाशयी नाल, आदि का दीवार का भीतरी स्तर बनाता है।

2. स्तरित उपकला ऊतक (Stratified Epithelium Tissue)

भौतिक रासायनिक एवं तापीय दबाव युक्त स्थानों पर पाया जाने वाला यह ऊतक निम्नलिखित प्रकार का होता है

(i) स्तरित शल्की उपकला (Stratified Squamous Epithelium)

शरीर की अधिकाँश संयुक्त उपकला इसी प्रकार की होती हैं। इसमें सबसे बाहर के स्तर की कोशिकाएँ चपटी एवं शल्की होती हैं तथा सबसे भीतर के स्तर की कोशिकाएँ स्तम्भी (columnar) एवं घनाकार होती हैं।

इन स्तरों के मध्य कोशिकाएँ बहुतलीय (polyhedral) होती है। त्वचा की उपचर्म, ग्रसिका, मलाशय, योनि, आदि की दीवार स्तरित शल्की उपकला की बनी होती हैं। यह दो प्रकार की होती है

(a) **किरैटिन युक्त शल्की उपकला** (Keratinised squamous epithelium) इसकी कोशिकाओं में किरैटिन नामक अघुलनशील तन्तुमय प्रोटीन जमा हो जाता है, किरैटिन त्वचा से जल की हानि को रोकता है।

सतह पर पहुँचने तक प्रत्येक स्तर की कोशिकाओं का केन्द्रक नष्ट हो जाता है और ये मृत होकर मातृ किरैटिन की शल्के बन जाती हैं।

(b) **किरैटिन-विहीन शल्की उपकला** (Non-keratinised squamous epithelium) इस प्रकार की उपकला की कोशिकाएँ चपटी व शल्की होती हैं, परन्तु इनमें किरैटिन का जमाव नहीं होता है।

यह नेत्र की कॉर्निया (cornea), मुखगुहा, ग्रसनी, ग्रसिका तथा योनि में पाई जाती है।

(ii) **स्तरित घनाकार उपकला** (Stratified Cuboidal Epithelium)
इसमें सबसे बाहर के स्तर की कोशिकाएँ घनाकार होती है। यह स्तर स्वेद ग्रन्थियों व स्तन ग्रन्थियों की बड़ी नलिकाओं में पाया जाता है।

(iii) **स्तरित स्तम्भी उपकला** (Stratified Columnar Epithelium)
इसमें सबसे बाहर के स्तर की कोशिकाएँ स्तम्भी होती है। यह स्वर कोष्ठ (larynx), पैरोटिड ग्रन्थियों, स्तन ग्रन्थियों की वाहिनियों में पाई जाती है।

3. विशिष्ट उपकला ऊतक (Special Epithelial Tissue)

विशिष्ट उपकला ऊतक निम्न प्रकार का होता है

(i) **कूट स्तरित उपकला** (Pseudostratified Epithelium)
इसकी कोशिकाएँ लम्बी तथा एक परत मोटी होती है, इसके आधार भाग में उसी आधार कला पर सधी छोटी-छोटी आधार कोशिकाओं का एक अतिरिक्त स्तर होता है, जिसके कारण यह द्विस्तरीय दिखायी देती हैं।

ऐसी कोशिकाएँ घ्राण गुहा की श्लेष्मिक झिल्ली, श्वास-नली, नासिका गुहाओं, नर जनन वाहिनियों, नर मूत्रमार्ग, ग्रन्थियों की बड़ी वाहिनियों, ग्रसनी, आदि में पाई जाती है।

(ii) **अन्तर्वर्ती उपकला** (Transitional Epithelium)
यह स्तरित उपकला के समान होती है। यह एक महीन आधार कला तथा मोटे एवं लचीले संयोजी ऊतक पर सधी होती हैं। इसकी सभी कोशिकाएँ जीवित, लचीली व पतली होती है। यह उपकला मूत्राश्य और उत्सर्गी नलिकाओं में पाई जाती है।

(iii) **संवेदी उपकला** (Sensory Epithelium)
घ्राण अंगों (nasal organs) की श्लेष्मिका कला अर्थात् श्नीडेरियन कला (Schneiderian membrane), अन्तःकर्णों की उपकला, स्वाद कलिकाओं तथा आँखों की रेटिना (retina) में संवेदी उपकला पाई जाती हैं।

(iv) **वर्णक उपकला** (Pigment Epithelium)
आँखों की दृष्टि पटल में आधार स्तर पर एक ऐसी उपकला होती है, जिसकी कोशिकाओं में रंगा-कण होते हैं।

(v) **ग्रन्थिल उपकला** (Glandular Epithelium)
यह स्तम्भी उपकला का एक रूपान्तरण है। इसकी कोशिकाओं में एक स्पष्ट केन्द्रक (nucleus) होता है। इसकी कोशिकाओं से विशेष प्रकार का पदार्थ स्रावित होता है। विभिन्न अन्तःस्रावी ग्रन्थियाँ, बहिःस्रावी ग्रन्थियाँ तथा चषक कोशिकाएँ ग्रन्थिल उपकला का उदाहरण हैं।

शरीर की सभी ग्रन्थियाँ उपकला ऊतक की बनी होती हैं। ये एककोशिकीय (चषक या गोब्लेट कोशिकाएँ), बहुकोशिकीय (अन्तःस्रावी एवं बहिःस्रावी ग्रन्थि), प्रकार की होती है।

बहिः स्रावी ग्रन्थियाँ (Exocrine glands) ये सामान्य एवं संयुक्त, कूपिकीय, कोष्ठकीय एवं नालवत, एपोक्राइन, मीरोक्राइन, होलोक्राइन सीरमी श्लेष्मी एवं मिश्रित, आदि प्रकार की होती हैं।

(a) **सामान्य एवं संयुक्त ग्रन्थियाँ** (Simple and compound glands) ये रचनात्मक सरलता तथा जटिलता के आधार पर वर्गीकृत हैं

- **सामान्य ग्रन्थि** में स्रावी कोशिकाएँ (secretory cells) एक या एक से अधिक समूह में व्यवस्थित होती हैं तथा इनसे उत्पन्न स्रावी एक अशाखीय नलिका (unbranched duct) द्वारा बाहर निकलता है।
- **सयुंक्त ग्रन्थि** में स्रावी कोशिकाएँ अनेक समूहों में व्यवस्थित होती है तथा इनका स्राव (secretion) अनेक शाखान्वित नलिकाओं द्वार बाहर निकलता है; जैसे–यकृत, अग्न्याशय, लार ग्रन्थियाँ, आदि।

(b) **कूपिकीय, कोष्ठकीय एवं नालवत्-ग्रन्थियाँ** (Alveolar, acinus and tubular glands) ये ग्रन्थियाँ स्त्रावी इकाइयों की आकृति के अनुसार वर्गीकृत की गई हैं; जैसे–कूपिकीय ग्रन्थियों में फ्लास्क के आकार की, कोष्ठकीय ग्रन्थियों में गोल तथा नालवत् ग्रन्थियों में नावत् स्रावी इकाई होती है।

इनके उदाहरण निम्नलिखित हैं

- **सामान्य कूपिकीय** (Simple alveolar) स्तनियों की कुछ तेल ग्रन्थियाँ।
- **संयुक्त कूपिकीय** (Compound alveolar) स्तनियों की अधिकाँश तेल ग्रन्थियाँ तथा सभी लार ग्रन्थियाँ।
- **सामान्य कोष्ठकीय** (Simple acinar) मेंढक की त्वचा ग्रन्थियाँ।
- **सामान्य नालवत्** (Simple tubular), आंत्रीय (intestinal) ग्रन्थियाँ, तथा स्तनियों में स्वेद ग्रन्थियाँ।
- **संयुक्त कोष्ठकीय** (Compound acinar) यकृत तथा जठर ग्रन्थियाँ (gastric glands)।
- **संयुक्त नालवत्** (Compound tubular) वृक्क एवं कुछ जठर ग्रन्थियाँ।
- **संयुक्त नालवत्-कूपिकीय** (Compound tubulo-alveolar) अग्न्याशय, सक्रिय स्तन ग्रन्थियाँ तथा बार्थोलिन एवं काउपर की ग्रन्थियाँ (Bartholin's and Cowper's glands)।

(c) **एपोक्राइन, मीरोक्राइन तथा होलोक्राइन ग्रन्थियाँ** (Apocrine, merocrine and holocrine glands) ये ग्रन्थियाँ स्रावण की विधि के अनुसार वर्गीकत की जाती हैं

- स्तनधारियों की स्तन ग्रन्थियाँ **एपोक्राइन** होती हैं।
- आंत्र एवं तेल ग्रन्थियाँ **होलोक्राइन** होती हैं।
- स्वेद ग्रन्थियाँ एवं लार ग्रन्थियाँ **मीरोक्राइन** या **एक्राइन** होती हैं।

(d) **सीरमी, श्लेष्मल एवं मिश्रित ग्रन्थियाँ** (Serous, mucous and mixed glands) इस प्रकार की बाहिः स्रावी ग्रन्थियों का वर्गीकरण स्रावी पदार्थ (स्रावण) की प्रकृति के अनुसार किया जाता है

- स्वेद ग्रन्थि तथा आंत्र ग्रन्थि सीरमी होती हैं।
- चषक कोशिका तथा कार्डियक ग्रन्थियाँ श्लेष्मल होती हैं।
- अग्न्याशय एक मिश्रित ग्रन्थि है।

II. संयोजी ऊतक (Connective Tissue)

संयोजी ऊतक भ्रूणीय **मीसोडर्म** (embryonic mesoderm) से बनता है।

हर्टविग (Hertwig) ने 1883 में मीसोडर्म से बनने वाले सभी ऊतकों को **मीसेनकाइमा** (mesenchyma) के नाम से सम्बोधित किया। संयोजी ऊतक शरीर का लगभग 30% भाग बनाता है।

यह विभिन्न कोशिकाओं, ऊतकों व अंगों के बीच रहता है तथा इनको परस्पर बाँधने या जोड़ने का कार्य करता है। संयोजी ऊतक मूल रूप से तीन घटकों (constituent), **मैट्रिक्स** (matrix), **कोशिकाएँ** (cells) तथा तन्तुओं का बना होता है।

तन्तु तीन प्रकार के होते हैं

(i) **श्वेत कोलेजन तन्तु** (White collagenous fibres)
ये सफेद व लोचरहित तन्तु होते हैं।

(ii) **पीले इलास्टीन तन्तु** (Yellow elastin fibres)
ये पीले व लोचयुक्त (elastic) तन्तु होते हैं।

(iii) **श्वेत रेटिकुलर तन्तु** (White reticular fibres)

ये तन्तु जाली के समान परस्पर एक-दूसरे से उलझे रहते हैं। ये लोचरहित होते हैं। मेट्रिक्स तथा तन्तुओं की रचना के आधार पर संयोजी ऊतक वास्तविक संयोजी ऊतक, कंकालीय संयोजी एवं द्रव या तरल संयोजी ऊतक (रुधिर) प्रकार के होते हैं।

वास्तविक संयोजी ऊतक (Connective Tissue Proper)

इसके संगठन में मैट्रिक्स तथा तन्तु के अलावा निम्न कोशिकाएँ पाई जाती हैं

(i) **फाइब्रोब्लास्ट** (Fibroblast)

ये संख्या में अधिक व चपटी होती है। ये कोशिकाएँ कोलेजन तन्तुओं का निर्माण करती है तथा घाव भरने के समय सर्वाधिक क्रियाशील होती है। स्कर्वी नामक रोग में इनकी क्रियाशीलता कम हो जाती है।

(ii) **मेक्रोफेज** (Macrophage)

ये स्वभाव में फैगोसाइटिक (phagocytic) होती है तथा अपमार्जक कोशिकाएँ (scavenger) भी कहलाती है। मस्तिष्क की ग्लीयल कोशिका (glial cells), यकृत की कुप्फर कोशिका (Kupffer cells) तथा रुधिर की मोनोसाइट (monocyte) इसी प्रकार की कोशिकाएँ हैं।

(iii) **मास्ट कोशिकाएँ** (Mast Cells)

यह एलर्जी क्रियाओं में भाग लेती हैं तथा शरीर की रक्षा में कार्य करती है। यह निम्नलिखित उत्पाद बनाती हैं

हिपेरिन यह रुधिर को जमने से रोकता है।

हिस्टामिन यह एलर्जी की अवस्था में उत्तेजना पैदा करता है।

सिरोटोनिन वह वाहिका संकीर्णक है।

(iv) **लसिका कोशिकाएँ** (Lymphocytes)

ये शरीर में प्रतिरक्षियों के संश्लेषण एवं संवहन का कार्य करती है। ये ऊतकों की जीवाणुओं और हानिकारक पदार्थों से रक्षा करती है।

(v) **प्लाज्मा कोशिकाएँ** (Plasma Cells)

ये लसिका कोशिकाओं के समान प्रतिरक्षी (antibodies) पदार्थों का संश्लेषण करती हैं।

वास्तविक संयोजी ऊतक पुनः निम्न प्रकार का होता है

(a) **अन्तराली संयोजी ऊतक** (areolar connective tissue) यह त्वचा के नीचे, खोखले अंगों व धमनी तथा शिराओं की भित्तियों पर पाया जाता है।

यह ऊतक विभिन्न ऊतकों के बीच का स्थान भरने तथा उन्हें जोड़ने व अंगों को उनके स्थान पर बनाये रखने में सहायता करता है।

(b) **वसा ऊतक** (adipose tissue) मुख्य कोशिकाएँ वसा कोशिका या एडिपोसाइट (adipocyte) होती हैं, जिनमें वसा संग्रहित रहती है। व्हेल का ब्लबर (blubber), ऊँट का कूबड़ तथा मैरीनो भेड़ की मोटी पूँछ मुख्यतया वसा ऊतक की बनी होती है।

(c) **श्वेत तन्तुमय ऊतक** (White fibrous tissue) मैट्रिक्स में केवल कोलेजन तन्तु एवं मुख्यतया या फाइब्रोब्लास्ट कोशिकाएँ पाई जाती हैं। यह टेण्डन्स या कण्डराओं का निर्माण करता है, जो पेशी को अस्थि से जोड़ता है।

(d) **पीत लोचदार ऊतक** (Yellow elastic tissue) यह इलास्टिन तन्तुओं का बना होता है, जिसके कारण यह लचीला होता है। यह लिगामेन्ट का निर्माण करता है, जो एक अस्थि को दूसरी अस्थि से जोड़ते हैं। इसमें तन्यता पाई जाती है।

(e) **जालिकामय संयोजी ऊतक** (Reticular connective tissue) इस ऊतक में मुख्य-कोशिका मेक्रोफेज होती है। यह ऊतक प्लीहा में लाल पल्प (red pulp) तथा सफेद पल्प (white pulp) के रूप में, थाइमस, अस्थि मज्जा तथा आंत्र के पेयर के चकतों (Peyer's patches) में पाया जाता है। यह शरीर की प्रतिरक्षा में सहायक है।

(f) **श्लेष्मी संयोजी ऊतक** (mucous connective tissue) यह मुर्गे की कलंगी, भ्रूण की ऑवल तथा आँख के विट्रस ह्यूमर में पाया जाता है।

कंकालीय संयोजी. ऊतक (Skeletal Connective Tissue)

यह ऊतक शरीर का अन्तः कंकाल बनाता है तथा मीजोडर्म से विकसित होता है। यह विभिन्न अंगों को आधार प्रदान करता है। यह उपास्थि तथा अस्थि दो प्रकार का होता है

I. उपास्थि (Cartilage)

यह ऊतक भ्रूणीय (embryonal) अवस्था का निर्माण करता है। वयस्क अवस्था में यह केवल शरीर के कुछ भागों; जैसे—लेरिंक्स (larynx), ट्रेकिया (trachea), ब्रोंकाई (bronchi), आदि में ही मिलता है तथा शेष भाग में अस्थियाँ पाई जाती हैं। उपास्थि की रचना तीन घटकों पेरीकॉण्ड्रियम, मैट्रिक्स (कॉण्ड्रिन) तथा कॉण्ड्रियोसाइट्स द्वारा होती है तथा रचना के आधार पर उपास्थि चार प्रकार की होती हैं।

(a) **प्रभासी उपास्थि** (Hyaline Cartilage)

यह उपास्थि नीले रंग की तथा पारदर्शी होती है तथा यह उपास्थि सबसे अधिक लचीली होती है। यह उपास्थि श्वास नली की दीवार, पसलियों के सिरों, टाँगों की अस्थियों, लौरिंक्स, आदि में पाई जाती हैं।

(b) **श्वेत तन्तुमय उपास्थि** (White Fibro Cartilage)

ये उपास्थियाँ कशेरुकाओं (vertebrae) के मध्य स्थित अन्तरा कशेरुक गद्दियों (intervertebral discs) तथा स्तनियों की श्रोणी मेखला (pelvic girdle) के प्यूबिक सिमफाइसिस (pubic symphysis), आदि में पाई जाती हैं।

(c) **लचीली तन्तुमय उपास्थि** (Elastic Fibro-Cartilage)

यह उपास्थि प्रभासी उपास्थि के समान होती है, परन्तु इसके मैट्रिक्स में पीले एवं लचीले इलास्टिन तन्तुओं का जाल फैला रहता है। यह अपारदर्शक उपस्थि नाक के सिरे पर एपीग्लोटिस तथा कान के पिन्ना (pinna), आदि में पाई जाती है।

(d) **केल्सीफाइड उपास्थि** (Calcified Cartilage)

यह आरम्भ में प्रभासी उपास्थि के समान होती है, परन्तु इसके मैट्रिक्स में कैल्शियम लवण (calcium salts) जमा हो जाते हैं, जिसके कारण यह उपास्थि अस्थि के समान कठोर हो जाती है और इसका लचीलापन समाप्त हो जाता है। मेंढक की अंश-मेखला (pectoral girdle) की सुप्रास्केपुला (supra scapula) और श्रोणि मेखला इसी उपास्थि की बनी होती है।

II. अस्थि (Bone)

मीसोडर्मी कोशिकाएँ अर्थात् ऑस्टिओसाइट (osteocyte) अस्थि का निर्माण करती है। अस्थि निर्माण की प्रक्रिया को **ऑस्टियोजेनेसिस या अस्थिभवन** (osteogenesis or ossification) कहते हैं।

अस्थि के मैट्रिक्स को ओसीन (ossein) कहते हैं। मैट्रिक्स का लगभग 62% भाग अकार्बनिक लवणों का तथा 38% भाग कार्बनिक पदार्थ का बना होता है। अस्थि संयोजी ऊतक की परत-पैरीऑस्टियम (periosteum) से ढकी रहती है। स्नायु तथा कण्डरा अस्थि से इसी झिल्ली द्वारा जुड़े रहते हैं।

स्तनधारियों की लम्बी अस्थियों के मैट्रिक्स में एक हैवर्सियन नलिका (Haversian canal) के चारों ओर संकेन्द्रित लैमेली के बीच, पंक्तियों में ऑस्टियोसाइट होती हैं। अस्थि की 4-20 तक संकेन्द्रीय लैमेली (concentric lamellae) प्रत्येक हैवर्सियन नलिका को गोलाई में घेरती हैं। ऐसी एक पूरी संरचना को हैवर्सियन तन्त्र या ऑस्टिऑन (Haversian system or osteon) कहते हैं। हैवर्सियन नलिकाएँ मुख्य अक्ष के समानान्तर होती हैं तथा क्षैतिज वोल्कमैन नलिकाओं (Volkman's canal) द्वारा जुड़ी रहती हैं। हैवर्सियन तन्त्र का मुख्य कार्य रुधिर द्वारा अस्थि के भीतर पोषक पदार्थों तथा ऑक्सीजन का परिवहन करना है, जिन अस्थियों में हैवर्सियन तन्त्र पाया जाता है, उन्हें **संहत** (compact) अस्थि कहते हैं। यदि किसी अस्थि को जलाया जाये, तो कार्बनिक पदार्थ जल जाता है तथा अकार्बनिक पदार्थ राख के रूप में शेष रह जाता है।

द्रव या तरल संयोजी ऊतक (Fluid Connective Tissue)

रुधिर एवं लसीका द्रव या तरल संयोजी ऊतक होते हैं। वास्तव में तरल ऊतक संयोजी ऊतक का रूपान्तरण (modification) होता है। यह ऊतक शरीर में भ्रमण (circulation) करता है, जिसके कारण इसको तरल ऊतक (fluid tissue) भी कहते हैं।

यह शरीर का लगभग 8% भाग होता है। रुधिर की श्यानता (viscosity) 4.7 होती है। मनुष्य का रुधिर जल से 5 गुना अधिक चिपचिपा होता है। यह हल्का क्षारीय प्रकृति का होता है, जिसकी pH 7.36-7.54 तक होती है (औसत pH 7.4)। ऑक्सीकृत रुधिर चमकीले लाल रंग का होता है, जबकि अनॉक्सीकृत रुधिर गुलाबी नीले रंग का होता है।

रुधिर का संघटन (Composition of Blood)

रुधिर दो भागों प्लाज्मा तथा रुधिर कणिकाओं का बना होता है।

1. प्लाज्मा (Plasma)

प्लाजा पीले रंग का निर्जीव द्रव है। यह हल्का क्षारीय एवं चिपचिपा होता है। यह रुधिर के सम्पूर्ण आयतन का लगभग 55-60% भाग होता है। प्लाज्मा में 90-92% जल, 1-2% अकार्बनिक लवण, 6-7% प्लाज्मा प्रोटीन एवं 1-2% अन्य कार्बनिक यौगिक पाए जाते हैं।

इसका कार्य सरल भोज्य पदार्थों (ग्लूकोज, अमीनो अम्ल, आदि) का आँत एवं यकृत से शरीर के अन्य भागों में परिवहन करना है। यह उपापचयी वर्ज्य पदार्थों (metabolic wastes); जैसे–यूरिया, यूरिक अम्ल, आदि का ऊतकों से वृक्कों तक उत्सर्जन हेतु परिवहन करता है।

यह अन्तः स्त्रावी ग्रन्थि से लक्ष्य अंगों तक हॉर्मोनों का परिवहन करता है तथा रुधिर की pH को स्थिर रखने में सहायक है।

प्लाज्मा में उपस्थित रुधिर प्रोटीन एवं फाइब्रिनोजन जख्म अथवा क्षति पहुँचने पर रुधिर का थक्का जमाने में सहायक होते हैं। यह ऊतक द्रव्य (tissue fluid) का निर्माण करता है, जो ऊतक को आर्द्र रखता है और रुधिर एवं कोशिकाओं के मध्य पदार्थों के आदान-प्रदान में सहायक है।

2. रुधिर कणिकाएँ या रुधिर कोशिकाएँ (Blood Corpuscles or Blood Cells)

ये रुधिर का 40-45% भाग बनाती हैं। रुधिर कणिकाओं का प्रतिशत हीमेटोक्रिट मूल्य (haematocrit value) अथवा **पैक्ड सैल वॉल्यूम** (packed cell volume) कहलाता है। मनुष्य में सामान्य हीमेटोक्रिट मूल्य अथवा पैक्ड सैल वॉल्यूम 40-50% होता है। रुधिर कणिकाएँ तीन प्रकार की होती हैं

1. लाल रुधिर कणिकाएँ (RBCs)

ये स्तनधारियों के अलावा सभी कशेरुकियों में अण्डाकार (oval), द्विउत्तल (biconvex) एवं केन्द्रकीय (nucleated) होती है। स्तनियों में ऊँट एवं लामास को छोड़कर सभी की RBCs गोलाकार, द्विअवतल (biconcave) और **केन्द्रकविहीन** होती है।

हेमरेज (haemorrhage) एवं हीमोलाइसिस (haemolysis) से RBCs की संख्या घट जाती है, जिसे रक्ताल्पता (anaemia) कहते हैं। RBCs की संख्या में सामान्य स्तर से अधिक वृद्धि **पॉलीसाइथीमिया** (polycythemia) कहलाती है।

एकल RBC पीले रंग की दिखाई पड़ती है, परन्तु RBCs का गुच्छा हीमोग्लोबिन के कारण लाल रंग का दिखाई पड़ता है।

गर्भस्थ शिशु में RBCs का निर्माण यकृत (liver) एवं प्लीहा (spleen) में होता है, जबकि शिशु के जन्म के उपरान्त RBCs का निर्माण मुख्यतया अस्थि मज्जा (bone marrow) में होता है।

RBC का परिपक्वन फोलिक अम्ल एवं विटामिन-B_1 द्वारा नियन्त्रित होता है। RBCs की अतिरिक्त मात्रा प्लीहा (spleen) में संग्रहित होती है, जो रुधिर बैंक (blood bank) की भाँति कार्य करती है। मनुष्य की RBC का औसत जीवनकाल 120 दिन होता है, जबकि मेंढक एवं खरगोश की RBC का जीवनकाल क्रमशः 100 दिन एवं 50-70 दिन होता है।

2. सफेद रुधिर कणिकाएँ (WBCs)

ये गोल अथवा अमीबाकार, केन्द्रकयुक्त, वर्णकविहीन कोशिकाएँ हैं। WBCs आकार में RBCs से बड़ी होती हैं, जबकि इनकी संख्या में RBCs से कम होती हैं (1 : 600)।

ल्यूकीमिया (रुधिर कैंसर) में WBCs की संख्या बढ़ जाती है।

सफेद रुधिर कणिकाओं को ग्रेन्यूलोसाइट्स एवं एग्रेन्यूलोसाइट में वर्गीकृत करते हैं।

(i) ग्रेन्यूलोसाइट्स (Granulocytes) ये कोशिकाएँ लाल अस्थि मज्जा में बनती हैं एवं कुल ल्यूकोसाइट्स की लगभग 65% होती हैं। ये केन्द्रक के आकार एवं उनके कणों (granules) की अभिरंजक क्रियाओं (staining reactions) के आधार पर पुनः निम्न प्रकार विभाजित की जा सकती हैं

(a) न्यूट्रोफिल्स (neutrophils) ये WBCs की कुल संख्या का लगभग 62% होती हैं। इनके कोशिकाद्रव्य में महीन कण (fine granules) पाए जाते हैं, जो अम्लीय एवं क्षारीय अभिरंजकों द्वारा अभिरंजित होते हैं तथा बैंगनी रंग के दिखाई देते हैं। केन्द्रक 3-5 पालीयुक्त (lobed) होता है। इनका जीवनकाल रुधिर मे 10-12 घण्टे तथा ऊतक में 4-5 दिन होता है। ये शरीर के रक्षक की भाँति कार्य करती हैं।

(b) बेसोफिल्स (Basophils) ये सायनोफिल्स (cyanophils) भी कहलाती हैं। कोशिकाद्रव्यी कण बड़े होते हैं, जो नीले रंग के दिखाई पड़ते हैं। केन्द्रक दो अथवा तीन पालीयुक्त अथवा S के आकार का होता है। इनका जीवनकाल 12-15 दिन होता है। ये हिपेरिन (heparin) एवं हिस्टेमाइन (histamine) को स्त्रावित कर केशिकाओं में रुधिर का थक्का जमने से रोकती हैं।

(c) एसिडोफिल्स (Acidophils) ये इओसीनोफिल्स (eosinophils) भी कहलाती हैं। इनका केन्द्रक द्विपालीयुक्त (bilobed) होता है। इनका जीवनकाल 14 घण्टे होता है। एलर्जी में इनकी संख्या बढ़ जाती है। ये घावों को भरने में सहायक होती हैं।

(ii) एग्रेन्यूलोसाइट्स (Agranulocytes) ये कुल WBCs का लगभग 35% भाग होती हैं। एग्रेन्यूलोसाइट्स को **मोनोसाइट्स** एवं **लिम्फोसाइट्स** में विभाजित किया जा सकता है।

(a) मोनोसाइट्स (Monocytes) ये **सबसे बड़ी ल्यूकोसाइट्स** (WBCs) है। ये कुल ल्यूकोसाइट्स का लगभग 5.3% भाग बनाती हैं। इनका केन्द्रक अण्डाकार, वृक्क अथवा घोड़े की नाल के आकार का और बाह्य केन्द्रीय (excentric) होता है। इनका निर्माण लिम्फनोड एवं प्लीहा में होता है। ये अत्यधिक चल (motile) होती हैं तथा जीवाणु एवं अन्य रोगकारक जीवों का भक्षण करने का कार्य करती हैं। इनका जीवनकाल कुछ घण्टों से लेकर कई दिनों तक हो सकता है।

(b) लिम्फोसाइट्स (Lymphocytes) ये ल्यूकोसाइट्स का लगभग 30% भाग बनाती हैं। इनका केन्द्रक बड़ा और गोल होता है तथा कोशिकाद्रव्य पतली परिधीय परत (peripheral layer) बनाता है। इनका निर्माण थाइमस, लिम्फनोड, प्लीहा तथा टॉन्सिल्स में होता है। इनका जीवनकाल 3-4 दिन होता है। ये प्रतिरक्षियों (antibodies) का निर्माण कर शरीर के प्रतिरक्षा तन्त्र में महत्त्वपूर्ण भूमिका अदा करती हैं।

3. रुधिर प्लेटलेट्स (Blood Platelets)

ये रंगहीन, अण्डाकार, चक्रिक (discoidal) तथा कोशिकाद्रव्यी भाग हैं, जो अकेन्द्रकीय होते हैं। रुधिर में प्लेटलेट्स की संख्या में कमी **थ्रॉम्बोसाइटोपीनिया** (thrombocytopenia) कहलाती है। इनका जीवनकाल लगभग एक सप्ताह होता है। ये रुधिर के थक्का निर्माण (blood clotting) में महत्त्वपूर्ण भूमिका अदा करती हैं।

लसिका (Lymph)

लसिका अर्द्धपारदर्शी क्षारीय तरल है, जो रुधिर कोशिकाओं तथा ऊतक के बीच उपस्थित होता है। लसिका में RBC अनुपस्थित एवं प्लाज्मा प्रोटीन की मात्रा कम होती है। इसमें कैल्शियम एवं फॉस्फोरस की मात्रा कम होती है। लसिका में प्लाज्मा तथा ल्यूकोसाइट पाई जाती है।

III. पेशीय ऊतक (Muscular Tissue)

पेशीय ऊतक भ्रूणीय मीसोडर्म (mesoderm) से विकसित होता है। पेशियाँ शरीर का लगभग 50% भाग बनाती हैं। इस ऊतक का विशिष्ट गुण संकुचनशीलता (contractility) है। पेशी में संकुचन तथा शिथिलन होता है, लेकिन इनमें प्रसार (expand) नहीं होता है।

पेशी कोशिका को पेशी तन्तु भी कहते हैं। पेशी तन्तु की प्लाज्मा झिल्ली को **सारकोलेमा** (sarcolemma) कहते हैं। पेशी तन्तु के एण्डोप्लाज्मिक रेटिकुलम को सारकोप्लाज्मिक रेटिकुलम (sarcoplasmic reticulum) कहते हैं। पेशी तन्तु के कोशिका द्रव्य को **सारकोप्लाज्म** (sarcoplasm) कहते हैं। इसकी संरचनात्मक तथा क्रियात्मक इकाई सारकोमियर (sarcomere) कहलाती है।

पेशीय ऊतक को रेखित पेशियों, अरेखित पेशियों तथा हृदय पेशियों में विभाजित किया जाता है।

IV. तन्त्रिका ऊतक (Nervous Tissue)

तन्त्रिका ऊतक का निर्माण **एक्टोडर्म** (ectoderm) से होता है।

तन्त्रिका ऊतक में दो प्रकार की कोशिकाएँ अर्थात् तन्त्रिका कोशिकाएँ तथा न्यूरोग्लिया कोशिकाएँ उपस्थित होती हैं।

तन्त्रिका कोशिका एक तन्त्रिका कोशिका में कोशिकाकाय (cell body) साइटॉन एवं पैरिकैरिऑन पाए जाते हैं, कोशशिकाद्रव्य के बने पतले प्रवर्ध डेन्ड्राइट तथा एक लम्बा प्रवर्ध एक्सॉन, एक न्यूरॉन से निकलता है।

एक्सॉन की कोशिका कला को एक्सोलेमा (axolemma) तथा कोशिकाद्रव्य को एक्सोप्लाज्म (axoplasm) कहते हैं। एक्सॉन दूरस्थ छोर पर छोटी-छोटी शाखाओं में विभाजित हो जाता है, जिन्हें **टीलोडेन्ड्रिया** (telodendria) कहते हैं।

टीलोडेन्ड्रिया के सिरे पर घुण्डीनुमा अन्तः बटन (end button) होते हैं, जिनमें न्यूरोट्रान्समीटर (neurotransmitter) संचित रहत है।

न्यूरोग्लिया कोशिकाएँ (Neuroglia Cells)

न्यूरोग्लिया कोशिकाएँ छः प्रकार की होती हैं, जिनमें चार प्रकार की **केन्द्रीय तन्त्रिका तन्त्र** (CNS) में तथा दो प्रकार की **परिधीय तन्त्रिका तन्त्र** (PNS) में होती हैं

(i) **एस्ट्रोसाइट्स** (Astrocytes) ये मस्तिष्क के ऊतक में पाई जाती हैं। इनमें चारों ओर कई प्रवर्ध निकले होते हैं, अतः इनकी आकृति सितारे जैसी होती है। ये तन्त्रिसंचारी पदार्थों के उपापचय (metabolism) में भाग लेती है, तन्त्रिकीय प्रेरणाओं की उत्पत्ति के लिए K^+ आयनों का सन्तुलन बनाए रखती हैं तथा रुधिर से पदार्थों के आदान-प्रदान एवं मस्तिष्क की वृद्धि में सहायता करती हैं।

(ii) **ऑलिगोडेन्ड्रोसाइट्स** (Oligodendrocytes) ये मस्तिष्क के ऊतक में सबसे अधिक पाई जाने वाली, परन्तु कुछ छोटी न्यूरोग्लिया कोशिकाएँ होती हैं। इनमें प्रवर्ध भी कम होते हैं। ये तन्त्रिका तन्तुओं के चारों ओर एक मायलिन खोल (myelin sheath) बनाकर इनकी सुरक्षा करती हैं।

(iii) **माइक्रोग्लिया** (Microglia) ये रुधिर की मोनोसाइट कोशिकाओं से व्युत्पन्न छोटी भक्षी कोशिकाएँ (phagocytic cells) होती हैं, जो CNS के ऊतक में पहुँचने वाले रोगाणुओं तथा कोशिकीय मलवे का भक्षण करके इनका विघटन करती हैं।

(iv) **इपेन्डाइमल कोशिकाएँ** (Ependymal cells) ये घनाकार या स्तम्भी, प्रायः रोमाभि (ciliated) कोशिकाएँ होती हैं, जो CNS की गुहाओं के चारों ओर आच्छादित इकहरी एपिथीलियम बनाती हैं।
ये इन गुहाओं में भरे **सेरेब्रोस्पाइनल तरल** (cerebrospinal fluid) का स्त्रावण करती हैं।

(v) **अनुचर कोशिकाएँ** (Satellite cells) कुछ तन्त्रिका कोशिकाएँ CNS के बाहर छोटे-छोटे समूहों में पाई जाती हैं, जिन्हें गुच्छक (ganglia) कहते हैं। इन गुच्छकों के ऊतक में उपस्थित अवलम्ब कोशिकाओं को अनुचर कोशिकाएँ कहते हैं।

(vi) **न्यूरोलेमोसाइट्स या श्वान कोशिकाएँ** (Neurolemmocytes or Schwann Cells) ये PNS के तन्त्रिका तन्तुओं के चारों ओर मायलिन खोल बनाती हैं।

तन्त्रिका ऊतक के कार्य (Functions of Nervous Tissue)

- यह ऊतक प्रेरणाओं (impulses) का संवहन करता है, जिससे उपवाहक अंग (effector organs) प्रतिक्रिया करते हैं।
- यह ऊतक शरीर के विभिन्न अंगों के मध्य पारस्परिक समन्वयन (coordination) स्थापित करता है।
- ये स्मृति की प्रक्रियाओं (memory processes) में सहायता करती हैं।

अभ्यास प्रश्नावली

1. प्राणियों में सबसे पहले कौन-सा ऊतक विकसित हुआ?
(a) पेशी ऊतक (b) संयोजी ऊतक
(c) उपकला ऊतक (d) कंकालीय ऊतक

2. श्वसनिका में उपकला होती है
(a) मिथ्या-स्तरित तथा स्तम्भाकार
(b) शल्कीय तथा संवेदी
(c) मिथ्या स्तरित तथा संवेदी
(d) क्यूबॉएडल तथा स्तम्भाकार

3. जाड़े के मौसम में ठण्ड के साथ कंपकपी का कारण होता है
(a) रेखित पेशियों की ऐच्छिक क्रिया
(b) अरेखित पेशियों की ऐच्छिक क्रिया
(c) रेखित पेशियों की अनैच्छिक क्रिया
(d) अरेखित-पेशियों की अनैच्छिक क्रिया

4. एपिथीलियल ऊतक कार्य करते हैं
(a) सुरक्षित आवरण का (b) जनन संरचनाओं का
(c) रुधिर कणिकाओं का (d) तन्त्रिका कोशिकाओं का

5. शल्की उपकला कोशिकाएँ नहीं पाई जाती हैं
(a) मुख गुहिका के आस्तर में (b) किण स्तर में
(c) हृदयावरणी कला में (d) आँत्र के आस्तर में

6. शरीर को गर्म रखने में कौन सहायता करता है?
(a) स्वेद ग्रन्थि (b) संयोजी ऊतक
(c) वसा ऊतक (d) बाल

7. व्हेल एक गर्म रुधिर वाला प्राणी है, जोकि ठण्डे समुद्र में रहता है। इसके शरीर को गर्म बनाता है
(a) ब्लबर (b) पीलेज
(c) पेशी (d) रुधिर वाहिकाएँ

8. त्वचा पर चोट लगने के बाद इसका पुनरुद्भवन किसके द्वारा किया जाता है?
(a) शल्की उपकला के (b) चर्म के
(c) देहभित्ति की पेशियों के (d) घनाकार उपकला के

9. डेस्मोसोम्स का सम्बन्ध होता है
(a) कोशिका विभाजन से
(b) कोशिका उत्सर्जन से
(c) साइटोलाइसिस से
(d) कोशिकाओं के परस्पर जुड़ने से

10. लेरिंग्स का भीतरी स्तर बना होता है
(a) रोमाभि एपीथिलियम
(b) कूटस्तरित एपीथीलियम
(c) स्तम्भी एपीथीलियम
(d) स्तरित शल्की एपीथीलियम

11. संयोजी ऊतक का मुख्यतया संघटक है
(a) कोलेजन (b) कार्बोहाइड्रेट
(c) वसा (d) कोलेस्टेरॉल

12. कण्डरा (tendon) एक संरचना है, जो जोड़ती है
(a) एक अस्थि को दूसरी अस्थि से
(b) एक तन्त्रिका को एक पेशी से
(c) एक पेशी को अस्थि से
(d) एक पेशी को एक पेशी से

13. मास्ट कोशिकाएँ किस प्रकार के संयोजी ऊतक में पाई जाती हैं?
(a) एडिपोज ऊतक में
(b) अवकाशी ऊतक में
(c) पीले तन्तुमय ऊतक में
(d) सफेद तन्तुमय ऊतक में

14. संयोजी ऊतक की उत्पत्ति होती है
(a) बाह्यस्तर से (b) अन्तःस्तर से
(c) मध्यस्तर से (d) मध्य अन्तःस्तर से

15. एरियोलर ऊतक जोड़ता है
(a) दो अस्थियों को
(b) पेशी तथा अस्थियों को
(c) पेशी तथा वसा ऊतक को
(d) पेशियों एवं उनके यौगिकों को

16. स्तनधारियों में हैवर्सियन नलिका अनुप्रस्थ नलिका द्वारा जुड़ी रहती है। वे कहलाती है
(a) अर्द्धचन्द्राकार नलिकाएँ (b) वोल्कमैन नलिकाएँ
(c) इन्वावाइनल नलिकाएँ (d) बिडर्स नलिकाएँ

17. ऊँट का कूबड़ बना होता है
(a) कंकाल ऊतक का (b) पेशी ऊतक का
(c) उपास्थि का (d) वसा ऊतक का

18. वायवीय संयोजी ऊतक किससे किसको जोड़ते हैं?
(a) वसा पिण्ड को पेशियों से
(b) अध्यावरण को पेशियों से
(c) अस्थियों को पेशियों से
(d) अस्थियों को अस्थियों से

19. अस्थि का मुख्य घटक है
(a) कैल्शियम फॉस्फेट (b) मैग्नीशियम
(c) कैल्शियम कार्बोनेट (d) सोडियम क्लोराइड

20. कण्डरा किसकी बनी होती है?
(a) अप्रत्यास्थ संयोजी ऊतक तन्तु की
(b) प्रत्यास्थ संयोजी ऊतक तन्तु की
(c) (a) एवं (b) दोनों की
(d) केवल कोलेजन तन्तु की

21. मास्ट कोशिकाएँ कौन-सा पदार्थ सावित करती है?
(a) हिपेरिन (b) हिस्टेमिन
(c) सिरोटोनिन (d) ये सभी

22. हैवर्सियन तन्त्र किसका प्रमुख लक्षण है?
(a) पक्षियों की अस्थियों का
(b) सभी जन्तुओं का
(c) स्तनधारियों की अस्थियों का
(d) सरीसृपों की अस्थियों का

23. अस्थि उपास्थि से निम्न की उपस्थिति के कारण भिन्न होती है
(a) कोलेजन (b) रुधिर वाहिकाएँ
(c) लिम्फ वाहिकाएँ (d) हैवर्सियन नलिका

24. कार्टिलेज को ढंकने वाली झिल्ली कहलाती है
(a) पेरीऑस्टियम (b) पेरीकॉन्ड्रियम
(c) पेरीन्यूरियम (d) पेरीकार्डियम

25. स्तन ग्रन्थियों की प्रकृति होती है

(a) एपोक्राइन (b) मीरोक्राइन
(c) होलोक्राइन (d) इनमें से कोई नहीं

26. वर्मीफॉर्म अपेन्डिक्स बनी होती है

(a) पाचन ऊतक की
(b) श्वसन ऊतक की
(c) उत्सर्जी ऊतक की
(d) लसीका ऊतक की

27. चिकने पेशी तन्तु हैं

(a) बेलनाकार, अशाखित, रेखित, बहुनाभिकीय, ऐच्छिक
(b) तर्कुरूप, अशाखित, अरेखित, एक नाभिकीय, अनैच्छिक
(c) बेलनाकार, अशाखित, अरेखित, बहुनाभिकीय, अनैच्छिक
(d) तर्कुरूप, अशाखित, रेखित, एक नाभिकीय, ऐच्छिक

28. उपकला कोशिकाओं का एक प्रकार, जो फैलोपियन नलिका, श्वसनिका तथा छोटी श्वसनी की आन्तरिक सतह को पंक्तिबद्ध करती है, कहलाती है

(a) शल्की उपकला
(b) स्तम्भी उपकला
(c) पक्ष्माभी उपकला
(d) घनाकार उपकला

29. रुधिर वाहिकाओं को स्तरित करने वाली कोशिकाएँ सम्बन्धित होती हैं

(a) चिकने पेशीय ऊतक से
(b) शल्की उपकला से
(c) स्तम्भाकार उपकला से
(d) संयोजी ऊतक से

30. निम्नलिखित में से किस एक निर्मित में आपको कोशिका सन्धियों के सर्वाधिक सामान्यतया मिलने की सम्भावना होगी?

(a) पक्ष्माभ उपकला (b) बिम्बाणु
(c) कण्डरा (d) काचाभ उपास्थि

31. 'हिस का बण्डल' मानव के निम्नलिखित में से किस अंग का एक भाग है?

(a) हृदय का (b) वृक्क का
(c) अग्न्याशय का (d) मस्तिष्क का

32. मनुष्य में पक्ष्माभी स्तम्भीय उपकला कोशिकाएँ पाई जाती हैं

(a) श्वसनिकाओं एवं फैलोपियन नलिकाओं में
(b) पित्तवाहिका एवं ग्रसनी में
(c) फैलोपियन नलिकाओं एवं मूत्रमार्ग
(d) यूस्टेकियन नलिका एवं आमाशय स्तर में

33. निम्न कृतियों में से कौन-सी कृति बार-बार कोशिका सन्धियों के आर-पार जाती रहती है?

(a) पक्ष्माभी उपकला (b) बिम्बाणु
(c) कण्डरा (d) काचाभ उपास्थि

34. कंकाली पेशी में वह कौन-सा संकुचनशील प्रोटीन है, जिसमें ATPase क्रिया निहित होती है?

(a) ट्रोपोमायोसिन (b) मायोसिन
(c) α-एक्टिनिन (d) ट्रोपोनिन

35. हृद पेशी तन्तु कंकाल पेशियों से भिन्न हैं क्योंकि, ये हैं

(a) रेखित एवं अनैच्छिक (b) अरेखित एवं ऐच्छिक
(c) अरेखित एवं अनैच्छिक (d) प्रतिगामी

36. अन्तर्विष्ट चक्रिकाएँ पाई जाती हैं

(a) कण्डरा में (b) धारीदार पेशी में
(c) अरेखित पेशी में (d) हृद पेशी में

37. पेशीय तन्तु में ATP का क्या कार्य है?

(a) यह एक एन्जाइम की तरह कार्य करता है
(b) यह पेशी को लचीला तथा एक्सटेन्सिबल बनाता है
(c) यह कठोर पेशी के क्रमिक संकुचन के लिए आवश्यक ऊर्जा प्रदान करता है
(d) (b) एवं (c) दोनों

38. रेखीय पेशीय तन्तु की संरचनात्मक एवं कार्यात्मक इकाई कहलाती है

(a) सार्कोलेमा (b) सार्कोमीयर
(c) सार्कोप्लाज्म (d) मायोफाइब्रिन

39. हायलिन कार्टिलेज के मैट्रिक्स में होता है

(a) कोलेजन (b) कॉन्ड्रिन
(c) ओसीन (d) ये सभी

40. पेशियों में पाया जाने वाला संग्रहित खाद्य पदार्थ है

(a) प्रोटीन (b) फॉस्फोजन
(c) लिपिड (d) ग्लाइकोजन

41. रुधिर प्लाज्मा में मुख्यतया उपस्थित केटायन होता है

(a) कैल्शियम (b) सोडियम
(c) पोटैशियम (d) मैग्नीशियम

42. इनमें से किसमें पेशी तन्तु होते हैं, लेकिन गमन का कार्य नहीं करते?

(a) कॉकरोच की टाँग
(b) मनुष्य के हाथ की अँगुली
(c) केंचुएँ की त्वचा
(d) खरगोश की जाँघ

43. अस्थि में पाया जाने वाला प्रोटीन है

(a) कॉन्ड्रिन (b) ओइसीन
(c) कॉर्टीलेजिन (d) ओसीन

44. एक खरगोश बहुत तेज दौड़ता है और कुछ समय बाद थकान अनुभव करता है, क्योंकि

(a) पेशियों में लैक्टिक अम्ल बनता है
(b) पेशियों में सक्सिनिक अम्ल बनता है
(c) ऊर्जा की क्षति होती है
(d) उपरोक्त में से कोई नहीं

45. पेशी संकुचन के लिए निम्न में कौन-सा आयन आवश्यक है?

(a) Na^+ (b) K^+
(c) Ca^{2+} (d) इनमें से कोई नहीं

46. पेशी में संकुचन होता है

(a) मायोसिन से (b) एक्टिन से
(c) ATP से (d) एक्टोमायोसिन से

47. 'हिस' का बण्डल (bundle of His) एक समूह है

(a) तन्त्रिका तन्तुओं का
(b) गुच्छिकाओं का
(c) संयोजी ऊतकों का
(d) पेशी तन्तुओं का

48. वह प्रोटीन, जोकि पेशियों में O_2 संग्रहित करता है

(a) मायोग्लोबिन (b) एक्टोमाइसिन
(c) मायोसिन (d) हीमोग्लोबिन

49. ऐच्छिक पेशियाँ उपस्थित होती हैं

(a) फेफड़ों में
(b) पित्ताशय में
(c) रुधिर वाहिनियों में
(d) पाद-माँस पेशियों में

50. पेशी संकुचन के लिए तन्तु विसर्पण सिद्धान्त (sliding filament theory) किसने दिया?
(a) कोरी ने (b) एच ई हक्सले ने
(c) ए एफ हक्सले ने (d) एच ई हक्सले व ए एफ हक्सले ने

51. टेण्डन के ऑसीफिकेशन (ossification) से बनी अस्थि कहलाती है
(a) सीस्मॉइड (b) कलाजात
(c) डर्मल (d) उपास्थि

52. पेशी खण्ड दूरी होती है
(a) Z रेखा तथा A पटटी के बीच
(b) दो Z रेखाओं के बीच
(c) I पटटी तथा H क्षेत्र के बीच
(d) A तथा I पट्टियों के बीच

53. पेशी तन्तुक में सार्कोमीयर किसके बीच का क्षेत्र है?
(a) दो A-पट्टियों के (b) दो Z-पट्टियों के
(c) दो I-पट्टियों के (d) दो H-पट्टियों के

54. मनुष्य के शरीर की सबसे लम्बी कोशिका है
(a) तन्त्रिका कोशिका (b) पैर की पेशी कोशिका
(c) अस्थि कोशिका (d) हृद पेशी कोशिका

55. निस्सल कण पाए जाते हैं
(a) नेफ्रॉन में (b) न्यूरॉन में
(c) साइटॉन में (d) डेन्ड्रॉइट में

56. तन्त्रिका ऊतक की रिपेयरिंग का कार्य करती है
(a) ग्लियल कोशिकाएँ (b) तन्त्रिका कोशिकाएँ
(c) साइटॉन (d) केवल एक्सॉन

57. न्यूरोग्लिया व न्यूरॉन में अन्तर है
(a) न्यूरोग्लिया में निस्सल कणों की अनुपस्थिति का
(b) न्यूरोग्लिया में प्रवर्धों की अनुपस्थिति का
(c) न्यूरोग्लिया में साइटॉन की अनुपस्थिति का
(d) न्यूरोग्लिया में नाभिक की अनुपस्थिति का

58. तन्त्रिका को घेरने वाली संयोजी ऊतक की मोटी पर्त कहलाती है
(a) न्यूरीलेमा (b) एण्डोन्यूरियम
(c) एपीन्यूरियम (d) पेरीन्यूरियम

59. सबसे कम पुनरुद्भवन की क्षमता पाई जाती है
(a) पेशीय कोशिका में (b) तन्त्रिका कोशिका में
(c) यकृत कोशिका में (d) अस्थि कोशिका में

उत्तरमाला

1. (c)	**2.** (d)	**3.** (d)	**4.** (a)	**5.** (d)	**6.** (c)	**7.** (a)	**8.** (d)	**9.** (d)	**10.** (a)
11. (a)	**12.** (c)	**13.** (b)	**14.** (c)	**15.** (d)	**16.** (b)	**17.** (d)	**18.** (b)	**19.** (a)	**20.** (d)
21. (d)	**22.** (c)	**23.** (d)	**24.** (b)	**25.** (a)	**26.** (d)	**27.** (b)	**28.** (c)	**29.** (b)	**30.** (a)
31. (a)	**32.** (a)	**33.** (a)	**34.** (b)	**35.** (a)	**36.** (d)	**37.** (d)	**38.** (b)	**39.** (b)	**40.** (d)
41. (b)	**42.** (b)	**43.** (d)	**44.** (a)	**45.** (c)	**46.** (a)	**47.** (d)	**48.** (a)	**49.** (d)	**50.** (d)
51. (a)	**52.** (b)	**53.** (b)	**54.** (a)	**55.** (c)	**56.** (a)	**57.** (a)	**58.** (c)	**59.** (b)	

13

पाचन तन्त्र
Digestive System

पोषण (Nutrition)

पोषण उन सभी क्रियाओं का कुल योग है, जो भोजन के अन्तर्ग्रहण, पाचन, पचे हुए भोजन के अवशोषण और अपचित भोजन के बहिष्कार से सम्बन्धित है।

पोषण निम्न दो प्रकार का होता है

(i) **स्वपोषण** (Autotrophic nutrition) जीव अपना भोजन स्वयं बनाते हैं। उदाहरण–सभी हरे पौधे, कुछ एककोशिकीय जन्तु; जैसे–*यूग्लीना* (*Euglena*)।

(ii) **परपोषण** (Heterotrophic nutrition) जीव अपने भोजन हेतु अन्य जीवों पर निर्भर रहते हैं। परपोषण **प्राणी समभोजी, मृतोपजीवी, परजीवी** एवं **पादप समभोजी** प्रकार का होता है।

निम्न भोजन वह पोषक पदार्थ है, जो किसी जीव द्वारा वृद्धि, कार्य, मरम्मत और जीवन क्रियाओं के संचालन हेतु ऊर्जा प्राप्त करने के लिए ग्रहण किया जाता है। भोजन के सात मुख्य अवयव कार्बोहाइड्रेट (carbohydrates), वसा (fats), प्रोटीन (proteins), खनिज लवण (mineral salts), विटामिन (vitamins), जल (water) तथा मोटा चारा (roughage) होते हैं।

कार्बोहाइड्रेट, पॉलीहाइड्रॉक्सी एल्डिहाइड अथवा कीटोन (polyhydroxy aldehyde or ketone) होते हैं, जो C, H एवं O से बने होते हैं। इनमें C, H एवं O का अनुपात सामान्यतया 1 : 2 : 1 होता है। कार्बोहाइड्रेट ऊर्जा प्रदान करने, आर्थ्रोपोडा में बाह्य कंकाल बनाने, पौधों की कोशिका भित्ति के निर्माण तथा आनुवंशिक पदार्थ के निर्माण का कार्य करते हैं।

वसा वसीय अम्लों एवं ग्लिसरॉल से बना यौगिक है। यह ऊर्जा उत्पादन, शरीर ताप को निश्चित बनाये रखने, कोशिका कला के निर्माण का कार्य करती है

प्रोटीन अमीनो अम्लों के बहुलक होते हैं। ये शरीर की वृद्धि, मरम्मत एवं सुरक्षा हेतु आवश्यक हैं।

खनिज लवण ऊतक निर्माण के लिए कच्चा पदार्थ है तथा एन्जाइम एवं विटामिन के आवश्यक अंग हैं।

विटामिन–शब्द 'विटामिन' कैसीमिर फुंक ने दिया। ये जटिल कार्बनिक यौगिक हैं, जिनकी सूक्ष्म मात्रा शरीर में उपापचय के लिए आवश्यक होती है।

भोजन सामग्रियों की ग्राम में आवश्यक मात्रा (Required amount of food material in gram)

भोजन-सामग्री	वयस्क पुरुष			वयस्क स्त्रियाँ			शिशु		लड़के	लड़कियाँ
	सामान्य जीवन वाले	कुछ श्रम वाले	कठिन श्रम वाले	सामान्य जीवन वाली	कुछ श्रम वाली	कठिन श्रम वाली	1-3 वर्ष की आयु	4-6 वर्ष की आयु	10-12 वर्ष की आयु	10-12 वर्ष की आयु
अनाज	460	520	670	410	440	475	175	270	420	410
दालें	70	80	90	60	70	80	35	35	45	40
सब्जियाँ	300	350	400	250	275	300	100	150	200	200
फल	30	40	50	30	40	50	20	20	30	30
दूध	200	225	250	200	225	250	200	250	250	200
वसाएँ	35	45	55	30	40	50	15	20	25	25
मीठा एवं मण्ड	30	40	50	25	35	45	15	20	25	25

सन्तुलित आहार (Balanced Diet)

वह आहार जिसमें सभी पोषक तत्व उचित अनुपात में सम्मिलित होते हैं, **सन्तुलित आहार** कहलाता है। सन्तुलित आहार प्रत्येक व्यक्ति की उम्र, स्वास्थ्य और कार्य के अनुसार निर्धारित होता है। सन्तुलित आहार के निर्धारण के लिए भोजन सामग्रियों में कार्बोहाइड्रेट्स, प्रोटीन्स तथा वसाओं की प्रतिशत मात्राएँ, नीचे तालिका में दी गयी हैं।

आहार में कार्बोहाइड्रेट, वसा एवं प्रोटीन की प्रतिशतता (Percentage of carbohydrate, fat and protein in diet)

भोजन सामग्री	कार्बोहाइड्रेट्स की % मात्रा	प्रोटीन्स की % मात्रा	वसाओं की % मात्रा
अनाज	60-80	6-12	1-5
दालें	35-55	20-35	1-5
हरी पत्तीदार सब्जियाँ	3-15	2-6	बहुत कम
कन्दों एवं जड़ों वाली सब्जियाँ	5-25	1-3	बहुत कम
अन्य सब्जियाँ	3-15	1-3	बहुत कम
ताजा फल	5-30	0.3-1.5	बहुत कम
मेवा, मूँगफली, आदि	30-55	5-25	50
वसाएँ	लगभग नहीं	लगभग नहीं	80-90
दूध	4-6	3-4	2.5-7
माँस, मछली, अण्डे, आदि	लगभग नहीं	8-20	2-10
मीठी एवं मण्डयुक्त सामग्रियाँ	80-90	लगभग नहीं	लगभग नहीं

पाचन (Digestion)

संयुक्त एवं अघुलनशील भोज्य कणों को सरल, घुलनशील एवं अवशोषण योग्य भोज्य कणों में परिवर्तित करने की क्रिया पाचन कहलाती है।

भोजन के पाचन की सम्पूर्ण प्रक्रिया अन्तर्ग्रहण (ingestion), पाचन (digestion), अवशोषण (absorption), स्वांगीकरण (assimilation) एवं मल परित्याग (egestion) चरणों में पूर्ण होती है।

मनुष्य का पाचन तन्त्र आहारनाल (alimentary canal) एवं इससे जुड़ी ग्रन्थियों का बना होता है। मनुष्य की आहारनाल लगभग 9 मीटर लम्बी नली है, जो मुख से गुदा के बीच तक विस्तृत होती है।

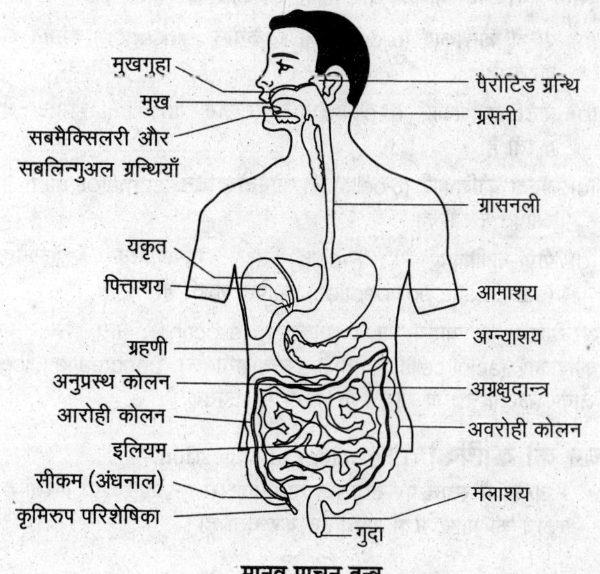

मानव पाचन तन्त्र

पाचन तन्त्र के विभिन्न भाग निम्न हैं

1. मुखगुहा (Oral Cavity)

मुख ग्रासन गुहिका के तल के अधिकांश भाग पर मोटी एवं माँसल जीभ फैली रहती है। इसका अग्र भाग मुखगुहा से आधार की ओर एक म्यूकस झिल्ली द्वारा जुड़ा रहता है। यह झिल्ली **फ्रेनूलम लिंगवी** (frenulum linguae) कहलाती है। जीभ के ऊपरी भाग पर चार जीभ अंकुर (lingual papillae) पाए जाते हैं, जो सूत्राकार अंकुर (filiform papillae), क्षत्राकार अंकुर (fungiform papillae), पर्णिल अंकुर (foliate papillae) तथा परिकोटीय अंकुर (circumvalate papillae) कहलाते हैं। सूत्राकार अंकुर को छोड़कर शेष सभी पर स्वाद कलिकाएँ (taste buds) पाई जाती हैं।

(i) दन्त विन्यास (Dental Orientation)

मनुष्य में 32 स्थायी (permanent) तथा 20 अस्थायी (milk teeth) होते हैं। स्थायी दाँत चार प्रकार के होते हैं

(a) **कृन्तक** (Incisors) ये संख्या में चार होते हैं तथा भोजन कुतरने का कार्य करते हैं।

(b) **रदनक** (Canines) ये संख्या में दो होते हैं तथा भोजन को चीरने-फाड़ने का कार्य करते हैं।

(c) **अग्र चर्वणक** (Premolars) ये संख्या में चार होते हैं तथा भोजन को चबाने तथा दबाने का कार्य करते हैं।

(d) **चर्वणक** (Molars) ये संख्या में छः होते हैं तथा भोजन चबाने का कार्य करते हैं।

मनुष्य के दाँत **द्विबारदन्ती** (diphyodont), **विषमदन्ती** (heterodont) व **गर्तदन्ती** (thecodont) होते हैं। दाँतों का **इनेमल** (enamel) शरीर का **सबसे कठोर भाग** होता है। दाँतों का अधिकाँश भाग **डेन्टाइन** (dentine) का बना होता है।

घोड़े (स्तनधारी) में दातों की संख्या 44, कुत्ते में 42 तथा सर्वाधिक दाँतों की संख्या 52 **मेटाथीरियन ओपोसम** में होती है।

(ii) लार ग्रन्थियाँ (Salivary Glands)

मनुष्य की लार में **टाइलिन** (ptyalin) एन्जाइम होता है।

लार ग्रन्थियाँ चार (मनुष्य में तीन) प्रकार की होती हैं

(a) सबलिन्गुअल ग्रन्थियाँ (sublingual glands), ये जीभ के नीचे स्थित सबसे छोटी लार ग्रन्थियाँ हैं, इनकी नलिका को **रिविनस की नलिका** (Rivinus' duct) कहते हैं।

(b) जाइगोमेटिक ग्रन्थियाँ (zygomatic glands), ये आँख के नीचे स्थित होती हैं।

(c) पेरोटिड ग्रन्थियाँ (parotid glands), ये कान के पास स्थित सबसे बड़ी लार ग्रन्थियाँ हैं, इनकी नलिका को **स्टेनसन की नलिका** (Stenson's duct) कहते हैं।

(d) सबमैक्सिलरी ग्रन्थियाँ (submaxillary glands), ये निचले जबड़े के कोण पर स्थित होती हैं, इनकी नलिका को **व्हारटन की नलिका** (Wharton's duct) कहते हैं।

पेरोटिड ग्रन्थियाँ टाइलिन एन्जाइम का स्रावण करती है। इनकी सूजन **मम्प्स** (mumps) कहलाती है।

2. ग्रसनी गुहा तथा ग्रासनली (Pharyngeal Cavity and Oesophagus)

मुखगुहा के आगे का भाग मुखग्रसनी (oropharynx) कहलाता है। यहाँ लिम्फॉइड ऊतक की गाँठें गलतुण्डिकाएँ (tonsils) कहलाती हैं

ग्रासनली डायाफ्राम को भेदती हुई उदर गुहा में प्रवेश करती है। यहाँ **कार्डियक स्फिंक्टर** भोजन की विपरीत गति को रोकता है।

3. आमाशय (Stomach)

पूर्ण आमाशय चार भागों अर्थात् कार्डियक भाग (cardiac region), आमाशय काय (body of stomach), फन्डिक भाग (fundic part) तथा पाइलोरिक भाग (pyloric part) में विभेदित होता है। प्रत्येक व्यक्ति के आमाशय की दीवार में लगभग 3.5 करोड़ जठर ग्रन्थियाँ (gastric glands) होती हैं।

प्रत्येक जठर ग्रन्थि में स्रावी पदार्थ की प्रकृति के अनुसार निम्नलिखित चार प्रकार की कोशिकाएँ होती हैं

(i) **श्लेष्मिक ग्रीवा कोशिकाएँ** (Mucous neck cells), ये म्यूकस का स्रावण करती हैं।

(ii) **पैराएटल** (ऑक्जिन्टिक) **कोशिकाएँ** (Parietal or oxyntic cells), ये HCl तथा कैशल इन्ट्रिन्सिक कारक (castle intrinsic factor) का स्रावण करती हैं।

(iii) **मुख्य** (जाइमोजीनिक) **कोशिकाएँ** (Chief or zymogenic cells), ये ग्रैस्ट्रिक पाचक एन्जाइम का स्रावण करती हैं।

(iv) **एन्टीरोएण्डोक्राइन कोशिकाएँ** (Enteroendocrine cells) अर्जेन्टाफिन कोशिकाएँ (Argentaffin cells), सेरोटोनिन, सोमेटोस्टेटिन एवं हिस्टामिन तथा गैस्ट्रिन कोशिकाएँ गैस्ट्रिन का स्रावण एवं संग्रह करती हैं।

4. बड़ी एवं छोटी आंत्र (Large and Small Intestine)

छोटी आंत्र (small intestine) आहारनाल का सबसे लम्बा भाग (6-7 मीटर) एवं मोटाई (2.5 सेमी) है। यह ग्रहणी (duodenum), मध्यान्त्र (jejunum) एवं शेषान्त्र (ileum) में विभक्त होती है।

मध्यान्त्र एवं शेषान्त्र की दीवारों में वर्तुलाकार वलन पाए जाते हैं, जिन्हें पैलिका सरकुलेअर (pelicae circulare) तथा रसांकुर (villi) कहते हैं।

आंत्र की सबम्यूकोसा (submucosa) में स्थान-स्थान पर लसिका गाँठें होती हैं, जिन्हें **पेयर के चकते** (Payer's patches) कहते हैं।

आंत्र ग्रन्थियाँ (intestinal glands) या **लिबरकुहन की दरारों** (crypts of Leiberkuhn) में **एपीथीलियल कोशिकाएँ** (epithelial cells) होती हैं, जो श्लेष्म का स्रावण करती हैं। **जाइमोजेनिक कोशिकाएँ** (zymogenic cells) पाचक एन्जाइम का स्रावण करती हैं तथा **आरजेन्टेफिन कोशिकाएँ** (Argentaffin cells) शायद हॉर्मोन स्रावित करती हैं।

बडी आंत्र (large intestine) की मोटाई 6-7 सेमी एवं लम्बाई लगभग 1.5 मी होती है। यह उण्डुक (caecum), कोलन (colon) एवं मलाशय (rectum) में विभक्त होती है।

5. पाचन ग्रन्थियाँ (Digestive Glands)

यकृत एवं अग्न्याशय पाचन में सहायक ग्रन्थियाँ हैं।

(i) यकृत (Liver)

यकृत सबसे **बड़ी ग्रन्थि** है। मनुष्य में इसका भार लगभग 1.5 किलोग्राम होता है। यह **ग्लिसन कैप्सूल** (Gilson's capsule) द्वारा आवरित होता है। यकृत के शिरापात्रों (sinusoids) में **कुप्फर कोशिकाएँ** (Kupffer cells) पाई जाती हैं, जो मृत RBCs व जीवाणुओं का भक्षण करती हैं।

यकृत में रुधिर परिवहन निम्न प्रकार से होता है

यकृत निवाहिका शिरा → शिरापात्र → केन्द्रीय शिराका → यकृत शिरा → पश्च महाशिरा

यकृत के कार्य (Functions of Liver)

- यकृत पित्त, हिपेरिन, फाइब्रिनोजन तथा प्रोथ्रॉम्बिन (प्रोटीन) एवं एन्जाइमों का स्रावण करता है।
- यह ग्लाइकोजन, वसा का संग्रह,संचय तथा उपापचय का केन्द्र है।
- विटामिन-A, D एवं B_{12} का निर्माण तथा यूरिया का संश्लेषण भी करता है।
- भ्रूणावस्था में लाल रुधिराणुओं का निर्माण, अमीनो अम्लों की डीएमीनेशन एवं विषहरण का कार्य भी करता है।

(ii) अग्न्याशय (Pancreas)

यह शरीर की दूसरी बड़ी **मिश्रित ग्रन्थि** (mixed gland) है।

इसके अन्त:स्रावी भाग में चार प्रकार की कोशिकाएँ होती हैं

(a) एल्फा कोशिकाएँ (α-cells) जो ग्लूकेगॉन (glucagon) हॉर्मोन स्रावित करती हैं।

(b) बीटा कोशिकाएँ (β-cells) जो इन्सुलिन (insulin) हॉर्मोन स्रावित करती हैं।

(c) डेल्टा कोशिकाएँ (δ-cells) जो सोमेटोस्टेटिन (somatostatin) हॉर्मोन स्रावित करती हैं।

(d) **पीपी-कोशिकाएँ** (PP-cells) जो पैन्क्रिएटिक पॉलीपेप्टाइड (pancreatic polypeptide) स्रावित करती हैं।

अग्न्याशय का बाह्य या एक्सोक्राइन (exocrine) भाग, जिसे **एसीनी कोशिकाएँ** (acini cells) कहते हैं, अग्न्याशयी रस (pancreatic juice) का स्रावण करता है, जो भोजन के पाचन में सहायक है।

पाचन की कार्यिकी (Physiology of Digestion)

- मुखगुहा में स्टार्च पर टायलिन या एमाइलेस एन्जाइम कार्य करता है और स्टार्च को माल्टोस में अपघटित कर देता है।

$$\text{स्टार्च} \xrightarrow{\text{टायलिन}} \text{माल्टोस}$$

- मनुष्य की लार में उपस्थित **लाइसोजाइम** (lysozyme) नामक एन्जाइम बैक्टीरिया को नष्ट करता है।

- भोजन ग्रासनली से होकर आमाशय में प्रवेश करता है। आमाशय में प्रोटीन व वसा का पाचन प्रारम्भ हो जाता है, लेकिन कार्बोहाइड्रेट का पाचन नहीं होता।
- **आमाशयी रस** एवं HCl भोजन को जीवाणु रहित एवं माध्यम को अम्लीय (acidic) बना देता है।
- **पेप्सिन** (pepsin), प्रोटीन का पाचन करके, उन्हें **पेप्टोन्स** (peptones) में परिवर्तित कर देता है।
- **रेनिन** (rennin), दूध को दही में परिवर्तित करता है।
- आमाशय आंशिक पचित भोजन **काइम** कहलाता है।
  काइम **ग्रहणी** (duodenum) में पहुँचता है। छोटी आंत्र में पित्त, अग्न्याशय रस, आंत्र रस आकर मिलते हैं तथा भोजन का पाचन पूर्ण करते हैं। पित्त एवं अग्न्याशय रस आंत्र की pH को क्षारीय करता है। भोजन में पित्त रस मिलता है, जो वसा को छोटी गोलियों (small globules) में तोड़ देता है।
- **ट्रिप्सिन** (trypsin), प्रोटीन पर कार्य करके उसे पेप्टाइड में तोड़ देता है तथा एमाइलेस (amylase) स्टार्च को सरल शर्करा में परिवर्तित कर देता है।
- **लाइपेस** (lipase) वसा को वसा अम्लों एवं ग्लिसरॉल में परिवर्तित कर देता है।
- भोजन **इलियम** (ileum) में पहुँचकर आंत्र रस से मिलता है। छोटी आंत्र में अब भोजन **काइल** (chyle) कहलाता है।
  इलियम की आन्तरिक सतह पर अंगुलीनुमा उभार पाए जाते हैं, जिन्हें **रसांकुर या विलाई** (villi) कहते हैं। प्रत्येक विलाई पर रुधिर केशिकाएँ (blood capillaries) और लिम्फ वाहिनियों (lymph vessels) का जाल बिछा होता है, जो भोजन के अवशोषण में सहायता करता है।
- बड़ी आंत्र में उपस्थित चूषक कोशिकाएँ श्लेष्मा का स्रावण करती हैं, जिससे मल चिकना हो जाता है। यहाँ अपचे भोजन से जल का अवशोषण होता है, जिससें मल गाढ़ा हो जाता है। शाकाहारी जन्तुओं के भोजन में सेलुलोज प्रचुर मात्रा में होता है। सेलुलोज का पाचन केवल सीकम में ही होता है क्योंकि इसमें सहजीवी जीवाणु रहते हैं, जो सेलुलोज को शर्करा में बदल देते हैं।
- *सैलोबायोपैरस* (*Cellobioparus*) एवं *क्लॉस्ट्रिडियम* (*Clostridium*) जीवाणु तथा *एन्टोडोनियम* (*Entodonium*) नामक प्रोटोजोआ सीकम में सेलुलोज के पाचन में सहायक हैं। बड़ी आंत्र भोजन का अवशोषण नहीं कर सकती, लेकिन जल का अवशोषण करती है। शेष बचा हुआ ठोस वर्ज्य पदार्थ **विष्ठा** (faeces) कहलाता है और **मलाशय** (rectum) में एकत्र हो जाता है।
  यह **विष्ठा मलद्वार** (anus) के द्वारा समय-समय पर बाहर निकाल दिया जाता है

अभ्यास प्रश्नावली

1. रुधिर की सामान्य शर्करा है
(a) ग्लूकोज (b) फ्रक्टोज
(c) लैक्टोज (d) माल्टोज

2. दूध का स्कन्दन (coagulation of milk) होता है
(a) केसीन द्वारा (b) रेनिन द्वारा
(c) पेप्सिन द्वारा (d) ट्रिप्सिन द्वारा

3. मानव का यकृत होता है
(a) पाँच पालीयुक्त (b) तीन पालीयुक्त
(c) द्विपालीयुक्त (d) चार पालीयुक्त

4. मनुष्य का दन्त विन्यास है
(a) $I\frac{2}{2}, C\frac{1}{1}, Pm\frac{2}{2}, M\frac{3}{3}$ (b) $I\frac{3}{3}, C\frac{1}{1}, Pm\frac{4}{4}, M\frac{2}{3}$
(c) $I\frac{3}{3}, C\frac{1}{1}, Pm\frac{4}{4}, M\frac{3}{3}$ (d) $I\frac{3}{3}, C\frac{0}{0}, Pm\frac{0}{0}, M\frac{3}{3}$

5. ब्रुनर्स ग्रन्थियाँ पाई जाती हैं
(a) छोटी आंत्र में (b) आमाशय में
(c) मलाशय में (d) मुखगुहा में

6. लार में पाया जाने वाला एन्जाइम है
(a) पेप्सिन (b) टायलिन
(c) ट्रिप्सिन (d) काइमोट्रिप्सिन

7. प्रोटीन की कमी से होने वाला रोग है
(a) मलेरिया (b) हिपेटाइटिस
(c) टायफॉइड (d) क्वाशरकोर

8. ग्लिसन कैप्सूल (Gilson's capsule) पाया जाता है
(a) हृदय में (b) यकृत में
(c) वृक्क में (d) प्लीहा में

9. सबसे बड़ी लार ग्रन्थियाँ हैं
(a) सबलिंग्युअल ग्रन्थियाँ (b) सबमैण्डीबुलर ग्रन्थियाँ
(c) पैरोटिड ग्रन्थियाँ (d) सबमैक्सिलरी ग्रन्थियाँ

10. लिबरकुहन की दरारें पायी जाती हैं
(a) इलियम तथा ड्यूओडिनम में (b) आमाशय में
(c) मलाशय में (d) यकृत में

11. आहारनाल में गति (पेशी संकुचन) कहलाती है
(a) सिस्टोल (b) डायस्टोल
(c) पेरिस्टेल्सिस (d) मेटाक्रोनल

12. मानव शरीर में सबसे बड़ी ग्रन्थि होती है
(a) अग्न्याशय (b) यकृत
(c) पीयूष (d) थायरॉइड

13. मानव के दाँतों का प्रमुख भाग होता है
(a) इनेमल (b) किरैटिन
(c) सिक्रिटिन (d) डेन्टीन

14. पाइलोरिक वाल्व किस-किस के बीच में होता है?
(a) ग्रासनली एवं आमाशय
(b) छोटी एवं बड़ी आंत्र
(c) इलियम एवं सीकम
(d) आमाशय एवं ग्रहणी

15. बिलिरुबिन एवं बिलिवर्डिन कहाँ पाए जाते हैं?
(a) पित्त में (b) लार में
(c) रुधिर में (d) अग्न्याशयी रस में

16. मानव शरीर में अमीनो अम्लों के प्रकार होते हैं
(a) 15 (b) 20
(c) 4 (d) 10

17. भोजन निगलते समय भोजन को श्वासनाल में जाने से रोकने वाली संरचना होती हैं
(a) ग्रसनी (b) कण्ठद्वार
(c) घाँटीढापन (d) निगलद्वार

18. सक्कस एन्टेरिकस का स्रावण करने वाली ग्रन्थियाँ होती हैं
(a) जठर ग्रन्थियाँ
(b) लिबरकुहन की दरारें
(c) अग्न्याशय
(d) बार्थोलियन की ग्रन्थियाँ

19. मनुष्य में प्रोटीन का पाचन कहाँ से प्रारम्भ होता है?
(a) मुखगुहा से (b) आमाशय से
(c) ग्रासनली से (d) आंत्र से

20. लैंगरहैन्स की द्वीपिकाएँ पायी जाती हैं
(a) आमाशय में (b) आहारनाल में
(c) अग्न्याशय में (d) यकृत में

21. वसाओं, कार्बोहाइड्रेट्स तथा प्रोटीन्स का पाचन कहाँ होता है?
(a) छोटी आंत्र में (b) बड़ी आंत्र में
(c) आमाशय में (d) यकृत में

22. ग्लाइकोजन एकत्रित रहती है
(a) यकृत एवं पेशियों में (b) केवल यकृत में
(c) केवल पेशियों में (d) अग्न्याशय में

23. पेयर के चकतों (Payer's patches) में होता है
(a) श्लेष्मा (b) तेलीय स्राव
(c) लिम्फोसाइट (d) लाल रुधिर कणिकाएँ

24. यकृत की कोशिकाएँ, जो भक्षकाणु की तरह कार्य करती हैं, वे हैं
(a) डायटर कोशिकाएँ
(b) कुप्फर कोशिकाएँ
(c) हैन्सेन कोशिकाएँ
(d) गुच्छ कोशिकाएँ

25. मल में दुर्गन्ध निम्न में से किसकी उपस्थिति के कारण होती है?
(a) इण्डोल और स्केटोल
(b) केवल स्केटोल
(c) फीनोल और हाइड्रोजन सल्फाइड
(d) उपरोक्त सभी

26. आमाशय में किस प्रकार की कोशिकाएँ HCl का स्रावण करती हैं?
(a) मुख्य कोशिकाएँ (b) अम्लजन कोशिकाएँ
(c) कुप्फर कोशिकाएँ (d) श्लेष्मल कोशिकाएँ

27. शशक के दाँत होते हैं
(a) गर्तदन्ती (b) द्विबारदन्ती
(c) विषमदन्ती (d) ये सभी

28. रसांकुरों (villi) का कार्य होता है
(a) पाचन (b) स्रावण
(c) अवशोषण (d) स्वाँगीकरण

29. वह हॉर्मोन, जो अग्न्याशयी रस के स्रावण को प्रेरित करता है
(a) सिक्रिटिन (b) गैस्ट्रिन
(c) एन्ट्रोकाइनेस (d) एण्ट्रोगैस्ट्रॉन

30. मनुष्य के जीवन काल में कितने दाँत दो बार उगते हैं?
(a) 32 (b) 20
(c) 16 (d) 30

31. यकृत कोशिकाएँ किसका स्रावण करती हैं?
(a) लाइपेस का (b) पित्त का
(c) ट्रिप्सिन का (d) एमाइलॉप्सिन का

32. मनुष्य के आमाशय के दूरस्थ भाग को कहते हैं
(a) फन्डिक (b) पाइलोरिक
(c) कार्डियक (d) आमाशय काय

33. केसीन क्या है?
(a) दुग्ध जीवाणु (b) दुग्ध प्रोटीन
(c) दुग्ध शर्करा (d) दुग्ध वसा

34. पित्त द्वारा वसा का इमल्सीकरण होता है
(a) इलियम में (b) आमाशय में
(c) यकृत में (d) ग्रहणी में

35. लैक्टियल्स (lacteals) का सम्बन्ध होता है
(a) दुग्ध स्रावण से (b) लैक्टिक अम्ल के स्रावण से
(c) वसा अवशोषण से (d) इनमें से कोई नहीं

36. दुग्ध शर्करा होती है
(a) सुक्रोज (b) ग्लूकोज
(c) लैक्टोज (d) गैलैक्टोज

उत्तरमाला

1. (a)	**2.** (b)	**3.** (c)	**4.** (a)	**5.** (a)	**6.** (b)	**7.** (d)	**8.** (b)	**9.** (c)	**10.** (a)
11. (c)	**12.** (b)	**13.** (d)	**14.** (d)	**15.** (a)	**16.** (b)	**17.** (c)	**18.** (b)	**19.** (b)	**20.** (c)
21. (a)	**22.** (a)	**23.** (c)	**24.** (b)	**25.** (a)	**26.** (b)	**27.** (d)	**28.** (c)	**29.** (a)	**30.** (b)
31. (b)	**32.** (b)	**33.** (b)	**34.** (c)	**35.** (c)	**36.** (c)				

14

श्वसन एवं गैसीय विनिमय

Respiration and Gaseous Exchange

श्वसन (Respiration)

ऐसी सभी भौतिक एवं रासायनिक क्रियाओं के योग को श्वसन कहते हैं, जिनमें वायुमण्डलीय ऑक्सीजन शरीर की कोशिकाओं में पहुँचकर भोजन का ऑक्सीकरण या जारण करती है तथा CO_2 गैस बाहर निकलती है।

कोशिकीय श्वसन एक **ऑक्सीकारक** (oxidising) एवं ऊर्जा प्रदान करने वाली प्रक्रिया है, जिसमें जटिल कार्बनिक यौगिकों के टूटने से सरल यौगिक बनते हैं और CO_2 गैस निकलती है। ऑक्सीजन की उपस्थिति या अनुपस्थिति के आधार पर श्वसन वायवीय एवं अवायवीय होता है

वायवीय श्वसन (Aerobic Respiration)

वह प्रक्रिया है, जिसमें ऑक्सीजन की उपस्थिति में श्वसन क्रियाधार (respiratory substrate) का ऑक्सीकरण CO_2, H_2O में होता है एवं ऊर्जा प्राप्त होती है।

$$\underset{\text{ग्लूकोज}}{C_6H_{12}O_6} + 6O_2 \longrightarrow 6CO_2 + 6H_2O + 686 \text{ कि कै}$$

कोशिकीय श्वसन में ग्लूकोज के एक अणु से **पाइरुविक अम्ल** के **दो अणुओं** के निर्माण की प्रक्रिया **ग्लाइकोलाइसिस** कहलाती है।

यह **कोशिका द्रव्य** (cytoplasm) में सम्पन्न होती है।

क्रैब्स चक्र (Krebs' cycle) में पाइरुविक अम्ल के ऑक्सीकरण से ऊर्जा, CO_2 तथा H_2O प्राप्त होती है।

यूकैरियोटिक कोशिका (eukaryotic cell) में एक ग्लूकोज अणु के पूर्ण ऑक्सीकरण से 36 ATP (या 38 ATP) अणु प्राप्त होते हैं।

प्रोकैरियोटिक कोशिका (prokaryotic cell) में एक ग्लूकोज अणु के ऑक्सीकरण से अवायवीय दशा में दो ATP, जबकि वायवीय दशा में 38 ATP प्राप्त होते हैं। श्वसन में तीन चरण होते हैं, जो निम्न हैं

(a) **बाह्य श्वसन** (External respiration) रुधिर या शरीर तथा वायु के बीच O_2 तथा CO_2 का आदान-प्रदान।

(b) **अन्तः श्वसन** (Internal respiration) रुधिर तथा ऊतकों या कोशिकाओं के बीच O_2 तथा CO_2 का आदान प्रदान।

(c) **कोशिकीय श्वसन** (Cellular respiration) कोशिकाओं में ईंधन पदार्थों का ऑक्सीकरण तथा ऊर्जा का उत्पादन। ग्लूकोज को **कोशिकीय ईंधन** कहते हैं।

अवायवीय श्वसन (Anaerobic Respiration)

वह प्रक्रिया है, जिसमें ऑक्सीजन की अनुपस्थिति में श्वसन क्रियाधार (respiratory substrate) का CO_2 एवं एल्कोहॉल में अपूर्ण ऑक्सीकरण होता है।

$$\underset{\text{ग्लूकोज}}{C_6H_{12}O_6} \xrightarrow{\text{यीस्V कोशिका}} 2CO_2 + \underset{\text{ईथेनॉल}}{2C_2H_5OH} + 56 \text{ कि कै}$$

इस क्रिया को **किण्वन** (fermentation) भी कहते हैं।

कंकालीय पेशियों में अवायवीय श्वसन द्वारा ग्लूकोज से **लैक्टिक अम्ल** बनता है।

$$2H + CO \cdot CH_3COOH \xrightarrow{\text{पेशी में}} \underset{\text{लैक्टिक अम्ल}}{C_3H_6O_3}$$

अवायवीय श्वसन में ऊर्जा का उत्पादन कम होता है।

श्वसन तन्त्र (Respiratory System)

मानव वक्ष गुहा में स्थित प्रमुख श्वसनांग फुफ्फस या फेफडे (lungs) तथा श्वसन सहायक अंग; जैसे–ग्रसनी (pharynx), वायुनाल (windpipe), आदि संयुक्त रूप से श्वसन तन्त्र का निर्माण करते हैं। श्वसन तन्त्र को निम्न दो में बाँटा जा सकता हैं।

श्वसन अंग (Respiratory Organs)

मनुष्य में **फेफड़े** (lungs) श्वसन तन्त्र में श्वसन अंग का काम करते हैं। इनके ऊपर दोहरी झिल्ली होती है, जिसे फुफ्फुसावरणी कला या प्लूरा कहते हैं। खरगोश के दाएँ फेफड़े में चार पालियाँ होती हैं, जबकि मनुष्य में तीन पालियाँ होती हैं।

फेफड़ों की रचनात्मक तथा क्रियात्मक इकाई वायु कोष (air sac) या कूपिका कोश (alveolar sac) होती है। वायु कोष की दीवारों पर कूपिकाएँ होती हैं।

संवाही तन्त्र (Conducting System)

संवाही अंग वायु को वातावरण से फेफड़ों तक पहुँचाने का कार्य करते हैं, मनुष्य के प्रमुख संवाही अंग निम्नलिखित हैं

1. नासाद्वार (Nostrils)

नासाद्वारों के बीच का स्थान नासा वेश्म (nasal chamber) होता है। इसके पृष्ठ भाग में घ्राण उपकला (olfactory epithelium) होती है तथा शेष भाग में रोमाभि उपकला होती है, जिसे श्वसन कला (respiratory membrane) कहते हैं। इसमें अनेक चषक कोशिकाएँ (goblet cells) एपिग्लॉटिस होती हैं।

2. **ग्रसनी** (Pharynx)

यह मुखगुहा का पिछला भाग है, जो घाँटी या ग्लॉटिस (glottis) द्वारा लैरिंक्स (larynx) में खुलता है। ग्लॉटिस के ऊपर (epiglottis) लगा होता है, जो भोजन निगलते समय श्वासनली का छिद्र बन्द कर देता है।

3. **कण्ठ** (Larynx)

कण्ठ या स्वर यन्त्र के चारों ओर उपास्थि की बनी निम्नलिखित चार प्लेट होती हैं

(i) थायरॉइड (thyroid)

(ii) क्रिकॉएड (crecoid)

(iii) ऐरीटीनॉएड (arytenoid)

(iv) सैण्टोरिनी की उपास्थि (cartilage of Santorini)

स्वर यन्त्र में एक जोड़ी वास्तविक वाक् रज्जु (true vocal cords) तथा एक जोड़ी कूट (false) वाक् रज्जु होते हैं।

4. **श्वासनाल** (Trachea)

श्वासनाल ग्रासनली (oesophagus) के अधर तल से चिपकी रहती है। इसकी भित्ति में हायलाइन उपास्थि के बने C के आकार के छल्ले (cartilaginous rings) होते हैं।

5. **श्वसनी** (Bronchus)

श्वासनली वक्षगुहा में जाकर दो ब्रोंकाई में विभक्त हो जाती है। इनकी भित्ति में उपास्थि के छल्ले होते हैं।

6. **श्वसनिका** (Bronchiole)

मनुष्य एवं खरगोश में दाहिनी श्वसनी क्रमशः तीन एवं चार श्वसनिकाओं में विभक्त हो जाती है। श्वसनिकाएँ, कूपिका वाहिनियों (alveolar ducts) में विभक्त होती हैं। प्रत्येक कूपिका वाहिनी वायु कोश (alveolar sac) के बने गोल समूह में घुस जाती है। प्रत्येक वायु कोश थैलेनुमा वायु कोष्ठको (alveoli) में खुलते हैं।

श्वासोच्छ्वास (Breathing)

श्वासोच्छ्वास के अन्तर्गत वक्षीय भाग का संकुचन एवं प्रसार डायाफ्राम की अरीय पेशियों तथा पसलियों से लगी अन्तरापर्शुका पेशियों के सिकुड़ने व शिथिलन से होता है। श्वासोच्छ्वास पूर्णरूपेण तन्त्रिकीय नियन्त्रण में होता है। मस्तिष्क की **मेड्यूला** (medulla) एवं **पोन्स वैरोलाइ** (pons varolii) में स्थित एक द्विपार्श्वीय (bilateral) श्वास केन्द्र (respiratory centre) श्वासोच्छ्वास की सामान्य लय (rhythm) एवं दर का नियन्त्रण करता है। श्वासोच्छ्वास में वायु का अन्तःश्वास (inspiration) तथा उच्छ्वास (expiration) होता है।

अन्तःश्वास (Inspiration) प्रक्रिया में डायाफ्राम की पेशियाँ संकुचित एवं डायाफ्राम समतल (flattened) हो जाता है।

उच्छ्वास (Expiration) की प्रक्रिया में डायाफ्राम पेशियों में शिथिलन एवं इसका आकार गुम्बद जैसा (dome-shaped) हो जाता है

मनुष्य में वायु का मार्ग इस प्रकार होता है

नासाद्वार ⟶ ग्रसनी ⟶ स्वर यन्त्र ⟶ श्वासनाल ⟶ श्वसनी ⟶ श्वसनिकाएँ ⟶ वायुकोष्ठक ⟶ रुधिर ⟶ कोशिका

फुफ्फुसीय वायु आयतन एवं क्षमता (Pulmonary Air Volumes and Capacities)

मनुष्य में प्रवाही या अवरीय (फुफ्फुसीय) आयतन (tidal volume) सामान्य श्वसन में एक बार निकाली गयी, या ली गयी वायु का आयतन 500 मिली होता है। **उच्छश्वसन** के बाद शेष वायु की बलपूर्वक निकाली गयी मात्रा (ERV–आरक्षित आयतन) की मात्रा लगभग 1000 मिली होती है।

सामान्य निःश्वसन के बाद बल पूर्वक ली जाने वाली वायु की मात्रा (निःश्वसन आरक्षित आयतन-IRV) लगभग 2500-3000 मिली होती है।

अवशेषी आयतन (RV) पूरे प्रयास से फेफड़ों से वायु निकालने के बाद, शेष बची वायु का आयतन होता है तथा यह लगभग 1500 मिली होता है।

निःश्वसन क्षमता (IC) = प्रवाहित आयतन (TV) + निःश्वसन आरक्षित आयतन (IRV)

सजीव क्षमता (VC) = TV + IRV + ERV (उच्छश्वसन आरक्षित आयतन)

फेफड़ों की सम्पूर्ण क्षमता (TLC) = TV + IRV + ERV + RV

VC + RV = 4500 + 1500 = 6000

श्वसन भागफल (Respiratory Quotient)

किसी पदार्थ के ऑक्सीकरण में उत्पन्न CO_2 तथा ग्रहण की गयी O_2 के अनुपात को **श्वसन भागफल** या **श्वसन गुणांक** कहते हैं।

$$\text{श्वसन भागफल (RQ)} = \frac{\text{उत्पन्न } CO_2 \text{ का आयतन}}{\text{ग्रहण की गयी } O_2 \text{ का आयतन}}$$

इसका मान कार्बोहाइड्रेट के लिए 1, प्रोटीन के लिए 0.9, वसा के लिए 0.7 तथा कार्बनिक अम्ल के लिए 1 से अधिक होता है।

श्वसन भागफल **गैनाँग के रैसपाइरोमीटर** (Ganong's respirometer) द्वारा नापा जाता है।

रुधिर में गैसों का परिवहन (Transport of Gases in Blood)

ऑक्सीजन परिवहन (oxygen transport) एक डेसी लीटर रुधिर 20 मिली ऑक्सीजन का परिवहन करता है, जिसमें से केवल 4.6 मिली O_2 एक चक्र में स्वतन्त्र होती है।

कुल O_2 का 3% भाग प्लाज्मा में घुल जाता है, शेष 97% RBC में प्रवेश कर जाता है। हीमोग्लोबिन में उपस्थित चार Fe^{2+} आयन ऑक्सीजन के चार अणुओं का परिवहन कर सकते हैं। हीमोग्लोबिन ऑक्सीजन से क्रिया करके ऑक्सीहीमोग्लोबिन (oxyhaemoglobin) बनाता है।

$$Hb_4 + 4O_2 \rightleftharpoons Hb_4O_8$$

हीमोग्लोबिन से कार्बन मोनोक्साइड (CO) के मिलने की क्षमता ऑक्सीजन की क्षमता से लगभग 250 गुना अधिक होती है।

कार्बन डाइऑक्साइड परिवहन (carbon dioxide transport) प्रति 100 मिली रुधिर द्वारा 3.7 मिली CO_2 का परिवहन होता है। इसमें 7% CO_2 प्लाज्मा में घुल जाती है। लगभग 23% CO_2 हीमोग्लोबिन से मिलकर अस्थायी यौगिक **कार्बामीनोहीमोग्लोबिन** (carbaminohaemoglobin) बनाती है।

शेष बची 70% CO_2 का RBC में सोडियम बाइकार्बोनेट (sodium bicarbonate) तथा पौटेशियम बाइकार्बोनेट (potassium bicarbonate) के रूप में परिवहन होता है। **कार्बोनिक एनहाइड्रेस** (carbonic anhydrase) एन्जाइम की उपस्थिति में CO_2 जल के साथ क्रिया करके **कार्बोनिक अम्ल** (carbonic acid) बनाती है। यह कार्बोनिक अम्ल H^+ तथा HCO_3^- आयनों में टूट जाता है।

$$CO_2 + H_2O \underset{\text{एनहाइड्रेस}}{\overset{\text{कार्बोनिक}}{\rightleftharpoons}} \underset{\text{कार्बोनिक अम्ल}}{H_2CO_3}$$

$$H_2CO_3 \underset{\text{एनहाइड्रेस}}{\overset{\text{कार्बोनिक}}{\rightleftharpoons}} \underset{\text{बाइकार्बोनेट आयन्स}}{HCO_3^-} + \underset{\text{हाइड्रोजन आयन्स}}{H^+}$$

HCO_3^- आयन बाहर प्लाज्मा में विसरित (diffuse) हो जाते हैं तथा उनका स्थान लेने को Cl^- आयन RBC में प्रवेश कर जाते हैं। इस प्रक्रिया को **क्लोराइड शिफ्ट** (chloride shift) या **हैमबर्गर प्रक्रिया** (Hamburger's phenomenon) कहते हैं।

अधिकांश मोलस्क में श्वसन वर्णक हीमोसायनिन, जबकि कुछ में पिन्नोग्लोबिन होता है। हीमोएरिथ्रिन एव क्लोरोक्रुओरिन एनिलिडा संघ के जन्तुओं का श्वसन वर्णक है।

श्वसन विकार (Respiratory Disorders)

मानव में कुछ श्वसन विकारों का संक्षिप्त वर्णन निम्नलिखित है

1. एम्फाइसिमा (Emphysema)

सिगरेट पीने या धुएँ के बीच काफी समय तक साँस लेने से एम्फाइसिमा (emphysema) हो जाता है। इसमें अनेक कूपिकाओं के बीच की भित्ति का संलयन हो जाने से श्वसन सतह कम हो जाती है, जिसके कारण कूपिका की भित्ति का लचीलापन समाप्त हो जाता है और गैसीय विनिमय की क्षमता कम हो जाती है।

2. श्वसनी शोथ (Bronchitis)

श्वसनी शोथ में श्वसनी के आन्तरिक स्तर में उपस्थित चषक कोशिकाएँ (Goblet cells) तथा सीरोम्यूकस ग्रन्थियाँ (seromucus glands) में अति वृद्धि तथा अतिवर्धन (hypertrophy and hyperplasia) हो जाता है।

3. श्वसनी दमा (Bronchial Asthma)

श्वसनी या साँस द्वारा भीतर गए किसी पदार्थ से एलर्जी के कारण होता है। इसमें श्वसनी तथा श्वसनिका की अरेखित पेशियों में अतिसंकुचन (spasm) हो जाता है, जिससे श्वास लेने में कठिनाई होती है।

4. सायनोसिस (Cyanosis)

त्वचीय केशिकाओं में अनॉक्सीकृत रुधिर की उपस्थिति से सायनोसिस हो जाता है। इसमें त्वचा तथा नाखून नीले हो जाते हैं।

5. श्वासावरोध (Asphyxia)

शरीर के ऊतकों को ऑक्सीजन की प्राप्ति न होने को श्वासावरोध या एस्फिक्सिया (asphyxia) कहते हैं।

6. नासीय शोथ (Rhinitis)

नासिका गुहा की श्लेष्म कला के तीव्र शोथ को नासीय शोथ कहते हैं।

7. न्यूमोनिया (Pneumonia)

न्यूमोनिया में फेफड़ों के वायु कोशों में शोथ हो जाता है तथा वायु कोशों तथा श्वसनिका की छोटी शाखाओं में WBCs तथा तरल एकत्र हो जाते हैं।

8. फुफ्फुसीय तपेदिक (Pulmonary Tuberculosis)

माइकोबैक्टीरियम ट्यूबरकुलोसिस (*Mycobacterium tuberculosis*) जीवाणु फेफड़ों तथा प्लूरल कला को नष्ट कर देता है, जिससे श्वसन गैसों का विसरण रुक जाता है।

9. अवश्वसन (Hypopnea)

श्वसन दर कम हो जाने को अवश्वसन कहते हैं।

10. अतिश्वसन (Hyperpnea)

श्वसन दर बढ़ जाने को अतिश्वसन कहते हैं।

11. डिस्पिनया (Dyspnea)

दर्द युक्त श्वास डिस्प्निया (dyspnea) कहलाती है।

12. अवऑक्सीयता (Hypoxia)

ऊतकों में ऑक्सीजन की कमी को अवऑक्सीयता या **हाइपोक्सिया** कहते हैं।

अभ्यास प्रश्नावली

1. कार्बोनिक एनहाइड्रेस एन्जाइम पाया जाता है
(a) लिम्फोसाइट्स में (b) ल्यूकोसाइट्स में
(c) एरिथ्रोसाइट्स में (d) रुधिर प्लाज्मा में

2. डायफ्राम (diaphragm) से सम्बन्धित तन्त्रिका होती है
(a) वेगस (vagus)
(b) फ्रेनिक (phrenic)
(c) ग्लोसोफेरिंजियल (glossopharyngeal)
(d) ट्राइजेमिनल (trigeminal)

3. मानव की सामान्य श्वास दर होती है
(a) 40 बार/मिनट (b) 16 बार/मिनट
(c) 72 बार/मिनट (d) 100 बार/मिनट

4. ऑक्सीजन का परिवहन होता है
(a) रुधिर जीवद्रव्य से (b) RBC से
(c) WBC से (d) प्लेटलेट कोशिकाओं से

5. रुधिर में CO_2 का वहन किस रूप में होता है?
(a) सोडियम बाइकार्बोनेट के (b) सोडियम कार्बोनेट के
(c) पोटैशियम कार्बोनेट के (d) मैग्नीशियम कार्बोनेट के

6. सामान्य श्वसन को नियन्त्रण करने वाला श्वसन केन्द्र मनुष्य में स्थित होता है
(a) प्रमस्तिष्क में (b) अनुमस्तिष्क में
(c) मध्य मस्तिष्क में (d) मेड्यूला ऑब्लोंगेटा में

7. एक अणु ग्लूकोज का पूर्ण ऑक्सीकरण होने पर ऊर्जा प्राप्त होती है
(a) 686 कैलोरी (b) 68,600 कैलोरी
(c) 6,86,000 कैलोरी (d) 68,60,000 कैलोरी

8. मनुष्य के फुफ्फुसों की कुल सजीव क्षमता कितनी होती है?
(a) 500 मिली (b) 2,000 मिली
(c) 4,500 मिली (d) 9,800 मिली

9. मायोग्लोबिन पाया जाता है
(a) पेशियों में (b) रुधिर में
(c) यकृत में (d) प्लीहा में

10. मानव में लाल रुधिर कणिकाओं में नहीं पाया जाता है
(a) हीमोग्लोबिन (b) कोशिका झिल्ली
(c) केन्द्रक (d) कोशिकाद्रव्य

11. एक हीमोग्लोबिन कितने O_2 अणुओं को ले जाता है?
(a) 4 (b) 2
(c) 6 (d) 8

12. निम्न में से अवायवीय श्वसन प्रदर्शित करता है
(a) केंचुआ (b) शशक
(c) सितारा मछली (d) *फैशिओला*

13. शशक का दाहिना फेफड़ा विभक्त होता है
(a) चार पिण्डों में (b) दो पिण्डों में
(c) छः पिण्डों में (d) आठ पिण्डों में

14. श्वासनाल में भोजन के प्रवेश को रोकने के लिए द्वार की रक्षा होती है
(a) कठोर तालु द्वारा
(b) कोमल तालु द्वारा
(c) ग्लॉटिस द्वारा
(d) एपिग्लॉटिस द्वारा

15. मेंढ़क की त्वचा का मुख्य कार्य है
(a) श्वसन गैसों का विसरण
(b) अधिक भोजन को अधत्वचीय वसा के रूप में संचित करना
(c) नाइट्रोजनी उत्सर्जी पदार्थों का यूरिक अम्ल के रूप में उत्सर्जन
(d) UV किरणों का अवशोषण, जिससे विटामिनत्र-D का संश्लेषण हो सके

16. एम्फाइसिमा अवस्था उत्पन्न होती है
(a) औषधि व्यसन से (b) सिगरेट पीने से
(c) शराब पीने से (d) इनमें से कोई नहीं

17. मनुष्य की उच्छवासित (expired) वायु में ऑक्सीजन का प्रतिशत होता है
(a) 4% (b) 10%
(c) 16% (d) 20%

18. श्वसन भागफल होता है
(a) मुक्त हुई O_2 तथा पौधे द्वारा ग्रहण की गई CO_2 का अनुपात
(b) श्वसन के समय मुक्त हुई O_2 का अनुपात
(c) श्वसन के समय मुक्त हुई CO_2 तथा ग्रहण की गई O_2 का अनुपात
(d) उपरोक्त में से कोई नहीं

19. वायुनाल में पाए जाने वाले ट्रेकियल छल्ले कौन-सी उपास्थि के बने होते हैं?
(a) लचीली उपास्थि (b) फाइब्रस उपास्थि
(c) हायलाइन उपास्थि (d) कैल्सीकृत उपास्थि

20. फेफड़ों के ऊपर की पर्त होती है
(a) प्लूरल झिल्ली (b) विटेलाइन झिल्ली
(c) पैरीकार्डियल झिल्ली (d) डायफ्राम

21. सामान्य श्वसन में एक बार में ली जाने वाली O_2 की मात्रा cc में होती है
(a) 100 cc (b) 250 cc
(c) 500 cc (d) 300 cc

22. जब कार्बोहाइड्रेट का अवायवीय श्वसन होता है, तब श्वसन भागफल (RQ) होता है
(a) 1 (b) अनन्त (∞)
(c) 1.7 (d) 1.4

23. हीमोसायनिन वर्णक पाया जाता है
(a) मोलस्का में (b) इकाइनोडर्मेटा में
(c) कॉर्डेटा में (d) इन्सेक्टा में

24. शशक के बाएं फेफड़े में पालियों की संख्या होती है
(a) 2 (b) 5
(c) 3 (d) 4

25. पक्ष्माभी उपकला (ciliated epithelium) पायी जाती है
(a) श्वासनाल में (b) मूत्राशय में
(c) आमाशय में (d) आँत्र में

26. अगर CO_2 की सान्द्रता बढ़ जाए, तो श्वसन पर क्या प्रभाव पड़ेगा?
(a) श्वसन की दर बढ़ जाएगी
(b) इसमें कोई परिवर्तन नहीं होगा
(c) श्वसन की दर कम हो जाएगी
(d) पहले बढ़ेगी फिर घटेगी

27. जीवाणु में श्वसन होता है
(a) माइटोकॉण्ड्रिया में (b) केन्द्रक कला में
(c) कोशिकाद्रव्य झिल्ली में (d) अन्तःप्रद्रव्यी जालिका में

28. हैमबर्गर प्रक्रिया को कहा जाता है
(a) बाइकार्बोनेट शिफ्ट (b) क्लोराइड शिफ्ट
(c) हाइड्रोजन शिफ्ट (d) सोडियम शिफ्ट

29. मनुष्य में वायु के प्रवेश का सही अनुक्रम कौन सा है?
(a) नासा गुहा → ग्रसिका → लैरिंक्स → श्वासनाल → श्वसनी → श्वसनिका → कूपिका
(b) नासा गुहा → लैरिंक्स → श्वसनी → ग्रसिका → श्वासनाल → श्वसनिका → कूपिका
(c) नासा गुहा → ग्रसिका → श्वासनाल → लैरिंक्स → श्वसनी → श्वसनिका → कूपिका
(d) नासा गुहा → लैरिंक्स → ग्रसिका → श्वासनाल → श्वसनी → श्वसनिका → कूपिका

30. मनुष्य में वसा का श्वसन भागफल क्या होता है?
(a) 0.693 (b) 0.655 (c) 0.703 (d) 0.825

31. स्तनियों में गैसों का विनिमय (O_2 तथा CO_2) कहाँ होता है?
(a) श्वासनली में (b) ब्रोंकिन में
(c) ब्रोन्किओल में (d) एल्विओलाई में

32. अन्तःश्वसन के दौरान डायफ्राम
(a) शिथिल होकर गुम्बदाकार हो जाता है
(b) संकुचित होकर चपटा हो जाता है
(c) फैलता है
(d) कोई परिवर्तन नहीं दर्शाता

33. 'बोहर का प्रभाव' निम्न में से कौन-सा है?
(a) CO_2 सान्द्रता में कमी से pCO_2 बढ़ता है
(b) CO_2 सान्द्रता में वृद्धि से pCO_2 बढ़ता है
(c) pH में वृद्धि एवं pO_2 में कमी से pCO_2 बढ़ता है
(d) pH में कमी से pCO_2 में वृद्धि होती है

34. श्वसन मार्ग (respiratory passage) में शेष रही वायु को कहते हैं
(a) मृत स्थान (b) मृत आयतन
(c) (a) व (b) दोनों (d) उपयोगी वायु आयतन

35. निम्न में से किसमें रुधिर नहीं होता, किन्तु श्वसन होता है?
(a) केंचुआ (b) *हाइड्रा*
(c) कॉकरोच (d) मछली

36. अवायवीय श्वसन में पाइरुविक अम्ल पेशियों में बनाता है
(a) लैक्टिक अम्ल (b) एल्कोहॉल
(c) एसीटेल्डिहाइड (d) एसीटाइल Co-A

37. कोशकीय क्रिया में ऊर्जा का तत्कालिक स्रोत है
(a) ADP (b) ATP
(c) FAD (d) NAD

38. पक्षियों में ध्वनि उत्पादन वाले वास्तविक अंग है
(a) लैरिंक्स (larynx)
(b) ध्वनि कक्ष (sound box)
(c) वोकल सेक (vocal sac)
(d) सैरिंक्स (syrinx)

39. कोशिकीय श्वसन में ATP का कुल लाभ (net gain) होता है
(a) 38 ATP (b) 40 ATP
(c) 36 ATP (d) 2 ATP

40. O_2 विलगन वक्र (dissociation curve) होता है
(a) सिग्मॉएड (sigmoid)
(b) ढलान युक्त (sloped)
(c) सरल रेखीय (linear)
(d) परवलय (parabola)

41. अवायवीय श्वसन के दौरान 1 ग्लूकोज के अणु द्वारा कितनी ATP का निर्माण होता है?
(a) 2 ATP (b) 6 ATP
(c) 8 ATP (d) 4 ATP

42. प्रोटीन का श्वसन भागफल होता है
(a) 0.7 (b) 0.8
(c) 1.5 (d) 1.0

43. हैल्डेन प्रभाव (Haldane effect) सम्बन्धित है
(a) CO_2 की मुक्ति से (b) O_2 की मुक्ति से
(c) CO_2 एवं O_2 की मुक्ति से (d) बाइकार्बोनेट निर्माण में

44. ऑक्सीजन की कमी कहलाती है
(a) एनोक्सिया (anoxia)
(b) एस्फाइक्सिया (asphyxia)
(c) यूपनॉइया (eupnoea)
(d) इनमें से कोई नहीं

➔ उत्तरमाला

1. (c)	**2.** (b)	**3.** (b)	**4.** (b)	**5.** (a)	**6.** (d)	**7.** (c)	**8.** (c)	**9.** (a)	**10.** (c)
11. (a)	**12.** (d)	**13.** (a)	**14.** (d)	**15.** (a)	**16.** (b)	**17.** (c)	**18.** (c)	**19.** (c)	**20.** (a)
21. (a)	**22.** (b)	**23.** (a)	**24.** (a)	**25.** (a)	**26.** (a)	**27.** (c)	**28.** (b)	**29.** (a)	**30.** (c)
31. (d)	**32.** (b)	**33.** (d)	**34.** (a)	**35.** (b)	**36.** (a)	**37.** (b)	**38.** (d)	**39.** (a)	**40.** (a)
41. (a)	**42.** (b)	**43.** (a)	**44.** (a)						

15

जन्तुओं में परिसंचरण
Circulation in Animals

परिसंचरण तन्त्र (Circulatory System)

सभी जन्तुओं के शरीर में उपयुक्त पदार्थों को आवश्यकतानुसार उपयुक्त अंगों मे पहुँचाने के लिए एक निश्चित आन्तरिक तन्त्र होता है, जिसे परिसंचरण तन्त्र (circulatory system) कहते हैं। परिसंचरण तन्त्र की खोज विलियम हार्वे (William Harvey) ने सन् 1628 में की थी। यह भोज्य पदार्थों तथा श्वसनीय गैसों के परिवहन का कार्य करता है। परिसंचरण तन्त्र केवल मीसोडर्म (mesoderm) से विकसित होता है। इसके अन्तर्गत रुधिर, लिम्फ, हृदय एवं वाहिनियाँ आती हैं।

परिसंचरण तन्त्र दो प्रकार का होता है

(i) **बन्द परिसंचरण तन्त्र** (Close circulatory system) रुधिर, हृदय, वाहिनियों तथा केशिकाओं में बहता है तथा कभी भी शरीर के ऊतकों या देहगुहा के सीधे सम्पर्क में नहीं आता। उदाहरण–एनीलिडा, सभी कशेरुक।

(ii) **खुला परिसंचरण तन्त्र** (Open circulatory system) रुधिर, हृदय एवं वाहिनियों में बहता है, जो ऊतकों में बने कोटरों में खुल जाती है और रुधिर ऊतकों व अंगों के सीधे सम्पर्क में रहता है। उदाहरण–आर्थ्रोपोडा तथा मोलस्का। रुधिर परिसंचरण तन्त्र के अन्तर्गत हृदय, रुधिर, धमनियाँ तथा केशिकाएँ सम्मिलित होते हैं।

हृदय (Heart)

हृदय एक मोटा, पेशीय, संकुचनशील, **स्वतः पम्पिंग अंग** है। इसका वह भाग, जो शरीर के ऊतकों से रुधिर ग्रहण करता है, **अलिन्द** (auricle) कहलाता है तथा हृदय का वह भाग, जो ऊतकों में रुधिर पम्प करता है, **निलय** (ventricle) कहलाता है।

मछलियों में केवल द्विकोष्ठीय (two - chambered) हृदय पाया जाता है, जिसमें एक अलिन्द तथा एक निलय होता है।

उभयचरों (amphibians) में तीन कोष्ठीय (three-chambered) हृदय होता है।

सरीसृपों का हृदय संरचना में तीन कोष्ठीय तथा कार्य में चार कोष्ठीय (four-chambered) होता है।

पक्षियों एवं स्तनियों में हृदय चार कोष्ठीय होता है, जिसमें दो अलिन्द तथा दो निलय होते हैं।

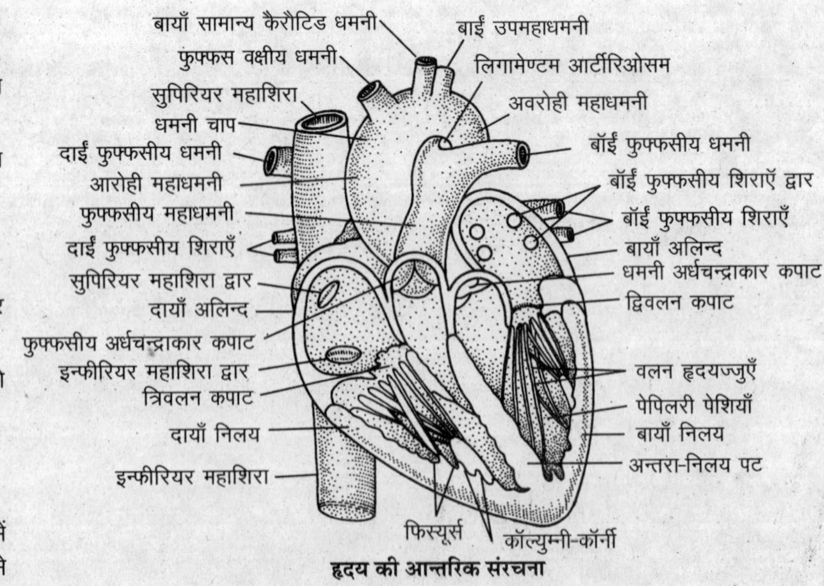

हृदय की आन्तरिक संरचना

मानव हृदय की संरचना (Structure of Human Heart)

मनुष्य का हृदय **पेरीकार्डियल गुहा** (pericardial cavity) में स्थित होता है। हृदय पर दोहरा आवरण चढ़ा होता है, जिसे हृदयावरण या **पेरीकार्डियम** (pericardium) कहते हैं। इसकी भित्ति तीन पर्तों की बनी होती है, सबसे बाहरी **एपीकार्डियम** (epicardium), मध्य की हृद पेशियों (cardiac muscles) की बनी हुई **मायोकार्डियम** (myocardium) तथा सबसे भीतरी **एण्डोकार्डियम** (endocardium) होती है।

पुरुषों में हृदय का औसत वजन 280-340 ग्राम, जबकि महिलाओं में 230-280 ग्राम होता है। नवजात शिशु के हृदय का वजन लगभग 20 ग्राम होता है।

दायाँ अलिन्द (Right Auricle)

दायाँ व बायाँ अलिन्द एक आन्तरअलिन्दीय पट्ट (interatrial septum) द्वारा पृथक होते हैं। भ्रूणावस्था में इस पट्ट पर **फोरामेन ओवेलिस** (foramen ovalis) नामक छिद्र होता है। दाएँ अलिन्द में सुपीरियर वेना केवा (superior vena cava) एवं इन्फीरियर वेना केवा (inferior vena cava) द्वारा **अनॉक्सीकृत** (deoxygenated) रुधिर आता है।

दायाँ अलिन्द, दाएँ निलय में एक चौड़े, वृत्तीय दाएँ अलिन्द निलय छिद्र (auriculoventricular aperture) द्वारा खुलता है, जो **ट्राइकस्पिड वाल्व** (tricuspid valve) द्वारा ढका होता है।

यह वाल्व (tricuspid valve) दाएँ अलिन्द से दाएँ निलय की ओर रुधिर के एक दिशीय प्रवाह को नियन्त्रित करता है।

दायाँ निलय (Right ventricle)

दाएँ निलय से फुफ्फुस धमनी (pulmonary artery) निकल कर फेफड़ों में पहुँचती है, जिसमें अनॉक्सीकृत (deoxygenated) रुधिर प्रवाहित होता है। फुफ्फुस धमनी के निकलने के स्थान पर तीन अर्द्धचन्द्राकार कपाट (semilunar valve) होते हैं, जो रुधिर को वापस निलय में आने से रोकते हैं।

बायाँ अलिन्द (Left Auricle)

बाएँ अलिन्द में फुफ्फुस शिरा (pulmonary vein) के द्वारा फेफड़ों से ऑक्सीकृत रुधिर (oxygenated blood) आता है। इनमें वाल्व अनुपस्थित होते हैं। बायाँ अलिन्द बाएँ निलय में, बाएँ अलिन्द-निलय छिद्र (auriculoventricular aperture) द्वारा खुलता है।

अलिन्द-निलय छिद्र, **बाइकस्पिड वाल्व** (bicuspid valve) अथवा **मिट्रल वाल्व** (mitral valve) द्वारा ढका रहता है। **बाइकस्पिड वाल्व** (bicuspid valve) बाएँ अलिन्द से बाएँ निलय में रुधिर के विपरीत प्रवाह को रोकता है।

बायाँ निलय (Left Ventricle)

बाएँ निलय से बड़ी रुधिर नलिका निकलती है, जिसे **महाधमनी** (aorta) कहते हैं। महाधमनी शरीर के विभिन्न भागों में ऑक्सीकृत रुधिर प्रवाहित करती है। मानव हृदय का सबसे मोटा भाग बाएँ निलय की भित्ति है।

हृदय की कार्यविधि (Mechanism of Heart)

हृदय की संरचना एवं कार्यिकी के अध्ययन की शाखा को **हृदय विज्ञान** (Cardiology) कहते हैं। हृदय नियमित **प्रकुंचन** (systole) तथा **प्रसारण** (diastole) द्वारा रुधिर को सारे शरीर में प्रवाहित करता रहता है, इसे **हृदयी चक्र** (cardiac cycle) कहते हैं। ऐसा हृदय, जिसमें हृदय स्पन्दन (heartbeat) के लिए प्रेरणा हृदय पेशियों में ही उत्पन्न होती है, **पेशी चालित** या **मायोजेनिक हृदय** (myogenic heart) कहलाता है, जबकि ऐसा हृदय जिसमें हृदय स्पन्दन के लिए प्रेरणा, तन्त्रिकाओं द्वारा आती है, तन्त्रिका चालित या **न्यूरोजेनिक हृदय** (neurogenic heart) कहलाता है। यह आर्थ्रोपोडा व मोलस्का में पाया जाता है।

हृदय स्पन्दन (Heart beat)

हृदयी प्रेरणा (cardiac impulse) की उत्पत्ति शिरा अलिन्द नोड या **साइनोएट्रियल नोड** (sinoatrial node or SA node) द्वारा होती है, यह प्रेरणा एक विशेष संवहनी तन्त्र (conducting system) द्वारा हृदय के सभी वेश्मों तक पहुँच जाती है। SA नोड से संवहनी प्रेरणा (conducting impulse) एट्रिओ वेन्ट्रिकुलर या AV नोड (atrio ventricular or AV node) तक जाती है और **हिस के बण्डल** (bundle of His) तथा इसकी शाखाओं से होती हुई निलयों की भित्ति में उपस्थित पुरकिंजे तन्तुओं (Purkinje fibres) तक पहुँचती है।

हृदय का **गति प्रेरक** (pace maker) **शिरा अलिन्द नोड** होता है। मनुष्य का हृदय स्पन्दन **0.85** सेकण्ड का होता है। मनुष्य का हृदय प्रति मिनट **72-75** बार धड़कता है तथा प्रति मिनट **5 लीटर** रुधिर पम्प करता है।

हृदय ध्वनि (Sound of Heart)

पहली हृदय ध्वनि **लब** (lub) अलिन्द-निलय कपाट के बन्द होने के कारण उत्पन्न होती है।

द्वितीय हृदय ध्वनि **डप** (dup) अर्ध-चन्द्राकार कपाटों के अचानक बन्द होने के कारण होती है।

दो हृदय ध्वनियों के बीच **मरमर** (murmur) की ध्वनि किसी कपाट के खराब होने पर रुधिर के लगातार टपकने के कारण होती है।

हृदय उत्पादन (Cardiac Output)

एक मिनट में हृदय द्वारा पम्प किए गए रुधिर के मान को हृदयी उत्पादन (cardiac output) कहते हैं।

CO = हृदय दर × स्ट्रोक आयतन

हृदय 1 मिनट में 5.3 लीटर रुधिर पम्प करता है।

रुधिर दाब (Blood Pressure)

रुधिर वाहिनियों की भित्ति पर रुधिर द्वारा डाला जाने वाला दाब रुधिर दाब कहलाता है। इसका सर्वप्रथम मापन हेल्स (Hales) द्वारा घोड़े में किया गया था।

रुधिर दाब **स्फिग्मोमेनोमीटर** (sphygmomanometer) द्वारा मापा जाता है।

सामान्य मनुष्य का रुधिर दाब $\frac{120}{80}$ mmHg होता है।

हृदय आलेख (Electrocardiogram)

हृदय के विभिन्न विभवों में अन्तरों को ग्राफ के रूप में अंकित करने वाला यन्त्र ECG तथा **इलेक्ट्रोकार्डियोग्राम** (electrocardiogram) कहलाता है।

ECG में P-तरंग, अलिन्द में विध्रुवीकरण (depolarisation), QRS कॉम्पलेक्स, निलय के विध्रुवीकरण (depolarisation), T-तरंग, निलय के पुनः ध्रुवीकरण (repolarisation) से सम्बन्धित तरंगें होती हैं।

रुधिर वाहिनियाँ (Blood Vessels)

धमनी शिराएँ तथा रुधिर वाहिनियाँ रुधिर का परिवहन करती हैं

धमनियाँ रुधिर को हृदय से विभिन्न अंगों में वितरित करती हैं तथा इनमें **फुफ्फुसीय धमनी** (pulmonary artery) को छोड़कर ऑक्सीकृत रुधिर (oxygenated blood) बहता है। शिराओं में जगह-जगह पर अर्द्धचन्द्राकार कपाट (semilunar valves) होते हैं, जो रुधिर को वापस उल्टी दिशा में बहने से रोकते हैं। शिराओं में अनॉक्सीकृत रुधिर (deoxygenated blood) बहता है, परन्तु **फुफ्फुसीय शिरा** (pulmonary vein) में ऑक्सीकृत रुधिर (oxygenated blood) बहता है।

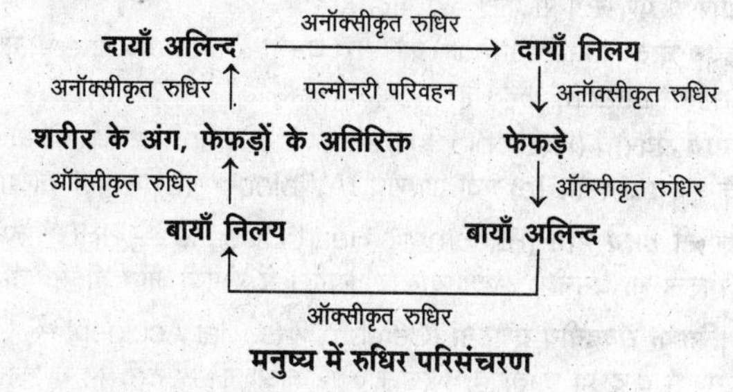

मनुष्य में रुधिर परिसंचरण

रुधिर वर्ग (Blood Groups)

लैण्डस्टीनर (Landsteiner; 1900) ने तीन प्रकार के रुधिर वर्गों A, B और O की खोज की। चौथे प्रकार के एवं बहुत कम पाए जाने वाले रुधिर वर्ग AB की खोज वॉन डीकास्टेलो एवं स्टर्ले (Von Decastello and Sturli; 1902) ने की। लैण्डस्टीनर (Landsteiner; 1900) ने दो प्रकार के प्रतिजनों (antigens), A एवं B की खोज की। प्रतिजन A एवं B प्रोटीन न होकर म्यूकोपॉलीसैकेराइड (mucopolysaccharide) होती हैं।

विभिन्न रुधिर वर्गों में रुधिर आधान की सम्भावना (Possibilities of blood transfusion in various blood groups)

रुधिर वर्ग	रुधिर इनसे ले सकता है	रुधिर इनको दिया जा सकता है	अभिश्लेषण की संभावना				जीनिक संरचना
			A	B	AB	O	
A	A, O से	A, AB को	नहीं	हाँ	नहीं	हाँ	I^a I^a या I^o I^a
B	B, O से	B, AB को	हाँ	नहीं	नहीं	हाँ	I^b I^b या I^b I^o
AB	A, B, AB, O से	केवल AB को	हाँ	हाँ	नहीं	हाँ	I^a I^b
O	केवल O से	A, B, AB,O को	नहीं	नहीं	नहीं	नहीं	I^o, I^o

Rh-कारक (Rh-factor)

Rh-कारक की खोज सर्वप्रथम **रीसस बन्दर** की RBC में लैण्डस्टीनर एवं वीनर ने सन् 1940 में की थी। Rh-कारक सहित मनुष्य Rh^+ कहलाता है तथा Rh-कारक रहित मनुष्य Rh^- कहलाता है। विश्व के लगभग 85% मनुष्य Rh^+ होते हैं तथा 15% Rh^-, भारत में कुल जनसंख्या के लगभग 97% लोग Rh^+ हैं। Rh-कारक केवल मनुष्य एवं रीसस बन्दर में पाया जाता है, अन्य जन्तुओं में इसकी खोज नहीं हो पाई है। मनुष्य प्राकृतिक रूप से Rh प्रतिरक्षी (antibodies) उत्पन्न नहीं करते हैं।

रुधिर का स्कंदन (Clotting of Blood)

रुधिर स्कंदन में रासायनिक प्रक्रियाओं को निम्नलिखित चरणों में विभाजित किया जा सकता है

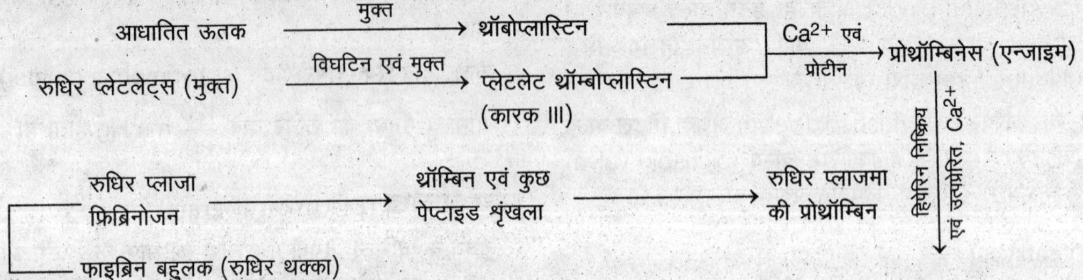

लसिका तन्त्र (Lymphatic System)

रुधिर के छनने से लसिका का निर्माण होता है। लसिका, लसिका केशिकाओं में बहता है। लसिका केशिकाएँ उपास्थियों, मस्तिष्क व मेरुरज्जु में अनुपस्थित होती हैं। प्लीहा (spleen) व थाइमस (thymus) लसीका ग्रन्थियाँ हैं। प्लीहा को **RBC का कब्रिस्तान** (graveyard of RBC) एवं **ब्लड बैंक** (blood bank) कहा जाता है। लसिका वाहिनियों पर अनेक लसिका गाठें (lymph nodes) पाई जाती हैं। इनके द्वारा लिम्फोसाइट्स (lymphocytes) का निर्माण होता है।

परिसंचरण तन्त्र के विकार (Disorders of Circulatory System)

परिसंचरण तन्त्र से सम्बन्धित कुछ विकार निम्नलिखित हैं

- **उच्च रक्तचाप** (Hypertension) यदि कोई व्यक्ति लगातार उच्च रुधिर दाब $\left(\frac{150}{90}\text{ mm Hg}\right)$ से पीड़ित है, तो यह अवस्था हाइपरटेन्शन (hypertension) कहलाती है।
- **धमनी काठिन्य** (Arteriosclerosis) धमनियों की भित्ति में कोलेस्ट्रॉल जम जाने के कारण इसकी भित्तियाँ कठोर हो जाती हैं, इस अवस्था को धमनी काठिन्य या आरटीरियोस्कलेरोसिस कहते हैं।
- **एथिरोकाठिन्य** (Atherosclerosis) एथिरोकाठिन्य में धमनियों की भित्ति में अनियमित मोटाई विकसित हो जाती है, जिससे इनकी भित्ति का पूर्ण प्रसारण नहीं होता है और ये पूर्ण रूप से फैल नहीं पाती हैं।
- **हृदय घात** (Heart attack) कोरोनरी धमनी (coronary artery) में रुधिर का थक्का आ जाने से हृदय पेशियों की ऑक्सीजन आपूर्ति कम हो जाती है, जिसे हृदय घात (heart attack) कहते हैं।
- **हृदय अवरोध** (Heart block) इसमें हृदय के संवहनी तन्त्र के किसी भी भाग में हृदयी प्रेरणा (cardiac impulses) आगे जाने से रुक जाती है। सामान्यतया दो प्रकार के हृदय अवरोध (a) एवी अवरोध (AV block) (b) बण्डल शाखा अवरोध (bundle branch block) पाए जाते हैं।
- **रूमेटी हृदय रोग** (Rheumatic Heart Disease — RHD) रूमेटी ज्वर के पश्चात् रूमेटी हृदय रोग उत्पन्न हो जाता है। रूमेटी ज्वर में हृदय के किसी कपाट (मिट्रल या धमनीय अर्द्धचन्द्राकार कपाट) में स्थायी क्षति हो सकती है। रूमेटी हृदय रोग का कारक एक विषाणु है।
- **मस्तिष्क संवहनीय दुर्घटना** (Cerebro Vascular Accident — CVA) मस्तिष्क की रुधिर वाहिनी रुक जाने से या फट जाने से मस्तिष्क के किसी भाग की रुधिर आपूर्ति बन्द हो जाती है, जिससे कोशिकाओं को ऑक्सीजन व ग्लूकोज की आपूर्ति रूक जाती है।

अभ्यास प्रश्नावली

1. रुधिर है, एक
(a) उपकला ऊतक (b) तरल संयोजी ऊतक
(c) तन्त्रिका ऊतक (d) पेशी ऊतक

2. रुधिर की उत्पत्ति भ्रूण के किस स्तर से होती है?
(a) बाह्यत्वचा (b) मध्यजनस्तर
(c) अंतस्त्वचा (d) इनमें से कोई नहीं

3. रुधिर का pH होता है
(a) 5.0-6.0 (b) 1.5-4.5
(c) 3.9-4.8 (d) 7.3-7.5

4. निम्न में से किसके रुधिराणु में केन्द्रक पाया जाता है?
(a) मनुष्य के (b) गाय के
(c) ऊँट के (d) हाथी के

5. मनुष्य में लाल रुधिराणु का जीवनकाल होता है?
(a) 80 दिन (b) 100 दिन
(c) 120 दिन (d) 140 दिन

6. नीले रंग का रुधिर पाया जाता है
(a) मोलस्का एवं आर्थोपोडा में (b) एनीलिडा एवं स्तनधारियों में
(c) कॉर्डेटा एवं स्तनधारियों में (d) कॉर्डेटा एवं एनीलिडा में

7. हीमोसायनिन श्वसन वर्णक में पाया जाता है
(a) लौह (b) कॉपर (c) जस्ता (d) कैल्शियम

8. रुधिर में लाल रुधिर कणिकाओं की संख्या में असाधारण वृद्धि कहलाती है
(a) पॉलीसाइथीमिया (b) एनीमिया
(c) एन्यूरिया (d) इनमें से कोई नहीं

9. रुधिर का थक्का जमने की क्रिया में सहायक होता है
(a) हिपेरिन (b) हिस्टेमिन
(c) सिरोटोनिन (d) प्रोथ्रॉम्बिन

10. भ्रूणीय अवस्था में लाल रुधिर कणिकाएँ बनती हैं
(a) यकृत में (b) प्लीहा में
(c) मध्योतक में (d) इन सभी में

11. सबसे बड़े रुधिराणु हैं
(a) न्यूट्रोफिल्स (b) बेसोफिल्स
(c) मोनोसाइट्स (d) इरिथ्रोसाइट्स

12. रुधिर परिसंचरण की खोज किसने की?
(a) स्टीफन हाल्स ने (b) विलियम हार्वे ने
(c) स्टार्लिंग ने (d) अरस्तु ने

13. धमनी, शिरा से किसकी अनुपस्थिति के कारण भिन्न होती है?
(a) संकरी गुहा (b) मोटी गुहा
(c) कपाट (d) इनमें से कोई नहीं

14. Rh-कारक की खोज सर्वप्रथम की थी
(a) लैण्डस्टीनर एवं वीनर ने (b) लैण्डस्टीनर एवं डी कास्टेलो ने
(c) लैण्डस्टीनर एवं स्टर्ले ने (d) डी कास्टेलो एवं स्टर्ले ने

15. विश्व में लगभग कितने प्रतिशत लोग Rh^+ होते हैं?
(a) 15% (b) 50% (c) 30% (d) 85%

16. मनुष्य के हृदय के किस भाग में अशुद्ध रुधिर होता है?
(a) दाएँ भाग में (b) बाएँ भाग में
(c) निलयों में (d) दोनों अलिन्दों में

17. हीमोग्लोबिन का मुख्य कार्य है
(a) ऑक्सीजन का परिवहन
(b) रुधिर को लाल रंग प्रदान करना
(c) रुधिर में प्रतिरक्षा उत्पन्न करना
(d) उपरोक्त में से कोई नहीं

18. एक सामान्य वयस्क मनुष्य में रुधिर दाब होता है
(a) 80/120 mm Hg (b) 120/80 mm Hg
(c) 150/90 mm Hg (d) 90/150 mm Hg

19. एक चक्रीय परिसंचरण पाया जाता है
(a) स्तनधारियों में (b) सरीसृपों में
(c) मछलियों तथा उभयचरों में (d) मछलियों में

20. श्वेत रुधिराणुओं की संख्या में बढ़ोत्तरी कहलाती है
(a) एनीमिया (b) पॉलीथीमिया
(c) ल्यूकोपीनिया (d) ल्यूकीमिया

21. मनुष्य में श्वेत रुधिराणुओं का जीवनकाल होता है
(a) 10 दिन से कम (b) 24 घण्टे
(c) 120 दिन (d) 100 घण्टे

22. द्वितीय हृदय ध्वनि है
(a) लब (lub) अनुशिथिलन के अन्त में
(b) लब अनुशिथिलन के आरम्भ में
(c) डप (dup) प्रकुंचन के अन्त में
(d) डप प्रकुंचन के आरम्भ में

23. रुधिर दाब मापा जाता है
(a) हीमोग्लोबिनोमीटर द्वारा (b) स्टैथोस्कोप द्वारा
(c) स्फेग्मोमेनोमीटर द्वारा (d) धड़कन दर द्वारा

24. Rh-कारक सर्वप्रथम किसमें खोजा गया था?
(a) नर मानव में (b) मादा मानव में
(c) कुत्ते में (d) बन्दर में

25. लिम्फ का रंग होता है
(a) लाल (b) पीला
(c) रंगहीन (d) नीला

26. धमनी एवं शिरा में रुधिर का pH होता है
(a) समान (b) धमनी में अधिक
(c) शिरा में अधिक (d) इनमें से कोई नहीं

27. रुधिर निर्माण कहलाता है
(a) रुधिरलयन (b) रक्तोत्पत्ति
(c) प्रद्रव्यलयन (d) एनोक्सीमिया

28. सबसे बड़ा हृदय पाया जाता है
(a) हाथी में (b) मगरमच्छ में
(c) जिराफ में (d) शेर में

29. HB-A में कितने प्रकार की पॉलीपेप्टाइड श्रृंखलाएँ पाई जाती हैं?
(a) $2\alpha + 2\beta$ (b) $2\alpha + 2\delta$
(c) $2\alpha + 2\gamma$ (d) $2\alpha + 2\delta$

30. रुधिर के स्कन्दन (coagulation) के लिए आवश्यक केटायन है
(a) Na^+ (b) Ca^{+2}
(c) K^+ (d) Cl^-

31. RBC तथा WBC का अनुपात मनुष्य में कितना होता है?
(a) 6 : 1 (b) 60 : 1
(c) 600 : 1 (d) 6000 : 1

32. प्रथम हृदय ध्वनि कहलाती है
(a) लब अनुशिथिलन के अन्त में (b) लब अनुशिथिलन के प्रारम्भ में
(c) डप प्रकुंचन के अन्त में (d) डप प्रकुंचन के प्रारम्भ में

33. निम्न में से किस दशा में घातक या भयंकर परिणाम की स्थिति हो सकती है?
(a) Rh^- नर की शादी Rh^- मादा से
(b) Rh^- नर की शादी Rh^+ मादा से
(c) Rh^+ नर की शादी Rh^+ मादा से
(d) Rh^+ नर की शादी Rh^- मादा से

34. ECG में QRST का सम्बन्ध है
(a) निलयी प्रकुंचन से (b) अलिन्द प्रकुंचन से
(c) कार्डियक चक्र से (d) अलिन्द अनुशिथिलन से

35. फाइब्रिन का उत्पादन कौन करता है?
(a) प्रोटीन अपघटनी क्रियाएँ (b) यकृत
(c) थ्रॉम्बोकाइनेस (d) प्रोथ्रॉम्बिन

36. मेंढ़क में कौन-सी धमनी अनुपस्थित रहती है?
(a) दाहिनी दैहिक चाप (b) फ्रैनिक धमनी
(c) कैरोटिड धमनी (d) वृक्क धमनी

37. Rh- कारक एक प्रोटीन है, जो उपस्थित होता है
(a) RBC पर (b) प्लाज्मा में
(c) WBC पर (d) सीरम में

38. मानव हृदय के पेस मेकर की खोज किसने की थी?
(a) हिस ने (b) लोविस ने
(c) रिंगन ने (d) विलियम हार्वे ने

39. लाल रुधिर कणिकाओं में हीमोग्लोबिन की प्रतिशतता होती है
(a) 48% (b) 34% (c) 10% (d) 20%

40. मनुष्य में हृदय स्पन्दन होता है
(a) न्यूरोजिनी (b) मायोजिनी
(c) दोनों (a) एवं (b) (d) इनमें से कोई नहीं

41. कौन-सा अंग रुधिर बैंक एवं RBC का कब्रिस्तान कहलाता है, जहाँ वे मेक्रोफेजेज द्वारा नष्ट की जाती है?
(a) लाल अस्थि मज्जा (b) प्लीहा
(c) वृक्क (d) आंत्र

42. ट्राइकस्पिड वाल्व पाए जाते हैं
(a) दाएँ अलिन्द में (b) बाएँ निलय में
(c) दाएँ निलय में (d) बाएँ अलिन्द में

43. मनुष्य के कार्डियक चक्र का समय है
(a) 0.3 सेकण्ड (b) 0.5 सेकण्ड
(c) 0.8 सेकण्ड (d) 0.1 सेकण्ड

44. कार्डियक आउटपुट (cardiac output) लगभग होता है
(a) 4 लीटर/मिनट (b) 6.3 लीटर/मिनट
(c) 5.3 लीटर/मिनट (d) 7.3 लीटर/मिनट

45. डायफ्राम को रुधिर प्रदान करने वाली धमनी कहलाती है
(a) कार्डियक धमनी (b) फ्रेनिक धमनी
(c) लिंगुअल धमनी (d) लुम्बर धमनी

46. शरीर की सबसे बड़ी धमनी होती है
(a) केरोटिड धमनी (b) फ्रेनिक धमनी
(c) पृष्ठ महाधमनी (d) कोरोनरी धमनी

47. रुधिर वाहिकाओं में रुधिर का थक्का जमने से रोकने वाली प्रोटीन होती है
(a) ग्लोब्यूलर प्रोटीन (b) एल्ब्युमिन
(c) प्लेटलेट्स (d) हिपेरिन

48. मनुष्य के हृदय में AV नोड होती है
(a) मरमर (b) पेस मेकर
(c) पुरकिंजे तन्तु (d) हिस का बण्डल

49. प्लाज्मा का माध्यम होता है
(a) अम्लीय (b) क्षारीय
(c) उदासीन (d) इनमें से कोई नहीं

50. हैगमैन कारक किसका पर्याय है?
(a) कारक- V का (b) कारक- VII का
(c) कारक- IX का (d) कारक- XII का

51. खुला परिवहन तन्त्र पाया जाता है
(a) कीटों में (b) जोंक में (c) मोलस्क में (d) इन सभी में

52. कोलेस्ट्रॉल के जमने के कारण धमनियों की कठोरता को कहते हैं
(a) स्टेनोसिस (stenosis)
(b) रहाइनाइटिस (rhinitis)
(c) आरटीरियोस्कलेरोसिस (arteriosclerosis)
(d) थ्रॉम्बोसिस (thrombosis)

53. हमारे शरीर में उपस्थित रुधिर बैंक है
(a) लाल अस्थि मज्जा (b) प्लीहा
(c) यकृत (d) हृदय

54. हिस के बण्डल पाए जाते हैं
(a) पेशियों में (b) हृदय में (c) मस्तिष्क में (d) यकृत में

55. श्वेत रुधिराणुओं (WBCs) का कार्य है
(a) ऑक्सीजन का संवहन
(b) कार्बन डाइऑक्साइड का संवहन
(c) पोषक पदार्थों का संवहन
(d) शरीर की रोगाणुओं से सुरक्षा

56. A, B, O रुधिर वर्ग की खोज की थी
(a) लैमार्क ने (b) डार्विन ने
(c) लैण्डस्टीनर ने (d) विलियम हार्वे ने

उत्तरमाला

1. (b)	**2.** (b)	**3.** (d)	**4.** (c)	**5.** (c)	**6.** (a)	**7.** (b)	**8.** (a)	**9.** (d)	**10.** (d)
11. (c)	**12.** (b)	**13.** (c)	**14.** (a)	**15.** (d)	**16.** (a)	**17.** (a)	**18.** (b)	**19.** (d)	**20.** (d)
21. (a)	**22.** (c)	**23.** (c)	**24.** (d)	**25.** (c)	**26.** (b)	**27.** (b)	**28.** (c)	**29.** (a)	**30.** (b)
31. (c)	**32.** (a)	**33.** (d)	**34.** (a)	**35.** (b)	**36.** (b)	**37.** (a)	**38.** (b)	**39.** (b)	**40.** (b)
41. (b)	**42.** (a)	**43.** (c)	**44.** (c)	**45.** (b)	**46.** (c)	**47.** (d)	**48.** (b)	**49.** (b)	**50.** (d)
51. (c)	**52.** (c)	**53.** (b)	**54.** (b)	**55.** (d)	**56.** (c)				

16

उत्सर्जन एवं परासरण नियमन
Excretion and Osmoregulation

उत्सर्जन (Excretion)

नाइट्रोजनी वर्ज्य पदार्थों को शरीर से बाहर निष्कासित करने की जैव-प्रक्रिया को उत्सर्जन कहते हैं। उत्सर्जन में सहायक अंग **उत्सर्जी अंग** (excretory organs) कहलाते हैं।

विभिन्न जन्तु भिन्न-भिन्न प्रकार के नाइट्रोजनी पदार्थ उत्सर्जित करते हैं, जिनके आधार पर उत्सर्जन निम्न प्रकार से होता है

(i) **अमोनिया उत्सर्जन** (Ammonotelism) इसमें नाइट्रोजन का उत्सर्जन मुख्यतया अमोनिया के रूप में होता है।
उदाहरण–जलीय कशेरुकी, अस्थि मछलियाँ एवं उभयचर।

(ii) **यूरिया उत्सर्जन** (Ureotelism) इसमें नाइट्रोजन का उत्सर्जन मुख्यतया यूरिया के रूप में होता है। अमोनिया, यकृत में CO_2 के साथ मिलकर यूरिया बनाती है।
उदाहरण–स्तनधारी, मनुष्य एवं मेंढक।

(iii) **यूरिक अम्ल उत्सर्जन** (Uricotelism) इसमें नाइट्रोजन का उत्सर्जन यूरिक अम्ल के रूप में होता है।
उदाहरण–पक्षी, सरीसृप एवं बहुत से कीट।

(iv) **अमीनो अम्ल उत्सर्जन** (Aminotelism) प्रोटीन के विघटन द्वारा अमीनो अम्ल बनते हैं। अमीनो अम्लों के उत्सर्जन को अमीनोटीलिक उत्सर्जन कहते हैं।
उदाहरण–इकाइनोडर्मेटा एवं मोलस्का।

मानव उत्सर्जी तन्त्र (Human Excretory System)

मानव का उत्सर्जी तन्त्र वृक्क (kidney), मूत्रवाहिनी नलिका (ureters), मूत्राशय (urinary bladder) तथा मूत्र मार्ग (urethra) से मिलकर बना होता है।

नेफ्रॉन (nephron) वृक्क की संरचनात्मक तथा क्रियात्मक इकाई होती है।

नेफ्रॉन मूत्र का निर्माण करती है तथा अन्ततः इसे वृक्क के पेल्विस में डालती है, जहाँ से मूत्रवाहिनी आरम्भ होती है। मूत्र, मूत्रवाहिनी में रीनल पेल्विस (renal pelvis) के द्वारा प्रवेश करता है। मूत्र का अस्थायी संग्रह मूत्राशय में होता है। पक्षियों में मूत्राशय अनुपस्थित होता है।

नेफ्रॉन में चार प्रमुख संरचनाएँ; बोमन सम्पुट, समीपस्थ कुण्डलित नलिका, हेनले लूप एवं दूरस्थ कुण्डलित नलिका होती है।

उत्सर्जन की क्रियाविधि (Mechanism of Excretion)

उत्सर्जन की क्रियाविधि को दो भागों में बाँटा जा सकता है

यूरिया निर्माण (Urea Formation)

यूरिया का निर्माण **ऑर्निथीन चक्र** (Ornithine cycle) या **यूरिया चक्र** (urea cycle) के द्वारा यकृत में होता है।

इस चक्र की खोज क्रैब्स और हेन्सलीट (Krebs and Henseleit) ने 1932 में की थी। प्रोटीन अपचय के समय प्रोटीनों का विघटन अमीनो अम्लों के रूप में होता है। अमीनोहरण (deamination) द्वारा अमीनो अम्ल, कीटो अम्ल तथा अमोनिया में टूट जाता है। अमोनिया को यकृत कोशिकाएँ, निम्नलिखित समीकरण के अनुसार, CO_2 से मिलकर यूरिया में बदलती हैं

$$2NH_3 + CO_2 \longrightarrow \underset{\text{यूरिया}}{H_2N-\overset{\overset{\displaystyle O}{||}}{C}-NH_2} + H_2O$$

इस चक्र में तीन अमीनो अम्लों; जैसे–ऑर्निथीन (Ornithine), सिट्रुलीन (citrulline) एवं आर्जिनीन (arginine) का चक्रीय उपयोग (cyclic utilisation) होता है। अमोनिया का एक अणु एक चक्र में कार्बेमॉइल फॉस्फेट (carbamoyl phosphate) के माध्यम से प्रवेश करता है। अमोनिया का दूसरा अणु इस चक्र में एस्पार्टिक अम्ल (aspartic acid) के माध्यम से प्रवेश करता है।

मूत्र निर्माण (Urine Formation)

वृक्कों में मूत्र का निर्माण तीन चरणों में होता है

1. **परानिस्यन्दन (Ultrafiltration)**

यह प्रक्रिया नेफ्रॉन की मैल्पीघी नलिकाओं में होती है। बोमेन सम्पुट (Bowman's capsule) की भित्ति में विशेष प्रकार की कोशिकाएँ पोडोसाइट्स (podocytes) होती है, जिनमें से होकर छनने की प्रक्रिया होती है।

ग्लोमेरुलस (glomerulus) में रुधिर प्लाज्मा का निस्यन्दन होता है। ग्लोमेरुलस में रुधिर अभिवाही धमनिका (afferent arteriole) द्वारा आता है। ग्लोमेरुलस से रुधिर अपवाही धमनिका (efferent arteriole) द्वारा बाहर जाता है।

ग्लोमेरुलर निस्यन्द (glomerular filtrate) को छानने के लिए बल केशिका जालक में उपस्थित रुधिर के दबाव (60 mm Hg) से तथा प्लाज्मा प्रोटीन के ओस्मोटिक दबाव (32 mm Hg) व सम्पुटीय निस्यन्द दबाव (capsular filtrate pressure = 18 mm Hg) के योग, के अन्तर से मिलता है। यह अन्तर लगभग 10 mm Hg का होता है, जिसे **निस्यन्दन दाब** या **फिल्ट्रेशन दाब** (filtration pressure) कहते हैं।

वृक्कों में स्थित सभी नेफ्रॉनों द्वारा एक मिनट में छने निस्यन्द (filtrate) को ग्लोमेरुलर निस्यन्दन दर (Glomerular Filtration Rate — GFR) कहते हैं। यह दर वयस्क पुरुषों में 125 मिली प्रति मिनट तथा वयस्क स्त्रियों में 110 मिली प्रति मिनट होती है।

ग्लोमेरुलर निस्यन्दन का नियन्त्रण (Regulation of Glomerular Filtration)

वृक्क निस्यन्दन के नियन्त्रण के लिए शरीर में दो स्व-नियन्त्रणकारी क्रियाविधि होती है

(i) **मायोजेनिक क्रियाविधि** (Myogenic mechanism) रुधिर दाब में वृद्धि होने पर धमनी की भित्ति में संकुचन होता है। इस संकुचन के कारण ग्लोमेरुलस में रुधिर प्रवाह में कमी हो जाती है।

(ii) **वृक्कासन्न उपकरण** (Juxta Glomerular Apparatus or JGA) वृक्कासन्न कोशिकाएँ (juxtaglomerular cells) **रेनिन** हॉर्मोन का स्रावण करती है। रेनिन रुधिर दाब को नियन्त्रित करता है।

2. चयनात्मक पुनः अवशोषण (Selective Reabsorption)

नलिकाकार पुनरावशोषण में यूरिया और जल निष्क्रिय विसरण (passive diffusion) द्वारा पुनरावशोषित कर लिये जाते हैं, जबकि अन्य पदार्थ; जैसे–अमीनो अम्ल, शर्करा एवं लवण, आदि केशिकीय रुधिर में सान्द्रण विसरण प्रवणता (concentration diffusion gradient) के विरुद्ध सक्रियता से ग्रहण किए जाते हैं।

समीपस्थ कुण्डलित नलिका में निस्यन्द रुधिर प्लाज्मा के समपरासारी (isotonic) रहता है, लगभग 65-80% केशिका गुच्छ निस्यन्द समीपस्थ कुण्डलित नलिका में पुनरावशोषित होता है। परिनलिका केशिका आधार (peritubular capillary bed) पर निस्यन्द दाब से थोड़ा अधिक रुधिर दाब और परिनलिका द्रव में बढ़ी सान्द्रता के कारण उच्च परासरण दाब से ग्लूकोज, अमीनो अम्ल K^+, Ca^{2+}, PO_4^{2-} आयन निष्क्रियता से निस्यन्द से रुधिर में आ जाते हैं। हेनले के लूप की अवरोही शाखा में अन्तराकाशी द्रव (interstitial fluid) की बढ़ी समसान्द्रता (osmolarity) के कारण जल का पुनरावशोषण होता है यहाँ पर निस्यन्द प्लाज्मा से अतिपरासारी (hypertonic) बन जाता है। हेनले के लूप की आरोही शाखा में (जो जल के लिए अपारगम्य है) Na^+, K^+, Ca^{2+}, Mg^{2+} तथा Cl^- का पुनरावशोषण होता है अर्थात् निस्यन्द प्लाज्मा से अल्पपरासारी (hypotonic) हो जाता है।

दूरस्थ कुण्डलित नलिका में एल्डोस्टीरॉन (aldosterone) नामक हॉर्मोन के प्रभाव में Na^+ का सक्रिय पुनरावशोषण होता है तथा एन्टीडाइयूरेटिक हॉर्मोन (antidiuretic hormone) के प्रभाव में जल का पुनरावशोषण होता है। संग्रह वाहिनी की भित्ति जल तथा यूरिया के लिए पारगम्य होती है, यहाँ से प्राप्त निस्यन्द को **मूत्र** कहते हैं।

3. सक्रिय स्रावण या नलिका स्रावण

(Active or Tubular Secretion)

एपिथीलियमी कोशिकाएँ नलिका की मुख्यतया समीपस्थ कुण्डलित नलिका में परिनलिकाकार केशिकाओं के रुधिर से कुछ पदार्थ निचोड़कर निस्यन्द में स्रावित करते हैं, यह प्रक्रम नलिकाकार स्रावण कहलाता है।

मूत्र में जितना भी K स्रावित होता है, वह नलिका स्रवण द्वारा ही होता है। DCT तथा CT की भित्ति की कोशिकाएँ मूत्र में K, यूरिक अम्ल व कुछ अमोनिया स्रावित करती हैं।

वृक्क द्वारा परासरण नियमन (Osmoregulation by Kidney)

वृक्क रुधिर का परासरण दाब तथा सान्द्रता बनाए रखते हैं। यदि अधिक पानी लिया जाता है, तब अल्पपरासरी मूत्र (hypotonic urine) का उत्सर्जन होता है जब शरीर में पानी की कमी होती है, तब अतिपरासरी मूत्र (hypertonic urine) का उत्सर्जन होता है।

वृक्क के कार्य का नियन्त्रण कुछ हॉर्मोनों द्वारा होता है, जो निम्न हैं

(i) **एन्टीडाइयूरेटिक हॉर्मोन** (Antidiuretic Hormone–ADH) यह हॉर्मोन पीयूष ग्रन्थि के पश्च पिण्ड से स्रवित होता है और DCT तथा CT द्वारा जल के पुनः अवशोषण को नियन्त्रित करता है।

(ii) **एल्डोस्टीरॉन** (Aldosterone) यह हॉर्मोन एड्रीनल कॉर्टेक्स (adrenal cortex) द्वारा स्रवित होता है और DCT में जल व Na के पुनः अवशोषण को बढ़ा देता है।

(iii) **एट्रियल नैट्रीयूरेटिक कारक** (Atrial Natriuretic Factor–ANF) यह हॉर्मोन हृदय के अलिन्दों की भित्ति में स्थित कोशिकाओं द्वारा स्रवित होता है, यह हॉर्मोन NaCl तथा जल का पुनः अवशोषण कम करता है।

मूत्र का संघटन (Composition of Urine)

मूत्र में 95% जल, 0.03% यूरिक अम्ल, 0.25% अमोनिया एवं लगभग 2% लवण होता है, इसका पीला रंग यूरोक्रोम वर्णक के कारण मूत्र अम्लीय (PH 6.0) होता है।

उत्सर्जन तन्त्र के विकार (Disorders of Excretory System)

(i) **मूत्राशय शोथ** (Cystitis) मूत्राशय में सूजन आ जाना मूत्राशय शोथ या सिस्टाइटिस कहलाता है। कभी-कभी प्रोस्टेट ग्रन्थि के बढ़ जाने से भी मूत्राशय शोथ हो जाता है। इस रोग में जल्दी-जल्दी दर्द व जलन के साथ मूत्र आने लगता है।

(ii) **वृक्क पथरी** (Renal stones) वृक्क के ऊतकों में कैल्शियम ऑक्सेलेट (calcium oxalate) तथा फॉस्फेट्स (phosphates) के जमाव से पथरी का निर्माण होता है। वृक्क की पथरी को ऑपरेशन द्वारा या लिथोट्रापी (lithotropy) की सहायता से हटाया जाता है।

(iii) **जलीय शोथ** (Oedema) ऊतकों में अधिक मात्रा में तरल एकत्र हो जाने से सूजन आ जाती है, जिसे जलीय शोथ कहते हैं। प्लाज्मा प्रोटीन की मात्रा में कमी होने पर भी सूजन आ जाती है।

(iv) **असंयम** (Incontinence) मूत्र त्याग का नियन्त्रण न करने की अवस्था को असंयम कहते हैं। ऐसा बाह्य अवरोधनी के तन्त्रिका मार्ग (nervous pathway) का पूरी तरह से निर्माण न हो पाने के कारण होता है।

(v) **वृक्क नलिका अम्लता** (Renal tubular acidosis) इस अवस्था में व्यक्ति हाइड्रोजन आयनों का स्रावण उचित मात्रा में नहीं कर पाता है, जिससे मूत्र में सोडियम बाइकार्बोनेट अधिक मात्रा में उत्सर्जित होने लगता है।

(vi) **अपोहन या डायलाइसिस** (Dialysis) अर्धपारगम्य (semipermeable) झिल्ली से विसरण के द्वारा रुधिर से उत्सर्जी पदार्थों को पृथक करना अपोहन (dialysis) कहलाता है। रुधिर में एकत्रित व्यर्थ उत्सर्जी पदार्थों को कृत्रिम वृक्क (artificial kidney) की सहायता से पृथक् करने को **रक्त अपोहन** (haemodialysis) कहते हैं।

अभ्यास प्रश्नावली

1. अमीनोटीलिक उत्सर्जन में जन्तु उत्सर्जित करते हैं
(a) अमोनिया (b) अमीनो अम्ल
(c) यूरिया (d) यूरिक अम्ल

2. निम्न में से कौन-सा यूरिक अम्ल उत्सर्जी जन्तु नहीं है?
(a) सर्प (b) मुर्गा (c) कबूतर (d) मछली

3. मनुष्य है, एक
(a) अमीनो अम्ल उत्सर्जी जन्तु
(b) अमोनिया उत्सर्जी जन्तु
(c) यूरिया उत्सर्जी जन्तु
(d) यूरिक अम्ल उत्सर्जी जन्तु

4. ज्वाला कोशिकाएँ (flame cells) उत्सर्जी अंग के रूप में पाई जाती हैं
(a) एस्कैल्मिन्थीज में (b) प्लेटीहेल्मिन्थीज में
(c) प्रोटोजोआ में (d) मोलस्का में

5. केंचुए का उत्सर्जी अंग है
(a) ज्वाला कोशिकाएँ (b) वृक्कक
(c) वृक्क (d) फेफड़े

6. भ्रूण में उत्सर्जन किसके द्वारा होता है?
(a) यकृत (b) वृक्क
(c) एलेन्टॉइन (d) त्वचा

7. प्राक् वृक्कीय वृक्क (pronephric kidney) नहीं पाई जाती है
(a) मेंढक के टेडपोल लारवा में (b) साइक्लोस्टोम्स में
(c) *पेट्रोमाइजोन* में (d) सर्प में

8. पश्च वृक्कीय वृक्क (metanephric kidney) नहीं पाई जाती है
(a) हैग फिश में (b) कबूतर में
(c) पक्षियों में (d) शशक में

9. मूत्र का pH होता है, लगभग
(a) 6 (b) 8 (c) 3 (d) 2

10. यूरिया की सर्वाधिक मात्रा होती है
(a) यकृत शिरा में (b) वृक्कीय शिरा में
(c) वृक्कीय धमनी में (d) इनमें से कोई नहीं

11. मूत्र का पीला रंग होता है
(a) पित्त की उपस्थिति के कारण
(b) लसीका की उपस्थिति के कारण
(c) कोलेस्ट्रॉल की उपस्थिति के कारण
(d) यूरोक्रोम की उपस्थिति के कारण

12. परानिस्यंदन (ultrafiltration) होता है
(a) बोमैन सम्पुट में
(b) समीपस्थ कुण्डलित नलिका में
(c) हेनले लूप में
(d) दूरस्थ कुण्डलित नलिका में

13. निम्न में से किस अंग का नाइट्रोजनी उत्सर्जन में कोई योगदान नहीं है?
(a) वृक्क का (b) यकृत का
(c) अधिवृक्क का (d) इन सभी का

14. मेंढक में क्रियाशील वृक्क होता है
(a) प्राक्वृक्कीय (b) मध्य वृक्कीय
(c) पश्च वृक्कीय (d) इनमें से कोई नहीं

15. निम्न में से कौन-सा वृक्क का कार्य नहीं है?
(a) परासरण नियमन (b) लवण सन्तुलन
(c) अम्ल-क्षार सन्तुलन (d) यूरिया संश्लेषण

16. मैल्पीघियन नलिकाएँ उत्सर्जी अंग है
(a) कॉकरोच में (b) *पाइला* में
(c) मेंढक में (d) प्लेटीहैल्मिन्थीज में

17. मानव मूत्र में यूरिया किसके टूटने से बनता है?
(a) ग्लूकोज (b) अमीनो अम्ल
(c) वसा (d) यूरिक अम्ल

18. यूरिया का परिवहन निम्न में से किसके द्वारा होता है?
(a) रुधिर प्लाज्मा (b) इरिथ्रोसाइट
(c) ल्यूकोसाइट (d) हीमोग्लोबिन

19. अमोनिया मुख्य नाइट्रोजनी अवशिष्ट (nitrogenous waste) है
(a) मच्छरों में
(b) मेंढक के टेडपोल में
(c) उपास्थिमय मछलियों में
(d) रेगिस्तानी स्तनियों में

20. एक स्तनीय वृक्क की जैव संरचनात्मक और शरीर क्रियात्मक इकाइयाँ हैं
(a) मूत्रवाहिनियाँ (b) नेफ्रॉन
(c) सेमीनिफेरस (d) वृक्काएँ

21. रुधिर से मूत्र का पृथक्करण किससे होता है?
(a) ग्लोमेरुलस (b) बोमैन सम्पुट
(c) हेनले लूप (d) पेल्विस

22. बर्टिनी के रीनल स्तम्भ (renal column of Bertini) होते हैं
(a) मेड्यूला का भाग
(b) कॉर्टेक्स का भाग
(c) कॉर्टेक्स में प्रवेश करते मेड्यूला का भाग
(d) मेड्यूला में प्रवेश करते कॉर्टेक्स का भाग

23. मूत्र अम्लीय होता है क्योंकि इसमें होता है
(a) हाइड्रोक्लोरिक अम्ल
(b) सल्फ्यूरिक अम्ल
(c) सोडियम डाइहाइड्रोजन फॉस्फेट
(d) नाइट्रिक अम्ल

24. ग्रीन ग्रन्थि किसका उत्सर्जी अंग है?
(a) मकड़ी का (b) मॉथ का
(c) बिच्छू का (d) क्रेफिश का

25. ग्लूकोज एवं 65-80% जल का पुन: अवशोषण किस अंग में होता है?
(a) समीपस्थ कुण्डलित नलिका में
(b) हेनले लूप में
(c) दूरस्थ कुण्डलित नलिका में
(d) संग्राहक नलिका में

26. मूत्र की सान्द्रता किसके द्वारा नियमित की जाती है?
(a) एल्डोस्टीरॉन द्वारा
(b) वेसोप्रेसिन द्वारा
(c) इन्सुलिन द्वारा
(d) एड्रीनेलिन द्वारा

27. रुधिर में ADH हॉर्मोन की कमी हो जाए, तो
(a) मूत्र की मात्रा बढ़ जाती है
(b) मूत्र की मात्रा घट जाती है
(c) मूत्र का pH 4.8 - 8.0 हो जाती है
(d) यूरोक्रोम का स्रावण बढ़ जाता है

28. मनुष्य के प्रत्येक वृक्क में नेफ्रॉन की संख्या होती है
(a) 10000 (b) 50000
(c) 100000 (d) 1 मिलियन

29. ऑर्निथीन चक्र का वर्णन किसने किया था?
(a) हेन्सलीट ने
(b) क्रैब्स ने
(c) क्रैब्स तथा हेन्सलीट ने
(d) ऑर्निथीन ने

30. हेनले लूप की आरोही भुजा किसके लिए पारगम्य होती है?
(a) ग्लूकोज (b) NH_3
(c) Na^+ (d) H_2O

31. बेलिनी की नालिका (duct of Bellini) खुलती है
(a) वृक्क पैपिला में (b) DCT में
(c) PCT में (d) हेनले लूप में

32. सोडियम तथा पौटेशियम आयनों का अवशोषण होता है
(a) बोमैन सम्पुट में
(b) हेनले के लूप में
(c) दूरस्थ कुण्डलित नलिका में
(d) समीपस्थ कुण्डलित नलिका में

33. हृदय से निकलने वाले कुल रुधिर का कितने प्रतिशत रुधिर वृक्क को जाता है?
(a) 25% (b) 40%
(c) 75% (d) 50%

34. रेनिन (renin) निकलता है
(a) जक्सटा ग्लोमरुलर उपकरण से
(b) वल्कीय नेफ्रॉन से
(c) संग्रह नलिका से
(d) पेल्विस से

35. सामान्यतया क्रिएटीन (creatine) किसके मूत्र में नहीं पाया जाता है?
(a) भूखे मनुष्य के
(b) गर्भस्थ स्त्री के
(c) स्वस्थ मनुष्य के
(d) स्तनपान कराने वाली स्त्रियों के

36. बोजेनस के अंग (organs of Bojanus) सहायक है
(a) पाचन में (b) उत्सर्जन में
(c) श्वसन में (d) जनन में

37. पोडोसाइट पाई जाती है
(a) नेफ्रॉन की ग्रीवा में
(b) बोमैन सम्पुट की बाह्य भित्ति में
(c) बोमैन सम्पुट की आन्तरिक भित्ति में
(d) ग्लोमेरुलस में

38. मानव के वृक्कों में निस्यन्दन दाब होता है
(a) 70 mm Hg (b) 55 mm Hg
(c) 10-15 mm Hg (d) 35 mm Hg

➔ उत्तरमाला

1. (a)	**2.** (d)	**3.** (c)	**4.** (b)	**5.** (b)	**6.** (c)	**7.** (d)	**8.** (a)	**9.** (a)	**10.** (a)
11. (d)	**12.** (a)	**13.** (c)	**14.** (b)	**15.** (d)	**16.** (a)	**17.** (b)	**18.** (a)	**19.** (b)	**20.** (b)
21. (b)	**22.** (d)	**23.** (c)	**24.** (d)	**25.** (a)	**26.** (b)	**27.** (a)	**28.** (d)	**29.** (c)	**30.** (c)
31. (a)	**32.** (d)	**33.** (a)	**34.** (a)	**35.** (a)	**36.** (b)	**37.** (c)	**38.** (c)		

17

अन्तः स्रावी तन्त्र
Endocrine System

थॉमस एडीसन को अन्तःस्रावी विज्ञान का जनक कहा जाता है। हॉर्मोन की खोज बेलिस (Bayliss) और स्टारलिंग (Starling) ने सीक्रिटिन (secretin) हॉर्मोन के रूप में की थी। लगभग सभी उच्च कशेरुकी जन्तुओं के शरीर में समन्वयन (coordination), तन्त्रिका तन्त्र (nervous system) तथा अन्तःस्रावी तन्त्र (endocrine system) द्वारा निर्धारित किया जाता है। शरीर की उपापचयी क्रियाओं के लिए आवश्यक रासायनिक पदार्थों को स्रवित करने वाली तथा रचना एवं कार्य में विशिष्ट कोशिकाओं के समूह **ग्रन्थियाँ** (glands) कहलाते हैं। जन्तुओं में मुख्यतया दो प्रकार की ग्रन्थियाँ होती हैं

(i) **बहिःस्रावी ग्रन्थियाँ** (Exocrine glands) ये ग्रन्थियाँ अपना स्राव वाहिनियों (ducts) द्वारा विसर्जित करती हैं; जैसे–लार ग्रन्थियाँ।

(ii) **अन्तःस्रावी ग्रन्थियाँ** (Endocrine glands) ये वाहिनी विहीन (ductless) ग्रन्थियाँ हैं, जो अपना स्राव रुधिर में मुक्त करती हैं और यह स्राव निर्धारित अंग में पहुँचकर रासायनिक क्रियाओं का समन्वयन करता है। अन्तःस्रावी ग्रन्थियों द्वारा स्रवित पदार्थों को **हॉर्मोन** कहते हैं।

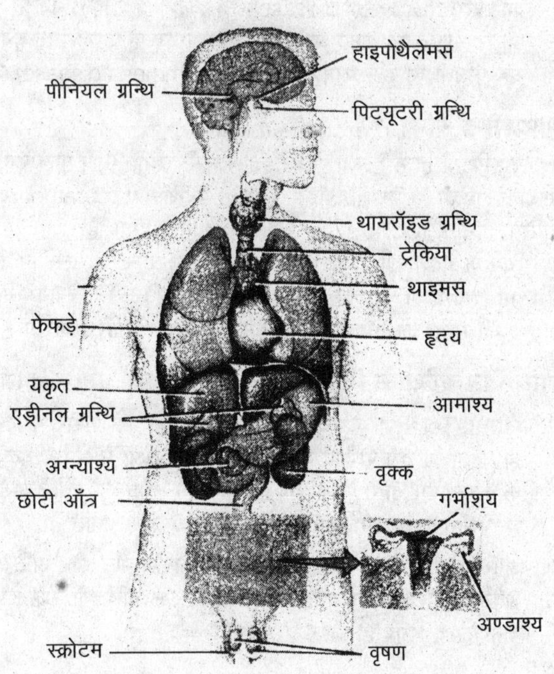

हॉर्मोन की रासायनिक प्रकृति (Chemical Nature of Hormones)

रासायनिक दृष्टि से हॉर्मोन प्रोटीन, स्टेरॉइड्स तथा अमीनो अम्लों के व्युत्पन्न पदार्थ होते हैं।

(i) **प्रोटीन हॉर्मोन** (Protein hormones) प्रोटीन हॉर्मोन जल में घुलनशील होते हैं तथा ये बाह्य कोशिकीय ग्राहियों द्वारा कार्य करते हैं। कुछ प्रोटीन हॉर्मोन; जैसे इन्सुलिन प्राथमिक दूत (primary messenger) की भाँति कार्य करते हैं तथा प्लाज्मा में उपस्थित एन्जाइम एडीनाइल साइक्लेज (adenyl cyclase) को क्रियाशील कर देते हैं। यह एडीनाइल साइक्लेज ATP अणु को चक्रीय AMP (cyclic AMP) में बदल देता है, जो द्वितीयक दूत (secondary messenger) की भाँति कार्य करता है तथा कोशिका के कार्य को प्रभावित करता है। यह परिकल्पना सदरलैण्ड (Sutherland) ने दी थी। बाह्य कोशिकीय ग्राही के स्तर पर कार्य करने वाले हॉर्मोन्स में सबसे अधिक अध्ययन इन्सुलिन का हुआ है।

(ii) **स्टेरॉइड हॉर्मोन** (Steroid hormones) स्टेरॉइड हॉर्मोन; जैसे-कॉर्टिकोस्टेरॉइड, लिंग हॉर्मोन; जैसे-एस्ट्रोजन, प्रोजेस्टेरॉन, टेस्टोस्टेरॉन, आदि वसा में घुलनशील हैं तथा ये कोशिका के अन्दर प्रवेश कर सकते हैं।, कोशिका में प्रवेश करने के पश्चात् ये हॉर्मोन अन्तराकोशिकीग ग्राही (intracellular receptor) के साथ बँध जाते हैं।

(iii) **अमीनो अम्लों के व्युत्पन्न पदार्थ** (Derivatives of amino acids) ये रचना में सबसे छोटे तथा टाइरोसीन (tyrosine), हिस्टिडीन (histidine) व ट्रिप्टोफान (tryptophan) से व्युत्पन्न होते हैं; जैसे–थाइरॉक्सिन, इपिनेफ्रिन, नॉरइपिनेफ्रिन।

अन्तःस्रावी ग्रन्थियाँ (Endocrine Glands)

मानव में अन्तःस्रावी ग्रन्थियों की संख्या नौ होती हैं, जो पिट्यूटरी, थायरॉइड, पैराथायरॉइड, एड्रिनल या अधिवृक्क, अग्न्याशय, थाइमस, पीनियल, जनद (अण्डाशय एवं वृषण) एवं हाइपोथैलेमस है।

पिट्यूटरी ग्रन्थि (Pituitary Gland)

यह ग्रन्थि दूरस्थ पाली या एडीनोहाइपोफाइसिस (adenohypophysis), मध्य पिण्ड या पार्स इन्टरमीडिया (pars intermedia) तथा पश्च पिण्ड या न्यूरोहाइपोफाइसिस (neurohypophysis) में विभाजित होती है।

इससे स्रावित हॉर्मोन निम्न हैं

पिट्यूटरी ग्रन्थि से स्रावित हॉर्मोन एवं उनके कार्य (Hormones secreted from pituitary gland and their functions)

अन्तःस्रावी ग्रन्थि	हॉर्मोन	लक्ष्य अंग	कार्य/प्रभाव
एडीनोहाइपोफाइसिस (पिट्यूटरी का अग्रभाग)	वृद्धि हॉर्मोन (GH)	सभी ऊतक	सामान्य शरीर वृद्धि
	एड्रिनो कॉर्टिकोट्रॉपिक हॉर्मोन (ACTH)	एड्रीनल कॉर्टेक्स	ग्लूकोकॉर्टीकॉइड स्राव
	थायरॉइड स्टीमुलेटिंग हॉर्मोन (TSH)	थायरॉइड ग्रन्थि	थायरॉक्सिन स्रावण।
	प्रोलैक्टिन (Prolactin)	स्तन ग्रन्थि की कोशिकाएँ	दूध निर्माण में।
	फॉलिकल स्टीमुलेटिंग हॉर्मोन (FSH)	अण्डाशयी फॉलीकल	महिलाओं में अण्डाशयी फॉलीकल की वृद्धि एवं एस्ट्रोजन स्रावण। पुरुषों में शुक्रजनन (spermatogenesis) एवं शुक्रजनन नलिकाओं को उद्दीपित करना।
	ल्यूटिनाइजिंग हॉर्मोन (LH)	वृषण एवं अण्डाशय	महिलाओं में कॉर्पस ल्यूटियम का विकास एवं प्रोजेस्टेरॉन का स्रावण, पुरुषों में टेस्टोस्टेरॉन का स्रावण।
मध्य पिण्ड	मिलेनोसाइट स्टीमुलेटिंग हॉर्मोन (MSH)	त्वचा	त्वचा में मिलेनिन का संश्लेषण।
न्यूरोहाइपोफाइसिस (पिट्यूटरी का पश्च भाग)	ऑक्सीटोसिन (Oxytocin)	गर्भाशय, स्तन एवं ग्रन्थियाँ	दूध का स्रावण, एवं गर्भाशय संकुचन।
	एन्टीडाइयूरेटिक हॉर्मोन (ADH)	वृक्क	जल अवशोषण का नियन्त्रण।

पिट्यूटरी ग्रन्थि के विकार (Disorders of Pituitary Gland)

(i) **बौनापन** (Dwarfism) बचपन में वृद्धि हॉर्मोन की कमी से बौनापन रोग हो जाता है।

(ii) **महाकायता** (Gigantism) बचपन में वृद्धि हॉर्मोन के अधिक स्रावित होने से महाकायता रोग हो जाता है।

(iii) **साइमण्ड का रोग** (Simmond's disease) प्रौढ़ावस्था में वृद्धि हॉर्मोन के कम स्रावित होने से साइमण्ड का रोग हो जाता है।

(iv) **एक्रोमिगेली** (Acromegaly) प्रौढावस्था में वृद्धि हॉर्मोन के अतिः स्रावण से एक्रोमिगेली रोग हो जाता है। इस रोग में व्यक्ति के हाथ, पैर और चेहरे की अस्थियाँ सामान्य से अधिक बढ़ जाती हैं।

(v) **डायबिटीज इन्सीपीडस** (Diabetes insipidus) एन्टीडाइयूरेटिक हॉर्मोन (ADH) अर्थात् वैसोप्रेसिन की कमी से शरीर में मूत्रता का रोग हो जाता है।

थायरॉइड ग्रन्थि (Thyroid Gland)

थायरॉइड ग्रन्थि सबसे बड़ी अन्तःस्रावी ग्रन्थि है। यह थायरॉइड ग्रन्थि **थाइरॉक्सिन** या **टैट्राआयोडोथाइरोनीन** (thyroxine or tetraiodothyronine) हॉर्मोन स्रावित करती है, जो शरीर की कोशिकाओं में ऑक्सीकृत उपापचय बढाने, शरीर में वृद्धि, भेकशिशुओं में कायान्तरण तथा शरीर तापक्रम को नियन्त्रित करने में सहायक है। इससे स्रावित **कैल्सिटोनिन** (calcitonin) पैराथॉर्मोन के विपरीत रुधिर में कैल्शियम स्तर का नियमन करता है। **गुडरनैस** ने उभयचरों में कायान्तरण हेतु थायरॉक्सिन की आवश्यकता का पता लगाया।

थायरॉइड ग्रन्थि के विकार (Disorders of Thyroid Gland)

(i) **जड़मानवता** (Cretinism) यह रोग भ्रूण में या शिशु अवस्था में थायरॉइड के अल्प स्रावण के कारण होता है। इस रोग में बच्चे बौने रह जाते हैं।

(ii) **मिक्सिडीमा** (Myxoedema) यह वयस्कों में थायरॉइड अल्पस्रावण से होता है। इसमें त्वचा के नीचे श्लेष्म (mucous) के जमाव से इसका एक मोटा स्तर बन जाता है। शरीर फूला हुआ दिखायी देता है और सुस्त हो जाता है।

(iii) **सामान्य घेंघा** (Simple goitre) थायरॉइड ग्रन्थि का बड़ी होकर फूलना घेंघा रोग कहलाता हैं। यह रोग भोजन में आयोडीन की कमी से होता है।

(iv) **हाशीमोटो का रोग** (Hashimoto's disease) कभी-कभी वृद्धावस्था, चोट, संक्रमण, शल्य चिकित्सा, आदि के कारण थायरॉइड ग्रान्थि के अल्पस्रवण से रुधिर में इसके हॉर्मोन की मात्रा इतनी कम हो जाती है, कि शरीर कोशिकाओं में उपस्थित इनकी ग्राही प्रोटीन्स तक को इनकी पहचान नहीं हो पाती। शरीर में हॉर्मोनों को नष्ट करने वाले प्रतिरक्षी (antibodies) बनने लगते हैं, जोकि स्वयं ग्रन्थि को ही नष्ट कर देते हैं।

(v) **नेत्रोत्सेंधी गलगण्ड** (Exophthalmic goitre) थायरॉक्सिन हॉर्मोन के अतिस्रावण से थायरॉइड ग्रन्थि फूलकर घेंघे का रूप ले लेती है। इसे **ग्रैव का रोग** (Grave's disease) भी कहते हैं। किसी-किसी रोगी में अतिस्रावण करने वाली थायरॉइड ग्रन्थि में जगह-जगह गाँठें बन जाने से यह फूलती है। इसे **प्लूमर का रोग** (Plummer's disease) कहते हैं।

पैराथायरॉइड ग्रन्थि (Parathyroid Gland)

ये चार ग्रन्थियाँ होती हैं, जो थायरॉइड में धँसी रहती हैं। ये पीले रंग की तथा अण्डाकार होती हैं। पैराथायरॉइड ग्रन्थि से **पैराथॉर्मोन** (parathormone) या कॉलिप हॉर्मोन (Collip's hormone) स्रावित होता है। यह आँतों द्वारा कैल्शियम के अवशोषण, वृक्क में पुनरावशोषण, फॉस्फेट के उत्सर्जन को बढ़ाने, हड्डियों तथा दाँतों की वृद्धि का नियमन तथा रुधिर में कैल्शियम व फॉस्फेट आयनों की मात्रा का नियमन कर होमियोस्टेसिस निर्धारित करता है।

पैराथायरॉइड ग्रन्थि के विकार (Disorders of Parathyroid Gland)

(i) **टिटेनी** (Tetany) पैराथॉर्मोन (PTH) की कमी से शरीर में टिटेनी रोग हो जाता है। इस रोग में पेशियों और तन्त्रिकाओं में अनावश्यक उत्तेजना के कारण पेशियों में ऐंठन और कम्पन्न होने लगता है, रोंगटे खड़े हो जाते हैं, पसीना आने लगता है तथा हाथ-पैर ठण्डे हो जाते हैं।

(ii) **ऑस्टिओपोरोसिस** (Osteoporosis) पैराथॉर्मोन के अतिस्रावण से ऑस्टिओपोरोसिस रोग हो जाता है। इसमें हड्डियाँ गलकर कोमल, कमजोर व भंगुर हो जाती हैं।

एड्रीनल ग्रन्थि (Adrenal Gland)

एक जोड़ी एड्रीनल ग्रन्थियाँ वृक्कों के ऊपर स्थित होती हैं। यह ग्रन्थि एड्रीनल कॉर्टेक्स एवं एड्रीनल मैड्यूला में विभाजित होती हैं। इसे 4S या 3F ग्रन्थि भी कहा जाता है।

एड्रीनल ग्रन्थि के हॉर्मोन एवं कार्य (Hormones of adrenal gland and their functions)

अन्तःस्रावी ग्रन्थि	हॉर्मोन	लक्ष्य अंग	कार्य/प्रभाव
एड्रीनल कॉर्टेक्स	ग्लूकोकॉर्टीकॉइड्स-कॉर्टिसोल एवं कॉर्टिकोस्टीरॉन	ऊतक एवं मास्ट कोशिकाएँ	कार्बोहाइड्रेट, वसा, प्रोटीन एवं स्टीरॉयड उपापचय
	मिनरेलोकॉर्टिकॉइड्स-एल्डोस्टीरॉन व डीऑक्सी कॉर्टिकोस्टेरॉन	वृक्क	जल अवशोषण, सोडियम एवं पोटैशियम उपापचय
	सैक्स कॉर्टिकॉइड्स-एन्ड्रोजन एवं एस्ट्रोजन	शरीर कोशिकाएँ	बाह्य लैंगिक लक्षण
एड्रीनल मेड्यूला	एड्रीनेलिन तथा नॉन-एड्रीनेलिन	मास्ट कोशिकाएँ	हृदय स्पन्दन, रुधिर दाब, पेशियों का संकुचन एवं शिथिलन बढ़ाता है।

एड्रीनल ग्रन्थि के विकार (Disorders of Adrenal Gland)

(i) **एडीसन का रोग** (Addison's disease) मिनरेलो कॉर्टिकॉइड्स और ग्लूकोकॉर्टीकॉइड्स हॉर्मोन के अल्प स्रावण से यह रोग हो जाता है। इस रोग में सोडियम और इसके साथ-साथ जल की काफी मात्रा का मूत्र के साथ उत्सर्जन हो जाने से शरीर का निर्जलीकरण हो जाता है और रुधिर में शर्करा की कमी हो जाती है।

(ii) **कुशिंग रोग** (Cushing syndrome) कॉर्टिसोल (cortisol) हॉर्मोन के अतिस्रावण से कुशिंग रोग हो जाता है। इसमें वक्षीय भाग व चेहरे में कहीं भी वसा के जमाव से चेहरा लाल व गोल-सा, कन्धे अत्यधिक मोटे हो जाते हैं, उदर फूल जाता है।

(iii) **एड्रीनल विरिलिज्म** (Adrenal virilism) सैक्स कॉर्टिकॉइड्स (sex corticoids) हॉर्मोन के अतिस्रावण से लड़कियों में लड़कों जैसे लक्षण (मोटी आवाज, दाढ़ी-मूँछ, शरीर पर घने बाल, आदि) विकसित हो जाते हैं।

(iv) **गाइनीकोमैस्टिया** (Gynaecomastia)लड़कों में एस्ट्रोजन (oestrogen) हॉर्मोन के अतिस्रावण से उनका स्तन भाग फूल जाता है।

अग्न्याशय (Pancreas)

यह ग्रहणी (duodenum) के वक्र में स्थित होती है। यह मिश्रित ग्रन्थि है, जिसमें अन्तःस्रावी एवं बहिःस्रावी दोनों भाग होते हैं। इसके लैंगरहैन्स के द्वीप (islets of Langerhans) में निम्न तीन प्रकार की कोशिकाएँ पाई जाती हैं

(i) **α-कोशिकाएँ** बड़ी एवं परिधीय कोशिकाएँ, जो ग्लुकेगॉन (glucagon) हॉर्मोन स्रावित करती हैं।

(ii) **β-कोशिकाएँ** छोटी केन्द्रीय कोशिकाएँ, जो इन्सुलिन (insulin) हॉर्मोन स्रावित करती हैं।

(iii) **δ-कोशिकाएँ** मध्यवर्ती कोशिकाएँ, जो सोमेटोस्टेटिन (somatostatin) स्रावित करती हैं। **एफ सैंगर** ने इन्सुलिन की आण्विक संरचना का अध्ययन किया तथा 1958 में नोबेल पुरस्कार प्राप्त किया।

अग्न्याशय के विकार (Disorders of Pancreas)

(i) **मधुमेह** (Diabetes mellitus) इन्सुलिन हॉर्मोन के अल्पस्रावण से रुधिर में ग्लूकोज की मात्रा बढ़ जाती है। इसे **हाइपरग्लाइसीमिया** (hyperglycemia) भी कहते हैं।

(ii) **हाइपोग्लाइसीमिया** (Hypoglycemia) इन्सुलिन हॉर्मोन के अतिस्रावण से रुधिर में ग्लूकोज की मात्रा कम हो जाती है। अतः यह अवस्था हाइपोग्लाइसीमिया कहलाती है।

थाइमस ग्रन्थि (Thymus Gland)

यह हृदय के सामने स्थित होती है। बच्चों में थाइमस ग्रन्थि सक्रिय होती है, परन्तु लैंगिक परिपक्वता के पश्चात् यह नष्ट होने लगती है। यह परिधीय कॉर्टेक्स एवं केन्द्रीय मैड्यूला की बनी होती है। थाइमस ग्रन्थि से **थाइमोसीन** (thymosin) नामक हॉर्मोन स्रवित होता है, जो लिम्फोसाइट्स के निर्माण तथा शरीर के सुरक्षा तन्त्र में वृद्धि का कार्य करता है।

पीनियल ग्रन्थि (Pineal Gland)

इसे लैंगिक **जैव घड़ी** (biological clock) भी कहते हैं। यह तीसरी वेन्ट्रिकल की छत (थैलेमस) से निकले एक तन्तुमय वृन्त पर स्थित सफेद रंग की एवं चपटी ग्रन्थि होती है। मनुष्य में यह 70 वर्ष की उम्र में घटनी (degenerate) प्रारम्भ हो जाती है। वयस्क में यह केवल तन्तुमय ऊतक के रूप में पायी जाती है। यह नलिकाओं में हॉर्मोन स्रावित करती है, जो तन्त्रिका तन्त्र की क्रियाओं हेतु उत्तरदायी होता है। पीनियल ग्रन्थि से **मिलेटोनिन** (melatonin) हॉर्मोन स्रावित होता है। यह त्वचा की मिलेनोफोर को प्रभावित कर एम एस एच (MSH) के विपरीत कार्य करता है।

हाइपोथैलेमस (Hypothalamus)

यह अग्रमस्तिष्क के फर्श पर स्थित होता है। न्यूरोहॉर्मोन की सर्वप्रथम खोज **ग्यूलिनिन** (Guillenin) एवं शैले (Schally) ने की थी।

हाइपोथैलेमस से स्रावित एड्रीनोकॉर्टिकोट्रॉपिक रिलीजिंग हॉर्मोन (adrenocorticotropic releasing hormone) पीयूष ग्रन्थि के अग्र पिण्ड को एड्रीनोकॉर्टिकोट्रॉपिक हॉर्मोन (ACTH) के स्रावण के लिए प्रेरित करता है।

इससे स्रावित थायरोट्रॉपिन रिलीजिंग हॉर्मोन (thyrotropin releasing hormone) पीयूष ग्रन्थि के अग्रभाग को थाइरोट्रॉपिन के स्रावण के लिए प्रेरित करता है।

हाइपोथैलेमस से सोमेटॉट्रॉपिन रिलीजिंग हॉर्मोन स्रावित होकर पीयूष ग्रन्थि की अग्र पिण्ड को वृद्धि हॉर्मोन के स्रावण के लिए प्रेरित करता है।

इससे स्रावित गोनेडोट्रॉपिन रिलीजिंग हॉर्मोन (gonadotropin releasing hormone) पीयूष ग्रन्थि के अग्र पिण्ड को फॉलिकल स्टीमुलेटिंग हॉर्मोन व ल्यूटीनाइजिंग हॉर्मोन के स्रावण के लिए प्रेरित करता है।

जनद (Gonads)

इनका मुख्य कार्य युग्मकों का निर्माण है और ये लिंग हॉर्मोन भी स्रावित करते हैं। लिंग हॉर्मोन मुख्यतया स्टीरॉइड होते हैं। पुरुषों में वृषण तथा महिलाओं में अण्डाशय जनद ग्रन्थियाँ होती हैं।

जनद हॉर्मोन एवं उनके प्रभाव (Gonad hormones and their effects)

अन्तःस्रावी ग्रन्थि	हॉर्मोन	लक्ष्य अंग	कार्य/प्रभाव
वृषण	टेस्टोस्टेरॉन	मास्ट कोशिकाएँ	नर के बाह्य लक्षण एवं द्वितीयक लैंगिक अंगों का विकास
अण्डाशय	एस्ट्रोजन	मास्ट कोशिकाएँ	मादा के बाह्य लक्षणों एवं द्वितीयक लैंगिक अंगों का विकास
कॉर्पस ल्यूटियम	प्रोजेस्ट्रॉन	गर्भाशय एवं स्तन ग्रन्थियाँ	गर्भावस्था में होने वाले परिवर्तन एवं लैंगिक अंग

अभ्यास प्रश्नावली

1. शिशु के जन्म के समय कौन-से हॉर्मोन का स्रावण होता है?
(a) प्रोजेस्टेरॉन (b) थायरॉक्सिन
(c) रिलैक्सिन (d) ग्लूकोकॉर्टिकॉइड

2. मनुष्य के शरीर में सबसे बड़ी ग्रन्थि कौन-सी होती है?
(a) अग्न्याशय (b) यकृत
(c) पीयूष ग्रन्थि (d) अवद ग्रन्थि

3. थाइरॉक्सिन है, एक
(a) एन्जाइम (b) हॉर्मोन
(c) विटामिन (d) उत्सर्जित उपज

4. लैंगरहैन्स की द्वीपकाएँ (islets of Langerhans) उत्पन्न करते हैं
(a) इन्सुलिन (b) रेनिन (c) टायलिन (d) HCl

5. प्रोजेस्टेरॉन का स्रावण कब होता है?
(a) अण्डोत्सर्ग के बाद (b) अण्डोत्सर्ग से पहले
(c) प्रसव के समय (d) इनमें से कोई नहीं

6. प्रोजेस्टेरॉन का निर्माण होता है
(a) ग्रेफियन पुटिकाओं में (b) पिट्यूटरी ग्रन्थि में
(c) कॉर्पस ल्यूटियम में (d) प्रोस्टेट ग्रन्थि में

7. लैंगरहैन्स द्वीप समूह में कितने प्रकार की कोशिकाएँ पाई जाती हैं?
(a) 1 (b) 2 (c) 3 (d) 4

8. एस्ट्रोजन का स्रावण किसके द्वारा नियन्त्रित होता है?
(a) HCG (b) प्रोजेस्टेरॉन
(c) LH (d) FSH

9. मनुष्य के पैराथॉर्मोन की कमी से कौन-सा रोग हो जाता है?
(a) हाइपरकैल्शिमिया (b) हाइपोकैल्शिमिया
(c) घेंघा (d) ये सभी

10. कौन-सी अन्तःस्रावी ग्रन्थि वृद्धावस्था में निष्क्रिय हो जाती है?
(a) एड्रीनल (b) पीनियल
(c) थाइमस (d) पीयूष

11. T S H किस हॉर्मोन को कहते हैं?
(a) थायरॉइड प्रेरक (b) थाइरॉक्सिन प्रेरक
(c) थायमीन प्रेरक (d) थाइरॉक्सिन

12. शरीर में कैल्शियम एवं फॉस्फोरस उपापचय के लिए जिम्मेदार हॉर्मोन किस ग्रन्थि से स्रावित होता है?
(a) पीनियल (b) पैराथायरॉइड
(c) थाइमस (d) अग्न्याशय

13. जड़मानवता (cretinism) निम्न ग्रन्थि के अल्प स्रावण से होता है
(a) थायरॉइड ग्रन्थि (b) पीयूष ग्रन्थि
(c) पैराथायरॉइड ग्रन्थि (d) एड्रीनल ग्रन्थि

14. जीवन रक्षक हॉर्मोन किस ग्रन्थि द्वारा स्रावित होता है?
(a) एड्रीनल ग्रन्थि (b) हाइपोथैलेमस ग्रन्थि
(c) पीयूष ग्रन्थि (d) थायरॉइड ग्रन्थि

15. फीरोमोन क्या है?
(a) अन्तःस्रावी ग्रन्थि का उत्पादन (b) जन्तुओं के बीच संचार का माध्यम
(c) सन्देशवाहक RNA (d) सदैव प्रोटीन

16. मानव में पैराथायरॉइड ग्रन्थि के निकाल देने पर होने वाली बीमारी है
(a) अतिकायता (b) टिटेनी
(c) बहुमूत्रता (d) डाइबिटीज इन्सीपिडस

17. इन्सुलिन का स्रावण होता है
(a) लैंगरहैन्स द्वीप की β-कोशिकाओं द्वारा
(b) लैंगरहैन्स द्वीप की α-कोशिकाओं द्वारा
(c) कुफ्फर कोशिकाओं द्वारा
(d) पित्ताशय द्वारा

18. गर्भाधान के समय कॉर्पस ल्यूटियम एक हॉर्मोन के कारण बना रहता है, उस हॉर्मोन का नाम है
(a) जरायु-जनद प्रभावी हॉर्मोन (b) LH
(c) एस्ट्रोजन (d) प्रोजेस्टेरॉन

19. कौन-सी ग्रन्थि बहिःस्रावी तथा अन्तःस्रावी दोनों हैं?
(a) अग्न्याशय (b) थायरॉइड (c) पीयूष (d) अधिवृक्क

20. आपातकालीन हॉर्मोन है
(a) थायरॉक्सिन (b) एड्रीनेलिन
(c) इन्सुलिन (d) प्रोजेस्टेरॉन

21. डायबिटीज इन्सीपिडस का कारण है
(a) इन्सुलिन का अतिस्रावण (b) वैसोप्रेसिन का अल्पस्रावण
(c) वैसोप्रेसिन का अतिस्रावण (d) इन्सुलिन का अल्पस्रावण

22. ग्लूकेगॉन हॉर्मोन का निम्न में कौन-सा कार्य है?
(a) ग्लाइकोजिनेसिस को बढ़ाना
(b) रुधिर में शर्करा स्तर को कम करना
(c) यकृत कोशिकाओं से 'ग्लूकोज' को मुक्त करना एवं 'ग्लाइकोजिनोलाइसिस' को प्रेरित करना
(d) कोशिकाओं द्वारा ग्लूकोज एवं वसीय अम्ल का उद्ग्रहण बढ़ाना

23. रुधिर चाप किससे नियन्त्रित होता है?
(a) थायरॉइड ग्रन्थि से (b) थायमस ग्रन्थि से
(c) एड्रीनल ग्रन्थि से (d) पैराथायरॉइड ग्रन्थि से

24. बचपन में थायरॉइड की कमी से उत्पन्न होता है
(a) थायरॉइड न्यूनता (b) मिक्सोडीमा
(c) क्रिटीनिज्म (d) थायरोटॉक्सिकोसिस

25. वृद्धि काल के दौरान वृद्धि हॉर्मोन का अतिस्रावण उत्पन्न करता है
(a) अग्रातिकायता (acromegaly)
(b) कुशिंग (Cushing syndrome)
(c) मिजेट्स (midgets)
(d) क्रिटीनिज्म (cretinism)

26. निम्न में से कौन-सा हॉर्मोन प्रोटीन द्वारा निर्मित नहीं होता है?
(a) ऑक्सीटोसिन (b) वैसोप्रेसिन
(c) प्रोलेक्टिन (d) टेस्टोस्टेरॉन

27. एडीसन रोग किस हॉर्मोन के अल्प स्रावण के कारण होता है?
(a) इन्सुलिन (b) एड्रीनेलिन
(c) ग्लूकोकॉर्टिकॉइड (d) थाइरॉक्सिन

28. पशुओं से दूध प्राप्त करने हेतु किस हॉर्मोन के इन्जेक्शन का प्रयोग किया जाता है?
(a) रिलैक्सिन (b) ऑक्सीटोसिन
(c) प्रोजेस्टेरॉन (d) एस्ट्रोजन

29. स्तनधारियों में उपापचयी दर नियन्त्रित होती है
(a) अग्न्याशय द्वारा (b) यकृत द्वारा
(c) पिट्यूटरी द्वारा (d) थायरॉइड द्वारा

30. इन्सुलिन हॉर्मोन की खोज की थी
(a) एलेक्जैण्डर फ्लेमिंग ने (b) एडमोन्ड फिशर ने
(c) डॉ एफ जी बैंटिंग ने (d) जोसफ इ मूरे ने

31. मूत्र में कौन-से हॉर्मोन की उपस्थिति से गर्भाधान की जाँच (pregnancy test) की जाती है?
(a) प्रोजेस्टेरॉन
(b) एस्ट्रोजन
(c) एण्ड्रोजन
(d) मानव कोरियोनिक गोनेडोट्रॉपिन (hCG)

32. डायबिटीज मेलीटस के बारे में सर्वप्रथम पता लगाया था
(a) थॉमस एडीसन ने (b) बेटिंग एवं बेस्ट ने
(c) मिंकोवस्की एवं बेहरिंग ने (d) बरनाई ने

33. नर में लिंग हॉर्मोन टेस्टोस्टेरॉन का स्रावण कहाँ से होता है?
(a) सर्टोली कोशिका से
(b) पीयूष ग्रन्थि से
(c) लीडिग कोशिका से
(d) β-कोशिका से

34. कौन-सा हॉर्मोन अण्ड निर्माण को प्रेरित करता है
(a) FSH (b) TSH
(c) ऑक्सीटोसिन (d) प्रोलेक्टिन

35. ल्यूटीनाइजिंग हॉर्मोन (LH) स्रावित होता है
(a) वृषण द्वारा (b) अग्र पीयूष द्वारा
(c) वृक्क द्वारा (d) पश्च पीयूष द्वारा

36. गठिया रोग के उपचार में दिया जाने वाला हॉर्मोन है
(a) थाइरॉक्सिन (b) एड्रीनेलिन
(c) कॉर्टिसोल (d) इन्सुलिन

37. पिट्रेसिन पाया जाता है
(a) पीयूष ग्रन्थि की पश्च पालि में (b) वृक्क में
(c) यकृत में (d) आँत में

38. एड्रीनल ग्रन्थि का मेड्यूला भाग बना होता है
(a) एक्टोडर्म से (b) एण्डोडर्म से
(c) मीसोडर्म से (d) दोनों (a) व (c) से

39. एलर्जी के समय कौन-सा हॉर्मोन दिया जाता है?
(a) कोलीनएस्ट्रेज (b) एड्रीनोकॉर्टिकॉइड
(c) कॉर्टिसोल (d) एपीनेफ्रीन

40. पैराथॉर्मोन के विपरीत कार्य करने वाला हॉर्मोन है
(a) थाइरॉक्सिन (b) कॉर्टिकोस्टेरॉन
(c) थाइरोकेल्सिटोनिन (d) मिनरेलोकॉर्टिकॉएड्स

41. अन्त:स्रावी विज्ञान (Endocrinology) का जनक कहा जाता है
(a) मेण्डल को (b) थामॅस एडीसन को
(c) क्यूवियर को (d) डार्विन को

42. अंधेरे में किस हॉर्मोन का स्राव अधिक होता है?
(a) इन्सुलिन का (b) एड्रीनेलिन का
(c) थाइरॉक्सिन का (d) मेलेटोनिन का

43. थाइमोसिन (thymosine) प्रभावित करता है
(a) दुग्ध स्रावण को (b) लाल रुधिराणु के निर्माण को
(c) T-लिम्फोसाइट्स के निर्माण को (d) मेलेनोसाइट्स के निर्माण को

44. प्रोस्टाग्लैन्डिन्स (prostaglandins) प्रभावित करते हैं
(a) रुधिर दाब (b) मल विसर्जन
(c) परासरण नियमन (d) ऑक्सीजन उपापचय

45. रासायनिक रूप से हॉर्मोन होते हैं
(a) केवल बायोजेनिक एमीन
(b) केवल प्रोटीन
(c) केवल स्टीरॉइड
(d) प्रोटीन, बायोजेनिक एमीन एवं स्टीरॉइड

46. प्रतिजरण (antiageing) हॉर्मोन है
(a) केल्सीटोनिन (b) मेलाटोनिन (c) थाइमोसीन (d) थाइरॉक्सिन

47. सबसे प्रमुख न्यूरोट्रांसमीटर है
(a) नॉरएड्रीनेलिन (b) एसीटिलकोलीन
(c) GABA (d) एड्रीनेलिन

48. गर्भाशय का संकुचन किसके द्वारा होता है?
(a) ऑक्सीटोसिन के (b) प्रोलेक्टिन के
(c) LH (d) FSH

उत्तरमाला

1. (c)	**2.** (b)	**3.** (b)	**4.** (a)	**5.** (a)	**6.** (c)	**7.** (c)	**8.** (d)	**9.** (b)	**10.** (c)
11. (a)	**12.** (b)	**13.** (a)	**14.** (a)	**15.** (b)	**16.** (b)	**17.** (a)	**18.** (d)	**19.** (a)	**20.** (b)
21. (b)	**22.** (c)	**23.** (c)	**24.** (c)	**25.** (a)	**26.** (d)	**27.** (c)	**28.** (b)	**29.** (d)	**30.** (c)
31. (d)	**32.** (c)	**33.** (c)	**34.** (a)	**35.** (b)	**36.** (c)	**37.** (a)	**38.** (a)	**39.** (c)	**40.** (c)
41. (b)	**42.** (d)	**43.** (c)	**44.** (a)	**45.** (d)	**46.** (c)	**47.** (b)	**48.** (a)		

18

तन्त्रिका तन्त्र
Nervous System

सभी बहुकोशिकीय (multicellular) जन्तुओं में ग्राही अंगों (receptor organs) द्वारा ग्रहण किये गए उद्दीपनों का अनुभव करने, उन्हें शरीर के विभिन्न भागों में संचारित करने तथा कार्यकर (effectors) अंगों द्वारा प्रतिक्रियाओं को कार्यान्वित करने वाले तन्त्र को तन्त्रिका तन्त्र कहते हैं।

तान्त्रिकाएँ (Nerves)

मानव शरीर में जाल के समान फैली अनेक तन्त्रिकाएँ तन्त्रिका तन्तु (nerve fibres) तथा तन्त्रिका कोशिकाओं (nerve cells or neurons) की बनी होती हैं। **तन्त्रिका कोशिकाओं** (neurons) से बने ऊतकों के माध्यम से शरीर की विभिन्न क्रियाओं का नियन्त्रण करता है।

तन्त्रिका कोशिकाएँ क्रियात्मक रूप से निम्न प्रकार की होती हैं

(i) **चालक** (Motor) केन्द्रीय तन्त्रिका तन्त्र से प्रभावित अंग तक सूचना पहुँचाती हैं।

(ii) **संवेदी** (Sensory) संवेदी अंगों से केन्द्रीय तन्त्रिका तन्त्र तक सूचना पहुँचाती हैं।

(iii) **सहचारी या समायोजक** (Associatory) ये मस्तिष्क या स्पाइनल कॉर्ड के अन्दर स्थित होती हैं और अभिवाही या संवेदी (afferent) तथा अपवाही या प्रेरक (efferent) न्यूरॉन को एक-दूसरे से जोड़ती हैं।
रचना के आधार पर न्यूरॉन **बहुध्रुवीय** (multipolar) अर्थात् एक एक्सॉन व कई डेन्ड्राइट युक्त, **द्विध्रुवीय** (bipolar) अर्थात् एक एक्सॉन व एक डेन्ड्राइट युक्त, **एक-ध्रुवीय** (unipolar) अर्थात् केवल एक एक्सॉन युक्त तथा **अध्रुवीय** (apolar) जैसे सीलेन्ट्रेटा संघ के जन्तुओं के तन्त्रिका जाल में होते हैं।

तन्त्रिका कोशिका के भाग (Parts of Nerve Cells)

तन्त्रिका कोशिका में निम्न भाग होते हैं

(i) **डेन्ड्राइट्स** (Dendrites) ये कोशिकाकाय से निकलने वाले जीवद्रव्यी प्रवर्ध होते हैं।

(ii) **कोशिकाकाय** (Cell body) यह साइटॉन या सोमा भी कहलाती है। यह तन्त्रिका का मुख्य भाग होती हैं, जिसमें केन्द्रक एवं अन्य अंगक पाए जाते हैं।

(iii) **एक्सॉन** (Axon) कोशिकाकाय से निकलने वाली धागेनुमा संरचना, जो न्यूरोलेमा द्वारा सुरक्षित रहती है।

सिनैप्सिस (Synapsis) सिनैप्सिस एक तन्त्रिका कोशिका के एक्सॉन से दूसरी तन्त्रिका कोशिका के एक्सॉन के मध्य संयोजन (junction) है। विद्युतरोधी तन्त्रिकाएँ चारों ओर से माइलिन आच्छद से ढकी होती है। तन्त्रिका कोशिका में कुछ स्थानों पर विद्युतरोधन नहीं होता और ये स्थान **रेनवियर के नोड** (node of Ranvier) कहलाते हैं।

मानव तन्त्रिका तन्त्र (Human Nervous System)

मानव में तन्त्रिका तन्त्र केन्द्रीय, परिधीय एवं स्वायत्त प्रकार का होता है।

केन्द्रीय तन्त्रिका तन्त्र (Central Nervous System)

यह मस्तिष्क एवं मेरुदण्ड (spinal cord) द्वारा बना होता है। मेरुदण्ड, धूसर द्रव्य (grey matter) एवं श्वेत द्रव्य (white matter) का बना होता है।

मस्तिष्क, खोपड़ी के क्रेनियम (cranium) में स्थित होता है। मेंढक में मस्तिष्क एवं मेरुदण्ड दो मीनिंग्स (meningis) द्वारा घिरे होते हैं, जबकि स्तनियों में तीन मीनिंग्स (meningis) द्वारा घिरे रहते हैं। मस्तिष्क एवं मेरुदण्ड के अन्दर तथा चारों ओर सेरीब्रोस्पाइनल द्रव (cerebrospinal fluid) पाया जाता है। मीनिजाइटिस (meningitis) रोग में मीनिंग्स (meningis) जीवाणुओं द्वारा संक्रमित हो जाती है, जिसके फलस्वरूप उल्टी एवं सरदर्द, आदि होने लगता है।

मानव मस्तिक (Human Brain)

यह अग्र मस्तिष्क (forebrain), मध्य मस्तिष्क (midbrain), तथा पश्च मस्तिष्क (hindbrain) में विभक्त किया जाता है।

- **घ्राण पिण्ड** (olfactory lobes) छोटे आकार की एक जोड़ी संरचनाएँ हैं, जो प्रमस्तिष्क द्वारा घिरी होती हैं। ये खोपड़ी के केन्द्र में पाई जाती हैं।
- **प्रमस्तिष्क** (cerebrum) मस्तिष्क का सबसे बड़ा भाग है, जो प्रमस्तिष्क अर्धगोलार्धों (cerebral hemispheres) द्वारा घिरा होता है। प्रमस्तिष्क की छत सेरेब्रल कॉर्टेक्स (cerebral cortex) होती है। दो प्रमस्तिष्क गोलार्ध **कॉर्पस कैलोसम** (corpus callosum) द्वारा जुड़े रहते हैं। प्रमस्तिष्क में सचेतना और सूचनाओं का संग्रहण होता है।
- **थैलेमस** (thalamus), संवेदी अंगों; जैसे–आँख, कान एवं त्वचा, आदि से आने वाली संवेदी तरंगों (sensory impulses) को जोड़ता है। थैलेमस, दर्द, ताप एवं दाब से सम्बन्धित होता है।

- **हाइपोथैलेमस** (hypothalamus), भाषण, शरीर सन्तुलन, लिंग व्यवहार, निद्रा, तनाव तथा पिट्यूटरी ग्रन्थि के हॉर्मोन के नियन्त्रण से सम्बन्धित है।
- **अनुमस्तिष्क** (cerebellum) सिर के पीछे की ओर आधार भाग में होता है। अनुमस्तिष्क (cerebellum) में शारीरिक सन्तुलन, पेशीय टोन का केन्द्र होता है।
- **मेड्यूला ऑब्लोंगेटा** (Medulla oblongata), मस्तिष्क एवं मेरुदण्ड को जोड़ने वाला भाग है। यह हृदय स्पन्दन, रुधिर नलिकाओं, श्वासोच्छ्वास, लार स्राव और बहुत-सी प्रत्यावर्ती एवं अनैच्छिक गतियों को नियन्त्रित करता है।

मेरुदण्ड (Spinal Cord)

यह लम्बी, रस्सीनुमा संरचना है, जो पीठ पर मध्य लम्बवत् स्थित होती है और अस्थिमय कशेरुक दण्ड द्वारा सुरक्षित रहती है।

मेरुदण्ड प्रतिवर्ती क्रिया (reflex action) का केन्द्र है और यह मस्तिष्क व मेरु तन्त्रिकाओं (spinal nerves) के बीच सेतु का कार्य करती है।

मेरुदण्ड में तन्त्रिका पथ दो प्रकार के होते हैं

(i) **आरोही पथ** (Ascending path) यह संवेदी पथ है तथा परिधीय अंगों से मस्तिष्क की ओर तन्त्रिका आवेग (nerve impulse) का संवहन करता है।

(ii) **अवरोही पथ** (Descending path) यह चालक (motor) पथ है तथा पेशियों को मस्तिष्क से तन्त्रिका आवेग का संवहन करता है।

मार्शलहाल में प्रतिवर्ती क्रियाओं का आविष्कार किया। प्रतिवर्ती क्रियाओं के अन्तर्गत आने वाले तन्त्रिका तत्व एक चाप के समान परिपथ का अनुसरण करते हैं, जिसे प्रतिवर्ती चाप (reflex arc) कहते हैं। यह केन्द्रीय तन्त्रिका की **आधारीय कार्यकारी** इकाई है। प्रतिवर्ती क्रियाएँ **अप्रतिबन्धित** एवं **प्रतिबन्धित** प्रकार की होती है।

परिधीय तन्त्रिका तन्त्र (Peripheral Nervous System)

यह 12 जोड़ी कपाल तन्त्रिकाओं (cranial nerves) तथा 31 जोड़ी मेरु तन्त्रिकाओं (spinal nerves) का बना होता है। कपाल तन्त्रिकाएँ, मस्तिष्क से तथा मेरु तन्त्रिकाएँ, मेरुदण्ड से उत्पन्न होती हैं।

मनुष्य में 31 जोड़ी मेरु तन्त्रिकाएँ निम्न प्रकार से होती हैं

(i) ग्रीवा तन्त्रिकाएँ (cervical)– 8 जोड़ी

(ii) वक्षीय तन्त्रिकाएँ (thoracic)– 12 जोड़ी

(iii) लुम्बर तन्त्रिकाएँ (lumber)– 5 जोड़ी

(iv) सेक्रल तन्त्रिकाएँ (sacral)– 5 जोड़ी

(v) कॉक्सीजियल तन्त्रिकाएँ (coccygeal)– 1 जोड़ी

मछलियों (fishes) एवं **उभयचरों** (amphibians) में 10 जोड़ी कपाल तन्त्रिकाएँ होती हैं। खरगोश में 12 जोड़ी कपाल तन्त्रिकाएँ तथा 37 जोड़ी मेरु तन्त्रिकाएँ पाई जाती हैं। पहली 10 जोड़ी कपाल तन्त्रिकाएँ मेंढक एवं खरगोश में समान होती हैं।

मनुष्य की कपाल तन्त्रिकाएँ (Human cranial nerves)

कपाल तन्त्रिका	प्रकृति या प्रकाय	वितरण	कार्य
घ्राण तन्त्रिका	संवेदी	नाक	गन्ध
दृक तन्त्रिका	संवेदी	आँख की रेटिना	दृश्य
नेत्र प्रेरक तन्त्रिका	चालक	नेत्र गोलक की चार पेशियों में	नेत्र गति
चक्रक तन्त्रिका	चालक	नेत्र गोलक की उत्तर-तिरछी पेशी में	नेत्र गति
त्रक तन्त्रिका (सबसे बडी)	मिश्रित	चेहरा और दाँत	संवेदना
अपचालिनी तन्त्रिका	चालक	पश्च रेक्टस पेशी	नेत्र गति
आनन तन्त्रिका	मिश्रित	गर्दन, कर्ण, जीभ, एवं निचला जबड़ा	लार स्रावण और स्वाद
श्रवण तन्त्रिका	संवेदी	अन्तः कर्ण	सन्तुलन और सुनना
जिव्हा ग्रसनी	मिश्रित	जीभ एवं ग्रसनी	लार का स्रावण और स्वाद के प्रति संवेदना
वेगस तन्त्रिका	मिश्रित	आमाशय, फेफड़े, हृदय, आदि	आँतरांगों की क्रियाओं का नियन्त्रण
स्पाइनल एसेसरी	चालक	गर्दन	आँतरांगों की प्रतिक्रिया
हाइपोग्लोसल	चालक	गर्दन एवं जीभ	जीभ की गति

स्वायत्त तन्त्रिका तन्त्र (Autonomous Nervous System)

इसकी खोज लेंगले (Langley) ने की थी। यह पूर्णतया चालक (motor) तथा नियन्त्रण रहित होता है।

स्वायत्त तन्त्रिका तन्त्र दो भागों में विभक्त होता है

(i) अनुकम्पी तन्त्रिका तन्त्र (sympathetic nervous system)

(ii) परानुकम्पी तन्त्रिका तन्त्र (parasympathetic nervous system)

अनुकम्पी तथा परानुकम्पी तन्त्रिका तन्त्र एक-दूसरे के विपरीत कार्य करते हैं तथा शरीर की सभी क्रियाओं की गतियों पर उचित नियन्त्रण रखते हैं।

संयोजन या सिनैप्स (Synapse)

एक तन्त्रिका तन्तु का एक्सॉन (axon) जहाँ दूसरे तन्त्रिका तन्तु के डेन्ड्राइट (dendrite) पर समाप्त होता है, उसे संयोजन या सिनैप्स (synapse) कहते हैं। सिनैप्स पर एक्सॉन तथा डेन्ड्राइट एक-दूसरे को स्पर्श नहीं करते, बल्कि उनके बीच का स्थान एक पतले द्रव से भरा स्थान होता है, जिसे **सिनैप्टिक दरार** (synaptic cleft) कहते हैं।

एक्सॉन के अन्तिम सिरे पर सिनैप्टिक आशय (synaptic vesicles) या अन्तस्य बटन (terminal button) होती है, जिनसे न्यूरोट्रान्समीटर (neurotransmitter), एड्रीनेलिन (adrenaline) तथा एसीटिलकोलीन (acetylcholine) निकलते हैं।

सिनैप्स दो प्रकार के होते हैं

(i) **विद्युतीय सिनैप्स** (Electrical synapse) विद्युतीय सिनैप्स में दो न्यूरॉन के बीच 0.2 नैनोमीटर की सिनैप्टिक दरार (synaptic cleft) पाई जाती है। इनमें क्रिया विभव (action potential) दूसरे न्यूरॉन पर सीधा ही संचारित हो जाता है।

(ii) **रासायनिक सिनैप्स** (Chemical synapse) अधिकांश सिनैप्स इसी प्रकार के होते हैं। रासायनिक सिनैप्स में क्रिया विभव के संचरण (transmission) के लिए तन्त्रिका संचारी या न्यूरोट्रान्समीटर होते हैं। तन्त्रिका आवेग (nerves impulse) का रासायनिक संचरण एक तन्त्रिका कोशिका से दूसरे तन्त्रिका कोशिका में या तन्त्रिका कोशिका से पेशी कोशिका में एसीटिलकोलीन द्वारा होता है। ग्लाइसीन तथा गामा (γ) अमीनो ब्यूटेरिक अम्ल (GABA) आवेग अवरोधी (impulse inhibitory) पदार्थ होते हैं।

तन्त्रिका आवेग का संचरण (Conduction of Nerve Impulse)

यह एक न्यूरॉन (neuron) के एक्सॉन (axon) के अन्त से दूसरे न्यूरॉन के डेन्ड्राइट (dendrite) पर होता है। यह केवल एक ही दिशा में (unidirectional) होता है।

यह एक विद्युत रासायनिक प्रक्रिया है। विश्रामावस्था में तन्त्रिका कोशिका के कोशिकाद्रव्य (cytoplasm) में K^+ की सान्द्रता अधिक होती है तथा कोशिका के बाहर Na^+ की सान्द्रता अधिक होती है, जिसके कारण कोशिका कला के भीतर – 80 mV का विद्युत विभव (electrical potential) होता है।
यह **सुप्त कला अवस्था** (polarised state) कहलाती है।

तन्त्रिका कोशिका की कला में विद्युत विभवान्तर (electrical potential difference) होता है, जिसे **कला विभव** (membrane potential) कहते हैं। न्यूरॉन की प्लाज्मा कला में आयन चैनल (ion channel) उपस्थित होते हैं। ये केवल एक ही प्रकार के आयन के लिए पारगम्य होते हैं; जैसे–Na^+ या K^+ या Ca^{2+}, आदि। तन्त्रिका कोशिका में ध्रुवित अवस्था (polarised state) बनाये रखने के लिए कोशिका कला में सोडियम-पोटैशियम पम्प होता है। इसके द्वारा कोशिकाद्रव्य से तीन सोडियम आयन बाहर निकाले जाते हैं तथा बाहर से दो पोटैशियम आयन कोशिकाद्रव्य में प्रवेश करते हैं।

जब कोशिका को प्रभाव सीमा उद्दीपन (threshold stimulus) दिया जाता है, तब कोशिका कला की पारगम्यता परिवर्तित हो जाती है। एक्सोलेमा (axolema) की पारगम्यता सोडियम के लिए बढ़ जाती है, जिस कारण Na^+ कोशिका के भीतर प्रवेश करने लगता है, जिससे विभव बदलकर + 30 mV उच्च विभव (spike potential) हो जाता है, यह केवल सेकण्ड के कुछ भाग के लिए ही होता है। अब कोशिका कला की पारगम्यता सोडियम के लिए कम होकर पोटैशियम के लिए बढ़ने लगती है। उच्च विभव कम होने लगता है तथा फिर यह + 20 mV का क्रियात्मक विभव (action potential) हो जाता है। कला अब विध्रुवित (depolarised) हो जाती है।

नॉन-मेड्यूलेटेड तन्तु (non-medullated fibre) में ये आयनिक परिवर्तन पूरे तन्त्रिका तन्तु में दोहराए जाते हैं। मेड्यूलेटेड तन्तुओं में क्रियात्मक विभव रेनवियर की गाँठ (node of Ranvier) द्वारा एक बिन्दु से दूसरे बिन्दु पर संचरित होता है, इसे साल्टेटरी संचरण (saltatory conduction) कहते हैं।

तन्त्रिका आवेग का प्रसारण (Transmission of Impulse)

तन्त्रिका आवेग का प्रसारण एक न्यूरॉन के एक्सॉन से दूसरे न्यूरॉन के डेण्ड्रान पर सिनैप्स द्वारा होता है।

जब तन्त्रिका आवेग टीलोडेण्ड्रिया (telodendria) पर पहुँचता है, तो सिनैप्टिक दरार या विदर (synaptic cleft) के ऊतक द्रव से Ca^{2+} टीलोडेण्ड्रिया में प्रवेश कर जाते हैं और सिनैप्टिक घुन्डियाँ (synaptic button) सिनैप्स में न्यूरोट्रान्समीटर (neurotransmitter) मुक्त कर देती है। न्यूरोट्रान्समीटर तन्त्रिका आवेग को अगले न्यूरॉन में प्रसारित कर देते हैं। एन्जाइम एसीटिलकोलीनेस्टीरेस (acetylcholinesterase) सिनैप्टिक विदर (synaptic cleft) पर एसीटिलकोलीन का विघटन कर देता है। सिनैप्स (synapse) पर एक न्यूरॉन से दूसरे न्यूरॉन में तन्त्रिका आवेग के जाने में लगे समय को सिनैप्टिक देरी (synaptic delay) कहते हैं।

इलेक्ट्रोएन्सिफेलोग्राम (Electroencephalogram-EEG)

EEG मस्तिष्क के विभिन्न भागों की विद्युतीय सक्रियता (electrical activity) की रिकॉर्डिंग है। इसमें चार तरंग (waves) होती हैं

(i) **एल्फा तरंगें** (Alpha waves) ये मस्तिष्क को विश्राम दर्शाती है। इनकी आवृत्ति 10-12 चक्र/सेकण्ड होती है।

(ii) **बीटा तरंगें** (Beta waves) ये तनाव दर्शाती है। इनकी आवृत्ति (frequency) 10-15 चक्र/सेकण्ड होती है।

(iii) **थीटा तरंगें** (Theta waves) ये भावात्मक दबाव जैसे निराशा के दौरान उभरती हैं, इनकी आवृत्ति 5-8 चक्र/सेकण्ड होती है।

(iv) **डेल्टा तरंगें** (Delta waves) सोते समय आती हैं। ये मस्तिष्क की चोट या विकार दर्शाती हैं। इनकी आवृत्ति 1-5 चक्र/सेकण्ड होती है।

पहला EEG बर्गर (Berger) ने 1929 में अंकित किया था।

संवेदी अंग (Sense Organs)

प्रत्येक जन्तु संवेदी अर्थात् आन्तरिक एवं बाह्य परिवर्तनों के प्रति संवेदनशील होता है। जन्तु शरीर में ऐसे अंग पाए जाते हैं, जो संवेदनाओं को ग्रहण कर इन्हें विद्युत रासायनिक (electrochemical) तन्त्रिका आवेगों (nerve impulses) का रूप दे देते हैं, ऐसे अंगों को ग्राही अंग (receptors) या संवेदी अंग कहते हैं।

प्रत्येक संवेदी अंग में संवेदी तन्त्रिकाएँ होती हैं, जोकि उद्दीपनों (stimuli) को मस्तिष्क तक पहुँचाती हैं तथा आवश्यकतानुसार चालक तन्त्रिका तन्तुओं (motor nerve fibres) द्वारा इन्हें प्रतिक्रियाओं के रूप में अपवाहक अंगों (effector organs) को भेज दिया जाता है।

संवेदी अंगों का वर्गीकरण (Classification of Sense Organs)

संवेदी अंगों को स्थिति संरचना तथा उद्दीपन के आधार पर वर्गीकृत किया जाता है।

1. **स्थिति के आधार पर (On the Basis of Position)**
   - (i) **बाह्य संवेदांग** (Exteroceptors) शरीर की बाह्य सतह पर स्थित
     - (a) **विशिष्ट संवेदांग** (Special sense organs) नाक, कान एवं आँख, आदि।
     - (b) **त्वक् संवेदांग** (Cutaneous sense organs) त्वचा।
   - (ii) **आन्तरिक संवेदांग** (Interoceptors) ऐसे संवेदांग, जो आन्तरिक उद्दीपनों को ग्रहण करते हैं व आँतरांगों में स्थित होते हैं।
   - (iii) **मध्य संवेदांग** (Proprioceptors) यह ऐच्छिक पेशियों, स्नायु (ligaments), कण्डराओं (tendons), सन्धियों (joints), आदि में पाए जाते हैं।

2. **संरचना के आधार पर (On the Basis of Structure)**
   - (i) **तन्त्रिका उपकलीय संवेदांग** (neuro-epithelial receptors) इनमें संवेदी कोशिकाएँ रूपान्तरित तन्त्रिका कोशिकाएँ या न्यूरॉन्स (neurons) होती हैं। उदाहरण–घ्राण संवेदांग (olfactory receptors)।
   - (ii) **उपकलीय संवेदांग** (Epithelial receptors) इनमें संवेदी कोशिकाएँ रूपान्तरित एपिथीलियमी कोशिकाएँ होती हैं।

     ये कोशिकाएँ ऐसे तन्त्रिका तन्तु से सम्बन्धित रहती हैं, जो केन्द्रीय तन्त्रिका तन्तु के निकट होते हैं, उदाहरण–प्रकाशग्राही, स्वादग्राही व श्रवणग्राही।
   - (iii) **तन्त्रिकीय संवेदांग** (Neural receptors) इनमें क्रैनियोस्पाइनल गुच्छकों (craniospinal ganglia) में स्थित ऐसे मिथ्या एकध्रुवीय न्यूरॉन्स होते हैं, जिनके लम्बे अक्ष तन्तु के त्वचा, कंकाल-सन्धियों, कंकाल पेशियों, कण्डराओं (tendons), स्नायुओं (ligaments), आदि में स्थित स्वतन्त्र छोर ही स्वयं संवेदी होते हैं।

3. **उद्दीपन के आधार पर (On the Basis of Stimulus)**
   - (i) स्पर्श संवेदांग (Mechanoreceptors)
   - (ii) रासायनिक संवेदांग (Chemoreceptors)
   - (iii) ताप संवेदांग (Thermoreceptors)
   - (iv) परासरण संवेदांग (Osmoreceptors)
   - (v) प्रकाश संवेदांग (Photoreceptors)

अभ्यास प्रश्नावली

1. निम्न में से कौन केन्द्रीय तन्त्रिका तन्त्र का भाग है?
(a) मस्तिष्क (b) मेरुदण्ड
(c) (a) व (b) दोनों (d) संवेदांग

2. मेरु तन्त्रिकाएँ होती हैं
(a) चालक (b) संवेदी
(c) मिश्रित (d) इनमें से कोई नहीं

3. अनुकूल प्रतिवर्ती क्रियाएँ (conditional reflex action) का अध्ययन किया था
(a) पैवलोव ने (b) मेण्डल ने
(c) विलियम हार्वे ने (d) ह्यूगो डी व्रीज ने

4. अग्र मस्तिष्क से सम्बन्धित नहीं है
(a) घ्राण भाग (b) प्रमस्तिष्क
(c) थैलेमस (d) पश्च अनुमस्तिष्क

5. गन्ध ज्ञान का केन्द्र स्थित है
(a) घ्राण पिण्ड में (b) प्रमस्तिष्क में
(c) अनुमस्तिष्क में (d) पॉन्स में

6. प्रमस्तिष्क है
(a) ज्ञान स्मृति का केन्द्र
(b) वाणी तथा चिन्तन का केन्द्र
(c) इच्छा शक्ति तथा एच्छिक गतियों का केन्द्र
(d) उपरोक्त सभी

7. निम्न में से कौन-सी क्रिया का नियन्त्रण केन्द्र अधश्चेतक (hypothalamus) में स्थित नहीं है?
(a) भूख, प्यास एवं थकावट
(b) नींद एवं ताप नियन्त्रण
(c) प्रेम, घृणा, तृप्ति एवं क्रोध
(d) ज्ञान, स्मृति, वाणी एवं चिन्तन

8. निम्न में से कौन-सी क्रिया प्रमस्तिष्क द्वारा नियन्त्रित होती है?
(a) बुद्धिमत्ता (b) रोना
(c) मूत्रत्याग (d) ये सभी

9. तन्त्रिका तन्त्र का विकास होता है
(a) बाह्यजनस्तर से (b) मध्यजनस्तर से
(c) अन्तस्त्वचा से (d) इन सभी से

10. शशक में कितनी जोड़ी कपाल तन्त्रिकाएँ होती हैं?
(a) 10 जोड़ी (b) 11 जोड़ी
(c) 20 जोड़ी (d) 12 जोड़ी

11. मनुष्य में कितने जोड़ी कपाल तन्त्रिकाएँ होती हैं?
(a) 10 जोड़ी (b) 12 जोड़ी
(c) 14 जोड़ी (d) 16 जोड़ी

12. मनुष्य में कितने जोड़ी मेरु तन्त्रिकाएँ होती हैं?
(a) 30 जोड़ी (b) 31 जोड़ी
(c) 37 जोड़ी (d) 40 जोड़ी

13. तन्त्रिका ऊतक की इकाई है
(a) तन्त्रिका कोशिका (b) तन्त्रिका तन्तु
(c) तन्त्रिबन्ध (d) पेशियाँ

14. निम्न में से कौन तन्त्रिका कोशिका का भाग नहीं है?
(a) तन्त्रिकाय (b) तन्त्रिकाक्ष
(c) द्रुमिका (d) मेरुदण्ड

15. तन्त्रिका कोशिकाओं में अनुपस्थित होता है
(a) सूत्रकणिका
(b) गॉल्जीकाय
(c) तारककाय
(d) केन्द्रक

16. भ्रूणीय परिवर्धन के पश्चात् निम्न में से कौन-सी कोशिका कभी विभाजित नहीं होती है?
(a) तन्त्रिका कोशिका (b) पेशी कोशिका
(c) त्वचा की कोशिका (d) यकृत कोशिका

17. निस्सल कण पाए जाते हैं
(a) उपास्थिमय कोशिकाओं में (b) तन्त्रिका कोशिकाओं में
(c) पेशी कोशिकाओं में (d) अस्थि कोशिकाओं में

18. दो तन्त्रिका कोशिकाओं के मिलने के स्थान को कहते हैं
(a) सूत्रयुग्मन (b) सिनैप्टिकुला
(c) सिनैप्स (d) अन्तर्ग्रथित

19. मनुष्य के मस्तिष्क का बाह्य आवरण होता है
(a) दृढ़तानिका (b) मृदुतानिका
(c) एरेक्नॉयड (d) कोरॉयड

20. परकिन्सन रोग (Parkinson's disease) सम्बन्धित है
(a) केन्द्रीय तन्त्रिका तन्त्र से (b) अग्न्याशय से
(c) त्वचा से (d) मुखगुहा से

21. कॉर्निया प्रत्यारोपण विशेष रूप से सफल रहा, क्योंकि
(a) इसकी तकनीक बहुत सरल है
(b) कॉर्निया का संरक्षण बहुत आसान है
(c) कॉर्निया आसानी से उपलब्ध हो जाता है
(d) कॉर्निया का रुधिर परिवहन तथा प्रतिरक्षा तन्त्र से कोई सम्बन्ध नहीं है

22. मायोपिया या निकट दृष्टि दोष ठीक किया जा सकता है
(a) उत्तल लेन्स द्वारा (b) अवतल लेन्स द्वारा
(c) सिलेन्ड्रिकल लेन्स द्वार (d) कॉर्निया को बदल कर

23. मानव नेत्र के रेटिना में सर्वाधिक शंकु (cone) पाए जाते हैं
(a) अन्ध बिन्दु पर (b) रेटिना के किनारों पर
(c) फोविया पर (d) कोरॉयड पर

24. प्रकाश का तन्त्रिकीय आवेग में संचरण है, एक
(a) जैविक क्रिया (b) रासायनिक क्रिया
(c) यान्त्रिक क्रिया (d) जैव-भौतिक क्रिया

25. मध्य कर्ण की सबसे छोटी अस्थि है
(a) मैलियस (b) इन्कस
(c) स्टेपीस (d) इनमें से कोई नहीं

26. उल्लू केवल रात्रि में ही देखने में सक्षम है क्योंकि
(a) उल्लू के रेटिना में केवल शलाकाएँ होती हैं
(b) उल्लू के रेटिना में केवल शंकु होते हैं
(c) उल्लू रात्रिचर है
(d) शलाकाएँ तथा शंकु दोनों अनुपस्थित होते हैं

27. काचभ जल द्रव पाया जाता है
(a) कान में (b) आँख में
(c) मस्तिष्क में (d) अस्थि मज्जा में

28. नेत्र प्रचलन के नियमन हेतु कितनी नेत्र पेशियाँ पाई जाती हैं?
(a) 3 (b) 4
(c) 5 (d) 6

29. वर्णान्धता किसकी अनुपस्थिति के कारण होती है?
(a) शलाका (b) शंकु
(c) पलक (d) इनमें से कोई नहीं

30. मनुष्य में किस त्वचा के ऊपर सर्वाधिक स्वेद ग्रन्थियाँ पाई जाती हैं?
(a) माथे पर (b) बगल में
(c) पीठ पर (d) हथेली पर

31. अवतल लेन्स का प्रयोग किस रोग के उपचार में किया जाता है?
(a) मोतियाबिन्द में (b) निकट दृष्टि दोष में
(c) रात्रि अन्धता में (d) दूर दृष्टि में

32. निम्नलिखित में से कौन त्वचा की सतह को जल से अभेद्य बनाता है?
(a) कोलेजन (b) मिलेनिन
(c) किरेटिन (d) काइटिन

33. शलाका (rods) कोशिकाएँ तथा दृक शंकु (cones) पाए जाते हैं
(a) आइरिस में (b) कॉर्निया में
(c) स्कलीरोटिक में (d) दृष्टिपटल में

34. आँख में प्रवेश करने वाले प्रकाश की मात्रा नियन्त्रित होती है
(a) कॉर्निया द्वारा (b) पुतली द्वारा
(c) आइरिस द्वारा (d) दृढ़पटल द्वारा

35. रेटिना के फोविया सेन्ट्रेलिस किसके लिए संवेदी होते हैं?
(a) विसरित प्रकाश (b) धुँधला प्रकाश
(c) रंगीन प्रकाश (d) (b) व (c) दोनों

36. वह रिसेप्टर, जो दर्द के प्रति संवेदी होते हैं, कहलाते हैं
(a) टेंगोरिसेप्टर (b) फ्रिगिडोरिसेप्टर
(c) रियोरिसेप्टर (d) एल्गेसी रिसेप्टर

37. मनुष्य में जेकोब्सन के अंग (Jacobson's organ) का क्या कार्य है?
(a) दर्द संवेदी अंग (b) अवशेषी अंग
(c) स्वाद अंग (d) सूँघने का अंग

38. मस्तिष्क में कॉर्पस कैलोसम पाया जाता है
(a) हाथी में (b) कबूतर में
(c) घड़ियाल में (d) मेंढक में

39. लकवा या अंगमारी का प्रमुख कारण होता है
(a) पेशियों में कुछ विकार (b) संवेदी तन्त्रिका का पूर्ण विनाश
(c) प्रेरक तन्त्रिका का पूर्ण विनाश (d) इनमें से कोई नहीं

40. रूफिनी के छोर अंग (end organs of Ruffni) ग्राही है
(a) ऊष्मा के (b) शीत के
(d) दाब के (d) स्पर्श के

41. निम्नलिखित में से कौन-सा केन्द्रीय तन्त्रिका तन्त्र को सन्दमित करता है?
(a) ग्लाइसीन (b) GABA
(c) दोनों (a) एवं (b) (d) नॉरएपिनेफ्रीन

42. जीभ का नियन्त्रण किसके द्वारा होता है?
(a) त्रिक तन्त्रिका (b) आननी तन्त्रिका
(c) स्वायत्त तन्त्रिका तन्त्र (d) जिह्वा-ग्रसनी तन्त्रिका

43. मेंढक में कितनी कपालीय तन्त्रिकाएँ (cranial nerves) पाई जाती हैं?
(a) 10 जोड़ी (b) 8 जोड़ी
(c) 11 जोड़ी (d) 12 जोड़ी

44. सबसे बड़ी कपाल तन्त्रिका है
(a) वेगस तन्त्रिका
(b) हाइपोग्लोसल तन्त्रिका
(c) घ्राण तन्त्रिका
(d) जिह्वा ग्रसनी तन्त्रिका

45. डायाफ्राम से सम्बन्धित तन्त्रिका है
(a) वेगस
(b) फ्रेनिक
(c) ट्राइजेमीनल
(d) ग्लोसोफैरिन्जियल

46. शराब का सेवन करने के पश्चात् किसी व्यक्ति के मस्तिष्क का कौन-सा भाग सबसे पहले प्रभावित होता है?
(a) सेरेब्रम (b) सेरेबेलम
(c) पाँस वेरोली (d) मेड्यूला ऑब्लोंगेटा

47. स्तनधारियों की त्वचा के निश्चित भागों में पाई जाने वाली पेसीनियन (pacinion) देहाणु हैं
(a) दर्दग्राही
() नग्न स्पर्शग्राही
(c) ग्रन्थिल प्रकार
(d) एनकैप्सूलेटेड स्पर्शग्राही

48. एण्डोलिम्फ नामक द्रव्य भरा होता है
(a) निडोब्लास्ट्स में (b) नेत्रों के पश्च वेश्म में
(c) अन्त:कर्ण में (d) साइनोवियल गुहा में

49. तन्त्रिका आवेग के संचरण में
(a) Na^+ तन्त्रिकाक्ष द्रव्य (axoplasm) के अन्दर जाता है
(b) Na^+ तन्त्रिकाक्ष द्रव्य के बाहर जाता है
(c) K^+ तन्त्रिकाक्ष द्रव्य के अन्दर जाता है
(d) Ca^{2+} तन्त्रिकाक्ष द्रव्य के अन्दर जाता है

50. स्तनधारियों में अनुकम्पी तन्त्रिकाएँ (sympathetic nerves) निकलती है
(a) थोरेकोलम्बर क्षेत्र से
(b) सैकरल क्षेत्र से
(c) III, VII, IX तथा X कपालीय तन्त्रिकाएँ
(d) उपरोक्त में से कोई नहीं

51. अन्त: कर्ण (internal car) में कॉर्टी के अंग (organ of Corti), जो रोम कोशिका में वहन करते हैं, निम्न में स्थित होते हैं
(a) स्केला टिम्पैनी (b) स्केला मीडिया
(c) स्केला वेस्टीबुली (d) सैक्यूलस

52. पेशी, कन्डरा तथा सन्धियों में पाए जाने वाले ग्राही है
(a) टीलोरिसेप्टर (b) प्रोप्रियोरिसेप्टर
(c) इन्टीरोरिसेप्टर (d) इनमें से कोई नहीं

53. मीसनर के देहाणु (Meissner's corpuscles) स्थित होते हैं
(a) त्वचा में (b) टॉन्सिल्स में
(c) कॉक्लिया में (d) आमाशय की दीवार में

54. ब्रोन्काई क्षेत्र (bronchi region) स्थित होता है
(a) फ्रन्टल लोब पर (b) पेराइटल लोब पर
(c) टेम्पोरल लोब पर (d) ऑक्सीपिटल लोब पर

55. वह पदार्थ , जो प्रेरणा का युग्मानुबन्धन (synapse) पर एक न्यूरॉन से दूसरे न्यूरॉन तक पेशी में संवहन करता है
(a) एसीटिलकोलीन (b) ग्लोब्यूलिन
(c) रेनिन (d) ATP

उत्तरमाला

1. (c)	**2.** (c)	**3.** (a)	**4.** (d)	**5.** (a)	**6.** (d)	**7.** (d)	**8.** (d)	**9.** (a)	**10.** (d)
11. (b)	**12.** (b)	**13.** (a)	**14.** (d)	**15.** (c)	**16.** (a)	**17.** (b)	**18.** (c)	**19.** (a)	**20.** (a)
21. (d)	**22.** (b)	**23.** (c)	**24.** (b)	**25.** (c)	**26.** (a)	**27.** (b)	**28.** (d)	**29.** (b)	**30.** (b)
31. (b)	**32.** (c)	**33.** (d)	**34.** (c)	**35.** (c)	**36.** (d)	**37.** (b)	**38.** (a)	**39.** (c)	**40.** (a)

19

पेशी एवं कंकाल तन्त्र

Muscles and Skeletal System

सजीवों में शरीर के किसी अंग को हिलाना-डुलाना (गति) तथा पोषणीय पूर्ति हेतु स्थान परिवर्तन (गमन) एक प्रमुख अभिलक्षण है। कशेरुकियों में कंकाल तन्त्र तथा कंकाल पेशियाँ संयुक्त रूप से विभिन्न प्रकार की गतियाँ (movements) तथा गमन या प्रचलन (locomotion) के लिए उत्तरदायी हैं।

पेशीय तन्त्र (Muscular System)

कशेरुकियों के शरीर में प्रचलन (locomotion) तथा गति एक विशेष ऊतक द्वारा सम्भव होती है, जिसे **पेशी ऊतक** (muscular tissue) कहते हैं। यह ऊतक कोशिका द्रव्य के दो मूल लक्षणों संकुचनशीलता (contractility) तथा चालकता (conductivity) का प्रदर्शन करता है। पेशियाँ शरीर के कुल भार का अधिकांश भाग बनाती हैं तथा इनकी उत्पत्ति भ्रूण के मीसोडर्म से होती है।

पेशीय ऊतक तीन प्रकार के होते हैं–रेखित (striated), अरेखित (non-striated) एवं हृद् (cardiac)।

1. रेखित पेशियाँ (Striated Muscles)

रेखित पेशियाँ, अस्थियों (bones) से कण्डराओं (tendons) के द्वारा जुड़ी रहती हैं तथा इच्छानुसार हिलाई जा सकती हैं, इसीलिए इन्हें ऐच्छिक (voluntary) या कंकालीय (skeletal) पेशियाँ भी कहते हैं। पेशी तन्तु के चारों ओर दृढ़ किन्तु झिल्ली सदृश सारकोलेमा (sarcolemma) तथा इससे घिरा तरल कोशिका द्रव्य सारकोप्लाज्म (sarcoplasm) होता है। यह बहुकेन्द्रकी (syncytium) होता है।

ऐच्छिक पेशी तन्तु में अनेकों पतले व लम्बे पेशी तन्तुक (myofibrils) समानान्तर पड़े रहते हैं। प्रत्येक पेशीय तन्तुक पर क्रमशः गहरे A तथा हल्के पट्ट होते हैं। I पट्ट के मध्य में एक गहरी Z रेखा उपस्थित होती है। दो Z-डिस्कों के बीच का भाग सारकोमीयर कहलाता है।

सारकोमीयर (sarcomere) पेशीय तन्तु की कार्यात्मक इकाई होती है। मायोफाइब्रिल्स (myofibrils) घने मायोसिन (myosin) तथा पतले एक्टिन (actin) तन्तुओं के बने होते हैं। रेखित पेशियाँ पाद (limbs), जिह्वा (tongue) एवं ग्रासनली (pharynx), आदि में पाई जाती हैं।

2. अरेखित पेशियाँ (Non-striated Muscles)

अरेखित पेशियाँ या सरल पेशियाँ (smooth muscles) हमारी इच्छा के नियन्त्रण में नहीं होती हैं, इसीलिए ये **अनैच्छिक पेशियाँ** (involuntary muscles) कहलाती हैं। अरेखित पेशियाँ पतली, लम्बी, तर्कुरूप तथा तन्तुमय पेशी कोशिकाओं की बनी होती हैं। कोशिकाओं के बीच-बीच में कोशिकाविहीन किन्तु तन्तुमय संयोजी ऊतक पाया जाता है।

प्रत्येक पेशी कोशिका में एक बड़ा केन्द्रक तथा सारकोप्लाज्म (sarcoplasm) सारकोलेमा (sarcolemma) से घिरे होते हैं। अरेखित पेशी के सारकोप्लाज्म में एक्टोमायोसिन (actomyocin) नामक प्रोटीन के बने पतले, लम्बे, समानान्तर पेशी तन्तुक या मायोफाइब्रिल्स भरे रहते हैं।

कार्यात्मक रूप से अरेखित पेशियाँ एकल इकाई तथा बहु इकाई दो प्रकार की होती हैं। एकल इकाई सरल पेशियाँ (single unit smooth muscles), मूत्राशय (urinary bladder) तथा जठरान्त्र मार्ग (gastrointestinal tract) में उपस्थित होती हैं।

3. हृद् पेशियाँ (Cardiac Muscles)

हृद पेशियाँ अपवर्जनीय रूप से हृदय की दीवारों में पाई जाती हैं। इनमें **अन्तर्विष्ट डिम्ब** (intercalated discs) दो तन्तुओं के सन्धि स्थानों पर उपस्थित होती है। हृद् पेशियाँ अपनी उत्तेजक लहर (excitation waves) उत्पन्न करती हैं, जिसे हृदय स्पन्दन (hearbeat) कहते हैं। अन्तर्विष्ट डिम्ब, उत्तेजक लहरों के लिए अभिवर्धक (booster) का कार्य करती हैं।

कंकाल तन्त्र (Skeletal System)

शरीर के बाहर या भीतर उपस्थित कोई भी कड़ा भाग कंकाल कहलाता है। शरीर की बाह्य सतह पर उपस्थित कंकाल को **बाह्य कंकाल** (exoskeleton) कहते हैं। बाल, नाखून, पंजे, खुर, सींग, आदि स्तनधारियों का बाह्य कंकाल बनाते हैं। ये किरेटिन प्रोटीन के अजीवित भाग होते हैं। अस्थि तथा उपास्थि (cartilage) अन्तःकंकाल (endoskeleton) बनाते हैं। अन्तः कंकाल जीवित भाग होता है, इसका विकास भ्रूणीय मीजोडर्म से होता है।

कंकाल का अध्ययन **अस्थि विज्ञान** (Osteology), जबकि उपास्थियों का अध्ययन **उपास्थि विज्ञान** (Chondrology) कहलाता है।

वयस्क मनुष्य के अन्त:कंकाल में कुल 206 अस्थियाँ, जबकि नवजात शिशु में 300 अस्थियाँ होती हैं।

फीमर सबसे लम्बी तथा स्टेपीज सबसे **छोटी** अस्थि होती है तथा टिबिया सबसे **चमकीली** अस्थि होती है। टिबिया-फिबुला मेंढक की सबसे लम्बी अस्थि होती है। फनी अस्थि कुहनी के बीच के झुकाव में पाई जाने वाली अस्थि है। मछलियों में स्टर्नम अनुपस्थित होता है। कशेरुकियों में **स्पॉन्डिलाइटिस शोथ** पाया जाता है। सायनोवाइटिस एक शोथ (inflammation) है, जो सन्धियों की सूजन को उत्पन्न करता है।

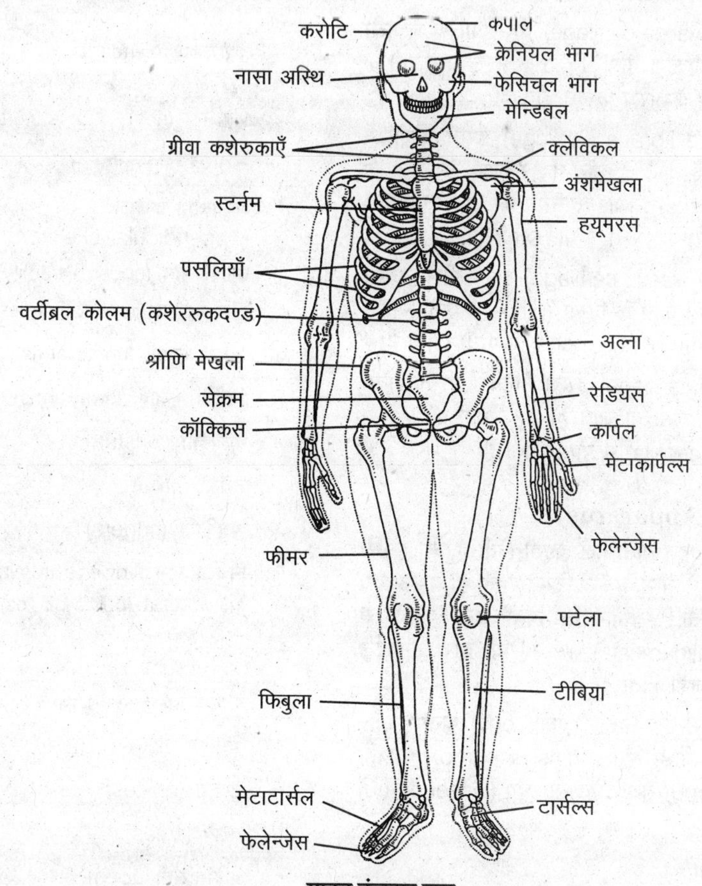

मानव कंकाल तन्त्र

अस्थि एवं उपास्थि (Bone and Cartilage)

अस्थि सबसे कठोर ऊतक होता है। यह मैट्रिक्स ऑस्टियॉसाइट्स तथा पेरिऑस्टियम से मिलकर बनी होती है। अस्थि के मैट्रिक्स में लगभग 35% कार्बनिक पदार्थ (मुख्य अवयव ओसीन प्रोटीन, जो उबालने पर जिलेटिन में परिवर्तित हो जाती है) तथा 65% अकार्बनिक लवण होते हैं।

अस्थि का अकार्बनिक भाग कैल्शियम तथा मैग्नीशियम के फॉस्फेट युक्त हाइड्रोक्सीएपेटाइट नामक यौगिक होता है। अस्थि की कोशिकाएँ **ओस्टियॉसाइट्स** कहलाती हैं, इनमें परिपक्वन के बाद विभाजन नहीं होता है। पेरिऑस्टियम (periosteum), अस्थि के चारों ओर कोलेजन तन्तु तथा रुधिर वाहिनियों युक्त एक तन्तुमय संयोजी ऊतक से बना आवरण होता है।

उपास्थि में तीन घटक मैट्रिक्स अर्थात **कॉन्ड्रिन** (chondrin), जो कॉन्ड्रोम्यूकोप्रोटीन (chondromucoprotein) का बना होता है, कॉन्ड्रोसाइट्स (chondrocytes) नामक कोशिकाएँ तथा पेरीकॉन्ड्रियम (perichondrium) नामक कला होती है। शिश्नास्थि (os-penis) कृन्तकों के शिश्न में पाई जाने वाली अस्थि **फाइब्रो उपास्थि** (fibro-cartilage) सबसे शक्तिशाली उपास्थि है।

अस्थियों के प्रकार (Types of Bones)

(i) **उपास्थि अस्थियाँ** (cartilaginous bones) भ्रूण की उपास्थि वयस्क में अस्थि द्वारा विस्थापित (replace) हो जाती है। शरीर की अधिकांश अस्थियाँ इसी प्रकार की होती है। उदाहरण–पाद अस्थियाँ।

(ii) **कला अस्थियाँ** (Investing bones) ये अस्थियाँ बिना उपास्थि के सीधे ही बनती हैं। उदाहरण–अधिकंश कपाल तथा चेहरे की अस्थियाँ।

(iii) **कैल्सीकृत अस्थियाँ** (Calcified bones) प्रारम्भिक उपास्थि में कैल्शियम जम जाने से बनती है। उदाहरण–मेंढक की सुप्रास्कैपुला, प्यूबिक, आदि।

(iv) **सीसेमॉइड अस्थियाँ** (Sesamoid bones) कण्डरा (tendon) के अस्थिभवन से बनती है। उदाहरण–पटेला, पिसीफार्म।

(v) **ठोस अस्थियाँ** (compact bones) मैट्रिक्स संकेन्द्रित लैमेला के रूप में होती है तथा हैवर्सियन नलिकाएँ(Haversian canal) उपस्थित होता है।
उदाहरण–अग्रबाहु व पश्चाद की लम्बी अस्थियाँ।

(vi) **छिद्रित अस्थियाँ** (spongy bones) हैवर्सियन तन्त्र तथा लैमेला नहीं पाई जाती। इनमें RBC एवं WBC का निर्माण होता है।

उदाहरण–कशेरुकियों की अनियमित अस्थियाँ तथा लम्बी अस्थियों के छोर।

(vii) **डिपलोइक अस्थियाँ** (diploic bones) छिद्रित अस्थि के ऊपर ठोस अस्थि की एक परत होती हैं। उदाहरण–अधिकांश करोटि अस्थियाँ।

उपास्थियों के प्रकार (Types of Cartilages)

(i) **काचाभ या प्रभासी उपास्थि** (Hyaline cartilage) यह उपास्थि लचीली होती है। स्टर्नम लैरिंक्स का अधिकांश भाग ट्रैकिआ के छल्ले पसलियों के सिरे तथा हॉयड (hyoid) इसी उपास्थि के बने होते हैं।

(ii) **श्वेत रेशेदार उपास्थि** (White fibrous cartilage) इसमें कोलेजन तन्तुओं के लहरदार गुच्छे पाएँ जाते है, यह कशेरुकाओं के बीच की गद्दियों (intervertebral discs) तथा स्तनियों को श्रोणी मेखला (pelvic girdle) की प्यूबिक सिम्फाइसिस में पाई जाती है।

(iii) **पीत लचीली उपास्थि** (yellow elastic cartilage) इसमें पीले लचीले इलास्टिन रेशें पाये जाते हैं। यह कान के पिन्ना (pinna), एपीग्लॉटिस (epiglottis), नाक का सिरा (tip of nose) आदि में पायी जाती है।

(iv) **कैल्सीभूत उपास्थि** (calcified cartilage) इससे मैट्रिक्स में कैल्शियम लवण जैसे–कैल्शियम कार्बेनेट जमा हो जाते हैं। यह मेंढक की प्यूबिस (pubis) सुप्रास्कैला (suprascapula) में पायी जाती है।

कंटिका उपकरण (Hyoid Apparatus)

यह 'U' आकार की (U-shaped) बहुत गतिशील हड्डी होती है, जो हमारी गर्दन में मैन्डिबल तथा कन्ठ के बीच में जीभ के नीचे स्थित रहती है। यह अक्षीय कंकाल की एक अद्वितीय हड्डी होती है, क्योंकि यह किसी अन्य हड्डी से सन्धित नहीं होती केवल स्नायुओं (ligaments) तथा पेशियों द्वारा टेम्पोरल हड्डियां के स्टाइलॉएड प्रवधों से जुडी होती है।

यह नीभ को सहारा देती है हॉयड में एक क्षैतिज काय (body) होता है और इससे दोनों ओर निकले एक-एक जोडी शृंग (horns or cornu) होते हैं, जिनमें एक बडा शृंग (greater cornu) तथा छोटा-सा शृंग (lesser cornu) होते है।

सन्धियाँ (Joints)

दो या अधिक अस्थियों के बीच जोड़ के स्थान को सन्धि (joint) कहते है। सन्धियों के अध्ययन को सन्धि विज्ञान या ऑर्थोलॉजी (Orthology) कहते हैं। सन्धियाँ तीन प्रकार की होती हैं

अचल सन्धियाँ (Immovable Joints)

इनमें साइनोवियल सम्पुट (synovial capsule) नहीं होता। करोटि की विभिन्न हड्डियों के बीच टढ़ी-मढ़ी सीवनों (sutures) जैसी सन्धियाँ होती हैं, जो हिल-डुल नहीं सकती स्फिनडायलेसिस (sphindylasis) अचल सन्धि में एक अस्थि की दरार में फिट हो जाती है।

उदाहरण–वोमर (vomer) तथा एथमॉयड अस्थि (ethamoid bone) के बीच का अस्थि जोडा गोमफोसस (gomphoses) अचल सन्धि में एक अस्थि का उभार दूसरी अस्थि की गुहा में फिट हो जाता है। उदाहरण–ऊपरी तथा निचले जबडे में दाँतों की फिटिंग।

अल्प चल सन्धियाँ (Slightly Movable Joints)

इनमें साइनोवियल सम्पुट नहीं होता सन्धि स्थानों पर स्नायुयुक्त, तन्तुयुक्त अथवा उपास्थिमय ऊतक दोनों हड्डियों को जोडने का काम करता है। श्रोणि मेखला की प्यूबिस हड्डियों के बीच का जोड श्रोणि सिम्फाइसिस (pubic symphysis) भी स्नायु का बना ऐसा ही जोड़ होता है।

मनुष्य के अन्तःकंकाल की अस्थियाँ
(Bones of human endoskeleton)

अस्थियाँ	संख्या
1. **अक्षीय कंकाल** (Axial skeleton)	कुल 80 अस्थियाँ होती हैं
करोटि (skull)	29 (कपाल 8, चेहरा 14, कंठिका 01, कर्ण अस्थिकाएँ 06)
कशेरुकाएँ (vertebrae)	26 (सेक्रमी 01, अनुत्रिक 01, ग्रीवा 07, वक्षीय 12 तथा कटीय 05)
पसलियाँ (ribs)	24 (प्रत्येक तरफ 12)
उरोस्थि (sternum)	01
2. **अनुबन्धीय कंकाल** (Appendicular skeleton)	कुल अस्थियाँ 126 होती हैं
(i) **ऊपरी भाग** (upper extremity)	कुल अस्थियाँ 64 होती हैं
अंश मेखला (pectoral girdles)	04 (प्रत्येक अंश मेखला में 02)
ऊपरी भुजाएँ (upper arms)	02 (ह्यूमरस)
निचली भुजाएँ (lower arms)	04 (रेडियो अल्ना)
कलाईयाँ (wrists)	16 (कार्पल्स)
हथेली (palm)	10 (मेटाकार्पल्स)
अंगुलियाँ (fingers)	28 (फेलेन्जेस)
(ii) **निचला भाग** (Lower extremity)	कुल अस्थियाँ 62 होती हैं
श्रोणि मेखला (pelvic girdles)	02 (प्रत्येक श्रोणि मेखला में 01 अस्थि)
अरू (thigh)	02 (फीमर)
जानुफलक (knee cap)	02 (पटेला)
अधःपाद (lower leg)	02 (टिबिया फिबुला)
टखना (ankles)	14 (टारसल्स)
तलवे (soles)	10 (मेटाटार्सल्स)
पादांगुलियाँ (toes)	28 (फेलेन्जेस)

पूर्णरुपेण चल सन्धियाँ (Freely Movable Joints)

सन्धि पर दो अस्थियों के सिरे आसानी से हिल-डुल सकते हैं। दो अस्थियों की जुड़ने वाली सतहों पर काचाभ उपास्थि (hyaline cartilage) होती है, जिस पर साइनोवियल कला (synovial membrane) ढकी रहती है। पूरी सन्धि साइनोवियल सम्पुट (synovial capsule) से ढकी रहती है तथा अस्थियों के बीच घर्षण नहीं होता।

सन्धियों में हड्डियों के परस्पर जुड़ने वाले स्थानों की आकृतियों के अनुसार पूर्णरुपेण चल सन्धियाँ पाँच प्रकार की होती हैं

(i) **कन्दुक-खल्लिका सन्धियाँ** (Ball and socket joints) ऐसी सन्धि में एक हड्डी का गेंद या कन्दुक (ball) जैसा गोल उभरा सिरा दूसरी के एक प्यालेनुमा गड्ढे या खल्लिका (cavity or socket) में फिट होता है। उभरे सिरे वाली हड्डी चारों ओर घूम सकती है। मेखलाओं के साथ पादों की सन्धियाँ ऐसी ही होती हैं।

(ii) **कब्जा सन्धियाँ** (Hinge joints) ऐसी सन्धि में एक हड्डी के सिरे का उभार दूसरी के गड्ढे में ऐसे फिट होता है, कि उभरे सिरे वाली हड्डी दरवाजे की भाँति केवल एक ही दिशा में पूरी मुड़ सकती है। घुटने तथा अंगुलियों के पोरों पर ऐसी सन्धियाँ होती हैं।

(iii) **खूँटीदार सन्धियाँ** (Pivotal joints) ऐसी सन्धि में एक हड्डी धुरी की भाँति स्थिर रहती है तथा दूसरी अपने गड्ढे द्वारा इसके ऊपर फिट होकर, इधर-उधर गोलाई में घूमती है। दूसरी कशेरुका के ओडोन्टॉएड प्रवर्ध या डेन्स (odontoid process or dens) के ऊपर करोटि को धारण किए हुए एटलस कशेरुका की ऐसी ही सन्धि होती है।

(iv) **विसर्पी सन्धियाँ** (Gliding joints) ऐसी सन्धि में सन्धि-स्थान पर हड्डियाँ एक-दूसरी पर आगे-पीछे या इधर-उधर फिसल सकती हैं। कशेरुकाओं के सन्धि प्रवर्धों (zygapophyses) के बीच, जंघा की टिबिया-फिबुला तथा गुल्फ (टखने) की हड्डियों के बीच तथा प्रबाहु की रेडियो-अल्ना और कलाई की हड्डियों के बीच ऐसी ही सन्धियाँ होती हैं।

(v) **सैडल सन्धियाँ** (Saddle joints) यह कन्दुक-खल्लिका सन्धि जैसी होती है, लेकिन इसमें बाल (ball) और सॉकेट (socket) कम विकसित होते हैं। अतः बाल वाली हड्डी चारों ओर अच्छी तरह नहीं घूमती। अंगूठे की मेटाकार्पल और कार्पल के बीच ऐसी ही सन्धि होती है। इसी कारण अंगूठा अन्य अंगुलियों की अपेक्षा अधिक इधर-उधर घुमाया जा सकता है।

अस्थियों के कुछ विकार (Some Disorders of Bones)

1. अस्थि भंग (Fracture)

हड्डी टूट जाने को अस्थि भंग कहते हैं। अस्थि भंग निम्न प्रकार का होता है

(i) **साधारण हड्डी टूटना** (Simple fracture) अस्थि टूटकर दो भागों में बँट जाती है।

(ii) **ग्रीन स्टिक फ्रैक्चर** (Green stick fracture) अस्थि में एक दरार आ जाती है।

(iii) **इवलशन फ्रैक्चर** (Evulsion fracture) अस्थि का एक कोना टूट जाता है, किन्तु स्नायु की सहायता से अस्थि से ही जुड़ा रहता है।

(iv) **संयुक्त हड्डी टूटना** (Compound fracture) जब अस्थि कई टुकड़ों में टूट जाती है।

2. सन्धिभंग (Dislocation)

अस्थियाँ स्नायु टूटने से अपने स्थान से खिसक जाती हैं; जैसे–स्नायु टूट जाने से एक अस्थि का कन्दुक-खल्लिका से बाहर निकल सकती है।

3. स्लिप डिस्क (Slip Disc)

जब दो कशेरुकियों के बीच की अन्तरा-कशेरुक गद्दी खिसक जाती है या क्षतिग्रस्त हो जाती है।

4. सन्धि शोथ या गठिया (Arthritis)

सन्धि के सूज जाने व दर्द को गठियाँ कहते हैं।

यह तीन प्रकार का होता है

(i) **रूमेटी सन्धि शोथ** (Rheumatoid arthritis) सायनोवियल कला में सूजन आ जाती है। ऐसा रूमेटी कारक (rheumatism factor), जो एक प्रकार का इम्यूनोग्लोबिन IgM है, की उपस्थिति के कारण होता है।

(ii) **अस्थि सन्धि शोथ** (Osteoarthritis) आर्टिकुलर उपास्थि का ह्रास हो जाता है। विशेष रूप से घुटना, हाथ, कोहनी तथा मेरुदण्ड प्रभावित होते हैं।

(iii) **गाउटी सन्धि शोथ** (Gouty arthritis) सन्धि के स्थान पर मोनोसोडियम लवणों का जमाव हो जाता है। जिस कारण गति करने पर पीड़ा होती है। गाउट (gout) या गाउटी सन्धि शोथ अधिक यूरिक अम्ल उत्पादन या इसका उचित उत्सर्जन न हो पाने के कारण होता है।

5. अस्थि सुषिरता (Osteoporosis)

थायरोकैल्सिटोनिन तथा पैराथॉर्मोन का उचित सन्तुलन न होने के कारण अस्थि सुषिरता होती है।

वृद्ध पुरुष तथा मासिक धर्म बन्द होने के पश्चात् स्त्रियाँ इस रोग के प्रति अधिक संवेदनशील होती हैं।

अभ्यास प्रश्नावली

1. शरीर में पसलियों (ribs) की संख्या होती है
(a) 36 (b) 24
(c) 12 (d) 10

2. कन्दुक-खल्लिका सन्धि देखी जा सकती है
(a) कलाई में (b) अँगुलियों में
(c) गर्दन में (d) कन्धे में

3. उपास्थि का निर्माण करने वाली कोशिकाएँ होती हैं
(a) ऑस्टियोब्लास्ट्स (b) कॉण्ड्रियोसाइट्स
(c) फाइब्रोब्लास्ट्स (d) एपिथीलियम

4. स्तनी के शरीर के किस भाग में एक जोड़ी अस्थियाँ होती हैं?
(a) बाह्य कर्ण में (b) निचले जबड़े में
(c) श्रोणि मेखला में (d) माठी बन्ध में

5. स्तनियों में ग्रीवा कशेरुकाओं की संख्या होती है
(a) 5 (b) 6
(c) 7 (d) 11

6. अंश उलूखल (glenoid cavity) पाई जाती है
(a) श्रोणि मेखला में (b) अंश मेखला में
(c) करोटि में (d) बाह्य अस्थि में

7. पटेला सम्बन्धित है
(a) कोहनी से (b) घुटने से
(c) ग्रीवा से (d) कलाई से

8. पेशी संकुचन (muscle contraction) में
(a) ATP टूटता है (b) ATP निर्मित होता है
(c) GTP टूटता है (d) इनमें से कोई नहीं

9. स्नायु तथा कण्डरा निर्मित होती है
(a) कंकाल ऊतक से (b) उपकला ऊतक से
(c) पेशी ऊतक से (d) संयोजी ऊतक से

10. कण्डराओं का प्रमुख कार्य है
(a) दो अस्थियों को जोड़ना (b) दो पेशियों को जोड़ना
(c) पेशियों को अस्थियों से जोड़ना (d) पेशियों को तन्त्रिकाओं से जोड़ना

11. हैवर्सियन नलिकाएँ (Haversian canal) पाई जाती हैं
(a) पक्षियों की हड्डियों में (b) स्तनधारियों की हड्डियों में
(c) मेंढक की हड्डियों में (d) उपास्थियों में

12. वोल्कमैन नलिकाएँ पाई जाती हैं
(a) पक्षियों की हड्डियों में (b) उभयचरों की हड्डियों में
(c) स्तनियों की हड्डियों में (d) स्तनियों की उपास्थि में

13. बाइसेप्स (biceps) एवं ट्राइसेप्स (triceps) घेरे रहती है
(a) रेडियस को (b) अल्ना को
(c) ह्यूमरस को (d) फीमर को

14. लिगामेन्ट (ligament) का मुख्य कार्य है
(a) दो अस्थियों को जोड़ना
(b) माँसपेशियों को जोड़ना
(c) माँसपेशियों को अस्थियों से जोड़ना
(d) सीबेशियस ग्रन्थियों को जोड़ना

15. ह्यूमरस एवं रेडियो-अल्ना के मध्य की सन्धि है
(a) विसर्पी सन्धि (b) खूंटीदार सन्धि
(c) कब्जा सन्धि (d) कन्दुक-खल्लिका सन्धि

16. सार्कोलेमा (sarcolema) झिल्ली पाई जाती है?
(a) तन्त्रिका तन्तु में (b) हृद पेशियों में
(c) कंकालीय पेशी तन्तु में (d) हृदय में

17. अस्थि में कौन-सी प्रोटीन पाई जाती है?
(a) कॉन्ड्रिन (b) ओसीन
(c) स्कलेरोप्रोटीन (d) ग्लोब्यूलिन

18. सबसे कम समय के लिए पेशीय संकुचन निम्न में से किसमें होता है?
(a) हृदय (b) जबड़े
(c) आंत्र (d) नेत्र पलक

19. मनुष्य में कितनी कशेरुकाएँ होती हैं?
(a) 30 (b) 31
(c) 32 (d) 33

20. मनुष्य की गर्दन में कौन-सी सन्धि पाई जाती है?
(a) कोणीय (b) पाइवोट
(c) कब्जा (d) फाइब्रस

21. वह अम्ल कौन-सा होता है, जोकि पेशियों में संग्रहित पाया जाता है?
(a) सिट्रिक अम्ल
(b) आइसोसिट्रिक अम्ल
(c) एबसिसिक अम्ल
(d) लैक्टिक अम्ल

22. फीमर के सिर की सन्धि के लिए कप के समान गुहा का क्या नाम है?
(a) ग्लीनॉइड गुहा (b) ऐसीटाबुलम
(c) ओबट्यूरेटर (d) सिग्मॉइड नोच

23. वह कशेरुका, जिसमें सेन्ट्रम अनुपस्थित होता है
(a) सरवाइकल (b) एटलस
(c) एक्सिस (d) वक्षीय

24. खरगोश में कशेरुकाओं की कुल संख्या होती है
(a) 30 (b) 33
(c) 44 (d) 46

25. निम्न में से कौन-सी मेम्ब्रेनस अस्थि है?
(a) फ्रन्टोपेराइटल (b) स्फीन्थमॉइड
(c) प्रोओटिक (d) एक्सोऑक्सीपीटल

26. कपाल के आधार पर वह कौन-सा छिद्र है, जिससे मेरूरज्जु निकलती है?
(a) मैग्नम का छिद्र (b) मोनरो का छिद्र
(c) ओबट्यूरेटर छिद्र (d) मेगेन्डी का छिद्र

27. चेहरे की कितनी अस्थियाँ होती है?
(a) 12 (b) 30
(c) 40 (d) 14

28. सैला टर्सिका क्या है?
(a) वृक्क का आवरण
(b) वृषण का आवरण
(c) मस्तिष्क में गड्ढा
(d) कपाल में गड्ढा, जिसमें पिट्यूटरी स्थित होती है

29. पेशीय थकान निम्न से किसके एकत्रित होने के कारण होती है?
(a) पाइरुविक अम्ल
(b) ATP
(c) लैक्टिक अम्ल
(d) कार्बन डाइऑक्साइड

30. मनुष्य के शरीर में पेशियों की संख्या कितनी होती है?
(a) 409 (b) 639
(c) 439 (d) 539

31. मेंढक में कौन-सी अस्थि सबसे बड़ी होती है?
(a) फीमर (b) ह्यूमरस
(c) टिबिया-फिबुला (d) रेडियस-अल्ना

32. कभी-कभी स्नायु (ligament) अधिक खिंच जाता है, यह कहलाता है
(a) डिस्लोकेशन (b) फ्रेक्चर
(c) स्प्रेन (d) टेन्शन

33. स्तनियों में जाइगोमेटिक चाप बनता है
(a) मैक्सिला, प्रीमैक्सिला व सक्वामोजल से
(b) पेरीओटिक, जुगल व पेलेटाइन से
(c) मैक्सिला, स्क्वामोजल व जुगल से
(d) जुगल, मैक्सिला व पेरीओटिक से

34. मनुष्य की कौन-सी अस्थि प्रचलन से सम्बन्धि होती है?
(a) अल्ना (b) फीमर
(c) ह्यूमरस (d) इनमें से कोई नहीं

35. मनुष्य की क्रेनियम बनी होती है
(a) 8 अस्थियों की
(b) 12 अस्थियों की
(c) 10 अस्थियों की
(d) 16 अस्थियों की

36. फीमर तथा श्रोणि मेखला की सन्धि उदाहरण है
(a) ग्लाइडिंग सन्धि का
(b) पाइवोट सन्धि का
(c) हिन्ज सन्धि का
(d) बाल एवं सॉकेट सन्धि का

37. जंघा तथा निचले पाद के बीच घुटने की सन्धि कहलाती है
(a) हिन्ज सन्धि (b) ग्लाइडिंग सन्धि
(c) पाइवोट सन्धि (d) स्थिर सन्धि

38. इण्टरकोस्टल पेशियाँ पाई जाती हैं
(a) उंगलियों में
(b) वक्षीय पसलियों में
(c) फीमर में
(d) रेडियरा-अल्ना में

39. ह्यूमरस का सिर जब ग्लीनॉइड गुहा (glenoid cavity) में फिट हो जाता है, तब सन्धि होती है
(a) बाल एवं सॉकेट
(b) हिन्ज सन्धि
(c) पाइवोट सन्धि
(d) सैडल सन्धि

40. आयन्स का कौन-सा सेट पेशी संकुचन की रासायनिक घटना के लिए आवश्यक होता है

(a) Na^+ तथा K^+ आयन्स
(b) Ca^{2+} तथा Mg^{2+} आयन्स
(c) Na^+ तथा Ca^{2+} आयन्स
(d) Na^+ तथा Mg^{2+} आयन्स

41. मानव में अक्षीय कंकाल बना होता है

(a) 80 हड्डियों का (b) 100 हड्डियों का
(c) 103 हड्डियों का (d) 106 हड्डियों का

42. पेशीय संकुचन के दौरान

(a) I-क्षेत्र की लम्बाई घटेगी (b) A-क्षेत्र की लम्बाई घटेगी
(c) Z-क्षेत्र की लम्बाई घटेगी (d) H-क्षेत्र की लम्बाई घटेगी

43. सिग्मॉइड खाँच उपस्थित होती है

(a) फीमर में (b) टिबिया-फिबुला में
(c) ह्यूमरस में (d) अल्ना में

44. स्फीन्थमॉइड अस्थि कहाँ पाई जाती है?

(a) पश्चपाद में (b) निचले जबड़े में
(c) श्रोणि मेखला में (d) खोपड़ी में

45. कोरी का चक्र (Cori's cycle) पाया जाता है

(a) तन्त्रिका में
(b) यकृत तथा पेशियों में
(c) यकृत में
(d) पेशियों में

46. कौन-सी पेशी अग्र भुजा में हथेली को नीचे की ओर घुमाती है?

(a) प्रोनेटर (b) सुपीनेटर
(c) एडक्टर (d) एबडक्टर

47. शरीर की सबसे लम्बी अस्थि है

(a) टिबिया (b) फीमर
(c) ह्यूमरस (d) अल्ना

➔ उत्तरमाला

1. (b)	**2.** (d)	**3.** (b)	**4.** (b)	**5.** (b)	**6.** (b)	**7.** (b)	**8.** (a)	**9.** (d)	**10.** (c)
11. (b)	**12.** (c)	**13.** (c)	**14.** (a)	**15.** (c)	**16.** (c)	**17.** (b)	**18.** (d)	**19.** (d)	**20.** (b)
21. (d)	**22.** (b)	**23.** (b)	**24.** (d)	**25.** (a)	**26.** (a)	**27.** (d)	**28.** (d)	**29.** (c)	**30.** (b)
31. (c)	**32.** (c)	**33.** (c)	**34.** (b)	**35.** (a)	**36.** (d)	**37.** (a)	**38.** (b)	**39.** (a)	**40.** (b)
41. (a)	**42.** (a)	**43.** (d)	**44.** (d)	**45.** (b)	**46.** (a)	**47.** (b)			

20

प्रोटीन एवं इसका संघटन
Protein and Its Composition

अमीनो अम्ल (Amino Acids)

अमीनो अम्ल C, H, O तथा N (कभी-कभी-S) युक्त कार्बनिक अम्ल है। ये प्रोटीन एवं एन्जाइम के घटक हैं। एक अमीनो अम्ल अणु में कम-से-कम एक अमीनो समूह
(वर्ग—NH_2) तथा एक कार्बोक्सिलिक वर्ग (—COOH) विद्यमान होते हैं। अमीनो अम्लों का सामान्य सूत्र R—$CHNH_2COOH$ होता है। अमीनो अम्ल उभयधर्मी (amphoteric) होते हैं। एक α अमीनो अम्ल के सामान्य संरचना सूत्र को निम्न प्रकार दर्शाया जा सकता है

```
        H      α–कार्बन परमाणु
        |    /
NH2—C—COOH
        |
        R (पार्श्व शृंखला)
```

पार्श्व शृंखला (side chain) के कारण अमीनो अम्ल आपस में एक-दूसरे से भिन्न होते हैं अर्थात् भिन्न-भिन्न पार्श्व शृंखला होने पर भिन्न-भिन्न अमीनो अम्ल संम्भव होते हैं। इनकी संख्या 20 होती है। पार्श्व शृंखला ध्रुवीय (ग्लूटैमिक एवं सेरीन) एवं अध्रुवीय (एलेनाइन) होती है।

अमीनो अम्ल का वर्गीकरण (Classification of Amino Acids)

अमीनो अम्लों को प्रोटीन का निर्माण करने, इनकी संरचना तथा सक्रियता तथा इनका प्राणी, मानव शरीर द्वारा संश्लेषण के आधार वर्गीकृत किया जा सकता है।

प्रोटीन का निर्माण करने वाले अमीनो अम्ल लेवोरोटेटरी (levorotatory) होते हैं, जबकि कुछ अमीनो अम्ल, जो प्रोटीन नहीं बनाते डेक्सट्रोरोटेटरी (dextrorotatory) होते हैं। सरलतम α-अमीनो अम्ल अमीनो एसिटिक अम्ल है। इस सरल तथा अनावश्यक अमीनो अम्ल को **ग्लाइसिन** कहते हैं। जीवन की उत्पत्ति के समय एवं सर्वप्रथम यही अमीनो अम्ल निर्मित हुआ था।

ग्लाइसीन, एलानीन या ऐलेनाइन सीरिन, सिस्टीन, एस्पार्टिक अम्ल, एस्परजीन, ग्लूटामीन, मिथिओनीन, थ्रिओनीन, वेलीन, ल्यूसीन, आइसोल्यूसीन, हिस्टीडीन आर्जिनीन प्रोलीन, ट्रिप्टोफान, 4-हाइड्रोक्सीप्रोलीन, टायरोसीन तथा फिनायल-एलीनीन प्रोटीन निर्मित करते है अर्थात् प्रोटीन में पाए जाते हैं,

संरचना एवं सक्रियता के आधार पर अमीनो अम्ल उदासीन (ग्लाइसिन, ल्यूसिन, एलेनिन एवं वैलिन), क्षारीय (आर्जिनीन एवं लायसिन), अम्लीय (एस्पार्टिक एवं ग्लूटैमिक अमीनो अम्ल), सल्फर सहित (मेथायोनीन सिस्टीन), एल्कोहॉलिक (सेरीन एवं थ्रियोनिन), एरोमेटिक (ट्रिप्टोफेन एवं टायरोसीन), हेटेरोसाइक्लिक (हिस्टीडीन, प्रोलीन एवं हाइड्रोक्सीप्रोलीन) प्रकार के होते हैं।

मानव तथा अन्य स्तनधारियों द्वारा संश्लेषण के आधार पर अमीनो अम्लों को आवश्यक (essential) तथा अनावश्यक (non- essential) अमीनो अम्लों में वर्गीकृत किया जाता है।

मनुष्य तथा अन्य स्तनधारियों की कोशिकाओं द्वारा निर्मित नहीं किये जाने वाले अमीनो अम्ल, आवश्यक अमीनो अम्लों की श्रेणी में आते हैं। ऐसे अमीनो अम्ल, जिनका संश्लेषण सभी स्तनि वर्गों के शरीर में किया जा सकता है, अनावश्यक अमीनो अम्लों की श्रेणी में आते हैं। मानव (वयस्क) में आवश्यक (अनिवार्य) अमीनो अम्लों की संख्या 8, जबकि बच्चों में (18 वर्ष से कम) इनकी संख्या 10 होती है।

ल्यूसिन, आइसोल्यूसिन, लाइसिन, वैलिन, ट्रिप्टोफेन, फिनाइल ऐलेनाइन, मेथियोनीन, थ्रिओनिन, आर्जिनीन एवं हिस्टीडीन (बच्चों में) आवश्यक अमीनो अम्ल हैं। ट्रिप्टोफेन सबसे जटिल तथा अति आवश्यक अमीनो अम्ल है, इससे ऑक्सिन (IAA) तथा निकोटिनामाइड (विटामिन-B_5) बनता है। टायरोसिन अमीनो अम्ल दो हॉर्मोन थायरॉक्सिन व एड्रिनेलिन एवं त्वचा वर्णक मेलेनिन बनाता है। हिस्टीडीन अमीनो अम्ल हिस्टामिन बनाता है।

प्रोटीन (Proteins)

'प्रोटीन' शब्द की उत्पत्ति *प्रोटिअस* (*proteios*) से हुई, जिसका शाब्दिक अर्थ आध/आदि प्रथम होता है। प्रोटीन शब्द का प्रयोग सर्वप्रथम बर्जीलियस ने किया। प्रोटीन एक जटिल कार्बनिक यौगिक है एवं अमीनो अम्लों के बहुलक पदार्थ है, इनमें पेप्टाइड बन्ध (—CO—NH) उपस्थित होता है।

एक α-अमीनो अम्ल के COOH समूह से OH दूसरे अमीनो अम्ल अणु के NH_2 समूह से H का निष्कासन जल के अणु के रूप में होता है, तब प्राप्त यौगिक पेप्टाइड कहलाता है। α-अमीनो अम्लों के संघनन के आधार पर पेप्टाइड को डाइपेप्टाइड (2 अमीनो अम्ल), ट्राइपेप्टाइड (3 अमीनो अम्ल के संघनन) एवं पॉलीपेप्टाइड (तीन से अधिक या अनेक अम्ल) में वर्गीकृत किया जाता है। जैव शरीर में विशेष भूमिका निभाने वाला (पॉलीपेप्टाइड) विशेष कार्य करने वाला प्रोटीन कहा जाता है।

प्रोटीन की संरचना (Structure of Proteins)

ऐसी प्रोटीन, जिसमें सभी आवश्यक अमीनो अम्ल पाए जाते हैं, प्रथम वर्गीय या पूर्ण प्रोटीन कहलाती हैं; जैसे—मांस, दूध, अण्डा एवं मछली। पादपों में केवल सोयाबीन में पाई जाने वाली प्रोटीन लगभग पूर्ण प्रोटीन हैं। वह प्रोटीन, जिसमें एक या दो या कुछ आवश्यक अमीनो अम्ल अनुपस्थित होते हैं, अपूर्ण प्रोटीन कहलाती हैं। उदाहरण—पादप प्रोटीन।

प्रोटीन के अमीनो अम्लों का क्रम सर्वप्रथम फ्रैडरिक सैंगर द्वारा निर्धारित किया गया। प्रोटीन में अमीनो अम्ल की एक या अधिक शृंखलाएँ होती है। इनके आधार पर प्रोटीन की संरचना निम्न चार प्रकार की होती है

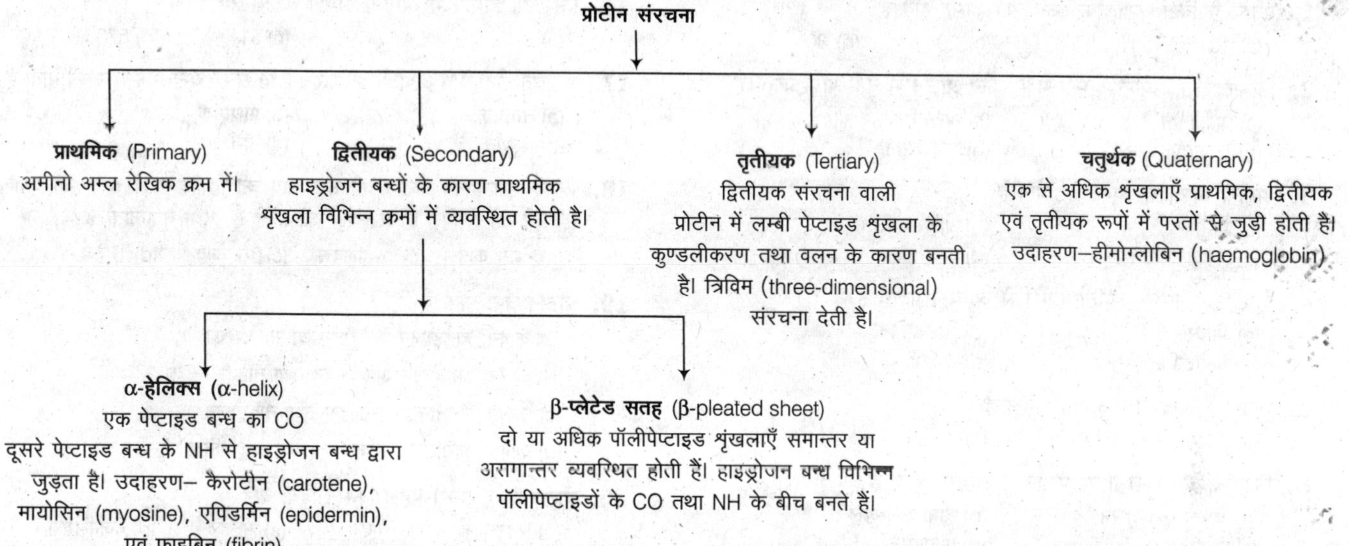

प्रोटीन का वर्गीकरण (Classification of Proteins)

प्रोटीन का वर्गीकरण निम्न प्रकार से किया जा सकता है

I घुलनशीलता के आधार पर (On the Basis of Solubility)

प्रोटीन रेशेदार (fibrous); जैसे–सिल्क (silk), किरेटिन (keratin), कोलेजन (collagen), आदि तथा गोलाकार (globular); जैसे–एन्जाइम (enzyme), हॉर्मोन (hormone), अभिगमन प्रोटीन (transport protein), आदि होती हैं। **हीमोसायनिन** (haemocyanin) सबसे बड़ी, जबकि एड्रिनोकॉर्टिकोट्रॉपिक हॉर्मोन (adrenocorticotropic hormone) सबसे छोटी प्रोटीन है।

II संघटन के आधार पर (On the basis of Composition)

(i) **रेशेदार प्रोटीन** (Fibrous protein) के अणु लम्बे एवं धागेनुमा होते हैं,जो पानी में घुलनशील होते हैं।

उदाहरण–बाल, त्वचा एवं ऊन में पाया जाने वाला किरेटिन प्रोटीन रेशम में पाया जाने वाला फाइब्रोइन प्रोटीन तथा पेशियों में पाया जाने वाला मायोसिन प्रोटीन।

(ii) **गोलीय प्रोटीन** (Globular protein) के अणु गोलाभ रूप में वलित होते हैं। यह जल, अम्लों तथा क्षारों में विलेय होते हैं।

उदाहरण–अण्डे में पाया जाने वाला एल्ब्यूमिन (albumin) प्रोटीन, रुधिर में पाया जाने वाला हीमोग्लोबिन, सभी एन्जाइम तथा हॉर्मोन्स आदि।

III रासायनिक संघटन के आधार पर (On the Basis of Chemical Composition)

प्रोटीन को निम्न तीन वर्गों में बाँटते हैं

(i) सरल प्रोटीन (Simple Proteins)

(a) **एल्ब्यूमिन** (albumin) जल में घुलनशील, गर्म करने पर थक्के के रूप में जम जाती है। उदाहरण–अण्ड एल्ब्यूमिन (egg albumin), सीरम एल्ब्यूमिन (serum albumin) एवं दुग्ध एल्ब्यूमिन (milk albumin)।

(b) **ग्लोब्यूलिन** (globulin) जल में अघुलनशील, परन्तु लवणों, क्षारों अम्लों के तनु घोलों में घुलनशील, ऊष्मा द्वारा स्कन्दित हो जाती है उदाहरण–अण्ड ग्लोब्यूलिन (egg globulin), सीरम ग्लोब्यूलिन (serum globulin)।

(c) **ग्लूटेलिन्स** (glutalins) जल तथा उदासीन विलयनों में अविलेय, परन्तु तनुक्षारों तथा अम्लों में विलेय। उदाहरण–चावल में ओरिजेनीन (oryzanin), गेहूँ में ग्लूटेनिन (glutanin)।

(d) **प्रोलेमिन्स** (prolamins) जल तथा लवणीय विलयनों में अघुलनशील, परन्तु 70-90% एल्कोहॉल तथा तनु अम्लों व क्षारों में विलय, प्रोटीन की अधिक मात्रा, उदाहरण–मक्का में जीन (zein), गेहूँ में ग्लायाडीन (gliadin), जौं में होरडीन (hordein)।

(e) **एल्ब्यूमिनॉइड्स** (albuminoids) जल तथा सभी उदासीन विलयनों में अविलेय, परन्तु प्रबल क्षार तथा अम्लों में विलेय। उदाहरण–किरेटिन (बाल, नाखून, सींग), फाइब्रोइन (fibroin)।

(ii) संयुग्मी प्रोटीन (Conjugated Proteins)

(a) **ग्लाइकोप्रोटीन** (glycoprotein) कार्बोहाइड्रेट प्रोस्थेटिक समूह। उदाहरण–लार का म्यूसिन (mucin), रुधिर का हिपेरिन (heparin)।

(b) **न्यूक्लियोप्रोटीन** (nucleoprotein)। उदाहरण–न्यूक्लिन (nuclein), न्यूक्लियोहिस्टोन्स (nucleohistones)।

(c) **लिपोप्रोटीन** (lipoprotein) लिपिड प्रोस्थेटिक समूह। उदाहरण–सीरम लिपोप्रोटीन (serum lipoprotein)।

(d) **फॉस्फोप्रोटीन** (phosphoprotein) फॉस्फोरिक अम्ल प्रोस्थेटिक समूह। उदाहरण–दूध की केसीन (casein)।

(iii) व्युत्पन्न प्रोटीन (Derived Proteins)

प्रोटीनों के टूटने, स्कंदन और विकृतीकरण से बनती हैं। उदाहरण–मेटाप्रोटीन (metaprotein), प्रोटीयोसिस (proteosis), फाइब्रिन (fibrin)।

अभ्यास प्रश्नावली

1. मनुष्य में कितने तात्विक (अमीनो) अम्ल होते हैं
(a) 10 (b) 15 (c) 20 (d) 30

2. निम्नलिखित अमीनो अम्लों में से कौन प्रोटीन में नहीं पाया जाता है?
(a) आर्जिनीन (b) ऑर्निथीन
(c) एस्पार्टिक अम्ल (d) टाइरोसीन

3. अमीनो अम्ल से व्युत्पन्न हॉर्मोन है
(a) इन्सुलिन (b) ऑक्सिटोसिन
(c) इरिथ्रोपोइटिन (d) थायरॉक्सिन

4. ट्रिप्टोफॉन नामक अमीनो अम्ल से व्युत्पन्न पदार्थ है
(a) ऑक्सिन (b) सिलेटोनिन
(c) सीरोटोनिन (d) ये सभी

5. मानव में आवश्यक अमीनो अम्ल है
(a) 8 (b) 10 (c) 7 (d) 14

6. निम्नलिखित में से किस प्रोटीन में आयरन होता है?
(a) एल्फा ग्लोब्युलिन (b) गामा ग्लोब्युलिन
(c) फेरिटिन (d) एल्ब्यूमिन्स

7. निम्न में सर्वाधिक सरल अमीनो अम्ल है
(a) प्रोलीन (b) सिस्टीन (c) ग्लाइसिन (d) एलेनिन

8. एक कोशिका में सबसे अधिक मात्रा में पाया जाने वाला पदार्थ है
(a) कार्बोहाइड्रेट (b) वसा
(c) प्रोटीन (d) न्यूक्लिक अम्ल

9. उपास्थि में पाया जाने वाला प्रोटीन है
(a) ओसीन (b) फाइब्रोब्लास्ट (c) कॉन्ड्रिन (d) मायोसिन

10. एल्यूरॉन कण होते हैं
(a) एन्जाइम्स (b) कार्बोहाइड्रेट्स (c) प्रोटीन (d) वसा

11. निम्नलिखित में से कौन-सी प्रोटीन रुधिर प्रवाह में ऑक्सीजन का अभिगमन करती है?
(a) इन्सुलिन (b) हीमोग्लोबिन
(c) एल्ब्यूमिन (d) इनमें में कोई नहीं

12. मानव शरीर में रुधिर शर्करा को नियन्त्रित रखने के लिए उत्तरदायी है?
(a) बायोटीन (b) इन्सुलिन (c) एन्जाइम (d) वसा

13. निम्नलिखित में से कौन रेशेदार प्रोटीन है?
(a) ग्लोब्यूलिन (b) सिरेटानीन (c) हारडेइन (d) एल्ब्यूमिन

14. बालों में उपस्थित प्रोटीन कहलाती है
(a) किरेटिन (b) ग्लोब्यूलिन (c) एल्ब्यूमिन (d) क्रोमोप्रोटीन

15. दूध में उपस्थित केसीन है
(a) कार्बोहाइड्रेट (b) लिपिड
(c) प्रोटीन (d) एन्जाइम

16. इन्सुलिन हॉर्मोन में अमीनो अम्लों की संख्या है
(a) 21 (b) 574 (c) 51 (d) 5733

17. तन्तुवत प्रोटीनों में अणुओं की संरचना किस संरचनात्मक स्तर की होती है?
(a) तृतीयक (b) प्राथमिक
(c) चतुर्थक (d) द्वितीयक

18. किसी समाकलन प्रोटीन की उस भाग की द्वितीयक संरचना, जो कोशिका झिल्ली की लिपिड द्विपरत में गड़ी होती है, क्या कहलाती है?
(a) रेडम कॉइल (b) α-हेलिक्स (c) β-रज्जुक (d) β-बेड

19. प्रोटीन बना होता है
(a) कार्बन, हाइड्रोजन क्लोरीन तथा सल्फर का
(b) कार्बन, हाइड्रोजन, ऑक्सीजन तथा नाइट्रोजन का
(c) कार्बन, मैंगनीज, फॉस्फोरस तथा नाइट्रोजन का
(d) कार्बन, आयोडीन, ऑक्सीजन तथा अकार्बनिक फॉस्फेट का

20. प्रोटीन शब्द सबसे पहले किसने दिया था?
(a) रदरफोर्ड (b) न्यूटन (c) मुल्डर (d) बर्जीलियस

21. निम्न में से कौन-सा अमीनो अम्ल मनुष्यों के पोषण के लिए आवश्यक है?
(a) सिरीन (b) एस्पार्टिक अम्ल
(c) लाइसीन (d) फिनाइल

22. प्रोटीन की द्वितीय संरचना निम्न में से किस कारण होती है?
(a) आयनिक बन्ध (b) वान्डर वाल बन्ध
(c) पेप्टाइड बन्ध (d) हाइड्रोजन बन्ध

23. लाइसिन अधिकतम पाया जाता है
(a) बाजरे में (b) मक्का में (c) गेहूँ में (d) चावल में

24. निम्न में से कौन ग्लाइकोप्रोटोन का उदाहरण है?
(a) हीमोग्लोबिन (b) लेसिथीन (c) म्यूसीन (d) केसीन

25. प्रोटीन की अधिक भिन्नता के कारण है
(a) पेप्टाइड बन्ध
(b) अमीनो वर्ग में अमीनो अम्ल का होना
(c) *R* वर्ग का अमीनो अम्ल में होना
(d) प्रोटीन अणुओं में अमीनो अम्ल के अनुक्रम का होना

26. संयुग्मी प्रोटीन्स जिसमें कार्बोहाइड्रेट प्रोस्थेटिक समूह के रूप में पाए जाते हैं, कहलाती है
(a) न्यूक्लियोप्रोटीन (b) क्रोमोप्रोटीन
(c) ग्लाइकोप्रोटीन (d) ल्यूकोप्रोटीन

27. ऐसा प्रोटीन, जो आयोडीन युक्त होता है
(a) हीमोग्लोबिन (b) ट्यूनिसिन (c) थायरॉक्सिन (d) इन्सुलिन

28. ग्लायडीन (gliadin) नामक प्रोटीन पाया जाता है
(a) गेहूँ में (b) आलू में
(c) मटर में (d) शकरकंद में

उत्तरमाला

1. (c)	**2.** (b)	**3.** (d)	**4.** (a)	**5.** (a)	**6.** (b)	**7.** (c)	**8.** (a)	**9.** (c)	**10.** (c)
11. (b)	**12.** (b)	**13.** (c)	**14.** (a)	**15.** (c)	**16.** (c)	**17.** (d)	**18.** (b)	**19.** (b)	**20.** (d)
21. (c)	**22.** (d)	**23.** (b)	**24.** (c)	**25.** (d)	**26.** (c)	**27.** (c)	**28.** (a)		

21

कार्बोहाइड्रेट्स
Carbohydrates

कोशिका में पाए जाने वाले कार्बनिक यौगिक; जैसे–कार्बोहाइड्रेट्स, लिपिड, वसा, प्रोटीन एवं न्यूक्लिक अम्ल वृहत अणु हैं। कार्बोहाइड्रेट कार्बन, हाइड्रोजन तथा ऑक्सीजन से बने कार्बनिक पदार्थ हैं। रासायनिक दृष्टि से ये एल्डिहाइड या कीटोन या वे पदार्थ हैं, जो जल अपघटन (hydrolysis) द्वारा पॉलीहाइड्रॉक्सी एल्डिहाइड (polyhydroxy aldehyde) या कीटोन देते हैं। कार्बोहाइड्रेट्स में हाइड्रोजन तथा ऑक्सीजन का अनुपात जल के अनुपात के बराबर होता है, अतः इन्हें **हाइड्रोजन, कार्बन** या **कार्बन के हाइड्रेट्स** कहा जाता है। इसका सामान्य सूत्र $C_n H_{2n}O_n$ होता है। यह शरीर के लिए ऊर्जा का स्रोत है। यह हरे पौधों द्वारा प्रकाश-संश्लेषण की क्रिया से बनते हैं। दूसरे जीव हरे पौधों से इन्हें प्राप्त करते हैं। सामान्यतया यह कोशिका में 9% से कम होते हैं, लेकिन यकृत कोशिकाओं में इनकी मात्रा 15% तक होती है।

कार्बोहाइड्रेट्स के प्रकार (Types of Carbohydrates)

आणविक संरचना तथा **रासायनिक गुणों के** आधार पर कार्बोहाइड्रेट्स तीन प्रकार के होते हैं। उदाहरण–मोनोसैकेराइड्स, ऑलिगोसैकेराइड्स व पॉलीसैकेराइड्स।

1. मोनोसैकेराइड्स (Monosaccharides)

इनमें कार्बन के 3-7 परमाणु होते हैं। यह जल में विलेय तथा स्वाद में मीठे होते हैं। इनके अणु आपस में मिलकर ऑलिगो तथा पॉलीसैकेराइड्स बनाते हैं। प्रत्येक मोनोसैकेराइड में एक एल्डिहाइड (एल्डोलेज) या कीटोन समूह अवश्य पाया जाता है। मोनोसैकेराइड्स को उनमें उपस्थित कार्बन परमाणुओं की संख्या के आधार पर निम्न में वगीकृत किया जाता है

(i) **ट्राइओज** (Triose) इनमें तीन कार्बन परमाणु होते हैं तथा यह सबसे छोटे होते हैं। इनका सामान्य सूत्र $C_3 H_6O_3$ होता है।

उदाहरण– ग्लिसरेल्डिहाइड तथा डाइहाइड्रॉक्सी एसीटोन।

(ii) **टेट्रोज** (Tetrose) इनमें कार्बन के चार परमाणु होते हैं। इनका सामान्य सूत्र $C_4H_8O_4$ होता है। उदाहरण–इरिथ्रोज।

(iii) **पेन्टोज** (Pentose) इनमें कार्बन के पाँच परमाणु होते हैं। इनका सामान्य सूत्र $C_5 H_{10}O_5$ होता है। उदाहरण–राइबोज, राइबुलोज तथा जाइलुलोज।

(iv) **हेक्सोज** (Hexose) इनमें कार्बन के छः परमाणु होते हैं। इनका सामान्य सूत्र $C_6H_{12}O_6$ होता हैं। यह प्रकाश-संश्लेषण के समय बनते हैं तथा श्वसन में प्रयोग किए जाते है। उदाहरण–ग्लूकोज, फ्रक्टोज तथा गैलेक्टोज।

(v) **हेप्टोज** (Heptose) इनमें कार्बन के सात परमाणु पाए जाते हैं। इनका सूत्र $C_7H_{14}O_7$ होता है। उदाहरण–सेडोहेप्टूलोज।

मोनोसैकराइड्स से सम्बन्धित महत्त्वपूर्ण बिन्दु (Important Point Related to Monosaccharides)

- मोनोसैकेराइड्स डेक्सट्रोरोटेटरी (D) या लेवोरोटेटरी (L) होते हैं। फ्रक्टोज को छोड़कर सभी हेक्सोज शर्करा एल्डोलेज हैं।
- राइबोज शर्करा ($C_5H_{10}O_5$) सबसे अधिक पाई जाती है। जीवन की उत्पत्ति के समय यह सर्वप्रथम उत्पन्न हुई थी।
- जाइलोज तथा एरेबिनोज कोशिका भित्ति के हेमीसेलुलोज में पाई जाती है, परन्तु जन्तु कोशिका में यह अनुपस्थित होती है।
- सभी मोनोसैकेराइड्स अपचायक शर्कराएँ कहलाती हैं, क्योंकि इनमें उपस्थित स्वतन्त्र एल्डिहाइड या कीटो समूह Cu^{2+} का अवकरण (reduction) Cu^+ में कर सकते हैं। अपचयन की इसी क्रिया से मूत्र में ग्लूकोज का पता लगाने के लिए बेनेडिक्ट या फेहलिंग से परीक्षण करते हैं।
- फ्रक्टोज, हेक्सोज, लेबुलोज व कीटोज शर्करा है, जिसमें $> C = O$ समूह पाया जाता है। यह सबसे मीठी शर्करा है।
- मोनोसैकेराइड को एल्डिहाइड या कीटोन समूह दूसरे यौगिक के एल्कोहॉल समूह से क्रिया करके दोनों यौगिकों को जोड़ देते हैं। इस बन्ध को ग्लाइकोसीडिक बन्ध (glycosidic bond) कहते हैं।

2. ऑलिगोसैकेराइड्स (Oligosaccharides)

ये मोनोसैकेराइड्स के दो से दस अणुओं के संघनन से बनते हैं तथा जल-अपघटन द्वारा उतने ही मोनोसैकेराइड्स के अणु दे देते हैं। यह जल में विलेय एवं स्वाद में मीठे होते हैं। मोनोसैकेराइड्स की संख्या के आधार पर इन्हें निम्न श्रेणियों में वर्गीकृत किया जा सकता है

(i) डाइसैकेराइड्स (Disaccharides)

ये मोनोसैकेराइड्स के दो अणुओं के संघनन से बनते हैं। इनका अणुसूत्र $C_{12} H_{22}O_{11}$ होता हैं। यह जल-अपघटन कराने पर मोनोसैकेराइड्स के दो अणु देते हैं। उदाहरण–सुक्रोज, लेक्टोज तथा माल्टोज।

सुक्रोज का जल-अपघटन कराने पर यह **ग्लूकोज** तथा **फ्रक्टोज** में विघटित हो जाते हैं। सुक्रोज सामान्यतया गन्ना, शकरकन्द, शलजम एवं फलों में बहुतायत से पाया जाता है। यह स्वाद में अत्यधिक मीठा एवं जल में विलेय होता है। पौधों में शर्करा का स्थानान्तरण सुक्रोज के रूप में होता है।

माल्टोज स्वतन्त्र रूप से प्रकृति में नहीं पाया जाता। यह माल्टेज एन्जाइम द्वारा जल के साथ अपघटित होकर **ग्लूकाज के दो** अणु बनाता है। माल्टोज टायलिन तथा एमाइलेज एन्जाइम द्वारा मण्ड के अपघटन से बनता है।

लेक्टोज दूध में पाई जाने वाली शर्करा है। यह स्वाद में मीठी नहीं होती है। इसके जल-अपघटन से एक अणु **ग्लूकोज** व एक अणु **गैलेक्टोज** का बनता है। माल्टोज व लैक्टोज **अपचायक** (reducing) शर्कराएँ हैं, जबकि **सुक्रोज अपचायक** (non-reducing) शर्करा नहीं है।

(ii) ट्राइसैकेराइड्स (Trisaccharides)

ये मोनोसैकेराइड्स के तीन अणुओं के संघनन से बनते हैं। इनका अणुसूत्र $C_{18}H_{32}O_{16}$ होता है। इनके जलीय अपघटन से मोनोसैकेराइड के तीन अणु बनते हैं; जैसे–रैफिनोज, जेन्सियनोज, रैफिनोज शर्करा, ग्लूकोज, फ्रक्टोज एवं गलैक्टोज की बनी होती है तथा यह ऊँचाई पर पाए जाने वाले पादपों में पाई जाती है।

(iii) टेट्रासैकेराइड्स (Tetrasaccharides)

यह मोनोसैकेराइड के चार अणुओं के संघनन से बनता है। इनका अणु सूत्र $C_{24}H_{42}O_{21}$ होता है; जैसे–स्कोरोडोज एवं स्टैकियोज। स्कोरोडोज प्याज एवं लहसुन में होता है तथा स्टैकियाज *स्टैकिस ट्यूबीरीफेरा* में पाया जाता है।

(iv) पेन्टासैकेराइड्स (Pentasaccharides)

यह मोनोसैकेराइड्स के पाँच अणुओं के संघनन से बनते हैं। इनका अणुसूत्र $C_{30}H_{52}O_{26}$ होता है; जैसे–वर्बेसकोस, यह *वर्बेस्कस थैपस* की जड़ों में पाया जाता है।

3. पॉलीसैकेराइड्स (Polysaccharides)

ये जटिल कार्बोहाइड्रेट्स हैं, जो मोनोसैकेराइड्स के 10 से अधिक अणुओं (300-1000) के संघनन (condensation) से बनते हैं। इनका सामान्य सूत्र $(C_6H_{10}O_5)_n$ होता है। ये पानी में अविलेय होते हैं।
पॉलीसैकेराइड्स सामान्यतया दो प्रकार के होते हैं

(i) **होमोपॉलीसैकेराइड्स,** जो केवल एक प्रकार के मोनोसैकेराइड के संघनन से बनते हैं। उदाहरण–सेलुलोज, ग्लाइकोजन एवं स्टार्च।

(ii) **हेटेरोपॉलीसैकेराइड,** जो दो या अधिक प्रकार के मोनोसैकेराइड के संघनन से बनते हैं। उदाहरण—काइटिन, पेक्टिन, आदि।

सेलुलोज (Cellulose)

यह जीवमण्डल (biosphere) में सबसे अधिक मात्रा में पाया जाता है। यह मुख्यतया पादप कोशिकाओं की कोशिका भित्ति में पाया जाता है, जो कोशिका को यान्त्रिक आधार प्रदान करता है।

यह कपास रेशे में अत्यधिक मात्रा (90%) में पाया जाता है। यह ग्लूकोज का पॉलीसैकेराइड है, जो लगभग 6000 β-D ग्लूकोज के अणुओं से मिलकर बनता है। सेलुलोज तन्तुमय तथा पानी में अविलेय होता है।

कृत्रिम तन्तु **रेयान घुलनशील** सेलुलोज से बनाया जाता है। हमारे खाने में सेलुलोज मुख्य पदार्थ होता है, परन्तु यह हमारे द्वारा पचाया नहीं जा सकता। कुछ चौपायों; जैसे–गाय, बकरी, खरगोश, आदि में इसे पचाने के लिए आहारनाल में एक विशेष अंग; जैसे–सीकम, वर्मीफॉर्म अपेण्डिक्स या सैकुलस रोटान्डस पाया जाता है, जिससे यह सेलुलोज को पचा सकते हैं। इसके पाचन तन्त्र में उपस्थित जीवाणु इसका पाचन कर सकते हैं। सेलुलोज से सेलुलोज एसीटेट बनाया जाता है, जिसका उपयोग कपड़ा उद्योग में किया जाता है। सेलुलोज नाइट्रेट विस्फोटकों में प्रयोग किया जाता है। कार्बोक्सी मिथाइल सेलुलोज आइसक्रीम एवं सौन्दर्य प्रसाधन की वस्तुएँ बनाने में प्रयोग होता है।

काइटिन (Chitin)

यह एक जटिल पॉलीसैकेराइड है, जो कीटों, केकड़ों तथा झींगों के बाह्य कंकाल और कवकों की कोशिका भित्ति में पाया जाता है। यह एसीटिल **ग्लूकोसोमाइन** का **बहुलक** है।

स्टार्च (Starch)

यह पादपों में संचित होने वाला मुख्य कार्बोहाइड्रेट है। यह सीधी शृंखला वाले एमाइलोज तथा शाखित शृंखला वाले एमाइलोपेक्टिन का बना होता है। **एमाइलोज** एवं **एमाइलोपेक्टिन** दोनों α-D ग्लूकोज इकाइयों के बने होते हैं। स्टार्च धान और गेहूँ के बीज केले के फल तथा आलू के भूमिगत तने, आदि के विभिन्न प्रकार के कणों के रूप में व्यवस्थित रहता है।
स्टार्च कणों में स्टार्च के अणु कई स्तरों में व्यवस्थित रहते हैं। स्टार्च कण गोल, अण्डाकार या बहुभुजाकार होते हैं। प्रत्येक स्टार्च कण में एक या दो हाइलम पाए जाते हैं। एक हाइलम युक्त स्टार्च कण को सरल व एक से अधिक हाइलम कणों को संयुक्त स्टार्च कण कहते हैं।

ग्लाइकोजन (Glycogen)

यह जन्तुओं के शरीर में संचित भोजन के रूप में पाया जाता है, इसीलिए ग्लाइकोजन को जन्तु स्टार्च (animal starch) कहा जाता है। यह ग्लूकोज के अणुओं का बहुलक (polymer of glucose) है। यह मुख्य रूप से जन्तुओं के पेशी तन्तुओं तथा यकृत कोशिकाओं में संचित रहता है। यह पानी में घुलनशील है। यह यकृत की कोशिकाओं में ग्लूकोज (glucogenolysis) में टूट जाता है। तथा रुधिर में ग्लूकोज की सान्द्रता को नियन्त्रित करता है।

पालीसैकेराइड से सम्बन्धित महत्त्वपूर्ण बिन्दु
(Important Point Related to Polysaccharide)

- इनुलिन फ्रक्टोज का बहुलक है तथा डहेलिया की जड़ों में पाया जाता है।
- पादपों में पाया जाने वाला लसलसा पदार्थ म्यूसीलेज भी एक प्रकार का पॉलीसैकेराइड है, जिसे म्यूकोपॉलीसैकेराइड कहते हैं। यह गैलेक्टोज व मैनोज नामक शर्कराओं का बना होता है।
- समुद्री शैवालों में पाए जाने वाले अगार-अगार, एल्जीनिक अम्ल व कैरेजीनिन भी **म्यूकोपॉलीसैकेराइड** हैं।
- शहद मधुमक्खी (*Apis indica*) द्वारा पराग से बनाया जाता है। शहद में 30-40% फ्रक्टोज, 21% डेक्स्ट्रोज तथा 8% माल्टोज होता है।
- पॉलीसैकेराइड, अक्रिस्टलीय, जल में अविलेय तथा मीठी नहीं होने के कारण अशर्करा कहलाती है।

जीवद्रव्य में उपस्थित तत्वों की प्रतिशत मात्रा
(Percentage of elements present in protoplasm)

तत्व का नाम	प्रतिशत मात्रा
कार्बन (C)	18%
हाइड्रोजन (H)	10%
ऑक्सीजन (O)	65%
नाइट्रोजन (N)	2.5%
कैल्शियम (Ca)	2.5%
फॉस्फोरस (P)	1.15%
पोटैशियम (K)	0.30%
सल्फर (S)	0.15%
सोडियम (Na)	0.1%
आयोडीन (I)	0.43%
मैग्नीशियम (Mg)	0.02%
लौह (Fe)	0.01%

अभ्यास प्रश्नावली

1. जीवद्रव्य के संघटन में होता है
(a) O, C, H एवं N (b) O, N एवं लौह
(c) O, प्रोटीन एवं खनिज (d) H, C एवं लौह

2. सेलुलोज, जोकि कोशिका भित्ति का एक मुख्य घटक है, बना होता है
(a) ग्लूकोज के अणुओं की एक शाखित शृंखला की जिसमें शाखित होने के स्थान पर वे α-1, 6 ग्लाइकोसाइडिक बन्ध द्वारा जुड़े रहते हैं
(b) ग्लूकोज अणुओं की अशाखित शृंखला की, जिसमें ग्लूकोज अणु α-1, 4 ग्लाइकोसाइडिक बन्ध से जुड़े होते हैं
(c) ग्लूकोज अणुओं का शाखित शृंखला की जिसमें ग्लूकोज अणु β-1, 4 ग्लाइकोसिडिक बन्धों के द्वारा सीधी शृंखला में तथा α-1, 6 ग्लाइकोसिडिक बन्धों द्वारा शाखित स्थल से जुड़े होते हैं
(d) ग्लूकोज अणुओं की अशाखित शृंखलाओं का, जिसमें ये अणु β-1, 4 ग्लाइकोसिडिक बन्ध द्वारा जुड़े होते हैं

3. लैक्टोज बना होता है
(a) ग्लूकोज + गैलेक्टोज
(b) ग्लूकोज + ग्लूकोज
(c) ग्लूकोज + फ्रक्टोज
(d) फ्रक्टोज + गैलेक्टोज

4. शहद जिसमें शुगर की मात्रा अधिक होती है, विघटित नहीं होता है, क्योंकि
(a) इसमें सामान्यतया प्रति-ऑक्सीकारक होते हैं, जोकि जीवाणुओं से इसकी रक्षा करते है।
(b) जीवाणु अपनी सक्रिय अवस्था में अधिक परासरणी बल वाले द्रव्य पर जीवित नहीं रह पाते हैं और शहद से पानी बाहर निकलता रहता है
(c) शहद में जीवाणु ऑक्सीजन द्वारा वंचित किए जाते हैं
(d) उपरोक्त में से कोई नहीं

5. NAD, NADP एवं ATP में पाई जाने वाली शर्करा है
(a) डीऑक्सीराइबोज (b) राइबोज
(c) एरेबिनोज (d) मेनोज

6. कौन-सी शर्करा को लेव्यूलोज भी कहा जाता है?
(a) ग्लूकोज (b) फ्रक्टोज
(c) लेक्टोज (d) मेनोज

7. किस शर्करा को डेक्स्ट्रोज कहा जाता है?
(a) ग्लूकोज (b) फ्रक्टोज
(c) गेलेक्टोज (d) मेनोज

8. निम्न में से कौन-सी शर्करा प्रकृति में स्वतन्त्रतापूर्वक नहीं पाई जाती है?
(a) ग्लूकोज (b) फ्रक्टोज
(c) लेक्टोज (d) मेनोज

9. निम्न में से कौन कार्बोहाइड्रेट नहीं है?
(a) मेथयोनीन (b) मण्ड
(c) ग्लाइकोजन (d) ग्लूकोज

10. पेन्टोज शर्करा, जो न्यूक्लिक अम्ल में पाई जाती है
(a) रेफीनोज
(b) जाइलुलोज
(c) ग्लूकोज
(d) राइबोज

11. कौन-से तत्व भार में जीव पदार्थ का लगभग 96% भाग बनाते हैं?
(a) P, S, C, O (b) H, O, N, P
(c) H, O, N, C (d) C, S, O, P

12. समस्त जीवों के लिए जैव ऊर्जा का प्रमुख स्रोत है
(a) न्यूक्लिक अम्ल (b) कार्बोहाइड्रेट
(c) प्रोटीन (d) लिपिड्स

13. बहुलीकरण में मोनोसैकेराइड के अणु किस बन्ध द्वारा एक-दूसरे से जुड़ते हैं?
(a) ग्लाइकोसिडिक बन्ध (b) एस्टर बन्ध
(c) पेप्टाइड बन्ध (d) फॉस्फोएस्टर बन्ध

14. ग्लाइकन्स किसे कहते हैं?
(a) प्रोटीनों को
(b) ऑलिगोसैकेराइड्स को
(c) पॉलीसैकेराइड्स
(d) डाइसैकेराइड्स को

15. हमारे शरीर में शरीर की समस्त कोशिकाओं के उपयोग के लिए ग्लाइकोजन का संचय कहाँ होता है?
(a) यकृत में (b) यकृत एवं कंकाल पेशियों में
(c) कंकाल पेशियों में (d) ऊतकों में

16. काइटिन होता है
(a) होमोपॉलीसैकेराइड
(b) हेटेरोपॉलीसैकेराइड
(c) पॉलीपेप्टाइड
(d) पॉलीन्यूक्लियोटाइड

17. अमीनो शर्करा है
(a) ग्लूकोज-6-फॉस्फेट (b) ग्लूकोसैमीन
(c) ग्लिसरेल्डिहाइड (d) ग्लिसरॉल

18. काइटिन में उपस्थित इकाइयाँ हैं
(a) एमाइलोज (b) एमाइलोपेक्टीन
(c) N-एसीटाइल (d) D-ग्लूकोज

19. आलू में बहुत बड़ी मात्रा में स्टार्च किस प्रकार संचित हो जाता है?
(a) शर्करा के रासायनिक संघनन द्वारा
(b) एन्जाइमीय रूपान्तरण द्वारा
(c) कन्दों स्टार्च संश्लेषण द्वारा
(d) पोषक तत्वों के अवशोषण द्वारा

20. अघुलनशील शर्करा इनुलिन सामान्यतया किसमें पाई जाती है?
(a) चुकन्दर की जड़ों में (b) गन्ने के तने में
(c) अंगूर के फल में (d) डहेलिया की जड़ में

21. नाइट्रोजन युक्त पॉलीसैकेराइड होता है
(a) ग्लाइकोजन (b) सेलुलोज (c) काइटिन (d) इनुलिन

22. कीटोहेक्सोस का उदाहरण है
(a) ग्लूकोज
(b) गैलैक्टोज
(c) फ्रक्टोज
(d) मैनोज

23. सेलुलोज के जल-अपघटन से मिलता है
(a) लैक्टोज (b) फ्रक्टोज
(c) माल्टोज (d) ग्लूकोज

24. निम्नलिखित में से कौन-सा कार्बोहाइड्रेट रजत दर्पण परीक्षण नहीं देता है
(a) ग्लूकोज (b) स्टार्च
(c) फ्रक्टोज (d) माल्टोज

25. रैफीनोस है, एक
(a) ट्राइसैकेराइड (b) मोनोसैकेराइड
(c) पॉलीसैकेराइड (d) डाइसैकेराइड

26. काइटिन संरचनात्मक पॉलीसैकेराइड है तथा बनता है
(a) ग्लूकोज़ से (b) राइबोज से
(c) डीऑक्सीराइबोज से (d) इनमें से किसी से नहीं

27. टेबिल शुगर निर्मित होती है
(a) लैक्टोज द्वारा (b) सुक्रोज द्वारा
(c) माल्टोज द्वारा (d) ग्लूकोज द्वारा

28. निम्नलिखित में सर्वाधिक मीठी शर्करा है
(a) माल्टोज
(b) लैक्टोज
(c) फ्रक्टोज
(d) सुक्रोज

29. स्टार्च को पूर्ण जल-अपघटित करने पर प्राप्त होता है
(a) सुक्रोज
(b) ग्लूकोज
(c) ग्लूकोज एवं फ्रक्टोज
(d) सुक्रोज एवं फ्रक्टोज

➔ उत्तरमाला

1. (a)	**2.** (d)	**3.** (a)	**4.** (a)	**5.** (c)	**6.** (b)	**7.** (a)	**8.** (d)	**9.** (a)	**10.** (d)
11. (c)	**12.** (b)	**13.** (a)	**14.** (c)	**15.** (a)	**16.** (a)	**17.** (b)	**18.** (c)	**19.** (b)	**20.** (d)
21. (c)	**22.** (c)	**23.** (d)	**24.** (b)	**25.** (a)	**26.** (a)	**27.** (b)	**28.** (c)	**29.** (b)	

22

विटामिन्स, खनिज एवं एन्जाइम
Vitamins, Minerals and Enzyme

विटामिन (Vitamins)

'विटामिन' शब्द कैसीमिर फुंक (Casimir Funk) ने प्रतिपादित किया था। विटामिन भोजन के जटिल कार्बनिक यौगिक हैं। इनकी सूक्ष्म मात्रा शरीर में उपापचय (metabolism) के लिए आवश्यक होती है। विटामिन **स्वयं ऊर्जा** उत्पादक नहीं होते किन्तु ऊर्जा सम्बन्धी रासायनिक क्रियाओं को नियन्त्रित करते हैं। हमारा शरीर विटामिन-D एवं K का संश्लेषण कर सकता है, जबकि अन्य विटामिन बाह्य स्रोत से प्राप्त किये जाते हैं।

अध्ययन के लिए विटामिनों को दो श्रेणी अर्थात् वसा में घुलनशील और जल में घुलनशील, में विभाजित किया जाता है।

वसा में घुलनशील विटामिन (Fat Soluble Vitamin)

1. विटामिन-A या रेटिनॉल (Retinol)

विटामिन-A को **कैरोटीन** के रूप में जाना जाता है। इस विटामिन को **प्रति-संक्रमण** (anti-infective) **विटामिन** भी कहा जाता है। यह सामान्य दृष्टि एवं स्वस्थ आँखों के लिए आवश्यक है।

इसकी कमी से **रतौंधी** (nightblindness), जिसमें कम प्रकाश में वस्तुएँ दिखायी नहीं देती, जीरोफ्थैलमिया (xerophthalmia), आदि रोग उत्पन्न हो जाते हैं। इसके स्रोत, पीली एवं हरी पत्तीदार सब्जियाँ (पालक), गाजर, पपीता, आम, मक्का, दूध, घी, आदि हैं।

2. विटामिन-D या कैल्सीफेरॉल (Calciferol)

इसे सूर्य से प्राप्त विटामिन अथवा **एण्टी-रिकेट्स** (antiricketic) विटामिन भी कहते हैं। सूर्य के प्रकाश में आर्गेस्टरोल (argesterol) द्वारा त्वचा की कोशिकाओं में इसका निर्माण होता है। यह अस्थियों एवं दाँतों की मजबूती हेतु आवश्यक है। इसके स्रोत अण्ड़ा, दूध, मछली के यकृत का तेल तथा सूर्य का प्रकाश है।

यह अस्थियों को प्रभावित करता है तथा इसकी कमी से बच्चों एवं वयस्कों में क्रमशः **रिकेट्स** एवं **ऑस्टियोमैलेसिया** रोग उत्पन्न हो जाते हैं।

3. विटामिन-E या टोकोफेरॉल (Tocopherol)

इसे **फर्टिलिटी विटामिन** (fertility vitamin) तथा **सौन्दर्य का विटामिन** भी कहते हैं। यह ऑक्सीकारक के रूप में कार्य करता है तथा लाल रुधिर कणिकाओं (RBCs) के निर्माण में सहायक है। इसके स्रोत वनस्पति तेल, गेहूँ, बिनौला, आदि हैं।

इसकी कमी से **पेशियाँ नष्ट** होने लगती हैं तथा **प्रजनन तन्त्र असामान्य** हो जाता है, इसलिये विटामिन-E को **बाँझपनरोधी** (antisterility) **विटामिन** भी कहते हैं।

4. विटामिन-K या फिल्लोक्विनोन (Phylloquinone)

यह **नैफ्थोक्विनोन** (naphthoquinone) भी कहलाता है तथा शरीर में जीवाणुओं द्वारा संश्लेषित किया जाता है। यह विटामिन रुधिर का थक्का (clot) जमाने में सहायक है तथा स्कन्दन विटामिन एवं एन्टीहैमरेजिक विटामिन (antihaemorrhagic vitamin) भी कहलाता है। इसके मुख्य स्रोत फूलगोभी, पालक, टमाटर, सोयाबीन, आदि हैं।

इसकी कमी से रुधिर का थक्का जमने में विलम्ब होता है तथा **हैमरेज** (haemorrhage) या रुधिर स्रावण हो जाता है।

जल में घुलनशील विटामिन (Water Soluble Vitamin)

1. विटामिन-B_1 या थायमीन (Thiamine)

इसका नाम विटामिन-B_1, **फुंक** ने प्रतिपादित किया था और **जेन्सन** (Janssen; 1949) ने इसे रवों के रूप में तैयार किया। यह पाचन एव भूख को सामान्य रखने में सहायक है। इसके मुख्य स्रोत यीस्ट, चावल, गेहूँ, सेम, सोयाबीन, यकृत का तेल, दूध, आदि हैं।

इसकी कमी से **बेरी-बेरी** (beri-beri) रोग हो जाता है, जिसके लक्षण भूख न लगना एवं पैरों तथा सिर में अधरंग (paralysis) है।

2. विटामिन-B_2 या राइबोफ्लेविन (Riboflavin)

विटामिन-B_2 कई एन्जाइमों के सहएन्जाइम (coenzyme) हैं। यह प्रोटीन एवं वसा उपापचय में सहायक है। इसके मुख्य स्रोत दूध, अण्डा, यकृत का तेल, हरी सब्जियाँ, दालें, पनीर, आदि हैं।

इसकी कमी से **जीभ** एवं **कॉर्निया** में सूजन आ जाती है एवं **होंठ फटने** लगते हैं।

3. विटामिन-B_3 या निकोटिनिक अम्ल (Nicotinic Acid)

यह **एन्टी-पेलाग्रा** (anti-pellagra) **कारक** भी कहलाता है। यह कार्बोहाइड्रेट, प्रोटीन एवं वसा के ऑक्सीकरण में सहायक है। इसके मुख्य स्रोत अनाज, यकृत का तेल, मक्का, फल, दूध, अण्डा, मांस, आदि हैं।

इसकी कमी से **पेलाग्रा, डर्मेटाइटिस** आदि रोग उत्पन्न हो जाते हैं।

4. **विटामिन–B_9 या फोलिक अम्ल (Folic acid)**

यह लाल रुधिर कणिकाओं (RBCs) की वृद्धि एवं परिपक्वन हेतु आवश्यक है। इसके मुख्य स्रोत हरी पत्तीदार सब्जियाँ, यीस्ट, केला, दालें, फूलगोभी, मांस, यकृत का तेल, आदि है।

इसकी कमी से मनुष्य में **मैक्रोसाइटिक रक्ताल्पता** (macrocytic anaemia) हो जाता है।

5. **विटामिन–B_{12} या सायनोकोबालएमीन (Cyanocobalamin)**

यह लाल रुधिर कणिकाओं (RBCs) के निर्माण एवं तन्त्रिका के कार्य में सहायता करता है। इसके मुख्य स्रोत यकृत का तेल, पनीर, दूध, माँस, मछली, अण्ड़ा, आदि हैं।

इसकी कमी से **पर्नीसियस एनीमिया** (pernicious anaemia) हो जाता है।

6. **विटामिन–C या एस्कॉर्बिक अम्ल (Ascorbic Acid)**

इस विटामिन की खोज सबसे पहले हुई थी। यह दाँत, मसूड़े, जोड़ों, आदि सभी कोलेजन युक्त पदार्थों के निर्माण हेतु आवश्यक है। यह पित्ताशय में पथरी (stones) के बनने को रोकता है। इसके प्रमुख स्रोत आँवला, रसीले फल (नींबू, सन्तरा), अमरूद, टमाटर, मिर्च, आदि हैं।

इसकी कमी से **स्कर्वी** (scurvy) रोग हो जाता है, जिसमें मसूड़ों से खून निकलने लगता है और प्रतिरक्षा क्षमता (immunity power) कम हो जाती है।

खनिज पदार्थ (Minerals)

किसी जीव या उसे ऊतक को पूरी तरह से जलाने पर जो तत्व भस्म के रूप में शेष रह जाते हैं उनको खनिज पदार्थ या तत्व कहते हैं। इनके कुछ अवयव CO_2, SO_2, NH_3, N_2,CO, आदि गैसों के रूप में उड़ जाते हैं। जन्तु इन खनिज पदार्थों को पौधों से तथा पौधे इन्हें मृदा से प्राप्त करते हैं।

वह खनिज पदार्थ, जिनकी जीवों के शरीर के लिए अधिक मात्रा में आवश्यकता होती है **दीर्घमात्रिक पोषक तत्व** (Macro or major nutrients) कहलाते हैं;

जैसे—N, P, K, Ca, Mg, S तथा Fe। वह खनिज पदार्थ, जिनकी जीवों के शरीर के लिए अल्प मात्रा में आवश्यकता होती है, **सूक्ष्ममात्रिक पोषक तत्व** (Micro or minornutrients) कहलाते हैं; जैसे-Mn, Co, Zn, B, Cu, Mo, Cl, Si, Na तथा Al ।

खनिज लवण ऊतक निर्माण हेतु कच्चा पदार्थ है तथा विटामिन एवं एन्जाइम के आवश्यक अंग हैं। ये मानव शरीर का लगभग 6.1% भाग बनाते हैं।

आवश्यक खनिज तत्व, मात्रा एवं इनके अभाव में होने वाले विकार (Essential minerals, quantity and its deficiency disorders)

खनिज तत्व	प्रतिदिन की आवश्यक मात्रा तथा स्रोत	महत्त्व	कमी के प्रभाव
		दीर्घ तत्व (Major Elements)	
कैल्सियम (Calcium—Ca)	900 मिग्रा; दूध, पनीर, हरी सब्जियाँ, फलियाँ एवं अनाज।	दाँतों और हड्डियों की रचना; रुधिर-स्कन्दन; तन्त्रिकाओं एवं पेशियों के कार्य।	दाँत एवं हड्डियाँ दुर्बल, शरीर वृद्धि कुंठित; टिटैनी।
फॉस्फोरस (Phosphorus—P)	900 मिग्रा; दूध, माँस एवं अनाज।	दाँतों और हड्डियों की रचना; अम्ल-क्षार सन्तुलन; ATP, DNA, RNA, आदि का घटक।	दाँत व हड्डियाँ दुर्बल, शरीर की वृद्धि एवं कार्यिकी कुंठित।
गन्धक (Sulphur—S)	अज्ञात; अण्डे, माँस, पनीर, मछली एवं सेम।	कई अमीनो अम्लों तथा कुछ हॉर्मोन्स एवं विटामिनों का घटक।	प्रोटीन्स की कमी तथा प्रोटीन उपापचय की गड़बड़ियाँ।
पोटैशियम (Potassium—K)	2 ग्रा; माँस, दूध, अनाज, फल एवं सब्जियाँ।	अम्ल-क्षार सन्तुलन, जल-सन्तुलन; तन्त्रिकाओं की कार्यिकी।	निम्न रुधिरचाप, पेशियों की दुर्बलता; अंगघात (paralysis) की आशंका।
क्लोरीन (Chlorine—Cl)	3.2 ग्रा; खाने वाला नमक।	अम्ल-क्षार सन्तुलन; जठर रस का घटक।	भूख की कमी; पेशियों की ऐंठन।
सोडियम (Sodium—Na)	1.5 ग्रा; खाने वाला नमक।	अम्ल-क्षार सन्तुलन; जल-सन्तुलन; तन्त्रिकाओं की कार्यिकी।	निम्न रुधिरचाप; भूख की कमी; पेशियों की ऐंठन।
मैग्नीशियम (Magnesium—Mg)	350 मिग्रा; अनाज एवं हरी सब्जियाँ।	ग्लाइकोलाइसिस तथा ATP पर आश्रित कई उपापचयी अभिक्रियाओं के एन्जाइमों का सहघटक (cofactor)।	उपापचयी अभिक्रियाओं की अनियमितताओं से विविध तन्त्रों की, मुख्यतया तन्त्रिका तन्त्र की कार्यिकी प्रभावित।
		अल्प तत्व (Trace Elements)	
जिंक (Zinc—Zn)	15 मिग्रा; अनाज, दूध, अण्डे, मांस एवं समुद्री भोजन।	जल-अपघटन अर्थात् पाचन एन्जाइमों सहित अनेक (लगभग 80) एन्जाइमों का सहघटक।	कुंठित वृद्धि, रक्तक्षीणता, खुरदरी त्वचा, दुर्बल सुरक्षा-तन्त्र, जनन-क्षमता का क्षय।
लौह (Iron—Fe)	12 मिग्रा; माँस, अण्डे, फलियाँ, अनाज एवं हरी सब्जियाँ।	हीमोग्लोबिन तथा साइटोक्रोम एन्जाइमों का घटक।	हीमोग्लोबिन की कमी से रक्तक्षीणता (anaemia), दुर्बलता, शरीर का सुरक्षा-तन्त्र दुर्बल।
फ्लोरीन (Fluorine—F)	2.5 mg; पीने वाला जल, चाय, समुद्री भोजन।	हड्डियों और दाँतों का रख-रखाव।	दाँतों की दुर्बलता; आधिक्य से फ्लोरोसिस (flourosis) रोग, जिसमें दाँत चितकबरे हो जाते हैं।

खनिज तत्व	प्रतिदिन की आवश्यक मात्रा तथा स्रोत	महत्त्व	कमी के प्रभाव
लौह (Iron—Fe)	12 मिग्रा; माँस, अण्डे, फलियाँ, अनाज एवं हरी सब्जियाँ।	हीमोग्लोबिन तथा साइटोक्रोम एन्जाइमों का घटक।	हीमोग्लोबिन की कमी से रक्तक्षीणता (anaemia), दुर्बलता, शरीर का सुरक्षा-तन्त्र दुर्बल।
फ्लोरीन (Fluorine—F)	2.5 मिग्रा; पीने वाला जल, चाय एवं समुद्री भोजन।	हड्डियों और दाँतों का रख-रखाव।	दाँतों की दुर्बलता; आधिक्य से फ्लोरोसिस (fluorosis) रोग, जिसमें दाँत चितकबरे हो जाते हैं।
आयोडीन (Iodine—I)	150 μग्राम; दूध, समुद्री भोजन एवं आयोडीनयुक्त नमक।	थाइरॉक्सिन हॉर्मोन का महत्त्वपूर्ण घटक।	घेंघा एवं जड़मानवता।
ताँबा (Copper—Cu)	2.0 मिग्रा; माँस, मेवा, फलियाँ, हरी सब्जियाँ, समुद्री भोजन, अण्डे एवं मछली।	साइटोक्रोम ऑक्सिडेस एन्जाइम का सहघटक, लौह उपापचय तथा संयोजी ऊतकों और रुधिर वाहिनियों के विकास हेतु आवश्यक।	रक्तक्षीणता, संयोजी ऊतकों और रुधिरवाहिनियों की दुर्बलता।
मैंगनीज (Manganese—Mn)	3.5 मिग्रा; मेवा, अनाज, हरी सब्जियाँ, चाय एवं फल।	यूरिया-संश्लेषण तथा फॉस्फेट समूह के स्थानान्तरण से सम्बन्धित अभिक्रियाओं के कुछ एन्जाइमों का सहघटक।	उपास्थि, अस्थि तथा संयोजी ऊतकों की वृद्धि में अनियमितता।
कोबाल्ट (Cobalt—Co)	अज्ञात; दूध, पनीर एवं माँस।	विटामिन-B_{12} का महत्त्वपूर्ण घटक।	रक्तक्षीणता।
सेलीनियम (Selenium—Se)	70 μग्राम; माँस, अनाज, अण्डे एवं समुद्री भोजन।	कई एन्जाइमों का सहघटक; विटामिन-E का सहायक।	पेशियों की पीड़ा एवं हृद्पेशीक्षय।
क्रोमियम (Chromium—Cr)	120 μग्राम; यीस्ट, समुद्री भोजन, माँस एवं कुछ सब्जियाँ।	ग्लूकोज तथा अपचयी उपापचय में महत्त्वपूर्ण।	ग्लूकोस उपापचय तथा ऊर्जा उत्पादन की गड़बड़ियाँ।
मोलिब्डेनम (Molybdenum—Mo)	150 μग्राम; अनाज, फलियाँ एवं कुछ सब्जियाँ।	कुछ एन्जाइमों का सहघटक।	नाइट्रोजनीय अपजात पदार्थों के उत्सर्जन में अनियमितता।

एन्जाइम (Enzymes)

एन्जाइम **सरल या संयुक्त प्रकार** के प्रोटीनी पदार्थ हैं, जो विभिन्न क्रियाओं का संचालन व नियन्त्रण करते हैं। एन्जाइम का प्रोटीनीकृत (proteinious) भाग **एपोएन्जाइम** (apoenzyme) तथा अप्रोटीनीकृत (non-proteinious) भाग **प्रोस्थेटिक समूह** (prosthetic group) कहलाता है, इन्हें संयुक्त रूप से **होलोएन्जाइम** (holoenzyme) कहते हैं।

प्रोस्थेटिक समूह धातु, आयन या सहकारक (coenzyme) हो सकता है।

सहकारक (coenzyme) ऐसे कार्बनिक पदार्थ होते हैं, जिनका एपोएन्जाइम से सम्बन्ध अस्थायी होता है। अनेक सहकारकों के भाग विटामिन होते हैं, जैसे NAD तथा NADP गें विटागिन निओरिन (ncocinc), को एन्जाइम Λ में गेन्टोथेनिक एसिड (pentothenic acid) तशा FAD एनं FMN में राइबोफ्लेबिन (riboflavin) होता है।

कुछ एन्जाइमों की उत्प्रेरण क्षमता धातु आयनों की उपस्थिति में ही सम्भव है।

धातु	एन्जाइम
Fe	साइटोक्रोम ऑक्सीडेस, कैटालेस एवं परॉक्सीडेस
Cu	साइटोक्रोम ऑक्सीडेस, डीहाइड्रोजीनेस
Zn	कार्बोनिक एनहाइड्रेस एवं एल्कोहॉल डीहाइड्रोजीनेस
Mg	हेक्सोकाइनेस एवं पाइरुवेट काइनेस (pyruvate kinase)
Ni	यूरिएस
Mo	डाइनाइट्रोजीनेस

वर्गीकरण (Classification)

सन् 1961 में जीव रसायन (Biochemistry) के अन्तर्राष्ट्रीय संघ ने एन्जाइम के द्वारा उत्प्रेरित की जाने वाली क्रियाओं को छः वर्गों, वर्गों को उपवर्गों तथा उपवर्गों को उप-उपवर्गों एवं उप-उपवर्गों को विशिष्ट एन्जाइम के प्रकार में विभाजित किया।

एन्जाइमों के प्रमुख (Major classes of enzymes)

वर्ग	उदाहरण
ऑक्सीडोरिडक्टेज	डीहाइड्रोजीनेज एवं ऑक्सीडेज
ट्रांसफेरेज	ट्रांसएमिनेज, काइनेज
हाइड्रोलेजेज	लाइपेज, एमाइलेज, पेप्टाइडेज, एस्टरेज, फॉस्फेटेज, प्रोटीएज।
लायसेज	डीकार्बोक्सिलेज, एल्डोलेज, फ्यूमरेज।
आइसोमेरेसज	फॉस्फोहैक्सो आइसोमेरेज
लाइगेसेज या सिन्थेटेसेज	एसाइल कोएन्जाइम-A सिन्थेटेज एवं पाइरुवेट कार्बोक्सिलेज

एन्जाइमों की विशेषताएँ (Characteristics of Enzymes)

एन्जाइम अधिक अणुभार; जैसे परॉक्सीडेज 40,000 एवं यूरिएज 4,83,000 वाली प्रोटीन हैं। **कोलाइडी प्रकृति** के कारण अभिक्रियात्मक सतही क्षेत्रफल अधिक हो जाता है। **विशिष्ट** एन्जाइम द्वारा **एक विशिष्ट अभिक्रिया** ही उत्प्रेरित की जा सकती है।

अधिकांश एन्जाइम 25-40°C **तापक्रम पर** अधिकतम क्रियाशीलता दिखाते हैं तथा 50°C पर निष्क्रिय हो जाते हैं। प्रत्येक एन्जाइम एक **विशिष्ट pH** पर कार्य करता है; जैसे–पेप्सिन-2.0 पर, ट्रिप्सिन 8.8 पर, यद्यपि अधिकांश एन्जाइम 6.0-7.5 pH परास पर अधिकतम क्रियाशीलता दिखाते हैं। कुछ एन्जाइम जीवित कोशिकाओं में अक्रिय अवस्थाओं, जिन्हें जाइमोजन या प्रोएन्जाइम कहते हैं, में पैदा होते हैं;

जैसे पेप्सिनोजन–पेप्सिन के लिए, ट्रिप्सिनोजन–ट्रिप्सिन के लिए, आदि।

एन्जाइम जो समान रासायनिक अभिक्रिया को उत्प्रेरित करते हैं, परन्तु विभिन्न स्रोतों से प्राप्त होते हैं (इस प्रकार आण्विक संरचना में कुछ भिन्नता होती है), **आइसोएन्जाइम** कहलाते हैं। उदाहरण-लेक्टिक डीहाइड्रोजीनेज।

एन्जाइमों की क्रियाविधि (Mechanism of Enzyme)

एन्जाइम उत्प्रेरक (catalyst) की तरह कार्य करते हैं। एन्जाइम की अमीनो अम्ल शृंखलाओं में कुछ निश्चित आकार तथा संख्या वाले स्थान पाये जाते हैं, जिन्हें सक्रिय स्थल (active site) कहते हैं, इन पर निश्चित संरचना वाले यौगिक ही अस्थायी बन्धों द्वारा जुड़ते हैं।

एन्जाइम एक अभिक्रिया की संक्रियण ऊर्जा (activation energy) को कम कर अभिक्रिया की गति को बढ़ाते हैं। क्रियाधार की सान्द्रता, जिस पर एन्जाइम द्वारा उत्प्रेरित रासायनिक अभिक्रिया अपनी अधिकतम गति को 50% प्राप्त कर लेती हैं, माइकेलिस स्थिराँक (Michaclis constant) कहलाती है। यह सामान्यतया 10^{-1} से 10^{-6} के मध्य होती है।

फिशर (Fischer; 1890) ने एन्जाइम की विशिष्टता के आधार पर **ताला-चाबी परिकल्पना** (lock-key theory) या **टेम्पलेट वाद** (template theory) प्रस्तुत किया, जिसके अनुसार, 'एन्जाइम के विशिष्ट सक्रिय स्थल (active site) से विशिष्ट क्रियाधार ही जुड़ता है।'

कोशलैण्ड (Koshland; 1960) की **प्रेरित फिट परिकल्पना** (induced fit theory) के अनुसार जब एन्जाइम क्रियाधार से संयोग करता है, तो उसकी संरचना में सूक्ष्म ज्यामितीय परिवर्तन (geometric alteration) होते हैं और एन्जाइम की क्रिया द्वारा उत्पाद (product) का निर्माण होता है।

अभ्यास प्रश्नावली

1. 'विटामिन' शब्द प्रतिपादित किया था
(a) लुनिन ने (b) फुंक ने
(c) एडीसन ने (d) डुरूमण्ड ने

2. निम्न में से कौन सा रोग विटामिन-A की कमी से नहीं होता है?
(a) निक्टेलोपिया (b) रतौंधी
(c) जीरोफ्थैलमिया (d) रिकेट्स

3. घाव के भरने में कौन-सा विटामिन सहायक होता है?
(a) A (b) D
(c) B (d) C

4. एन्जाइम होते हैं
(a) कार्बोहाइड्रेट्स (b) प्रोटीन्स
(c) सेलुलोज (d) वसा

5. एन्जाइमों के सम्बन्ध में निम्नलिखित में से असत्य कथन है?
(a) एन्जाइमों को अधिकतम सक्रियता के लिए इष्टतम pH की आवश्यकता होता है
(b) अधिक तापमान पर एन्जाइमों का विकृतिकरण हो जाता है किन्तु अपवाद स्वरूप कुछ जीवों में ये 80-90°C पर भी क्रियाशील होते हैं
(c) एन्जाइम अत्यन्त विशिष्ट होते हैं
(d) अधिकांश एन्जाइम प्रोटीन होते हैं किन्तु कुछ लिपिड भी होते हैं

6. उस वैज्ञानिक का नाम क्या है, जिसने सर्वप्रथम एन्जाइम यूरिएज को जैक बीन (*केनावेलिया एन्सीफोर्मस*) से पृथक् व शुद्ध किया था
(a) कुहने (1826) (b) हायाशी (1826)
(c) कुरोसावा (1926) (d) समनर (1926)

7. कोएन्जाइम की खोज किसने की?
(a) समनर ने (b) लिपमेन ने
(c) मेयर हॉफ ने (d) बुचनर ने

8. वह एन्जाइम, जो स्टार्च का जल-अपघटन कर माल्टोज में परिवर्तित कर देता है, कहलाता है
(a) लैक्टेज (b) प्रोटिएज
(c) माल्टेज (d) एमाइलेज

9. लाइसोजाइम्स कहां पाए जाते हैं?
(a) लार और आसुओं दोनों में (b) आसुओं में
(c) लार में (d) माइटोकॉण्ड्रिया में

10. किसके अणुओं के रासायनिक बन्धन से एन्जाइम का निर्माण होता है?
(a) कार्बोहाइड्रेट्स (b) अमीनो अम्ल
(c) लाइपेजेज (d) CO_2

11. एन्जाइम्स संवेदनशील होते हैं
(a) वर्षा के प्रति (b) प्रकाश के प्रति
(c) pH के प्रति (d) वायु वेग के प्रति

12. निम्न में से कौन-सा पोरफायरिन कोएन्जाइम है?
(a) साइटोक्रोम (b) FAD
(c) Co-A (d) NAD

13. प्रकाश-संश्लेषण तथा कोशिकीय श्वसन की अभिक्रियाओं के उत्प्रेरक साइटोक्रोम ऑक्सीडेस एन्जाइमों में कौन-से खनिज होते हैं?
(a) लौह तथा ताँबा (b) कैल्शियम तथा लौह
(c) सोडियम तथा कैल्शियम (d) कैल्शियम तथा मैग्नीशियम

14. किण्वन द्वारा एल्कोहॉल निर्माण की प्रक्रिया में किस एन्जाइम का उपयोग किया जाता है?
(a) इन्वर्टेस (b) लाइपेस
(c) एमाइलेस (d) जाइमेस

15. कॉपर की कमी से होता है
(a) पेलाग्रा
(b) एनीमिया तथा केन्द्रीय तन्त्रिका मन्त्र को हानि
(c) इन्फ्लूएन्जा
(d) जीरोफ्थैलमिया

16. किसकी अनुपस्थिति में अस्थियों में Ca की कमी हो जाती है?
(a) विटामिन-B (b) विटामिन-E
(c) विटामिन-C (d) विटामिन-D

17. C, H, O के अलावा निम्नलिखित में से किसमें N, S, P, आदि भी पाए जाते हैं?
(a) प्रोटीन (b) वसा
(c) कार्बोहाइड्रेट (d) विटामिन

18. स्कर्वी रोग किस विटामिन की कमी से होता है?
(a) A (b) C
(c) B_{12} (d) E

19. निम्न में से कौन-सा विटामिन बैक्टीरिया द्वारा आंत्र में स्रावित होता है?
(a) B_1 (b) D
(c) K (d) C

20. जाइमोजन्स हैं
(a) स्टार्च पर क्रिया करने वाला एन्जाइम
(b) जाइमेज एन्जाइम का समूह
(c) निष्क्रिय एन्जाइम प्रीकर्सर
(d) उपरोक्त में से कोई नहीं

21. नाइट्रेट रिडक्टेस एन्जाइम किसके संश्लेषण में भाग लेता है?
(a) N_2 (b) NO_2
(c) NO_3 (d) अमोनिया

22. कौन-सा एन्जाइम अरण्डी के बीजों में संचित भोज्य-पदार्थ का पाचन करता है?
(a) लाइपेज (b) एमाइलेज
(c) डायस्टेज (d) प्रोटिएज

23. एन्जाइम क्रिया करते हैं
(a) सक्रियण ऊर्जा घटाकर (b) सक्रियण ऊर्जा बढ़ाकर
(c) pH घटाकर (d) pH बढ़ाकर

24. प्रोटीन द्वारा निर्मित एन्जाइम के भाग को कहते हैं
(a) होलोएन्जाइम (b) एपोएन्जाइम
(c) कोएन्जाइम (d) इनमें से कोई नहीं

25. निम्न में से किस एन्जाइम में मॉलिब्डेनम (Mo) प्रोस्थेटिक समूह के रूप में होता है?
(a) फॉस्फेटेज (b) डीहाइड्रोजीनेस
(c) आइसोमेरेस (d) नाइट्रेट रिडक्टेस

26. निम्न में से कौन-सा कोएन्जाइम है?
(a) निकोटिनेमाइड (b) राइबोफ्लेविन
(c) पेन्टोथेनिक अम्ल (d) ये सभी

27. एन्जाइम की क्रियाविधि के लिए ताला-चाबी परिकल्पना किसने दी थी?
(a) फिशर (b) जैकोब
(c) कोशलैण्ड (d) समनर

28. एन्जाइम निम्न में से किसमें अनुपस्थित होते हैं?
(a) शैवाल (b) कवक
(c) जीवाणु (d) विषाणु

29. लेक्टेट डीहाइड्रोजिनेज (LDH) जो पाइरुवेट को उत्प्रेरित कर लेक्टेट बनाता है, किसका उदाहरण है?
(a) एपोएन्जाइम का
(b) एन्टीएन्जाइम का
(c) आइसोएन्जाइम का
(d) कोएन्जाइम का

30. FAD या FMN कोएन्जाइम हैं, इनकी रचनाओं में कौन-सा विटामिन समावेशित है
(a) विटामिन-C (b) विटामिन-B_1
(c) विटामिन-B_6 (d) विटामिन-B_2

31. बेरी-बेरी रोग किसकी कमी से होता है?
(a) विटामिन-A (b) विटामिन-B_1
(c) विटामिन-B_{12} (d) विटामिन-K

32. लार में पाया जाने वाला एन्जाइम है
(a) पेप्सिन (b) टायलिन
(c) ट्रिप्सिन (d) काइमोट्रिप्सिन

33. स्टेरॉइड हॉर्मोन तथा विटामिन-D का निर्माण होता है
(a) अमीनो अम्लों से (b) स्टेरॉल से
(c) वसाओं से (d) प्रोटीन्स से

34. रुधिर स्कन्दन हेतु आवश्यक विटामिन है
(a) विटामिन-A (b) विटामिन-B
(c) विटामिन-E (d) विटामिन-K

35. एन्जाइम शब्द का प्रयोग सर्वप्रथम किया था
(a) जे बी सुमनर (b) कुहने
(c) गार्नियर (d) रॉबर्ट हुक

36. एन्जाइम सम्मिश्र को कहते हैं
(a) होलोएन्जाइम (b) एपोएन्जाइम
(c) कोएन्जाइम (d) प्रोस्थेटिक समूह

37. पेलाग्रा रोग किस विटामिन की निरन्तर कमी से होता है?
(a) फोलिक अम्ल (b) थायमीन
(c) नियासिन (d) एस्कॉर्बिक अम्ल

38. हमारे शरीर में यकृत में संग्रहित होता है
(a) विटामिन-B_{12} (b) विटामिन-A
(c) विटामिन-D (d) ये सभी

39. वयस्क में ऑस्टिओमैलेसिया (osteomalacia) किसकी कमी से होता है?
(a) विटामिन-K (b) विटामिन-D
(c) विटामिन-C (d) विटामिन-E

➜ उत्तरमाला

1. (b)	**2.** (d)	**3.** (d)	**4.** (b)	**5.** (d)	**6.** (d)	**7.** (b)	**8.** (d)	**9.** (a)	**10.** (b)
11. (c)	**12.** (a)	**13.** (a)	**14.** (d)	**15.** (b)	**16.** (d)	**17.** (a)	**18.** (b)	**19.** (a)	**20.** (c)
21. (b)	**22.** (a)	**23.** (a)	**24.** (b)	**25.** (d)	**26.** (d)	**27.** (a)	**28.** (d)	**29.** (c)	**30.** (d)
31. (b)	**32.** (b)	**33.** (b)	**34.** (d)	**35.** (b)	**36.** (a)	**37.** (c)	**38.** (d)	**39.** (b)	

23

लिपिड्स
Lipids

वसाएँ या लिपिड्स (Lipids)

ये कार्बन, हाइड्रोजन तथा ऑक्सीजन के बने कार्बनिक यौगिक हैं, जिनमें ऑक्सीजन की प्रतिशत मात्रा कार्बन से कम होती है। यह पानी में अघुलनशील परन्तु कार्बनिक घोलकों; जैसे–ईथर, क्लोरोफार्म, आदि में घुल जाते हैं। लिपिड्स में सभी वसाओं, तेल तथा वसा के समान चिकने पदार्थ; जैसे– मक्खन, कॉलेस्टेरॉल का समावेश किया गया है। कुछ लिपिड्स में N, S तथा P भी पाए जाते हैं। 'लिपिड' शब्द का सर्वप्रथम प्रयोग ब्लोर (सन् 1943) नामक वैज्ञानिक ने किया था। इनका सामान्य सूत्र $C_nH_{2n}O_2$ है। पादप वर्णक; जैसे–गाजर का कैरोटीन, टमाटर का लाइकोपीन, विटामिन-A, E तथा K मेन्थॉल एवं *यूकैल्पिटस* तेल, आदि भी लिपिड्स हैं।

रासायनिक दृष्टि से लिपिड्स वसीय अम्लों तथा ग्लिसरॉल के एस्टर या ग्लिसरॉइड्स होते हैं। लिपिड का एक अणु तीन वसीय अम्लों के अणु तथा एक ग्लिसरॉल के अणु के मिलने से बनता है।

लिपिड्स का वर्गीकरण (Classification of Lipids)

सभी प्रकार के लिपिड्स को तीन वर्गों में बाँटा जा सकता है

(i) सरल लिपिड्स (Simple Lipids)

यह एल्कोहॉलो व वसीय अम्लो के यौगिक होते है। ग्लिसरॉल वसाओ मे पाए जाने वाला सरल एल्कोहॉल है। उदाहरण–तेल, वसा, मोम।

वसाएँ सामान्य ताप पर ठोस होते हैं और इनमें संतृप्त वसीय अम्ल पाए जाते हैं, यह सभी जन्तुओं में पाए जाते हैं।

मोम ग्लिसरॉल के अलावा दूसरे एल्कोहॉलों के साथ वसीय अम्लों के एस्टर्स होते हैं। यह लम्बी शृंखला वाले वसीय अम्लों एवं लम्बी श्रृंखला वाले एल्कोहॉल के संयोग से बनते हैं। मधुमक्खियों द्वारा स्रावित मोम भी एक लिपिड है, जो मिरिसिल एल्कोहॉल तथा पामिटिक अम्ल के मिलने से बनता है, इसे मिरिसिल पामिटेट कहते हैं। यह जन्तुओं के जननांगों तथा त्वचा की स्वेद ग्रन्थियों में पाए जाते हैं। यह बालों व त्वचा पर एक पर्त बनाते हैं, जिससे इन पर जल का प्रभाव नहीं पड़ता है।

(ii) जटिल या संयुग्मित लिपिड्स (Complex or Conjugated Lipids)

इनमें वसीय अम्लों तथा एल्कोहॉल के अतिरिक्त अन्य सक्रिय रासायनिक समूह भी पाए जाते हैं।

उदाहरण–फॉस्फोलिपिड्स, ग्लाइकोलिपिड्स तथा क्रोमोलिपिड्स।

(iii) व्युत्पन्न लिपिड्स (Derived Lipids)

यह सरल व जटिल लिपिड्स के जलीय अपघटन से प्राप्त होते हैं। उदाहरण–कोलेस्टेरॉल, एर्गोस्टेरॉल, स्टीग्मास्टेरॉल।

वसीय अम्ल (Fatty Acids)

इनका सामान्य सूत्र $CH_3(CH_2)n\,COOH$ (n = वसीय अम्ल में कार्बन परमाणु की संख्या) है। वसीय अम्ल लिपिड के छोटे अणु हैं, जो लम्बी कार्बन व हाइड्रोजन शृंखलाओं के बने होते हैं, इनके एक सिरे पर कार्बोक्सिल समूह (—COOH) पाया जाता है। अधिकतर पादप सभी वसीय अम्ल का निर्माण करते हैं, परन्तु जन्तु कुछ वसीय अम्लों;

जैसे–लिनोलिक अम्ल, लिनोलेनक अम्ल तथा एराकिडोनिक अम्ल के अतिरिक्त बाकी वसीय अम्लों का निर्माण कर सकते हैं। इसलिए इन तीन वसीय अम्लों को **आवश्यक वसीय अम्ल** (Essential Fatty Acid– EFA) कहते हैं।

इन आवश्यक वसीय अम्ल को मनुष्य के भोजन में उपस्थित होना चाहिए। इनकी कमी से नपुंसकता, वृक्कों का खराब होना तथा वृद्धि में कमी हो सकती है। यह आवश्यक वसीय अम्ल सभी खाद्य तेलों में पाए जाते हैं; जैसे–सूरजमुखी का तेल, नारियल का तेल, मूँगफली का तेल।

वसीय अम्ल के प्रकार (Types of Fatty Acids)

वसीय अम्ल दो प्रकार के होते हैं

(i) **संतृप्त वसीय अम्ल** (Saturated fatty acids) इनमें कार्बन शृंखलाओं में कार्बनों के बीच एक भी दोहरे बन्ध नहीं पाए जाते हैं। इनका गलनांक अधिक होता है तथा इनमें 16 या 18 कार्बन होते हैं; जैसे–पालमिटिक अम्ल ($C_{16}H_{32}O_2$), स्टीयरिक अम्ल, ब्यूटाइरिक अम्ल तथा केपरॉइक अम्ल।

(ii) **असंतृप्त वसीय अम्ल** (Unsaturated fatty acids) इनमें कार्बन शृंखलाओं के कार्बनों के बीच में एक या एक से अधिक द्विबन्ध बन्ध पाए जाते हैं। इनका गलनांक संतृप्त वसीय अम्लों से कम होता है। इनका सामान्य सूत्र $C_nH_{2n-2}O_2$ (जब एक द्विबन्ध बन्ध हो), ओलिक अम्ल $C_nH_{2n-4}O_2$ (जब दो द्विबन्ध बन्ध हों), लिनोलिक अम्ल $C_nH_{2n-6}O_2$ (जब तीन द्विबन्ध बन्ध हो), लिनोलेनिक अम्ल तथा एराकिडोनिक। $C_nH_{2n-8}O_2$ (जब चार द्विबन्ध बन्ध हो)।

ऐसे वसीय अम्ल, जिनमें दो या दो से अधिक द्विबन्ध बन्ध होते हैं, उन्हें बहुअसंतृप्त अम्ल (PUFA) कहते हैं। बहुअसंतृप्त वसीय अम्लों वाली

वसाओं के उपयोग से रुधिर में कोलेस्टेरॉल की मात्रा में कमी आती है। इसलिए चिकित्सक हृदय रोग या उच्च रुधिर चाप से पीड़ित रोगियों या ऐसे व्यक्तियों को जिनके रुधिर में कोलेस्टेरॉल की मात्रा अधिक होती है, असंतृप्त वसाओं से युक्त भोजन लेने का परामर्श देते हैं। उदाहरण– सूरजमुखी का तेल, सोयाबीन का तेल, कुसुम का तेल।

कुछ लिपिड्स सामान्य ताप (20°C) पर द्रव के रूप में रहते हैं। इन्हें तेल कहते हैं। इनमें असंतृप्त वसाएँ पाई जाती हैं, जो लिपिड्स सामान्य ताप पर ठोस अवस्था में रहते हैं। इन्हें वसा (fats) कहते हैं। इनमें संतृप्त उच्चतर वसीय अम्ल पाए जाते हैं।

तेलों या असंतृप्त वसाओं में जब निकिल उत्प्रेरक (catalyst) की उपस्थिति में हाइड्रोजन गैस प्रवाहित की जाती है, तो यह संतृप्त वसाओं में बदल जाते हैं, जिन्हें वनस्पति घी कहते हैं तथा इस क्रिया को **हाइड्रोजनीकरण** कहते हैं।

फॉस्फोलिपिड्स (Phospholipids)

इनमें वसीय अम्ल, ग्लिसरॉल, फॉस्फोरिक अम्ल तथा कार्बनिक नाइट्रोजनी क्षार होते हैं। यह सभी कोशिकाओं व कोशिका झिल्ली में पाए जाते हैं।

लेसिथिन्स (Lecithins) यह फॉस्फोलिपिड अण्डा, यकृत, गुर्दा, दूध तथा सोयाबीन में पाया जाता है। इसमें ग्लिसरॉल के एक अणु से वसीय अम्लों के दो अणु और नाइट्रोजीनस क्षारक युक्त फॉस्फोरिक अम्ल का एक अणु संयुक्त रहता है।

सिफैलिन्स में कोलीन नामक नाइट्रोजनी क्षारक के स्थान पर एथेनॉल एमीन पाया जाता है। यह मस्तिष्क तथा सोयाबीन में पाया जाता है। यह रुधिर के थक्का बनने में सहायता करता है।

स्टेरॉइड्स या स्टेरॉल्स (Steroids or Sterols)

यह स्टेरॉइड हॉर्मोन, विटामिन-D तथा कोशिका झिल्ली के बनने में प्रयुक्त होते हैं। यह मोम के समान होते हैं। एर्गोस्टेरॉल, स्टिग्मास्टेरॉल, स्पिनोस्टेरॉल तथा साइटेस्टेरॉल, आदि पादप में पाए जाने वाले तथा कोलेस्टेरॉल जन्तुओं में पाए जाने वाले स्टीरॉइड्स हैं।

कोलेस्ट्रॉल ($C_{27}H_{45}OH$) जन्तुओं, मानव व कुछ पादप; जैसे–आलू में पाया जाता है। यह अघुलनशील अवस्था में धमनियों तथा शिराओं की दीवार की आन्तरिक स्तर पर जमा होकर उनकी गुहा को संकरा कर देता है, जिसके कारण रुधिर दाब बढ़ जाता है। इसलिए डॉक्टरों द्वारा हृदय के मरीजों को वसा या तेल कम खाने की सलाह दी जाती है। कोलेस्टेरॉल हमारे शरीर के लिए आवश्यक हॉर्मोन; जैसे–प्रोजेस्टेरॉन, टेस्टोस्टेरॉन, कार्टीसोल, आदि के संश्लेषण में सहायक है।

स्टीरॉइड डायसजेनिन को पादप *डायोस्कोरिया* से प्राप्त किया जाता है, जिसे गर्भ निरोधक की तरह प्रयोग किया जाता है। स्टीरॉइड डिजिटेलिस पादप *डिजिटेलिस परपुरिया* की पत्तियों से प्राप्त किया जाता है, जिसे हृदय की बीमारी में प्रयोग करते हैं।

अभ्यास प्रश्नावली

1. कोशिका में विद्यमान विभिन्न प्रकार से समस्त अणुओं के संग्रह को कहते हैं
(a) कोशिकीय पदार्थ (b) कोशिकीय कुण्ड
(c) कोशिकीय ऊर्जा (d) इनमें से कोई नहीं

2. विधुतरोधी तन्त्रिका कोशिका के अन्तर्गत माएलिन आच्छदन में पाया जाता है
(a) लेसाइथिन (b) सिफैलिन
(c) स्फिगोमाएलिन (d) ये सभी

3. लेसाइथिन की कमी से
(a) रुधिर स्कन्दन प्रभावित होता है
(b) यकृत सम्बन्धित रोग होता है
(c) डाइबिटीज होता है
(d) ये सभी

4. वसीय अम्ल के एस्टर कहलाते हैं
(a) ग्लिसरॉइड्स (b) एसाइल ग्लिसरॉइड
(c) उदासीन वसा (d) ये सभी

5. घी व मक्खन में पाए जाते हैं
(a) संतृप्त वसीय अम्ल (b) असंतृप्त वसीय अम्ल
(c) अमीनो अम्ल (d) ये सभी

6. आवश्यक वसीय अम्ल है
(a) पामिलिक अम्ल (b) ओलिक अम्ल
(c) स्टीयरिक अम्ल (d) लिनोलिक अम्ल

7. निम्न में से कौन-सा आवश्यक वसीय अम्ल नहीं है?
(a) स्टीयरिक अम्ल
(b) लिनोलिक अम्ल
(c) लिनोलेनिक अम्ल
(d) एराकिडोनिक अम्ल

8. संतृप्त वसीय अम्ल युक्त वसा साधारण ताप पर होती है
(a) द्रव (b) ठोस
(c) ठोस एवं द्रव (d) इनमें से कोई नहीं

9. खाद्य तेलों में पाया जाता है
(a) संतृप्त वसीय अम्ल
(b) असंतृप्त वसीय अम्ल
(c) अमीनो अम्ल
(d) कार्बोक्सिलिक अम्ल

10. लेसिथीन है
(a) कोमालिपिड (b) ग्लाइकोलिपिड
(c) अमीनो लिपिड (d) फॉस्फोलिपिड

11. सबसे जरुरी आवश्यक वसा अम्ल है
(a) लिनोलिक अम्ल (b) लिनोलेनिक अम्ल
(c) एराकिडोनिक अम्ल (d) इनमें से कोई नहीं

12. निम्न में से कौन-सा पदार्थ व्युत्पन्न लिपिड नहीं है?
(a) विटामिन-A (b) कोलेस्टेरॉल
(c) नर हॉर्मोन (d) सिफैलिन

13. ट्राइ-ओलीइन को ट्राइ-स्टिऐरिन में किस विधि द्वारा बदलते हैं?
(a) जल-अपघटन (b) हाइड्रोजनीकरण
(c) हाइड्रेशन (d) विहाइड्रोजनीकरण

14. प्राणियों में लिपिड संग्रहित रहता है
(a) अस्थि मज्जा में (b) तन्त्रिका ऊतक में
(c) (a) व (b) दोनों में (d) इनमें से किसी में नहीं

15. निम्न में से किस फॉस्फोलिपिड में ग्लिसरॉल नहीं पाया जाता है?
(a) लेसाइथिन (b) सिफैलिन
(c) फॉस्फोटिडिल सेरीन (d) स्फिन्गोमाएलिन्स

16. स्तनियों के लिए आवश्यक वसीय अम्ल होते हैं
(a) लिनोलिक एवं ग्लूटामिक अम्ल
(b) लिनोलिनिक अम्ल एराकिडिक
(c) लिनोलिक तथा एराकिडोनिक
(d) एराकिडोनिक तथा एराकिडिक

17. जीव जन्तुओं तथा पौधों में सबसे महत्त्वपूर्ण आरक्षित खाद्य है
(a) वसा (b) विटामिन
(c) प्रोटीन (d) कार्बोहाइड्रेट

18. रुधिर स्कन्दन के लिए आवश्यक वसा है
(a) लैसाइथिन्स
(b) सिफैलिन
(c) फॉस्फोटिडिल सेरीन
(d) फॉस्फोटिडिल इनोसिटोल

19. सबसे अधिक ऊर्जा किस यौगिक में पाई जाती है?
(a) कार्बोहाइड्रेट (b) वसा
(c) प्रोटीन (d) विटामिन्स

20. लिनोलेनिक अम्ल असंतृप्त वसीय अम्ल है, जिसका उत्तम स्रोत है
(a) कपास का तेल
(b) मूँगफली का तेल
(c) सूरजमुखी का तेल
(d) नारियल का तेल

21. वसा है
(a) एस्टर (b) अम्ल
(c) एल्कोहॉल (d) हाइड्रोकार्बन

22. क्रोमोलिपिड का उदाहरण है
(a) सेरीब्रोसाइड एवं गैंग्लिओसाइड
(b) लेसाइथिन एवं सिफेलिन
(c) कैरोटीन्स एवं जैन्थोफिन्स
(d) प्लाज्मेलोजेन्स एवं स्फिंगोमाएलिन्स

23. वसा में अधिकांशतया पाया जाने वाला एल्कोहॉल अणु है
(a) मिथाइल एल्कोहॉल (b) स्फिगोंसीन
(c) इथाइल एल्कोहॉल (d) ग्लिसरॉल

24. निम्नलिखित में कौन-सा यौगिक लिपिड नहीं है?
(a) सिफैलिन (b) लेसिथिन
(c) लाइसीन (d) सेरीब्रोसाइड

25. ग्राम वसा के ऑक्सीकरण से कितनी ऊर्जा प्राप्त होती है?
(a) 4.1 कि कै (b) 4.8 कि कै
(c) 9.3 कि कै (d) 9.8 कि कै

26. एराकिडोनिक अम्ल है
(a) अनावश्यक वसीय अम्ल (b) बहुअसंतृप्त वसीय अम्ल
(c) (a) व (b) दोनों (d) इनमें से कोई नहीं

27. स्तनधारियों में ऊष्मारोधी पदार्थ का कार्य करते हैं
(a) प्रोटीन (b) वसा
(c) कार्बोहाइड्रेट्स (d) न्यूक्लिक अम्ल

28. वसा के β-ऑक्सीकरण के लिए महत्त्वपूर्ण पदार्थ है
(a) ग्लूकोज (b) एसीटिल Co-A
(c) ग्लाइकोजन (d) वसा अम्लों के Co-A

➔ उत्तरमाला

1. (b) **2.** (c) **3.** (b) **4.** (d) **5.** (a) **6.** (d) **7.** (a) **8.** (c) **9.** (b) **10.** (d)
11. (a) **12.** (d) **13.** (b) **14.** (d) **15.** (d) **16.** (c) **17.** (a) **18.** (b) **19.** (b) **20.** (c)
21. (a) **22.** (c) **23.** (d) **24.** (c) **25.** (c) **26.** (b) **27.** (b) **28.** (d)

24

ग्लाइकोलाइसिस, क्रैब्स चक्र एवं इलेक्ट्रॉन परिवहन तन्त्र

Glycolysis, Krebs Cycle and ETS

कोशिकीय श्वसन (Cellular Respiration)

कोशिकीय श्वसन जीवित कोशिकाओं में होने वाली वह ऑक्सीकरण क्रिया है, जिसमें विभिन्न जटिल कार्बनिक पदार्थों; जैसे–कार्बोहाइड्रेट, प्रोटीन, वसा, आदि के अपघटन से कार्बन डाइऑक्साइड तथा जल मुक्त होते हैं, व उर्जा उत्पन्न होती है। यह ऊर्जा विभिन्न शारीरिक क्रियाओं के लिए ATP के रूप में संचित हो जाती है।

$$C_6H_{12}O_6 + 6O_2 \rightarrow 6CO_2 + 6H_2O + 686 \text{ कि कै } (38 \text{ ATP})$$

श्वसन क्रिया ग्लूकोज से प्रारम्भ होती है। यह ग्लाइकोलाइसिस एवं वायवीय अथवा अवायवीय ऑक्सीकरण में विभाजित होती है। ग्लाइकोलाइसिस प्रक्रिया दोनों ऑक्सी एवं अनॉक्सी श्वसन में उभयनिष्ठ (समान) होती है।

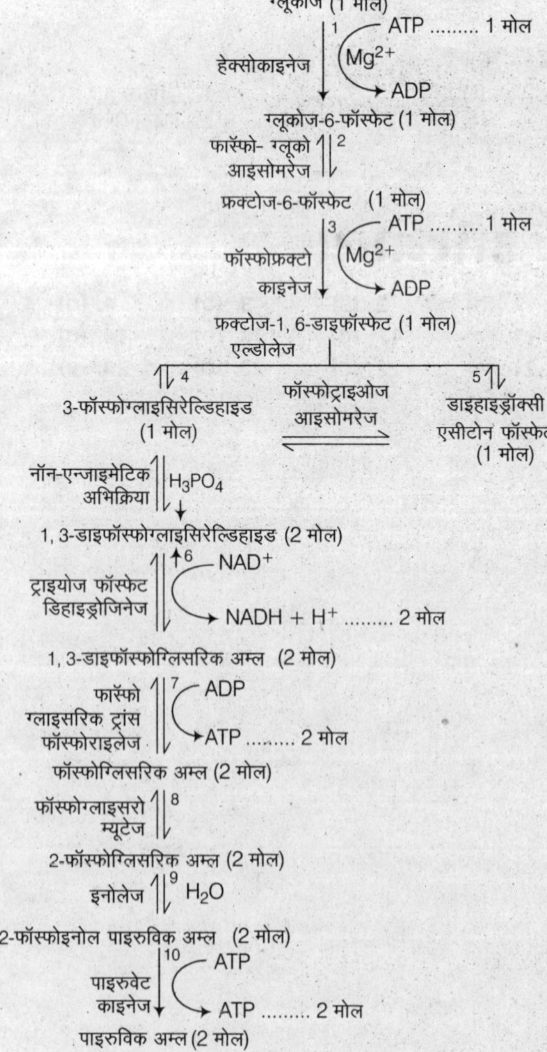

ग्लाइकोलाइसिस (Glycolysis)

एम्बडेन (Embden), मेयरहॉफ (Meyerhoff) तथा पारनास (Parnas) ने ग्लाइकोलाइसिस के विभिन्न पदों की खोज की, इसलिए इसे EMP पथ भी कहते हैं। यह क्रिया **कोशिकाद्रव्य** (cytoplasm) में पूर्ण होती है।

ग्लाइकोलाइसिस की क्रिया में निम्नलिखित तीन चरण होते हैं

(i) शर्करा का फॉस्फोरिलीकरण (phosphorylation of sugar)।

(ii) शर्करा के विदलन (splitting) से 3-कार्बन युक्त दो अणुओं का निर्माण।

(iii) पाइरुविक अम्ल का निर्माण।

चरण 1, 3 तथा 10 को छोड़कर ग्लाइकोलाइसिस के अन्य चरण **उत्क्रमणीय** (reversible) होते हैं।

ग्लाइकोलाइसिस में ग्लूकोज के एक अणु से

(i) पाइरुविक अम्ल के दो अणु बनते हैं।

(ii) ATP के चार अणु (चरण 7 एवं 10 में) बनते हैं तथा 2 अणु (चरण 1 व 3 में) खर्च होते हैं अर्थात् शुद्ध लाभ 2 ATP होता है।

(iii) $NADH+H^+$ के दो अणु बनते हैं।

ग्लाइकोलाइसिस की क्रिया में कार्बन डाइऑक्साइड उत्पन्न नहीं होती।

पाइरुविक अम्ल का वायवीय ऑक्सीकरण (Aerobic Oxidation of Pyruvic Acid)

कोशिकाद्रव्य में उत्पन्न हुआ पाइरुविक अम्ल माइटोकॉण्ड्रिया में प्रवेश करता है, जहाँ पर O_2 की उपस्थिति में इसका वायवीय ऑक्सीकरण होता है।

एसीटाइल Co-A का निर्माण (Formation of Acetyl Co-A)

माइटोकॉण्ड्रिया में पाइरुविक अम्ल का **ऑक्सीकीय विकार्बोक्सिलीकरण** (oxidative decarboxylation) तथा **विहाइड्रोजनीकरण** (dehydrogenation) होता है। पाइरुविक अम्ल Co-A से मिलकर एसीटाइल Co-A बनाता है।

इस क्रिया में पाँच सहकारकों (cofactors) Mg^{2+}, थायमीन पाइरोफॉस्फेट (TPP), NAD^+, Co-A तथा लिपोइक एसिड (lipoic acid) की आवश्यकता होती है।

इसके अन्तर्गत 6 ATP अणुओं ($2NADH + H^+ = 2 \times 3$) का लाभ होता है।

यह क्रिया ग्लाइकोलाइसिस एवं क्रैब्स चक्र के बीच **संयोजी कड़ी** (connecting link) का कार्य करती है।

$$\text{पाइरुविक अम्ल} + \text{Co-A·SH} + NAD^+ \xrightarrow[\text{डीहाइड्रोजिनेज}]{\text{पाइरुविक अम्ल}} \text{एसीटाइल S·Co-A} + NADH + H^+ + CO_2$$

इलेक्ट्रॉन परिवहन तन्त्र (Electron Transport System–ETS)

क्रैब्स चक्र की ऑक्सीकरण क्रिया में डीहाइड्रोजिनेज (dehydrogenase) एन्ज़ाइम विभिन्न क्रियाधारों से हाइड्रोजन तथा इलेक्ट्रॉन के जोड़े निकालते हैं, जो कुछ मध्यस्थ वाहकों (carriers) द्वारा होते हुए ऑक्सीजन से मिलकर जल का निर्माण करते हैं।

माइटोकॉण्ड्रिया के ऑक्सीसोम या F_0-F_1 कण में सहकारकों (coenzymes) तथा साइटोक्रोम की श्रेणी को इलेक्ट्रॉन अभिगमन तन्त्र कहते हैं।

साइटोक्रोम (cytochromes) इलेक्ट्रॉन अभिगमन (परिवहन) तन्त्र में बढ़ते हुए ऑक्सीकरण-अपचयन विभव (redox potential) के अनुसार व्यवस्थित होते हैं तथा इलेक्ट्रॉन का स्थानान्तरण उच्च वैद्युत ऋणात्मक ऑक्सीकरण-अपचयन विभव से उच्च वैद्युत धनात्मक ऑक्सीकरण-अपचयन विभव की ओर होता है। साइटोक्रोम-a_3 अन्तिम साइटोक्रोम है, इसमें Fe^{2+} तथा Cu^{2+} दोनों उपस्थित होते हैं।

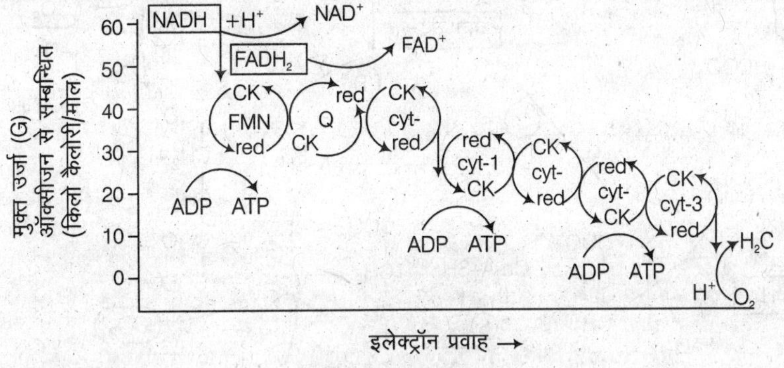

इलेक्ट्रॉन अभिगमन तन्त्र

क्रैब्स चक्र (Krebs Cycle)

इस क्रिया की खोज हैन्स क्रैब्स (Hans Krebs; 1937) ने की जिसके लिए सन् 1953 में इन्हें नोबेल पुरस्कार दिया गया।

माइटोकॉण्ड्रिया में घटित इस क्रिया में विभिन्न अभिक्रियाओं की एक श्रृंखला के फलस्वरुप एसीटाइल Co-A का पूर्ण ऑक्सीकरण होता है और H_2O, CO_2, $NADH + H^+$ तथा ATP उत्पन्न होते हैं। क्रैब्स चक्र में पाइरुविक अम्ल के एक अणु के पूर्ण ऑक्सीकरण द्वारा CO_2 के तीन अणु निकलते हैं।

क्रैब्स चक्र (दो बार) का कुल उर्जा लाभ

6NAD·2H	—	18 ATP
2GTP	—	2 ATP
$2FADH_2$	—	4 ATP
कुल योग	—	24 ATP

ग्लूकोज के एक अणु के ऑक्सीकीय ऑक्सीकरण से कुल 38 ATP (8 ATP ग्लाइकोलाइसिस से, 24 ATP क्रैब्स चक्र से एवं 6 ATP पाइरुविक अम्ल से एसीटाइल Co-A के निर्माण के समय) अणुओं का लाभ होता है।

ग्लूकोज के एक अणु के ऑक्सीकीय ऑक्सीकरण में जल के 10 अणुओं (2 ग्लाइकोलाइसिस एवं 8 क्रैब्स चक्र) का उपयोग तथा 16 अणुओं (4 ग्लाइकोलाइसिस में एवं 12 क्रैब्स चक्र में) का निर्माण होता है।

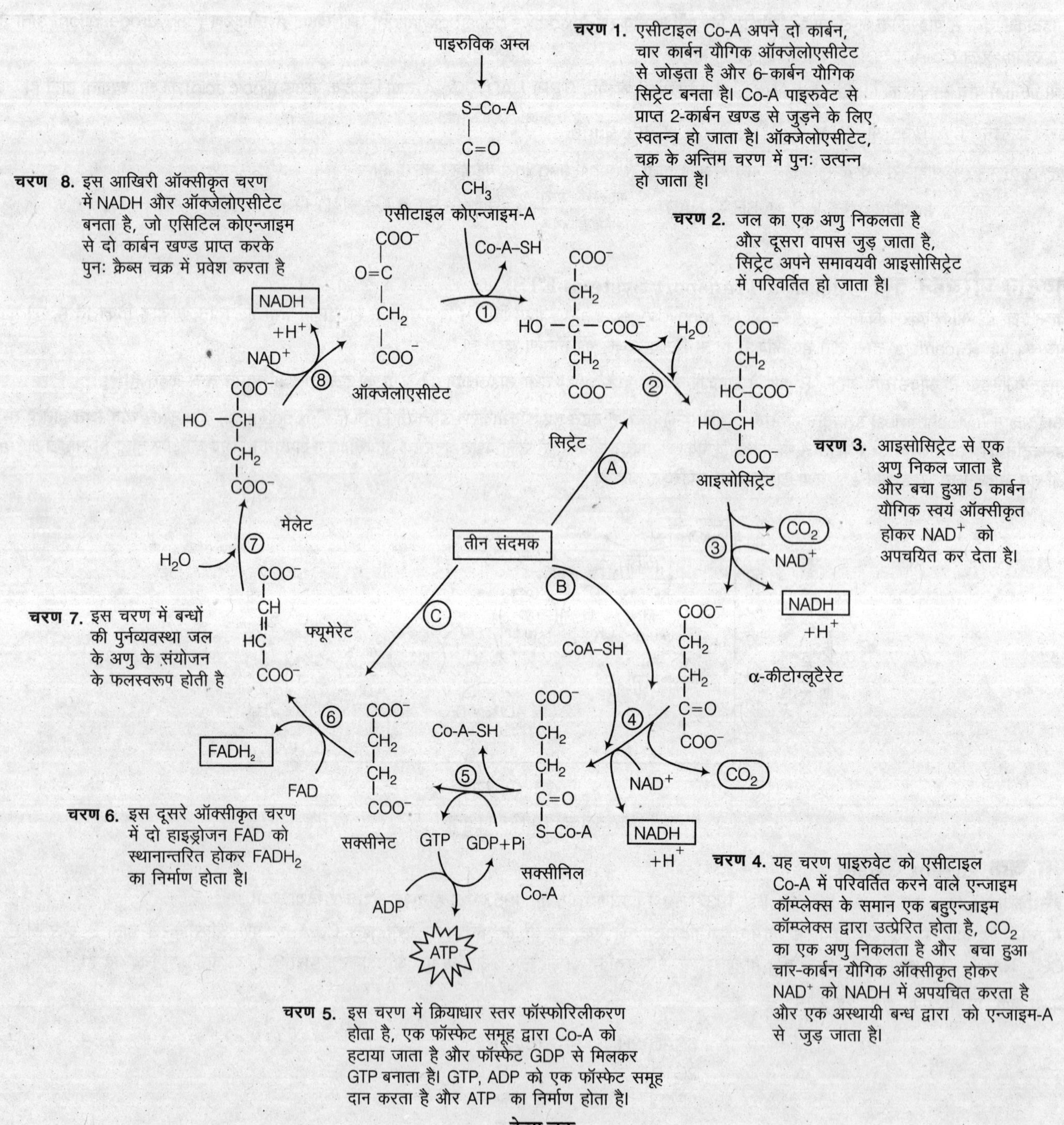

क्रेब्स चक्र

अभ्यास प्रश्नावली

1. श्वसन होता है
(a) प्रकाश में केवल उन कोशिकाओं में जो हरी नहीं होती
(b) प्रकाश एवं अंधेरे दोनों में, उन कोशिकाओं में जो हरी नहीं होती
(c) सभी जीवित कोशिकाओं में प्रकाश एव अंधेरे दोनों में
(d) सभी जीवित कोशिकाओं में केवल प्रकाश में

2. कोशिका में श्वसन का स्थल है
(a) राइबोसोम (b) केन्द्रक
(c) गॉल्जीकाय (d) माइटोकॉण्ड्रिया

3. ग्लाइकोलाइसिस उपस्थित होती है
(a) माइटोकॉण्ड्रिया में (b) कोशिकाद्रव्य में
(c) रिक्तिका में (d) केन्द्रक में

4. कार्बोहाइड्रेट एवं वसा उपापचय या ग्लाइकोलाइसिस, क्रैब्स चक्र एवं वसीय अम्ल के β-ऑक्सीकरण के बीच में कड़ी होती है
(a) एसीटाइल Co-A (b) ऑक्जेलोएसीटेट
(c) सिट्रिक अम्ल (d) पाइरुविक अम्ल

5. यूकैरियोट्स में ग्लूकोज के एक अणु के पूर्ण ऑक्सीकरण द्वारा ATP का शुद्ध लाभ होता है
(a) 20 ATP (b) 36 ATP
(c) 46 ATP (d) 8 ATP

6. अनॉक्सी श्वसन का अन्तिम उत्पाद होता है
(a) ग्लूकोज
(b) पाइरुविक अम्ल
(c) इथाइल एल्कोहॉल तथा CO_2
(d) उपरोक्त से कोई नहीं

7. ऑक्सी श्वसन तथा अनॉक्सी श्वसन की सामान्य अवस्था है
(a) ट्राइकार्बोक्सिलिक अम्ल चक्र
(b) ऑक्सीडेटिव फॉस्फोरिलीकरण
(c) ग्लाइकोलाइसिस
(d) क्रैब्स चक्र

8. जब पाइरुविक अम्ल के एक अणु के अनॉक्सी श्वसन से लैक्टिक अम्ल बनता है, तो
(a) 3 ATP अणु की हानि होती है
(b) 6 ATP अणु की हानि होती है
(c) 2 ATP अणु का लाभ होता है
(d) 4 ATP अणु का लाभ होता है

9. श्वसन के दौरान पाइरुविक अम्ल का निर्माण होता है
(a) ग्लाइकोलाइसिस में (b) क्रैब्स चक्र में
(c) HMP मार्ग में (d) C_2 चक्र में

10. क्रैब्स चक्र होता है
(a) डिक्टियोसोम में
(b) माइटोकॉण्ड्रियल मैट्रिक्स में
(c) लाइसोसोम में
(d) अन्तःप्रद्रव्यी जालिका में

11. ग्लाइकोलाइसिस एवं क्रैब्स चक्र के मध्य कौन-सी कड़ी है?
(a) सिट्रिक अम्ल (b) एसीटाइल Co-A
(c) सक्सीनिक अम्ल (d) ऑक्जेलोएसीटिक अम्ल

12. ग्लाइकोलाइसिस का लक्षण है
(a) प्रोटीन का ग्लूकोज में बदलना
(b) ग्लूकोज का फ्रक्टोज में बदलना
(c) स्टार्च का ग्लूकोज में बदलना
(d) ग्लूकोज का पाइरुविक अम्ल में बदलना

13. क्रैब्स चक्र के सक्सीनेट स्तर पर हटने वाले हाइड्रोजन परमाणु ग्रहण किये जाते हैं
(a) FAD द्वारा (b) ADP द्वारा
(c) ATP द्वारा (d) NAD डी द्वारा

14. कोशिका क्रियाशीलता में ऊर्जा का सामान्य स्रोत है
(a) DNA (b) ATP
(c) RNA (d) NAD

15. श्वसन की सही समीकरण है
(a) $C_6H_{12}O_6 + 6O_2 \longrightarrow 6CO_2 + 6H_2O +$ 686 कि कै ऊर्जा
(b) $C_6H_{12}O_6 + 5O_2 \longrightarrow 5CO_2 + 5H_2O +$ 685 कि कै ऊर्जा
(c) $C_6H_{12}O_6 + 6H_2O \longrightarrow 6O_2 + 6CO_2$
(d) $6O_2 + 6CO_2 \longrightarrow C_6H_{12}O_6 + 6H_2O$

16. EMP पथ के दौरान कुल ATP का उत्पादन होता है
(a) 24 ATP (b) 8 ATP
(c) 38 ATP (d) 6 ATP

17. O_2 विलगन वक्र (O_2 dissociation curve) होता है
(a) सिग्मॉएड (b) ढलान युक्त
(c) सरल रेखीय (d) परवलय

18. माइटोकॉण्ड्रिया में इलेक्ट्रॉन अभिगमन तन्त्र स्थित होता है
(a) बाहरी झिल्ली में (b) अन्तःक्रिस्टी कोष्ठ में
(c) आन्तरिक झिल्ली में (d) मैट्रिक्स में

19. कोशिकीय कार्यपद्धति में जहाँ ऑक्सीजन सीधे ऊर्जा-निर्माण में प्रयुक्त होता है, उसे कहते हैं
(a) ग्लाइकोलाइसिस (b) किण्वन
(c) क्रेब्स चक्र (d) इलेक्ट्रॉन अभिगमन शृंखला

20. मनुष्य की लाल रुधिराणुओं (RBCs) में किस प्रकार का श्वसन पाया जाता है?
(a) वायवीय श्वसन
(b) अवायवीय श्वसन
(c) (a) व (b) दोनों
(d) श्वसन नहीं होता

21. श्वसन क्रिया में फॉस्फेट बन्धक ऊर्जा का सर्वाधिक मात्रा में उत्पादन होता है
(a) अनॉक्सी श्वसन में (b) ग्लाइकोलाइसिस में
(c) क्रैब्स चक्र में (d) इनमें से कोई नहीं

22. माइटोकॉण्ड्रिया में ATP निर्माण के लिए आवश्यकता होती है
(a) O_2 की (b) NADP की
(c) FMN की (d) पाइरुविक अम्ल की

23. एसीटाइल Co-A के एक अणु के पूर्ण ऑक्सीकरण से कितने ATP अणु उत्पन्न होते हैं ?

(a) 12 ATP (b) 15 ATP
(c) 19 ATP (d) 38 ATP

24. पाइरुविक अम्ल के एक अणु के पूर्ण ऑक्सीकरण में निकले ATP अणुओं की संख्या होती है

(a) 2 (b) 8
(c) 15 (d) 30

25. उपापचयी-जल निम्नलिखित क्रिया का उपोत्पाद है

(a) पाचन (b) उत्सर्जन
(c) पेशी सक्रियता (d) ऊतकीय श्वसन

26. साइटोक्रोम किसमें सहायता करता है?

(a) ग्लूकोज के ऑक्सीकरण में
(b) ऊर्जा की विमुक्ति में
(c) इलेक्ट्रॉन के परिवहन में
(d) वृद्धि में

27. सार्वभौमिक हाइड्रोजन ग्राही होता है

(a) ATP (b) FMN
(c) Co-A (d) NAD

28. ETS में, अन्त में इलेक्ट्रॉन जुड़ता है

(a) साइटोक्रोम से (b) H_2 से
(c) O_2 से (d) H_2O से

29. जन्तु कोशिका में ऊर्जायुक्त पदार्थ बनाये जाते हैं

(a) केन्द्रक में
(b) राइबोसोम में
(c) माइटोकॉण्ड्रिया में
(d) कोशिका झिल्ली में

30. ग्लूकोज के 1 ग्राम अणु के पूर्ण ऑक्सीकरण से ऊर्जा प्राप्त होती है

(a) 68,60,000 कैलोरी
(b) 6,86,000 कैलोरी
(c) 68,600 कैलोरी
(d) 6,800 कैलोरी

➔ उत्तरमाला

1. (c)	**2.** (d)	**3.** (b)	**4.** (a)	**5.** (b)	**6.** (c)	**7.** (c)	**8.** (b)	**9.** (a)	**10.** (b)
11. (b)	**12.** (d)	**13.** (a)	**14.** (b)	**15.** (a)	**16.** (b)	**17.** (a)	**18.** (c)	**19.** (d)	**20.** (a)
21. (c)	**22.** (a)	**23.** (a)	**24.** (c)	**25.** (d)	**26.** (c)	**27.** (d)	**28.** (c)	**29.** (c)	**30.** (b)

25

न्यूक्लिक अम्ल एवं प्रोटीन संश्लेषण

Nucleic Acid and Protein Synthesis

न्यूक्लिक अम्ल (Nucleic Acid)

सर्वप्रथम **फ्रेडरिक मिशर** ने पस (pus) कोशिकाओं तथा मछलियों के शुक्राणु से न्यूक्लिक अम्ल को पृथक् करने में सफलता प्राप्त की थी। अधिकाँश जीवधारियों में न्यूक्लिक अम्ल दो रूपों (DNA एवं RNA) में पाया जाता है। DNA तथा RNA दोनों का निर्माण (i) पेन्टोज शर्करा (ii) फॉस्फोरिक अम्ल के अणु तथा (iii) नाइट्रोजीनस क्षारकों के द्वारा होता है।

नाइट्रोजीनस क्षारक दो प्रकार के होते हैं

(i) **पिरिमिडीन्स** इसके अन्तर्गत साइटोसीन, थायमीन तथा यूरेसिल को सम्मिलित किया जाता है।

(ii) **प्यूरीन्स** इसके अन्तर्गत एडीनीन तथा ग्वानीन को सम्मिलित किया जाता है।

डिऑक्सीराइबोज न्यूक्लिक अम्ल–DNA (Deoxyribose Nucleic Acid–DNA)

DNA शब्द **जैकोरिस** ने दिया, इसके निर्माण में भाग लेने वाली शर्करा डिऑक्सीराइबोज प्रकार की होती है, जबकि RNA के निर्माण में **राइबोज** शर्करा भाग लेती है। शर्करा तथा फॉस्फेट अणु न्यूक्लिक अम्लों के अणुओं की रीढ़ की हड्डी का निर्माण करते हैं, जबकि क्षारक उनके पार्श्व भागों में जुड़े होते हैं।

DNA एक ही प्रकार के बहुत से **एकलकों** (monomers), जिन्हें न्यूक्लिओटाइड (nucleotide) कहते हैं, का बहुलक है। **न्यूक्लिओटाइड,** डीऑक्सीराइबोज शर्करा (deoxyribose sugar), फॉस्फेट तथा **प्यूरीन** (purine) अर्थात् एडीनीन (adenine) एवं ग्वानीन (guanine) या पिरिमिडीन (pyrimidine) अर्थात् थायमीन (thymine) एवं साइटोसीन (cytosine) के एक क्षारक से मिलकर बनता है।

DNA के क्षारकों के न्यूक्लिओटाइड (Nucleotides of DNA bases)

क्षारक	न्यूक्लिओसाइड	न्यूक्लिओटाइड
एडीनीन	डीऑक्सीएडीनोसीन	डीऑक्सीएडीनोसीन मोनोफॉस्फेट
ग्वानीन	डीऑक्सीग्वानीन	डीऑक्सीग्वानोसीन मोनोफॉस्फेट
थायमीन	डीऑक्सीथायमिडीन	डीऑक्सीथायमिडीन मोनोफॉस्फेट
साइटोसीन	डीऑक्सीसाइटीडीन	डीऑक्सीसाइटीडीन मोनोफॉस्फेट

एक्स-रे विश्लेषण द्वारा **विल्किन्स एवं फ्रेंकलिन** (Wilkins and Franklin) ने बताया, कि DNA कुण्डलिनी के रूप में हैं। इन सूचनाओं का प्रयोग कर वाटसन एवं क्रिक (Watson and Crick) ने 1953 में DNA का द्विकुण्डलीदार मॉडल (double helix model) प्रस्तुत किया। दोहरे कुण्डल में DNA की दो पॉलीन्यूक्लिओटाइड श्रृंखलाएँ एक-दूसरे के प्रति-समानान्तर (anti-parallel) होती हैं तथा पूरक क्षारकों (complementary bases) के मध्य हाइड्रोजन बन्धों द्वारा जुड़ी होती हैं।

एडीनीन एवं थायमीन दो हाइड्रोजन बन्धों द्वारा जुड़े होते हैं, जबकि ग्वानीन एवं साइटोसीन तीन हाइड्रोजन बन्धों द्वारा जुड़े होते हैं। DNA अणु का व्यास 20 Å होता है तथा कुण्डलाकार रचना में एक पूर्ण चक्र 34 Å की दूरी पर होता है। A-DNA में 11 क्षारक युग्म, B-DNA में 12 क्षारक युग्म C-DNA में 9 क्षारक युग्म तथा Z-DNA में 12 क्षारक जोड़े होते हैं। सामान्यतया कोशिकाओं में B-DNA पाया जाता है। A-DNA, B-DNA, C-DNA तथा D-DNA **दक्षिणावर्त** (right-handed) होते हैं, जबकि Z-DNA **वामावर्त** (left-handed) होता है।

चारगाफ के नियम (Chargaff's Rule)

इस नियम के अनुसार, एडीनीन तथा साइटोसीन की मात्रा थायमीन एवं ग्वानीन की कुल मात्रा के बराबर होती है तथा A + T एवं G + C का अनुपात प्रत्येक जाति के लिए विशिष्ट होता है।

राइबोज न्यूक्लिक अम्ल-आरएनए (Ribose Nucleic Acid–RNA)

राइबोज शर्करा, नाइट्रोजीनस क्षारक (nitrogenous base) तथा फॉस्फेट समूह से बने न्यूक्लिओटाइडों, जिन्हें **राइबोटाइड** (ribotide) कहते हैं, का बहुलक है। इसके पिरिमिडीन में थायमीन के स्थान पर यूरेसिल (uracil) होता है।

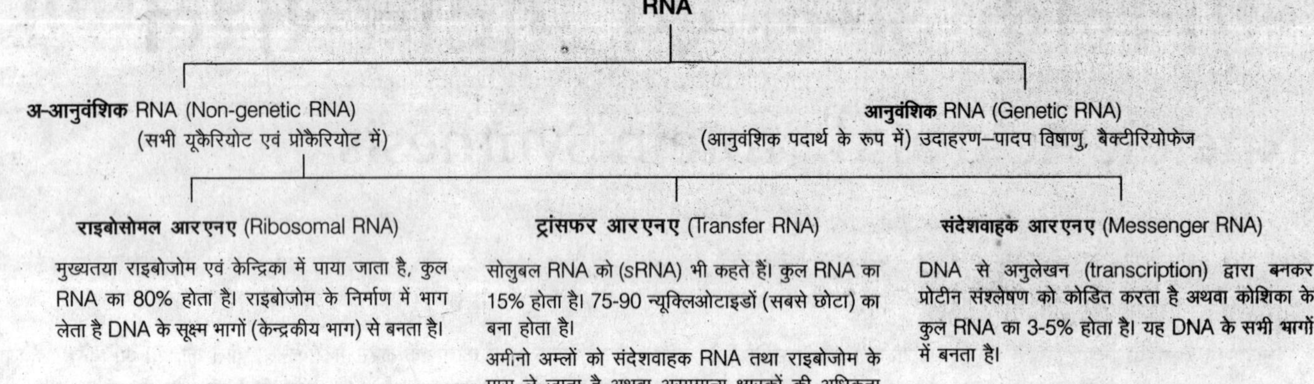

प्रोटीन संश्लेषण (Protein Synthesis)

प्रोटीन अणु एक या कई प्रकार की पॉलीपेप्टाइड शृंखलाओं से निर्मित होते हैं, जबकि ये पालीपेप्टाइड शृंखलाएँ 20 प्रकार के अमीनो अम्लों का इकाइयों के बहुलीकरण (polymerisation) से बनती है

प्रोटीन संश्लेषण में प्रोटीन की पॉलीपेप्टाइड शृंखलाओं का संश्लेषण केन्द्रक के बाहर कोशिका के साइटोसॉल (cytosol) में होता है।

क्रिक (1958) ने **अणुजैविकी के केन्द्रीय सिद्धान्त** (central dogma of molecular biology) का प्रतिपादन किया, जिसके अनुसार DNA से संदेश वाहक *m*RNA तथा RNA से प्रोटीन बनने की क्रिया में एक सूचना का संचार, एक ओर से दूसरी ओर तक होता रहता है। टेमिन तथा बाल्टीमोर ने सूचनाओं के विपरीत प्रवाह (reverse flow of information) की खोज की, जो इस प्रकार है

$$\text{DNA} \underset{\text{व्युत्क्रम अनुलेखन}}{\overset{\text{अनुलेखन}}{\rightleftharpoons}} m\text{RNA} \xrightarrow{\text{अनुलिपिकरण}} \text{प्रोटीन}$$

प्रोटीन संश्लेषण में अनुलेखन तथा अनुलिपिकरण दो प्रक्रियाएँ होती हैं

अनुलेखन (Transcription)

DNA के निर्देशन में विभिन्न प्रकार के RNA के संश्लेषण को अनुलेखन कहते हैं। यह प्रक्रिया विशेष प्रकार के एन्जाइमों द्वारा उत्प्रेरित होती है, जिन्हें RNA **पॉलीमरेज एन्जाइम** (RNA polymerase enzyme) कहते हैं। यह प्रक्रिया तीन चरणों में पूरी होती है

1. सूत्रपात (Initiation)

DNA पर समाक्षार युग्मों का एक **प्रोत्साहक खण्ड** (promoter region) पाया जाता है।

RNA पॉलीमरेज एन्जाइम का इस प्रोत्साहक खण्ड से संलग्न हो जाता है। प्रोत्साहक के प्रथम भाग में A = T युग्म पाए जाते हैं। RNA पॉलीमरेज इन युग्मों के हाइड्रोजन बन्धों को तोड़कर DNA अणु के दो सूत्रों को पृथक कर देता है।

2. दीर्घीकरण (Elongation)

पृथक हुए DNA अणु के सूत्रों में से एक दिशा $3' \rightarrow 5'$ दूसरे की $5' \rightarrow 3'$ होती है। इनमें से $3' \rightarrow 5'$ सूत्र, RNA अणु के संश्लेषण के लिए साँचे (template) का कार्य करता है अतः इस सूत्र को साँचा सूत्र (template strand) व दूसरे को अनसाँचा सूत्र (non-template strand) कहते हैं।

अनुलेखन के प्रारम्भ होते ही RNA पॉलीमरेज एन्जाइम धीरे-धीरे आगे बढ़ता है। यह अकुण्डलन (unwinding) द्वारा DNA के सूत्रों को पृथक करके, साँचा सूत्रों के समजात (complementary) राइबोन्यूक्लिओटाइड, एकल (monomers) **फॉस्फोडाइएस्टर बन्धों** (phosphodiester bonds) द्वारा जोड़ता है। इसमें नाइट्रोजन बेस थायमिन के स्थान पर यूरेसिल आता है।

RNA अणु का दीर्घीकरण $5' \rightarrow 3'$ दिशा में होता है। यह संश्लेषित होने पर, साँचा सूत्र से पृथक हो जाता है तथा DNA के दोनों अणु वापस जुड़कर कुण्डलित हो जाते हैं।

3. समापन (Termination)

RNA अणु के संश्लेषण का समापन, **विलोम पद भाग** (palindromic region) में होता है। विलोम पद में समाक्षार युग्म का अनुक्रम, दोनों ओर से समान; जैसे–ATATATA होता है। समापन के पश्चात् RNA पॉलीमरेज एन्जाइम पृथक हो जाता है तथा किसी अन्य जीन पर अनुलेखन प्रारम्भ कर देता है।

RNA पॉलीमरेज (RNA Polymerase)

प्रोकैरियोट्स में एक RNA पॉलीमरेज ही तीनों प्रकार के RNA; जैसे–*m*RNA, *t*RNA एवं *r*RNA बनाता है। यूकैरियोट्स में RNA पॉलीमरेज I (RNA polymerase I) केन्द्रिक (nucleolus) में पाया जाता है तथा *r*RNA बनाता है।

RNA पॉलीमरेज I एवं II केन्द्रकद्रव्य (nucleoplasm) में पाए जाते हैं और *m*RNA तथा *t*RNA बनाते हैं।

ई.कोलाई (*E. coli*) में RNA पॉलीमरेज, पाँच पेप्टाइड श्रृंखला ($\alpha, \alpha_2, \beta, \beta', \sigma$) के बने होते हैं। इसे **होलोएन्जाइम** (holoenzyme) कहते हैं, जिसका आण्विक भार 4,50,000 होता है। सिग्मा कारक (σ, sigma factor) DNA के प्रोमोटर भाग में, आरम्भन बिन्दु (start point) को पहचानता है। इस एन्जाइम का बचा भाग (α_2, β, β') कोर एन्जाइम (core-enzyme) कहलाता है।

अनुलिपिकरण (Translation)

*m*RNA में न्यूक्लिओटाइडों की श्रृंखला का, अमीनो अम्लों की पॉलीपेप्टाइड श्रृंखला में, स्थानान्तरण की प्रक्रिया अनुलिपिकरण कहलाती है। यह राइबोजोम पर होती है।

अनुलिपिकरण की प्रक्रिया निम्न चरणों में पूर्ण होती है

1. अमीनो अम्लों का सक्रियन (Amino Acid Activation)

इस प्रक्रिया में अमीनो अम्ल (ATP) की उपस्थिति में एक विशिष्ट **अमीनोएसिल** *t*RNA **सिन्थेटेज एन्जाइम** से क्रिया करके अमीनोएसिल एडिनाइलेट एन्जाइम कॉम्प्लेक्स का निर्माण करता है। इस प्रक्रिया में पायरोफॉस्फेट (pyrophosphate) निकलता है। कॉम्प्लेक्स में उपस्थित अमीनो अम्ल सक्रिय अमीनो अम्ल (activated amino acid) कहलाते हैं।

amino acid (AA) + ATP +aminoacyl *t*RNA synthetase enzyme → AA AMP E + PPi (aminoacyl adenylate enzyme complex)

यह सक्रिय अमीनो अम्ल, *t*RNA के 3′ सिरे पर CCA अनुक्रम से जुड़कर अमीनोएसिल *t*RNA (CAA-*t*RNA) का निर्माण करता है।

AA-AMP-E + *t*RNA – AA-*t*RNA + AMP + Enzyme

2. सूत्रपात (Initiation)

इस प्रक्रिया में GTP, Mg^{2+} तथा प्रोटीनीय सूत्रपात कारकों (proteinaceous initiation factors) की आवश्यकता होती है। प्रोकैरियोट्स में तीन सूत्रपात कारक IF_3, IF_2 व IF_1 पाए जाते हैं, लेकिन यूकैरियोट्स में नौ सूत्रपात कारक (eIF_2, eIF_3, eIF_1, eIF_{4A}, eIF_{4B}, eIF_{4C}, eIF_{4D}, eIF_5, एवं eIF_6), होते हैं, जिनमें से IF_3 या eIF_2 राइबोसोम की छोटी इकाई से जुड़ते हैं।

*m*RNA से राइबोसोम की छोटी इकाई को जोड़ने के लिए GTP की आवश्यकता होती है। इसके कारण *m*RNA का सूत्रपात कोडॉन (initiation codon) AUG, राइबोसोम की बड़ी इकाई में स्थित p-site के सामने आ जाता है।

30S उप-इकाई + *m*RNA $\xrightarrow[GTP]{IF_3}$ 30S-*m*RNA-*t*RNA-*f*-met

40S उप-इकाई + RNA $\xrightarrow[GTP]{eIF_3}$ 40S *m* RNA-*t*RNA met

प्रोकैरियोट्स में फॉर्मिलेटिड मेथाइल *t*RNA (formylated methyl *t*RNA) प्रारम्भिक मीथियोनिन को प्राप्त करता है, परन्तु यूकैरियोट्स में अनफॉर्मिलेटिड मैथाइल *t*RNA (unformylated methyl *t*RNA) यह कार्य करता है।

अब राइबोजोम की बड़ी इकाई (30S-*m*RNA-*t*RNA f-met या 40S-*m*RNA-*t*RNA met f-met से जुड़ जाती है)।

इसके लिए प्रोकैरियोट्स को IF_1 व यूकैरियोट्स को eIF_1 एवं eIF_4 की आवश्यकता होती है। इस प्रकार जुड़े हुए राइबोजोम में p-site पर *m*RNA-*t*RNA कॉम्प्लेक्स होता है, लेकिन इसकी A-site खाली होती है।

3. दीर्घीकरण (Elongation)

इस प्रक्रिया में GTP तथा दीर्घीकरण कारक प्रोकैरियोट्स में $EF\text{-}T_4$ तथा $EF\text{-}T_5$ यूकैरियोट्स में eEF_1 की आवश्यकता होती है। इसमें एक नया Aminoacyl + *t*RNA complex, राइबोजोम की A-site पर पहुँचकर हाइड्रोजन बन्ध द्वारा *m*RNA से जुड़ जाता है।

p-site के अमीनो अम्ल के कार्बोक्सिल तथा A-site के अमीनो अम्ल के अमीनो समूह के बीच पेप्टाइड बन्ध (peptide bond) बनता है। इस प्रक्रिया में पेप्टाइडिल ट्रान्सफरेज (peptidyl transferase) एन्जाइम भाग लेता है। प्रथम पेप्टाइड बन्ध बनने के बाद p-site का *t*RNA, राइबोजोम के बाहर निकल जाता है तथा A-site का डाइपेप्टिडिल *t*RNA, p-site पर आ जाता है। A-site नए *t*RNA को प्राप्त करने के लिए खाली हो जाती है। यह क्रिया स्थानान्तरण या **ट्रान्सलोकेशन** (translocation) कहलाती है। इस तरह नए पेप्टाइड बन्ध बनकर, नई पॉलीपेप्टाइड श्रृंखला बनती जाती है।

4. समापन (Termination)

यह क्रिया समापन कारक (termination factor) R_2 एवं R_3 तथा **समापन कोडॉन** UAA, UAG व UGA की सहायता से होती है।

अभ्यास प्रश्नावली

1. DNA अणु में
(a) प्यूरीन न्यूक्लियोटाइडों तथा पिरिमिडीन न्यूक्लियोटाइडों की सकल मात्रा सदैव एक-बराबर नहीं होती
(b) दो रज्जुक होते हैं, जो 5′ → 3′ दिशा में समान्तर चलते हैं
(c) थाइमीन के प्रति एडीनीन का अनुपात अलग-अलग जीव में अलग-अलग होता है
(d) दो रज्जुक होते हैं, जो एक-दूसरे के प्रतिसमान्तर चलते हैं। एक 5′ → 3′ दिशा में तथा दूसरा 3′ → 5′ दिशा में

2. वाटसन एवं क्रिक द्वारा सन् 1953 में दिया गया DNA है
(a) B-DNA (b) Z-DNA
(c) C-DNA (d) D-DNA

3. DNA का द्विकुण्डलित मॉडल प्रस्तुत किया।
(a) लैमार्क एवं डार्विन ने (b) वाटसन एवं क्रिक ने
(c) रॉबर्ट हुक ने (d) ह्यूगो डी व्रीज ने

4. RNA, जो सबसे कम समय तक सक्रिय रहता है
(a) *r*RNA (b) *m*RNA
(c) *t*RNA (d) इनमें से कोई नहीं

5. कौन-सा तत्व न्यूक्लिक अम्लों में होता है, परन्तु प्रोटीन में नहीं?
(a) फॉस्फोरस (b) सल्फर
(c) कार्बन (d) हाइड्रोजन

6. द्विचक्रीय वलय संरचना किसके अणुओं में होती है?
(a) पिरिमिडीन (b) प्यूरीन
(c) (a) व (b) दोनों में (d) इनमें से कोई नहीं

7. न्यूक्लिओटाइड अणु बनता है
(a) नाइट्रोजनी क्षारक + फॉस्फेट
(b) शर्करा + फॉस्फेट
(c) नाइट्रोजनी क्षारक + पेन्टोज शर्करा + फॉस्फेट
(d) नाइट्रोजनी क्षारक + शर्करा

8. सूची I को सूची II से सुमेलित कीजिए।

सूची-I	सूची-II
A. A-DNA	1. इसमें कुंडलन सीधे हाथ की ओर होता है।
B. B-DNA	2. कुछ क्षेत्र थोड़े रूपान्तरित रहते हैं अन्यथा सीधे हाथ की ओर होता है।
C. Z-DNA	3. उल्टे हाथ की ओर दोहरा हैलिक्स रूप, इसमें फॉस्फेट समूह के असाधारण व्यूह रचना होती है।

	A	B	C		A	B	C
(a)	1	2	3	(b)	3	1	2
(c)	2	3	1	(d)	2	1	3

9. न्यूक्लिक अम्लों में नाइट्रोजनी बेसों के किस एक जोड़ को उसके आगे दी गयी श्रेणी के साथ गलत मिलाया गया है?
(a) थाइमीन, यूरेसिल-पिरिमिडीन
(b) यूरेसिल, साइटोसीन-पिरिमिडीन
(c) ग्वानीन, एडीनीन-प्यूरीन
(d) एडीनीन, थाइमीन-प्यूरीन

10. निम्न में से कौन-सा पदार्थ RNA तथा DNA दोनों में होता है?
(a) थायमीन (b) यूरेसिल
(c) साइटोसीन (d) इनमें से कोई नहीं

11. RNA अनुपस्थित होता है
(a) गुणसूत्र में (b) कोशिकाद्रव्य में
(c) राइबोजोम में (d) जीवद्रव्य कला में

12. ग्वानीन तथा साइटोसीन के बीच कितने हाइड्रोजन बन्ध होते हैं?
(a) दो (b) चार
(c) तीन (d) एक

13. RNA में उपस्थित नहीं होता है
(a) यूरेसिल (b) थायमीन
(c) राइबोज (d) फॉस्फेट

14. निम्न में कौन-सा बेस DNA में नहीं होता है?
(a) ग्वानीन (b) यूरेसिल
(c) एडीनीन (d) साइटोसीन

15. DNA पाया जाता है
(a) नाभिक में
(b) माइटोकॉण्ड्रिया में
(c) राइबोसोम में
(d) (a) व (b) दोनों में

16. निम्नलिखित में से कौन आनुवंशिक लक्षणों का संचरण करता है?
(a) RNA (b) DNA
(c) हीमोग्लोबिन (d) थायमीन

17. वह विधि, जिससे केन्द्रक का DNA, RNA को संदेश स्थानान्तरित करता है, कहलाती है
(a) ट्रान्सलोकेशन (b) ट्रान्सक्रिप्शन
(c) ट्रान्सलेशन (d) ट्रान्सपोर्टेशन

18. निम्नलिखित में कौन-सा अनुपात विभिन्न जातियों के DNA में स्थिर रहता है और चारगाफ के नियम को प्रमाणित करता है?
(a) A + T/G + C (b) A + G/T + C
(c) A + C/T + U (d) A + U/C + G

19. ओकाजाकी खण्ड है
(a) DNA के
(b) न्यूक्लियोटाइड चेन के खण्ड, जो DNA के रेप्लीकेशन के समय बनते हैं
(c) जीन्स के प्रमुख खण्ड, जो पुनर्विन्यास में प्रयुक्त होते हैं
(d) उपरोक्त में से कोई नहीं

20. यदि कोशिका के राइबोसोम नष्ट कर दिए जाएँ, तो
(a) श्वसन नहीं होगा
(b) वसा संचयन नहीं होगा
(c) प्रकाश-संश्लेषण नहीं होगा
(d) प्रोटीन संश्लेषण नहीं होगा

21. DNA की रचना में चारगाफ (Chargaff) ने देखा, कि मनुष्य के शुक्राणु के DNA के बेसों की मात्रा में एडीनीन 81% और ग्वानीन 19% था। अत: मनुष्य की कायिक कोशिका के DNA में साइटोसीन की मात्रा होगी
(a) 19% (b) 38%
(c) 81% (d) 62%

22. क्लोरोप्लास्ट, जीवाणु से किन लक्षणों में समान है?
(a) RNA की उपस्थिति में
(b) DNA की उपस्थिति में
(c) 70S राइबोसोम की उपस्थिति में
(d) उपरोक्त सभी में

23. कोशिका चक्र की S-प्रावस्था के दौरान होने वाली प्रक्रिया है
(a) DNA संश्लेषण (b) RNA संश्लेषण
(c) प्रोटीन संश्लेषण (d) ये सभी

24. यदि 50 भारी DNA अणु (N^{15} वाले) दो बार N^{14} माध्यम में पुनरावृत्ति करते हैं, तो क्या मिलेगा?
(a) 100 आधे भारी एवं आधे हल्के तथा 100 हल्के
(b) 100 भारी एवं 100 हल्के
(c) 100 भारी एवं 100 हल्के में आधे भारी
(d) उपरोक्त में से कोई नहीं

25. RNA में एडीनीन किसके साथ जोड़ा बनाता है?
(a) ग्वानीन के
(b) यूरेसिल के
(c) साइटोसीन के
(d) थायमीन के

26. DNA रेप्लीकेशन में अग्र रज्जुक पर ओकाजाकी फ्रेगमेन्ट्स किस एन्जाइम द्वारा आपस में जुड़ते हैं?
(a) DNA पॉलीमरेज (b) प्राइमेज
(c) हेलीकेज (d) DNA लाइगेज

27. कुछ RNA विषाणुओं में एन्जाइम के लिए एक जीन होती है, जोकि वाइरल RNA को DNA के संश्लेषण के लिए टेम्पलेट बनाती है
(a) RNA रेप्लीकेज (b) RNA पॉलीमरेज
(c) वाइरल न्यूक्लिएज (d) रिवर्स ट्रांसक्रिप्टेज

28. DNA के प्रतिकृतिकरण के दौरान, इसके दोनों सूत्र अलग-अलग हो जाते हैं। इनमें से प्रत्येक सूत्र, नए सूत्रों के संश्लेषण के लिए साँचे का कार्य करता है। इस प्रकार का प्रतिकृतिकरण कहलाता है
(a) असंरक्षी (b) अर्द्धसंरक्षी
(c) लचीला (d) संरक्षी

29. एण्टीकोडॉन पाया जाता है
(a) *r*RNA में (b) *t*RNA में (c) *mt*RNA में (d) *m*RNA में

30. स्वप्रतिकृति का गुण पाया जाता है
(a) प्रोटीन में (b) DNA में
(c) वसा में (d) शर्करा में

उत्तरमाला

1. (d)	**2.** (a)	**3.** (b)	**4.** (b)	**5.** (a)	**6.** (b)	**7.** (c)	**8.** (d)	**9.** (d)	**10.** (c)
11. (d)	**12.** (c)	**13.** (b)	**14.** (b)	**15.** (b)	**16.** (b)	**17.** (b)	**18.** (b)	**19.** (b)	**20.** (d)
21. (a)	**22.** (d)	**23.** (a)	**24.** (a)	**25.** (b)	**26.** (d)	**27.** (d)	**28.** (b)	**29.** (b)	**30.** (b)

26

गुणसूत्र एवं विभिन्नताएँ
Chromosome and Variations

गुणसूत्र (Chromosome)

'गुणसूत्र' शब्द का प्रतिपादन वाल्डेयर (सन् 1888) ने किया। **हॉफमीस्टर** (Hofmeister) ने सर्वप्रथम **ट्रेडेकेन्शिया** (Tradescantia) की पराग मातृ कोशिका में गुणसूत्र की खोज की। सटन एवं बोवेरी (सन् 1902) ने बताया कि गुणसूत्र भौतिक संरचना है तथा इनके द्वारा आनुवंशिक लक्षणों का पारगमन होता है। क्रोमेटिन पदार्थ, जो केन्द्रक पदार्थ, जो केन्द्रक की अन्तरावस्था (interphase) में पाया जाता है तथा विभाजन के समय छोटे तथा पतले धागों में संघनित हो जाता है, **गुणसूत्र** कहलाता है।

गुणसूत्र की संरचना (Structure of Chromosome)

गुणसूत्र **क्रोमेटिन** से बना होता है। क्रोमेटिन (cromatin) वास्तव में दो पदार्थों प्रोटीन एवं DNA के अणुओं के संयुक्त होने से बनता है। जिस समय कोशिका विभाजित होने लगती है, तब ये क्रोमेटिन सिकुड़कर अनेक मोटे एवं छोटे धागों के रूप में संगठित हो जाते हैं। इन्हें आसानी से सूक्ष्मदर्शी द्वारा भी देखा जा सकता है। प्रत्येक गुणसूत्र में जैली के समान एक मादा भाग होता है, जिसे मेट्रिक्स कहते हैं। मेट्रिक्स में दो परस्पर लिपटे महीन एवं कुण्डलित सूत्र दिखाई देते हैं, उन्हें **क्रोमोनिमेटा** (chromonemata) कहते हैं।

प्रत्येक क्रोमोनिमेटा एक अर्द्धगुणसूत्र (chromatid) कहलाता है। प्रत्येक गुणसूत्र दो क्रोमेटिडों का बना होता है। दोनों क्रोमेटिड्स एक निश्चित स्थान पर एक दूसरे से जुड़े होते हैं, जिसे सेन्ट्रोमीयर (centromere) कहते हैं।

गुणसूत्रों पर बहुत से जीन (gene) स्थित होते हैं। एक पीढ़ी से दूसरी पीढ़ी के जो लक्षण हस्तान्तरित होतें हैं, वे जीन के माध्यम से होते है। जीन ही हमारे आनुवंशिक गुणों के लिए उत्तरदायी होते हैं। चूँकि ये जीन हमारे गुणसूत्रों पर स्थित होते हैं, गुणसूत्रों के माध्यम से ही जीन पीढ़ी-दर-पीढ़ी हस्तान्तरित होते हैं। इस प्रकार गुणसूत्रों में वे सब आवश्यक सूचनाएँ विहित होती हैं, जो कोशिका के कार्य करने एवं अगली पीढ़ी में जनन के लिए आवश्यक होती है। इसलिए गुणसूत्रों को वंशागति का वाहक (vehicles of heredity) कहा जाता है।

गुणसूत्रों की संख्या (Number of Chromosomes)

प्रत्येक जाति के या जीनोम जीवधारियों की कोशिकाओं के केन्द्रकों में गुणसूत्रों की एक निश्चित संख्या होती है। प्राय: युग्मकों (gametes) में विभिन्न गुणसूत्रों का केवल एक प्रतिरूप होता है, जिसे **अगुणित गुणसूत्र संख्या** (haploid chromosome number) या जीनोम (genome) कहते हैं। एक ही प्रकार के दो गुणसूत्रों को समजात गुणसूत्र (homologous chromosome) कहते हैं तथा कोशिका की इस दशा को द्विगुणित (diploid) कहते हैं। इसे '$2n$' या '$2x$' से प्रदर्शित करते हैं। उदाहरण के लिए मनुष्य की कायिक कोशिकाओं में 46 गुणसूत्र होते हैं। वास्तव में यह द्विगुणित '$2n$' स्थिति है। इन गुणसूत्रों में से 23 गुणसूत्र पिता के शुक्राणु से आते हैं। जीवाणुओं में उपस्थित वृत्ताकार, द्विरज्जुकीय, हिस्टोन रहित, परन्तु अन्य क्षारीय प्रोटीन युक्त DNA को गुणसूत्र के समान माना गया है।

पौधों में न्यूनतम गुणसूत्र *म्यूकर हीमेलीस* (*Mucor heimalis*) कवक $2n = 2$ तथा अधिकतम *ऑफियोग्लोसम* (*Ophioglossum*) में $2n = 1262$,जबकि जन्तुओं में न्यूनतम *ऑर्फियोरटोका* (*Ophryortocha*) में $2n = 4$ तथा अधिकतम *एलाकेन्था* (*Aulacantha*) में $2n = 1600$ पायी जाती हैं।

कुछ जीवों में गुणसूत्रों की संख्या
(Number of chromosomes in some organisms)

जीव	प्रत्येक कोशिका में गुणसूत्र संख्या
गोलकृमि	2
मच्छर	6
मटर	14
प्याज	16
मक्का	20
चावल	24
मेंढक	26
सूरजमुखी	34
चूहा	42
मनुष्य	46
आलू	48
कुत्ता	78
कबूतर	80
गोल्डफिश	100
अमीबा	250

गुणसूत्रों का परिमाण (Size of Chromosomes)

गुणसूत्रों का परिमाण प्राय: समसूत्री विभाजन की **मध्यावस्था** (metaphase) में मापा जाता है। कवकों एवं पक्षियों में यह सबसे छोटा (लगभग $0.25\ \mu$) तथा कुछ पौधों (जैसे–*ट्रिलियम, Trillium*) में यह सबसे लम्बा (लगभग 30μ) होता है। *ड्रोसोफिला* तथा मनुष्य में ये क्रमशः $3\ \mu$ एवं $5\ \mu$ लम्बे होते हैं।

उन जीवधारियों में, जिनमें लैंगिक भिन्नता पाई जाती हैं, कोई गुणसूत्र विशेष या गुणसूत्रों को कोई जोड़ा लिंग-निर्धारण में महत्त्वपूर्ण भूमिका निभाता है। इन्हें X, Y, Z, आदि से प्रदर्शित करते हैं। अन्य गुणसूत्र, जो शरीर के कायिक लक्षणों को निर्धारित करते हैं, ऑटोसोम्स (autosomes) कहलाते हैं।

विशेष प्रकार के गुणसूत्र (Special Types of Chromosomes)

लैम्पब्रश (Lampbrush) **गुणसूत्र** कशेरुकी (vertebrates) के अण्डक (oocyte) में पाए जाते हैं। ये केन्द्रक में **डिप्लोटीन** (diplotene) बनने के कारण जुड़े होते हैं।

बहुपट्टीय (polytene) गुणसूत्र की खोज बालबियानी (Balbiani) ने *चिरोनोमस* (*Chironomus*) के लारवा की लार ग्रान्थियो (salivary glands) में की थी। यह गुणसूत्र *ड्रोसोफिला* (*Drosophila*) की लार ग्रन्थि में सामान्यतया पाए जाते हैं। इन गुणसूत्रों में गहरे रंग वाले भागों को **बेण्ड्स** (bands) तथा हल्के रंग वाले भागों को **इण्टरबेन्ड्स** (interbands) कहते हैं।

गुणसूत्र प्रारूप (Karyotype)

प्रत्येक जाति के जीवधारियों में एक ही प्रकार के विशिष्ट गुणसूत्रों का **समुच्चय** (set) पाया जाता है। इन गुणसूत्रों के कुछ स्थाई लक्षण होते हैं, जिससे उस जाति विशेष की पहचान की जा सकती हैं। विशिष्ट लक्षणों के इस समूह को गुणसूत्र प्रारूप (karyotypc) कहते हैं।

गुणसूत्र के प्रकार (Types of Chromosomes)

गुणसूत्र बिन्दु की उपस्थिति के आधार पर गुणसूत्र चार प्रकार के होते हैं

(a) **अन्तःकेन्द्री** (telocentric) में सेन्ट्रोमीयर गुणसूत्र के सिरे पर होता है।

(b) **अग्रबिन्दुक** (acrocentric) में सेन्ट्रोमीयर गुणसूत्र के किनारे के समीप होता है।

(c) **उपमध्यकेन्द्री** (submetacentric) में सेन्ट्रोमीयर मध्य भाग से थोड़ा हटकर होता है।

(d) **मध्य केन्द्री** (metacentric) में सेन्ट्रोमीयर मध्य में स्थित होता है।

गुणसूत्र का रासायनिक संघटन (Chemical Composition of Chromosomes)

DNA, RAN, हिस्टोन प्रोटीन तथा हिस्टोन रहित (non-histone) प्रोटीन, गुणसूत्रों के मुख्य अवयव होते हैं। DNA और हिस्टोन से बनी संरचना को न्यूक्लिओसोम कहलाती है। प्रत्येक न्यूक्लिओसोम में चार प्रकार की हिस्टोन (H_2A, H_2B, H_3, H_4) के दो-दो अणु तथा इनके चारों और DNA स्थित होता है।

DNA (37%) गुणसूत्रों का सर्वाधिक महत्त्वपूर्ण अवयव होता है। DNA की मात्रा को **पिकोग्राम** (picogram, 10^{-12} ग्राम) में मापा जाता है। इसे pg से प्रदर्शित करते हैं।

आनुवंशिकता एवं विभिन्नताएँ (Heredity and Variations)

आनुवंशिकी के अन्तर्गत कतिपय कारकों का विशेष रूप से अध्ययन किया जाता है।

- प्रथम कारक आनुवंशिकता विभिन्नताएँ है। किसी जीव की आनुवंशिकी उनके जनकों (पूर्वजों या माता पिता) की जनन कोशिकाओं द्वारा प्राप्त रासायनिक सूचनाएँ होती हैं, जैसे–कोई प्राणी किस प्रकार परिवर्धित होगा, इसका निर्धारण उसकी आनुवंशिकता ही करेगी।
- दूसरा कारक विभेद है, जिसे हम किसी प्राणी तथा उसकी सन्तान में पा सकते हैं। प्रायः सभी जीव अपने माता पिता या कभी बाबा, दादी या उनसे पूर्व के लक्षण प्रदर्शित करते हैं ऐसा भी हो सकता है कि उसके कुछ लक्षण सर्वथा नवीन है। इस प्रकार के परिवर्तनों या विभेदों के अनेक कारण होते हैं।
- जीवों का परिवर्धन तथा उसके बाद का जीवन उनके परिवेश पर निर्भर करता है। प्राणियों के परिवेश अत्यन्त जटिल होते हैं। इसके अन्तर्गत आनुवंशिकता के कारण जीवों तथा उनके पूर्वजों (या सन्ततियों) में समानता तथा विभेदों, उनकी उत्पत्ति के कारणों और विकसित होने की संभावनाओं का अध्ययन किया जाता है।
- वंशागतिक व अवंशागतिक विभिन्नताएँ (heritable and non-heritable variations) कई बार विभिन्नताएँ वातावरण के कारकों के कारण सन्तानों में उत्पन्न हो जाती है और पीढ़ी-दर-पीढ़ी जनन द्वारा संचरित नही होती। इन्हें अवंशागतिक विभिन्नताएँ कहते हैं। जैसे कि एक पहलवान की सुडौल मांसपेशियाँ उसकी सन्तानों में संचारित नहीं होती, एक प्रोफेसर, डॉक्टर या इन्जीनियर द्वारा प्राप्त विद्या उनकी सन्तानों में अपने आप नहीं पहुँच जाती। इसके विपरीत, अनेक विभिन्नताएँ जो पीढ़ी-दर-पीढ़ी पहुँचती रहती हैं।

गुणसूत्र द्वारा वंशागति का सिद्धान्त (Chromosomal Theory of Inheritance)

सटन एवं बोबेरी ने वर्ष 1902 में विचार रखा कि गुणसूत्र ही मेण्डल के कारकों के वाहक हैं। उनके द्वारा प्रतिपदित यह सिद्वान्त ही गुणसूत्र द्वारा वंशागति का सिद्धान्त कहलाता है

अभ्यास प्रश्नावली

1. गुणसूत्र की संरचना में भाग लेते हैं

(a) DNA एवं प्रोटीन (b) प्रोटीन एवं कार्बोहाइड्रेट
(c) प्रोटीन एवं आर एन ए (d) कार्बोहाइड्रेट तथा वसा

2. अर्द्धसूत्री विभाजन में दो विभाजन होते हैं।

(a) केवल न्यूनकारी विभाजन
(b) एक न्यूनकारी विभाजन एवं एक सूत्री विभाजन
(c) एक केन्द्रकीय विभाजन एवं एक कायिक विभाजन
(d) एक मध्य रेखीय विभाजन एवं एक केन्द्रक विभाजन

3. माता-पिता के गुण सन्तान में स्थानान्तरित होते हैं

(a) क्रोमोसोम द्वारा
(b) स्तन द्वारा
(c) हार्मोन द्वारा
(d) उपरोक्त से कोई नहीं

4. जीन बने होते हैं

(a) DNA के (b) R N A के
(c) प्रोटीनों के (d) उपरोक्त से कोई नहीं

5. जब गुणसूत्रों के बिना विभाजन कोशिका में विभाजन होता है तो उसे कहते है,

(a) समसूत्री विभाजन (b) असूत्री विभाजन
(c) अर्द्वसूत्री विभाजन (d) बीजाणु जनन

6. निम्नलिखित में किस प्रकार के कोशिका विभाजन में गुणसूत्रों का विनिमय (crossing over) होता है?

(a) सूत्री विभाजन
(b) अर्द्वसूत्री विभाजन
(c) असूत्री विभाजन
(d) कोशिका द्रव्य विभाजन

7. मिलान कीजिए

सूची I	सूची II
A. जाइगोटीन	1. क्रासिंग ओवर
B. पेकीटीन	2. क्रोमैटिड पृथक्करण
C. डिप्लोटीन	3. सूत्रयुग्मन
D. डायकाइनेसिस	4. चतुष्ठक निर्माण

कूट

	A	B	C	D
(a)	3	2	4	1
(b)	3	4	2	1
(c)	3	4	1	2
(d)	3	2	1	4

8. जब क्रोमेटिन को अविशिष्ट न्यूक्लिएज से मिलाया जाता है, तब DNA की लम्बाई पर क्या प्रभाव पड़ता है?

(a) यादृच्छिक संख्या आधार जोड़ी (b) लगभग 60 आधार जोड़ी
(c) लगभग 8 आधार जोड़ी (d) लगभग 200 आधार जोड़ी

9. निम्न में से कौन-सा कथन सत्य नहीं हैं?

(a) गुणसूत्रों को एसीटोकार्मीन नामक रंजक द्वारा अंभिरजित किया जा सकता है
(b) RNA सबसे कम समय तक सक्रिय रहता है, जो कुल RNA का 3.5% भाग होता है
(c) राइबोजाइम एक महत्वपूर्ण एन्जाइम प्रोटीन है
(d) मोनोसैकेराइड के एल्डिहाइड या कीटोन समूह दूसरे यौगिक के एल्कोहॉल समूह से क्रिया कर ग्लाइकोसिडिक बंध बनाते हैं

10. गुणसूत्रों की संख्या में कोई परिवर्तन या जीन उत्परिवर्तन के कारण मनुष्य में विभिन्न प्रकार के आनुवंशिक रोग हो जाते हैं। इस सन्दर्भ में

सूची I	सूची II
A. डाउन सिण्ड्रोम	1. एक X गुणसूत्र कम होता है
B. कलाइनफेल्टर सिण्ड्रोम	2. अप्रभावी जीन
C. टर्नर सिण्ड्रोम	3. गुणसूत्र की एकाधिसूत्रता
D. हीमोफीलिया	4. एक अतिरिक्त X गुणसूत्र होता है

कूट

	A	B	C	D
(a)	1	3	4	2
(b)	3	4	1	2
(c)	2	4	1	3
(d)	3	1	4	2

11. गुणसूत्र के उस युग्म की जो मनुष्यों में लिंग का निर्धारण करता है, लिंग गुणसूत्र कहते हैं। अन्य गुणसूत्रों को कहते हैं

(a) ऑटोसोम
(b) हेटेरोसोम्स
(c) पॉलीसोम्स
(d) स्फेरोसोम्स

12. एक श्वेत वर्ण स्त्री एक काले पुरुष से विवाह करती है। उनके 4 बच्चे होते हैं 2 लड़के और 2 लड़कियाँ। किस समानुपात में यह बच्चे काले होंगे?

(a) 25% (b) 50%
(c) 100% (d) इनमें से कोई नहीं

13. कुछ मानव रोग आनुवंशिक तौर से नियन्त्रित होते हैं, यह सबसे पहले निम्नलिखित ने प्रमाणित किया था

(a) ग्रेगर मेण्डल
(b) ए ई गैरॉड
(c) वाटसन एवं क्रिक
(d) विलियम बेटसन

14. इनमें से कौन-सी बीमारी आनुवंशिकी द्वारा नियन्त्रित होती है?

(a) एल्केप्टोनूरिया (b) ल्यूकीमिया
(c) अरक्तता (d) ये सभी

15. गुणसूत्र शब्द का सबसे पहले प्रयोग किसने किया?

(a) बालबियानी ने (b) वाल्डेयर ने
(c) सटन ने (d) पुरकिंजे ने

16. 'L' आकार के गुणसूत्रों को कहते हैं

(a) लिंग गुणसूत्र
(b) एक्रोसेन्ट्रिक
(c) टिलोसेन्ट्रिक
(d) सब-मेटासेन्ट्रिक

17. गुणसूत्रों के अन्तिम सिरे को कहते हैं

(a) क्रोमोमीयर
(b) सेन्ट्रोमीयर
(c) टिलोमीयर
(d) इनमें से कोई नहीं

18. न्यूक्लीयोसोम निर्मित होते हैं

(a) न्यूक्लियोलस
(b) DNA
(c) सूक्ष्मतन्तु
(d) हिस्टोन्स तथा DNA

➜ उत्तरमाला

1. (a) **2.** (b) **3.** (a) **4.** (a) **5.** (b) **6.** (b) **7.** (c) **8.** (a) **9.** (a) **10.** (b)
11. (a) **12.** (b) **13.** (b) **14.** (d) **15.** (b) **16.** (d) **17.** (c) **18.** (d)

27

मेण्डलवाद एवं विचलन
Mendelism and Deviation

ग्रेगर जॉन मेण्डल (Gregor Johann Mendel)

इनका जन्म 22 जुलाई, 1822 में जर्मनी के सिलीसिया ग्राम में हुआ था। सन् 1847 में ये ब्रून शहर के एक गिरिजाघर के पादरी हो गए और मठ के स्कूल में अध्यापन करने लगे। अपने गिरिजाघर के बगीचों में इन्होंने मटर की कई किस्में उगाई और उन पर **संकरण** (hybridisation) या **प्रजनन** (breeding) प्रयोग किए।

सन् 1856 से 1864 तक निरन्तर प्रयोग करने के बाद निकाले निष्कर्षों को उन्होंने सन् 1866 में पादप संकरणों के प्रयोग (experiments in plant hybridisation) नामक शीर्षक प्रस्तुत किया, परन्तु दुर्भाग्यवंश उनके कार्यों की महत्ता को उस समय कोई नहीं समझ पाया।

सन् 1900 में ह्यूगो ड्रीज श्रीज (नीदरलैण्ड), कार्ल कॉरेन्स (जर्मनी) एवं वी शरमाक (ऑस्ट्रिया) जैसे वैज्ञानिकों ने अलग-अलग स्वतन्त्र प्रयोगों द्वारा उस, निष्कर्ष पर पहुँचे, जिस पर मेण्डल 34 वर्ष पूर्व पहुँच चुके थे। मेण्डल के प्रयोगों का महत्त्व समझ में आते ही उनका नाम विश्वप्रसिद्ध हो गया तथा उनको **आनुवंशिकी के जनक** (Father of genetics) कहा जाने लगा।

मेण्डल के आनुवंशिकता का नियम
(Mendelian Law of Genetics)

यह नियम, मेण्डेलियन आनुवंशिकी जीन के एक वंश से दूसरे वंश में स्थानान्तरण पर आधारित है। गुणसूत्रों के अन्दर जीन रेखीय क्रम में व्यवस्थित रहते हैं, ये गुणसूत्र कोशिका के नाभिक में उपस्थित होते हैं और नाभिकीय आवरण में दोहरी झिल्ली में लिपटे होते हैं।

मेण्डल ने मटर के पौधों (pea plants) के जिन सात लक्षणों का अध्ययन किया। उनके प्रभावी व क्षीण रूप निम्न प्रकार हैं

तने का स्वरूप – लम्बापन (प्रभावी), बौनापन (क्षीण)
बीज का स्वरूप – गोल बीज (प्रभावी), झुर्रीदार (क्षीण)
पुष्प की स्थिति – कक्षीय (प्रभावी), अक्षीय (क्षीण)
फलों का रंग – हरा (प्रभावी), पीला (क्षीण)
बीज का रंग – पीला (प्रभावी), हरा (क्षीण)
फली का स्वरूप – फूली हुई (प्रभावी), संकुचित (क्षीण)
पुष्प का रंग – लाल (प्रभावी), सफेद (क्षीण)।

एक संकर (monohybrid), द्विसंकर (dihybrid) एवं बहुसंकर संकरण (polyhybrid cross) प्रयोगों को अपने प्रेक्षणों का आधार बनाकर मेण्डल ने इनकी वंशागति सम्बन्धी अपनी समझ के सार रूप में आनुवंशिकता के नियम प्रस्तावित किये। आज इन नियमों को **वंशागति के नियमों** या **सिद्धान्तों** की संज्ञा दी जाती है, जो निम्न हैं

(i) प्रभाविता नियम
(ii) विसंयोजन नियम
(iii) स्वतन्त्र अपव्यूहन का नियम

1. प्रभाविता का नियम (Law of Dominance)

(i) लक्षणों का निर्धारण कारक नामक विवक्त इकाइयों द्वारा होते हैं।
(ii) कारक जोड़ों में होते हैं।
(iii) यदि कारक जोड़ों के दो सदस्य असमान हो, तो इनमें से एक कारक दूसरे कारक पर 'प्रभावी' और 'अप्रभावी' होता है।

F_1 में केवल एक जनक लक्षण का प्रकट होना तथा F_2 में दोनों जनक लक्षणों का प्रकट होना प्रभाविता के नियम के द्वारा समझा जा सकता है। इससे यह भी स्पष्ट होता है, कि F_2 में 3:1 का अनुपात क्यों पाया जाता है।

2. विसंयोजन का नियम (Law of Segregation)

इस नियम का आधार यह तथ्य है, कि एलील (alleles) आपस में (सम्मिश्रण) नहीं हो पाते और F_2-पीढ़ी में दोनों लक्षणों की फिर से अभिव्यक्ति हो जाती हैं, भले ही F_1-पीढ़ी में एक प्रकट नहीं होता।

यद्यपि जनकों में दोनों एलील विद्यमान होते हैं। युग्मक बनने के समय कारकों के एक जोड़े या एलील के सदस्य विसंयोजित हो जाते हैं और युग्मक को दो में से एक ही कारक प्राप्त होता है। इसलिए पृथक्करण का यह नियम युग्मकों की शुद्वता का निमय (Law of purity of gametes) भी कहलाता है।

इसमें पैतृक लक्षण 3 : 1 के निश्चित अनुपात में पृथक होते हैं, जबकि जीनोटाइप अनुपात 1 : 2 : 1 होता है।

3. स्वतन्त्र अपव्यूहन का नियम
(Law of Independent Assortment)

इस नियम के अनुसार जब दो जोड़ी विपरीत लक्षणों वाले जीवों में क्रॉस कराया जाता है, तो एक जोड़ी विपरीत लक्षणों का 3 : 1 अनुपात में पृथक्करण दूसरी जोड़ी विपरीत लक्षणों के पृथक्करण से स्वतन्त्र होता है।

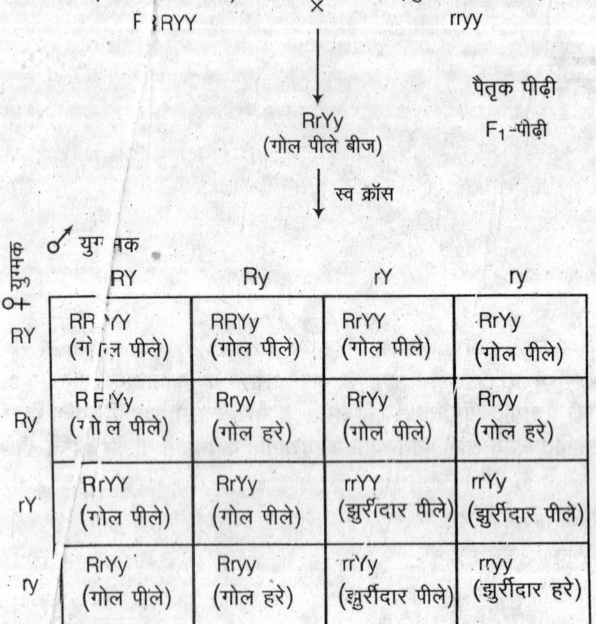

♀ \ ♂	RY	Ry	rY	ry
RY	RRYY (गोल पीले)	RRYy (गोल पीले)	RrYY (गोल पीले)	RrYy (गोल पीले)
Ry	RRYy (गोल पीले)	Rryy (गोल हरे)	RrYy (गोल पीले)	Rryy (गोल हरे)
rY	RrYY (गोल पीले)	RrYy (गोल पीले)	rrYY (झुर्रीदार पीले)	rrYy (झुर्रीदार पीले)
ry	RrYy (गोल पीले)	Rryy (गोल हरे)	rrYy (झुर्रीदार पीले)	rryy (झुर्रीदार हरे)

फिनोटाइप अनुपात 9 : 3 : 3 : 1

जीनोटाइप अनुपात 1 : 2 : 2 : 4 : 1 : 2 : 1 : 2 : 1

मेण्डलवाद से विचलन (Deviation from Mendelism)

मेण्डल द्वारा प्रतिपादित आनुवंशिकता के नियम आज भी प्रासंगिक हैं, क्योंकि आज भी शोधकर्ताओं द्वारा दिए गए नियमों का अनुमोदन किया जाता है। लेकिन कुछ घटनाओं में उनके द्वारा प्राप्त अनुपात तथा शोधकर्ताओं द्वारा प्राप्त अनुपात में विचलन प्राप्त हुआ है या वे रूपान्तरित हुए हैं। उदाहरण– बहुत सी घटनाएँ प्रभाविकता के नियम का पालन नहीं करती हैं।

सहलग्नता तथा संकरण की घटनाएँ स्वतन्त्र अपव्यूहन का नियम से विचलन दर्शाती है तथा नियम को रूपान्तरित करती है।

यह विचलन जीनों के मध्य होने वाली पारस्परिक आन्तरिक क्रियाओं के कारण होता है। जिसका अध्ययन अन्तः एलील जीन अन्तः क्रिया (intraallelic gene interaction) तथा अन्तरा विकल्पी जीन अन्तः क्रिया (interallelic gene interaction) शीर्षकों के अन्तर्गत किया जाता है तथा अध्ययन को आधार बनाकर मेण्डल के आधारभूत सिद्धान्तों के आंशिक संशोधन किए गए हैं।

अपूर्ण प्रभाविता (Incomplete Dominance)

जब मटर वाले प्रयोग को अन्य विशेषकों के सन्दर्भ में दोहराया गया, तो पता चला कि कभी-कभी F_1 में ऐसा फीनोटाइप (phenotype) आ जाता है, जो किसी भी जनक से नहीं मिलता और इनके बीच का सा लगता है। श्वान पुष्प (स्नेपड्रेगन/*एन्टीररिनम मिराबिलिस जलापा*) में पुष्प रंग की वंशागति तथा ब्लू कुक्कुट में रंगों की वंशागति अपूर्ण प्रभाविता को समझने के लिए अच्छा उदाहरण है।

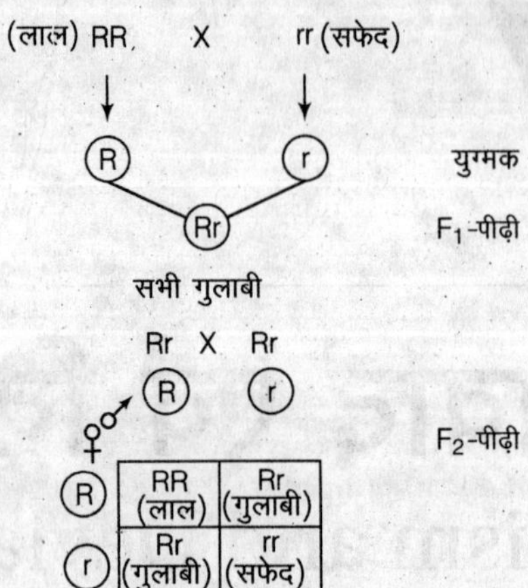

फिनोटिपिक/जीनोटिपिक अनुपात लाल : गुलाबी : सफेद
(RR) : (Rr) : (rr)
1 : 2 : 1

***मिराबिलिस जलापा* के पुष्प में अपूर्ण प्रभाविता**

उदाहरण–एक ऐसे जीन को लिया जाए, जिसमें एक विशेष एन्जाइम उत्पन्न करने की सूचना है। इस जीन के दोनों प्रतिरूप इसके दो एलील रूप हैं। मान लेते हैं, कि वह सामान्य एलील ऐसा सामान्य एन्जाइम उत्पन्न करता है।

(जैसा अधिकतर सम्भव है), जो एक सब्सट्रेट 'S' के रूपान्तरण के लिए आवश्यक है। रूपान्तरित एलील सिद्धान्त निम्नलिखित में से किसी एक परिवर्तन के लिए उत्तरदायी हो सकता है।

(a) सामान्य एन्जाइम

(b) कार्य-अक्षम एन्जाइम

(c) एन्जाइम की अनुपस्थिति

सहप्रभाविता एवं बहुविकल्पिता
(Codominance and Multiple Allelism)

प्रभाविता ऐसी घटना है, जिसमें F_1-पीढ़ी दोनों जनकों से मिलती-जुलती है। इसका एक अच्छा उदाहरण मानवों में ABO रुधिर वर्गों का निर्धारण करने वाली विभिन्न प्रकार की लाल रुधिर कोशिकाएँ हैं। ABO रुधिर वर्गों का नियन्त्रण जीन 'I' करती है। लाल रूधिर कोशिकाओं की प्लाज्मा झिल्ली की सतह से बाहर निकलते हुए शर्करा बहुलक होते हैं।

यहाँ इस बात का नियन्त्रण जीन 'I' से होता है। इस जीन 'I' के तीन एलील I^A, I^B और i होते हैं। एलील I^A और एलील I^B कुछ भिन्न प्रकार की शर्करा का उत्पादन करते हैं। और एलील i किसी भी प्रकार की शर्करा का उत्पादन नहीं करती। मानव जीन (2*n*) द्विगुणित होता है, इसलिए प्रत्येक व्यक्ति में इन तीन में से दो प्रकार के जीन एलील होते हैं। I^A और I^B तो i के ऊपर पूर्णरूप से प्रभावी होते हैं अर्थात् जब I^A और i विद्यमान हों, तो केवल I^A अभिव्यक्त होता है और जब I^B और i विद्यमान हों, तो केवल I^B अभिव्यक्त होता है, एलील i तो शर्करा बनाता ही नहीं है।

जब I^A और I^B दोनों उपस्थित हों तो, ये दोनों अपने-अपने प्रकार की शर्करा की अभिव्यक्ति कर देते हैं। यह घटना ही **सहप्रभाविता** कहलाती है। इस प्रकार, तीन प्रकार के युग्म विकल्पी, छः सम्भावित जीनोटाइप प्रदर्शित करते हैं, जब जीनों टाइप I^AI^B के दोनों एलीलों I^A एवं I^B पर संभावी होते हैं तब दोनों ग्लाइकोप्रोटीन (A, B) बनते हैं। इस प्रकार AB रुधिर समूह सहप्रभाविता तथा बहुविकल्पता दोनों का उदाहरण प्रस्तुत करता है।

अन्तर विकल्पी जीन अन्तःक्रिया
(Inter allelic Gene Interaction)

मेण्डल के अनुसार एक लक्षण केवल एक ही जीन द्वारा नियन्त्रित होता है, परन्तु कभी-कभी दो या दो से अधिक जीन अन्तः क्रिया (interaction) द्वारा एक ही लक्षण को प्रभावित करती है, इस प्रकार की अन्तः क्रिया के दौरान कुछ जीन योगात्मक (additive), कुछ पूरक (complementary) तथा कुछ निरोधक (inhibitory) होते हैं। विभिन्न स्थलों पर जीनों द्वारा होने वाली असामान्य वंशागत घटनाएँ निम्न प्रकार की हो सकती हैं।

(i) **पूरक जीन** (Complementary gene) जब दो नॉन-एलीलिक जीन अकेले-अकेले एक ही लक्षण को अभिव्यक्त करते हैं, परन्तु एक साथ होने पर पूर्णतया भिन्न लक्षण प्रदर्शित करते हैं, तो ऐसे जीन पूरक जीन कहलाते हैं।

उदाहरण–*लेथाइरस ऑडोरेटस* (*Lathyrus odoratus*) में CCPP से बैंगनी पुष्प, जबकि ccPP एवं CCpp में सफेद पुष्प उत्पन्न होते हैं। इसमें द्विसंकर अनुपात 9 : 7 प्राप्त होता है।

(ii) **अनुलिपिक जीन** (Duplicate gene) एक ही गुणसूत्र पर समान प्रभाव दिखाने वाले दो जीन अनुलिपिक जीन कहलाते हैं। उदाहरण–*कैपसेला* में फलों का प्रकार A तथा B जीन से नियन्त्रित होता है। इसमें द्विसंकर अनुपात 15:1 प्राप्त होता है।

(iii) **प्रबलता** (Epistasis) इसमें एक जीन दूसरे नॉन-एलीलिक जीन के प्रभाव को छिपा देता है। अप्रभावी प्रबलता में 9 : 3 : 4 का द्विसंकर अनुपात, जबकि प्रभावी प्रबलता में 12 : 3 : 1 का द्विसंकर अनुपात प्राप्त होता है।

(iv) **संदमक जीन** (Inhibitory gene) पृथक गुणसूत्रों पर उपस्थित प्रभावी जीन पारस्परिक क्रिया से दूसरे जीन के लक्षण को अप्रभावी कर देते हैं। इसलिए द्विसंकर क्रॉस का अनुपात बदलकर 13 : 3 हो जाता है।

(v) **बहुजीनी या मात्रात्मक वंशागति** (Polygenic or quantitative inheritrance) जब एक लक्षण एक से अधिक जीनों द्वारा नियन्त्रित होता है, गेहूँ में केरनल रंग (Kernal colour) के लिए बहुजीनी वंशागति एन एहले (1908) ने दिखाई थी। इसमें द्वितीय पीढ़ी में 1 : 4 : 6 : 4 : 1 का अनुपात प्राप्त होता है।

अभ्यास प्रश्नावली

1. वर्णों के जोड़े युग्मक (gamete) गठन के दौरान अलग हैं, तब मेण्डल के इस नियम को कहा जाता है
(a) कण विरासत
(b) प्रभुत्व
(c) अलगाव (पृथक्करण)
(d) स्वतन्त्र वर्गीकरण

2. अन्य का प्रभाव है, कि मास्क एलील ...... और नकाबपोश एलील है।
(a) समयुग्मक, विषययुग्मजी
(b) समयुग्मक, पीछे हटने का
(c) प्रमुख,पीछे हटने का
(d) प्रमुख, अधूरा

3. एल्बिनिज्म के दो वाहकों के चार बच्चे हैं, अपने बच्चों में एक एल्बीनो है और तीन सामान्य रूप से वर्णकयुक्त रहे हैं, उनके अगले बच्चे में सूरजमुखी मनुष्य ही जामाता सम्भावना है कि क्या है?
(a) 0% (b) 25%
(c) 75% (d) 100%

4. कैटी के भाई को सिस्टिक फाइब्रोसिस हैं, उसके पति का इस रोग का पारिवारिक इतिहास है, उसके बच्चे को सिस्टिक फाइब्रोसिस विरासत में मिलने की सम्भावना क्या है?
(a) $1/2 \times 1/2 = 1/4$ (b) $1/3 \times 1/2 = 1/6$
(c) $2/3 \times 1/4 = 1/6$ (d) $2/3 \times 1/2 = 1/3$

5. इनमें से एक डाइहाइब्रिड क्रॉस का एक उदाहरण है
(a) Aabb × AAbb (b) Aabb× aabb
(c) AABB × AABB (d) AABB × AABB

6. एक लम्बा प्रजाति और एक बौना प्रजाति के मध्य एक क्रॉस की F_2 पीढ़ी में सामान्य परिणाम क्या है?
(a) 1 लम्बा : 1 बौना
(b) 3 लम्बे : 1 बौना
(c) 1 लम्बा : 2 मध्यम : 1 बौना
(d) सभी लम्बे

7. 9 : 3 : 3 :1 का अनुपात किस कारण 9 : 7 में रूपान्तरित होता है?
(a) पूरक जीन के कारण
(b) प्रबलता के कारण
(c) अनुलिपिक जीन के कारण
(d) संदमक जीन के कारण

8. ...... के मेण्डल नियम के एक यादृच्छिक वर्गीकरण माता और पिता इनके जीन के विभिन्न संयोजनी है कि युग्मक में अर्द्धसूत्री विभाजन परिणामों में गुणसूत्रों की गणना की गई है, जो बताता है
(a) कण विरासत (b) प्रभुत्व
(c) अलगाव (d) स्वतन्त्र वर्गीकरण

9. मेण्डल द्वारा चयनित लक्षण कितने गुणसूत्रों पर स्थित होते हैं?
(a) 7 (b) 14
(c) 4 (d) 49

10. लगभग कितने मानव लक्षण और रोगों को फिलहाल मेडिकल रिपोर्टों से जाना जाता है?
(a) 100 (b) 1000
(c) 10000 (d) 100000

11. जो जीनोटाप सामान्य रूप से एक युग्मक में नहीं मिलता
(a) AB (b) Ab
(c) aa (d) ab

12. निम्नलिखित में से कौन-सा टेस्ट क्रॉस है?
(a) अज्ञात × AA (b) अज्ञात × Aa
(c) अज्ञात × aa (d) अज्ञात × अज्ञात

13. दो फिनोटिपिक सामान्य व्यक्तियों में से एक प्रभावित बच्चा है, हम जनक के बारे में क्या निष्कर्ष निकाल सकते हैं?
(a) वह दोनों रोग एलील वाहक करते हैं
(b) वह बच्चे के माता पिता नहीं हैं
(c) वे प्रभावित होते हैं
(d) कोई निष्कर्ष नहीं निकाला जा सकता

14. आनुवंशिकीविद .... ने मानव आनुवंशिकीय को वंशानुक्रम लक्षण का संग्रह तैयार किया है।

(a) ग्रेगर मेण्डल
(b) हरमोन मुलर
(c) विक्टर मैककुशिल
(d) जॉन हॉपकिंस

15. जो रिश्तेदार आपस में बच्चे को जन्म देते हैं, उनमें एक परिस्थिति का खतरा जन्म लेता है, जो है

(a) समयुग्मक (b) प्रभ. ।
(c) अप्रभावी (d) विषन मुक्त

16. व्यक्तियों में (50 युग्म) के एक समूह में अप्रभावी एलील है, तो उनके बच्चे कितना प्रतिशत सैद्धांतितिक रूप से अपने माता पिता की तरह वाहक हो सकते हैं?

(a) 0 (b) 25
(c) 50 (d) 75

17. aabb × AABB क्रॉस में वंश का क्या प्रतिशत एक पूरी तरह से प्रभावी फिनोटाइप दिखाने की आशा कर रहे हैं?

(a) 0 (b) 25
(c) 50 (d) 100

18. एक क्रॉस AaBb × AaBb पर विचार करें, दोनों जीनों के एलील पूरा प्रभुत्व दिखा रहे हैं, तो क्या जीनोटिपिक अनुपात परिणामस्वरुप सन्तानों में उम्मीद है?

(a) 1 : 1 : 1:1
(b) 9 : 3 : 3 : 1
(c) 3 : 6 : 3 : 1 : 2 : 1
(d) 1 : 2 : 1 : 2 : 4 : 2 : 1 : 2 : 1

19. एकोन्ड्रोप्लेशिया (Achondroplasia) बोनापन का एक प्रमुख रूप है। एक प्रभावित युगल को अप्रभावित बच्चा होने की एक ...% सम्भावना है

(a) 0 (b) 25
(c) 50 (d) 15

➔ उत्तरमाला

1. (c)	**2.** (c)	**3.** (b)	**4.** (d)	**5.** (b)	**6.** (b)	**7.** (a)	**8.** (d)	**9.** (c)	**10.** (c)
11. (c)	**12.** (c)	**13.** (a)	**14.** (c)	**15.** (c)	**16.** (c)	**17.** (b)	**18.** (d)	**19.** (b)	

28

सहलग्नता, विनिमय एवं जीन प्रतिचित्रण

Linkage, Crossing Over and Gene Mapping

मेण्डल के कार्य के पश्चात् सन् 1900 ई. से जीव वैज्ञानिकों (biologists) द्वारा अनेकों प्रयोग पौधों तथा जन्तुओं में किये गये तथा सभी प्रकार से मेण्डल के नियम पूर्ण रूप से सत्य सिद्ध हुये। इसके पश्चात् मेण्डल के नियमों से अनेक अनियमितताएँ (abnormalities) पाई गई। यह देखा गया कि प्रभाविता के नियम (law of dominance) एवं स्वतन्त्र अपव्यूहन (independent assortment) के नियमों में कुछ रूपान्तरण हो गया है।

सहलग्नता (Linkage)

सहलग्नता की खोज बेटसन तथा पुनेट (Bateson and Punnett; 1906) ने *लेथाइरस ओडोरेटस (Lathyrus odoratus)* में की थी। जीनों का एक साथ वंशागत होना तथा सन्तानों द्वारा पैतृक संयोजनों को प्रतिनिर्धारित किये रखने की क्रिया **सहलग्नता** कहलाती है। सहलग्न समूहों की संख्या अगुणित सैट (haploid set) में उपस्थित गुणसूत्रों की संख्या के बराबर होती है।

सहलग्नता के प्रकार (Types of Linkage)

पूर्ण सहलग्नता (complete linkage) में पैतृक संयोजन दो या तीन पीढ़ी में लगातार प्राप्त होते हैं, जबकि **अपूर्ण सहलग्नता** (incomplete linkage) में सहलग्न जीन विनिमय (crossing over) के कारण अलग हो जाते हैं और 50% से कम पुनर्संयोजन (recombination) मिलते हैं।

वर्णान्धता (colour blindness) तथा **हीमोफीलिया** (haemophilia) मानव में लिंग सहलग्नता के उदाहरण हैं।

लिंग सहलग्न जीनों की स्थिति के आधार पर सहलग्नता डाइगाइनिक, डाइएण्ड्रिक, होलोगाइनिक एवं होलोएण्ड्रिक चार प्रकार की होती हैं।

स्वतन्त्र अपव्यूहन नियम से विचलन (Deviation from Law of Independent Assortment)

सहलग्नता (linkage) मेण्डल के स्वतन्त्र अपव्यूहन के नियम (Mendel's law of independent assortment) का रूपान्तरण है। इसमें कहा गया है, कि अयुग्मविकल्पी जनक संयोग के लिये भविष्य की पीढ़ियाँ (further course of generation) में सतत् या निस्न्तर (continue) रहना आवश्यक नहीं है। अतः हर एवं गोल (wrinkled and yellow) बीज वाली किस्म में यह आवश्यक नहीं है, कि F_2 पीढ़ी (generation) में सभी हरे एवं गोल तथा झुर्रीदार एवं पीलें हो तथा नया अनुपात 9 : 3 : 3 : 1 ही हो, बल्कि कुछ नये प्रकार के संयोग तथा नया अनुपात भी हो सकता है।

बेटसन ने सन् 1905 में प्रयोग किये तथा निम्न प्रकार के परिणाम प्राप्त किये

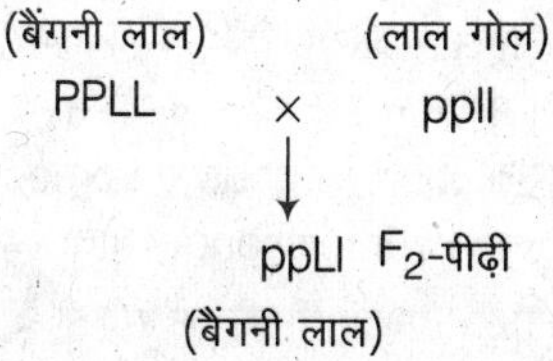

उसने F_2 पीढ़ी में 4831 बैंगनी लम्बे (PL), 390 बैंगनी गोल (Pl), 393 लाल लम्बे (pL) तथा 1338 लाल गोल (pl) प्राप्त किये, जबकि मेण्डल, नियम के अनुसार 9 : 3 : 3 : 1 का अनुपात प्राप्त होना चाहिए अतः इस संकरण में पैत्रक संयोग अर्थात् बैंगनी गोल एवं लाल गोल आशा से अधिक तथा नये संयोग आशा से कम प्राप्त हुए हैं। बैटसन व पुनेट ने इसका स्पष्टीकरण इस प्रकार दिया, कि एक प्रकार में कारक की संलग्नता (coupling of factors) थी तथा दूसरे प्रकार में कारक का प्रतिकर्षण (repulsion of factor) था। दूसरे शब्दों में हम कह सकते हैं, कि जब दो प्रभावी युग्मविकल्पी (alleles); जैसे– P एवं L एक ही सन्तति जीव से आते हैं, तो वे एक ही युग्मक (gamete) में साथ-साथ संक्रमित (transmit) हो जाते हैं, अर्थात् इनमें संलग्नता होती है, जब ये प्रभावी युग्मविकल्पी (dominant alleles) दोनों सन्तति पौधों (PPLL × ppll) से आते हैं तथा ये पृथक-पृथक युग्मकों (gametes) में जाकर अलग-अलग हो जाते हैं तथा इस क्रिया को प्रतिकर्षण (repulsion) कहते हैं, संक्षेप में इसे संलग्न प्रतिकर्षण वाद (coupling repulsion hypothesis) कहा जाता है।

सहलग्नता एवं प्रतिकर्षण की क्रिया विदित होने, इन्हें अनेकों प्रयोगों में देखा गया तथा यह माना गया, कि यह एक साधारण क्रिया है तथा व्यवहार की एक विशेषता है। मॉर्गन ने *ड्रोसोफिला* मेलेनोगेस्टर पर अनेकों प्रयोग किये तथा बेटसन एवं पुनेट के समान ही फल प्राप्त किये। उसने बताया सलग्नता एवं प्रतिकर्षण एक ही क्रिया के दो भाग हैं तथा उसने ऐसी क्रिया कों सलग्नता

कहा, उन्होंने बताया कि सहलग्न जीन (linked gene) एक ही गुणसूत्र (chromosomes) पर स्थित होते हैं तथा इसी कारण इसमें अपने वास्तविक रूप में रहने की प्रकृति (tendency) होती है, मॉर्गन को 1933 सहलग्नता सम्बन्धी कार्य के लिये नोबेल पुरस्कार (Nobel Prize) मिला।

सहलग्नता सम्बन्धी सर्वाधिक कार्य डोसोफिला पर मॉर्गन द्वारा किया गया तथा यह ज्ञात किया, कि इनमें जितने जोड़े गुणसूत्र होते हैं उतने ही सहलग्न समूह (linkage group) होते हैं। मक्का, *न्यूरोस्पोरा, ड्रोसोफिला,* आदि में सहलग्नता भली प्रकार से ज्ञात है।

विनिमय एवं क्याज्मेटा (Crossing Over and Chiasmata)

अर्द्धसूत्री विभाजन के समय **समजात गुणसूत्रों** (homologous chromosome) के **अबहन अर्द्धगुणसूत्रों** (non-sister chromatids) के बीच खण्डों के आदान-प्रदान को **विनिमय** कहते हैं। क्रॉसिंग ओवर शब्द का प्रयोग मॉर्गन एवं कास्टल ने आनुवंशिक पदार्थ के विनिमय के लिए किया।

यह प्रथम पूर्वावस्था की पैकीटीन (pachytene) उप-अवस्था में चार सूत्रीय अवस्था (tetrad stage) में होता है।

विनिमय की क्रियाविधि से सम्बन्धित दो वाद प्रस्तुत किये गये

(i) **कॉपी चोइस वाद** (Copy choice theory) बेलिंग के अनुसार पुनर्संयोजन (recombination), नवीन संश्लेषित जीनों के द्वारा होता है।

(ii) **विखण्डन एवं पुनर्संयोजन परिकल्पना** (Breakage and reunion theory) मुलर के अनुसार सर्वप्रथम दोनों अर्द्धगुणसूत्र बिना किसी क्रॉसिंग के टूट जाते हैं तथा टूटे हुए खण्ड पुनः जुड़कर नये संयोजन बनाते हैं, जबकि सेरेब्रोवस्की (Serebrovsky) के अनुसार अर्द्धगुणसूत्र पहले एक दूसरे को स्पर्श करते हैं और स्पर्श स्थल पर विखण्डन के पश्चात् विनिमय होता है।

मॉर्गन के अनुसार सहलग्न जीन्स के एक ही गुणसूत्र पर उपस्थित होने से सहलग्नता होता है। मॉर्गन ने इस सहलग्न जीन्स के पुनः संयोजन को, जिसमें कुछ समजात गुणसूत्र (homologous chromosomes) में कुछ भागों में आदान-प्रदान (segmental interchange) होता रहता है, उसे विनिमय कहा।

विनियम की परिभाषा इस प्रकार भी की जा सकती है, कि इस क्रिया में समजात गुणसूत्र के दो क्रोमेटिड्स में किसी एक निश्चित बिन्दु पर खण्ड आदान-प्रदान (segmental interchanges) होता है।

विनिमय क्रियाविधि (Mechanism of Crossing Over)

यह क्रिया अर्द्धसूत्रण (meiosis) के समय पूर्वावस्था-I पर होती है तथा इस क्रिया द्वारा सहलग्न जीन्स (linked genes) में नये संयोग (recombinations) होते रहते हैं। कोशिका विभाजन के अर्द्धसूत्रण (meiosis) की प्रथम अवस्था (prophase-I) में समजात गुणसूत्र पूरी लम्बाई में एक-दूसरे के पास आकर युग्म निर्मित करते हैं तथा बाद में प्रत्येक गुणसूत्र लम्बाई में विभाजित होकर दो अर्द्ध-गुणसूत्र (chromatids) बनते हैं तथा इसके फलस्वरूप चार धागे समान रचनायें दिखयी देती हैं, गुणसूत्रों की यह अवस्था चतुष्याणु (tetrads) कहलाती है।

प्रथम अवस्था (prophase-I) की डिप्लोटीन प्रावस्था में समजात गुणसूत्रों (homologous chromosomes) के सेन्ट्रोमीयर्स (centromeres), जिनमें से प्रत्येक पर दो अर्धसूत्र जुड़े रहते हैं, एक दूसरे से पृथक होने लगते हैं।

एक सेन्ट्रीमीयर पद जुड़े अर्द्धगुणसूत्र एक दूसरे से पृथक् होने लगते हैं। समजात गुणसूत्रों के चार क्रोमेटि्इस में दो एक अथवा अधिक स्थानों पर एक दूसरे को संकर करके × जैसी रचना बना लेते हैं, जिसे क्रोमेटि्स कहते हैं अर्थात् किएज्मेटा × समान रचना है, जिसके द्वारा क्रोमेटि्स के उस स्थान पर टूटने व जुड़ने का आभास होता है।

जीन विनिमय के प्रकार (Types of Crossing Over)

जीन विनिमय के समय किएज्मेटा की संख्या की लम्बाई पर निर्भर करती है। सामान्यतया जीन विनिमय तीन प्रकार का होता है

1. सरल जीन विनिमय (Simple Crossing Over)

इसमें अर्द्धगुणसूत्र केवल एक स्थान में टूटता है। इससे दो जीन विनिमित या **क्रॉस ओवर** अर्द्धगुणसूत्र तथा दो अजीन विनिमित या नॉन क्रॉस ओवर अर्द्धगुणसूत्र बनते हैं।

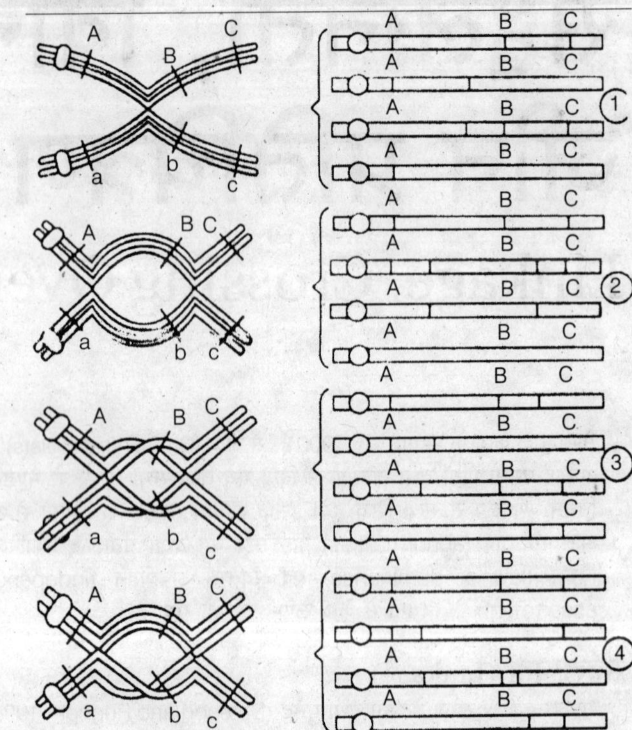

2. दोहरा जीन विनिमय (Double Crossing Over)

उसी चतुष्क में अर्द्धगुणसूत्र में दो स्थान पर जीन विनिमय होता है। इसमें दो प्रकार के किएज्मा का निर्माण हो सकता है

(i) **पारस्परिक या रेसीप्रोकल जीन विनिमय** (Reciprocal crossing over) उन्हीं दो अर्द्धगुणसूत्रों के बीच दो किएज्मा का निर्माण होता है, जो दो दोहरे जीन विनिमय वाले अर्द्धगुणसूत्र तथा दो बिना जीन विनिमय वाले अर्द्धगुणसूत्र बनते हैं।

(ii) **पूरक या कॉम्प्लीमेन्टरी जीन विनिमय** (Complementary crossing over) चारों या तीन अर्द्धगुणसूत्रों के बीच काएज्मा निर्माण होता है। दोनों गुणसूत्रों के दोनों अर्द्धगुणसूत्र किएज्मा निर्माण में सम्मिलित होते हैं, किन्तु दूसरे किएज्मा निर्माण में दूसरे दो अर्द्धगुणसूत्र सम्मिलित होते हैं। इस प्रकार चार एक जीन विनिमय वाले अर्द्धगुणसूत्र बनते हैं, किन्तु चारों अर्द्धगुणसूत्र चार प्रकार के होते हैं। यदि किएज्मा निर्माण में तीन अर्द्धगुणसूत्र भाग लेते हैं, तब एक अर्द्धगुणसूत्र दो जीन विनिमय वाला रह जाता है (पितृ प्रकार का) एक अर्द्धगुणसूत्र दो जीन विनिमय वाला तथा दो अर्द्धगुणसूत्र एक-एक जीन विनिमय वाले बनते हैं।

विनिमय महत्त्व (Significance of Crossing Over)

- विनिमय से, नये लक्षणों का उद्गम होता है और सहलग्न समूह, जीनों की प्रकृति तथा उनका क्रम, आदि का अध्ययन किया जा सकता है।
- सहलग्न या गुणसूत्रीय मानचित्र भी विनिमय की सहायता से बनाया जाता है।

गुणसूत्रीय मानचित्र (Chromosomal Maps)

सहलग्नता या गुणसूत्रीय या जीनी मानचित्र (प्रतिचित्रण) एक सहलग्न समूह है। इसके द्वारा जीनों का क्रम या स्थिति को गुणसूत्र पर दर्शाया जाता है। पास-पास स्थित जीन्स में सहलग्नता एवं दूर-दूर स्थित जीन्स में क्रॉसिंग ओवर (विनिमय) अधिक होती है।

एक गुणसूत्र पर उपस्थित विभिन्न जीन्स की संबधित दूरियाँ और उनके क्रम का रेखीय चित्रीय प्रस्तुतीकरण सहलग्न या आनुवंशिक गुणसूत्र मानचित्र कहलाता है।

दो जीन्स के बीच क्रॉसिंग ओवर का प्रतिशत सीधा उनके बीच की दूरी के समानुपाती होता है। क्रॉसिग ओवर की यूनिट हेल्डेन (Haldane) द्वारा सेन्टी मार्गन (cM)के रूप मे शब्दित की गई हैं। मापन दूरी (cM) की एक यूनिट क्रॉसिग ओवर के 1% के बराबर होती है, जब दो जीन स्थानों के बीच में किएज्मा संगठित होता है, तब 50% मियोटिक उत्पाद क्रॉस ओवर के तथा 50% नॉन क्रॉस ओवर के होते हैं, इस प्रकार किएज्मा आवृत्ति क्रॉस ओवर उत्पादों की आवृत्ति की दोगुनी होती है अर्थात् किएज्मा % =2(क्रॉस ओवर %) या क्रॉस ओवर %=1/2 (किएज्मा %) ।

स्टर्टवेन्ट (Sturtevant; 1911) ने सर्वप्रथम गुणसूत्रीय मानचित्र को तैयार किया। दरअसल यह मानचित्र गुणसूत्रीय की एक रेखा को प्रदर्शित करता हैं, जहाँ जीन्स की स्थिति बिन्दु के रूप में विशिष्ट दूरियों पर होती है। इनकी यह दूरी इनके क्रॉसिंग ओवर प्रतिशत के समानुपाती होती है। विचार कीजिए, एक गुणसूत्र पर तीलनप जीन्स A, B तथा CB होते हैं, जोकि ABC, ACB या BAC के रूप में व्यवस्थित हो सकते हैं। यह तीन बिन्दु टेस्ट क्रॉस प्रमाणित करते हैं, कि कौन-सा जीन केन्द्र में स्थित होता है। A तथा B, B तथा C के बीच तथा A एवं C के बीच भी क्रॉसिंग ओवर मूल्य (value) निर्धारण द्वारा सहलग्नता मैप तैयार किया जा सकता है। विस्तृत रूप से कहा जाता है, कि A, B तथा C जीन्स के बीच क्रॉसिग ओवर के निम्नलिखित परिणामों से गुणसूत्रीय मापन किया जा सकता है।

(i) A तथा B के बीच 5% क्रॉसिंग ओवर होता है।

(ii) A तथा C के बीच 9% क्रॉसिग ओवर होता है।

अतः B तथा C के बीच 13% क्रॉसिंग ओवर होगा है तथा जीन्स निम्न प्रकार व्यवस्थित हो सकता है,

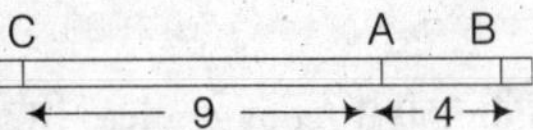

यदि B तथा C के बीच 5% क्रॉसिंग ओवर होता है, तो जीन्स निम्न प्रकार व्यवस्थित होते है तथा यहाँ A तथा C के बीच क्रॉसिग ओवर 9% होगा।

C A B
←4→←5→

गुणसूत्रीय मानचित्र के उपयोग (Uses of Chromosomal Map)

- गुणसूत्र पर जीन की निश्चित स्थिति ज्ञात करने में।
- गुणसूत्र के सहलग्नता (linkage) समूह में विभिन्न जीन्स के रीकॉम्बीनेशन को जानने में।
- डाइहाइब्रिड तथा ट्राइहाइब्रिड क्रॉस के परिणामों की भविष्यवाणी करने में।

अभ्यास प्रश्नावली

1. सहलग्नता की संलग्नता एवं विलग्नता प्रावस्थाएँ प्रस्तुत की थी
(a) बेटसन एवं पुन्नेट (1906) (b) टी एच मॉर्गन (1910)
(c) हचिन्सन (d) एच जे मुलर

2. विनिमय की घटना पाई जाती है
(a) लेप्टोटीन में (b) जाइगोटीन में
(c) पैकिटीन में (d) डिप्लोटीन में

3. किएज्मा की खोज की.............थी।
(a) बेटसन एवं पुन्नेट (1906) (b) मॉर्गन (1910)
(c) जेनसन्स (1909) (d) हाल्डेन (1942)

4. एक क्रॉस ओवर के कारण समीपस्थ क्षेत्र में दूसरे क्रॉस ओवर की सम्भावना का बढ़ना कहलाता है
(a) धनात्मक व्यतिकरण (b) ऋणात्मक व्यतिकरण
(c) संपात (d) संलग्नता

5. उस प्रक्रिया का नाम बताइए, जिसमें सहलग्न जीन एक साथ वंशागत होते हैं
(a) विलग्नता (b) संलग्नता
(c) किएज्मा (d) व्यतिकरण

6. ....में विभिन्न जनकों से आने वाले जीन विभिन्न युग्मकों में प्रवेश करते हैं तथा ये पृथक रूप से वंशागत होते हैं।
(a) संलग्नता (b) संपात
(c) व्यतिकरण (d) विलग्नता

7. एलोसोम्स या लिंग गुणसूत्रों पर स्थित जीन्स पर उपस्थित सहलग्नता कहलाती है।
(a) गुणसूत्री सहलग्नता (b) एलोसोमल सहलग्नता
(c) अपूर्ण सहलग्नता (d) पूर्ण सहलग्नता

8. सहलग्नता को जीन के अतिरिक्त A तथा B भी प्रभावित करते हैं, उपयुक्त विकल्प का चयन करें।

	A	B
(a)	ताप	आयु
(b)	प्रकाश	ताप
(c)	आयु	हवा
(d)	हवा	ताप

9. ऋणात्मक व्यतिकरण का उदाहरण है
(a) *एस्परजिलस* (b) जीवाणुभोजी
(c) (a) एवं (b) दोनों (d) इनमें से कोई नहीं

10. किसी विनियम की अपने समीपस्थ क्षेत्र से दूसरे विनिमय की सम्भावना को कम देने की क्षमता ....कहलाती है।
(a) सहलग्न समूह (b) एकल विनिमय
(c) व्यतिकरण (d) संपात

11. निम्न में से असत्य कथन छाँटिये
(a) जेनसन्स में विनिमय के किएज्मा सिद्धान्त तथा किएज्मा निर्माण का वर्णन किया
(b) विनिमय की प्रक्रिया को समझाने के लिये बेलिंग ने कापी च्वाइस सिद्धान्त का वर्णन किया
(c) व्यतिकरण एवं संपात शब्द बेटसन एवं पुन्नेट ने प्रतिपादित किये थे
(d) दो जीन्स के बीच को क्रासिंग ओवर प्रतिशतता की सहायता से जीन के क्रम को निर्धारित करते हैं

12. ऑटोसोम्स में स्थित जीन्स की सहलग्नता कहलाती है
(a) एलोसोमल (b) गुणसूत्री
(c) संपात (d) सहलग्न समूह

13. निम्न में से असत्य कथन छाँटिये
(a) विनिमय शब्द सर्वप्रथम कैटल ने सन् 1912 में प्रयुक्त किया था
(b) विनिमय डिप्लोटीन प्रावस्था में होता है
(c) विनिमय समजात गुणसूत्रों के नॉन सिस्टर क्रोमेटिड्स के बीच पाया जाता है
(d) वह सर्वमान्य तथ्य है, कि क्रॉसिंग ओवर अर्धसूत्री विभाजन की चार स्ट्रैण्ड आवस्था में होता है

14. सहलग्नता की संलग्नता तथा विलग्नता प्रावस्थाओं का वर्णन बेटसन व पुन्नेट ने किस सन् में किया?
(a) 1950 (b) 1960
(c) 1970 (d) 1980

15. विनिमय की कॉपी-च्वॉइस (copy-choice) सिद्धान्त के प्रतिपादक थे।
(a) बेलिंग ने (b) जेनसन्स ने
(c) उहल्स ने (d) डार्लिंगटन

16. पौधों में सहलग्नता दर्शाने का सर्वप्रथम प्रयास किया गया
(a) *पाइसम सटाइवम* में
(b) *लैथाइरस ऑडोरेटस* में
(c) *जियॉमेज* में
(d) *ऑइनोथेरा लैमार्किआना* में

17. प्रभावी लक्षणप्ररूप प्रदर्शित करने वाले पौधे का जीनप्ररूप निर्धारित किया जा सकता है
(a) परीक्षार्थ संकरण (test cross) द्वारा
(b) द्विसंकर संकरण (dihybrid cross) द्वारा
(c) वंशावली विश्लेषण (pedigree analysis) द्वारा
(d) प्रतीप संकरण (back cross) द्वारा

18. एक जीन-एक एन्जाइम, अभिकल्पना किसने प्रस्तुत की थी?
(a) आर. फ्रैंकलिन ने (b) हर्शे एवं चेज ने
(c) ए गैरोड ने (d) बीडल एवं टेटम ने

19. सहलग्नता के पहले उदाहरण के प्रस्तुत कर्ता था/थे
(a) टी एच मॉर्गन
(b) सटन तथा बोवेरी
(c) ब्रिजेज तथा जी एच शल
(d) बेटसन तथा पुनेट

20. सहलग्न जीन्स को पृथक किया जा सकता है
(a) जीन म्यूटेशन के द्वारा
(b) विनिमय की क्रिया द्वारा
(c) पृथक्करण की विधि द्वारा
(d) बहुगुणिता के द्वारा

21. जब दो जीन्स गुणसूत्र पर काफी समीप रूप से विन्यस्त हों, तो
(a) विनिमय का प्रतिशत बहुत अधिक होता है
(b) क्रॉसिंग को प्रेक्षित करना लगभग असंम्भव होगा
(c) कोई विनिमय नहीं होगी
(d) केवल डबल-विनिमय ही हो सकती है

22. एक जीव जिसमें दो समरूप युग्मविकल्पी हैं, एक दिए हुए ट्रेट के लिए कैसे होंगे?
(a) समयुग्मजी (b) विसंयोजनी
(c) प्रभावी (d) उभयलिंगी

23. मेण्डल अपने प्रयोगों में सहलग्नता को नहीं पहचान सके, क्योंकि
(a) अनेक गुणसूत्रों को देखना था
(b) उनके द्वारा लिए गए लक्षण भिन्न-भिन्न गुणसूत्रों पर स्थित थे
(c) उनके पास शक्तिशाली सूक्ष्मदर्शी नहीं था
(d) उन्होंने केवल शुद्ध पौधों का अध्ययन किया

24. कोशिकाओं के बीच आनुवंशिक विभिन्नताएँ (genetic difference) उत्पादित होते हैं
(a) अर्धसूत्री विभाजन द्वारा (b) सूत्री विभाजन द्वारा
(c) (a) एवं (b) दोनों द्वारा (d) किसी से नहीं

25. चूँकि विनिमय गुणसूत्रों में चार-स्ट्रेन्ड अवस्था पर होती है, अत:
(a) चार में दो स्ट्रेन्ड्स ही क्रॉस-ओवर होंगे
(b) एक व्यत्यायिका के पश्चात् अर्धसूत्री विभाजन के आधे उत्पाद क्रॉस-ओवर के रूप में होते हैं
(c) *न्युरोस्पोरा* कवक में दो व्यव्यासिकाओं के फलस्वरूप या, तो आठ क्रॉस ओवर्स होंगे या आठ नॉन-क्रॉस आवर्स होंगे
(d) उपरोक्त सभी

26. अवैध क्रॉसिंग ओवर होता है
(a) लिंकेज से व्युत्क्रमानुपाती रूप से सम्बन्धित
(b) लिंकेज से सीधे सम्बन्धित
(c) ट्रान्सलोकेशन के ही समान
(d) डिलीशन से अधिक हानिकारक

27. गुणसूत्रों का आरेखी निरूपण, जिसमें उन्हें नाप के अनुसार क्रम से व्यवस्थित करते हैं, वह है
(a) कैरियोटाइप (b) इडियोग्राम
(c) जीनोटाइप (d) फीनोटाइप

28. विनिमय की आवृत्ति में विविधता
(a) सीधे से सम्बन्धित होती है, व्यत्यासिका की आवृत्ति में विविधता से तथा गुणसूत्रों के आनुवंशिक मैप निर्मित करने हेतु आधारीय पदार्थ प्रदान करती है
(b) बाहरी वातावरणीय कारकों पर नहीं, बल्कि आनुवंशिकी कारकों पर आधारित होते हैं
(c) दो विभिन्न जीन्स समुच्चयों के बीच होती है एवं विभिन्न जीवों तथा एक जीव दोनों ही में
(d) उपरोक्त में से कोई नहीं

29. जीन विनिमय की अवस्था किसमें पाई जाती है?
(a) लेप्टोटीन में (b) पैकीटीन में
(c) पश्चावस्था में (d) डाइकाइनेसिस में

30. गुणसूत्रों पर जीन व्यवस्थित होते हैं
(a) अण्डाकार रूप में (b) रेखीय क्रम में
(c) सर्पिल क्रम में (d) किसी निश्चित क्रम में नहीं

➜ उत्तरमाला

1. (a)	**2.** (c)	**3.** (c)	**4.** (b)	**5.** (b)	**6.** (d)	**7.** (b)	**8.** (a)	**9.** (c)	**10.** (c)
11. (c)	**12.** (b)	**13.** (b)	**14.** (b)	**15.** (a)	**16.** (b)	**17.** (a)	**18.** (d)	**19.** (d)	**20.** (b)
21. (b)	**22.** (a)	**23.** (b)	**24.** (a)	**25.** (d)	**26.** (c)	**27.** (b)	**28.** (a)	**29.** (b)	**30.** (b)

29

लिंग निर्धारण एवं सहलग्न वंशागति

Sex Determination and Linked Inheretance

लिंग निर्धारण (Sex Determination)

लैंगिक प्रजनन (sexual reproduction) दो युग्मकों (gametes) के संलयन (fusion) की क्रिया है, जिसके द्वारा किसी जीव के लिंग का स्थायीकरण किया जाता है। जन्तुओं तथा उच्चवर्गीय पौधों में पूर्ण रूप से विकसित एवं भिन्न (नर व मादा) युग्मक पाये जाते हैं। सन्तानोत्पति के लिए नर व मादा युग्मकों का संलयन होता है तथा सन्तान पुत्र अथवा पुत्री हो सकती है अतः जिन कारकों द्वारा यह लिंग निश्चित होता है तथा इसी क्रिया को हम लिंग निर्धारण कहते हैं।

डार्लिंगटन एवं मथर (Darlington and Mather; 1949) के अनुसार लिंग निर्धारण वह क्रिया है, जिसके द्वारा एक अगुणित बीजाणु (haploid spore) अथवा अगुणित व द्विगुणित अण्डा (haploid or diploid egg) अपने अन्दर एक अथवा दूसरा लिंग विकसित कर लेता है। लिंग निर्धारण के तीन प्रकार सम्भव हैं, प्रोगेमिक, सिन्गेमिक एवं एपिगेमिक

मैक्लांग (Maclung; 1902) के अनुसार गुणसूत्रों में विभिन्नता एक प्रकार से लिंग निर्धारण से सम्बन्धित है। उन्होंने इसे लिंग गुणसूत्र कहा तथा *ड्रोसोफिला*, मनुष्य एवं अन्य जन्तुओं में इसका अध्ययन किया।

मादा में XX-गुणसूत्र तथा नर में XY-गुणसूत्र हैं। कभी-कभी कुछ चिड़ियों में मादा ZW व नर में ZZ-गुणसूत्र होते हैं, इस मतानुसार जीवों में लिंग निर्धारण का स्पष्टीकरण सम्भव हो सकता है, परन्तु उभयलिंगी एवं निम्नवर्गीय जीव; जैसे–कीट द्विलिंगी जीवों में इस मत में सुधार की आवश्यकता है।

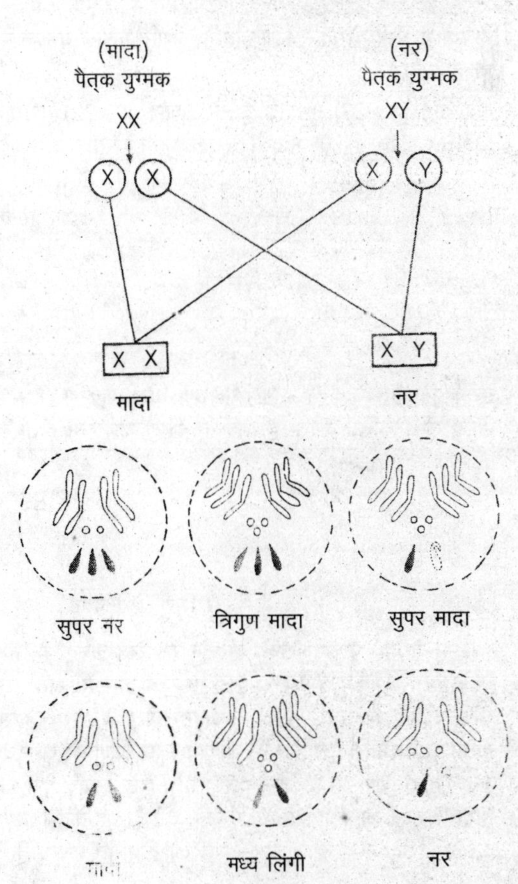

लिंग गुणसूत्र व अलिंगसूत्र (Sex Chromosomes and Autosomes)

उन द्विगुणित जीवधारियों में, जिनमें लैंगिक भिन्नता पाई जाती है, कोई गुणसूत्र विशेष या गुणसूत्रों का कोई जोड़ा लिंग-निर्धारण में महत्वपूर्ण भूमिका निभाता है। इन गुणसूत्रों को लिंगीगुणसूत्र (allosomes or sex chromosomes) कहते हैं। इन्हें प्रायः X, Y, Z, आदि शब्दों से प्रदर्शित करते हैं। अन्य गुणसूत्र, जो शरीर के कायिक लक्षणों को निर्धारित करते हैं, अलिंग सूत्र (autosomes) कहलाते हैं।

गुणसूत्रप्ररूप (Karyotype) प्रत्येक जाति के जीवधारियों में एक ही प्रकार के विशिष्ट गुणसूत्रों का समुच्चय (set) पाया जाता है। इन गुणसूत्रों के कुछ स्थाई लक्षण होते हैं, जिससे उस जाति विशेष की पहचान की जा सकती है।

इन लक्षणों में गुणसूत्रों की संख्याएँ अलग-अलग सूत्रों के परिमाण, आकार, प्राथमिक व द्वितीय संकीर्णन, भुजाओं के अनुपात, आदि सम्मिलित हैं। यदि किसी जीवधारी के अगुणित समुच्चय के गुणसूत्रों को घटती हुई लम्बाई के क्रम में एक पैमाने पर चित्र रूप में प्रदर्शित करे, तो यह चित्र गुणसूत्र आलेख (idiogram) कहलाता है।

ड्रोसोफिला में लिंग निर्धारण (Sex Determination in *Drosophila*)

ड्रोसोफिला में X-गुणसूत्र मादा तथा ऑटोसोम नर होता है अर्थात् X-गुणसूत्र पर मादा के जीन्स (genes) तथा ऑटोसोम पर नर जीन होते हैं, परन्तु ऐसा नहीं कह सकते हैं, कि सभी X मादा व सभी अंलिगी गुणसूत्र पर नर जीन होते हैं।

X-गुणसूत्र तीन अलिंगी सूत्र के साथ बनाता है। दो गुणसूत्र व दो अलिंगी गुणसूत्र एक समान गुणसूत्र मादा को मादा जन्म देते हैं। दो अलिंगी गुणसूत्र के तथा एक X-द्विगुणित मादा से नर

ड्रोसोफिला बनता है। तीन के समुच्चय व दो X-गुणसूत्र में अन्तः लिंग बनता है। तीन X-गुणसुत्र तथा 2 समुच्चय आटोसोम्स से सुपर मादा (super female) उत्पन्न होते हैं। एक गुणसुत्र (एक Y के गुणसुत्र के साथ) तथा तीन समुच्चय ऑटोसोम से सुपर नर उत्पन्न होते हैं।

ड्रोसोफिला के नर में X-गुणसूत्र नहीं होते हैं XO नर, नर बन्ध्य (sterile) होते हैं, लेकिन देखने में सामान्य होते हैं। इसी प्रकार मादा, जिनमें Y-गुणसूत्र (XXY मादा) इससे यह निष्कर्ष सामान्य व उर्वर (fertile) उत्पन्न होते हैं।

इस प्रकार का अर्थ निकलता है कि एक X-गुणसूत्र नर व दो X-गुणसूत्र उदासीन (neutral) होते हैं।

इस प्रकार *ड्रोसोफिला* में X-गुणसूत्रों पर मादा गुण तथा ऑटोसोम्स पर नर जीन या कारक होते हैं। Y-गुणसूत्र क्रमविहीन होता है।

मनुष्य में लिंग निर्धारण (Sex Determination in Human)

मनुष्य में XY प्रकार के गुणसूत्रों द्वारा लिंग निर्धारण होता है। मनुष्य की प्रत्येक कोशिका में 46 गुणसूत्र अर्थात् 23 जोड़े होते हैं। इन 23 जोड़ों में 22 जोड़े नर तथा मादा में एक-समान होते हैं। इन 22 जोड़ों का अलिंगसूत्री युग्म या सहसूत्री युग्म कहते हैं। 23 वें जोड़े के गुणसूत्र स्त्रियों में एक-से होते हैं, लेकिन पुरुष में ये असमान होते हैं। इस 23 वें जोड़े को एक स्त्री तथा पुरुष में लिंग युग्म (sex chromosome) कहते हैं। स्त्रियों में इस लिंग युग्म को XX से तथा पुरूष में इसे XY से प्रदर्शित करते हैं।

युग्मक निर्माण के समय दोनों लिंग गुणसूत्र दो विभिन्न युग्मकों अण्ड एवं शुक्राणु में चले जाते हैं। इस प्रकार पुरुष में दो प्रकार के शुक्राणु उत्पन्न होते हैं

(a) जिनमें X + 22 गुणसूत्र होते हैं।

(b) जिनमें Y + 22 गुणसूत्र होते हैं।

स्त्रियों में सभी युग्मक समान होते हैं अर्थात् प्रत्येक युग्मक में X + 22 गुणसूत्र ही होते हैं।

अब यदि (X + 22) गुणसूत्र वाला शुक्राणु (X + 22) गुणसूत्र वाले अण्ड को निषेचित करता है, तो मादा शिशु का जन्म होगा।

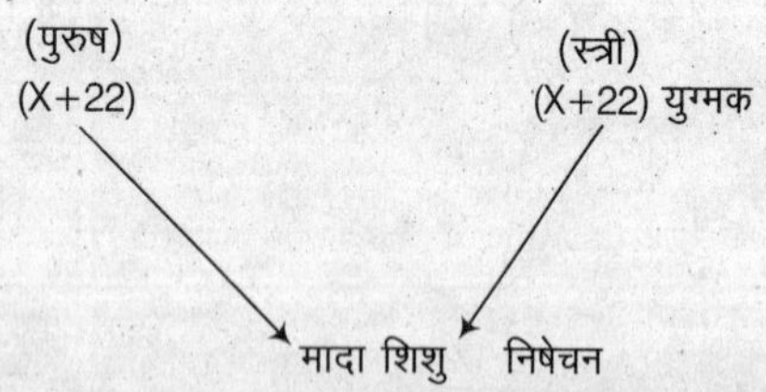

इसके विपरीत यदि (Y + 22) गुणसूत्र वाला शुक्राणु (X + 22) गुणसूत्र वाले अण्ड को निषेचित करता है, तब नर शिशु का जन्म होता है।

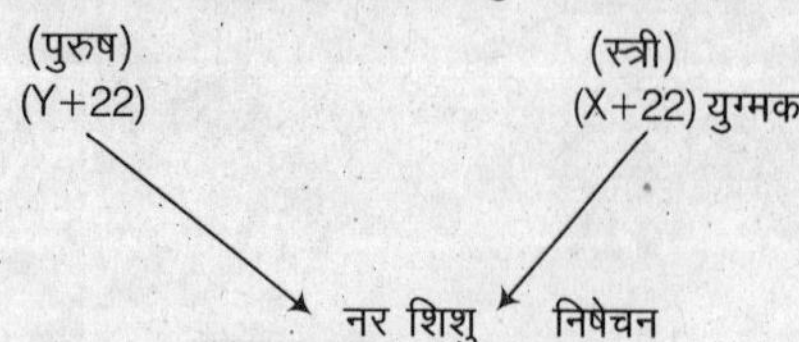

गर्भधान के पूर्व पुरुष असंख्य शुक्राणु स्खलित करता है, जिनमें से 50% में (X = 22) तथा 50% में (Y + 22) गुणसूत्र होते हैं। अतः नर या मादा शिशु उत्पन्न होने की केवल 50% सम्भावना होती है, परन्तु वास्तव में ऐसा नहीं होता। कुछ दम्पत्ति ऐसे होते हैं, जो केवल नर शिशु को जन्म देते हैं कुछ दम्पत्ति केवल मादा शिशु को ही जन्म देते हैं तथा कुछ दम्पत्ति ऐसे भी हैं, जो नर तथा मादा शिशुओं को समान संख्या में जन्म देते हैं। यह केवल इस संयोग पर निर्भर करता है, कि कौन-सा शुक्राणु अण्ड को निषेचित करता है।

आनुवंशिक शब्दावली (Genetic Terminology)

- **कारक/जीन** (Factor/Gene) किसी आनुवंशिक गुण को पीढ़ी-दर-पीढ़ी ले जाने वाली रचना को कारक या जीन कहते हैं।
- **समयुग्मजी** (Homozygous) द्विगुणित (diploid) अवस्था, जिसमें दोनों एलील समान (identical) होते हैं; जैसे–TT या tt।
- **विषमयुग्मजी** (Heterozygous) द्विगुणित अवस्था जिसमें दोनों एलील अलग-अगल या असमान होते हैं; जैसे–Tt।
- **समलक्षणी** (Phenotype) किसी भी लक्षण का बाह्य या दिखाई देने वाला रूप; जैसे–लम्बा व बौना।
- **जीन प्ररूप** (Genotype) जीवों के जीनी संगठन को व्यक्त करता है; जैसे–TT, Tt, tt।
- **एक-संकर क्रॉस** (Monohybrid cross) इसमें जीनोटाइप एवं फीनोटाइप अनुपात : एक संकर क्रॉस में जीनोटाइप अनुपात 1 : 2 : 1 एवं फीनोटाइप अनुपात 3 : 1 होता है।
- **द्विसंकर क्रॉस** (Dihybrid cross) जब दो जोड़ी लक्षण लेकर दो पौधों में संकरण कराया जाता है, उसे द्विसंकर क्रॉस (dihybrid cross) कहा जाता है। द्विसंकर क्रॉस में स्वतन्त्र अपव्यूहन के कारण, F_2-पीढ़ी में फीनोटाइप अनुपात 9 : 3 : 3 : 1 प्राप्त होता है।
- **बैक क्रॉस** (Back cross) विषमयुग्मजी F_1 संकर का जब समयुग्मजी प्रभावी जनक (TT) या समयुग्मजी अप्रभावी जनक (tt) से संकरण या क्रॉस कराया जाता है, तब इसे बैक क्रॉस कहते हैं।
- **टैस्ट क्रॉस** (Test cross) जब विषमयुग्मजी F_1 संकर का, समयुग्मजी अप्रभावी जनक के साथ क्रॉस किया जाता है, तो इसे टैस्ट क्रॉस कहते हैं।
- **व्युत्क्रम संकरण (Reciprocal cross)** इसके अन्तर्गत जनक पादपों की लैंगिकता को परस्पर बदल कर क्रॉस कराया जाता है अर्थात् एक क्रॉस में जिस पादप को नर के रूप में लिया जाता है। दूसरे में उसी पादप को मादा के रूप में लिया जाता है। केन्द्रकीय आनुवंशिकता (nuclear genetics) में इसके परिणाम का कोई प्रभाव नहीं होता, परन्तु कोशिकाद्रव्यी आनुवंशिकता (cytoplasmic inheritance) में इसके परिणाम का प्रभाव पड़ता है।

एलील या एलीलोमार्फ (Allele or Allelomorph)

मेण्डल ने यह विचार व्यक्त किया, कि प्रत्येक आनुवंशिक लक्षण एक इकाई द्वारा नियन्त्रित होता है, जिसे उन्होंने एलील या एलीलोमॉर्फ कहा; जैसे–लम्बापन (T) और बौनापन (t) एक-दूसरे के एलील हैं। गोल बीज (R) और झुर्रीदार बीज (r) एक-दूसरे के एलील हैं।

मनुष्य में लिंग-सहलग्न वंशागति (Sex Linked Inheritance in Human)

मनुष्य में ऐसे अनेक लिंग-सहलग्नी जीनों के विषय में हमें ज्ञात हैं, जो अनेक लक्षणों को प्रभावित करते हैं। लिंग-सहलग्नी लक्षण स्त्रियों की अपेक्षा पुरुषों में अधिक व्यक्त होते हैं। डायबीटीज मेलीटस, हीमोफिलिया तथा वर्णान्धता, इसी प्रकार के रोग हैं।

हीमोफिलिया (Haemophilia)

हीमोफिलिया रोग में रुधिर के जमने या थक्का बनने की क्षमता समाप्त हो जाती है। इसके फलस्वरूप छोटी-मोटी साधारण चोट भी भयंकर साबित होता है क्योंकि एक बार रुधिर शरीर के किसी भाग से निकलना शुरू हुआ, तो बन्द नहीं होता है। हीमोफिलिया केवल अप्रभावी (recessive) जीन द्वारा प्रभावित होता है, जो गुणसूत्र पर स्थित होता है। चूँकि पुरुषों में केवल एक ही X-गुणसूत्र होता है, इसलिए जीन अपना कार्य करने के लिए पर्याप्त होता है।

इसके विपरीत स्त्रियों में चूँकि दो XX-गुणसूत्र होते हैं, एक गुणसूत्र का दोष उस स्त्री को प्रभावित नहीं कर सकता, किन्तु ऐसी स्त्री हीमोफिलिया के जीन की वाहक (XX^h) हो जाती है।

(i) **सामान्य पुरुष तथा हीमोफिलिया के जीन की वाहक स्त्री द्वारा हीमोफिलिया की वंशागति**, जब कोई सामान्य पुरुष किसी ऐसी स्त्री से विवाह करता है, जो हीमोफिलिया के जीन की वाहक है, तो उसके 50% पुत्र हीमोफिलिया से प्रभावित होंगे तथा 50% पुत्रियाँ हीमोफिलिया के जीन को वहन करेंगी शेष पुत्र-पुत्रियाँ सामान्य होंगे।

(ii) **हीमोफिलिक पुरुष तथा सामान्य स्त्री द्वारा हीमोफिलिया की वंशागति**, जब कोई हीमोफिलिया से ग्रस्त पुरुष किसी सामान्य स्त्री से विवाह करता है, तो उसके सभी पुत्र सामान्य होंगे, परन्तु सभी पुत्रियाँ हीमोफिलिया के जीन की वाहक होंगी।

(iii) **हीमोफिलिक पुरुष तथा हीमोफिलिया की वाहक स्त्री द्वारा हीमोफिलिया की वंशागति** जब कोई हीमोफिलिया से पीड़ित पुरुष ऐसी स्त्री से विवाह

करता है, जो हीमोफिलिया के जीन की वाहक है, तो 50% पुत्र तथा 50% पुत्रियाँ इस रोग से पीड़ित होंगी। शेष 50% पुत्र सामान्य होंगे, परन्तु 50% पुत्रियाँ इसके जीन की वाहक होंगी।

(हीमोफिलिक पुरूष) $X^hY \times$ हीमोफिलिक (वाहक) स्त्री XX^h

♂ / ♀	X^h	Y
X	X^hX (वाहक पुत्री)	XY (सामान्य पुत्र)
X^h	XX^h (हीमोफिलिक पुत्री)	X^hY (पुत्र)

(iv) **सामान्य पुरुष तथा हीमोफिलिया स्त्री द्वारा हीमोफिलिया की वंशागति,** जब कोई सामान्य पुरुष किसी ऐसी स्त्री से विवाह करता है, जो हीमोफिलिया से ग्रस्त है, तो उसके सभी पुत्र हीमोफिलिया से ग्रस्त होंगें तथा सभी पुत्रियाँ इसके जीन की वाहक होंगी।

(सामान्य पुरुष) $XY \times X^hX^h$ (हीमोफिलिका स्त्री)

नर युग्मक

♂ / ♀	X^h	Y
X^h	X^hX^h (हीमोफिलिक पुत्री)	X^hY (हीमोफिलिक पुत्र)
X	XX^h (वाहक पुत्री)	X^hY (हीमोफिलिक पुत्र)

हीमोफिलिया रोग के विषय में मनुष्य को बहुत लम्बी अवधि से पता है। इंग्लैण्ड की महारानी विक्टोरिया के वंश में भी यह रोग प्रचलित था। महारानी विक्टोरिया ने इस रोग का जीन अपनी माता अथवा पिता से उत्परिवर्तन के फलस्वरूप प्राप्त किया था। इस रोग के लक्षण सर्वप्रथम इस परिवार में महारानी विक्टोरिया के एक पुत्र तथा दो पौत्रों में प्रकट हुए।

हीमोफिलिया दो प्रकार का होता है

(i) **हीमोफिलिया** A यह हीमोफिलिया विरोधी ग्लोब्यूलिन में थ्रॉम्बोप्लास्टिन की कमी के कारण होता है।

(ii) **हीमोफिलिया** B यह प्लाज्मा में थ्रॉम्बोप्लास्टिन की कमी के कारण होता है अभी तक हीमोफिलिया रोग की चिकित्सा ज्ञात नहीं हुई है। रुधिर की कमी को रुधिर के आधान से पूरा करते हैं।

वर्णान्धता (Colour Blindness)

होरनर (Horner; 1876) ने सर्वप्रथम यह पता लगाया, कि कुछ व्यक्तियों में लाल व हरे रंग में भेद करने की क्षमता नहीं होती है। लाल और हरे रंग की पहचान न करना वर्णान्धता (colour blindness) कहलाता है। इसे प्रोटीन दोष या लाल-हरा अन्धापन (red-green blindness) भी कहते हैं। यह भी लिंग-सहलग्न रोग हैं।

यह रोग सामान्यतया स्त्रियों में नहीं होता, लेकिन ये रोगवाहक (carrier) होती हैं। इस रोग का अप्रभावी (recessive) जीन X गुणसूत्र पर उपस्थित होता है। स्त्रियों में चूंकि दो X गुणसूत्र होते हैं।

एक गुणसूत्र के जीन का दोष उस स्त्री को प्रभावित नहीं करता है, लेकिन यह स्त्री रोग के जीन की वाहक अवश्य बन जाती है।

पुरुषों में चूँकि एक ही X-गुणसूत्र होता है, यह जीन अपना प्रभाव दिखाने के लिए पर्याप्त होता है। Y-गुणसूत्र पर सम्बन्धित जीन X-गुणसूत्र के दोषपूर्ण जीन की प्रतिक्रिया के लिए उपस्थित नहीं होता है।

(i) **वर्णान्धता पुरुष तथा सामान्य स्त्री द्वारा उत्पन्न सन्तान में वर्णान्धता की वंशागति**, जब कोई वर्णान्ध पुरुष किसी सामान्य स्त्री से विवाह करता है, तो उसके सभी पुत्र सामान्य, परन्तु सभी पुत्रियाँ वर्णान्धता के जीन की वाहक होती हैं।

(ii) **सामान्य पुरुष तथा वर्णान्ध स्त्री द्वारा उत्पन्न सन्तान में वर्णान्धता की वंशागति**, जब कोई सामान्य पुरुष किसी वर्णान्ध स्त्री से विवाह करता है, तो उसके सभी पुत्र वर्णान्ध होते हैं तथा सभी पुत्रियाँ इसके जीन की वाहक होती हैं।

(iii) **सामान्य पुरुष तथा वाहक स्त्री द्वारा उत्पन्न सन्तान में वर्णान्धता की वंशागति**,जब कोई सामान्य पुरुष किसी ऐसी स्त्री से विवाह करता है, जो वर्णान्धता के जीन की वाहक होती है, तो इनके 50% पुत्र वर्णान्ध तथा 50% पुत्र सामान्य होते हैं। 50% पुत्रियाँ इसके जीन की वाहक होती हैं और शेष 50% पुत्रियाँ सामान्य होती है।

(iv) **वर्णान्ध पुरुष तथा वाहक स्त्री उत्पन्न सन्तान में वर्णान्धता की वंशागति,** जब कोई वर्णान्धता पुरुष किसी ऐसी स्त्री से विवाह करता है, जो वर्णान्धता के जीन की वाहक होती हैं, तो इसके 50% पुत्र वर्णान्धता तथा 50% सामान्य होते हैं 50% पुत्रियाँ वर्णान्ध तथा 50% पुत्रियाँ इसके जीन की वाहक होती हैं।

अभ्यास प्रश्नावली

1. प्रथम लिंग उत्क्रमण की खोज की थी

(a) ब्रिजिस (1922) (b) मुलर (1932)
(c) क्यू (d) एम क्लंग (1902)

2. *ड्रोसोफिला* में लिंग निर्धारण निम्नलिखित के मध्य में जेनिक बैलेन्स द्वारा होता है

(a) X तथा Y-गुणसूत्र
(b) X एवं ऑटोसोम्स के समुच्चय
(c) Y एवं ऑटोसोम्स के समुच्चय
(d) इनमें से कोई नहीं

3. लिंग विभेदन के लिए महत्वपूर्ण गुणसूत्र हैं

(a) लिंग गुणसूत्र (b) कायिक गुणसूत्र
(c) जीनोम (d) ऑटोसोम

4. नर सामान्यतया होते हैं

(a) विषमयुग्मकी (b) समयुग्मकी
(c) समयुग्मजी (d) विषमयुग्मजी

5. विषमयुग्मकी मादा मिलती हैं

(a) पक्षी में (b) मानव में
(c) दोनों (a) व (b) में (d) कीट में

6. Y-गुणसूत्र कहलाते हैं

(a) ऑटोसोम (b) एन्ड्रोसोम
(c) लिंग गुणसूत्र (d) एलोसोम

7. मॉर्गन के अनुसार *ड्रोसोफिला* में X-गुणसूत्र छड़ जैसा, जबकि Y-गुणसूत्र होता है

(a) छड़ जैसा (b) हुक समान
(c) क्रॉस समान (d) बिन्दु जैसा

8. 1902 में टिड्डों में अध्ययन की 'XO' विधि बताई

(a) मैकक्लंग ने (b) थूरी ने
(c) मॉर्गन ने (d) कारकस ने

9. हेप्लोडिप्लाइडों को कहते हैं

(a) आर्थोटोकी (b) अरहीनोटोकी
(c) थेलीटोकी (d) एपीगेमिक

10. एक लिंगाश्रयी पौधों के लिंग निर्धारण का अध्ययन दिया

(a) मॉर्गन ने (b) वेस्टर गार्ड तथा वार्नक ने
(c) मेकक्लांग ने (d) एक्टी ने

11. बार बॉडी की सर्वप्रथम खोज की थी

(a) लायन (1969) (b) ब्रिजिस (1922)
(c) मुरे बार (1949) (d) मॉर्गन (1933)

12. बार बॉडीज कहलाते हैं

(a) गॉल्जी काय (b) वसा काय
(c) लिंग क्रोमेटिन (d) ये सभी

13. बार बॉडीज हैं

(a) धनात्मक लिंग क्रोमेटिन (b) ऋणात्मक लिंग क्रोमेटिन
(c) उदासीन लिंग क्रोमेटिन (d) ये सभी

14. सामान्य मादा *ड्रोसोफिला* का आनुवंशिक संहाट है

(a) XX (b) XXY
(c) XY (d) XO

15. मिलेन्ड्रियम के Y-गुणसूत्र का दूसरा भाग कहलाता है

(a) नर अवरोधक क्षेत्र
(b) नर वृद्धि क्षेत्र
(c) नर उर्वरता क्षेत्र
(d) बेटसन एवं पुन्नेट (1906)

16. लिंग निर्धारण के जीनी सन्तुलन सिद्धान्त को प्रतिपादित किया था

(a) एम क्लांग (1902) (b) मॉर्गन (1910)
(c) ब्रिजिस (1922) (d) बेटसन एवं पुन्नेट (1906)

17. स्त्रियों में बार बॉडीज की संख्या सदैव होती है

(a) X –गुणसूत्रों से एक कम
(b) X– गुणसूत्रों के समान
(c) X –गुणसूत्रों से एक अधिक
(d) X– गुणसूत्रों से दो अधिक

18. क्लाइनफेल्टर सिन्ड्रोम (XXY) में बार बॉडीज की संख्या

(a) शून्य (b) एक
(c) दो (d) तीन

19. मात्रा प्रतिफल की प्रक्रिया का प्रतिपादन किया था।

(a) मुरे बार (b) लायन (1969)
(c) मुलर (1932) (d) ब्रिजिस (1922)

20. वर्णान्धता की खोज किसने की?

(a) होरनर (b) मेण्डल
(c) डार्विन (d) फेडटर

उत्तरमाला

1. (c) **2.** (b) **3.** (a) **4.** (a) **5.** (a) **6.** (b) **7.** (b) **8.** (a) **9.** (b) **10.** (b)
11. (c) **12.** (c) **13.** (a) **14.** (a) **15.** (b) **16.** (c) **17.** (a) **18.** (b) **19.** (b) **20.** (a)

30

उत्परिवर्तन एवं आनुवंशिकी के सिद्धान्त

Mutation and Principles of Genetics

उत्परिवर्तन (Mutation)

म्यूटेशन जीवों में जननद्रव्य में अचानक, स्थायी अनियमित एवं वंशागति योग्य विभिन्नताएँ हैं, जो वंशागत होती है तथा नई जातियाँ के विकास लिए उत्तरदायी होती हैं।

डी व्रीज (सन् 1980) ने उत्परिवर्तन को ही विकास का मुख्य कारक माना।

उत्परिवर्तन की विशेषताएँ (Features of Mutation)

- उत्परिवर्तन जीन अथवा गुणसूत्रों की संरचना में होने वाले परिवर्तन है।
- उत्परिवर्तन कायिक (somatic) तथा जननिक (germinal) दोनों प्रकार के हो सकते हैं, किन्तु केवल जननिक उत्परिवर्तन ही विकास की दृष्टि से महत्त्वपूर्ण है, क्योंकि ये वंशागत होते हैं।
- कायिक उत्परिवर्तन जीव में किसी भी अवस्था में हो सकते हैं, किन्तु उत्परिवर्त उत्परिवर्तन केवल लैंगिक अंगों की कोशिकाओं, युग्मकों परिपक्वन अथवा परिपक्व युग्मकों में होते हैं।
- उत्परिवर्तन अप्रभावी या प्रभावी दोनों प्रकार के हो सकते हैं। प्रभावी उत्परिवर्तन तुरन्त अभिव्यक्त हो जाते हैं, किन्तु अप्रभावी होने पर ये अनेक पीढ़ियों तक छुपे रह सकते हैं।
- अधिकांश घातक उत्परिवर्तन अप्रभावी होते हैं।
- सामान्य जीन के विभिन्न युग्मविकल्पी (alleles) उत्परिवर्तन द्वारा ही विकसित होते हैं और केवल उन जीनों को ही पहचाना जा सकता है, जिनमें उत्परिवर्तन हो चुके हैं।
- उत्परिवर्तन दिशात्मक नहीं होते और न ही जीव की आवश्यकता या हित से उनका कोई सम्बन्ध होता है। उत्परिवर्तन शरीर के समस्त अंगों तथा सभी प्रकार के लक्षणों को प्रभावित करते हैं।
- उत्परिवर्तन अक्समात् व स्वतः विकसित होते हैं, इन्हें **स्वतः उत्परिवर्तन** (spontaneous mutations), कहते हैं, किन्तु रासायनिक पदार्थों, **म्यूटाजन** (mutagens) तथा विकिरण द्वारा भी इनको प्रेरित किया जा सकता है, तब इनको **प्रेरित उत्परिवर्तन** कहा जाता हैं।

  उत्परिवर्तन की दर विभिन्न कारकों द्वारा प्रभावित होती है।

उत्परिवर्तन के प्रकार (Types of Mutation)

उत्परिवर्तन निम्न दो प्रकार के होते हैं

1. स्वतःउत्परिवर्तन (Spontaneous Mutation)

स्वतःउत्परिवर्तन जीवित पदार्थों में कुछ विशिष्ट दैहिक क्रियाओं अथवा उपापचयी परिस्थितियों के कारण उत्पन्न होते हैं।

ये उत्परिवर्तन निम्न दो प्रकार के हो सकते हैं

(i) जीन उत्परिवर्तन (Gene Mutation)

यह न्यूक्लियोटाइड के प्रकार या उनके क्रम में बदलाव के कारण होता है। ये अधिकतर अप्रभावी तथा हानिकारक होते हैं तथा विषमयुग्मी जीनों में पाए जाते हैं। ये निम्न प्रकार से होते हैं

(a) **क्षार विस्थापन** (Base Substitution) एक प्यूरीन के स्थान पर दूसरा प्यूरीन क्षार अथवा एक पिरिमिडीन के स्थान पर दूसरा पिरिमिडीन क्षार के आने को **संक्रान्ति** (transition) कहते हैं, जबकि एक प्यूरीन के स्थान पर पिरिमिडीन या पिरिमिडीन के स्थान पर प्यूरिन के आने के **अनुपथन** (transversion) कहते हैं। इनके कारण *m*RNA का कोडॉन परिवर्तित हो जाता है। इसमें जब एक कोडॉन का अर्थ एक अमीनो अम्ल से दूसरे अमीनो अम्ल में बदल जाता है, तब इसे **मिससेन्स उत्परिवर्तन** (mis sense mutation) कहते हैं।

जब एक कोडॉन, जो अमीनो अम्ल को कोड करती है, समापन का **समापन** (termination) कोडॉन में परिवर्तन हो जाता है, तब इसे **नॉन-सन्स उत्परिवर्तन** (non-sense mutation) कहते हैं।

(b) **फ्रैमशिफ्ट** (Frameshift) न्यक्लियोटाइड की शृंखला में एक क्षार कम या अधिक हो जाने पर पॉलीपेप्टाइड बनाने की सूचना पार्श्व दिशाओं में खिसक जाती है और बनने वाली पॉलीपेप्टाइड शृंखला पूर्णरूप से बदल जाती है। उदाहरण-थेलेसीमिया। (Thalassemia)

(c) टॉटोमेराइजेशन (Tautomerisation) DNA या RNA में प्यूरीन तथा पिरीमिडीन क्षार के किसी अणु में प्रोटॉन व इलेक्ट्रॉन की पुर्नव्यवस्था।

(ii) **गुणसूत्र उत्परिवर्तन** (Chromosomal Mutations)

ऐसा देखा गया है, कि कभी-कभी कुछ विशिष्ट कारणों से वंश गुणसूत्र छोटे-छोटे खण्डों (segments) में विभाजित हो जाते हैं तथा ये खण्ड या तो फिर से गलत प्रकार से जुड़ जाते हैं अथवा नष्ट हो जाते हैं। इन परिवर्तनों को गुणसूत्रीय उत्परिवर्तन कहते हैं (यह परिवर्तन कभी भी विनिमय द्वारा जल्दी होता है)। ये निम्न दो प्रकार से होते हैं

(a) **गुणसूत्र में संरचनात्मक परिवर्तन** (Structural changes in chromosomes) ये निम्न प्रकार से होते हैं

(i) **अभाव या गुणसूत्र खण्ड में कमी** (Deficiency or loss of chromosomal segment) इस प्रकार के गुणसूत्र टूट जाते हैं अथवा इसका एक खण्ड नष्ट हो जाता है। इस कारण से एक जीन नष्ट हो जाता है। यह कमी अन्तिम (terminal) अथवा (intercalary) हो सकती है। उदाहरण के लिए जैसे एक गुणसूत्र पर A B C D E F G H जीन्स हैं तथा यह A B D C F G H हो, जो A B D E F G H हो जाये, विलोपन कहते हैं।

(ii) **द्विगुणन** (Duplication **Addition of chromosomes segment)** किसी भी गुणसूत्र के जीन के गुणन को द्विगुणन कहते हैं, इस प्रकार के गुणसूत्र में एक अथवा अधिक खण्डों (segment or genes) का योग हो जाता है।

(iii) **स्थानान्तरण** (Translocation rearrangement of any interchromosomes segment) किसी गुणसूत्र के कुछ भाग का टूटकर दूसरे असमजात गुणसूत्रों (non-homologous chromosomes) के साथ जुड़ने की प्रक्रिया को स्थानान्तरण कहते हैं।

(iv) **प्रतिपन** (Inversion intra chromosome segment) इस प्रकार के गुणसूत्र के खण्ड (segment) में जीन क्रम व्युत्क्रम हो जाता है एवं गुणसूत्र 180° पर घूमकर उल्टे (प्रतीप) क्रम में जुड़ जाते हैं।

(b) गुणसूत्र में संख्यात्मक परिवर्तन (Numerical Changes in Chromosomes) गुणसूत्र में संख्यात्मक परिवर्तन दो प्रकार के होते हैं

एन्यूप्लॉइडी यह जीवों में गुणसूत्र की संख्या घटने या बढ़ने से होती है। यह निम्न चार प्रकार की हो सकती है

- **मोनोसोमी** (Monosomy) $2n-1$ जीवों के किसी एक गुणसूत्र के युग्म में से एक गुणसूत्र के कम हो जाने के कारण; जैसे–टर्नर सिण्ड्रोम।
- **नलीसोमी** (Nullisomy) $2n-2$ जीवों में एक गुणसूत्र युग्म के कम हो जाने के कारण; जैसे–टमाटर।
- **ट्राइसोमी** (Trisomy) $2n+1$ जीवों में एक गुणसूत्र के बढ़ जाने के कारण; जैसे–मनुष्य में डाउन सिण्ड्रोम, एडवर्ड सिण्ड्रोम व क्लाइनफेल्टर सिण्ड्रोम।
- **टेट्रासोमी** (Tetrasomy) $2n+2$ जीवों में गुणसूत्र युग्म (chromosomal pair) का जुड़ना; जैसे–गेहूँ।

यूप्लॉइडी इसमें जीवों में गुणसूत्रों की संख्या इनके जीनोम के गुणांक में होती है।

- **एकगुणित** (Monoploidy) जीवों में गुणसूत्रों के एक समूह अर्थात् अगुणित जीन (n)। ये लैंगिकरूप से बन्ध्य होते हैं।
- **द्विगुणित** (Diploid) जीवों में गुणसूत्र के दो समूह ($2n$) की उपस्थिति।
- **त्रिगुणित** (Triploid) जीवों में गुणसूत्र के तीन समूह ($3n$) की उपस्थिति।
- **बहुगुणित** (Polyploid) इस तरह गुणसूत्रों में 1 या 2 समूहों की वृद्धि होने पर वह बहुगुणक (polyploid) कहलाता है। बहुगुणिता दो प्रकार की होती है

स्वबहुगुणिता (Autopolyploidy)

इसमें एक ही जाति के गुणसूत्रों के समूहों की संख्या बढ़ती है। यह स्थिति युग्मकों के निर्माण के समय अर्द्धसूत्री विभाजन की असफलता तथा निषेचन में एक से अधिक शुक्राणुओं के भाग लेने के कारण उत्पन्न होती है। कोल्चीसीन एक ऐसा पदार्थ है, जो पौधों में बहुगुणिता को प्रेरित करता है; जैसे–तरबूज।

परबहुगुणित (Allopolyploidy)

इसमें भिन्न जाति के गुणसूत्रों के सेटों की संख्या में बढ़ोतरी होती है। ऐसा दो भिन्न जातियों के संकरण से उत्पन्न बन्ध्य संकरण (sterile hybrid) में गुणसूत्रों के द्विगुणन के कारण होता हैं; जैसे–*ब्रैसिका* (सरसों), *ट्रिटिकम* (गेहूँ), आदि।

2. प्रेरित उत्परिवर्तन (Induced Mutations)

वे उत्परिवर्तन (mutation or sudden changes), जो बाह्य साधनों (external agencies); जैसे–X-किरणों आदि के प्रभाव से उत्पन्न किए जा सकते हैं, प्रेरित उत्परिवर्तन कहलाते हैं। मुलर (Mular) ने बताया, कि X-किरणों द्वारा *ड्रोसोफिला* की पीढ़ियों में परिवर्तन अधिकता से पाया जाता है, जबकि सामान्य रुप से बहुत कम होता है। इसी प्रकार का परिणाम स्टेडलर (stadler) ने जौ (barley) पर प्राप्त किया तथा इसके पश्चात् शीघ्र ही इसका प्रभाव अन्य जन्तुओं, पौधों एवं सूक्ष्म जन्तुओं पर देखा गया।

परमाणु शक्तियों या ऊर्जा का मुक्त होना तथा इनके प्रायोगिक कार्य में महत्त्वपूर्ण होने के कारण X-किरणों एवं अन्य सम्बन्धित शक्तिशाली विकिरण म्यूटेन्ट (powerful mutants) के रूप में प्रयोग किए गए। आधुनिक युग में आनुवंशिकी के अध्ययन पर उच्च ऊर्जा सौर विकिरण (high energy radiation) के प्रभाव का काफी अध्ययन हुआ है।

वैज्ञानिकों ने कुछ रासायनिक पदार्थों का प्रवेश भी उत्परिवर्तन करने के लिए किया। इसमें कार्बनिक परऑक्साइड (organic peroxides), एल्केलॉइड्स, (alkaloids); जैसे–मॉर्फीन (morphine), कोल्चीसीन (colchicine), केफीन (caffeine), कपूर (camphor), आदि प्रमुख हैं।

उच्च तापक्रम (high temperature) भी म्यूटेशन उत्पन्न करने में सहायक हैं।

वंशावली विश्लेषण (Pedigree Analysis)

जिस प्रकार पौधों का या कई जानवरों का हम अपनी इच्छा से संकरण करा सकते हैं, मनुष्य के साथ ऐसा करना सम्भव नहीं है। यही नहीं, मनुष्यों में प्रजनन की क्षमता लगभग 20 वर्ष तक आती है और केवल थोडी-सी सन्तानें उत्पन्न करते हैं।

ऐसी परिस्थिति में कुछ जीनों का वितरण और उनकी वंशागति का अध्ययन करने के लिए, जो विधि उपलब्ध हैं उसे वंशावली विश्लेषण कहते हैं। वंशावली विश्लेषण मानव लक्षणों की वंशागति के अध्ययन के लिए एक अत्यन्त सुविधाजनक एक साधन है।

वंशावली विश्लेषण में कुछ विशेष चिन्ह प्रयोग किए जाते हैं, जो इस प्रकार हैं

वृत्त (O) = मादा; वर्ग (□) = नर

वृत्त और वर्ग के बीच क्षैतिज लाइन (O—□) = विवाह

इस क्षैतिज लाइन से लटकती हुई एक समानान्तर लाइन खींची जाती है, जिससे लटकते हुए वर्ग, नर (□) व वृत्त, मादा (O) बच्चों को निरूपित करते हैं। इन लटकते हुए वर्गों व वृत्तों में लिखी संख्या क्रमशः नर व मादा सामान्य बच्चों की संख्या प्रदर्शित करते हैं (यदि बच्चों की संख्या ज्यादा हो तो)।

जिस लक्षण का हम अध्ययन कर रहे हैं, वह परिवार के जिस व्यक्ति में होता है, उसे भरे हुए वृत्त (O) या वर्ग (□) से प्रदर्शित करते हैं। विषमयुग्मजी या जीव वाहक (carriers) को आधे भरे वृत्त या वर्ग से प्रदशित किया जाता है (O, □)। यदि किसी व्यक्ति की मृत्यु हो गई है, तो उस के चिन्ह पर (क्रास) का निशान लगा देते हैं। यदि किसी व्यक्ति के फीनोटाइप पर संशय है, तो उसके चिन्ह के आगे प्रश्नचिन्ह (?) लगा देते हैं। जुडवा बच्चों को (यदि वे एक जैसे हैं) या (यदि वे एक जैसे नहीं है) से प्रदर्शित करते हैं।

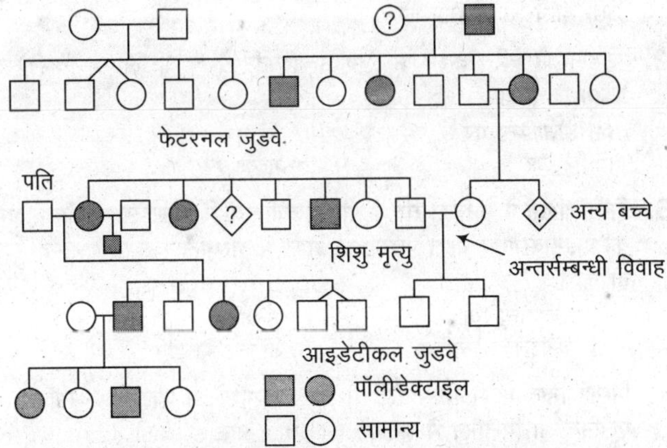

वंशावली विश्लेषण चार्ट में प्रयुक्त सामान्य प्रतीक

उपरोक्त चित्र में अप्रभावी जीनों व प्रभावी जीनों की वंशागति के कल्पित वंशावलिया दर्शाई गई हैं। इनके अध्ययन से किसी वंश में लक्षण विशेष की आनुवंशिकता का पता लगाया जाता है।

जीवन वृक्ष (Tree of Life or Phylogenetic Tree)

चार्ल्स डार्विन का विश्वास था, कि समय के साथ जीवों का अधिक विकसित अवस्था को प्राप्त करने के प्राकृतिक प्रक्रिया को एक रूपक के रूप में जीवन वृक्ष द्वारा दर्शाया जा सकता है। आधुनिक समय में इस विचार का नाम जीवन वृक्ष है।

आनुवंशिक रोग (Genetic Diseases)

मनुष्य में कुछ रोग वंशागत होते हैं। इन्हें पैतृक रोग या आनुवंशिक रोग कहते हैं। ये दो प्रकार के होते हैं

1. उपापचयी त्रुटियाँ (Metabolic Errors)

ए ई गैरड (A E Garrod) ने सन् 1909 में मनुष्य के कुछ ऐसे रोग बताए, जो कि वंशागत होते हैं तथा उपापचय में विकार उत्पन्न करते हैं। इनमें से मुख्य तीन फिनाइलकीटोन्यूरिया, एल्केप्टोन्यूरिया तथा एल्बिनिज्म हैं।

(i) फिनाइलकीटोन्यूरिया (Phenylketoneuria) इस रोग से पीड़ित व्यक्तियों में फिनाइल पाइरुविक अम्ल को हाइड्रोक्सीफिनाइल पाइरुविक अम्ल में परिवर्तित करने की क्षमता खत्म हो जाती है। अतः फिनाइल पाइरुविक अम्ल संचित हो जाता है, जिससे बनने वाले विषैले व्युत्पन्न केन्द्रीय तन्त्रिका तन्त्र पर कुप्रभाव डालते हैं तथा व्यक्ति जड़-बुद्धि (idiot) कहलाता है।

(ii) एल्केप्टोन्यूरिया (Alkaptoneuria) यह रोग होमोजेन्टिसिक अम्ल को एसीटोएसीटिक अम्ल में परिवर्तन करने की क्षमता के अभाव के कारण होता है। अतः होमोजेन्टिसिक अम्ल का संचय हो जाता है। यह मूत्र के साथ बाहर आता है और वायु के सम्पर्क में आकर काला हो जाता है, मूत्र भी काला हो जाता है।

(iii) एल्बिनिज्म (Albinism) इस रोग से पीड़ित मनुष्यों में डाइहाइड्रोक्सीफिनाइल एलेनिन को **मिलेनिन** (melanin) में बदलने की क्षमता नष्ट हो जाती है। मिलेनिन की कमी के कारण बाल सफेद रंग के होते हैं। त्वचा में भी काले रंग का अभाव होता है व आंखों में भी अतः ये तेज रोशनी में नहीं देख सकते अतः इसमें लोगों को काला चश्मा पहनना पड़ता है।

2. गुणसूत्रों की अनियमितताएँ (Abnormalities in Chromosomes)

क्लाइनफेल्टर सिन्ड्रोम (Klinefelter's Syndrome)

कभी-कभी कुछ मनुष्यों में युग्मकों के निर्माण के समय, अर्द्धसूत्री विभाजन में लिंग गुणसूत्रों का बँटवारा ठीक प्रकार से नहीं होता। उदाहरण के लिए, स्त्रियों में दोनों XX-गुणसूत्र मेटाफेज अवस्था में चिपके रहते हैं और अलग-अलग नहीं होते। इसके फलस्वरूप वह दोनों एक ही अण्ड में चले जाते हैं। इस प्रकार, एक **असामान्य अण्ड** (abnormal egg) का निर्माण हो जाता है, जिसमें-XX गुणसूत्र होते हैं।

अगर यह अण्डा किसी सामान्य (Y लिंग गुणसूत्र वाले) शुक्राणु द्वारा निषेचित होता है, तब एक असाधारण (abnormal) युग्मनज (zygote) का निर्माण होता है, जिसमें निषेचन के फलस्वरूप लिग गुणसूत्रों की संख्या XXY होगी। इस प्रकार कुल मिलाकर $46+1=47$ गुणसूत्र होंगे, जबकि सामान्य अवस्था में केवल 46 ही होने चाहिए थे, जब इस प्रकार के युग्मनज से 'पुरुष' का निर्माण होता है, तो वह असामान्य बनता है, क्योंकि उसमें एक X लिंग गुणसूत्र की अधिकता है, जो अपना प्रभाव दिखाता है। इस अवस्था में पुरुष के नर लक्षण ठीक प्रकार से व्यक्त नहीं होते। शरीर का विकास कुछ स्त्रियों के समान होता है, वृषण तथा जनन अंग पूर्णरूप से विकसित नहीं होते, स्तनों में थोड़ा उभार आ जाता है। इस प्रकार की अवस्था को **क्लाइनफेल्टर सिण्ड्रोम** (Klinefelter's syndrome) कहते हैं।

टर्नर्स सिण्ड्रोम (Turner's Syndrome)

कभी-कभी अर्द्धसूत्री विभाजन में किसी अनियमितता के फलस्वरूप कोई ऐसा अण्ड बनता है, जिसमें कोई भी लिंग गुणसूत्र नहीं होता, क्योंकि दोनों लिंग गुणसूत्र XX एक ही अण्ड में चले जाते हैं। जब इस प्रकार का अण्ड, जिसमें कोई भी लिंग गुणसूत्र नहीं होता, किसी सामान्य X लिंग गुणसूत्र शुक्राणु से निषेचित होता है, तो युग्मनज में लिंग गुणसूत्रों की संख्या (X) ही होगी, इस प्रकार इससे उत्पन्न कोशिका में कुल गुणसूत्रों की संख्या $44+1=45$ होगी। इस प्रकार के युग्मनज से उत्पन्न स्त्री में मादा के लक्षण पूर्णरूप से विकसित नहीं होते। ऐसी स्त्रियाँ नाटे कद की, मन्द बुद्धि वाली, गर्दन की त्वचा जालयुक्त, स्तन अविकसित होते हैं। ऐसी स्थिति को टर्नर्स सिण्ड्रोम कहते हैं।

मंगोलिज्म (Mongolism)

कभी-कभी अर्द्धसूत्री विभाजन के समय ऑटोसोम का बँटवारा नहीं हो पाता। इससे युग्मनज में गुणसूत्रों की एक असामान्य स्थिति पैदा हो जाती है। आमतौर पर इस प्रकार के युग्मनज से उत्पन्न भ्रूण ज्यादा दिन तक जीवित नहीं रहता। अगर किसी कारण से वह वयस्क अवस्था में पहुँचता है, तो उसमें कई कमियाँ रह जाती है; जैसे-शरीर का छोटा रहना (dwarf condition), मन्द बुद्धि तथा अविकसित अवस्था।

इस अवस्था या व्याधि को मंगोलिज्म कहते हैं। मंगोलिज्म से ग्रस्त लोगों के शरीर की कोशिकाओं के निरीक्षण से पता चला है, कि इनकी कोशिका में गुणसूत्रों की संख्या केवल 46 की जगह 47 होती है। **हीमोफीलिया** तथा रंग **वर्णान्धता** भी लिंग-सहलग्न रोग हैं।

अभ्यास प्रश्नावली

1. म्यूटेशन को सर्वप्रथम बताया
(a) डी वीज ने (b) मुलर ने
(c) डोब्जोन्सकी ने (d) आर ए फिशर ने

2. स्व: बहुगुणिता प्रदर्शित करता है
(a) संकरण बहुगुणिता को (b) सामान्य बहुगुणिता को
(c) एम्फीडिप्लॉइडी को (d) इनमें से कोई नहीं

3. उत्परिवर्तन जिससे 50% वाहक जीवधारियों की मृत्यु हो जाती है, कहलाता है
(a) घातक उत्परिवर्तन (b) उपघातक उत्परिवर्तन
(c) उपदैहिक उत्परिवर्तन (d) दैहिक उत्परिवर्तन

4. एक प्यूरीन द्वारा दूसरे प्यूरीन का प्रतिस्थापन कहलाता है
(a) संकलन (b) विलोपन
(c) ट्रांजिशन (d) ट्रांसवर्जन

5. एकगुणसूत्री में गुणसूत्रों को प्रदर्शित करते हैं।
(a) x (b) $2n$ (c) n (d) $2x$

6. द्विगुणित सैट से एक गुणसूत्र की कमी वाली जीवधारी कहलाते हैं
(a) एकन्यूनसूत्री (b) त्रिगुणसूत्री
(c) चतुर्गुणसूत्री (d) द्विन्यूनसूत्री

7. द्विन्यूनसूत्री जीवधारी के गुणसूत्रों को प्रदर्शित करते हैं
(a) $2n-1$ (b) $2n+1$
(c) $2n+2$ (d) $2n-2$

8. जीन में उत्परिवर्तन की इकाई कहलाती हैं
(a) जीनोटाइप (b) सिस्ट्रॉन
(c) म्यूटॉन (d) रेकॉन

9. प्रेरित उत्परिवर्तन लाभदायक है
(a) उन्नत किस्मों के परिवर्तन में
(b) नर बन्ध्यता में
(c) अगुणितों के उत्पादन में
(d) विभिन्नताओं की उत्पत्ति में

10. *ड्रोसोफिला* में दिखाई देने वाले ऑटोसोमल उत्परिवर्तन पहचाने जाते हैं
(a) CIB विधि द्वारा
(b) मुलर पाँच विधि द्वारा
(c) संलग्न विधि द्वारा
(d) कर्ली लोब प्लम विधि द्वारा

11. *ड्रोसोफिला* में X-किरणों द्वारा उत्परिवर्तन प्रेरित करने के लिए नोबेल पुरस्कार मिला था
(a) टी एच मॉर्गन (1910) को
(b) एच जे मुलर (1927) को
(c) स्टेडलर (1928) को
(d) डी वेरीस (1900) को

12. स्टेडलर ने प्रेरित करने के लिए उत्परिवर्तन प्रेरण के लिए X-किरणों का प्रयोग किया था
(a) *ड्रोसोफिला* पर (b) गेहूँ पर
(c) जौ पर (d) मक्का पर

13. निम्नलिखित में से किस रोग से पीड़ित व्यक्तियों में फिनाइल पाइरुविक अम्ल को हाइड्रोक्सी फिनाइल पाइरुविक अम्ल में परिवर्तित करने की क्षमता खत्म हो जाती है?
(a) एल्केप्टोन्यूरिया (b) ऐल्बिनिज्म
(c) फिनाइलकीटोन्यूरिया (d) डाउन्स सिन्ड्रोम

14. निम्नलिखित में से किस रोग से पीड़ित मनुष्यों मे डाइहाइड्रॉक्सीफिनाइल एलैनिन को मिलैनिन में बदलने की क्षमता नष्ट हो जाती है?
(a) फिनाइलकीटोन्यूरिया (b) एल्केप्टोन्यूरिया
(c) एल्बिनिज्म (d) हीमोफीलिया

15. निम्नलिखित में से किस रोग में होमोजेन्टिसिक अम्ल को एसीटोएसीटिक अम्ल में परिवर्तन करने की क्षमता का अभाव हो जाता है?
(a) एल्बिनिज्म
(b) फिनालकीटोन्यूरिया
(c) एल्केप्टोन्यूरिया
(d) मंगोलिज्म

16. नीचे दिए जा रहे एक विशिष्ट परिवार के वंशाली चार्ट का अध्ययन कीजिए और उस पर लागू होने वाले सही निष्कर्ष को चुनिए

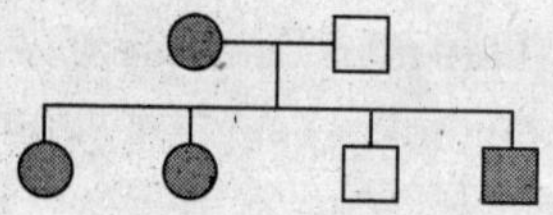

(a) मादा जनक विषम युग्मी हैं
(b) माता-पिता के इस लक्षण के लिए सामान्य पुत्री पैदा नहीं हो सकती थी
(c) अध्ययन किया जा रहा विशेषक (trait) वर्णान्ध नहीं हो सकता
(d) नर जनक समयुग्मी प्रभावी है

➔ उत्तरमाला

1. (a) **2.** (b) **3.** (c) **4.** (c) **5.** (c) **6.** (a) **7.** (d) **8.** (c) **9.** (a) **10.** (b)
11. (b) **12.** (c) **13.** (c) **14.** (c) **15.** (c) **16.** (a)

31

आनुवंशिक अभियान्त्रिकी

Genetic Engineering

किसी जीव के आनुवंशिक पदार्थ (DNA) तथा जीन में जोड़-तोड़ या फेर-बदल सुधार, काट-छाँट अथवा मरम्मत करके उसके लक्षणों में इच्छानुसार परिवर्तन किया जा सकता है।

विज्ञान की वह शाखा, जिसके अन्तर्गत वैज्ञानिकों द्वारा एक जीव के DNA अणु या जीन को दूसरे जीव के जीन या आनुवंशिक अणुओं में कृत्रिम उपायों द्वारा प्रत्यारोपित करके एक वँछित तथा उन्नत लक्षणों से सम्पन्न DNA तैयार करना, जीन प्रत्यारोपण (gene manipulation) या आनुवंशिक अभियान्त्रिकी कहलाता है।

आनुवंशिक अभियान्त्रिकी को जीन प्रतिरोपण (genes transplantation), जीन चिकित्सा (gene therapy), एल्जीनी (algeny) तथा जीन प्रौद्योगिकी जैसे अन्य नामों से भी जाना जाता है। सूक्ष्मजीव जन्तुओं की तथा पौधों की आनुवंशिक अभियान्त्रिकी, ऊतक संवर्धन (tissue culture) तथा DNA पुनर्योगज, आदि तकनीकों का अध्ययन आधुनिक (gene biotechnology) **जैव-प्रौद्योगिकी** (gene-biotechnoloyg) के अन्तर्गत किया जाता है।

आनुवंशिक अभियान्त्रिकी में प्रयुक्त यन्त्र (Tools used in Genetic Engineering)

आनुवंशिक अभियान्त्रिकी में बन्धेज एन्जाइम (restriction enzyme), पुनर्संयोजी या पुनर्योगज या काइमैरिक DNA, वाहक (vector) तथा जीन क्लोनिंग, जीन समरूपता, आदि प्रयुक्त होते हैं।

रेस्ट्रिक्शन एन्डोन्यूक्लिएज एन्जाइम (Restriction Endonuclease Enzyme)

DNA को विशिष्ट स्थलों पर काट सकता है। ये जीवाणुओं द्वारा प्रतिरक्षा साधन के रूप में संश्लेषित होते हैं। विशिष्ट एन्डोन्यूक्लिएज द्विरज्जुकीय DNA को सीमित स्थलों पर काटते हैं। यह विदलन (cleavage) DNA के अभिज्ञान अनुक्रमों की संख्या पर निर्भर करता है। अभिक्रिया के आधार पर रेस्ट्रिक्शन एन्डोन्यूक्लिएज को दो श्रेणियों में बाँटा जा सकता है

(i) **प्रारूप-I** के एन्जाइम (*Hind* II-*Haemophilus influenzae*) विलोम पदों पर DNA अणु के दोनों सूत्रों को एक ही स्थान पर काटते हैं अत: दोनों कटे सिरे सपाट होते हैं, इन्हें **कुन्द छोर** (blunt ends) कहते हैं।

(ii) **प्रारूप-II** के एन्जाइम (*Eco* RI-*Escherichia coli*) विलोम पदों पर DNA के दोनों सूत्रों को अलग-अलग बिन्दुओं पर काटते हैं अतः प्रत्येक कटे सिरे पर एक सूत्र का छोर दूसरे सूत्र के छोर से आगे निकला रहता है और इसका सम्पूरक होता है। ऐसे छोरों को **सलांग छोर** (sticky ends) कहते हैं।

पुनर्योगज डीएनए (Recombinant DNA)

पॉलबर्ग ने सन् 1972 में विषाणु SB-40 के DNA को जीवाणु ई. *कोलाई* में प्रत्यारोपित किया। नवीन जीव में विषाणु तथा जीवाणु दोनों के गुण विद्यमान थे। इस विधि/तकनीक में रेस्ट्रिक्शन एन्जाइम द्वारा विखण्डित DNA खण्डों को, एक अन्य एन्जाइम DNA लाइगेज की सहायता से संयोजित करके पुनर्योगज या काइमैरिक DNA प्राप्त किया जाता है।

जीन समरूप या जीन क्लोनिंग (Gene Cloning)

पुनर्योगज या पुनर्संयोजित या काइमैरिक DNA खण्डों को जीन क्लोनिंग विधि द्वारा तैयार या प्राप्त किया जाता है। इस विधि के अन्तर्गत विदलित DNA को प्लाज्मिड या विषाणु के साथ सम्बन्धित करते हैं। ये वाहक DNA कहलाते हैं, तत्पश्चात विषाणु या जीवाणु का प्रतिकृतिकरण (replication) द्वारा DNA की प्रतिलिपियाँ (copies) प्राप्त की जाती हैं, इस प्रकार से प्राप्त DNA प्रतिलिपियाँ को क्लोन्ड DNA (cloned DNA) कहा जाता है।

वाहक (Vector)

जिस DNA अणु में वांछित जीन को जोड़ते हैं, उसे वाहक कहते हैं। इसका चयन निम्नलिखित लक्षणों के आधार पर करते हैं

- यह माप में छोटा होना चाहिए।
- इसमें रेस्ट्रिक्शन एन्डोन्यूक्लिएज एन्जाइम की क्रिया के लिए कहीं पर वैसा ही एक विलोम पद होना चाहिए; जैसे–विलोम पदों पर दाता जीव के DNA अणुओं का विखण्डन हुआ है।
- इसमें वांछित जीन को अपने में निवेशित (insert) कर लेने की क्षमता होनी चाहिए। कुछ सामान्य वाहक निम्नलिखित हैं

(i) प्लाज्मिड (Plasmid)

जीवाणु से लिया गया लघु DNA वाला प्लाज्मिड अप्रत्यक्ष जीन स्थानान्तरण के लिए एक अच्छा चयन है। प्लाज्मिड एक कोशिका से दूसरी कोशिका में जा सकता है

(ii) विषाणु (Virus)

क्लोनिंग वाहक के रूप में (λ) प्रयोग में आने वाले कुछ वाहक हैं। लैम्डा बैक्टीरियोफेज (जीवाणु में) कॉलीफ्लॉवर मोजैक वायरस (पौधों में), सिमियन वायरस-40 (चूहों में), हर्पीज वायरस और एडीनो वायरस (मानव और जन्तुओं में)।

(iii) **कॉस्मिड और फैज्मिड** (Cosmid and Phasmid)

ये वाहक प्लाज्मिड और वायरस के बने होते हैं, कॉस्मिड का निर्माण लैम्बडाकार विभोजी के गुणसूत्र तथा प्लाज्मिड के संयोग से होता है। फैज्मिड का निर्माण जीवाणुभोजी तथा प्लाज्मिड के संयोग से होता है।

(iv) **कृत्रिम गुणसूत्र** (Artificial Chromosomes)

जीवाणु के कृत्रिम गुणसूत्र (Bacterial Artificial Chromosomes—BAC) यीस्ट के कृत्रिम गुणसूत्र (Yeast Artificial Chromosomes—YACs) तथा स्तनधारी के कृत्रिम गुणसूत्र (Mammal Artificial Chromosomes—MACs), सुकेन्द्रीय जीन अन्तरण के लिए अधिक सक्षम होते हैं।

आनुवंशिक हेर-फेर, फेर-बदल या जीन मैनिपुलेशन की आधुनिक तकनीक पुनर्संयोजी तथा पुनर्योगज डीएनए तकनीक है, जो अधोवर्णित है।

पुनर्योगज-डीएनए तकनीक (Recombinant DNA Technology)

दो भिन्न जीवों में DNA को संयुक्त कर पुनर्योगज DNA उत्पन्न करना पुनर्योगज या पुनर्संयोजी DNA तकनीक कहलाती है।

इस तकनीक की क्रियाविधि जटिल होती है। इसमें जिस जीव के DNA का अध्ययन या उपयोग किया जाता है। उसे दाता जीव (donor organism) कहते हैं। इसकी मूल प्रक्रिया में सबसे पहले दाता जीव के जीनोम के सारे DNA अणुओं को पृथक करके इन्हें ऐसे छोटे-छोटे खण्डों में विखण्डित किया जाता है, जिनमें से प्रत्येक में कई जीन हो सकते हैं।

फिर वांछित जीन पर पता लगाकर, जिस खण्ड में यह होता है, उस खण्ड को किसी अन्य जीव के ऐसे छोटे DNA अणु से जाड़ते हैं, जिसमें कि किसी कोशिका में स्वतन्त्र रूप में स्वःद्विगुणन क्षमता होती है। इस छोटे DNA अणु को **वाहक DNA** अणु (vector DNA molecule) कहते हैं।

दाता DNA खण्ड से जुड़कर वाहक DNA अणु पुनर्संयोजन बन जाता है। वाहक DNA अणुओं के रूप में प्लाज्मिडस (plasmids) अथवा कुछ किस्मों के विषाणुओं (viruses) के DNA अणुओं का प्रयोग किया जाता है।

अब पुनर्संयोजन DNA अणु को किसी जीवाणु में प्रवेश करा देने से जीवाणु में नई प्रोटीन्स बनने लगती हैं और इस प्रकार जीवाणु का रूपान्तरण (transformation) हो जाता है, रूपान्तरित जीवाणु का **संवर्द्धन माध्यम** (culture medium) में, संवर्द्धन करके **प्रचुरोद्भवन** (proliferation) द्वारा इसकी लाखों की **कॉलोनी** (colony) बनाई जा सकती है, जिसे DNA **पुंजक** (DNA clone) कहते हैं।

उपरोक्त विवरण के अनुसार, DNA पुनर्संयोजन की क्रियाविधि को अग्रलिखित चरणों में बाँटा जा सकता है

(i) वांछित जीन का विलगन (isolation of desired gene)

(ii) वाहक DNA अणु का चयन (selection of vector DNA molecule)

(iii) वाहक जीन को वाहक जीन से जुड़कर पुनर्संयोजन DNA अणु का निर्माण (insertion of desired gene into vector DNA molecule, producing a recombinant DNA molecule)I

(iv) पुनर्संयोजन DNA अणु का पुंजीकरण (cloning of recombinant DNA)

जीवाणुओं में यद्यपि, न तो अर्द्धसूत्री विभाजन होता है और न ही जीन विनियम (crossing over), परन्तु फिर भी इनमें कुछ अन्य ऐसी प्राकृतिक प्रक्रियाएँ (processes) होती हैं, जिनमें विभिन्न जीवाणुओं के जीनोमों के संयोजन से पुनर्संयोजन DNA बनने की बहुत सम्भावना होती है। ऐसी प्रमुख प्रक्रियाएँ-संयुग्मन, रूपान्तरण, पारक्रमण तथा स्थान **परिवर्तन** हैं। इन प्रक्रियाओं में जीनोम का स्थानान्तरण सदैव आंशिक (partial) तथा एक दिशात्मक (unidirection) होता है।

आनुवंशिक अभियान्त्रिकी या DNA पुनर्संयोजन के अनुप्रयोग (Applications of Genetic Engineering or DNA Recombination)

आनुवंशिक अभियान्त्रिकी में निम्न क्रियाएँ होती हैं

जीन चिकित्सा (Gene Therapy)

जीन चिकित्सा में जीनोम से त्रुटिपूर्ण या अवांछित जीन्स को हटाया जा सकता है और नए वांछित जीन्स को प्रविष्ट किया जा सकता है।

जीन्स का निर्माण (Construction of Genes)

DNA पुंजीकरण (cloning) प्रक्रिया द्वारा किसी विशिष्ट जीन का इसके द्वारा लिप्यन्तरित (transcribed) *m*RNA अणु से निर्माण किया जा सकता है। किसी विशिष्ट कोशिका से *m*RNA अणु को पृथक करके **प्रतिवर्ती ट्रान्सक्रिप्टेस** (reverse transcriptase) एन्जाइम की सहायता से इस पर DNA शृंखला का संश्लेषण करवाया जा सकता है।

DNA फिंगरप्रिन्टिंग (DNA Fingerprinting)

DNA फिंगरप्रिन्टिंग के अध्ययन से व्यक्ति की पहचान की जाती है। इससे हत्या या बलात्कार के मामलों में दोषियों की पहचान तथा विवादित जनक के मामलों में बच्चे के वास्तविक माता या पिता की पहचान की जा सकती है। DNA फिंगरप्रिन्टिंग के लिए किसी भी कायिक कोशिका या फिर रुधिर के धब्बों, वीर्य या फिर बालों की जड़ों से DNA प्राप्त किया जाता है। इस DNA की **सदर्न ब्लॉटिंग** (Southern blotting) की जाती है। DNA फिंगरप्रिन्टिंग तकनीक की खोज **एलेक जेफेरी** (Alec Jeffery) ने 1984 में की थी।

जीन मानचित्रों का निर्माण (Preparation of Gene Maps)

आनुवंशिक अभियान्त्रिकी का उपयोग परिशुद्ध जीन मानचित्र बनाने के लिए किया जा सकता है। इन तकनीकों का उपयोग विभिन्न जीवों व मनुष्यों के जीनोम का पूर्ण न्यूक्लियोटाइड अनुक्रम तैयार करने के लिए किया गया था।

संश्लिष्ट प्लाष्टिक का उत्पादन (Production of Synthetic Plastic)

एलीकाजेनिस एन्ट्रॉपस (Alicagenes entropus) जीवाणु बहुलक पॉलीहाइड्रॉक्सी ब्यूटाइरेट (Polymer Polyhydroxy Butyrate — PHB) उत्पन्न करता है। इसे *एराबीडॉप्सिस थालियाना (Arabidopsis thailiana)* नामक पादप में स्थानान्तरित कर दिया गया। इस पादप की पर्ण कोशिकाओं ने प्लास्टिक का संश्लेषण शुरू कर दिया।

रोगों का निदान (Diagnosis of Diseases)

कुछ रोगों के निदान के लिए DNA पुनर्संयोजन तकनीक के उपयोग से **आण्विक प्रोब** (molecular probe) बनाए गए हैं। आण्विक प्रोब **रेडियोएक्टिव** (radioactive) या **प्रदीप्तिशील चिन्हक** (fluorescent marker) से जुड़े एकल-रज्जुकीय DNA के लघु खण्ड होते हैं। इस प्रकार के प्रोबों का आजकल संक्रामक कारकों की पहचान के लिए प्रयोग होता है। कुछ रोगाणु जिनके लिए आण्विक प्रोब उपलब्ध हैं। वे निम्नलिखित हैं

(a) *साल्मोनेला (Salmonalla)*, जो खाद्य विषाक्तता करता है

(b) *स्टेफायलोकोकस (Staphyloccocus)*, जो **पीव** (pus) बनाने वाला जीवाणु है।

पुनर्संयोजी DNA उत्पादों के उपयोग (Utilisation of DNA products)

चिकित्सक की दृष्टि से उपयोगी पुनर्संयोजन उत्पाद	उपयोग
केल्सीटोनिन	सूखा रोग (rickets) का उपचार
मानव इन्सुलिन	मधुमेह का उपचार
इण्टरफेरॉन	विषाणु संक्रमण तथा कैंसर का उपचार
जरायु गोनेडोट्रॉपिन	बांझपन (infertility) का उपचार
मानव वृद्धि हॉर्मोन	बौने मानवों का उपचार
ऊतक प्लाज्मिनोजन	रुधिर स्कन्दन का विलोमीकरण क्रियाशील कारक
इन्टर ल्यूकिन	प्रतिरक्षा तन्त्र क्रियाशीलता में वृद्धि
रुधिर स्कन्दन कारक-VIII/IX	हीमोफीलिया का उपचार
टीके	संक्रामक रोग; जैसे–हैपेटाइटस-B, हरपीस, काली खाँसी की रोकथाम

अभ्यास प्रश्नावली

1. कृत्रिम विधियों द्वारा किसी जीवधारी में अनुपस्थित एक या अधिक नए जीनों का अन्तर्वेशन या विलोपन कहलाता है
(a) आण्विक जीव विज्ञान
(b) आनुवंशिक संकरण
(c) कोशिकीय आनुवंशिकी
(d) आनुवंशिक अभियान्त्रिकी

2. इन्टरफेरॉन क्या होते हैं?
(a) प्रतिविषाणु प्रोटीन (b) प्रतिजीवाणु प्रोटीन
(c) प्रतिकैंसर प्रोटीन (d) सम्मिश्र प्रोटीन

3. जीन स्प्लाइसिंग तकनीक का प्रयोग तथा जोड़-तोड़ की खोज का श्रेय किसको जाता है?
(a) स्टेनले कोहान को (b) हर्बर्ट बायर को
(c) (a) व (b) दोनों को (d) इनमें से किसी को नहीं

4. भिन्न व्यक्तियों के DNA में वेरिएबल नम्बर टेन्डम रिपीट (VNTR) हैं
(a) पूरी तरह भिन्न
(b) सम्बन्धित व्यक्तियों में समान
(c) (a) व (b) दोनों
(d) कुछ स्थलों पर समान, किन्तु अन्य पर भिन्न

5. प्रतिबन्धक एण्डोन्यूक्लिएज एन्जाइम को खोजने वाला वैज्ञानिक था
(a) हैरिस (b) वाटकिन्स
(c) आर्बर (d) इनमें से कोई नहीं

6. पहला क्लोनित स्तनी डॉली किसने बनाया?
(a) थामस किंग ने (b) इआन विल्मट ने
(c) टी एच मॉर्गन ने (c) ग्रेगर मेण्डल ने

7. वेस्टर्न ब्लॉट (Western blot) परीक्षण किसकी पुष्टि के लिए किया जाता है?
(a) मलेरिया की (b) फाइलेरिया की
(c) रक्ताल्पता की (d) एड्स (AIDS) की

8. टर्मिनल ट्रान्सफरेज का प्रयोग किया जाता है
(a) DNA को काटने में
(b) दो भिन्न DNA अणु संयुक्त कराने में
(c) उन जुड़े स्थानों को भरने में
(d) उपरोक्त सभी में

9. निम्न में से कौन आनुवंशिक अभियान्त्रिकी से सम्बन्धित है?
(a) प्लास्टिक (b) प्लाज्मिड
(c) हेटेरोसिस्ट (d) म्यूटेशन

10. जीनी अभियान्त्रिकी से सम्बन्धित शाखा है
(a) यूजेनिक्स (b) यूथेनिक्स
(c) यूफेनिक्स (d) उद्विकास

11. DNA रूपान्तरण के लिए ग्रिफिथ ने किस जन्तु पर प्रयोग किए?
(a) खरगोश पर (b) चूहे पर
(c) मेंढक पर (d) केंचुएँ पर

12. C-DNA कहलाता है
(a) संश्लेषी DNA (b) क्लोन DNA
(c) साइक्लिक DNA (d) इनमें से कोई नहीं

13. आनुवंशिक अभियान्त्रिकी में रेस्ट्रिक्शन एन्जाइम का उपयोग होता है, क्योंकि
(a) ये DNA को विशिष्ट क्षारक अनुक्रम पर काट सकते हैं
(b) ये प्रोटीनलयी (proteolytic) एन्जाइम हैं, जो हानिकारक प्रोटीन को नष्ट कर सकते हैं
(c) ये न्यूक्लिएस हैं, जो विभिन्न स्थल पर DNA को काटते हैं
(d) ये भिन्न DNA खण्डों को जोड़ सकते हैं

14. आनुवंशिक अभियान्त्रिकी में प्रयुक्त आण्विक कैंचियाँ हैं
(a) DNA लाइगेज
(b) DNA पॉलीमरेज
(c) हेलिकेज
(d) रेस्ट्रिक्शन एन्डोन्यूक्लिएज

15. DNA फिंगरप्रिन्टिंग की खोज किसने की?
(a) डॉ पॉलबर्ग ने
(b) कार्ल मुलिस ने
(c) एलेक जेफेरी ने
(d) फ्रांसिस कोलिन्स ने

16. प्लाज्मिड्स हैं
(a) विषाणु
(b) नए प्रकार के सूक्ष्मजीव
(c) जीवाणुओं का अतिरिक्त गुणसूत्र आनुवंशिक पदार्थ
(d) जीवाणुओं का आनुवंशिक पदार्थ

17. लाइगेज एन्जाइम का कार्य है
(a) DNA के टुकडों को जोड़ना
(b) DNA सूत्र को छोटे टुकड़ां में जोड़ना
(c) DNA विकृतिकरण
(d) उपरोक्त में से कोई नहीं

18. निम्नलिखित में से काइमैरिक DNA है
(a) *r*DNA (b) क्लोण्ड DNA
(c) विषाणु DNA (d) प्लाज्मिड DNA

19. जैव-प्रौद्योगिकी जीव विज्ञान की सर्वाधिक आधुनिक शाखा है, जिसमें अध्ययन होता है
(a) आनुवंशिक अभियान्त्रिकी का
(b) जैव रसायन का
(c) सूक्ष्म जैविकीय का
(d) इन सभी का

20. जीन इन्जीनियरी सम्भव नहीं हो पाती, यदि अनुपस्थित होता
(a) सिन्थेटेज (b) DNA लाइगेज
(c) DNA पॉलीमरेज (d) रिवर्स ट्रान्सक्रिप्टेज

21. भारत में जैव तकनीक का सर्वप्रथम अन्तर्राष्ट्रीय सम्मेलन कब हुआ?
(a) 1986 में (b) 1987 में
(c) 1988 में (d) 1989 में

22. जीन अभियान्त्रिकी में वाहक अणुओं के रूप में व्यापक उपयोग किया जाता है
(a) प्लाज्मिड्स का
(b) बैक्टीरियोफेज वायरसों का
(c) (a) व (b) दोनों का
(d) उपरोक्त में से किसी का नहीं

23. रैस्ट्रिक्शन एन्डोन्यूक्लिएज एन्जाइम DNA अणु विखण्डन किन स्थानों पर करता है?
(a) विलोम पदों पर (b) द्विगुणन मूलों पर
(c) एक्सॉन्स पर (d) इन्ट्रॉन्स पर

24. सूची I को सूची II से सुमेलित करें।

सूची I	सूची I
A. टर्मिनल ट्रांसफरेज	1. DNA खण्ड काटना
B. DNA लाइगेज	2. DNA खण्डों को जोड़ना
C. नियन्त्रण एन्जाइम	3. H-आबन्ध द्वारा दो भिन्न DNA अणुओं का संयुक्तीकरण
D. रिवर्स ट्रान्सक्रिप्टेज	4. C-DNA का निर्माण

कूट

	A	B	C	D
(a)	1	2	3	4
(b)	4	3	2	1
(c)	3	2	1	4
(d)	2	3	1	4

25. पॉलबर्ग ने किस जीवाणु में वायरस के DNA को रोपित किया था?
(a) *साल्मोनेला में*
(b) *राइजोबियम में*
(c) *ई. कोलाई में*
(d) *एग्रोबैक्टीरियम में*

26. आनुवंशिक इन्जीनियरी द्वारा विकसित जीवाणुओं का किस पदार्थ के व्यावसायिक उत्पादन में उपयोग किया जाता है
(a) थाइरॉक्सिन (b) टेस्टोस्टेरॉन
(c) इन्सुलिन (d) मिलेटोनीन

27. DNA के 5′ या 3′, सिरों पर न्यूक्लियोटाइड को पृथक करने वाला एन्जाइम है
(a) एक्सोन्यूक्लिएज (b) एण्डोन्यूक्लिएज
(c) लयन एन्जाइम (d) लाइसोजाइम

28. जीन क्लोनिंग हेतु प्लाज्मिड आदर्श वाहक क्यों कहलाते हैं?
(a) ये जीवाणु कोशिका के बाहर स्वतन्त्र रूप से प्रतिकृतिकरण कर सकते हैं
(b) ये जीवाणु कोशिका के भीतर स्वतःप्रतिकृतिकरण कर सकते हैं
(c) इनका संर्वधन द्वारा गुणन कराया जा सकता है
(d) एन्जाइमों की सहायता से प्रयोगशाला में इनका गुणन कराया जा सकता है

29. आनुवंशिक अभियान्त्रिकी में एन्टीबायोटिक्स का उपयोग किस लिए किया जाता है?
(a) वरण योग्य चिन्हकों रूप में
(b) स्वस्थ संवाहकों के चुनने में
(c) ऐसे अनुक्रमणों के रूप में जहाँ से प्रतिकृतियन प्रारम्भ होता है
(d) संवर्धों को संक्रमण-रहित बनाए रखना

30. कब और कहाँ सर्वप्रथम 'बायोटेक्नोलॉजी' शब्द का उपयोग किया गया?
(a) 1950 में इंग्लैण्ड में (b) 1960 में हॉलैण्ड में
(c) 1920 में यू एन में (d) 1910 में जर्मनी में

31. रेस्ट्रिक्शन एन्जाइम की खोज की
(a) बर्ग ने
(b) स्मिथ तथा नॉर्थ ने
(c) वॉक्समेन ने
(d) एलेक्जेण्डर फ्लेमिंग ने

32. रेस्ट्रिक्शन एन्जाइम है
(a) ऐसे एन्जाइम्स, जो कोशिका की अनियन्त्रित वृद्धि को रोकते है तथा इसका परिणाम कैंसर होता है
(b) ऐसे एन्जाइम्स, जो DNA संश्लेषण को एक न्यूनतम आवश्यक स्तर तक रोकते हैं और बहुगुणिता रोकते हैं
(c) ऐसे एन्जाइम्स, जो DNA में केवल एक विशेष क्रम वाले फॉस्फोडायस्टर बन्ध को तोड़ते हैं और इसके पुनः प्राप्य आकार के खण्ड कर देते हैं
(d) ऐसे एन्जाइम्स, जो बहुसिस्ट्रॉनिक *m*RNA को तोड़ते हैं तथा अलग-अलग सिस्ट्रॉन देते हैं।

33. सूची I को सूची II से सुमेलित कीजिए।

सूची I	सूची II
A. प्लाज्मिड	1. सिलिकॉन टुकड़े पर DNA क्रम
B. वैक्सीन	2. मीथेन उत्पादन जीवाणु
C. बायोचिप	3. अक्रिय सूक्ष्मजीव
D. बायोगैस	4. क्लोनिंग कारक

कूट

	A	B	C	D
(a)	1	2	3	4
(b)	4	3	1	2
(c)	3	4	2	1
(d)	2	1	3	4

34. सूची I को सूची II से सुमेलित कीजिए।

सूची I	सूची II
A. आर्बर	1. प्रतिबन्ध एन्जाइम का पृथक्करण
B. नाथन, स्मिथ	2. DNA में न्यूक्लियोटाइडों का अनुक्रम
C. टेमिन	3. DNA प्रतिबन्ध एन्जाइम का अस्तित्व
D. सैंगर	4. रिवर्स ट्रान्सक्रिप्टेज

कूट

	A	B	C	D
(a)	3	1	4	2
(b)	2	1	3	4
(c)	4	3	2	1
(d)	1	2	3	4

35. सर्वप्रथम जैव-प्रौद्योगिक के इतिहास में प्लाज्मिड्स का उपयोग वाहक के रूप में कब किया गया?

(a) 1965 में (b) 1968 में
(c) 1971 में (d) 1973 में

36. जीव-विज्ञान की वह शाखा, जिसमें आनुवंशिकी द्वारा मनुष्य जाति का सुधार किया जाए

(a) आनुवंशिकी (b) यूथेनिक्स
(c) यूजेनिक्स (d) उद्विकास

37. ट्रान्सजीनिक जन्तुओं के रूप में सर्वाधिक संख्या में पाए जाने वाले जीव है

(a) चूहे (b) गाय
(c) सुअर (d) मछली

38. जैव-प्रौद्योगिकी द्वारा उत्पादित कैंसर की दवा का नाम है

(a) इण्टरफेरॉन (b) HGH
(c) TSH (d) इन्सुलिन

39. रेस्ट्रिक्शन एन्जाइम मुख्यतया किससे पृथक किए जाते हैं?

(a) शैवाल से (b) गाय से
(c) प्रोटोजोआ से (d) प्रोकैरियोट से

40. लालबहादुर शास्त्री जैव-प्रौद्योगिक केन्द्र कहाँ है?

(a) मुम्बई में (b) कोलकाता में
(c) दिल्ली में (d) कानपुर में

41. परखनली में पुनर्योगज DNA का सर्वप्रथम निर्माण किया

(a) खुराना ने (b) पॉल बर्ग ने
(c) सैंगर ने (d) टेमिन ने

42. आनुवंशिक अभियान्त्रिकी की सफलता का कारण है

(a) जीवाणुओं में ट्रान्सडक्शन की अच्छी जानकारी
(b) इलैक्ट्रॉन सूक्ष्मदशा द्वारा DNA को देखने की क्षमता
(c) DNA एण्डोन्यूक्लिएज की सहायता से DNA को विशिष्ट स्थानों पर काट पाने की क्षमता
(d) जीवाणुओं के प्रतिबन्धक एण्डोन्यूक्लिएज का पृथक्करण

उत्तरमाला

1. (d)	**2.** (a)	**3.** (c)	**4.** (d)	**5.** (c)	**6.** (b)	**7.** (d)	**8.** (b)	**9.** (b)	**10.** (c)
11. (b)	**12.** (b)	**13.** (a)	**14.** (d)	**15.** (c)	**16.** (c)	**17.** (a)	**18.** (a)	**19.** (d)	**20.** (b)
21. (c)	**22.** (a)	**23.** (a)	**24.** (c)	**25.** (c)	**26.** (c)	**27.** (a)	**28.** (b)	**29.** (a)	**30.** (c)
31. (b)	**32.** (c)	**33.** (b)	**34.** (a)	**35.** (d)	**36.** (c)	**37.** (a)	**38.** (a)	**39.** (d)	**40.** (c)
41. (b)	**42.** (d)								

32

सूक्ष्मजीव विज्ञान
Microbiology

सूक्ष्मजैविकी उन सूक्ष्मजीवों का अध्ययन है, जो एककोशिकीय या सूक्ष्मदर्शीय कोशिका समूह के जन्तु होते हैं। इनमें यूकैरियोटिक (eukaryotic); जैसे–कवक एवं प्रोटिस्ट और प्रोकैरियोटिक (prokaryotic); जैसे–जीवाणु एवं आर्किबैक्टीरिया आते हैं। संक्षेप में सूक्ष्मजैविकी उन सजीवों का अध्ययन है, जोकि नग्न आँखों से दिखायी नहीं देते हैं।

जीवाणु (Bacteria)

जीवाणुओं का सर्वप्रथम विवरण एन्टोनी वॉन ल्यूवेनहॉक (Antonie von Leeuwenhoek) ने सन् 1676 में दिया था। 'बैक्टीरिया' शब्द का प्रयोग सर्वप्रथम एहरेनबर्ग (Ehrenberg) ने 1838 में किया। सभी जीवाणु मोनेरा जगत के अन्तर्गत आते हैं। जीवाणु या बैक्टीरिया (bacteria, Gk. *bakterion*– छड़ी) के कुछ समय पूर्व 'क्लोरोफिल रहित, सूक्ष्म, एककोशिकीय विखण्डन द्वारा प्रजनन करने वाले पौधे' माना जाता था, क्योंकि

(i) इनकी कोशिकाओं के चारों ओर एक दृढ़ **कोशिका भित्ति** होती है।

(ii) कुछ जीवाणु अकार्बनिक पदार्थों से **कार्बनिक पदार्थों का संश्लेषण** कर सकते हैं।

(iii) ये केवल **घुलनशील भोज्य पदार्थों** का ही उपयोग कर सकते हैं।

(iv) ये **विटामिन का संश्लेषण** कर सकते हैं, जबकि जन्तु ऐसा नहीं कर सकते।

(v) प्रजनन की विधियाँ निम्न श्रेणी के पौधों जैसी ही हैं, परन्तु अब स्पष्ट हो गया, कि जीवाणु वास्तव में पौधे नहीं हैं। जीवाणुओं की कोशिका भित्तियों का रासायनिक संघटन पौधों की कोशिका भित्ति से बिल्कुल भिन्न है। यद्यपि कुछ जीवाणु प्रकाश-संश्लेषण कर सकते हैं, उनमें विद्यमान **बैक्टीरियोक्लोरोफिल** पौधों में उपस्थित क्लोरोफिल से बिल्कुल भिन्न है। सभी जीवाणु प्रोकैरियोटी होते हैं। अतः 'जीवाणु क्लोरोफिल रहित, एककोशिकीय अथवा बहुकोशिकीय, सूक्ष्म प्राकैरियोटिक जीवधारी है।

ग्राम धनात्मक तथा ग्राम ऋणात्मक जीवाणु (Gram Positive and Gram Negative Bacteria)

अभिरंजन की कुछ क्रियाओं के फलस्वरूप हम दो विभिन्न प्रकार के जीवाणुओं अथवा कुछ एक ही जीवाणु के विभिन्न अंगों में विभेदन कर सकते हैं। ऐसी प्रक्रिया को **विभेदक अभिरंजक** (differential staining) कहते हैं। ऐसी ही एक तकनीक है। **ग्राम स्टेनिंग** (Gram's staining), जिसके आधार पर जीवाणुओं को दो समूहों; जैसे–ग्राम धनात्मक तथा ग्राम ऋणात्मक में बाँटा गया है। यह तकनीक **क्रिश्चियन ग्राम** (Christian Gram) नामक वैज्ञानिक ने सन् 1884 में विकसित की। जीवाणुओं को क्रिस्टल बैंगनी (crystal violet) नामक अभिरंजक से रंगते हैं। सभी जीवाणु बैंगनी रंग के हो जाते हैं। इसके बाद आलेप को कई बार पानी से धोकर आयोडीन के घोल में डुबोते हैं। आलेप को पुनः जल से धोकर 95% एल्कोहॉल या एसीटोन में डुबोते हैं। कई जीवाणु बैंगनी रंग छोड़ देते हैं, उन्हें **ग्राम ऋणात्मक** (Gram negative) कहते हैं। इसके विपरीत, जो जीवाणु अपना बैंगनी रंग बनाए रखते हैं, वे **ग्राम धनात्मक** (Gram positive) कहलाते हैं। ग्राम ऋणात्मक जीवाणुओं की भित्तियों में लिपिड की मात्रा अपेक्षाकृत अधिक होती है। एल्कोहॉल में लिपिड घुलने से भित्ति में दरारें पड़ जाती हैं, जिनसे होकर क्रिस्टल बैंगनी कोशिका से बाहर आ जाता है।

जीवाणुओं की संरचना (Structure of Bacteria)

जीवाणुओं में फ्लेजिलिन (flagilin) नामक प्रोटीन से बनी कशाभिकाएँ होती हैं। ग्राम ऋणात्मक जीवाणुओं में रोम अथवा फिम्ब्री पाए जाते हैं। जीवाणुओं की कोशिका भित्ति म्यूरीन, पेप्टाइडोग्लाइकन या म्यूकोपेप्टाइड की बनी होती है। ग्राम धनात्मक जीवाणु की कोशिका भित्ति में **टिकॉइक अम्ल** (techoic acid) पाया जाता है। कोशिका भित्ति के अन्दर जीवद्रव्य होता है, जो फॉस्फोलिपिड एवं प्रोटीन की बनी जीवद्रव्य कला से घिरा रहता है। जीवद्रव्य कला अन्तर्वलित होकर मीसोसोम बनाती है। जीवद्रव्य कला में इलेक्ट्रॉन अभिगमन तन्त्र (Electron Transport System–ETS) तथा ऑक्सीकीय फॉस्फोरिलीकरण के एन्जाइम पाए जाते हैं। जीवाणुओं में वास्तविक केन्द्रक का अभाव होता है तथा सामान्य गुणसूत्र नहीं होते। वलयाकार, द्विरज्जुकी DNA होता है, परन्तु इसके साथ हिस्टोन प्रोटीन जुड़ी हुई नहीं होती, इस पूर्ण समूह को केन्द्रकाभ (nucleoid) या जीनोफोर (genophore) कहते हैं।

कुछ जीवाणुओं जैसे *ई. कोलाई* में प्लाज्मिड पाया जाता है। यह लैंगिक जनन में सहायक (F–कारक) फर्टीलिटी शक्ति प्रदान करने (R–कारक) तथा कोलिसन्स संश्लेषण की क्षमता (Col–कारक) रखता है, जब प्लाज्मिड, केन्द्रीकीय DNA से जुड़ा हाता है, तो इसे तब इपिसोम (episome) कहते हैं।

जीवाणुओं में पोषण (Nutrition in Bacteria)

(I) पोषण के आधार पर जीवाणु परपोषी एवं स्वपोषित होते हैं।

परपोषी (Heterotrophic), इनमें पर्णहरित नहीं होता, अतः ये अन्य जीवित या मृत जीवों पर निर्भर होते हैं। ये तीन प्रकार के होते हैं

(a) **परजीवी** (parasite), जो जीवित पौधों तथा जन्तुओं से अपना भोजन लेते हैं; जैसे–*माइकोबैक्टीरिया, क्लॉस्ट्रिडियम* एवं *स्ट्रेप्टोकोकस।*

(b) **मृतोपजीवी** (saprophyte), जो मृत कार्बनिक पदार्थों से अपना भोजन लेते हैं; जैसे–*बेसिलस माइकोइडस।*

(c) **सहजीवी** (symbiotic), जो दूसरे जन्तु या पौधों के साथ रहकर एक दूसरे को लाभ पहुँचते हैं; जैसे–*राइजोबियम*।

(ii) **स्वपोषी** (Autotrophic), ये CO_2, H_2O व अन्य पदार्थों से अपना भोजन स्वयं बना लेते हैं। ये प्रकाश-संश्लेषी एवं रसायन संश्लेषी होते हैं।

रोग उत्पादक जीवाणु

रोग	बैक्टीरिया
I **पादप रोग** (Plant diseases)	
नींबू का कैंकर रोग (Citrus canker)	*जैन्थोमोनास सिट्रिई (Xanthomonas citri)*
सेब, गुलाब एवं टमाटर का क्राउन गाल (Crown gall of apple, rose and tomato)	*एग्रोबैक्टीरियम ट्यूमीफेसिएन्स (Agrobacterium tumefaciens)*
एंगुलर लीफ स्पॉट ऑफ कॉटन (Angular leaf spot of cotton)	*जेन्थोमोनास माल्वेसिएरम (Xanthomonas malvacearum)*
आलू का स्कैब (Potato scab)	*स्ट्रेप्टोमाइसीज स्कैबीज (Streptomyces scabies)*
धान की अंगमारी (Blight of paddy)	*जेन्थोमोनास ओराइजी (Xanthomonas oryzae)*
टमाटर, आलू और तम्बाकू का विल्ट (Wilt of tomato, potato and tabacco)	*स्यूडोमोनास सोलेनेसिएरम (Pseudomonas solanacearum)*
II **मानव रोग** (Human diseases)	
हैजा (Cholera)	*विब्रियो कॉलेरी (Vibrio cholerae)*
अतिसार (Diarrhoea)	*बैसिलस कोलाई (Bacillus coli)*
डिफ्थीरिया (Diphtheria)	*कोरिनेबैक्टीरियम डिफ्थीरी (Corynebacterium diphtheriae)*
प्लेग (Plague)	*पास्चुरेला पेस्ट्रिस (Pasteurella pestris)*
निमोनिया (Pneumonia)	*डिप्लोकोकस न्यूमोनी (Diplococcus pneumoniae)*
टिटेनस (Tetanus)	*क्लॉस्ट्रीडियम टिटेनी 2 (Clostridium tetani)*
तपेदिक (Tuberculosis)	*माइकोबैक्टीरियम ट्यूबरकुलोसिस (Mycobacterium tuberculosis)*
टायफॉइड (Typhoid)	*साल्मोनेला टाइफी (Salmonella typhi)*
सिफिलिस (Syphilis)	*ट्रेपोनेमा पैलिडम (Treponema pallidum)*
भोजन विषाक्तता या बॉटुलिज्म (Food poisoning)	*क्लॉस्ट्रीडियम बोटुलिनम (Clostridium botulinum)*
मेनिन्जाइटिस (Meningitis)	*निसेरिया मेनिन्जाइटिडिस (Niesseria meningitidis)*
कुष्ठ रोग (Leprosy)	*माइकोबैक्टीरियम लेप्री (Mycobacterium leprae)*
III **जानवरों के रोग** (Animal diseases)	
जानवरों का काला पैर (Black leg of animals)	*क्लॉस्ट्रीडियम कॉबिई (Clastridium chaubei)*
भेड़ का एन्थ्रेक्स रोग (Anthrax of sheep)	*बैसिलस एन्थ्रैकिस (Bacillus anthracis)*

जीवाणुओं से प्राप्त कुछ प्रमुख प्रतिजैविक एवं उनके स्रोत

प्रतिजैविक	स्रोत
इरिथ्रोमाइसिन (Erythromycin)	*स्ट्रेप्टोमाइसिस इरीथ्रीयस (S. erythreus)*
नियोमाइसिन (Neomycin)	*स्ट्रेप्टोमाइसिस फ्रैडी (S. fradiae)*
पॉलीमिक्सिन (Polymyxin)	*बैसिलस पॉलीमिक्सा (B. polymyxa)*
वेन्कोमाइसिन (Vancomycin)	*स्ट्रेप्टोमाइसिस ओरीएन्टेलिस (Streptomyces orientalis)*
स्ट्रेप्टोमाइसिन (Streptomycin)	*स्ट्रेप्टोमाइसिस ग्रीसियस (Streptomyces griseus)*
लेसिट्रेसिन (Bacitracin)	*बैसिलस सब्टीलिस (Bacillus subtilis)*
टेट्रासाइक्लिन्स (Tetracyclines)	*स्ट्रेप्टोमाइसिस ऑरिऑफिसिएन्स (S. aureofaciens)*
क्लोरेम्फेनीकॉल (Chloroamphenicol)	*स्ट्रेप्टोमाइसिस वेनिज्यूली (S. venezuelae)*

जीवाणुओं से प्राप्त कुछ औद्योगिक पदार्थ

पदार्थ	जीवाणु
लाइसिन (Lysine)	*माइक्रोकोकस ग्लूटेमिकस (Micrococcus glutamicus)*
लैक्टिक अम्ल (Lactic acid)	*लैक्टोबैसिलस डेलब्रकी (Lactobacillus delbrueckii)*
एसीटोन ब्यूटेनॉल (Acetone butanol)	*क्लॉस्ट्रीडियम एसीटोब्यूटाइलिकम (Clostridium acetobutylicum)*
स्ट्रेप्टोकाइनेज (Streptokinase)	*स्ट्रेप्टोकोकस इक्विसीमिलिस (Streptococcus equisimilis)*

जीवाणु तथा दुग्ध उत्पाद

पदार्थ	जीवाणु
योगर्ट (Yogurt)	*लैक्टोबैसिलस बल्गेरिकस* (*Lactobacillus bulgaricus*) एवं *स्ट्रेप्टोकोकस थर्मोफिलस* (*Streptococcus thermophilus*)
दही (Curd)	*स्ट्रेप्टोकोकस लैक्टिस* (*Streptococcus lactis*), एवं *लैक्टोबैसिलस* (*Lactobacillus*)
छाछ या मट्ठा (Butter milk)	*लैक्टोबैसिलस बुल्गेरिकस* (*Lactobacillus bulgaricus*)
पनीर (Cheese)	*लैक्टोबैसिलस लैक्टिस* (*Lactobacillus lactis*) एवं *स्ट्रेप्टोकोकस क्रिमोरिस* (*Streptococcus cremoris*)

खनिजीकरण क्रिया में जीवाणुओं की भूमिका (Role of Bacteria in Mineralisation Process)

पौधों, जानवरों तथा मानव जाति द्वारा उत्पन्न कार्बनिक अपशिष्टों की अपार मात्रा का विघटन वातावरण में विद्यमान जीवाणुओं एवं कवकों द्वारा होता है। अतः जीवाणु एक प्रकार से **प्राकृतिक अपमार्जक** (natural scavenger) का कार्य करते हैं। जीवाणुओं की अनेक प्रजातियाँ सेलुलोज, लिग्निन, पैक्टिन, हेमीसेलुलोज, प्रोटीन, वसा, आदि अनेक पदार्थों का विघटन करने में सक्षम होती हैं। *सेलफैसिलुका* (*Cellfaciluca*) तथा *सेलविब्रिओ* (*Cellvibrio*) सेलुलोज विघटक जीवाणुओं के उदाहरण हैं, जबकि *क्लॉस्ट्रीडियम* (*Clostridium*) तथा *स्यूडोमोनास* (*Pseudomonas*) प्रोटीन विघटक जीवाणु हैं।

विघटन की प्रक्रिया से निम्नलिखित लाभ हैं

(i) व्यर्थ के कार्बनिक अवशेषों के निरन्तर विघटन के फलस्वरूप इनके ढ़ेर नहीं लग पाते।

(ii) प्रकाश-संश्लेषण के लिए CO_2 की प्रचुर मात्रा में आवश्यकता होती है। विघटन के फलस्वरूप उत्पन्न CO_2 पुनः वातावरण में पहुँच जाती है।

(iii) मृत कार्बनिक पदार्थों में विद्यमान खनिज पदार्थ पुनः वातावरण में जा मिलते हैं।

(iv) मृदा (मिट्टी) के एक प्रमुख अवयव, ह्यूमस (humus) का निर्माण होता है।

मृत जीवधारियों के शरीर में विद्यमान अकार्बनिक पदार्थों को अपघटन द्वारा पुनः वातावरण में पहुँचाने की क्रिया को **खनिजीकरण** (mineralisation) कहते हैं। इस क्रिया को सम्पन्न कराने वाले सूक्ष्मजीवों को **खनिजकारक** (mineralisers) कहते हैं।

खनिजकारक यदि नहीं होता, तो ये कार्बनिक अवशेष ऐसे ही वातावरण में पड़े रहते तथा खनिज पदार्थ जीवधारियों को उपलब्ध नहीं हो पाते हैं।

जीवधारियों के शरीरों में अनेक तत्व; जैसे–कार्बन, हाइड्रोजन, ऑक्सीजन, नाइट्रोजन, फॉस्फोरस, सल्फर, आदि पाए जाते हैं।

इन तत्वों का अलग-अलग कार्बनिक व अकार्बनिक रासायनिक पदार्थों के रूप में जीवधारियों से वातावरण में तथा वातावरण से जीवधारियों में चक्रीय रूप में आदान-प्रदान होता है। इसे **द्रव्यों का चक्रीकरण** (cycling of matter) कहते हैं।

नाइट्रोजन स्थिरीकरण में जीवाणुओं की भूमिका (Role of Bacteria in Nitrogen Fixation)

मोनेरा की अनेक जातियों वायुमण्डल की N_2 को नाइट्रोजनी यौगिकों में बदलने की क्षमता रखती है। इस क्रिया को **नाइट्रोजन स्थिरीकरण** (N_2-fixation) कहते हैं। पेड़-पौधे स्वतन्त्र रूप में हवा से नाइट्रोजन नहीं ले सकते। मिट्टी में रहने वाले कुछ जीवाणु हवा से नाइट्रोजन लेकर नाइट्रोजन यौगिकों में बदल देते हैं तथा उन्हें मिट्टी में स्थिर कर देते हैं, जिन्हें पौधें आसानी से ग्रहण कर लेते हैं। अनेक जीवाणु व सायनोबैक्टीरिया वायुमण्डल से भारी मात्रा में N_2 का स्थिरीकरण करते हैं।

उदाहरण *एजोटोबैक्टर* (*Azotobacter*), *एजोस्पाइरिलम* (*Azospirillum*) तथा *क्लॉस्ट्रीडियम* (*Clostridium*) बैक्टीरिया की कुछ जातियाँ स्वतन्त्र रूप से मिट्टी में निवास करती हैं व मिट्टी के कणों के बीच स्थित वायु की नाइट्रोजन का स्थिरीकरण करते हैं। इसी प्रकार *एनाबीना* (*Anabaena*) तथा *नॉस्टॉक* (*Nostoc*) नामक साइनोबैक्टीरिया भी वायुमण्डल की N_2 का स्थिरीकरण करते हैं। स्वतन्त्र जीवधारियों द्वारा किए गए नाइट्रोजन स्थिरीकरण को **असहजीवी नाइट्रोजन स्थिरीकरण** (asymbiotic N_2-fixation) कहते हैं।

राइजोबियम (*Rhizobium*) तथा *ब्रैडीराइजोबियम* (*Bradyrhizobium*), आदि जीवाणुओं की जातियाँ लैग्युमिनोसी (मटर कुल) के पौधों की जड़ों में **ग्रन्थिकाओं** (nodules) में पायी जाती हैं, ये बैक्टीरिया वायुमण्डलीय N_2 का स्थिरीकरण करके उसको नाइट्रोजनी कार्बनिक यौगिकों में परिवर्तित कर देते हैं। इन पदार्थों का उपयोग न केवल बैक्टीरिया, बल्कि पौधों के द्वारा किया जाता है। बदले में पौधे, बैक्टीरिया को आवश्यक कार्बोहाइड्रेट प्रदान करते हैं।

अतः बैक्टीरिया व पौधों के बीच यह साहचर्य दोनों के लिए लाभदायक सिद्ध होता है। इस प्रकार के परस्पर लाभकारी सम्बन्ध को सहजीविता कहते हैं। सहजीवी जीवाणुओं द्वारा किए जाने वाले इस नाइट्रोजन स्थिरीकरण को **सहजीवी नाइट्रोजन स्थिरीकरण** (symbiotic N_2-fixation) कहते हैं।

आर्कीबैक्टीरिया (Archaebacteria)

यह विविधि प्रकार के प्रोकैरियोटिक जीवों का समूह है, जिनके लक्षण सामान्य जीवाणुओं से काफी भिन्न होते हैं। इनकी **कोशिका भित्ति** पेप्टिडोग्लाइकॉन (म्यूरिन) की नहीं बनी होती, बल्कि प्रोटीनों, **ग्लाइकोप्रोटीनों** तथा **पॉलिसैकेराइड़ों** की बनी होती है। कुछ आर्कीबैक्टीरिया की कोशिका भित्ति **कूटम्यूरिन** (pseudomurein) की बनी होती है, जो सामान्य बैक्टीरिया की म्यूरिन जैसी ही होती है। इसमें एक अन्तर यह है, कि एसीटाइल म्यूरेमिक अम्ल के स्थान पर **एसीटाइल ग्लूकोसेमीनोयूरोनिक** अम्ल होता है।

ये आर्कीबैक्टीरिया को अत्यधिक ताप व अम्लता से सुरक्षा प्रदान करते हैं, जिन परिस्थितियों में ये निवास करते हैं, उनके आधार पर आर्कीबैक्टीरिया को तीन समूहों में बाँटा जाता है; जैसे–मेथेनोजन, हैलोफाइल्स, थर्मोएसिडोफाइल्स।

1 मेथेनोजन (Methanogaens)

इस समूह में अविकल्पी अवायवीय आर्कीबैक्टीरिया सम्मिलित किए जाते हैं, जो कि दलदल वाले स्थानों तथा पशुओं के प्रथम आमाशय (rumen) में पाए जाते हैं। अन्य अवायवीय जीवों द्वारा किण्वन के फलस्वरूप उत्पन्न CO_2, H_2 फॉर्मिक अम्ल तथा एसीटिक अम्ल जैसे पदार्थों को ये आर्कीबैक्टीरिया अथवा **मिथेन** और CO_2 में परिवर्तित कर देते हैं इसलिए इन्हें **मेथेनोजन** (अर्थात् मिथेन-उत्पादक) कहते हैं जैस गैस संयन्त्रों में इन्हीं जीवाणुओं द्वारा मिथेन गैस उत्पन्न की जाती है।

उदाहरण-*मिथेनोबैक्टीरियम* (*Methanobacterium*) एवं *मिथेनोकोकस* (*Methanococcus*)

2. **हैलोफाइल्स** (Helophiles)

ये अत्यधिक लवणीय वातावरण में पाए जाते हैं अत्यधिक लवण वाले जलाशयों व झीलों में ये अत्यधिक संख्या में विद्यमान रहते हैं। उदाहरण–*हैलोबैक्टीरिया*।

इस समूह के आर्कीबैक्टीरिया की एक विशेषता यह है, कि सूर्य के तीव्र प्रकाश में इनमें एक बैंगनी रंग की झिल्ली विकसित हो जाती है। यह बैंगनी झिल्ली उन्हें तेज प्रकाश के दुष्प्रभाव से तो बचाती है साथ ही प्रकाश ऊर्जा का उपयोग करके ATP का संश्लेषण भी करती है, जिसका कोशिका की उपापचयी क्रियाओं के संचालन के लिए उपयोग किया जाता है, परन्तु इस क्रिया में CO_2 से शर्करा का निर्माण नहीं होता, इसलिए यह क्रिया प्रकाश-संश्लेषण से भिन्न होती है।

3. **थर्मोएसीडोफाइल्स** (Thermoacidophiles)

ये विविध प्रकार के आर्कीबैक्टीरिया अधिक ताप एवं अम्ल वाले स्थानों पर निवास करते हैं। ये गर्म सल्फर-युक्त झरनों में पाए जाते हैं। वायवीय परिस्थितियों में, 80°C तापमान पर ये सल्फर को SO_2 में ऑक्सीकृत कर देते हैं। इसके फलस्वरूप इनका वातावरण अत्यधिक अम्लीय (pH 2.0) हो जाता है। अवायवीय परिस्थितियों में ये सल्फर को हाइड्रोजन सल्फाइड (H_2S) में अपचयित कर देते हैं। उदाहरण–*सल्फोबोलस* (*Sulfabolus*), *थर्मोप्लाज्मा* (*Thermoplasma*), *थर्मोप्रोटियस* (*Thermoproteus*)।

विषाणु (Virus)

विषाणु अतिसूक्ष्म, परजीवी, अकोशिकीय और विशेष न्यूक्लियोप्रोटीन कण हैं। ये सजीव एवं निर्जीव के मध्य की कड़ी हैं। अधिकाँश विषाणु जन्तुओं व पौधों में घातक रोग उत्पन्न करते हैं। इनको क्रिस्टलीय अवस्था में अलग करके संचित किया जा सकता है।

ये केवल जीवित कोशिका के अन्दर वृद्धि कर सकते हैं। विषाणु के अस्तित्व की खोज रूसी वैज्ञानिक इवानोस्की ने 1892 में तम्बाकू के पौधों (चितेरी रोग के कारण) का निरीक्षण करते समय की थी।

विषाणु न्यूक्लियोप्रोटीन्स के बने हैं, जो जन्तुओं व पादपों के गुणसूत्रों के न्यूक्लियोप्रोटीन्स के समान होते हैं। ये जन्तुओं, पेड़-पौधों व बैक्टीरिया सभी में पाये जाते हैं।

सजीव लक्षण (Living Characters)

- विषाणु में न्यूक्लिक अम्ल का द्विगुणन होता है।
- किसी जीवित कोशिका में पहुँचते ही ये सक्रिय हो जाते हैं और एन्जाइमों का संश्लेषण करने लगते हैं।
- सजीव कोशिकाओं की भाँति इनमें भी RNA अथवा *DNA* मिलता है।

निर्जीव लक्षण (Non-living Characters)

- विषाणु कोशिकीय रूप में नहीं होते हैं तथा इनमें कोशिकीय अंग नहीं पाये जाते।
- इनमें पोषण, श्वसन, वृद्धि, उत्सर्जन और उपापचयी क्रियाएँ नहीं होती हैं।
- इनके रबे को क्रिस्टल बनाकर निर्जीव पदार्थ की भाँति बोतलों में भरकर कई वर्षों तक सुरक्षित रखा जा सकता है।
- प्रत्येक विषाणु प्रोटीन-खोल (capsid) में सामान्यता RNA या DNA का अणु होता है।

यूकैरियोटिक सूक्ष्मजीव (Eukaryotic microorganisms)

शैवाल (Algae)

जैलीडियम (*Gelidium*) तथा *ग्रेसीलेरिया* (*Gracilaria*) नामक शैवालों से **अगार-अगार** (agar-agar) का औद्योगिक उत्पादन किया जाता है। यह **जिलैटिन** (gelatin) जैसा पदार्थ होता है। किसी द्रव में इसे मिलाकर गर्म करके तथा फिर ठण्डा करने पर द्रव का ठोस में परिवर्तन हो जाता है। इसका उपयोग प्रयोगशाला में सूक्ष्मजीवों के **संवर्धन** (culture) करने के लिए प्रयोग में आने वाले **संवर्धन माध्यमों** (culture media) को तैयार करने में किया जाता है। इसके अतिरिक्त यह अनेक खाद्य पदार्थों में बन्धक (binder) तथा प्रगाढ़क (thickener) के लिए प्रयोग किया जाता है। शैवालों के अन्य उपयोग निम्न हैं

- **कैरागीनिन** (carrageenin) का भी अनेक खाद्य पदार्थों में बन्धक तथा प्रगाढ़क की भाँति प्रयोग किया जाता है। यह भी लाल शैवाल की कोशिका भित्ति से प्राप्त होता है।
- *लैमिनेरिया* में आयोडीन की प्रचुर मात्रा पायी जाती है। इसके खाने से घेंघा रोग नहीं होता।
- *क्लोरेला* में प्रोटीन तथा विटामिन की प्रचुर मात्रा होती है। अन्तरिक्ष यात्री *क्लोरेला* से भोजन तथा ऑक्सीजन दोनों प्राप्त करते हैं।
- शैवालों से एलजिनिक अम्ल प्राप्त होता है, जिसका उपयोग थिकनर के रूप में सौन्दर्य प्रसाधन एवं कपड़ा उद्योग में किया जाता है।
- शैवालों से 'एलीजन' नामक पदार्थ प्राप्त होता है, जो टाइपराइटरों एवं अज्वलनशील फिल्मों के निर्माण में प्रयुक्त होता है।

यीस्ट (Yeast)

यीस्ट की कोशिका भित्ति पतली एवं **काइटिन** (chitin) की बनी होती हैं। कोशिकाद्रव्य के चारों ओर कोशिका कला होती है, जिसके अन्दर सभी कोशिकांग; जैसे–राइबोसोम, माइटोकॉण्ड्रिया, एण्डोप्लाज्मिक रेटिकुलम, वसा कण, आदि विद्यमान होते हैं। कोशिका के केन्द्र में एक बहुत बड़ी रिक्तिका (vacuole) होती है। जिसमें एक 'केन्द्रक' संलग्न होता है।

यीस्ट कोशिकाओं में शर्कराओं के किण्वन की अभूतपूर्व क्षमता होती है। इस प्रक्रिया में ये एल्कोहॉल तथा CO_2 उत्पन्न करती है। इसीलिए, इनका प्रयोग डबलरोटी या बैकिंग तथा ब्रीविंग उद्योग में किया जाता है। इस प्रकार डबलरोटी, खमीर, शराब, बीयर, सक्सिनिक अम्ल, फैटी अम्ल, आदि के निर्माण में इनका अत्यधिक उपयोग होता है। कुछ यीस्ट; जैसे–*एशिबिया गोस्सिपाई* (*Ashybya gossypi*) से राइबोफ्लेविन, आदि विटामिन प्राप्त किये जाते हैं।

कवक (Fungi)

कवक से प्राप्त प्रतिजैविक

(Antibiotics Obtained from Fungi)

कवक	प्रतिजैविक
पेनिसिलियम नॉटेटम	पेनिसिलिन
पेनिसिलियम क्लेवीफोर्मी	क्लैविसिन
पे. सिट्रिनम	साइट्रिनिन
पे. ग्रीसियोफ्यूल्विन	ग्रीसियोफिलेबिन
पे. फ्यूबेरुलम	फ्यूबेरिक एसिड
ट्राइकोडर्मा	ग्लिओटॉक्सिन
कीटोमोन	कीटोमियम

पादप एवं मानव में कवकों द्वारा होने वाले रोग

रोग	कवक
पादप रोग (Plant diseases)	
आलू की विलम्बित अंगमारी (Late blight of potato)	*फाइटोफ्थोरा इन्फैस्टैन्स (Phytophthora infestans)*
क्रूसीफेरी कुल के पौधे (सरसों आदि) का श्वेत किट्ट (White rust of crucifers)	*अल्ब्यूगो कैण्डिडा (Albugo candida)*
राई में एर्गट (Ergot of rye)	*क्लैविसेप्स परप्यूरिया (Claviceps purpurea)*
गेहूँ का श्लथ कंड (Loose smut of wheat)	*अस्टीलैगो ट्रिटिसाई (Ustilago tritici)*
गेहूँ का काला किट्ट (Black rust of wheat)	*पक्सीनिया ग्रेमिनिस ट्रिटिसाई (Puccinia graminis tritici)*
गन्ने की लाल किट्ट (Red rust of sugarcane)	*कोलिटोट्राइकम फैल्केटम (Colletotrichum falcatum)*
आलू/टमाटर की प्रगामी अंगमारी (Early blight of potato/ tomato)	*अल्टरनेरिया सोलेनाई (Alternaria solani)*
मक्का का कण्ड (Maize smut)	*अस्टीलैगो मेयडिस (Ustilago maydis)*
अनाजी पौधों की मृदुरोमिल आंसिता (Downy mildew of cereals)	*स्क्लेरोस्पोरा ग्रेमिनिकोला (Sclerospora graminicola)*
अनाजों का श्वेत चूर्ण रोग (Powdery mildev of cereals)	इरिसाइफी ग्रेमिनिकोला *(Erysiphe graminicola)*
नाशपाती, आडू का विगलन (Brown rot of pear and peach)	*स्क्लेरोटिनिया फ्रूटीकोला (Sclerotinia fruiticola)*
मानव रोग (Human diseases)	
दाढ़ी एवं बालों में दाद (Dermatomycoses of beard and hair)	*ट्राइकोफायटॉन वेरूकोसम (Trichophyton verrucosum)*
मुख एवं जीभ में दाद (Dermatomycoses of mouth and tongue)	*कैण्डिडा एल्बिकैन्स (Candida albicans)*
कान का दाद (Dermatomycoses of ear)	*कैण्डिडा एल्बिकैन्स एवं एस्परजिलस (Candida albicans, Aspergillus)*
मेनिन्जाइटिस (Meningitis)	*क्रिप्टोकस नीओफोर्मेन्स (Cryptococcus neoformans)*
एथलीट फुट (Athlete's foot)	*टीनिया पेडिस (Tenea pedis)*
ऐस्परजिलोसिस (Aspergillosis)	एस्परजिलस फ्यूमिगेटस *(Aspergillus fumigatus)*

अभ्यास प्रश्नावली

1. जीवाणुओं की कोशिका भित्ति में उपस्थित पदार्थ है
(a) म्यूरिन + लिपिड (b) फ्लेजेलीन + म्यूरिन
(c) म्यूरिन + पेप्टाइडोग्लाइकॉन (d) फॉस्फोलिपिड

2. ग्राम धनात्मक जीवाणु की कोशिका भित्ति में कौन-सा अम्ल पाया जाता है?
(a) एसीटिक अम्ल (b) टिकोइक अम्ल
(c) सिट्रिक अम्ल (d) मैलिक अम्ल

3. मिलान कीजिए

सूची I (रोग)	सूची II (संगकारक)
A. प्लेग	1. *जैन्थोमोनास सिट्राई*
B. तपेदिक	2. *माइकोबैक्टीरियम लैप्री*
C. कुष्ठ रोग	3. *माइक्रोबैक्टीरियम ट्यूबरकुलोसिस*
D. नींबू का कैंकर रोग	4. *पास्चुरेला पेस्ट्रिस*

कूट

	A	B	C	D
(a)	3	2	1	4
(b)	4	3	2	1
(c)	2	3	1	4
(d)	1	2	3	4

4. स्ट्रेप्टोमाइसिन नामक प्रतिजैविक किस जीवाणु से प्राप्त की गई है?
(a) *स्ट्रेप्टोमाइसिस वेनिज्यूली*
(b) *स्ट्रेप्टोमाइसिस ऑरिओफैसिएन्स*
(c) *स्ट्रेप्टोमाइसिस ग्रीसियस*
(d) *स्ट्रेप्टोमाइसिस फ्रैडी*

5. तेल (oil spill) को नष्ट करने वाला जीवाणु है
(a) *स्यूडोमोनास*
(b) सेलफैसिलुका
(c) *एजोटोबैक्टर*
(d) *नॉस्टॉक*

6. अगार-अगार पदार्थ का औद्योगिक उत्पादन में उपयोगी सूक्ष्मजीव है
(a) *जैलीडियम एवं ग्रेसीलेरिया*
(b) *जैलीडियम* एवं *राइजोबियम*
(c) *एजोटोबैक्टर एवं ग्रेसीलेरिया*
(d) *नॉस्टॉक* एवं *एनाबीना*

7. स्ट्रेप्टोकाइनेज का उत्पादन होता है
(a) *कीटोमीन*
(b) *ट्राइकोडर्मा*
(c) *स्ट्रेप्टोकोकस इक्विसीमिलिस*
(d) *फाइटोफ्थोरा इन्फेस्टैन्स*

8. दलदल वाले स्थानों तथा पशुओं के प्रथम आमाशय में पाए जाने वाले सूक्ष्म जीव हैं

(a) *हैलोबैक्टीरियम* (b) मेथेनोजेन
(c) *सल्फोबोलस* (d) *थर्मोप्लाज्मा*

9. निम्नलिखित में से कौन-से आर्कीबैक्टीरिया अवायवीय परिस्थितियों में सल्फर को हाइड्रोजन सल्फाइड में उपचयित कर देते हैं?

(a) *सल्फोबोलस* (b) *थर्मोप्लाज्मा*
(c) *थर्मोप्रोटियस* (d) ये सभी

10. विषाणु के अस्तित्व की खोज रूसी वैज्ञानिक.........ने ....में तम्बाकू के पौधों से चितेरी रोग के कारण का निरीक्षण करते समय की थी।

(a) डार्विन; 1892 (b) इवानोस्का; 1892
(c) डार्विन; 1894 (d) इवानोस्का; 1894

11. दही जमाने में उपयोगी जीवाणु है

(a) *स्ट्रेप्टोकोकस लैक्टिस*
(b) *स्ट्रेप्टोकोकस इक्विसीमिलिस*
(c) *क्लॉस्ट्रीडियम एसीटोब्यूटाइलिकम*
(d) *बैसिलस एन्थ्रैकिस*

12. निम्न में से किसमें आयोडीन की प्रचुर मात्रा पायी जाती है?

(a) *लेमिनैरिया* (b) *क्लोरेला* (c) *जैलीडियम* (d) ये सभी

13. अंतरिक्ष यात्रियों द्वारा भोजन तथा ऑक्सीजन हेतु उपयोगी शैवाल है

(a) *लैमिनेरिया* (b) *क्लोरेला* (c) *ग्रेसीलेरिया* (d) *जैलीडियम*

14. शैवालों से ....नामक पदार्थ प्राप्त होता है, जो टाइपराइटरों में एवं अज्वलनशील फिल्मों के निर्माण में प्रयुक्त होता है।

(a) कैरागीनिन (b) एजीजन
(c) अगार-अगार (d) पेनिसिलिन

15. आलू की विलम्बित अंगमारी (late blight of potato) निम्न में से किस सूक्ष्मजीव से उत्पन्न होता है?

(a) *अल्ब्यूगो कैन्डिडा* (b) *फाइटोप्थोरा इन्फैस्टैन्स*
(c) *क्लैविसेप्स परप्यूरिया* (d) *अल्टरनेरिया सोलेनाई*

16. कवक से प्राप्त होने वाली एण्टीबायोटिक है

(a) कोटोमियम (b) ग्रीसियोफिलेबिन
(c) साइट्रिनिन (d) ये सभी

17. आर्कीबैक्टीरिया के सन्दर्भ में सत्य कथन छाँटिये

I. हैलोफाइल्स समूह के आर्कीबैक्टीरिया सूर्य के तीव्र प्रकाश में एक बैंगनी रंग की झिल्ली उत्पन्न करते हैं, जो इन्हें तेज प्रकाश के दुष्प्रभाव से बचाती है।

II. जैव गैस संयंत्रों में ये मिथेन गैस उत्पन्न करते हैं।

(a) केवल I (b) केवल II
(c) I एवं II दोनों (d) इनमें से कोई नहीं

18. सन् 1676 में जीवाणुओं का सर्वप्रथम विवरण किसने किया?

(a) एहरेनबर्ग (b) एन्टॉनी वॉन ल्यूवेनहॉक
(c) क्रिश्चियन ग्राम (d) इवानोस्की

19. जीवाणुओं में पायी जाने वाली कशाभिकाएँ किस प्रोटीन से बनी होती है?

(a) म्यूरीन (b) फ्लेजेलीन
(c) हिस्टोन (d) पेप्टोइडोग्लाइकन

20. मिलान करें

	सूची I		सूची II
A.	नाइट्रीकारी जीवाणु	1.	*पेन्टोट्रोकस*
B.	लौह जीवाणु	2.	*थायोबैसिलस*
C.	गंधक जीवाणु	3.	*फेरोबैसिलस*
D.	हाइड्रोजन जीवाणु	4.	*नाइट्रोसोमोनास*

कूट

	A	B	C	D
(a)	1	4	3	2
(b)	4	3	2	1
(c)	1	2	3	4
(d)	4	1	3	2

उत्तरमाला

1. (c) **2.** (b) **3.** (b) **4.** (c) **5.** (a) **6.** (a) **7.** (c) **8.** (b) **9.** (d) **10.** (b)
11. (a) **12.** (a) **13.** (b) **14.** (a) **15.** (b) **16.** (b) **17.** (c) **18.** (b) **19.** (b) **20.** (b)

33

मानव प्रतिरक्षा तन्त्र
Human Immune System

किसी विशेष रोग के लिए शरीर सुरक्षा तन्त्र का विकास करता है अर्थात् प्रत्येक रोग के लिए पृथक् सुरक्षा तन्त्र विकसित होता है। ये सुरक्षा तन्त्र ही प्रतिरक्षी क्रियाएँ करते हैं। जन्तुओं के इस गुण को **प्रतिरक्षा** या **प्रतिरोधकता** या **रोधक्षमता** कहते हैं तथा जो अंग प्रतिरक्षा में भाग लेते हैं, वे संयुक्त रूप से **प्रतिरक्षा तन्त्र निर्माण** करते हैं। जैव विज्ञान की वह शाखा, जो प्रतिरक्षी प्रतिक्रियाओं से सम्बन्धित है, उसे प्रतिरक्षा विज्ञान या **इम्यूनोलॉजी** कहते हैं। वॉन बेहरिंग को प्रतिरक्षा विज्ञान का जनक माना जाता है।

प्रतिरक्षा के प्रकार (Types of Immunity)

रोगजनक आक्रमण के विरूद्ध शरीर का प्रतिरक्षण प्राकृतिक या जन्मजात अविशिष्ट प्रतिरक्षा (natural innate or non-specific immunity) अर्थात् माँ द्वारा प्रदान की गई रक्षाविधि तथा उपार्जित या विशिष्ट प्रतिरक्षा (acquired or specific immunity) अर्थात् शरीर में जीवनकाल के दौरान विकसित होने वाली होती है। उपार्जित या विशिष्ट प्रतिरक्षा सक्रिय अर्थात् शरीर में रोग पैदा होने के बाद विकसित तथा निष्क्रिय अर्थात् बाध्य स्रोत से पैदा की जाने वाली होती है।

प्रतिरक्षा तन्त्र के घटक (Components of Immune System)

मनुष्य में प्रतिरक्षा तन्त्र के मुख्य दो घटक होते हैं

(i) **रुधिर प्रतिरक्षा तन्त्र** (Humoral immune system) इस तन्त्र का निर्माण एण्टीबॉडीज करती हैं। ये रुधिर प्लाज्मा एवं लसिका में पाई जाती हैं।

(ii) **कोशिका माध्यमित प्रतिरक्षा तन्त्र** (Cell mediated immune system) यह तन्त्र शरीर में प्रत्यारोपित अंग के प्रतिकार्य करता है। ये कैंसर कोशिकाओं के विरुद्ध भी लड़ती हैं।

प्रतिजन एवं प्रतिरक्षी (Antigen and Antibody)

प्रतिजन वे पदार्थ हैं, जो प्रतिरक्षा प्रतिकिया (immune response) तीव्र कर सकते हैं। ये प्रायः प्रोटीन होते हैं और इनमें एण्टीजेनिक डिटरमिनेण्ट (antigenic determinants) पाए जाते हैं, जो विशेष प्रकार की प्रतिरक्षी (antibodies) को उत्प्रेरित करते हैं। प्रतिरक्षी या इम्यूनोग्लोब्युलिन्स (immunoglobulins) प्रतिजन की प्रतिक्रिया में बने प्रोटीन है। प्रत्येक प्रतिरक्षी में दो भारी और दो हल्की शृंखलाएँ होती हैं, जो एक दूसरे से डाइसल्फाइड बन्धों (S-S bonds) द्वारा जुड़ी होती हैं। प्रतिरक्षी अणु के परिवर्तनशील (variable) भाग में प्रतिजन को बाँधने हेतु प्रतिजन बन्धन स्थल (antigen binding site) होता है।

विभिन्न इम्यूनोग्लोब्युलिन वर्गों के कार्य (Functions of different immunoglobulins)

इम्यूनोग्लोब्युलिन वर्ग	उपस्थिति	कार्य
IgA	दूध, लार, आँसू, श्वसनी एवं आंत्रीय स्रावण	निःश्वसन तथा अन्तग्रहित रोगाणुओं से सुरक्षा
IgD	B-कोशिकाओं की सतह	लसिकाणु की सतह पर ग्राही के रूप में उपस्थित, B-कोशिकाओं की सक्रियता
IgE	मास्ट कोशिकाओं और बेसोफिल्स की सतह	प्रत्युर्जता प्रतिवेदन में मध्यावस्था
IgG	माता से भ्रूण में जाने वाले रुधिर में	उद्दीपन तथा गर्भ में पूरक तन्त्र की निष्क्रिय प्रतिरक्षण
IgM	रुधिर और B-कोशिकाओं की सतह	B-कोशिकाओं की सक्रियता

सबसे प्रचुर Ig (IgG–मानव प्रतिरक्षियों का लगभग 75%) ऐसी प्रतिरक्षी है, जो प्लैसेण्टा को पार कर सकती है।

रक्षा तन्त्र सम्बन्धी कोशिकाएँ (Cells Related to Immune System)

लिम्फोसाइट्स मुख्य एवं विशेष कोशिका होती है, जो प्रतिरक्षा तन्त्र का निर्माण करती हैं। ये कोशिकाएँ दो प्रकार की होती हैं

(i) B-कोशिकाएँ (B-lymphocytes)

ये अस्थि मज्जा में विकसित होकर द्वितीयक लिम्फॉइड अंगों तक पहुँच जाती हैं।

(ii) T-कोशिकाएँ (T-lymphocytes)

इनका निर्माण प्लूरीपोटेन्ट स्टेम कोशिकाओं द्वारा अस्थि मज्जा में पाई जाने वाली प्रोजेनिटर कोशिकाओं से होता है। ये रक्तीय तथा कोशिका माध्य प्रतिरक्षी प्रतिक्रियाओं में शामिल होती हैं। भ्रूण में इन कोशिकाओं का निर्माण यकृत के द्वारा तथा वयस्कों में मज्जा (bone marrow) के द्वारा होता है। इन कोशिकाओं का थाइमस में प्रवेश अस्थि मज्जा के पश्चात् B तथा T-कोशिकाओं में विभेदन हो जाता है। ये दोनों कोशिकाएँ एण्टीजन के द्वारा प्रेरित एण्टीबॉडीज का निर्माण करती हैं।

T-कोशिकाओं के प्रकार (Types of T-cells)

(i) **प्राण घातक T-कोशिकाएँ** (Killer T-cells) ये काशिकाएँ बड़ी ग्रेन्यूलर लिम्फोसाइट्स हैं। ये कोशिकाएँ विषाणु, जीवाणु, कवक तथा परजीवी से बचाती हैं।

(ii) **सहायक T-कोशिकाएँ** (Helper T-cells) ये अन्य कोशिकाओं की साइटोटोक्सिसिटी (cytotoxicity) में अप्रत्यक्ष रूप से मदद करती है और प्रतिजनों द्वारा उत्तेजित किए जाने पर साइटोकाइन्स (cyotokines) उत्पन्न करती हैं, जो अन्य कोशिकाओं की वृद्धि विभाजन और प्रदर्शन को बढ़ा देता है।

(iii) **अप्रभावक T-कोशिकाएँ** (Suppressor T-cells) ये कोशिकाएँ एक प्रतिजन विशेष (antigen specific) ढंग से उत्तेजित होती हैं। ये अपना प्रभाव नकारात्मक प्रतिरक्षी प्रतिक्रिया बदलावकारी द्वारा डालती है। प्रतिरक्षी प्रणाली लिम्फॉइड अंगों तथा इनकी कोशिकाओं के उत्पादों द्वारा बनती है। प्राथमिक लिम्फेटिक अंग अस्थि मज्जा (bone marrow) तथा थायमस हैं, जबकि द्वितीय लिम्फेटिक अंग प्लीहा (spleen) और लिम्फ नोड है।

टीकाकरण तथा प्रतिरक्षण (Vaccination and Immunisation)

टीकाकरण तथा प्रतिरक्षण का सिद्धान्त प्रतिरक्षी तन्त्र का याद्दाश्त के ऊपर आधारित है। टीकाकरण में रोगाणुओं के या असक्रिय कमजोर रोगाणुओं के प्रतिजनित प्रोटीन को तैयार कर शरीर में प्रवेश कराया जाता है। ये प्रतिजन प्राथमिक प्रतिरक्षी तथा मैमोरी B तथा T-कोशिकाओं को उत्पादित करती हैं, जब टीकायुक्त व्यक्ति उसी रोगाणु से आक्रमित होता है, तो उपस्थित मैमोरी T या B-कोशिकाएँ प्रतिजन को तेजी से पहचान लेती है तथा आक्रमणकारी को अत्यधिक लसीकाणुओं तथा प्रतिरक्षियों से घेर लेती हैं। टीकाकरण की खोज एडवर्ड जेनर ने की थी। 1920 के अन्त में डिफ्थीरिया, टिटनेस, परट्यूसिस (whooping cough) तथा ट्यूबरकुलोसिस के टीके प्राप्त हो गए।

शिशुओं एवं बच्चों के लिए प्रमुख टीके (Important Vaccine for Children and Infants)

टीका	बीमारी	उम्र वर्ग	सुरक्षा
बी सी जी	हिपैटाइटिस एवं ट्यूबरकुलोसिस	10 -14 वर्ष के सभी बच्चे	70%
डिफ्थीरिया	डिफ्थीरिया, टिटनेस, काली खाँसी एवं हीमोफिलस इन्फ्यूएन्जा टाइप-B	$1\frac{1}{2}, 2\frac{1}{2}$ तथा $3\frac{1}{2}$ महीने की उम्र के सभी बच्चे	90-99% के बीच
हिपैटाइटिस-B	हिपैटाइटिस	उन सभी बच्चों को जिनकी माताएँ या नजदीकी परिवार हिपैटाइटिस से संक्रमित हो चुके हैं।	मानक सुरक्षा प्रतिशत की पूर्ण प्रतिशता उपलब्ध नहीं
पोलियो	पोलियो	$1\frac{1}{2}, 2\frac{1}{2}$ तथा $3\frac{1}{2}$ महीने की उम्र के सभी बच्चों को DTP-Hib के साथ	लगभग 100%

स्वास्थ्य संगठन (Health Organisation)

(i) **विश्व स्वास्थ्य संगठन** (World Health Organisation or WHO) इसकी स्थापना वर्ष 1948 में की गई थी। यह संयुक्त राष्ट्र संघ की एजेन्सी है, जिनका मुख्यालय जेनेवा में है।

(ii) **रेड क्रॉस** (Red Cross) इसकी स्थापना 1864 में की गई थी। यह अन्तर्राष्ट्रीय तथा राष्ट्रीय संस्थान है। इसका चिन्ह लाल क्रॉस + है, जिसका अस्पतालों, एम्बुलेन्सों तथा डॉक्टरों द्वारा प्रयोग किया जाता है।

(iii) **यूनाइटेड नेशन्स इण्टरनेशनल चिल्ड्रन्स एमरजेन्सी फण्ड** (United Nations International Childern's Emergency Fund—UNICEF) यह संयुक्त राष्ट्र का संस्थान है। यह सारे संसार के बच्चों की देखभाल करता है।

अभ्यास प्रश्नावली

1. प्रति-जैविक 'पेनीसिलिन' की खोज का श्रेय किसे जाता है?

(a) जे एच टीजो को
(b) एलेक्जैण्डर फ्लेमिंग को
(c) हरगोविन्द खुराना को
(d) रॉबर्ट हुक को

2. ह्यूमोरल इम्यूनिटी होती है

(a) P-लिम्फोसाइट्स के कारण (b) L-लिम्फोसाइट्स के कारण
(c) B-लिम्फोसाइट्स के कारण (d) T-लिम्फोसाइट्स के कारण

3. एल्कोहॉल तन्त्रिका तन्त्र को निष्क्रिय कर देता है और कार्य करता है

(a) शान्तिकर प्रतिनिधि
(b) पीड़ाघर प्रतिनिधि
(c) चेतनाशून्य प्रतिनिधि
(d) उपरोक्त सभी

4. HIV संक्रमण की किस अवस्था पर व्यक्ति एड्स के लक्षण प्रदर्शित करता है?

(a) जब रिवर्स ट्रांसक्रिप्टेस द्वारा वायरल DNA उत्पन्न होता है
(b) जब HIV सहायक T-लिम्फोसाइट्स कोशिकाओं में शीघ्रता से प्रतिकृत होते हैं और इन कोशिकाओं को बड़ी संख्या में नष्ट कर देते हैं
(c) किसी संक्रमित व्यक्ति से लैंगिक सम्पर्क के 15 दिनों के भीतर
(d) जब संक्रमणकारी रिट्रोविषाणु पोषी कोशिकाओं में प्रवेश करता है

5. एक प्रतिरक्षी होता है

(a) स्तनि के लाल रुधिराणुओं का स्रावण
(b) रुधिर का घटक
(c) एक अणु, जो एक विशेष प्रतिजन को ही निष्क्रिय बनाता है
(d) श्वेत रुधिराणु, जो जीवाणुओं में घुसते हैं

6. बीसीजी का टीका होता है

(a) एण्टी ट्यूबरकुलोसिस (b) एण्टी पोलियो
(c) एण्टी न्यूमोनिया (d) एण्टी एम्फीसीमा

7. रोगों एवं प्रतिरक्षीकरण के सम्बन्ध में सही कथन का चुनाव कीजिए

(a) यदि किसी कारणवश B तथा T- लिम्फोसाइट्स क्षतिग्रस्त हो जाए, तो शरीर रोगाणुओं के विरूद्ध प्रतिरक्षियों का निर्माण नहीं करेगा
(b) मृत निष्क्रिय रोगाणुओं का इन्जेक्शन अक्रिय प्रतिरक्षा प्रदान करता है
(c) कुछ प्रोटोजोअन जीव हिपैटाइटिस-B वैक्सीन का भारी मात्रा में उत्पादन करते हैं
(d) साँप के काटने पर उसके इलाज के लिए सर्प के प्रतिवर्ष का इन्जेकशन लगाना सक्रिय का एक उदाहरण है

8. विडाल (Widal) परीक्षण का प्रयोग होता है, सम्भावना के लिए

(a) पीत ज्वर की (b) टायफॉइड की
(c) हैजा की (d) मलेरिया की

9. शरीर का कौन-सा भाग 'पुलिस गार्ड' कहलाता है?

(a) त्वचा (b) ल्यूकोसाइट्स
(c) टॉन्सिल्स (d) यकृत

10. कोशिका माध्यमिति (मध्यस्थ) प्रतिरक्षा तन्त्र के अन्तर्गत जीवाणुओं, सूक्ष्मजीवों का भक्षण करने वाली कोशिका है

(a) साइटोटॉक्सिक T-लिम्फोसाइट्स
(b) स्मृति कोशिकाएँ
(c) सक्रिय T-लिम्फोसाइट्स
(d) सक्रिय B-लिम्फोसाइट्स

11. प्रतिरक्षी कोशिकाओं के स्रावण द्वारा प्रतिरोधकता प्रदान की जाती है

(a) स्मृति कोशिकाओं द्वारा (b) प्लाज्मा कोशिकाओं द्वारा
(c) T-लिम्फोसाइट्स द्वारा (d) B-लिम्फोसाइट्स द्वारा

12. निष्क्रिय प्रतिरक्षा (प्रतिरोध क्षमता) की खोज का श्रेय जाता है

(a) रॉबर्ट कोच को (b) लुई पाश्चर को
(c) एमिल वॉन बेहरिंग को (d) जे साल्क को

13. अंग प्रत्यारोपण के समय निम्न में से किन कोशिकाओं की उत्पत्ति होती है?

(a) बेसोफिल्स (b) न्यूट्रोफिल्स
(c) T-कोशिकाएँ (d) B-कोशिकाएँ

14. निम्नलिखित युग्मों पर विचार कीजिए

I. रॉबर्ट कोच — एन्थ्रैक्स जीवाणु
II. एडवर्ड जेनर — चेचक का टीका
III. पाश्चर — रेबीज का टीका
IV. इमिल वॉन बेहरिंग — निष्क्रिय प्रतिरक्षा

निम्न में से कौन-सा युग्म सुमेलित है?

(a) केवल I (a) II, III तथा IV
(c) I, II तथा IV (d) I, II, III तथा IV

15. किस देश में सबसे पहले एड्स का पता लगा?

(a) अमेरिका (1981) में (b) चीन (1881) में
(c) रूस (1981) में (d) भारत (1981) में

16. बीसीजी (BCG) का प्रयोग किसे रोकने में होता है?

(a) काली खाँसी को (b) कैंसर को
(c) टी बी को (d) मधुमेह को

17. पहला ट्रिपल एन्टीजन टीका बच्चे को कितनी उम्र पर दिया जाता है?

(a) एक महीना (b) तीन महीने
(c) चार महीने (d) एक साल

18. वैक्सीनेशन के बाद शरीर बनाता है

(a) टॉक्सिन (b) लिम्फ
(c) एन्टीबॉडी (d) प्लाज्मा

19. मलेरिया दिवस कब मनाया जाता है?

(a) 5 जून (b) 15 अगस्त
(c) 20 अगस्त (d) 20 सितम्बर

20. रोग विकसित के बाद शरीर में होने वाली प्रतिरक्षण क्षमता कहलाती है

(a) सक्रिय प्रतिरक्षण
(b) निष्क्रिय प्रतिरक्षण
(c) दोनों (a) तथा (b) दोनों
(d) इनमें से कोई नहीं

21. हमारे शरीर में प्रतिरोधी तन्त्र का शमन (supprerssion) की बीमारी के द्वारा होता है

(a) एड्स (b) टीबी
(c) कैंसर (d) गठिया

22. लिम्फोसाइट्स की B-कोशिकाएँ रक्तीय प्रतिरक्षा (humoral immunity) उत्पन्न करती हैं। ये काशिकाएँ कहाँ निर्मित होती हैं?

(a) यकृत में (b) प्लीहा में
(c) थायमस में (d) अस्थि मज्जा में

23. T-कोशिकाएँ एक प्रकार की लिम्फोसाइट्स होती है, जोकि कोशिकीय प्रतिरक्षा उत्पन्न करती हैं। ये कोशिकाएँ किससे उत्पन्न होती हैं?
(a) यकृत से (b) प्लीहा से
(c) थायमस से (d) अस्थि मज्जा से

24. AIDS का पूरा नाम है
(a) एण्टी इम्यून डेफिसिएन्सी सिण्ड्रोम
(b) ऑटो इम्यूनो डेफिसिएन्सी सिण्ड्रोम
(c) एक्वायर्ड इम्यूनो डेफिसिएन्सी सिण्ड्रोम
(d) एक्वायर्ड इम्यून डिजीज सिम्पटम

25. निम्नलिखित में से किस रोग को टीकाकरण/प्रतिरक्षण द्वारा नहीं रोका जा सकता है?
(a) पोलियो को
(b) डिफ्थीरिया को
(c) एन्जाइना को
(d) तपेदिक को

26. टीकाकरण की खोज किसने की?
(a) पाश्चर ने (b) एडवर्ड जेनर ने
(c) रॉबर्ट कोच ने (d) रॉबर्ट हुक ने

27. पोलियो के टीके का निर्माण सर्वप्रथम किसके द्वारा किया गया?
(a) जे साल्क के
(b) लुई पाश्चर के
(c) जी जे मेण्डल के
(d) वाटसन के

28. डी पी टी (DPT) का प्रयोग किसे रोकने में होता है?
(a) टयूबरक्यूलोसिस को (b) डिफ्थीरिया को
(c) पोलियो को (d) प्रोटोजोआ को

29. एन्टीसीरम वैक्सीन किसके विरूद्ध प्रयोग में लाई जाती है?
(a) रेबीज के (b) इन्फ्लुएन्जा के
(c) चेचक के (d) खसरा के

उत्तरमाला

1. (b)	**2.** (c)	**3.** (d)	**4.** (c)	**5.** (c)	**6.** (a)	**7.** (a)	**8.** (b)	**9.** (c)	**10.** (a)
11. (b)	**12.** (a)	**13.** (b)	**14.** (d)	**15.** (a)	**16.** (c)	**17.** (b)	**18.** (c)	**19.** (c)	**20.** (a)
21. (a)	**22.** (d)	**23.** (c)	**24.** (c)	**25.** (c)	**26.** (b)	**27.** (a)	**28.** (b)	**29.** (a)	

34

उपकरण एवं तकनीकी

Tools and Techniques

आधुनिक विज्ञान में विभिन्न प्रकार की तकनीक, तकनीक उपकरण एवं यन्त्र रोगों के सही निवारण एवं अनुसन्धान के लिए उपयोग किये जाते हैं। विभिन्न जैव तकनीक पौधों में उत्पादकता तथा रोग प्रतिरोधक क्षमता के बढाने में प्रयोग की जाती है। इनमें से कुछ तकनीक, यन्त्र तथा सम्बन्धित क्रिया कलाप का संक्षिप्त वर्णन अधोलिखित है।

पॉलीमरेज श्रृंखला अभिक्रिया (Polymerase Chain Reaction-PCR)

पॉलीमरेज श्रृंखला अभिक्रिया के अन्तर्गत DNA की पूरी लम्बाई तक क्षारों के अनुक्रम पर DNA एम्प्लीफिकेशन किया जाता है।

इस विधि के अन्तर्गत तीन प्रक्रियाएँ शामिल हैं, जो निम्न हैं

(i) विगुणन (Denaturation)

(ii) तापानुशीतन (Annealing)

(iii) विस्तारण (Extension)

DNA के रज्जुओं के पृथक्करण को विगुणन कहते हैं, जबकि पॉलीमरेज की सहायता से पूरक रज्जुकों के निर्माण की विधि तापानुशीतन (annealing) कहलाती है। इस पद्धति में अणु को 55° C ताप पर ठण्डा किया जाता है। अन्त में एक के बाद एक DNA की प्रतिलिपि बनाई जाती है, इसे विस्तारण कहते हैं।

DNA के जिस अणु का प्रयोग इस पद्धति में किया जाता है। उसे लक्षित DNA (target DNA) कहा जाता है। इस DNA के अणु को 95-98°C ताप पर 30 सेकण्ड तक गर्म किया जाता है, जिसके परिणामस्वरूप उसकी द्विकुंडली संरचना में दोनों रज्जु एक-दूसरे से पृथक हो जाते हैं। इस क्रम में दोनों रज्जुकों के निर्माण के साथ उसकी पूरकता बनी रहती है।

पृथक्करण के बाद DNA पॉलीमरेज नामक एन्जाइम की सहायता से प्रत्येक रज्जु की प्रतिलिपि बनाई जाती है। यद्यपि पॉलीमरेज से यह कार्य सम्भव नहीं हो पाता है। इसका कारण यह है, कि DNA की एक श्रृंखला का निर्माण बिना न्यूक्लियोटाइड के अनुक्रम की सहायता के नहीं हो सकता है, इसी कारण एक अन्य एन्जाइम **प्राइमेज** (primase) की आवश्यकता होती है।

इलेक्ट्रोफोरेसिस (Electrophoresis)

प्रतिबंधन एण्डोन्यूक्लिएज एन्जाइम (Restriction endonuclease enzyme) द्वारा DNA को काटने के परिणामस्वरूप DNA का खंडन हो जाता है। इन खण्डों को एक तकनीक द्वारा अलग कर सकते हैं, जिसे जैल वैद्युत का संचलन (इलेक्ट्रोफोरेसिस) कहते हैं। चूँकि DNA खण्ड ऋणात्मक आवेशित (negativecharged) अणु होते हैं, इसलिए इन्हें विद्युत क्षेत्र में माध्यम/आधात्री द्वारा एनोड की तरफ बलपूर्वक भेजकर अलग कर सकते हैं।

आजकल बहुत ही सामान्य रूप से उपयोग किया जाने वाला माध्यम, एगारोज है, जो समुद्रीय घास (sea weeds) से निकाला गया एक प्राकृतिक बहुलक (पॉलिमर) है। DNA खण्डों को एगारोज जल में छलनी प्रभाव द्वारा उनके आकार के अनुसार अलग करते हैं। इस कारण खण्ड जितने छोटे आकार के होंगे, वे अधिक दूर तक जायेंगे। चित्र से अनुमान लगाइए, कि जैल के किस सिरे पर प्रतिदर्श (सेम्पल) लादा गया था।

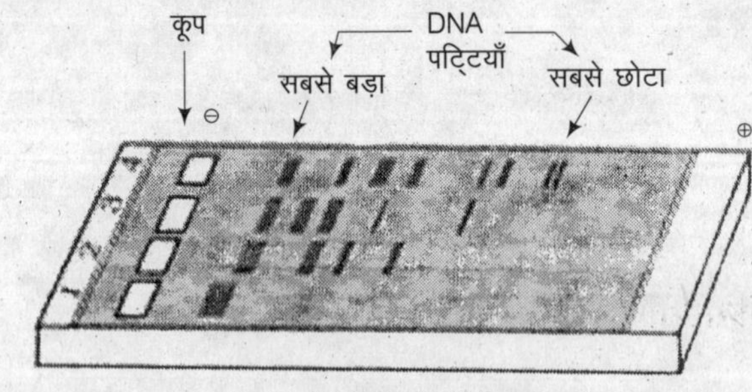

जैल इलेक्ट्रोफोरेसिस

पृथक्कृत DNA खण्डों को तभी देख सकते हैं, जब इस DNA को इथीडियम ब्रोमाइड नामक यौगिक से अभिरंजित कर पराबैंगनी विकिरणों से अनावृत्त करते हैं। (आप शुद्ध DNA खण्डों को दृश्य प्रकाश में बिना अभिरंजित किए नहीं देख सकते।) इथीडियम ब्रोमाइड अभिरंजित (स्टेन्ड) जैल को पराबैंगनी प्रकाश से अनावृत्त करने पर DNA की चमकीली नारंगी रंग की पट्टी दिखाई पड़ती हैं। DNA की पृथक्कृत पट्टियों को एगारोज जैल से काट कर निकालते हैं और जेल के टुकडों से निष्कर्षित (एक्सट्रेक्ट) कर लेते हैं इस प्रक्रिया को क्षालन (इलूसन) कहते हैं। इस तरह से शुद्ध किए गए DNA को क्लोनिंग संवाहक से जोड़कर, पुनर्योगज DNA (recombinant DNA) के निर्माण में उपयोग किया जाता है।

DNA फिंगरप्रिन्टिंग (DNA Finger printing)

आनुवंशिकी के अन्तर्गत इसे DNA टाइपिंग भी कहा जाता है, इसमें DNA के नाइट्रोजन क्षारों के अनुक्रम की पहचान कर उन्हें चित्रित किया जाता है अर्थात् DNA फिंगरप्रिन्टिंग एक अत्याधुनिक जैविक तकनीक है। इसका मुख्य आधार है।

प्रत्येक व्यक्ति में पाया जाने वाला DNA पुनरावृत्ति (DNA replication) का असमान होना। दूसरे शब्दों में कहे, तो प्रत्येक व्यक्ति का DNA पैटर्न एकमात्र एवं अलग होता है यहाँ तक कि क्लोनिंग से प्राप्त समरूप बच्चों का DNA पैटर्न भी अलग होगा। अतः इसका प्रयोग मनुष्य की पहचान हेतु किया जा सकता है, जिसके कारण तकनीकी को DNA फिंगरप्रिन्टिंग कहा जाता है। यह साधारण प्रिन्टिंग से अच्छा होता है, क्योंकि इसमें किसी भी तरह का परिवर्तन की सम्भावना नहीं है।

DNA फिंगरप्रिन्टिंग के पद (Steps of DNA Fingerprinting)

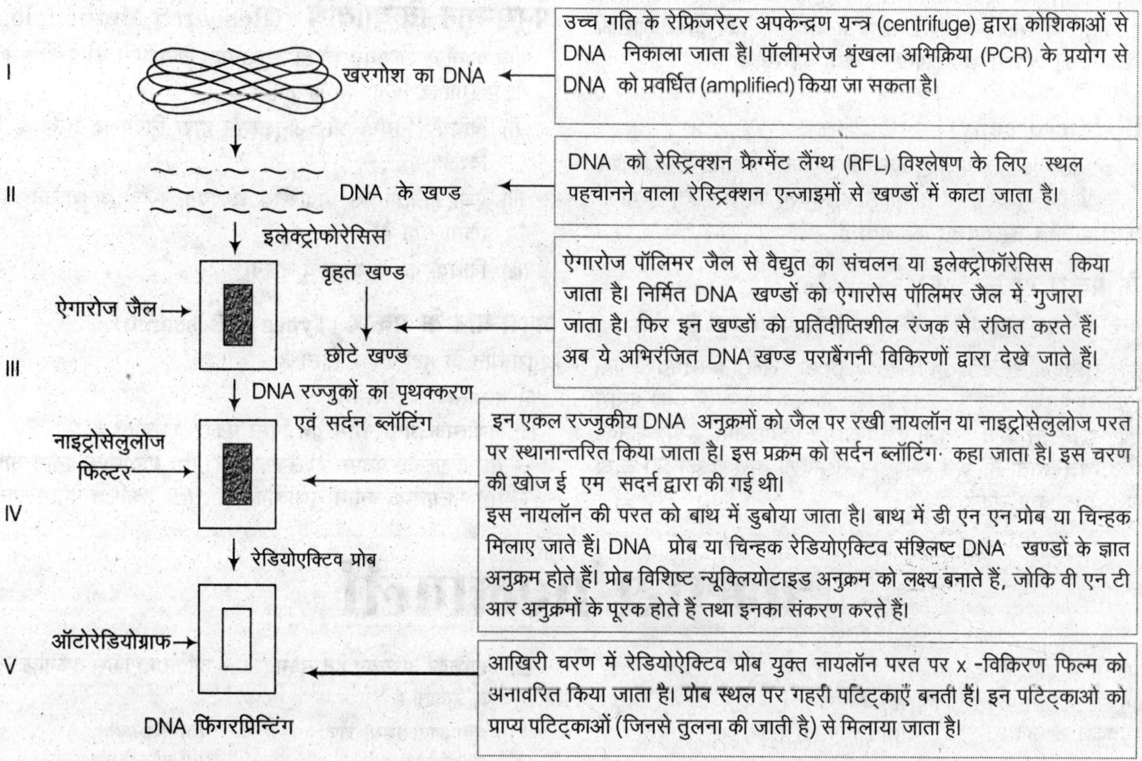

DNA फिंगरप्रिन्टिंग

DNA फिंगरप्रिन्टिंग के अनुप्रयोग (Applications of DNA Fingerprinting)

DNA फिंगरप्रिन्टिंग के लाभ निम्नलिखित हैं

(i) जैविक सबूतों के आधार पर अपराध; जैसे–खून, बलात्कार अनुसन्धान क्रम में वास्तविक अपराधी को पकड़ने हेतु।

(ii) वंशागत बीमारियों की पहचान हेतु तथा उसके लिए चिकित्सा पद्धति के विकास हेतु।

(iii) बच्चे के वास्तविक माता-पिता के निर्धारण हेतु।

(iv) पैतृक सम्पत्ति सम्बन्धी दावों को निपटाने हेतु।

(v) यह युद्ध पीडितों, सैनिकों की लाशों को पहचानने में मदद करेगा, विशेषतया जब, जब उसकी लाश परिवर्तित हो गई हो।

एलिसा (Enzyme Linked Immunosorbant Assay or ELISA)

इस तकनीक का प्रयोग एड्स की जाँच में किया जाता है।

यह एक परीक्षण है, जिसमें एक पदार्थ की पहचान करने के लिए एण्टीबॉडी एवं रंग परिवर्तन का उपयोग होता है। इस तकनीकी में एल्केलाइन फास्फेटेज या हार्स रेडीस पराक्सीडेज (HRP) एन्जाइम काम आता है।

एलिसा के चार प्रकार निम्नलिखित हैं

(i) प्रत्यक्ष एलिसा (Direct ELISA)

(ii) अप्रत्यक्ष एलिसा (Indirect ELISA)

(iii) प्रतिस्पर्धात्मक एलिसा (Competitive ELISA)

(iv) सैंडविच एलिसा (Sandwich ELISA)

एलीसा जाँच इसका प्रयोग एड्स की जाँच में किया जाता है। यह परीक्षण अपेक्षाकृत सरल है एवं आजकल आमतौर पर किया जा रहा है। इसमें जाँच खर्च भी काफी कम है। इस परीक्षण की सत्यता 95% तक होती है। इस परीक्षण में प्रकाशीय विधि द्वारा रोगों का परीक्षण कर संक्रमण का निर्धारण भी किया जाता है।

बायोनिक चिप (Bionic Chip)

बायोनिक चिप में एक जीवित कोशिका को एक अत्यन्त ही छोटे सिलिकॉन परिपथ में स्थापित कर दिया जाता है। इस प्रकार वह कोशिका एक 'डायोड' अथवा विद्युत गेट की भाँति काम करने लगता है, जैसे ही ये एक निश्चित कोशिका भित्ति से टकराता है। वह खुल जाती है तथा आवेश इससे पार हो जाता है और इस तरह से सिलिकॉन परिपथ पूर्ण हो जाता है। इस आधार पर बॉयोनिक के ऊपरी सिरे से निचले सिरे तक विद्युत का प्रवाह सम्भव हो पाता हैं, इस प्रकार से विभिन्न कोशिकाओं को खोलने हेतु आवश्यक विद्युत की मात्रा का निर्धारण किया जा सकता है। अतः संक्षेप में बायोनिक चिप द्वारा कोशिका अन्दर DNA अंश का प्रत्यारोपण आसानी से किया जा सकता है।

सूक्ष्मदर्शिता (Microscopy)

सूक्ष्मदर्शी (microscope) वह यन्त्र है, जिसकी सहायता से आँख से न दिखने योग्य सूक्ष्म वस्तुओं को भी देखा जा सकता है। सूक्ष्मदर्शी की सहायता से चीजों का अवलोकन एवं जाँच, सूक्ष्मदर्शन कहलाती है।

सूक्ष्मदर्शी के प्रकार (Types of Microscope)

सूक्ष्मदर्शी यन्त्रों को मुख्यतया निम्न श्रेणियों में बाँटा जा सकता है

(i) **इलेक्ट्रॉन सूक्ष्मदर्शी** (Electron Microscope) इलेक्ट्रॉन सूक्ष्मदर्शी एक प्रकार का सूक्ष्मदर्शी यन्त्र है। इसमें प्रकाश के बदले इलेक्ट्रॉन का प्रयोग होता है। इलेक्ट्रॉन द्वारा वस्तुओं को प्रकाशित किया जाता है एवं उनका परिवर्धित चित्र बनता है। कुछ इलेक्ट्रॉन सूक्ष्मदर्शी वस्तुओं का 20 लाख गुणा बड़ा चित्र बना सकते हैं।

(ii) **परमाण्विक बल सूक्ष्मदर्शी** (Atomic Force Microscope–AFM) इसको क्रमवीक्षण बल सूक्ष्मदर्शी यन्त्र (Scanning Force Microscope –SFM) भी कहा जाता है, यह एक अति-विभेदनशील यन्त्र है, जो नैनोमीटर के अंशों से भी सूक्ष्म स्तर तक दिखा सकता है, जोकि सूक्ष्मदर्शियों की तुलना में 1000 गुना बेहतर है।

(iii) **अवलोकन टनलिंग सूक्ष्मदर्शी** (Scanning Tunneling Microscope–STM) आणुविक स्तर पर सतहों को देखने के लिए अवलोकन टनलिंग सूक्ष्मदर्शी यन्त्र एक शक्तिशाली तकनीक है।

अवलोकन अन्वेषिका सूक्ष्मदर्शी यन्त्र (Scanning Analyser Microscope–SAM) अवलोकन वोल्टता सूक्ष्मदर्शी यन्त्र (Scanning Voltage Microscope–SVM) प्रकाशकीय सूक्ष्मदर्शी (Light microscope) अन्य प्रकार के सूक्ष्मदर्शी हैं

अनुसन्धान क्रियाविधि (Research Methodology)

शोध कार्यों के अध्ययन को ही अनुसन्धान क्रियाविधि कहते हैं। इसे निम्न रूप से भी परिभाषित किया जा सकता है

(i) विधियों, नियमों और अनुशासन द्वारा नियोजित तत्वों के सिद्धान्तों का विश्लेषण।

(ii) ऐसी विधियों का व्यवस्थित अध्ययन, जिन्हें अनुशासन के भीतर लागू किया गया है।

(iii) विधियों का अध्ययन व वर्णन।

अनुसन्धान के प्रकार (Types of Research)

अनुसन्धान के मूल प्रकार निम्न हैं

(i) मात्रात्मक अनुसन्धान

(ii) गुणात्मक अनुसन्धान यह निम्न प्रकार का होता है

(a) वर्णात्मक बनाम विश्लेषणात्मक (b) प्रायोगिक बनाम मौलिक

(c) मात्रात्मक बनाम गुणात्मक (d) वैचारिक बनाम आनुभाविक

अभ्यास प्रश्नावली

1. फिंगरप्रिन्टिंग में होता है

(a) समूहन (b) वर्णलेखन
(c) वैद्युतकण संचलन (d) (b) व (c) दोनों

2. लीथियम हैलाइड कोशिका किस काम में आती है?

(a) पेस मेकर
(b) पराध्वनि चित्रण
(c) पोजिट्रॉन इमीसन टोमोग्राफिक स्कैनिग
(d) उपरोक्त में से कोई नहीं

3. इलेक्ट्रोफोरेसिस में अगर प्रोटीन pH मान समान वैधुत बिन्दु (isoelectric point) से आगे निकल जाता है, तो वह

(a) एनोड की तरफ जायेगा
(b) अवक्षेप बनायेगा
(c) कहीं नहीं जाएगा
(d) कैथोड़ की तरफ जाएगा।

4. CAT अवलोकन तकनीक विकसित की

(a) रेमंड डेमेशन (b) ए एम कारमैक
(c) जी एन हाउन्सफील्ड (d) (b) एवं (c) दोनों

5. कोशिका अध्ययन हेतु सूक्ष्मदर्शी के अतिरिक्त किस तकनीक का प्रयोग किया जा सकता है?

(a) आटोरेडियो ग्राफी (b) मेसीरेशन
(c) क्रोमेटोग्राफी (d) स्पेक्ट्रो-फोटोमेट्री

6. ELISA तकनीक उन विषाणुओं को पता लगाता है अभिकर्मक के अनुसार जीन में होता है

(a) क्षारीय फॉस्फेट (b) केटालेज
(c) DNA प्रोब (d) RNase

7. इ टी डी ए ऊतक संवर्धन में प्रयोग होता है, क्योंकि वह एक

(a) पोषक है (b) बफर है
(c) विटामिन है (d) हॉर्मोन है

8. एक ऐसी तकनीक, जो मरीज को घातक किरणों से बचाए भी रखती है, उच्चतम दर्जे की चित्रांकन भी देती है, जिससे उसके शरीर की पुनः जाँच हो सकती है वह हैं

(a) वहिका चित्रण
(b) एक्स-रे रेडियोग्राफी
(c) कम्प्यूरिड टोमोग्राफी
(d) चुम्बकीय अनुनाद इमेजिंग

9. मिलान करें

सूची I		सूची II	
A.	एक्स-रे रेडियोग्राफी	1.	हीमोपोइटिक कोशिकाओं
B.	रुधिर वाहिका सन्धान	2.	प्रतिजन-प्रतिरक्षी
C.	ल्यूकीमिया	3.	विल्हेन रान्टजन
D.	एलिसा	4.	कोरोनरी ऐथिरियो-स्कैलैरेसिस प्लेग

कूट

	A	B	C	D
(a)	3	1	2	4
(b)	3	4	2	1
(c)	3	1	4	2
(d)	3	2	4	1

10. एलिसा में कौन-सा अणु ठोस अचर पलक में अवशोषित होता है?
(a) एन्जाइम (b) प्रतिजन
(c) प्रतिरक्षी (d) (b) एवं (c) दोनों

11. प्रतिरक्षी अवक्षेपण (Immuno precipitation) में शद्धिकरण होता है
(a) प्रतिजन का (b) प्रतिरक्षी का
(c) (a) एवं (b) दोनों का (d) प्रतिजन-प्रतिरक्षी अवक्षेप का

12. एलिसा (Enzyme Linked Immunosorbent Assay) होता है, एक
(a) सूखा एस्से (b) गीला एस्से
(c) वीवो में सिलिका एस्से (d) इनमें से कोई नही

13. एलिसा (ELISA) तकनीक एक दैनिक उपकरण की तरह प्रयोग होता है?
(a) दवाइयों में (b) वनस्पति-रोगविज्ञान में
(c) गुणवत्ता नियन्त्रण (d) ये सभी

14. प्रतिरोध प्रदीप्त (Immno fluorescent) ऐसी तकनीक है, जो प्रयोग में आती है
(a) इलेक्ट्रॉन माइक्रोस्कोप (b) प्रकाश माइक्रोस्कोप
(c) ध्रुवीकरण सूक्ष्मदर्शी (d) फ्लोरीसेन्ट सूक्ष्मदर्शी के साथ

15. मिलान करें

सूची I		सूची II	
A.	वेस्टर्न ब्लॉट	1.	DNA क्रम की पहचान एवं उसके स्थान का निर्धारण करना।
B.	एलिसा	2.	एकाकी कोशिका मात्रात्मक जानकारी देना
C.	फ्लो सायटोमेट्री	3.	प्रोटीन की प्रतिरक्षी के साथ खोज करना
D.	*स्व-स्थाने* संकरण में प्रतिदीप्ति (FISH)	4.	एड्स का परीक्षण

कूट

	A	B	C	D
(a)	2	3	1	4
(b)	3	4	2	1
(c)	1	2	3	4
(d)	4	2	4	3

16. वेस्टर्न ब्लॉट तकनीक में प्रयोग में आने वाली झिल्ली कौन-सी है?
(a) नाइट्रोसेलुलोज (b) पी वी डी एफ
(c) (a) एवं (b) दोनों (d) उपरोक्त में से कोई नहीं

17. सैन्डविच एलिसा प्रक्रिया के दौरान आने वाले चरणों का क्रम ज्ञात करें।
I. एन्टीजन के साथ बंधना
II. अवलोकन करना
III. बहुक्लोनल प्रतिरक्षा के साथ बंधना
IV. द्वितीयक प्रतिरक्षी (secondary antibody) के साथ बंधना
V. एन्जाइम क्रिया धाम (substrate)
VI. मोनोक्लोनल एन्टीबॉडी के साथ बंधना
VII. स्पेक्ट्रोफोटोमिट्रिक क्रिया
(a) VI, V, I, VII, II, III, IV
(b) VI, I, V, VII, II, III, IV
(c) VI, I, III, IV, V, VII, II
(d) III, IV, I, V, VII, VI, VII

18. बायोनिक चिप किस पदार्थ से बनी होती है?
(a) लोहे से (b) सिलिकॉन से
(c) पीतल से (d) प्लास्टिक से

19. इलेक्ट्रॉफोरेसिस विधि में निम्नलिखित में से किस रसायन का प्रयोग किया जाता है?
(a) इथीडियम-क्लोराइड
(b) इथीडियम-ब्रोमाइड
(c) इथीडियम-सल्फेट
(d) इथीडियम-ऑक्जेलेट

20. DNA फिंगरप्रिन्टिंग के सन्दर्भ में निम्नलिखित कथनों पर विचार कीजिए तथा सही कथन दीजिए।
I. जैविक सबूतों के आधार पर अपराध; जैसे-खून, बलात्कार अनुसन्धान क्रम में वास्तवकि अपराधी को पकड़ने हेतु।
II. वंशागत बीमारियों की पहचान हेतु तथा उसके लिए चिकित्सा पद्धति के विकास हेतु।
III. बच्चे के वास्वतिक माता-पिता के निर्धारण हेतु
(a) I एवं II (b) I एवं III
(c) II एवं III (d) I, II एवं III

उत्तरमाला

1. (d)	**2.** (a)	**3.** (a)	**4.** (d)	**5.** (a)	**6.** (a)	**7.** (a)	**8.** (b)	**9.** (c)	**10.** (d)
11. (d)	**12.** (b)	**13.** (d)	**14.** (d)	**15.** (b)	**16.** (c)	**17.** (c)	**18.** (b)	**19.** (b)	**20.** (d)

35

जीवन की उत्पत्ति एवं विकास के प्रमाण

Origin of Life and Evidences of Evolution

जीवन अमूर्त (abstract) है, जो एक विशेष स्थिति द्वारा अभिव्यक्त किया जाता है। इस अमूर्त शक्ति की उपस्थिति में जीवन (सजीव) के लक्षण प्रतीत होते हैं, जबकि अभाव में निर्जीव लक्षण प्रकट होते हैं। सजीवों में विभिन्न क्रिया कलापों को सम्पन्न करने की यह विशिष्ट सामर्थ्य, शक्ति पॉलिन्यूक्लियोटाइड तथा प्रोटीन्स के विशिष्ट संयोग द्वारा उत्पन्न होती है। प्रोटीन तथा न्यूक्लियोटाइड श्रृखला के संयोग से उत्पन्न विशिष्ट शक्ति द्वारा जैविक लक्षण; जैसे–श्वसन, उपापचय एवं, प्रजनन उत्पन्न होते हैं।

पृथ्वी के उद्‌गम के सम्बन्ध में **बिग बैंग परिकल्पना** (Big bang concept) तथा निहारिका या नेबुलर परिकल्पनाएँ प्रमुख हैं। रेडियोधर्मी समस्थानिकों के अध्ययन द्वारा पृथ्वी की आयु का लगभग 4.6 अरब वर्ष आंका गया है, जो सम्भवत: 5-6 अरब वर्ष पूर्व एक आग के गोले के समान थी। पृथ्वी की उत्पत्ति के पश्चात् लगभग 4 अरब वर्ष पूर्व जीवन की उत्पत्ति हुई। 'जीवन की उत्पत्ति' के सम्बन्ध में दिए गए प्रमुख सिद्धान्तों को दो समूहों; **प्राचीनवाद** (Ancient theories) तथा **आधुनिक वाद** (Modern theories) में विभक्त किया जा सकता है।

जीवन की उत्पत्ति से सम्बन्धित प्राचीनवाद (Ancient Theories Related to Origin of Life)

(i) विशिष्ट उत्पत्तिवाद (Theory of special creation) इस मत के अनुसार, जीवन की उत्पत्ति किसी विशिष्ट प्राकृतिक शक्ति (super natural power); जैसे–ईश्वर के द्वारा हुई है। फादर सोरेज (Father Saurez) के अनुसार, ईश्वर द्वारा जीवन की उत्पत्ति लगभग 4004 BC में हुई थी। फादर सोरेज इस सिद्धान्त के पक्के समर्थक थे।

(ii) स्वतः उत्पत्तिवाद (Theory of spontaneous generation) इस मत के अनुसार, जीव स्वतः निर्जीव पदार्थ से उत्पन्न हुए हैं। वॉन हेल्मोन्ट (1652) के अनुसार, जब गेहूँ के दानों को पसीने से भीगी कमीज के साथ अंधेरे में रखा जाता है, तो 21 दिनों में चूहे उत्पन्न हो जाते हैं।

(iii) जीवात् जीवोत्पत्तिवाद (Theory of biogenesis) फ्रान्सिस्को रेड्‌डी (1668), लैजैरो स्पैलेन्जानी (1765) एवं लुई पाश्चर (1861) ने जीवन की उत्पत्ति के स्वतः उत्पत्तिवाद का खण्डन किया।

मॉस के ऊपर मक्खियों के स्वतः जनन को रेड्डी ने अप्रमाणित कर दिया। स्पैलेन्जानी ने बताया कि वायु में सूक्ष्मजीव उपस्थित होते हैं। पाश्चर **रोगों के रोगाणु सिद्धान्त** (Germ theory of disease) के लिए प्रसिद्ध हैं। सर्जरी में काम आने वाले उपकरणों के निजर्मीकरण (sterilisation) से उन पर उपस्थित रोगाणु मर जाते हैं।

(iv) ब्रह्माण्डवाद या बीजाणुवाद (Cosmozoic theory) अर्हीनियस एवं रिचटर के अनुसार, जीवन की उत्पत्ति किसी अन्य ग्रह पर हुई।

जीवन की उत्पत्ति से सम्बन्धित आधुनिकवाद (Modern Theories Related to Origin of Life)

हेकल (Haeckel) ने जीवन की उत्पत्ति का आधुनिक मत प्रतिपादित किया और बताया कि जीवन की उत्पत्ति अकार्बनिक पदार्थों से भौतिक क्रियाओं के फलस्वरूप हुई। ओपेरिन (Oparin; 1922) ने इस सिद्धान्त का विस्तृत वर्णन किया।

जैव-रासायनिक विकास (Bio-Chemical Evolution)

तापमान कम होने पर पृथ्वी पर अकार्बनिक पदार्थ CO_2, NH_3, H_2O तथा कार्बनिक पदार्थ CH_4, C_2H_2, कार्बोहाइड्रेट, अमीनो अम्ल और प्रोटीन का निर्माण हुआ।

समुद्र की तली में जटिल पदार्थों; जैसे–कार्बोहाइड्रेट, वसा तथा प्रोटीन का संश्लेषण हुआ। हैल्डेन (Haldane) ने जटिल पदार्थों युक्त इस समुद्री जल को गर्म सूप (hot soup) कहा। गर्म सूप का कोलॉइडी पदार्थ था। इन पदार्थों के संयोग के कारण बड़े कोलॉइडी पदार्थों का निर्माण हुआ, जिनको **ओपेरिन** ने **कोएसरवेट्स** (coacervates) का नाम दिया।

सिडनी फॉक्स (Sydney Fox) ने कोएसरवेट्स को **माइक्रोस्फीयर्स** (microspheres) का नाम दिया। माइक्रोस्फीयर प्रोटीन के समान अणुओं से बने होते हैं। ये गोल जीवाणुओं से समानता रखते हैं। इनमें कोशिका कला के समान एक द्विस्तरीय कला पाई जाती है।

कोएसरवेट्स के द्वारा **प्रोटोवायरस** (protovirus) का निर्माण हुआ। प्रोटोवायरस से प्रोकैरियोटिक कोशिका की उत्पत्ति हुई क्योंकि प्रोटोवायरस में स्वयं संश्लेषण की क्षमता उत्पन्न हो गयी थी। न्यूक्लियोटाइडों के बहुलीकरण से न्यूक्लिक अम्ल का संश्लेषण हुआ। ये स्वद्विगुणित पॉलीन्यूक्लियोटाइड 3.5 अरब वर्ष पूर्व पृथ्वी पर उपस्थित थे। द्विगुणन के समय त्रुटि से विभिन्न प्रकार के न्यूक्लिक अम्लों का उदय हुआ।

न्यूक्लिक अम्ल और प्रोटीनॉइड अणुओं के संयुग्मन से न्यूक्लियोप्रोटीन्स (nucleoproteins) बने। कुछ न्यूक्लियोप्रोटीनॉइड अणुओं में स्वतन्त्र जीन के लक्षण थे, जिन्हें ओपेरिन ने **प्रोटोवाइरस** (protoviruses) या **प्रोटोबायोन्ट** (protobionts) कहा।

ओपेरिन का सिद्धान्त (Oparin's Theory)

ए आई ओपेरिन (AI Oparin) ने (1924) एवं हेल्डेन (Haldane) ने (1929) में आधुनिक सिद्धान्त, प्रकृतिवाद या **जीव-रसायन विकास** (bio-chemical evolution) का सिद्धान्त प्रतिपादित किया।

ओपेरिन ने 1936 में अपनी पुस्तक *द ऑरिजिन ऑफ लाइफ* (*The Origin of Life*) में इस सिद्धान्त का विस्तार से वर्णन किया।

आदिकाल में हाइड्रोजन गैस अधिक मात्रा में होने के कारण पृथ्वी का वायुमण्डल **अपचायक** (reducing) था तथा इसमें **ऑक्सीजन** अनुपस्थित थी तापमान कम होने पर हाइड्रोजन, नाइट्रोजन, कार्बन, आदि परमाणुओं ने आपस में संयोग करके अणु बनाए। पहले जटिल कार्बनिक यौगिकों का निर्माण हुआ और फिर कोएसरवेट तथा न्यूक्लियोप्रोटीन्स का निर्माण हुआ।

मिलर एवं यूरे का प्रयोग (Experiment of Miller and Urey)

स्टैनले मिलर (Stanley Miller; 1953) ने अपने आचार्य हैरोल्ड यूरे (Harod Urey) की देख-रेख में एक साधारण प्रयोग किया, जिसमें इन्होंने 5 लीटर के एक फ्लास्क में जलवाष्प, अमोनिया, मीथेन व हाइड्रोजन (2 : 2 : 1 के अनुपात में) मिलायी और टंगस्टन के इलेक्ट्रोड द्वारा ऊष्मा दी।

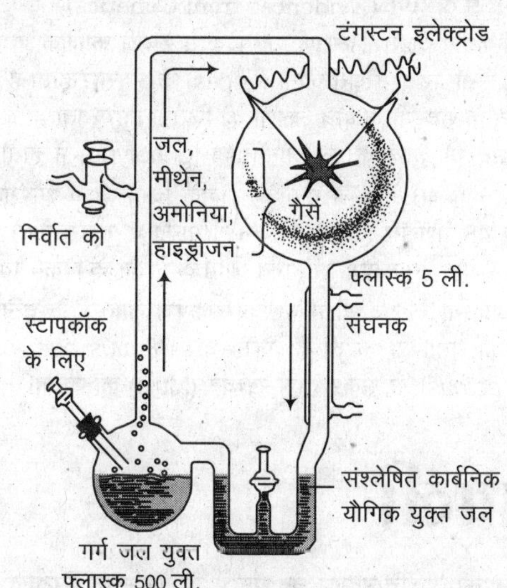

मिलर एवं यूरे का प्रयोग

इस प्रयोग से यह सिद्ध किया गया कि C, H, O तथा N विभिन्न जैविक रूप से महत्त्वपूर्ण जटिल यौगिकों का निर्माण कर सकते हैं। मिलर ने एक सप्ताह के पश्चात् एकत्र हुए द्रव का रासायनिक विश्लेषण करने पर पाया कि इसमें **ग्लाइसीन, एलेनीन, एस्पार्टिक अम्ल, ग्लूटामिक अम्ल** तथा दूसरे जटिल कार्बनिक यौगिक उपस्थित थे। इससे आगे जीवन की उत्पत्ति की आधुनिक विचारधारा का समर्थन विषाणु द्वारा किया गया, जो जैव तथा अजैव के बीच की कड़ी है।

जेक्रेन क्रेग वेन्टर (J Craig Venter) के अनुसार, *मीथेनोकोकस* (*Methanococcus*) एक आर्कीबैक्टीरिया (archaebacteria) है, जो प्रशान्त महासागर की सतह से 1.5 मील नीचे उबलते हुए जल में पाया जाता है।

जैविक विकास (Biological Evolution)

जीवन की उत्पत्ति आदिसागर के जल में न्यूक्लियोप्रोटीन्स के विषाणु; जैसे–कणों के रूप में, आज से लगभग 3.7 अरब वर्ष पूर्व, पृथ्वी के इतिहास के **प्रीकैम्ब्रयन महाकल्प** (Precambrian era) में हुई और ये 'प्रारम्भिक जीव' परपोषी (heterotrophic) एवं अवायवीय (anaerobic) थे।

प्रारम्भिक कोशिका आज के विषाणु तथा माइकोप्लाज्मा के समान थी। कुछ समय पश्चात् DNA ने आनुवंशिक सूचनाओं के संग्राहक का रूप ले लिया तथा आनुवंशिक कोड के द्वारा RNA व प्रोटीन संश्लेषण से जुड़ गया। ऐसा माना जाता है। कि प्रारम्भिक जीव रसायनी परपोषी (chemoheterotrophs) थे, जो जटिल कार्बनिक पदार्थों के किण्वन से ऊर्जा लेते थे। क्लोरोफिल के विकास से प्रकाश स्वपोषी (photoautotrophs) जीवों का विकास हुआ। प्रारम्भिक प्रकाश स्वपोषी जीव अवायवीय थे, जो 3.5 अरब वर्ष पूर्व वायवीय प्रकाश स्वपोषी जीवों में रुपान्तरित हुए।

लिन मारगुलिस (Lynn Margullis) के अनुसार कुछ अवायवीय परभक्षी कोशिकाओं ने प्रारम्भिक वायवीय जीवाणुओं का भक्षण किया और **प्रथम यूकैरियोटिक** कोशिका बन गयी। परभक्षी कोशिका जिसने वायवीय जीवाणु तथा प्रकाश संश्लेषी नीली-हरी शैवाल कोशिका का भक्षण किया, वह यूकैरियोटिक पादप कोशिका बन गयी, अर्थात् वायवीय जीवाणु माइटोकॉण्ड्रिया तथा नीले-हरे शैवाल हरितलवक के रूप में स्थापित हो गए।

जैव विकास के प्रमाण (Evidences of Organic Evolution)

आकारिकी एवं शारीरिकी के तुलनात्मक अध्ययन, भ्रौणिकी, जीवाश्म विज्ञान (संयोजक जाति) भौगोलिक वितरण, तुलनात्मक कार्यिकी एवं जैव-रसायन तथा आनुवंशिकी से प्राप्त प्रमुख प्रमाण जैव विकास का समर्थन तथा पुष्टि करते हैं।

तुलनात्मक आकारिकी एवं शारीरिकी से प्रमाण (Evidences From Comparative Morphology and Anatomy)

- **समजात अंग** (Homologous organs) ये अंग उत्पत्ति एवं संरचना में तो समान, परन्तु कार्य में असमान होते हैं; जैसे–चमगादड़ के पंख, बिल्ली का पंजा, घोड़े के अग्रपाद, मनुष्य का हाथ एवं पक्षियों के पंख समजात अंग हैं।
- **समवृत्ति अंग** (Analogous organs) जीवों में समवृत्ति अंगों का विकास एक समान आवास एवं जीवन पद्धति के कारण हुआ, जबकि ये जीव विकास क्रम के अनुसार, जातिवृत्त (phylogenetically) में भिन्न-भिन्न होते हैं। कीट, पक्षी एवं चमगादड़ के पंख समवृत्ति अंग हैं।
- **अवशेषी अंग** (Vestigial organs) ये कार्यविहीन अंग होते हैं, जो पहले कार्य करते थे। कर्ण पल्लव की पेशियाँ, शरीर के ऊपर बाल कृमिरूप परिशेषिका (vermiform appendix) निमेषक पटल (nictitating membrane), आदि अवशेषी अंग हैं।
- **पूर्वजता या प्रत्यावर्तन** (Atavism or reversion) इनमें कुछ पूर्वजों के लक्षण पुनः नई पीढ़ी में प्रदर्शित होते हैं। मोटे बाल छोटी अस्थायी पूँछ, आदि पूर्वजता के उदाहरण हैं।

भ्रौणिकी से प्रमाण (Evidences from Embryology)

एक ही समूह के विभिन्न जाति के जन्तुओं के भ्रूणों में परस्पर अत्यधिक समानता होती है, परन्तु इनके वयस्कों में अधिक विभिन्नताएँ पाई जा सकती हैं, जैसे–मछली, मेंढ़क, कछुआ, पक्षी तथा मनुष्य के भ्रूणों में अत्यधिक समानता होती है।

युग्मनज से वयस्क तक के भ्रूणीय परिवर्धन को जन्तु का **व्यक्तिवृत्त** या **ऑन्टोजेनी** (ontogeny) कहते हैं।

पूर्वजों से लेकर, किसी जन्तु-जाति के उद्विकासीय इतिहास को जन्तु का **जातिवृत्त** या **फाइलोजेनी** (phylogeny) कहते हैं।

बायोजेनेटिक नियम (Biogenetic law) अथवा **पुनरावृत्ति सिद्धान्त** (Recapitulation theory) **हेकल** (Haeckel) ने प्रतिपादित किया। इस सिद्धान्त के अनुसार, 'व्यक्तिवृत्त में जातिवृत्त की पुनरावृत्ति (ontogeny repeats phylogeny) होती है, अर्थात् जन्तु अपनी भ्रूणावस्था में पूर्वजों की अवस्थाओं को दोहराते हैं।

संयोजक जातियों से प्रमाण
(Evidences from Connecting Links)

कुछ जीव-जातियों में इनसे कम विकसित, निम्न वर्गीय जातियों के तथा इनसे अधिक विकसित उच्च वर्गीय जातियों के लक्षणों का सम्मिश्रण पाया जाता है, इन्हें **संयोजक जातियाँ** कहते हैं।

आर्किऑप्टेरिक्स (Archaeopteryx), सरीसृपों (reptiles) और पक्षियों (birds) के बीच की कड़ी है। *युग्लीना (Euglena)* जन्तु व पादप के बीच की कड़ी है।

निओपिलाइना (Neopilina), मोलस्का (Mollusca) और एनीलिडा (Annelida) के बीच की कड़ी है। *पेरीपैटस (Peripatus)*, एनीलिडा (Annelida) और आर्थ्रोपोडा (Arthropoda) के बीच की कड़ी है।

भौगोलिक वितरण से प्रमाण
(Evidences from Geographical Distribution)

पृथ्वी के बदलते मानचित्र तथा विभिन्न भौगोलिक अवरोधों (geographical barriers) के कारण इसके अलग-अलग भागों में भिन्न प्रकार की जलवायु, प्राणी व वनस्पति विकसित हुई।

डार्विन ने गैलापैगोस द्वीप समूह पर चिड़ियों की 13 जातियों को भिन्नित किया, जो भौगोलिक वितरण व अनुकूलन से विकसित हुई थी।

तुलनात्मक कार्यिकी एवं जैव-रसायन से प्रमाण
(Evidences from Comparative Physiology and Biochemistry)

फ्लोर्किन (Florkin; 1949) एवं **वाल्ड** (Wald; 1952) ने जन्तुओं की कार्यिकी एवं जैव-रसायन से सम्बन्धित विभिन्न प्रमाण दिए।

प्रारम्भिक जीवों से लेकर जटिलतम स्तनियों तक जीवद्रव्य के समान रासायनिक संयोजन, प्रोटोजोआ से स्तनियों तक अधिकाँश जन्तुओं में ट्रिप्सिन (trypsin) की उपस्थिति स्पंजों से स्तनधारियों तक एमाइलेस की उपस्थिति, सभी कशेरुकियों में थाइरॉक्सिन हॉर्मोन की उपस्थिति तथा विभिन्न समान कशेरुकी जन्तुओं के हीमोग्लोबिन से बनाए गए हीमेटिन रवों की आकृति एवं माप में समानता जैव विकास को दर्शाते हैं।

तुलनात्मक सीरम विज्ञान (comparative serology) में जब कपि, बन्दर, गाय और मेंढ़क के सीरमों को यदि अलग-अलग एन्टीसीरम में मिलाएँ तो अवक्षेप (precipitate) की मात्रा क्रमशः कम होती जाएगी। इससे पता चलता है कि मानव के रुधिर की प्रोटीन इन जन्तुओं में कपि की प्रोटीन से सबसे अधिक और मेंढक के रुधिर की प्रोटीन से सबसे कम मिलती है।

आर ई डिकरसन (RE Dickerson; 1972) तथा अन्य वैज्ञानिकों ने पता लगाया कि सम्भवतः सभी जीवों की कोशिकाओं के माइटोकॉण्ड्रिया में साइटोक्रोम-*c* (cytochrome-*c*) एन्जाइम होता है।

आनुवंशिकी से प्रमाण (Evidences from Genetics)

प्रत्येक जीवधारी के सभी लक्षणों का विकास इनकी कोशिकाओं के केन्द्रक में स्थित गुणसूत्रों पर उपस्थित जीनों (genes) के अनुसार होता है अर्थात् किसी जीव-जाति के सदस्यों के बीच लक्षणों की जितनी विभिन्नता होती है। उतनी ही भिन्नता सदस्यों के व्यक्तिगत जीनोटाइप (genotype) में होती है।

मानव जाति में 46 गुणसूत्र होते हैं, जबकि चिम्पेन्जी व ओरंगउटान नामक कपियों में 48 गुणसूत्र होते हैं, लेकिन ये मानव के गुणसूत्रों से काफी मिलते जुलते हैं, अर्थात् इन कपियों से मानव जाति के निकट के विकासीय सम्बन्ध हैं।

विभिन्न जातियों के सदस्यों में परस्पर **संकरण** जातियों के घनिष्ट विकासीय सम्बन्धों को प्रमाणित करता है; जैसे–घोड़े (*Equus cabalus*) तथा गधे (*Equus acinus*) से संकर द्वारा खच्चर (Mule) का बनना।

अभ्यास प्रश्नावली

1. निम्नलिखित में से किसको संयोजक जाति नहीं माना जाता है?
(a) एकिडिना (d) नियोपिलाइना
(c) *पेरीपैटस* (d) *आर्किऑप्टेरिक्स*

2. जीवन की उत्पत्ति के समय पृथ्वी का वायुमण्डल था
(a) उपचायक (b) अपचायक
(c) (a) व (b) दोनों (d) उदासीन

3. पृथ्वी के आदि वातावरण की मीथेन गैस के स्थान पर वर्तमान वायुमण्डल को कौन-सा यौगिक समतुल्य है?
(a) कोयला (b) CO
(c) CO_2 (d) इनमें से कोई नहीं

4. जीवन के उद्भव के समय किस वैज्ञानिक ने आदि सागर के जल को कार्बनिक पदार्थों का गर्म सूप कहा?
(a) मिलर एवं यूरे
(b) ए आई ओपेरिन
(c) सिडनी फॉक्स
(d) जे बी एस हैल्डेन

5. जीवन की उत्पत्ति/उद्गम के सन्दर्भ में प्रारम्भिक सिद्धान्त का खण्डन/अमान्य किया गया
(a) लुई पाश्चर द्वारा (b) डार्विन द्वारा
(c) रॉबर्ट कोच द्वारा (d) लिडरबर्ग द्वारा

6. पादप एवं जन्तुओं के बीच की संयोजी कड़ी है
(a) विषाणु (b) बैक्टीरिया
(c) *युग्लीना* (d) *अमीबा*

7. कोएसरवेट्स क्या है?
(a) कोलॉइडी बिन्दुक
(b) न्यूक्लियोप्रोटीन युक्त पदार्थ
(c) जीवाणु
(d) आद्यजीव

8. स्वतः जननवाद का सिद्धान्त किसने दिया था?
(a) एफ रेडी
(b) डार्विन
(c) अरस्तु
(d) फादर सोरेज

9. निम्न में कौन-सी रचनाएँ मानव में अवशेषी अंग है?
(a) कृमिरूप परिशेषिका, शरीर के बाल, कॉक्लिया
(b) अक्ल दाढ़, कॉक्सिक्स, पटेला
(c) कॉक्सिक्स, कृमिरूप परिशेषिका, कर्ण पल्लव पेशियाँ
(d) शरीर के बाल, कर्ण पल्लव पेशियाँ, एटलस कशेरुक

10. जीवित जीवाश्म कौन-सा है?
(a) सीलोकैन्थ (b) लिम्यूलस
(c) स्फीनोडॉन (d) ये सभी

11. कार्बनिक विकास का सर्वमान्य सिद्धान्त कौन-सा है?
(a) प्राकृतिक वरणवाद (b) फेज सिद्धान्त
(c) संश्लेषण सिद्धान्त (d) उत्परिवर्तन वाद

12. मानव तथा आदिमानव (ape) के बीच में कौन-सी कड़ी है?
(a) जावा मानव (b) ऐप मानव
(c) जावा ऐप मानव (d) *रामापिथेकस*

13. वे जीव, जोकि पृथ्वी पर सर्वप्रथम पैदा हुए, कहलाते हैं
(a) यूबायोन्ट (b) प्रोबायोन्ट
(c) इओबायोन्ट (d) सत्य बायोन्ट

14. एक शिशु में जन्म के समय छोटी-सी पुच्छ है, यह दर्शाता है
(a) प्रतिगामी जैव विकास (b) उत्परिवर्तन
(c) पूर्वजता (d) कायान्तरण

15. भ्रूणीय परिवर्धन का नियम किसने दिया था?
(a) वॉन बेयर ने (b) हेकल ने
(c) वैलेस ने (d) मॉर्गन ने

16. पुनरावृत्ति का सिद्धान्त किसने दिया था?
(a) मिलर ने (b) डार्विन ने
(c) लैमार्क ने (d) हेकल ने

17. उद्विकास का निम्नलिखित अर्थ भी निकलता है
(a) विभिन्नताओं सहित जाति का इतिहास एवं विकास
(b) जाति का अर्द्धविकास
(c) जाति का विशिष्टीकरण
(d) जाति का उन्नतिशील भ्रूणीय परिवर्धन

18. निम्नलिखित में से कौन-सा मनुष्य में अवशेषी अंग नहीं है?
(a) कर्ण पल्लव की पेशियाँ (b) नेत्र की पक्ष्माभी पेशी
(c) पुरुष के वक्ष के बाल (d) कृमिरूप परिशेषिका

19. निम्न में से किस काल में जीवन नहीं था?
(a) एजोइक महाकल्प
(b) सीनोजोइक महाकल्प
(c) मीसोजोइक महाकल्प
(d) पेलिओजोइक महाकल्प

20. *ओरिजिन ऑफ लाइफ* पुस्तक लिखी गई थी
(a) मिलर द्वारा (b) ओपेरिन द्वारा
(c) डी व्रीज द्वारा (d) चार्ल्स डार्विन द्वारा

21. निम्न में से कौन-से समरूपी (homologous) अंग है?
(a) सुअर, बत्तख व कंगारु के पिछले पैर
(b) चमगादड़, तितली व पक्षियों के पंख
(c) शहद की मक्खी, बिच्छू व सर्प के डंक
(d) चूँहे, मोर व कॉकरोच की पूँछ

22. संघ—एनीलिडा एवं मोलस्का के बीच की संयोजक कड़ी कहलाता है
(a) *पेरीपेटस* (b) *आर्किऑप्टेरिक्स*
(c) *सीलोकैथ* (d) *नियोप्लाइना*

23. वे अंग, जो आकारिकी में भिन्न तथा कार्य में समान होते हैं, कहलाते हैं
(a) समजात अंग (b) समवृत्ति अंग
(c) अवशेषी अंग (d) इनमें से कोई नहीं

24. *आर्किऑप्टेरिक्स* एक जीवाश्म है, जो संयोजी कड़ी है
(a) एनीलिडा तथा आर्थ्रोपोडा के मध्य
(b) मत्स्य तथा सरीसृप के मध्य
(c) पक्षी तथा सरीसृप के मध्य
(d) स्तनी तथा सरीसृप के मध्य

25. जीवन की उत्पत्ति के समय निम्नलिखित में से कौन मुक्त रूप से उपस्थित नहीं रहा होगा/था?
(a) NH_3 (b) O_2
(c) H_2 (d) CH_4

26. निम्न में से सबसे पहले किसका उद्भव हुआ?
(a) जीव (b) कोशिका
(c) इयोबायोन्ट्स (d) कोएसरवेट्स

27. समजात अंगों में होती है
(a) उद्भव में समानता (b) कार्य में समानता
(c) परिवर्धन में समानता (d) व्यवहार में समानता

28. कीट एवं चमगादड़ के पंख प्रदर्शित करते हैं
(a) समजातता (b) समरुपता
(c) पूर्वजता (d) संयोजक कड़ी

29. जीवन की उत्पत्ति का आधुनिकतम सिद्धान्त है
(a) जीवात्-जीवोत्पत्ति वाद (b) अजीवात्-जीवोत्पत्ति वाद
(c) दैवीय शक्ति वाद (d) रासायनिक उद्विकास वाद

30. रासायनिक उद्विकास वाद प्रतिपादित की थी
(a) ए आई ओपेरिन ने (b) इवानोवस्की ने
(c) ट्वार्ट ने (d) डी हरेल ने

➔ उत्तरमाला

1. (a)	**2.** (b)	**3.** (c)	**4.** (d)	**5.** (a)	**6.** (c)	**7.** (b)	**8.** (c)	**9.** (c)	**10.** (d)
11. (c)	**12.** (b)	**13.** (c)	**14.** (c)	**15.** (a)	**16.** (d)	**17.** (a)	**18.** (b)	**19.** (a)	**20.** (b)
21. (a)	**22.** (d)	**23.** (b)	**24.** (c)	**25.** (b)	**26.** (d)	**27.** (a)	**28.** (b)	**29.** (d)	**30.** (a)

36

जैव विकास के सिद्धान्त एवं जीवाश्मिकी

Theories of Organic Evolution and Palaeontology

जैव विकास सम्बन्धी विचारों का आविर्भाव
(Emergence of Evolutionary Thoughts)

पूर्व धारणाओं के अनुसार, नए जीवों की उत्पत्ति स्वत: जननवाद द्वारा निर्जीव पदार्थों से हुई है। वॉन हेल्मॉण्ट का विश्वास था कि मनुष्य के पसीने से भीगी कमीज तथा गेहूँ की बाली को एक साथ रखने से इक्कीस दिन में ही चूहे उत्पन्न हो जाते हैं।

पूर्व ग्रीक विचारकों का मानना है, कि जीवन की 'स्पोर' नामक इकाई विभिन्न या अनेक ग्रहों में स्थानान्तरित हुई। कुछ खगोल वैज्ञानिक 'पेन स्पर्मिया' (सर्वबीजाणु) को अभी भी एक मान्य सिद्धान्त मानते हैं।

लुई पाश्चर ने प्रयोगों द्वारा प्रदर्शित किया कि जीवन की उत्पत्ति पहले से विद्यमान जीवों से होती है।

तत्पश्चात् ओपेरिन तथा हैल्डैन नामक वैज्ञानिकों ने प्रस्तावित किया कि पृथ्वी के आदि वातावरण में जल के अन्दर प्रथम जीव का उद्भव हुआ। वातावरण तथा परिस्थितियों के अनुसार इसमें धीरे-धीरे परिवर्तन हो गए। फलस्वरूप उनकी रचना व संगठन में जटिलता आती गई। जीवधारियों में धीरे-धीरे परन्तु निरन्तर चलने वाली प्रक्रिया को जैव विकास कहते हैं। डार्विन ने जैव विकास को परिवर्तन के साथ अवतरण कहा है अर्थात् 'आज के जटिल एवं अत्यन्त व्यवस्थित जीवों का विकास, आदि काल के साधारण व कम व्यवस्थित जीवधारियों में निरन्तर परिवर्तनों के फलस्वरूप हुआ है।'

जैव विकास के सिद्धान्त
(Theories of Organic Evolution)

जैव विकास कैसे हुआ इसको समझने के लिए वैज्ञानिक व दार्शनिक शताब्दियों से प्रयासरत रहे हैं और आज भी प्रयासरत हैं। इस सम्बन्ध में निम्नलिखित सिद्धान्त उल्लेखनीय हैं

1. लैमार्कवाद (Lamarckism)

फ्रांस के प्रसिद्ध प्रकृति वैज्ञानिक जीन बैप्टिस्ट डी लैमार्क ने सर्वप्रथम जैव विकास को वैज्ञानिक दृष्टिकोण से समझने का प्रयास किया। सन् 1809 में एक पुस्तक 'फिलॉस्फिक जूलोजिक' में उन्होंने जैव विकास के सम्बन्ध में अपने सुप्रसिद्ध सिद्धान्त की घोषणा की, लैमार्क के सिद्धान्त को 'उपार्जित लक्षणों की वंशागति का सिद्धान्त' भी कहते हैं।

लैमार्कवाद के प्रमुख बिन्दु (Major Points of Lamarckism)

(i) **नई आवश्यकताओं या इच्छाओं का मत** (Doctrain of new needs or desires) वातावरण कारकों; जैसे–प्रकाश, ताप, भोजन, हवा या प्रवास में होने वाले बदलाव जीवों के लिए नई आवश्यकताओं को जन्म देते हैं, जिन्हें पूरा करने हेतु सजीवों ने प्रयत्न किया जिसके फलस्वरूप जीवों के स्वभाव व वासस्थान में बदलाव आया।

(ii) **अंगों के कम या अधिक प्रयोग का प्रभाव** (Effects of more or less use of organs) नवीन स्वभाव व वासस्थान में रहने हेतु किसी अंग का निरन्तर उपयोग हुआ, जिससे वह अधिक शक्तिशाली व क्रियाशील बन गया, जबकि कुछ अंगों का कम उपयोग हुआ; जिसके कारण अंगों की वृद्धि रुक गयी तथा उनका ह्रास होने लगता है। ये अंग अवशेषी अंगों के रूप में रह जाते हैं या लुप्त भी होने लगते हैं।

(iii) **उपार्जित लक्षणों की वंशागति** (Inheritance of acquired characters) लैमार्कवाद के अनुसार, कोई भी प्राणी अपने जीवन काल में जितने भी लक्षण अर्जित करता है वे सभी उसकी आने वाली पीढ़ी में वंशागत हो जाते हैं। ऐसे लक्षणों को उपार्जित लक्षण तथा इनके सन्तानों में पहुँचने की क्रिया को उपार्जित लक्षणों की वंशागति कहते हैं।

लैमार्कवाद के समर्थन के प्रमाण

(Evidences in Support of Lamarckism)

(i) जिराफ लम्बी गर्दन व लम्बे अग्रपादों वाला स्तनपायी है। लैमार्क के अनुसार, जिराफ के पूर्वजों की गर्दन तथा पैर छोटे थे। वातावरण में परिवर्तन के फलस्वरूप छोटे पौधे समाप्त हो गए और उनकी जगह लम्बे पेड़ आ गए। पेड़ों की पत्तियों पर जीवित रहने वाले जिराफ को पत्तियाँ खाने के लिए गर्दन को खींचना पड़ा। कालान्तर में गर्दन लम्बी हो गयी। यह विशेषता पीढ़ी-दर-पीढ़ी हस्तान्तरित हो गयी।

(ii) लैमार्क के अनुसार, आधुनिक सर्प का विकास भी वातावरण के प्रभाव से हुआ। प्रारम्भ में सर्पों के पूर्वजों के टाँगें थी। इन्हें घास-फूस, झाड़ियों में दौड़ने, बिलों में घुसने के लिए टाँगें रुकावट डालती रहीं। टाँगों का उपयोग न होने से ये धीरे-धीरे छोटी होती गयी तथा अन्त में बिल्कुल समाप्त हो गयी तथा शरीर पतला व लम्बा हो गया। इस परिवर्तन में हजारों वर्ष लगे। यही गुण वर्तमान में सर्पों का स्थायी लक्षण बन गया।

2. जर्मप्लाज्म का सिद्धान्त (Theory of Germplasm)

यह सिद्धान्त अगस्त वीज़मान ने दिया। इनके अनुसार, बहुकोशिकीय जीवों में वंशागति केवल जर्म कोशिकाओं जैसे युग्मक अण्डकोशिका व स्पर्म सेल की सहायता से होती है। शरीर की दूसरी सोमेटिक कोशिकाएँ आनुवंशिकता में भाग नहीं लेती हैं।

3. डार्विनवाद या प्राकृतिक चयन का सिद्धान्त

(Darwinism or Theory of Natural Selection)

चार्ल्स डार्विन के जैव विकास के सम्बन्ध में विचार विस्तारपूर्वक उनकी पुस्तक *प्राकृतिक चयन द्वारा जातियों का विकास (Origin of Species by Natural Selection)* में सन् 1859 में प्रकाशित हुए।

डार्विनवाद के प्रमुख बिन्दु (Major Point of Darwinism)

डार्विनवाद के मुख्य बिन्दु इस प्रकार हैं

(i) जीवों में सन्तानोपत्ति की प्रचुर क्षमता

(Rich Reproductive Capacity or Enormous Rate of Fertility)

प्रत्येक जीव जाति में सन्तानोत्पत्ति की प्रचुर क्षमता होती है।

(ii) अस्तित्व हेतु संघर्ष (Struggle for Existence)

सन्तानोत्पत्ति की प्रचुर क्षमता के बावजूद प्रकृति में प्रत्येक जाति के जीवधारियों की संख्या लगभग स्थिर रहती है। इसका कारण यह है कि प्रत्येक जीवधारियों को अपने अस्तित्व को बनाए रखने, वृद्धि करने व जनन करने के लिए भोजन, प्रकाश, वासस्थान जनन के लिए साथी की आवश्यकता होती है, परन्तु प्रकृति में यह सब सीमित होने के कारण जीवधारियों को पैदा होते ही इनके लिए संघर्ष करना पड़ता है। यह तीन प्रकार का होता है

(i) अन्तःजातीय–एक जाति के सदस्यों के मध्य।

(ii) अन्तरजातीय–भिन्न-भिन्न जातियों के मध्य।

(iii) वातावरणीय संघर्ष–वातावरण में होने वाले परिवर्तनों से अस्तित्व के लिए जूझना।

(iii) विभिन्नताएँ तथा आनुवंशिकता (Variations and Heredity)

संसार के सभी जीवधारियों में विभिन्नताएँ पाई जाती हैं, जो विभिन्नताएँ किसी जीवधारी का अस्तित्व बनाए रखने में सहयोगी होती हैं, ये लाभदायक विभिन्नताएँ अगली पीढ़ियों में जाकर स्थिर हो जाती हैं।

(iv) योग्यतम की उत्तरजीविता अथवा प्राकृतिक वरण

(Survival of Fittest or Natural Selection)

जीवन-संघर्ष में वही जीवधारी सफल होते हैं, जिनमें परिस्थितियों के अनुकूल विभिन्नताएँ होती हैं। अधिक से अधिक अनुकूल लक्षणों वाले जीवधारियों (योग्यतम) का एक प्रकार से प्रकृति द्वारा वरण होता है। इसी को योग्यतम की उत्तरजीविता या प्राकृतिक वरण कहते हैं।

(v) नई जातियों की उत्पत्ति (Origin of New Species)

वातावरणीय परिस्थितियों के निरन्तर बदलने से नए लक्षणों का प्राकृतिक वरण होता है। उपयोगी विभिन्नताएँ पीढ़ी-दर-पीढ़ी एकत्र होती रहती हैं और नईं जातियों की उत्पत्ति करती हैं।

उपरोक्त बिन्दुओं को महान जीव वैज्ञानिक अर्नेस्ट मेयर ने निम्न प्रकार दिया

(i) सभी जातियों में जनन क्षमता होती है, जिससे वह ज्यादा सन्ततियों को उत्पन्न करती है, जो वयस्कावस्था तक बढ़ते हैं।

(ii) आबादी मामूली उतार-चढ़ाव के साथ लगभग समान आकार की होती है।

(iii) भोजन के माध्यम सीमित हैं, पर अधिकतर स्थिर हैं।

(iv) लैंगिक विधियों द्वारा जनन करने वाली जातियों में सामान्यतया दो व्यक्ति समान नहीं हैं। विभिन्नताएँ अनियन्त्रित हैं।

जीवाश्म विज्ञान (Palaeontology)

जैव विकास प्राचीन चट्टानों में तत्कालीन जीवधारियों के बचे अवशेषों को जीवाश्म कहते हैं। वास्तव में, किसी भी वस्तु या चिह्न जिससे किसी जीवधारी की भूतकाल में उपस्थिति प्रमाणित होती है, को जीवाश्म कहा जा सकता है। इनके अध्ययन को जीवाश्म विज्ञान कहते हैं।

सबसे प्राचीन चट्टानों में सरलतम प्राणियों तथा वनस्पतियों के जीवाश्म मिलते हैं; जैसे–स्पंज, मूँगा, कवक, शैवाल, आदि।

सबसे बाद बनी चट्टानों में मनुष्य, अन्य स्तनधारी जन्तु तथा आवृतबीजी पौधे के जीवाश्म मिलते हैं। स्पष्ट है कि सरलतम जीवों से धीरे धीरे जटिल जीवों का विकास हुआ।

विकासीय समय सारणी (मापक्रम)

(The Evolutionary Time Scale)

भूवैज्ञानिकों ने पृथ्वी पत्थरों एवं जैव विकास को ज्ञात करने हेतु एक समय मापक्रम (सारणी) विकसित की, तलछटी चट्टानों की परतों में हो रही सफल घटनाओं के इतिहास को इस तालिका में विभाजित किया।

स्ट्रेटोग्राफी के नियम ने डेटिंग (dating) के मध्य एक सम्बन्ध प्रस्तुत किया, जिसमें पुरानी पर्तें सबसे नीचे तथा नई अनुक्रम के शीर्ष पर थीं। समय को महाकल्प (eras), काल (periods) एवं कल्प (epochs) में विभाजित किया गया है।

भूगर्भीय समय सारणी में मुख्य जीव विज्ञान सम्बन्धी घटनाएँ
(Major biological events in geological time scale)

युग	काल	काल के प्रारम्भ में आयु	मुख्य जीव विज्ञानी घटनाएँ
सीनोजोइक (Cenozoic)	क्वाटरनरी	0.01	उपोष्णबन्धीय वनों ने कूलर जंगलों व घास के मैदानों की जगह ले ली।
	टर्शरी	65	आधुनिक स्तनधारियों का विकास हुआ। मानव का विकास पिछले 5 मिलियन वर्षों में हुआ।
मीसोजोइक (Mesozoic)	क्रेटेशियस	135	काँटीनेन्टल समुद्र व दलदली पौधे फैले। प्राचीन पक्षी व सरीसृपों का लोप।
	जुरैसिक	195	जलवायु गर्म व स्थायी। उच्च सरीसृप विविधता। प्रथम पक्षी उत्पन्न हुआ।
	ट्राऐसिक	240	जलवायु गर्म विस्तृत रेग्स्तिानी स्तनधारी के समान सरीसृप ने डाइनासोर की जगह ली, प्रथम सत्य स्तनधारी की उत्पत्ति।
पैलियोजोइक (Palaeozoic)	पर्मियन	285	जलवायु ठण्डी पर बाद में गर्म, सरीसृप स्तनपायी के समान सामान्यतया।
	कार्बोनिफेरस	375	नमी युक्त व गर्म जलवायु, आर्थोपोड्स व उभयचर सामान्य, प्रथम सरीसृप का उदय।
	डेवोनियन	420	उच्च स्थल व ठण्डी जलवायु, विविधता पूर्ण मछलियाँ, प्रारम्भिक उभयचरों का उदय।
	साइल्यूरियन	450	विस्तृत उथला समुद्र जलवायु गर्म, प्रथम स्थलीय आर्थोपोड्स, प्रथम जबड़ेयुक्त मछली।
	आर्डोविशएन	520	विस्तृत उथला समुद्र, जलवायु गर्म कुछ समुद्री अकशेरुकी, जबड़े रहित मछलियाँ।
	कैम्ब्रिएन	570	विस्तृत उथला समुद्र व गर्म जलवायु *ट्राइलोबाइट्स* व ब्रेकिओपोड्स सामान्य। लेट केमिब्रियन काल में कशेरुकी पाए गए।
प्रोटेरोजोइक (Proterozoic)		2,000	बहुकोशिकीय जीवों का उदय। कुछ अकशेरुकीय, यूकैरियोटिक जीवों का उदय (1,500)। वातावरण में O_2 घुली।
आर्कियन (Archean)		4,600	प्रोकैरियोटिक जीवन का उदय (3,500) पृथ्वी की उत्पत्ति (4,600 mya)

अभ्यास प्रश्नावली

1. निम्नलिखित में से कौन–सा काल अकशेरुकियों का जाना जाता है?
(a) आरडोविसियन (b) डिवोनियन
(c) कार्बोनीफेरस (d) जुरासिक

2. प्रथम स्तनधारी किस काल में अवतरित हुए?
(a) आरडेविसियन (b) डिवोनियन
(c) कार्बोनीफेरस (d) ट्राइएसिक

3. होलोसीनकल्प को निम्न में किसका युग माना जाता है?
(a) मानव (b) सरीसृप
(c) डाइनासोर (d) मछली

4. जीवन की उत्पत्ति के तीन चरण हैं, जिनके नाम हैं कीमोगेनी, बायोगेनी व कागनोगेनी किसका कथन था?
(a) लेडरवर्ग (b) कुवियर
(c) रिचर (d) आरहीनियस

5. निम्न में से कौन जीवित जीवाश्म नहीं है?
(a) *आर्कियोप्टेरिक्स* (b) डोडो
(c) *रिचर स्फीनोडोन* (d) *लिम्यूलस*

6. मानव का सम्बद्ध किस जाति से है?
(a) *होमो इरेक्ट्स* से (b) *होमो हैबिलिस* से
(c) *होमो सेपियन्स से* (d) होमोनिडी से

7. जीवाश्म बनने की प्रक्रिया में, सरल भाग नष्ट हो जाते हैं तथा खाली स्थान खनिज पदार्थों; जैसे—सिलिका, कैल्शियम कार्बोनेट की सहायता से भरता है। ऐसे जीवाश्म कहलाते हैं
(a) पेट्रीफेक्शन (petrifactions)
(b) इम्बेडिंग (embedding)
(c) सीमेन्टिंग (cementing)
(d) मोल्डिंग (moulding)

8. जीवाश्मों का अध्ययन कहा जाता है
(a) इथोलॉजी (b) पेलियन्टोलॉजी
(c) इटियोलॉजी (d) एन्थ्रेपोलॉजी

9. *आर्कियोप्टेरिक्स* किनके मध्य की कड़ी है?
(a) सरीसृप एवं स्तनधारी (b) सरीसृप एवं उभयचर
(c) सरीसृप एवं मछली (d) सरीसृप एवं पक्षी

10. लैमार्क का जैव विकास के सम्बन्ध में सबसे सुप्रसिद्ध सिद्धान्त था।
(a) उपार्जित लक्षणों की वंशागति
(b) अंगों का कम व अधिक उपयोग
(c) जर्मप्लाज्म का सिद्धान्त
(d) प्राकृतिक चयन

11. जर्मप्लाज्म का सिद्धान्त किसने दिया?
(a) लैमार्क (b) डार्विन
(c) वीजमान (d) मेण्डल

12. डार्विनवाद के मुख्य बिन्दु थे
I. जीवों में सन्तानोत्पत्ति की प्रचुर क्षमता
II. अस्तित्व हेतु संघर्ष
III. विभिन्नताएँ तथा आनुवंशिकताएँ
IV. योग्यतम की उत्तरजीविता
V. नई जातियों की उत्पत्ति
उत्तर छाँटिए
(a) I, II, एवं III (b) I, III, IV एवं V
(c) II, III, IV एवं V (d) I, II, III, IV, एवं V

13. जर्मप्लाज्म के सिद्धान्त के अनुसार बहुकोशिकीय जीवों में वंशागति में सहायक है
(a) सोमेटिक कोशिकाएँ (b) प्रोकैरियोटिक कोशिकाएँ
(c) यूकैरियोटिक कोशिकाएँ (d) युग्मक कोशिकाएँ

14. मनुष्य के पसीने से भीगी कमीज तथा गेहूँ की बाली को एक साथ रखने से इक्कीस दिन में ही चूहे उत्पन्न हो जाते हैं। यह मानना किस वैज्ञानिक का था?
(a) वॉन हेल्मॉण्ट का (b) डार्विन का
(c) लैमार्क का (d) वीजमान का

15. लैमार्क किस देश से सम्बन्धित थे?
(a) यूएस (b) फ्रांस (c) अफ्रिका (d) इटली

16. प्रथम मानव का उदय हुआ
(a) ऑलिगोसीन में (b) मियोसीन में
(c) प्लीयोसीन में (d) प्लीस्टोसीन में

17. सरीसृप व जिम्नोस्पर्म का युग था
(a) प्रीकैम्ब्रियन (b) पैलियोजोइक
(c) मीसोजोइक (d) सीनोजोइक

18. सबसे पुराना प्रोकैरियोटिक जीवाश्म लगभग ....का माना जाता है।
(a) 3.5 मिलियन वर्ष पूर्व (b) 3.5 बिलियन वर्ष पूर्व
(c) 1.7 मिलियन वर्ष पूर्व (d) 1.7 बिलियन वर्ष पूर्व

19. सबसे पुराना यूकैरियोटिक जीवाश्म लगभग .... का माना जाता है?
(a) 3.5 मिलियन वर्ष पूर्व (b) 3.5 बिलियन वर्ष पूर्व
(c) 1.7 मिलियन वर्ष पूर्व (d) 1.7 बिलियन वर्ष पूर्व

20. निम्नलिखित में से कौन-सा काल सरीसृपों का काल कहा जाता है।
(a) एजोइक (b) पैलियोजोइक
(c) मीसोजोइक (d) सीनोजोइक

उत्तरमाला

1. (a) **2.** (d) **3.** (a) **4.** (a) **5.** (a) **6.** (c) **7.** (a) **8.** (b) **9.** (d) **10.** (a)
11. (c) **12.** (d) **13.** (d) **14.** (a) **15.** (b) **16.** (d) **17.** (b) **18.** (b) **19.** (d) **20.** (c)

37

लेखाचित्र निरुपण एवं केन्द्रीय प्रवृत्ति के मापक

Graphic Representation and Measure of Central Tendency

जैवसांख्यिकी का तृतीय उद्देश्य विभिन्न वृहद् प्रकार के समकों को सरल, सुव्यवस्थित, तुलनात्मक एवं निष्कर्ष योग्य बनाने के लिये इनका वर्गीकरण एवं सारणीयन करके आँकड़ों के रूप में प्रदर्शित किया जाता है, जो सामान्य व्यक्ति के लिये अरूचिकर एवं बोझिल होते हैं तथा इन आँकड़ों की सहायता से किसी निष्कर्ष पर सटीकता से पहुँचना अत्यधिक दुष्कर एवं श्रमसाधक होता है। इसको रूचिकर एवं सटीक निष्कर्ष हेतु समकों का लेखाचित्र द्वारा प्रदर्शन ही आलेखी या लेखाचित्र निरुपण कहलाता है।

लेखाचित्र या आलेखों के भेद (Kinds of Diagram)

आलेखों को मुख्यतया विमीय आधार पर एकविमीय आलेख द्विविमीय आलेख एकविमीय आलेखों में **वर्गीकृत** किया जा सकता है।

(i) **एकविमीय आलेख** (Single dimensional diagram) इसके अन्तर्गत रेखाचित्र, आदि आलेखों का निरूपण किया जाता है।

(ii) **द्विविमीय आलेख** (Two dimensional diagram) इसके अन्तर्गत दो विमाओं का ख्याल रखा जाता है। इस प्रकार के आलेख में लम्बाई एवं चौड़ाई (दो विस्तार) के द्वारा समकों को निरुपित करते हैं।

इन आलेखों में क्षेत्रफल पद मूल्यों के अनुरूप अनुपात में होने के कारण, इन्हें **धरातल चित्र** या **क्षेत्रफल चित्र की संज्ञा** भी दी जाती है। **द्विविमीय आलेख** आयत चित्र, वर्ग चित्र, वक्र एवं पाइ (π) या कोणीय चित्र प्रकार के होते हैं।

(iii) **त्रिविमीय आलेख** (Three dimensional diagram) इनका निरुपण बारम्बारता बंटन की अधिकता में किया जाता है क्योंकि इस स्थिति में **दण्ड** या **वृत्त आलेख का निरुपण** दुष्कर एवं श्रमसाधक होता है। त्रिविमीय आलेख लम्बाई, चौड़ाई, ऊँचाई/गहराई (तीनों विस्तार) के निरुपण की सहायता से किया जाता है अतः ये आयतन चित्र भी कहलाते हैं। **त्रिविमीय आलेख** ठोस, आयत ठोस एवं घन के रूप में होते हैं।

लेखाचित्र का महत्त्व (Significance of Graphic Representation)

आलेखों का निरुपण मात्रात्मक तथा बीजगणितीय समकों की तुलना के अधिक प्रभावी, रूचिकर, स्टीक निष्कर्ष, युक्त स्पष्ट एवं आकर्षक होता है। इन आलेखों की सहायता से तुलनात्मक अध्ययन सुगम एवं स्पष्टता से हो जाता है। समय और ऊर्जा की बचत में आलेखी निरुपण सहायक है। आलेख निरुपण को एक साथ उसी समय में दृश्य रूप में भी देखा जा सकता है। **आवृत्ति वितरण** का ग्राफीय निरुपण **हिस्टोग्राम की सहायता** से किया जाता है।

हिस्टोग्राम (Histogram)

विभिन्न आयतों के ऐसे समूह को कहते हैं, जहाँ दण्ड की चौड़ाई वर्ग अन्तराल को एवं लम्बाई इनसे सम्बन्धित अन्य आवृतियों को प्रदर्शित करता है। एक दण्ड का समपूर्ण क्षेत्रफल सम्बन्धित वर्ग अन्तराल की आवृत्ति को निरुपण, जबकि सम्पूर्ण हिस्टोग्राम का क्षेत्रफल सभी आवृत्ति के सीधे अनुक्रमानुपाती होता है। हिस्टोग्राम के आलेखी निरुपण में (निर्माण में) वर्ग की सीमाएँ महत्त्वपूर्ण हैं।

हिस्टोग्राम एक प्रकार **का दण्ड आरेख** है, इसके निर्माण में यदि आँकड़े (समंक) की श्रृंखला अपवर्जी है, तब आलेख का निरुपण निवारक श्रृंखला में होता है। हिस्टोग्राम का निर्माण करते वक्त वर्ग अन्तराल को दशमलव अंकों में जैसे 4.5-9.5, 9.5-14.5 प्रकार से दर्शाया जाता है न कि 5-10, 10-15 प्रकार से प्रत्येक वर्ग अन्तराल की आवृत्ति को y -अक्ष पर उदग्र आयतों के रूप में दर्शाया जाता है। X एवं Y अक्षों के मान न तो अधिक न्यूनतम तथा न ही अधिकतम होने चाहिए।

हिस्टोग्राम की एक श्रृंखला है, जिसमें प्रत्येक वर्ग अन्तराल के ऊपर एक आयत बनाया जाता है। इसमें प्रत्येक आयत की ऊँचाई बारम्बारता के समानुपाती होती है।

हिस्टोग्राम का प्रयोग संतत चरों (continuous variables) के लिए किया जाता है। सीधी रेखाओं को मिलाने से जो चित्र आता है, इसे बारम्बारता बहुभुज (polygon) कहते हैं।

पाई-चार्ट को **वृत्ताकार आरेख** भी कहते हैं।

वितरण प्रणाली (Distribution Pattern)

ऐसें आवृत्ति वितरण (frequency distribution), जिन्हें वास्तविक प्रयोगों द्वारा प्राप्त न करके कुछ निश्चित पूर्व कल्पनाओं के आधार पर गणितीय रूप में अनुमानित किया जाता है, सैद्धान्तिक आवृत्ति वितरण (theoretical frequency distribution) या आदर्श आवृत्ति बंटन (ideal frequency distribution) कहा जाता है।

आधुनिक सांख्यिकी में तीन मुख्य सैद्धान्तिक आवृत्ति वितरण का प्रयोग होता है

1. सामान्य वितरण
2. द्विपद वितरण
3. पॉयसन वितरण

सांख्यिकी में सामान्य वितरण ज्ञात करने का श्रेय अब्राहम डी मॉयर (Abraham De Moaure) को है, जिन्होंने 1733 में इस वितरण का समीकरण प्रस्तुत किया था। सैद्धान्तिक आवृत्ति वितरण में सबसे अधिक महत्त्वपूर्ण और उपयोगी वितरण सामान्य वितरण है।

1. सामान्य वितरण या सामान्य वक्र (General Distribution of Normal Curve)

एक अखण्डित, सतत् अनन्त द्विपद वितरण है। यह सामान्य वितरण का निरूपण करता है। इस प्रकार सामान्य वक्र द्विपद वितरण की वह सीमा है, जिसमें n का मान अनन्त की ओर बढ़ता जाता है। सामान्य वितरण को **गॉसियन वक्र** (Gaussian curve) या **विभ्रमों का प्रसामान्य नियम** (normal law of error) भी कहा जाता है।

सामान्य वक्र की विशेषताएँ (Properties of Normal Curve)

सामान्य वक्र एक घण्टाकार और पूर्ण सममित वक्र होता है। इसमें दोनों सिरों पर आवृत्तियाँ कम होती हैं, जो केन्द्र की ओर अधिक होती जाती हैं। अधिकतम आवृत्ति बिल्कुल केन्द्र में होती है। सामान्य वितरण सतत् या अखण्डित चरमूल्यों (continuous variables) का वितरण है। सामान्यतया बंटन के वक्र में एक शीर्ष होता है, अत: यह एक बहुलक वाला वितरण है। केन्द्रीय प्रवृत्ति के सभी माप मध्यमान, माध्यांक व बहुलक एकसमान होते हैं तथा वे उच्चतम कोटि के अक्ष पर केन्द्रित होते हैं।

2. द्विपद वितरण (Binomial Distribution)

द्विपद वितरण की रचना, सर्वप्रथम गणितज्ञ जेम्स बर्नोली (James Bernoulli) ने की थी; अतः इस वितरण को बर्नोली वितरण (Bernoulli distribution) भी कहा जाता है।

द्विपद वितरण एक खण्डित आवृत्ति वितरण है, जो द्वन्द्वात्मक विकल्पों सफलता तथा असफलता के एक समूह की प्रायिकता को प्रस्तुत करता है।

द्विपद विस्तार $(p+q)^2$ या $p^2+2pq+q^2$ होता है।

बच्चे के जन्म के उदाहरण से द्विपद वितरण की व्युत्पत्ति भली भाँति समझी जा सकती है। जन्म के समय लड़का या लड़की होने की सम्भावनाएँ होती हैं। इनमें लड़के की सम्भावना $p=1/2$ व लड़की की $q=1/2$ होती है अत: $(p+q)=1/2+1/2=1$ व द्विपद $(p+q)^n$ जितनी घटनाएँ हो, उतनी घात $(p+q)$ पर लगानी होती हैं और उसका विस्तार ज्ञात किया जाता है; जैसे–एक घटना, $(p+q)^1=p+q$

दो घटनाएँ, $(p+q)^2=p^2+2pq+q^2$

तीन घटनाएँ, $(p+q)^3=p^3+3p^2q+3pq^2+q^3$

चार घटनाएँ, $(p+q)^4=p^4+4p^3q+6p^2q^2+4pq^3+q^4$

3. पॉयसन वितरण (Poisson Distribution)

पॉयसन वितरण द्विपद वितरण की सीमा निर्धारित करता है। इसका प्रयोग उन परिस्थितियों में किया जाता है।

यहाँ घटना के होने की प्रायिकता p बहुत ही कम है, घटना के घटित न होने की प्रायिकता बहुत अधिक हो, n घातांक का मान अधिक हो और np अर्थात् समान्तर माध्य एक छोटी धनात्मक संख्या हो।

पॉयसन वितरण एक खण्डित वितरण है, जिसमें 0, 1, 2, 3,...., n सफलताओं की प्रायिकता ज्ञात करने के लिए निम्न सूत्र का प्रयोग किया जाता है।

$$p^x=e^{-m}\frac{mx}{x^1}$$

जहाँ, $p=$ प्रायिकता

$x=0, 1, 2, 3,...., n$ सफलताएँ

$e=2.7183$ (नियत)

केन्द्रीय प्रवृत्ति के मापक (Measures of Central Tendency)

केन्द्रीय प्रवृत्ति के तीन मापक हैं

1. मध्यमान 2. माध्यिका 3. बहुलक

1. मध्यमान (Mean)

फरग्यूसन (Ferguison) के अनुसार, 'मध्यमान वह मान है, जो संख्याओं के योग को उनकी संख्या से भाग देने पर प्राप्त होता है।' इसे M चिह्न से निरूपित किया जाता है। इसकी इकाई वही होती है, जो दिए गए आँकड़ों के पदों के मानों की होती है।

गणना (Calculation)

यह निम्न दो प्रकार से होती है

(a) **जब आँकड़े अवर्गीकृत हों**

यदि N पदों के मान क्रमशः $x_1, x_2, x_3, \ldots, x_n$ हो, तो मध्यमान,

$$M=\frac{x_1+x_2+x_3+\ldots+x_n}{N} \Rightarrow M=\frac{\Sigma x}{N}$$

जहाँ, $M=$ माध्य

$\Sigma x=$आँकड़ों का योग, $N=$ आँकड़ों की संख्या

उदाहरण–एड्स से पीड़ित दस रोगियों की हीमोग्लोबिन प्रतिशतता 5.2 मिग्रा, 5.3 मिग्रा, 5.6 मिग्रा, 5.7 मिग्रा, 5.4 मिग्रा, 5.2 मिग्रा, 5.3 मिग्रा, 5.4 मिग्रा एवं 5.2 मिग्रा आती है। इन रोगियों की हीमोग्लोबिन प्रतिशतता का मध्यमान ज्ञात कीजिए।

हल अतः मध्यमान $(M)=\frac{\Sigma x}{N}$

$$=\frac{5.2+5.2+5.6+5.7+5.4+5.2+5.3+5.3+5.4+5.2}{10}$$

$$=\frac{53.6}{10}=5.36 \text{ मिग्रा}$$

अतः हीमोग्लोबिन प्रतिशत का मध्यमान = 5.36 मिग्रा

(b) **जब आँकड़े वर्गीकृत हों**

इसे दो प्रकार से हल किया जा सकता है

(i) संक्षिप्त विधि (short method)

(ii) लम्बी विधि (long method)

(i) **संक्षिप्त विधि** (Short Method)

इसके लिए निम्न सूत्र प्रयुक्त किया जाता है।

$$M = AM + \left(\frac{\Sigma fd}{\Sigma f}\right) \times CI$$

जहाँ, AM = कल्पित माध्य

Σfd = आवृत्ति तथा विचलन के गुणनफल का योग

Σf = कुल आवृत्तियों का योग

CI = वर्गान्तरण की सीमा अथवा लम्बाई

उदाहरण

वर्गान्तर	40-44	35-39	30-34	25-29	20-24	15-19	10-14
आवृत्तियाँ	2	3	5	10	8	5	3

उपरोक्त सारणी के लिए माध्य ज्ञात कीजिए।

हल

वर्गान्तर (CI)	आवृत्तियाँ (f)	कल्पित माध्य से विचलन (d)	(fd)
40-44	2	3	6
35-39	3	2	6
30-34	5	1	5
25-29	10	0	0
20-24	8	−1	−8
15-19	5	−2	−10
10-14	3	−3	−9
	$\Sigma f = 36$		$\Sigma fd = -10$

उपरोक्त सारणी में कल्पित मध्यमान 25 − 29 वाले वर्गान्तर में माना गया है। अतः इस वर्गान्तर का मध्य बिन्दु $\frac{25+29}{2} = 27$ कल्पित माध्य होगा अतः

$$AM = 27,\ CI = 5,\ \Sigma f = 36,\ \Sigma fd = -10$$

$$\text{माध्य } (M) = AM + \left(\frac{\Sigma fd}{\Sigma f}\right) \times CI$$

$$= 27 + \left(\frac{-10}{36}\right) \times 5$$

$$= 27 + \left(\frac{-50}{36}\right) = 27 + (-1.39)$$

$$= 27 - 1.39$$

$$= 25.61$$

अतः इस विधि से मध्यमान 25.61 होगा।

(ii) **दीर्घ विधि** (Long Method)

यदि N पदों के मान क्रमशः $x_1, x_2, x_3, \ldots, x_n$ हो तथा उनकी संगत आवृत्तियाँ क्रमशः $f_1, f_2, f_3, \ldots, f_n$ हो, तब

$$\text{मध्यमान } (M) = \frac{x_1f_1 + x_2f_2 + x_3f_3 + \ldots + x_nf_n}{f_1 + f_2 + f_3 + \ldots + f_n}$$

$$M = \frac{\Sigma fx}{\Sigma f}$$

जहाँ, Σfx = प्राप्तांक तथा आवृत्तियों के गुणनफल का योग

Σf = कुल आवृत्तियों का योग

उदाहरण– 50 मछलियों के श्वसन की दर व उनकी आवृत्तियाँ इस प्रकार हैं

श्वसन की दर	2	16	20	39	40	45	50
आवृत्ति	3	4	7	1	5	3	2

प्रदत्त से मध्यमान की गणना कीजिए।

हल–इसमें तीन पंक्तियों की एक सारणी बनाते हैं। पहली पंक्ति विचलन (श्वसन की दर), दूसरी इनकी आवृत्ति व तीसरी इन दोनों के गुणनफल को प्रदर्शित करती है।

विचलन (x)	आवृत्ति (f)	विचलन × आवृत्ति
2	3	6
16	4	64
20	7	140
39	1	39
40	5	200
45	3	135
50	2	100
	$\Sigma f = 25$	$\Sigma fx = 684$

$$\text{अतः माध्य } (M) = \frac{\Sigma fx}{\Sigma f} = \frac{684}{25} = 27.36$$

$$M = 27.36$$

2. माध्यिका (Median)

यदि आँकड़ों को आरोही या अवरोही क्रम में व्यवस्थित किया जाए, तो बिल्कुल माध्य में पड़ने वाले पद का मान आँकड़ों की माध्यिका कहलाता है।

गणना (Calculation)

जब आँकड़े अवर्गीकृत हों

माना पदों की कुल संख्या N है।

स्थिति I. यदि N विषम है, तब $\left(\frac{N+1}{2}\right)$वें पद का मान माध्यिका है।

स्थिति II. यदि N सम है, तब दो मध्य के पदों के योग को 2 से भाग दिया जाता है। अतः

$$\text{माध्यिका} = \frac{\text{मध्य के दो अंकों का योग}}{2}$$

उदाहरण– एक जन्तु के विभिन्न रुधिर नमूनों में RBC की संख्या 6, 7, 4, 5, 5, 3, 4 lac/mm^3 है। मध्यांक ज्ञात कीजिए।

हल– पद में विचलनों के मानों को उत्तरोत्तर क्रम में लगाते हैं; जैसे–3, 4, 4, 5, 5, 6, 7।

यहाँ कुल मानों की संख्या 7 है, जो विषम है।

अतः माध्यिका = $\left(\frac{N+1}{2}\right)$ वाँ मान = $\left(\frac{7+1}{2}\right)$ = 4 वाँ मान उपरोक्त में चौथा मान 5 है। अतः मध्यांक 5 होगा।

उदाहरण– 8 मछलियाँ श्वसन क्रिया में 35, 44, 38, 36, 39, 40, 42 व 41 cc/100 मिली/40 घंटे ऑक्सीजन ग्रहण करती हैं। दिए गए आँकड़े से मध्यांक की गणना कीजिए।

हल– उपरोक्त आँकडों को उत्तरोत्तर क्रम में व्यवस्थित करते हैं।

35, 36, 38, 39, 40, 41, 42 व 44

$$\text{माध्यिका} = \frac{\text{मध्य के दो अंकों का योग}}{2}$$

$$= \frac{39+40}{2} = \frac{79}{2} = 39.5$$

जब आँकड़े वर्गीकृत हों

$$\text{माध्यिका} = L_1 + \frac{(L_2 - L_1)}{f} \times \left(\frac{N}{2} - c\right)$$

जहाँ, L_1 = माध्यिका वर्ग की निम्न सीमा

L_2 = माध्यिका वर्ग की उच्च सीमा

f = माध्यिका वर्ग की आवृत्ति

N = आवृत्तियों का योग

c = माध्यिका वर्ग के पहले वर्ग की संचयी आवृत्ति

उदाहरण– उपरोक्त सारणी के लिए माध्यिका ज्ञात कीजिए।

वर्ग अन्तराल	आवृत्ति
1-10	3
11-20	15
21-30	2
31-40	8
41-50	11
51-60	4
61-70	1
71-80	6

हल– एक तीन पंक्तियों की सारणी बनाते हैं, जिनमें पहली पंक्ति वर्ग विस्तार, द्वितीय आवृत्ति व तृतीय संचयी आवृत्ति को प्रदर्शित करती है।

वर्ग अन्तराल (x)	आवृत्ति (f)	संचयी आवृत्ति (c.f.)
1-10	3	3
11-20	15	18
21-30	2	20
31-40	8	28
41-50	11	39
51-60	4	43
61-70	1	44
71-80	6	50

$$N = 50$$

$$\text{माध्यिका } \frac{N+1}{2} \text{ वाँ मान} = \frac{50+1}{2} \text{ वाँ मान}$$

माध्यिका = 25.5 वाँ मान

उपरोक्त सारणी से पता चलता है कि 25.5, 31-40वें वर्गान्तर में आता है।

अतः $L_1 = 31, \Sigma f = 50, C = 20, f_m = 8, h = 10$

$$\text{अतः माध्यिका} = L_1 + \frac{\frac{N}{2} - C}{f_m} \times h = 31 + \frac{\left(\frac{50}{2} - 20\right)}{8} \times 10$$

$$= 31 + \frac{(25-20)}{8} \times 10$$

$$= 31 + \frac{50}{8}$$

$$= 31 + 6.25 = 37.25$$

अतः माध्यिका = 37.25

3. बहुलक (Mode)

सांख्यिकीय आँकड़ों में जिस पद की बारम्बारता अधिकतम हो, वह पद बहुलक कहलाता है।

वर्गीकृत आँकड़ों के लिए बहुलक

(Mode for Grouped Data)

$$\text{बहुलक} = L_1 + \frac{f - f_1}{(2f - f_1 - f_2)} \times (L_2 - L_1)$$

जहाँ, L_1 = बहुलक वर्ग की निम्न सीमा

L_2 = बहुलक वर्ग की उच्च सीमा

f = बहुलक वर्ग की आवृत्ति

f_1 = बहुलक वर्ग के पहले वर्ग की आवृत्ति

f_2 = बहुलक वर्ग से अगले वर्ग की आवृत्ति

उदाहरण– एक जाति की 15 मछलियों में जल की प्रतिशतता 60, 64, 62, 76, 70, 74, 70, 84, 82, 72, 76, 84, 78, 84 व 86 है। इस श्रेणी में बहुलक ज्ञात कीजिए।

हल– उपरोक्त आँकड़ों को उत्तरोत्तर क्रम में लगाकर एक सारणी बनाते हैं।

जल की प्रतिशतता	आवृत्ति
60	1
62	1
64	1
70	2
72	1
74	1
76	2
78	1
82	1
84	3
86	1

अतः 84 की सबसे अधिक आवृत्ति 3 है अतः इस सारणी का बहुलक 84 होगा।

माध्य, माध्यिका और **बहुलक** में सम्बन्ध (Relation among Mean, Mode and Median)

$$\text{बहुलक} = 3\ (\text{माध्यिका}) - 2\ (\text{मध्यमान})$$

अभ्यास प्रश्नावली

1. आँकड़ों को आरोही या अवरोही क्रम में रखकर ज्ञात किए जाने वाली केन्द्रीय प्रवृत्ति है

(a) बहुलक (b) समान्तर माध्य
(c) माध्यिका (d) इनमें से कोई नहीं

2. तीन संख्याओं 4, 6 और 8 की बारम्बारताएँ क्रमशः $(x+2), x$ व $(x-1)$ हैं। यदि बंटन का समान्तर माध्य 5.76 हो, तब x का मान है

(a) 7 (b) 6
(c) 8 (d) 10

3. 40 छात्रों की ऊँचाई का माध्य 56 सेमी पाया गया, परन्तु बाद में पता लगा कि एक माप, जो वास्तव में 61 था, 64 पढ़ा गया। सही माध्य है

(a) 55.25 (b) 55.925
(c) 53.00 (d) इनमें से कोई नहीं

4. कुछ विद्यार्थियों के प्राप्तांक निम्नांकित हैं

प्राप्तांक	विद्यार्थियों की संख्या
0-9	4
10-19	6
20-29	12
30-39	6
40-49	7
50-59	5

उपरोक्त सारणी का समान्तर माध्य होगा

(a) 29.75 (b) 29.50
(c) 24.50 (d) 26.64

5. यदि n संख्याओं $x_1, x_2, x_3 \ldots x_n$ का समान्तर माध्य x हो, तो $\sum_{i=1}^{n} (x_i - x)$ बराबर होता है

(a) 1
(b) n
(c) शून्य
(d) $n(x_1 + x_2 + x_3 + \ldots + x_n)$

6. एक साधारण बंटन का समान्तर माध्य और माध्यिका क्रमशः 38 और 39 है। तब बंटन का बहुलक है

(a) 41 (b) 4
(c) 37 (d) 36

7. निम्नलिखित बंटन के लिए माध्य होगा

वर्ग	बारम्बारता
0-10	2
10-20	8
20-30	30
30-40	12
40-50	3

(a) 26.90 (b) 25.09
(c) 26.09 (d) 27.09

8. कुछ मजदूरों की मजदूरी निम्नांकित हैं

मजदूरी (₹ में)	20-30	30-40	40-50	50-60	60-70
मजदूरों की संख्या	5	8	15	12	3

उपरोक्त सारणी की माध्यिका होगी

(a) 49 (b) 46.75 (c) 45.67 (d) 45

9. तीन समूहों का संयुक्त माध्य 12 है और पहले दो समूहों का संयुक्त माध्य 3 है। यदि पहले, दूसरे और तीसरे समूहों में पदों की संख्या 2, 3 तथा 5 है, तब तीसरे समूह का माध्य है

(a) 10 (b) 21 (c) 12 (d) 18

10. एक मासिक परीक्षा में कक्षा के 16 विद्यार्थियों के गणित में प्राप्तांक निम्नलिखित हैं

0, 0, 2, 2, 3, 3, 3, 4, 5, 5, 5, 5, 6, 6, 7, 8

प्राप्तांकों का समान्तर माध्य है

(a) 3 (b) 4 (c) 5 (d) 6

11. निम्न आँकड़ों की माध्यिका का मान है

x	100	150	80	200	250	180
f	24	26	16	20	6	30

(a) 120 (b) 135
(c) 150 (d) 155

12. यदि मानों $1, \frac{1}{2}, \frac{1}{3}, \frac{1}{4}, \frac{1}{5}, \ldots \frac{1}{n}$ की बारम्बारताएँ क्रमशः 1, 2, 3, 4, 5, 6,... n हो, तब इनका समान्तर माध्य है

(a) 1 (b) n (c) $\frac{1}{n}$ (d) $\frac{2}{n+1}$

13. एक विद्यार्थी तीन विषयों में 75%, 80% और 85% अंक प्राप्त करता है। यदि किसी अन्य विषय के अंक इसमें जोड़ दिये जाये, तब उनका औसत इससे कम नहीं हो सकता

(a) 60% (b) 65% (c) 70% (d) 80%

14. निम्नलिखित सारणी में 50 छात्रों द्वारा प्राप्त अंकों का बारम्बारता बंटन दिया है

प्राप्तांक	0-10	10-20	20-30	30-40	40-50
छात्रों की संख्या	5	10	12	21	2

छात्रों के प्राप्तांकों की माध्यिका है

(a) 28 (b) 30
(c) 29 (d) 28.33

15. जब प्रत्येक प्रेक्षण में से 10 घटा दिया जाए, तब प्रेक्षणों का समान्तर माध्य 60% घट जाता है। यदि प्रत्येक प्रेक्षण में 5 जोड़ दिया जाये, तब समान्तर माध्य होगा

(a) 25 (b) 30 (c) 60 (d) 65

16. विभिन्न प्रयोगों एवं प्रेक्षणों से प्राप्त तथ्यों का संख्यात्मक निरूपण कहलाता है
(a) सांख्यिकी (b) वर्गिकी
(c) पारिस्थितिकी (d) उद्‌विकास

17. आँकड़ों को विभिन्न रूपों में तालिकाओं के अलावा प्रदर्शित किया जा सकता है
(a) लेखाचित्रीय निरूपण (b) चित्रमय निरूपण
(c) (a) व (b) दोनों (d) इनमें से कोई नहीं

18. समान्तर माध्य का उपयोग कब नहीं हो सकता हैं
(a) जब वर्गों की संख्या 15 से कम व 50 से अधिक हो
(b) जब वर्गों की संख्या 10 से कम व 60 से अधिक हो
(c) जब वर्गों की संख्या 10 से कम व 70 से अधिक हो
(d) उपरोक्त में से कोई नहीं

19. केन्द्रीय प्रवृत्तियों का मापन निर्भर करता है
(a) मापन के स्तर पर (b) अपकिरण के ढग पर
(c) यादृच्छिक सैपलिंग पर (d) इन सभी पर

20. चित्र की रचना करते समय वर्गान्तरों की सीमाओं को भुजाक्ष पर तथा आवृत्तियों को कोटि अक्ष पर दिखाया जाता है किसमें?
(a) आवृत्ति चित्र (b) आवृत्ति बहुभुज
(c) (a) व (b) दोनों (d) इनमें से कोई नहीं

21. जब एक श्रेणी के विभिन्न वर्गों की आवृत्तियों को क्रम से जोड़ते है, तो उसके कहते हैं
(a) वर्ग विस्तार (b) अपर व अधर सीमा
(c) समावेश (d) संचयी बारम्बारता

22. एक अच्छे वर्गीकरण में विशेषताएँ होनी चाहिए
(a) व्यापकता (b) स्पष्टता (c) स्थिरता (d) ये सभी

23. चर कितने प्रकार के हो सकते हैं?
(a) एक (b) दो (c) तीन (d) पाँच

24. संघटक दण्ड आरेख किसे कहते हैं?
(a) उपविभाजित दण्ड आरेख (b) बहुदण्ड आरेख
(c) प्रतिशत दण्ड आरेख (d) द्विदिशीय दण्ड आरेख

25. जिसका मान निश्चित नहीं होता, उसे कहते हैं
(a) खण्डित अचर (b) बारम्बारता
(c) अखण्डित चर या सतत् चर (d) इनमें से कोई नहीं

26. आवृत्ति वितरण के लिए सत्य कथन है
(a) इसे बारम्बारता बंटन कहते हैं
(b) यह समकों को विन्यासित करने की रीति है
(c) समान गुणों वाले समकों को एकत्रित किया जाता है
(d) उपरोक्त सभी

27. जिसका मान निश्चित होता है और एक मान से दूसरे मान के मध्य कुछ निश्चित अन्तर होता है, उसे कहते हैं
(a) खण्डित या असतत् चर (b) आवृत्ति
(c) सतत चर (d) इनमें से कोई नहीं

28. जैवसांख्यिकी के मुख्य कार्य है
(a) तथ्यों को प्रकट करना
(b) तथ्यों को सरल रूप देना
(c) विभिन्न समस्याओं पर प्रकाश डालना
(d) उपरोक्त सभी

29. बारम्बारता (आवृत्ति) वितरण की रचना के आधार भूत तत्व है
(a) चर
(b) आवृत्ति
(c) (a) व (b) दोनों
(d) उपरोक्त में से कोई नहीं

30. माध्यिका क्या होती है?
(a) आँकड़ों का योग
(b) किसी शृंखला की मध्य संख्या
(c) आरोही या अवरोही निरीक्षण का मध्य बिन्दु
(d) वर्गों का सम्पूर्ण योग

31. केन्द्रीय प्रवृत्ति क्या होती है
(a) वह चर जो पूरी तरह शृंखला या सम्पूर्ण वंश का प्रतिनिधित्व करता है
(b) वह मान जो सारणी के केन्द्र में रहता है
(c) यह मानक विचलन का एक प्रकार है
(d) यह एक सार्थकता का परीक्षण होता है

32. जन्म दर को राज्यवार विभक्त करना किस प्रकार का वर्गीकरण है
(a) भौगोलिक (b) समयानुसार
(c) गुणात्मक (d) संख्यात्मक

33. निम्न में कौन केन्द्रीय प्रवृत्ति के अन्तर्गत नहीं आता है
(a) सामान्तर माध्य (b) माध्यिका
(c) ज्यामितीय माध्य (d) मानक विचलन

34. आँकड़ों का चार्ट तथा डायग्राम के द्वारा निरूपण कहलाता है
(a) वर्गीकरण (b) सारणीयन
(c) आलेखी निरूपण (d) गणितीय चित्रण

35. ग्राफीय निरूपण की मुख्य विधियाँ है
(a) हिस्टोग्राम (b) आवृत्ति पॉलीगोन
(c) कोणीय रेखाचित्र (d) ये सभी

36. जब आँकड़ों के योग को आँकड़ों की संख्या से विभाजित कर देते हैं, तब उसे कहते हैं
(a) माध्यिका (b) समान्तर माध्य
(c) बहुलक (d) माध्य विचलन

37. भुज, विचर, कोटि तथा बारम्बारता का प्रदर्शन किसमें किया जा सकता है
(a) रेखाचित्र द्वारा (b) दण्ड आरेख द्वारा
(c) पिक्टोग्राम द्वारा (d) इनमें से किसी के द्वारा नहीं

38. जब आँकड़ों के सभी पदों को समान महत्त्व दिया जाता है, तो माध्य होगा
(a) सरल समान्तर (b) भारित समान्तर
(c) वर्गीकरण माध्य (d) गणितीय माध्य

उत्तरमाला

1. (d)	2. (b)	3. (b)	4. (a)	5. (c)	6. (c)	7. (c)	8. (b)	9. (a)	10. (b)
11. (d)	12. (b)	13. (a)	14. (b)	15. (d)	16. (a)	17. (c)	18. (c)	19. (d)	20. (a)
21. (d)	22. (d)	23. (b)	24. (a)	25. (c)	26. (d)	27. (a)	28. (a)	29. (c)	30. (c)
31. (a)	32. (a)	33. (d)	34. (c)	35. (d)	36. (b)	37. (b)	38. (a)		

38

विभिन्नता या विचलन का मापन

Measurement of Variability

विभिन्नता या विचलन (Variability)

किसी समूह के एक मानक का उस समूह के केन्द्रीय मान से अन्तर या फैलाव को उस समूह का विचलन (variation) कहते हैं।

विचलन निम्न चार प्रकार से ज्ञात किया जा सकता है

1. प्रसार (Range)

प्रदत्तों के समूह में उच्चतम व निम्नतम मान के अन्तर को प्रसार कहते हैं।

प्रसार (R) = उच्चतम मान (P) – न्यूनतम मान – (Q)

प्रसार को R, उच्चतम मानकों P तथा न्यूनतम् मानकों Q से प्रदर्शित किया जाए, तब प्रसार गुणांक प्रसार उच्चतम् मान तथा न्यूनतम मान के अन्तर को इनके योग से भाग देने पर प्राप्त होता है। प्रसार गुणांक $= \dfrac{P-Q}{P+Q}$

2. चतुर्थांश विचलन (Quartile Deviation)

चतुर्थांश विचलन विस्तार विचलन से उत्तम होता है। यह विस्तार प्रदत्तों के वितरण का मध्य 50% होता है। यह समूह के प्रथम चतुर्थांस अर्थात् 25वाँ शततमक (percentile) व तृतीय चतुर्थांश अर्थात् शततमक के औसत के बराबर होता है।

चतुर्थांश विचलन, $Q = \dfrac{Q_3 - Q_1}{2}$

जहाँ, Q_1 = प्रथम चतुर्थांश या 25वाँ शततमक

Q_3 = तृतीय चतुर्थांश या 75वाँ शततमक

3. माध्य विचलन (Mean Deviation)

किसी दिए गए आँकड़े का मध्यमान विचलन सभी विचलनों का औसत होता है। इसमें योग में धन अथवा ऋण के चिह्नों को महत्त्व नहीं दिया जाता है।

मध्यमान विचलन (MD) या $\delta = \dfrac{\Sigma|x|}{N}$

जहाँ, δ = मध्यमान विचलन

x = वास्तविक मध्यमान से विचलन

Ex = समस्त विचलनों का योग

$|x|$ = बिना चिह्नों को ध्यान दिए विचलनों का योग

4. प्रामाणिक विचलन (Standard Deviation)

इसमें मध्यमान से प्राप्त विचलनों का वर्ग करके उनका औसत निकाला जाता है। इसके पश्चात् इनका वर्गमूल ज्ञात किया जाता है।

इस वैज्ञानिक अपकिरण मान का सर्वाधिक उपयोग होता है। इसको माध्य त्रुटि (mean error) मूल मध्य वर्ग विचलन (root mean square deviation) तथा माध्य वर्ग की त्रुटि (error of mean square), आदि नामों से भी जाना जाता है। इसकी दो प्रमुख विशेषताएँ हैं।

(i) मानक विचलन का मापन सामान्तर माध्य से किया जाता है।

(ii) इस प्रचलित एवं उपयोगी माप के लिए धनात्मक (+ ve) तथा ऋणात्मक (– ve) चिन्हों को समान ऋणात्मक मूल्य भी धनात्मक हो जाता है।

मानक विचलन की गणना (Calculation of Standard Deviation)

व्यक्तिगत श्रेणी में मानक विचलन का मापन विधियों द्वारा किया जाता है।

(a) **प्रत्यक्षविधि** (direct method)

इस विधि का उपयोग समान्तर माध्य का मान पूर्णांक होने की स्थिति में करते हैं।

(i) सर्वप्रथम श्रेणी के चरों का समान्तर माध्य की गणना की जाती है।

(ii) माध्या केन्द्रीय मान की सहायता से सभी मूल्यों (चरों) को विचलन ज्ञात किया जाता है।

(iii) तत्पश्चात् विचलन के मान का वर्ग करके उसको जोड़ दिया जाता है।

(iv) अब विचलन के योग में पदों की संख्या (N) से भाग देते हैं।

(v) प्राप्त मूल्य का वर्गमूल निकालने पर, मानक विचलन के मान की प्राप्ति होती है।

जहाँ, $\sigma = \sqrt{\dfrac{\Sigma x^2}{N}}$

σ = प्रामाणिक विचलन

x = औसत मध्यमान से विलचन

N = कुल प्रेक्षण

उदाहरण– 5 व्यक्तियों की हीमोग्लोबिन प्रतिशतता इस प्रकार है।

11.5, 12, 11, 13 व 13.5 ग्राम/100 cc

दिए गए आँकड़ों से प्रसार ज्ञात कीजिए।

हल–उपरोक्त आँकड़ों में,

उच्चतम मान $(H) = 13.5$, निम्नतम मान $(L) = 11.5$

अतः प्रसार $(R) = H - L = 13.5 - 11.5 = 2$

प्रसार $= 2$

उदाहरण–एक हॉस्पिटल में 10 रोगियों की हीमोग्लोबिन प्रतिशतता (Hb%) 5, 7, 8, 10, 14, 12, 13, 5, 8, 8 है। मध्यमान विचलन (mean deviation) का मान ज्ञात कीजिए।

हल पद 1 सबसे पहले श्रेणी का मध्यमान ज्ञात करते हैं।

मध्यमान $(M) = \frac{\Sigma x}{N} = \frac{5+7+8+10+14+12+13+5+8+8}{10}$

$$M = \frac{90}{10} = 9$$

पद 2 विचलन ज्ञात करने के लिए एक श्रेणी बनाते हैं।

चर (x)	विचलन
5	5 – 9 = – 4
7	7 – 9 = – 2
8	8 – 9 = – 1
10	10 – 9 = + 1
14	14 – 9 = + 5
12	12 – 9 = + 3
13	13 – 9 = + 4
5	5 – 9 = – 4
8	8 – 9 = – 1
8	8 – 9 = – 1

पद 3 चिन्ह रहित विचलनों का योग

$$|\Sigma x| = 4+2+1+1+5+3+4+4+1+1 = 26$$

पद 4 मध्यमान विचलन $MD = \frac{|\Sigma x|}{N} = \frac{26}{10} = 2.6 \Rightarrow MD = 2.6$

उदाहरण–निम्नलिखित तालिका में एक गौशाला में पोषित 10 गायों में भार वृद्धि को समकों द्वारा दर्शाया गया है। भार समकों की सहायता से मानक विचलन का मान ज्ञात करें।

कुल भार में वृद्धि (x)	(x)	$\bar{X} = 58.9 (X - \bar{X})$
50	– 8.9	79.21
52	– 6.9	47.61
54	– 4.9	24.01
56	– 2.9	8.41
58	– 0.9	0.81
61	+ 2.1	4.41
63	+ 4.1	16.81
64	+ 5.1	26.01
65	+ 6.1	37.21
66	+ 7.1	50.41
		294.9

हल $\bar{X} = \frac{\Sigma x}{N} = \frac{589}{10} = 58.9$

मानक विचलन $= \sqrt{\frac{(\Sigma X - \bar{X})^2}{N}} = \sqrt{\frac{294.9}{10}}$

$= \sqrt{29.49} = 5.43$

(h) लघु विधि (Shortout Method)

लघु विधि का प्रयोग, समान्तर माध्य के मान के अपूर्णांक (पूर्णांक नहीं) होने की स्थिति में किया जाता है।

(i) श्रेणी में किसी भी मूल्य (चर) को समान्तर मध्यमान (कल्पित माध्य) मानका प्रत्येक मूल्य का विचलन ज्ञात कर लेते हैं।

(ii) विचलन का योग करके, उनका वर्ग कर किया जाता है तथा निम्न तीन सूत्रों द्वारा मानक विचलन की गणना की जाती है।

(a) $\sigma = \sqrt{\frac{\Sigma dx^2}{N} - \left(\frac{\Sigma dx}{N}\right)^2}$

(b) $\sigma = \sqrt{\frac{\Sigma dx^2 - n(a-x)^2}{N}}$

(c) $\sigma = \frac{1}{N}\sqrt{\Sigma dx^2 \cdot N - (\Sigma dx)^2}$

उदाहरण–तालिका में दिए गए 10 पशुओं के भार वृद्धि मूल्यों (चरों) के लिए मानक विचलन की गणना कीजिए।

भार वृद्धि (x)	$A = 56, X - A = d$	d^2
50	– 6	36
52	– 4	16
54	– 2	4
56	0	0
58	+ 2	4
61	+ 5	25
63	+ 7	49
64	+ 8	64
65	+ 9	81
66	+ 10	100
	$\Sigma d = -12 + 41$ $\Sigma = 26$	$\Sigma d^2 = 379$

हल $\sigma = \sqrt{\frac{\Sigma d^2}{N} - \left(\frac{\Sigma d}{N}\right)^2}$

$= \sqrt{\frac{379}{10} - \left(\frac{20}{10}\right)^2}$

$= \sqrt{\frac{379}{10} - (2.9)^2}$

$= \sqrt{37.9 - 8.41}$

$= \sqrt{29.49} = 5.43$

माध्य विचलन तथा मानक विचलन के निम्न सम्बन्ध होता है।

माध्य विचलन $(\delta m) = \frac{4}{5}$ मानक विचलन (σ) लगभग

प्रसरण विश्लेषण (Variance Analysis)

दो से अधिक प्रतिदर्श माध्यों के अन्तरों की सार्थकता की जाँच प्रसरण विश्लेषण (analysis of variance) की प्रविधि द्वारा सम्पन्न की जाती है। प्रसरण विश्लेषण का उद्देश्य एक ही परीक्षा द्वारा अनेक माध्यों की सजातीयता (homogeneity) की जाँच करना है।

प्रसरण विश्लेषण एक ऐसी विधि है, जिसकी सहायता से कुल प्रसरण को प्रसरण संघटकों में विभाजित करके उनकी तुलना द्वारा विभिन्न प्रतिदर्श माध्यों की सजातीयता की जाँच की जा सकती है। सामान्य रूप से कुल विचरण को दो संघटकों में विभाजित किया जा सकता है।

कुल प्रसरण = प्रतिदर्शों के बीच प्रसरण + प्रतिदर्शों के अन्तर्गत प्रसरण या $SS_T = SS_B + SS_W$

प्रसरण प्रामाणिक विचलन (standard deviation) का वर्ग होता है।

प्रसरण (variance) = [प्रामाणिक विलचन]^2

क्योंकि, प्रामाणिक विचलन

$$= \sqrt{\frac{\Sigma(x-M)^2}{N}}$$

अतः प्रसरण $= \frac{\Sigma(x-M)^2}{N}$

अतः प्रसरण में प्रत्येक प्रदत्त और मध्यमान के विचलन के वर्ग के योग को समूह की आवृत्तियों से भाग करके प्राप्त होती है। इस प्रकार प्रसरण औसत वर्गान्तर होता है।

अभ्यास प्रश्नावली

1. निम्नांकित सारणी में बछड़ों की संख्या के सापेक्ष उनकी ऊँचाई (लम्बाई) दशार्यी गई। समकों के आधार पर मानक विचलन की गणना करे।

बछड़ों की लम्बाई	25 सेमी	30 सेमी	35 सेमी	40 सेमी	45 सेमी	50 सेमी	55 सेमी	60 सेमी
बछड़ों की संख्या	20	30	40	50	60	50	40	30

(a) 9.921 (b) 320 (c) 98.42 (d) 43.75

2. निम्नलिखित सारणी में मॉडल स्कूल में अध्ययनरत कक्षा प्रथम से कक्षा 10 की कुछ छात्राओं की संख्या के सापेक्ष उनके भार को दर्शाया गया है। समंकों की सहायता से मानक विचलन ज्ञात करें।

लड़कियों का भार	0-10	10-20	20-30	30-40	40-50	50-60
लड़कियों की संख्या	10	15	20	25	20	10

(a) 1462.87 (b) 14.62 (c) 1.462 (d) 146.287

3. निम्नांकित सारणी के लिए मानक विचलन तथा प्रसरण की गणना करो

वर्गान्तराल	बारम्बारता
0-10	10
10-20	12
20-30	18

(a) 8.1, 66 (b) 9,81 (c) 8.42, 64 (d) 9.23, 72

4. मानक विचलन कहलाता है

(a) बंटन के मदों तथा उस श्रेणी के मध्य के बीच औसत अन्तर
(b) 50 प्रतिशत चरम मानों को छोड़ देता है।
(c) वर्गित विचलन के केन्द्रीय (मध्य) मान का वर्गमूल
(d) समष्टि के समान्तर मध्य आस-पास प्रतिदर्श मध्य या कल्पित मध्य के प्रकीर्णन को प्रदर्शित करता है।

5. पदों 3, 4, 7, 9, 11, 13 के लिए मानक विचलन है।

(a) 17 (b) 10.8 (c) $\sqrt{15.2}$ (d) 0

6. संख्याओं के एक समूह का मानक विचलन की गणना करने पर 14.62 मूल्य प्राप्त होता है। यदि प्रत्येक संख्या से एक निश्चित मान कम कर दिया जाए, तब मानक विचलन का मान

(a) अपरिवर्तित रहेगा
(b) परिवर्तित हो जाएगा
(c) विचलन के मान में पूर्णतया परिवर्तन होगा
(d) विचलन लगभग अपरिवर्तित दशा में रहेगा

7. श्रेणी 48, 44, 45, 50, 46, 42, 54, 62, 50, 47, 52, 60 में कक्षा 10 में अध्ययनरत छात्राओं के भार किग्रा में दर्शाए गए हैं। इन समंकों से भार का मानक विचलन होगा

(a) 6.2 (b) 6.4 (c) 4.8 (d) 5.9

8. मानक विचलन के अन्तर्गत विचलन का क्या किया जाता है?

(a) घटा दिया जाता है (b) गुणा कर दिया जाता है
(c) वर्ग कर दिया जाता है (d) घन कर दिया जाता है

9. श्रेणी के समूह 8, 4, 7, 3, 15, 11 के लिए मानक विचलन का मान होगा

(a) $10\sqrt{6}$ (b) $10\sqrt{3}$ (c) $\frac{10}{\sqrt{6}}$ (d) $5\sqrt{2}$

10. मानक विचलन के वर्गमूल को किस अन्य नाम से जाना जाता है?

(a) मध्य विचलन (b) प्रसरण
(c) परिसर (d) इनमें से कोई नहीं

11. संख्याओं के दिए गए एक समूह 11, 14, 15, 17, 18 हेतु मानक विचलन का मान 2.45 आता है। यदि प्रत्येक संख्या से 5 कम कर दिया जाता है, तब मानक विचलन का मान होगा।

(a) 0.245 (b) 2.45 (c) 7.55 (d) 12.45

12. मानक त्रुटि का कारण है

(a) मानक विचलन के मानों में भिन्निता
(b) मानक विचलन के उच्च मान
(c) मानक विचलन के निम्न मान
(d) विचरण गुणांक

13. श्रेणी 82, 88, 76, 74, 84, 71, 65, 66, 64, 68, 90 का विक्षेपण गुणांक है

(a) $\frac{13}{77}$ (b) $\frac{11}{79}$

(c) $\frac{9}{73}$ (d) $\frac{77}{13}$

14. निम्नलिखित में से कौन मूल मध्य वर्ग विचलन कहलाता है?

(a) मानक विचलन
(b) स्कूड बंटन
(c) (a) व (b) दोनों
(d) परिवर्तिता का गुणांक

15. निम्नलिखित वितरण के लिए मध्य विचलन मान की गणना करें।

वर्ग अन्तराल	40-44	35-39	30-34	25-29
बारम्बारता	2	3	4	5

(a) 6.64
(b) 3.48
(c) 4.48
(d) 7.24

16. निम्नलिखित आकड़ों की सहायता से मानक विचलन की गणना करो।

x(cm)	2-4	4-6	6-8	8-10	10-12	12-14	14-16
बारम्बारता	2	4	6	8	10	12	14

(a) 24.84 (b) 4.984 (c) 1391.44 (d) 49.84

17. निम्नांकित सारणी में दिए गए आँकड़ों की सहायता से मानक विचलन का मान ज्ञात करो

x	6	8	9	10	11	12
f	6	12	13	8	5	4

(a) 1.5 (b) 1.55 (c) 1.75 (d) 1.64

18. निम्नलिखित सारणी में भेड़ों की संख्या के सापेक्ष भेड़ों के भार से सम्बन्धित आकड़ें दिए गए है। आकड़ों की सहायता से मानक विचलन की गणना करो।

भेड़ों का भार	0-10	10-20	20-30	30-40	40-50	50-60
भेड़ों की संख्या	8	10	16	14	18	20

(a) 1.784 (b) 17.84 (c) 178.4 (d) 1784

उत्तरमाला

1. (a) **2.** (b) **3.** (a) **4.** (c) **5.** (c) **6.** (a) **7.** (d) **8.** (c) **9.** (c) **10.** (b)
11. (b) **12.** (a) **13.** (a) **14.** (a) **15.** (c) **16.** (b) **17.** (d) **18.** (b)

39

कोशिका संरचना एवं कार्य

Cell Structure and Functions

कोशिका सभी जीवों की संरचनात्मक तथा कार्यात्मक इकाई है। सन् 1665 में रॉबर्ट हुक नामक अंग्रेज वैज्ञानिक ने कोशिका की खोज की। दो जर्मन वैज्ञानिकों श्लाइडेन (Schleiden; 1839) तथा श्वान (Schwann; 1838) ने कोशिकावाद का प्रस्ताव दिया, जिसके अनुसार

(i) सभी जीवधारी कोशिकाओं व कोशिकाओं के उत्पादों से बनते हैं।

(ii) कोशिकाएँ जीवधारियों की मूलभूत संरचनात्मक इकाइयाँ हैं।

कोशिका की संरचना (Structure of Cell)

सन् 1932 में जर्मनी के दो वैज्ञानिकों **नॉल** (Knoll) व **रस्का** (Ruska) ने एक ऐसे सूक्ष्मदर्शी का आविष्कार किया, जिससे वस्तु एक लाख (100000) गुना बड़ी दिखाई पड़ती है। इसे इलेक्ट्रॉन सूक्ष्मदर्शी (electron microscope) कहते हैं। इलेक्ट्रॉन सूक्ष्मदर्शी द्वारा देखने पर जन्तु एवं पादप कोशिका चारों ओर से प्लाज्मा कला से घिरी होती है। पादप कोशिका में प्लाज्मा कला के अतिरिक्त कोशिका भित्ति भी पाई जाती है।

कोशिका कला या प्लाज्मा झिल्ली
(Cell Membrane or Plasma Membrane)

कोशिका के सभी अवयव एक पतली झिल्ली द्वारा घिरे रहते हैं। इस झिल्ली को कोशिका कला या प्लाज्मा झिल्ली कहते हैं। इस झिल्ली के द्वारा ही कोशिका अपने बाहरी वातावरण से अलग बनी रहती है। यह लिपोप्रोटीन की बनी होती है। कोशिका कला की संरचना के लिए विभिन्न मत प्रतिपादित किए गये, जिनके तरल मोजैक मॉडल सर्वमान्य है।

तरल मोजैक मॉडल (Fluid Mosaic Model)

इस विचारधारा को सिंगर तथा निकोलसन (सन् 1972) ने प्रस्तुत किया। इसके अनुसार, कोशिका कला के मध्य में लिपिड का दोहरा स्तर होता है। इस स्तर के बाहर परिधीय या बाह्य (extrinsic) प्रोटीन तथा धंसे हुये समाकल (intrinsic) प्रोटीन होते हैं।

कोशिका कला के कार्य (Functions of Cell Membrane)

(i) यह कोशिकाद्रव्य (cytoplasm) तथा कोशिकांगों के लिए सुरक्षा कवच का कार्य करती है।

(ii) यह चयनात्मक पारगम्यता (selective permeability) दर्शाती है अर्थात् किन लाभदायक अणुओं को अन्दर रहना है तथा किन हानिकारक अणुओं को बाहर जाना है, इसका चयन कोशिका कला ही करती है।

कोशिका भित्ति (Cell Wall)

यह पौधों को मजबूती प्रदान करती है। कोशिकागों भित्ति में सेलुलोज से बने माइक्रोफिब्रिल्स तथा अन्य पॉलीसैकेराइड भी उपस्थित होते हैं, इसका प्रमुख कार्य कोशिकाद्रव्य एवं कोशिका झिल्ली को बाह्य आघातों से सुरक्षित रखना होता है।

कोशिकांग:संरचना व कार्य
(Cell Organelles : Structure and Functions)

कोशिका का इलेक्ट्रॉन सूक्ष्मदर्शी द्वारा अवलोकन करने पर निम्न कोशिकांग पाए जाते हैं

1. केन्द्रक (Nucleus)

इसकी खोज (सन् 1831) में स्कॉटिस वैज्ञानिक रॉबर्ट ब्राउन ने की थी। सभी यूकैरियोट जीवों में एक सुस्पष्ट केन्द्रक (nucleus) होता है, जो दोहरी झिल्ली से घिरा होता है। इस केन्द्रक झिल्ली में केन्द्रकीय छिद्र होते हैं। गुणसूत्रों के अलावा यह झिल्ली एक या ज्यादा केन्द्रिकों (nucleoli) को भी घेरे रहती है, जो केन्द्रकद्रव्य में डूबे रहते हैं। केन्द्रिक राइबोसोमक आरएनए संश्लेषण का केन्द्र है, जबकि केन्द्रक सभी कोशिकीय क्रियाओं का नियन्त्रण केन्द्र है, जिससे आनुवंशिकता (heredity) नियन्त्रित होती है।

2. माइटोकॉण्ड्रिया (Mitochondria)

माइटोकॉण्ड्रिया दोहरी झिल्ली के आवरण से घिरी हुई रचनाएँ होती हैं। इसमें बाहरी झिल्ली सपाट तथा अन्दर वाली झिल्ली मैट्रिक्स की ओर अंगुली समान नलिकाओं (पादपों में) अथवा क्रिस्टी (जन्तुओं में) जैसी रचनाएँ बनाती हैं। क्रिस्टी की सतह पर टेनिस के रैकेट के आकार के सूक्ष्मकण होते हैं, जिसे ऑक्सीसोम कहा जाता है। इसमें ATP सिन्थेटेस एन्जाइम होता है।

माइटोकॉण्ड्रिया के मैट्रिक्स के क्रैब्स चक्र में एन्जाइम, DNA, राइबोसोम तथा RNA स्थित होते हैं, इसलिए माइटोकॉण्ड्रिया को **अर्धस्वायत्त कोशिकांग** (semiautonomous organelle) कहा जाता है। इसे कोशिका का **बिजलीघर** (powerhouse) कहा जाता है, चूँकि सभी आवश्यक रासायनिक क्रियाओं को करने के लिए माइटोकॉण्ड्रिया ATP के रूप में ऊर्जा प्रदान करते हैं।

3. अन्तःप्रद्रव्यी जालिका (Endoplasmic Reticulum)

अन्तः प्रद्रव्यी जालिका का झिल्ली युक्त नलिकाओं को एक बहुत बडा तन्त्र होता है। यह दोहरी झिल्ली से घिरी होती है। यह जालिका दो प्रकार की खुरदरी अन्तःप्रद्रव्यी जालिका तथा चिकनी अन्तःप्रद्रव्यी जालिका होती है।

खुरदरी अन्तःप्रद्रव्यी जालिका (rough ER) का खुरदरापन उस पर स्थित राइबोसोम के कारण हाता है। राइबोसोम पर प्रोटीन-संश्लेषण होता है। अन्तःप्रद्रव्यी जालिका का प्रमुख कार्य उन सभी वसाओं व प्रोटीनों का संश्लेषण करना है, जो विभिन्न कोशिका झिल्ली अथवा केन्द्रक झिल्ली का निर्माण करते हैं। **चिकनी अन्तःप्रद्रव्यी जालिका** (smooth ER) पर राइबोसोम नहीं पाए जाते हैं। ये **लिपिड स्टीरॉल का संश्लेषण** करती हैं।

4. **गॉल्जीकाय** (Golgi Body)

गॉल्जीकाय झिल्ली पुटिका है, जो एक-दूसरे के ऊपर समानान्तर रूप से रहती है। इन झिल्लियों का सम्पर्क अन्तःप्रद्रव्यी जालिका की झिल्लियों से होता है और इसलिए जटिल कोशिकीय झिल्ली तन्त्र के दूसरे भाग को बनाती है। अन्तःप्रद्रव्यी जालिका में संश्लेषित पदार्थ गॉल्जीकाय में पैक किए जाते हैं और इस रूप में उसे कोशिका के बाहर तथा अन्दर विभिन्न क्षेत्रों में भेज दिया जाता है।

गॉल्जीकाय को लाइपोकॉण्ड्रिया या डिक्टियोसोम भी कहा जाता है। **गॉल्जीकाय को कोशिका की ट्रैफिक पुलिस** भी कहा जाता है। ये कोशिका पट्ट, कोशिका भित्ति, शुक्राणु के एक्रोसोम, लयनकाय तथा हॉर्मोन के संश्लेषण का कार्य करती है।

5. **लयनकाय** (Lysosome)

यह मुख्यतया जन्तु कोशिकाओं में पाई जाने वाली गोल इकहरी झिल्लियों से घिरी थौलियाँ है, जिसमें 50 हाइड्रोलिटिक एन्जाइम पाए जाते हैं, जो लगभग 5 pH पर कार्य करते हैं। यह कोशिका का अपशिष्ट निपटाने वाला तन्त्र है। लाइसोसोम में उपस्थित पाचनकारी एन्जाइम कार्बनिक पदार्थ को तोड़ देते हैं। **लाइसोसोम** को **आत्महत्या की थैली** (suicidal bags) भी कहा जाता है।

6. **राइबोसोम** (Ribosome)

यह गोलाकार, दो उप-इकाइयों के बने, झिल्ली विहीन राइबोन्यूक्लिओप्रोटीन के सूक्ष्मकण होते हैं, जो हरितलवक, केन्द्रक तथा कोशिकाद्रव्य में (अन्तःप्रद्रव्यी जालिका पर राइबोफोरिन प्रोटीन द्वारा जुड़ा) पाए जाते हैं, इसे **प्रोटीन की फैक्ट्री कहा** जाता है। Mg^{+2} की कम सान्द्रता पर ये दो उप-इकाइयों में बँट जाते हैं।

7. **सेन्ट्रोसोम** (Centrosome)

प्रायः ये जन्तु कोशिका में पाए जाते हैं। इसके अलावा कुछ शैवालों तथा कवकों में दो जोडे सेन्ट्रियोल्स की बनी एक रचना होती है, इसलिए **इसे डिप्लोसोम** भी कहा जाता है। प्रत्येक सेन्ट्रियोल्स सूक्ष्मनलिकाओं से निर्मित त्रिक तन्तुओं के नौ समूहों का बना होता है, दो जोड़े सेन्ट्रियोल्स सेन्ट्रोस्फीयर या काइनोप्लाज्म से घिरे होते हैं।

इस सम्पूर्ण रचना को सेन्ट्रोसोम कहा जाता है। कोशिका विभाजन के समय सेन्ट्रोसोम के दो जोड़े सेन्ट्रियोल्स में विभाजित हो जाते हैं, जो दो विपरीत ध्रुवों पर चले जाते हैं और एस्ट्रल किरणों (astral rays) का निर्माण करते हैं।

8. **रसधानियाँ** (Vacuoles)

ये इकहरी झिल्ली (टोनोप्लास्ट) से घिरी तथा तरल पदार्थों से भरी रचनाएँ होती हैं। पादप कोशिका में यह बडे आकार में, जबकि जन्तु कोशिका में ये अनेक और बहुत ही छोटे आकार में होती है। इसे **कोशिका का भण्डार घर** कहा जाता है, जिसमें खनिज लवण, शर्करा, कार्बनिक अम्ल, O_2 एवं CO_2 आदि भरे होते हैं। इसमें स्थित रसधानी रस के कारण ही कोशिकाओं की स्फीति (turgidity) बनी रहती है। इसमें एक वर्णक एन्थोसायनिन पाया जाता है।

9. **माइक्रोबॉडीज** (Microbodies)

ये इकाई झिल्ली युक्त छोटे कोशिकांग हैं, जो **ऑक्सीकरण क्रियाओं** (श्वसन के अतिरिक्त अन्य) में भाग लेते हैं। इनमें क्रिस्टलीय कोर तथा कणीय मैट्रिक्स होता है। यह परॉक्सीसोम तथा ग्लाइऑक्सीसोम प्रकार का होता है। ग्लाइऑक्सीसोम्स, ग्लाइऑक्सीसोम चक्र द्वारा वसा के ऑक्सीकरण में भाग लेता है, जबकि परॉक्सीसोम प्रकाश श्वसन में भाग लेता है। इसमें उपस्थित कैटेलेज एन्जाइम हाइड्रोजन परॉक्साइड के विघटन का कार्य करता है।

लवक (Plastids)

लवक केवल पादप कोशिकाओं में स्थित होते हैं। ये तीन प्रकार के अर्थात् हरितलवक अवर्णीलवक तथा वर्णीलवक होते हैं।

1. **हरितलवक** (Chloroplast)

हरे रंग का पदार्थ हरितलवक के कारण इसका रंग हरा होता है। यह हरितलवक दोहरे झिल्ली से घिरे होते हैं, जो लाइपोप्रोटीन से बनी होती है। इसके अन्दर की ओर एक तरल पारदर्शी पदार्थ होता है, जिसे स्ट्रोमा कहा जाता है। इस स्ट्रोमा में अनेक एन्जाइम, राइबोसोम, आदि पदार्थ पाए जाते हैं। माइटोकॉण्ड्रिया की तरह लवक में अपना DNA और राइबोसोम (70S प्रकार) होते हैं। वस्तुतः इसमें बाहरी झिल्ली सपाट परन्तु भीतरी झिल्ली गोल पटलिका होती है, जिसे थायलेकॉइड कहते हैं। अनेक स्थानों पर यह थायलेकॉइड एक से ऊपर लगी होती है, जो ग्रेनम कहलाती है। ग्रेनाओं को जोड़ने वाली पटलिकाएँ स्ट्रोमा पटलिकाएँ कहलाती हैं।

थायलेकॉइड की भीतरी सतह पर क्वान्टासोम पाए जाते हैं, जिसमें हरितलवक अणु होते हैं, ये प्रकाश-संश्लेषण की आधारभूत इकाई हैं, इसे पादप कोशिका का रसोईघर कहा जाता है। **हरितलवक** में प्रकाश-संश्लेषण की **प्रकाशिक अभिक्रिया** ग्रेना में, जबकि **प्रकाशहीन अभिक्रिया स्ट्रोमा** में होती है।

2. **अवर्णी लवक** (Leucoplast)

एक रंगहीन लवक, जो जड़ों और भूमिगत तनों में पाए जाते हैं। ये स्टार्च के रूप में भोजन का संग्रह करते हैं, ये मुख्यतया तीन प्रकार के होते हैं
कोशिका के भीतर उपस्थित जंक्शन प्रोटीन, ये प्रोटीन कोशिकाओं को जोड़ती हैं।

3. **वर्णी लवक** (Chromoplast)

हरे वर्णकों को छोडकर अन्य सभी वर्णी लवक क्रोमोप्लास्ट कहलाते हैं।

ये पेटल्स तथा फलों मे उपस्थित होते हैं। ये प्रकाश-संश्लेषण में भी भाग लेते हैं।

कोशिका के सन्धि (Junctions of Cell)

सन्धि कोशिकाओं के मध्य सम्पर्क स्थापित करने के साथ-साथ, पदार्थों के विनिमय (आवागमन) में भी सहायक है।

कोशिका के कुछ सामान्य सन्धि निम्न हैं

(i) **दृढ़ सन्धियाँ** (Tight junctions) ये सन्धियाँ पदार्थों को ऊतक से बाहर निकलने से रोकती है; जैसे–आंत्र, वृक्क, आदि।

(ii) **डेस्मोसोम्स** (Desmosomes) ये दो कोशिकाओं को किरैटिन-नालक तन्तुओं द्वारा दृढ़ता से जोड़ती है।

(iii) **अन्तराली सन्धियाँ** (Gap junction) ये संन्धिया निकटस्थ कोशिकाओं के कोशिकाद्रव्य को परस्पर जोड़कर उनके मध्य सम्पर्क स्थापित करती है तथा आयनों तथा छोटे अणुओं एवं कभी-कभी बड़े अणुओं को तुरन्त स्थानान्तरित करने में सहायक है; जैसे–हृदय पेशियाँ, जन्तु भ्रूण, आदि।

कोशिका कंकाल व उसकी गति में भूमिका (Cytoskeleton and Its Role in Movement)

यूकैरियोटिक कोशिका के कोशिकाद्रव्य में उपस्थित लम्बे, पतले रेशों का जाल कोशिका कंकाल (cytoskeleton) कहलाता है। इसके कार्य निम्नलिखित हैं

(i) ये कोशिका के आकार को नियन्त्रित रखता है, सहारा प्रदान करता है।

(ii) ये विभिन्न प्रकार की कोशिकीय गतियाँ प्रदान करता है।

(iii) ये कई प्रकार की गतिशील प्रोटीन को सहारा देता है, जिससे कोशिका में विभिन्न वस्तुओं की गति सम्भव है। माइक्रोफिलामेण्ट, माइक्रोट्यूब्यूल्स, आदि कोशिका कंकाल के भाग हैं।

कोशिकांग, उनके खोजकर्ता एवं कार्य (Cell organelles their discoverer and functions)

कोशिकांग	खोजकर्ता	कार्य
हरितलवक	शिम्पर	प्रकाश-संश्लेषण द्वारा भोजन का निर्माण।
माइटोकॉण्ड्रिया	कॉलिकर	कोशिकीय श्वसन द्वारा ATP का निर्माण।
अन्तःप्रद्रव्यी जालिका	पोर्टर	प्रोटीन संश्लेषण (RER में) एवं लिपिड, ग्लाइकोजन तथा स्टीरॉइड संश्लेषण (SER) में
गॉल्जीकाय	कैमिलो गॉल्जी	शुक्राणु के एक्रोसोम का निर्माण, हॉर्मोन स्रावण, पदार्थों का संचय एवं स्थानान्तरण।
कोशिका भित्ति	रॉबर्ट हुक	मुख्यतया सेलुलोज की बनी, कैल्शियम व मैग्नीशियम पेक्टेट की बनी मध्य पटलिका कोशिकाओं के बीच सीमेन्ट का कार्य करती है।
जीवद्रव्य	पुरकिन्जे	जीवन की भौतिक आधारशिला।
कोशिका झिल्ली का तरल मोजैक मॉडल	सिंगर एवं निकोलसन	आकृति प्रदान करना व पदार्थों का आदान-प्रदान।
क्वान्टासोम	पार्क एवं पोन	प्रकाश-संश्लेषण की इकाई।
राइबोसोम	पैलेड	प्रोटीन का संश्लेषण।
तारककाय	टी बोवेरी	कोशिका विभाजन के समय एस्टर किरणों का विकास।
लाइसोसोम	डी डुबे	बाह्य कोशिका पदार्थों तथा अन्तर कोशिका पदार्थों का पाचन एवं, आत्महत्या की थैली।
परॉक्सीसोम	टॉल्बर्ट	प्रकाश श्वसन।
सूक्ष्मनलिकाएँ	डी रॉबर्टिस	सीलिया, कशाभिका, तारककाय एवं कोशिका कंकाल का निर्माण।
केन्द्रक	रॉबर्ट ब्राउन	कोशिका का नियन्त्रक।
केन्द्रिका	फोन्टाना	*r*RNA तथा राइबोसोम का संश्लेषण।
गुणसूत्र	वाल्डेयर	जननिक लक्षणों का एक पीढ़ी से दूसरी पीढ़ी में स्थानान्तरण।

अभ्यास प्रश्नावली

1. लाइसोसोम है

(a) पाचन केन्द्र (b) श्वसन केन्द्र
(c) उत्सर्जन केन्द्र (d) ऊर्जा केन्द्र

2. इलेक्ट्रॉन ट्रांसपोर्ट तन्त्र स्थित होता है

(a) माइटोकॉण्ड्रियल मैट्रिक्स में (b) साइटोसॉल में
(c) क्रिस्ट्री में (d) इन सभी में

3. शुक्राणु के एक्रोसोम का निर्माण किस अंग द्वारा होता है?

(a) माइटोकॉण्ड्रिया (b) सेन्ट्रोसोम
(c) लाइसोसोम (d) गॉल्जीकाय

4. कोशिका कला में पाई जाने वाली समाकल या आन्तरिक प्रोटीन की प्रतिशत मात्रा होती है

(a) 40% (b) 50% (c) 60% (d) 70%

5. कोशिका कला का तरल मोजैक मॉडल किसने दिया?

(a) रॉबर्टसन (b) सिंगर व निकोलसन
(c) रॉबर्ट हुक (d) रॉबर्ट ब्राउन

6. कोशिका का आन्तरिक कंकाल बना होता है

(a) माइक्रोट्यूब्यूल्स, इण्टरमीडिएट फिलामेन्ट एवं माइक्रोफिलामेन्ट
(b) सेलुलोज एवं इण्टरमीडिएट फिलामेन्ट
(c) सेलुलोज, माइक्रोट्यूब्यूल्स एवं सेन्ट्रीयोल्स
(d) माइक्रोफिलामेण्ट

7. कोशिका कला के सम्बन्ध में सही कथन छाँटिए।

(a) यह कोशिका के बाहर तथा भीतर पदार्थों की गति का नियन्त्रण करती है
(b) यह प्रोटीन तथा फॉस्फोलिपिड की बनी होती है
(c) (a) व (b) दोनों
(d) यह जन्तुकोशिका में कोशिका भित्ति से घिरी होती है

8. कोलेजन के सन्दर्भ में सत्य कथन छाँटिए।

(a) इसमें ग्लाइसीन, हाइड्रॉक्सीलायसिन व हाइड्रॉक्सीप्रोलीन की अधिक मात्रा पाई जाती है
(b) ये कशेरुकियों में प्रचुर मात्रा में पाई जाने वाली प्रोटीन है
(c) ये जन्तुओं के बाह्यकोशिकीय द्रव में प्रचुर मात्रा में उपस्थित पदार्थ है
(d) ये सभी

9. सिंगर व निकोलसन द्वारा कोशिका कला के सन्दर्भ में दिया गया तरल मोजैक मॉडल निम्नलिखित में से किसके लिए उपयोगी है?
(a) प्रोकैरियोटिक झिल्ली (b) यूकैरियोटिक झिल्ली
(c) (a) व (b) दोनों (d) केवल कोशिकांगों की झिल्ली

10. पादप कोशिका में कोशिका कला के चारों ओर उपस्थित कोशिका भित्ति किस पदार्थ की बनी होती है?
(a) सेलुलोज (b) प्रोटीन
(c) लिग्निन (d) माल्टोज

11. पश्च रूपान्तरण उपस्थित होता है?
(a) केन्द्रक (b) माइटोकॉण्ड्रिया
(c) राइबोसोम (d) अन्त:प्रद्रव्यी जालिका

12. केन्द्रक झिल्ली के सन्दर्भ में असत्य कथन छाँटिए।
(a) केन्द्रक आवरण कोशिका में उपस्थित अन्य कोशिका झिल्लियों के समान होता है
(b) केन्द्रक आवरण आनुवंशिकीय पदार्थ के कोशिकाद्रव्य से अलग करता है
(c) केन्द्रक आवरण संकेन्द्रीय झिल्लियों का युग्म है
(d) केन्द्रक आवरण छिद्रयुक्त होता है

13. कोशिका के किस अंग में ऑक्सीसोम उपस्थित होते हैं
(a) माइटोकॉण्ड्रिया, किस्ट्री (b) हरितलवक, ग्रेना
(c) माइटोकॉण्ड्रिया, मैट्रिक्स (d) हरितलवक, स्ट्रोमा

14. निम्नलिखित में से कौन-सा अंग राइबोसोम के निर्माण में सहायक है?
(a) अन्त:प्रद्रव्यी जालिका (b) केन्द्रिका
(c) केन्द्रक (d) गॉल्जीकाय

15. सेन्ट्रियोल या सेन्ट्रोसोम भाग लेता है
(a) केन्द्रक के निर्माण में
(b) कोशिका विभाजन को प्रारम्भ करने में
(c) कोशिका प्लेट के निर्माण में
(d) तर्कु तन्तु के निर्माण में

16. RNA अणु जो उत्प्रेरक की क्रिया को रोकता है, कहलाता है
(a) *m*RNA (b) राइबोन्यूक्लिएज
(c) राइबोजाइम (d) राइबोन्यूक्लिओटाइड

17. दो कोशिकाओं के मध्य कोशिका कला में उपस्थित स्थूली धब्बे क्या कहलाते हैं?
(a) गैप जंक्शन (b) टाइट जंक्शन
(c) डेस्मोसोम्स (d) प्लाज्मोडेस्मेटा

18. प्रोटीन रूपान्तरण का कौन-सा भाग अन्त:प्रद्रव्यी जालिका में पूर्ण नहीं होता है?
(a) ग्लूकोसायलेशन (b) यूबीक्वीनेशन
(c) डाइसल्फाइड बन्धों का बनना (d) चतुष्क संरचना का बनना

19. पेशियाँ कोशिकाओं में कैल्शियम के एकत्रीकरण एवं मुक्ति (release) हेतु विशेषीकृत अंग...... है।
(a) चिकनी अन्त:प्रदव्यी जालिका (b) गॉल्जीकाय
(c) परासरणी रिक्तिका (d) खुरदरी अन्त:प्रद्रव्यी जालिका

20. फोटोफॉस्फोरिलेशन क्रियान्वित होता है
(a) लवकों में (b) माइटोकॉण्ड्रिया में
(c) साइटोप्लाज्म में (d) कोशिका कला में

21. कोशिका कला में क्रियात्मकता के साथ-साथ संरचनात्मक भूमिका कौन निभाता है?
(a) प्रोटीन (b) लिपिड
(c) कॉलेस्टेरॉल (d) ऑलिगोसेकैराइड

22. पादप कोशिका की मध्य भित्ति कैल्शियम व मैग्नीशियम के पेक्टेट की बनी होती है। पेक्टेट अम्ल किसका बहुलक है?
(a) α-1, 4 – D ग्लूकोज
(b) α-1, 6 – D ग्लूकोज
(c) α-1, 4 – D गैलेक्टोयूरोनिक एसिड
(d) उपरोक्त में से कोई नहीं

उत्तरमाला

1. (a)	**2.** (c)	**3.** (d)	**4.** (d)	**5.** (b)	**6.** (a)	**7.** (c)	**8.** (d)	**9.** (c)	**10.** (a)
11. (d)	**12.** (a)	**13.** (a)	**14.** (b)	**15.** (d)	**16.** (c)	**17.** (c)	**18.** (b)	**19.** (a)	**20.** (a)
21. (a)	**22.** (d)								

40

कोशिका चक्र एवं कोशिका विभाजन

Cell Cycle and Cell Division

कोशिका चक्र (Cell Cycle)

कोशिका के निर्माण से लेकर उसके विभाजन द्वारा पुनः सन्तति कोशिकाएँ (daughter cells) बनने तक होने वाली प्रक्रियाओं के योग को कोशिका चक्र कहते हैं। इसमें दो अवस्थाएँ; अन्तरावस्था (interphase) तथा M-अवस्था (mitotic phase) होती हैं।

सूत्री विभाजन के प्रारम्भ से पहले एक अन्तरावस्था (interphase) होती है, इसमें केन्द्रक उपापचयी रूप से सक्रिय होता है, इसमें तीन उप-अवस्थाएँ होती हैं।

G_1- उपअवस्था प्रोटीन एवं RNA का संश्लेषण होता है। G_0 उपअवस्था में कोशिकाएँ विभेदित हो जाती हैं।

S - उपअवस्था इसमें DNA का द्विगुणन एवं हिस्टोन प्रोटीन का संश्लेषण होता है।

G_2- उपअवस्था तुर्क (spindle) हेतु प्रोटीन संश्लेषण एवं कोशिकांगों की वृद्धि।

M – अवस्था (mitotic phase) इस अवस्था मे कोशिकाद्रव्य विभाजन (cytokinesis) एवं केन्द्रक विभाजन होते हैं। इसमें कोशिका विभाजन होता है।

कोशिका विभाजन (Cell Division)

कोशिका विभाजन का आशय उस प्रक्रिया से है, जिसके अन्तर्गत एक कोशिका से दो कोशिकाओं का निर्माण होता है, जिससे जीवों में प्रजनन और वृद्धि सम्भव हो पाती है। इस घटना में पहले DNA का द्विगुणन और फिर केन्द्रक तथा कोशिकाद्रव्य का विभाजन होता है। विभाजन प्रमुख रुप से तीन प्रकार का होता है

(i) असूत्री विभाजन (amitosis) प्रोकैरियोटिक जीवों में

(ii) सूत्री विभाजन (mitosis) कायिक कोशिकाओं में

(iii) अर्द्धसूत्री विभाजन (meiosis) जननिक कोशिकाओं में

1. असूत्रीय विभाजन (Amitosis)

(Gk. *amitos*–धागा रहित; *osis*–अवस्था) इसे प्रत्यक्ष कोशिका विभाजन भी कहा जाता है। इसे **रॉबर्ट रीमेक** (सन् 1855) ने चूजे के भ्रूण (embryo) की RBC में खोजा था। इस विभाजन में गुणसूत्र एवं स्पिण्डल का विभेदीकरण नहीं होता है। इसमें केन्द्रकीय आवरण का विघटन नहीं होता है। इसमें केन्द्रक लम्बा होकर एवं मध्य में सिकुड़कर (constrict) दो पुत्री केन्द्रकों का निर्माण करता है, इसके बाद कोशिकाद्रव्य के एक सेन्ट्रीपिटल संकीर्णन (constriction) से दो पुत्री कोशिकाएँ निर्मित होती हैं।

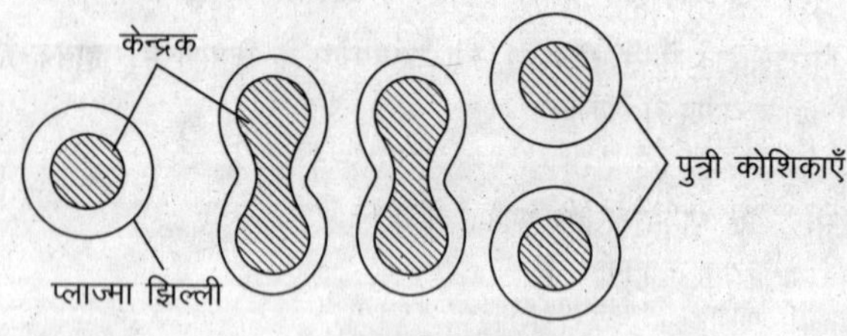

असूत्री विभाजन

यह एक प्राचीन प्रकार का विभाजन है, जो प्रोकैरियोट्स, प्रोटोजोअन्स यीस्ट, स्तनियों की गर्भ कला (foetal membrane) एवं कार्टिलेज, रोगी ऊतकों में पाया जाता है।

2. सूत्री कोशिका विभाजन (Mitosis)

सभी जन्तुओं और पौधों में, जनन कोशिकाएँ एवं अन्य सारी कोशिकाएँ सूत्री विभाजन से विभाजन करती हैं। इस कोशिका विभाजन की खोज **डब्ल्यू फ्लेमिंग** ने की। यह सभी प्रकार के **कायिक कोशिकाओं** (vegetative cells) में होती है। इसमें एक द्विगुणित मातृ-कोशिका से दो समान सन्तति कोशिकाएँ बनती हैं। सूत्री विभाजन की प्रक्रिया दो भागों में सम्पन्न होती है, जो निम्न प्रकार हैं

(i) केन्द्रक विभाजन (Karyokinesis)

इस विभाजन की प्रक्रिया चार अवस्थाओं में सम्पन्न होती है

(i) **पूर्वावस्था** (Prophase) वास्तविक कोशिका विभाजन की शुरूआत इसी अवस्था से होती है। इसमें प्रत्येक गुणसूत्र लम्बाई में पूरी तरह से दो बराबर भागों में बँट जाती है। इस आधे भाग को अर्द्धगुणसूत्र कहा जाता है। ये अर्द्धगुणसूत्र सेन्ट्रोमीयर पर एक-दूसरे से जुड़े होते हैं और केन्द्रक कला तथा केन्द्रिका नष्ट हो जाती है। कोशिका विभाजन का यह सबसे लम्बा चरण होता है।

(ii) **मध्यावस्था** (Metaphase) यह अवस्था काफी छोटी होती है, इस अवस्था में गुणसूत्र मध्य रेखा पर आकर एकत्र हो जाते हैं।

गुणसूत्र के सेन्ट्रोमीयर से कुछ तन्तु (टेक्टाइल तन्तु) ध्रुवों से जुड़े रहते हैं। उच्च पादपों में अतारकीय (anastral) और जन्तुओं में तारकीय (astral) सूत्री विभाजन होता है।

(iii) **पश्चावस्था** (Anaphase) सूत्री विभाजन के अन्तर्गत इस अवस्था में सर्वाधिक कम समय (2-3 मिनट) लगता है। इस अवस्था में अर्धगुणसूत्र अलग हो जाते हैं और सन्तति गुणसूत्रों (daughter chromosomes) के मध्य प्रतिकर्षण बल या टेक्टाइल तन्तुओं के ध्रुवों की ओर खिंचाव के कारण ये विपरीत ध्रुवों की ओर गति करते हैं।

(iv) **अन्त्यावस्था** (Telophase) इस चरण में नवजात गुणसूत्र के प्रत्येक जोड़े के चारों ओर एक केन्द्रक झिल्ली का निर्माण होता है और एक पूर्ण कोशिका का निर्माण होता है। इसके साथ ही सन्तति गुणसूत्र ध्रुवों पर एकत्र हो जाते हैं। इस सम्बन्ध में जन्तु कोशिकाओं में सन्तति कोशिकाओं को पृथक करने के लिए संकुचन होता है, परन्तु पादप कोशिकाओं में संकुचन के स्थान पर कोशिका प्लेट बनती हैं।

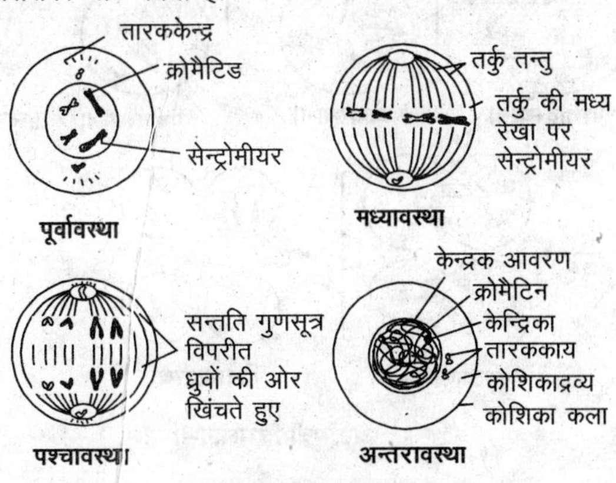

सूत्री कोशिका विभाजन

(ii) **कोशिकाद्रव्य विभाजन** (Cytokinesis)

केन्द्रक विभाजन के बाद कोशिकाद्रव्य का विभाजन होता है। यह पादप कोशिकाओं में फ्रेग्मोप्लास्ट से, कोशिका के मध्य से बाहर की ओर कोशिका प्लेट के निर्माण द्वारा तथा जन्तुओं में कोशिका कला के मध्यवर्ती स्थान से अन्तर्वलन (invagination) द्वारा होता है।

सूत्री कोशिका विभाजन का महत्त्व (Importance of Mitosis)

सूत्री विभाजन के कारण जीवों की वृद्धि तथा विकास सम्भव हो पाता है। यह **अलैंगिक जनन** का आधार है। इससे सन्तति कोशिकाओं (daughter cells) में गुणसूत्रों की संख्या मातृ कोशिका के समान होती हैं। इसके साथ ही सन्तति कोशिकाओं के गुण भी मातृ कोशिका के ही समान होता है।

3. अर्द्धसूत्री विभाजन (Meiosis)

'मियोसिस' शब्द का प्रयोग सर्वप्रथम **फॉर्मर एवं मूरे** ने किया। यह विभाजन केवल जनन कोशिकाओं (reproductive cells) में होता है। इस विभाजन में गुणसूत्रों की संख्या कम होकर आधी रह जाती है, इसलिए इसे **न्यूनकारी कोशिका विभाजन** (reduction division) भी कहा जाता है।

अर्द्धसूत्री विभाजन केन्द्रक विभाजन का रूप है। सूत्री विभाजन की तरह इसमें मुख्य कोशिका में अन्तरावस्था के क्रम में ही DNA रेप्लीकेशन होता है, परन्तु यह केन्द्रक विभाजन (nucleus division) तथा कोशिका विभाजन (cell division) के दो चरणों में पूरा होता है, जिसे अर्द्धसत्री-I और अर्द्धसूत्री-II के नाम से जाना जाता है। यह विभाजन जन्तु में शुक्राणु और अण्डाणु के बनने (gametogenesis) के दौरान और पौधों में बीजाणु (spore) बनने के क्रम में होता है।

यह विभाजन द्विगुणित (diploid) जनन कोशिकाओं में होता है, जिसके परिणामस्वरूप चार अगुणित कोशिकाएँ (haploid cells) बनती हैं।

(i) अर्द्धसूत्री विभाजन-I (Meiosis-I)

इसे **न्यूनकारी विभाजन** (reduction division) भी कहा जाता है। इसकी चार अवस्थाएँ होती हैं

(a) **पूर्वावस्था-I** (Prophase-I) यह सबसे लम्बी अवस्था है, जो पाँच उप-अवस्थाओं में होती है, ये निम्न हैं

- **लेप्टोटीन** (Leptotene) इसमें केन्द्रक जाल संघनित होकर गुणसूत्र बनाते हैं। एक ही प्रकार के गुण रखने वाले गुणसूत्र समजात गुणसूत्र कहलाते हैं।
- **जाइगोटीन** (Zygotene) इस उप-अवस्था में समजात गुणसूत्र युग्म बनाते हैं। इस क्रिया को सिनेप्सिस (synapsis) कहते हैं।
- **पैकेटीन** (Pachytene) इस उप-अवस्था में गुणसूत्र के लम्बाई में फटने के कारण समजात गुणसूत्र जोड़े में चार क्रोमैटिड दिखाई देते हैं। इस स्थिति को **चतर्सयोजक** (tetrad) कहा जाता है। समजात गुणसूत्रों के अवहन अर्द्धगुणसूत्रों के मध्य विनियम (crossing over) भी होता है।
- **डिप्लोटीन** (Diplotene) इसमें समजात गुणसूत्र का प्रत्येक अर्द्धगुणसूत्र एक-दूसरे से अलग होने लगता है, परन्तु कुछ स्थानों पर एक-दूसरे के साथ क्रॉस बनाए रखता है, जिसे **किएज्मेटा** कहते हैं।
- **डाइकाइनेसिस** (Diakinesis) इस उप-अवस्था में केन्द्रक तथा केन्द्रक कला लुप्त हो जाती है तथा किएज्मेटा (chiasmata) गुणसूत्र के सिरे की ओर खिसकने लगते हैं, जिसे टर्मिनेलाइजेशन (terminalisation) कहते हैं।

(b) **मध्यावस्था-I** (Metaphase–I) इसमें तर्कु उपकरण बन जाता है तथा तर्कु तन्तु गुणसूत्रों के सेन्ट्रोमीयर से जुड़ जाते हैं।

(c) **पश्चावस्था-I** (Anaphase-I) तर्कु तन्तुओं के संकुचन के कारण समजात गुणसूत्र विपरीत ध्रुवों पर जाने लगते हैं और प्रत्येक ध्रुव पर गुणसूत्र की संख्या आधी हो जाती है।

(d) **अन्त्यावस्था-I** (Telophase-I) इस अवस्था में केन्द्रक तथा केन्द्रक कला (nuclear membrane) प्रकट हो जाती है। कोशिकाद्रव्य विभाजन द्वारा दो कोशिकाएँ बनती हैं, जो अन्त्यावस्था में प्रवेश करती है, परन्तु इसमें DNA का द्विगुणन नहीं होता है।

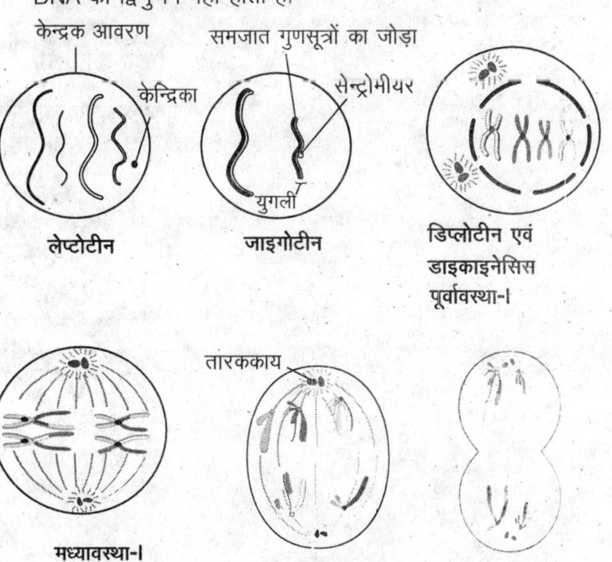

अर्द्धसूत्री विभाजन

अर्द्धसूत्री विभाजन-II (Meiosis-II)

अर्द्धसूत्री-I प्रथम के बाद यह अवस्था शुरू होती है। दोनों के मध्य की अवस्था विरामावस्था (resting stage) कहलाती है। इस चरण में चार अवस्थाएँ होती हैं, जो **सूत्री विभाजन के समान** होता है।

(a) **पूर्वावस्था-II** (Interphase-II) इसमें केन्द्रिका और केन्द्रक आवरण बिखर जाते हैं, साथ ही अर्द्धगुणसूत्र छोटे और मोटे हो जाते हैं तथा तर्कु (spindle fibre) बन जाते हैं।

(b) **मध्यावस्था-II** (Metaphase-II) इसमें केन्द्रिका और केन्द्रक झिल्ली विलुप्त हो जाती है। तर्कु बन जाते हैं और गुणसूत्र तर्कु के मध्य रेखा (equator) पर सेन्ट्रोमीयर द्वारा चिपक जाते हैं।

(c) **पश्चावस्था-II** (Anaphase-II) इसमें सेन्ट्रियोल पहले सेन्ट्रोमीयर्स को और फिर क्रोमैटिड्स को विपरीत ध्रुवों पर खींचते हैं।

(d) **अन्त्यावस्था-II** (Telophase-II) इसमें चार नई कोशिकाओं का निर्माण होता है। गुणसूत्र कुण्डली से खुलकर, सीधे, लम्बे और एक समान हो जाते हैं। तर्कु (spindle fibre) विलुप्त हो जाते हैं और सेन्ट्रियोल दोहरे हो जाते हैं। केन्द्रक आवरण केन्द्रक के चारों ओर फिर से बनते हैं, जहाँ गुणसूत्र की संख्या अविभाजित कोशिका में मौजूद गुणसूत्रों की संख्या की आधी (haploid) होती है। जीव की एक अविभाजित कोशिका से चार नए कोशिकाओं का निर्माण करते हैं।

मुख्यतया अगुणित जीवन चक्र वाले पौधों; जैसे–*यूलोथ्रिक्स* में युग्मनज अर्द्धसूत्री विभाजन, द्विगुणित जीवन चक्र वाले पौधों में युग्मकी अर्द्धसूत्री विभाजन तथा उच्च वर्ग के पौधों में बीजाणुक अर्द्धसूत्री विभाजन (sporic meiosis) होता है।

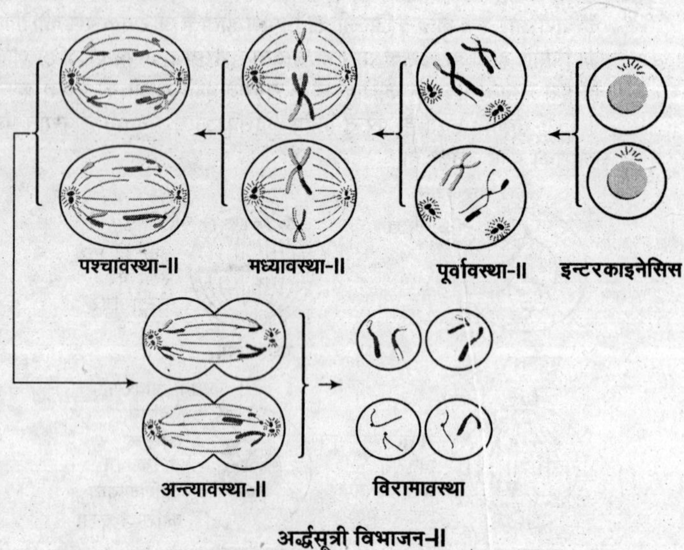

अर्द्धसूत्री विभाजन-II

अर्द्धसूत्री विभाजन का महत्त्व (Importance of Meiosis)

अर्द्धसूत्री विभाजन में विनिमय (crossing over) द्वारा नई किस्मों का विकास होता है। चूँकि एक जाति के समस्त जीवों में पीढ़ी दर पीढ़ी गुणसूत्रों की संख्या सदैव स्थिर रहती है, जो अर्द्धसूत्री विभाजन द्वारा ही सम्भव हो पाता है।

अर्द्धसूत्री विभाजन के मौलिक लक्षण (Basic Characters of Meiosis)

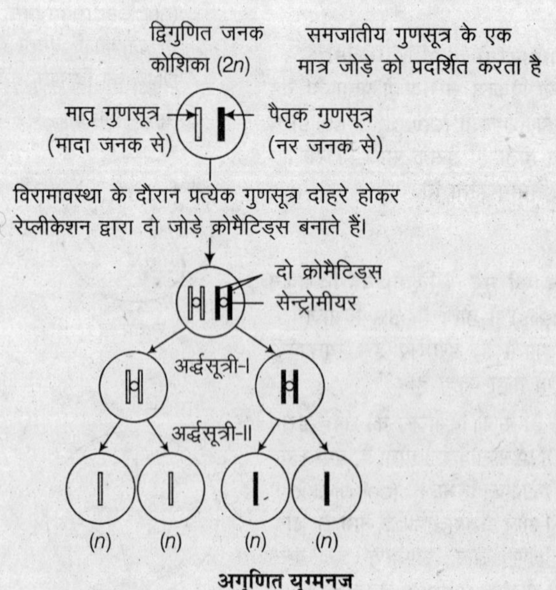

सूत्री तथा अर्द्धसूत्री विभाजन में अन्तर (Difference between mitosis and meiosis)

सूत्री विभाजन	अर्द्धसूत्री विभाजन
यह शरीर की कायिक कोशिकाओं एवं लैंगिक कोशिकाओं में होता है।	यह केवल लैंगिक कोशिकाओं में होता है।
कोशिका के गुणसूत्रों में कोई परिवर्तन नहीं होता है।	इसमें सन्तति कोशिकाओं में गुणसूत्रों की संख्या आधी रह जाती है।
यह प्रक्रिया चार अवस्थाओं में सम्पन्न होती है।	यह दो उप-विभाजनों में पूरा होता है, जिसमें पहला न्यूनकारी (reductional) तथा प्रत्येक विभाजन में 4-5 अवस्थाएँ होती हैं।
गुणसूत्रों के आनुवंशिक पदार्थ में आदान-प्रदान नहीं होता है, इसलिए सन्तति कोशिकाओं में भी उसी प्रकार के गुणसूत्र होते हैं, जैसे जनक कोशिका में।	गुणसूत्रों के बीच आनुवंशिक पदार्थ का आदान-प्रदान होता है, इसलिए सन्तति कोशिकाओं के गुणसूत्र में कुछ भाग पितृ कोशिका से तथा कुछ भाग मातृ कोशिका से आ जाता है अत:सन्तति कोशिका के गुणसूत्र, जनकों के गुणसूत्र से भिन्न होते हैं।
सन्तति कोशिका में जनक जैसे गुणसूत्र होने के कारण आनुवंशिक विविधता नहीं होती है।	सन्तति कोशिकाओं में जनकों से भिन्न गुणसूत्र होने के कारण आनुवंशिक विविधता होती है।
एक जनक से दो सन्तति कोशिकाएँ बनती हैं।	एक जनक से चार सन्तति कोशिकाएँ बनती हैं।

अभ्यास प्रश्नावली

1. समसूत्री विभाजन होता है
(a) कायिक कोशिकाओं में (b) जनन कोशिकाओं
(c) परिपक्व कोशिकाओं में (d) सभी कोशिकाओं

2. माइटोसिस के अन्तर्गत मातृ एवं पैतृक गुणसूत्रों में खण्डों के विनिमय को कहते हैं
(a) लिंकेज (b) क्रॉसिगओवर
(c) टीलोफेज (d) एनाफेज

3. कोशिका विभाजन के समय विभिन्न गुणसूत्रों का तर्कु के ध्रुवों की ओर बढ़ने का कारण है
(a) सेन्ट्रियोल (b) माइटोकॉण्ड्रिया
(c) माइक्रोट्यूब्यूल्स (d) साइटोकाइनेसिस

4. अगर किसी कोशिका में DNA की मात्रा सामान्य से दुगनी हो, तो इसका अर्थ होगा
(a) यह कोशिका विभाजित होने वाली है
(b) कोशिका में श्वसन तीव्रता से हो रहा है
(c) कोशिका स्राव तैयार कर रही है
(d) कोशिका में किसी परजीवी का संक्रमण है

5. अर्धसूत्री विभाजन बहुत महत्त्वपूर्ण है, क्योंकि
(a) इसकी दो एक जैसी कोशिकाएँ बनती हैं
(b) यह केवल दैहिक कोशिकाओं में होता है
(c) इससे आनुवंशिक विभिन्नता आती है
(d) इससे कोशिका विभाजित होती हैं

6. अर्धसूत्री कोशिका विभाजन होता है
(a) यकृत कोशिकाओं में
(b) युग्मनज में
(c) जनन कोशिकाओं में
(d) मीसनकाइम कोशिकाओं में

7. मिओसिस के अन्तर्गत सन्तति कोशिकाओं में गुणसूत्रों की संख्या
(a) आधी हो जाती है
(b) पैत्रक कोशिका के समान रहती है
(c) चौथाई रह जाती है
(d) दुगुनी हो जाती है

8. गुणसूत्रों में युग्मन की क्रिया होती है
(a) लेप्टोटीन उप अवस्था में
(b) जाइगोटीन उप अवस्था में
(c) डिप्लोटीन उप अवस्था में
(d) एनाफेज प्रावस्था में

9. अर्धसूत्री विभाजन की किस उप अवस्था में विनिमय होता है
(a) पैकीटीन उपअवस्था
(b) एनाफेज प्रावस्था में
(c) जाइगोटीन उपअवस्था
(d) डिप्लोटीन उपअवस्था

10. अर्धसूत्री विभाजन सहायता करता है
(a) एक पीढ़ी से दूसरी पीढ़ी में गुणसूत्रों की संख्या को स्थिर रखने में
(b) उत्परिवर्तन में
(c) कोशिकाओं की संख्या वृद्धि में
(d) पादप शरीर की वृद्धि में

11. कोशिका विभाजन की गति को तीव्र किया जा सकता है
(a) साइटोकाइनिन द्वारा (b) जिबरैलिन द्वारा
(c) पोटैशियम नाइट्रेट द्वारा (d) आर्बिनोस द्वारा

12. रासायनिक रूप से तर्कु तन्तु बने होते हैं
(a) प्रोटीन के (b) कार्बोहाइड्रेट के
(c) लिपिड के (d) न्यूक्लिओटाइड के

13. समसूत्री विभाजन का प्रदर्शन किस ऊतक में किया जा सकता है
(a) मूलाग्र में (b) छाल में
(c) जाइलम में (d) दलपत्र में

14. समसूत्री विभाजन में सेन्ट्रोमीयर विभाजन करता है
(a) पूर्वावस्था में (b) मध्यावस्था में
(c) पश्चावस्था में (d) अन्त्यावस्था में

15. गुणसूत्र तर्कु तन्तुओं से जुड़े रहते हैं
(a) सैटेलाइट द्वारा (b) सैन्ट्रोमीयर द्वारा
(c) टीलोमीयर द्वारा (d) पेलिकल द्वारा

16. वह अवस्था जिसमें गुणसूत्र सम्मुख ध्रुवों की ओर गमन करते हैं

(a) पूर्वावस्था में (b) मध्यावस्था में
(c) अन्त्यावस्था में (d) पश्चावस्था में

17. अर्धसूत्री विभाजन की खोज की थी

(a) पोर्टर ने (b) पैलेड ने
(c) कॉलिकर ने (d) फार्मर व मूरे ने

18. समसूत्री कोशिका विभाजन के फलस्वरूप बनी सन्तति कोशिकाओं में DNA की मात्रा होती है

(a) जनक कोशिका के बराबर (b) जनक कोशिका से आधी
(c) जनक कोशिका से दुगनी (d) इनमें से कोई नहीं

19. लैंगिक जनन करने वाले जीव अपनी सन्तानों को क्या देते हैं?

(a) अपने जीनों की आधी संख्या
(b) सारे जीन
(c) अपने जीनों की चौथाई संख्या
(d) अपने जीनों की दुगुनी संख्या

20. माइटोसिस में आनुवंशिक-साँतप्य की क्या विधि है

(a) दो सन्तति-कोशिकाओं में गुणसूत्र संख्या का अगुणित होना
(b) समान DNA वाली दो सन्तति कोशिकाएँ बनना
(c) नर और मादा गुणों का पृथक्करण
(d) जीनों का विनिमय

21. कोशिका विभाजन की क्रिया रोकने के लिए क्या उपयोगी होता है

(a) कोल्वीसीन द्वारा क्रिया
(b) पैराबैंगनी प्रकाश द्वारा प्रभाव
(c) कार्बोहाइड्रेट में कमी
(d) हॉर्मोन द्वारा प्रभाव करना

22. DNA का प्रतिलिपिकरण होता है

(a) G_1-अवस्था में (b) G_2-अवस्था में
(c) S-अवस्था में (d) इनमें से कोई नहीं

23. कोशिका चक्र का अनुक्रम है

(a) S, G_1, G_2, M (b) S, M, G_1, G_2
(c) G_1, S, G_2, M (d) M, G_1, G_2, S

24. सिनैप्टोनिमल कॉम्पलेक्स संरचना है

(a) कोशिकाद्रव्य विभाजन की (b) किएज्मेटा के उपान्तीभवन की
(c) गुणसूत्र वियोजन की (d) गुणसूत्र संयुग्मन की

25. फ्रैग्मोप्लास्ट का सम्बन्ध है

(a) कोशिका दीर्घन से
(b) कोशिकाद्रव्य विभाजन से
(c) गुणसूत्रों के मध्यावस्था में एकत्रित होने पर
(d) केन्द्र विभाजन से

➜ उत्तरमाला

1. (a)	**2.** (b)	**3.** (c)	**4.** (a)	**5.** (c)	**6.** (c)	**7.** (a)	**8.** (b)	**9.** (a)	**10.** (a)
11. (a)	**12.** (a)	**13.** (a)	**14.** (c)	**15.** (b)	**16.** (d)	**17.** (d)	**18.** (d)	**19.** (a)	**20.** (b)
21. (b)	**22.** (c)	**23.** (c)	**24.** (c)	**25.** (b)					

41

कैंसर: एक कोशिका रूपान्तरण
Cancer: A Cell Transformation

सजीवों में वृद्धि (growth), मरम्मत (repair) तथा अन्य लक्षणों युग्मकों के निर्माण हेतु कोशिका विभाजन उत्तरदायी है, जो एक नियन्त्रित तथा सामान्य प्रक्रिया है। लेकिन कुछ विशेष असामान्य परिस्थितियों में विभिन्न कारकों (आन्तरिक एवं बाह्य) के प्रभाव से कोशिका विभाजन एक अनियमित तथा अनियन्त्रित प्रक्रम में परिवर्तित हो जाता है, यह कोशिकाओं का रोग (diseases of cells) बन जाता है।

कैंसर कोशिकाओं का अनियमित विभाजन है। सामान्यतया एक समय पर किसी भी प्रकार की कोशिकाओं की संख्या निश्चित होती है। कैंसर कोशिकाएँ आकार एवं संख्या में अनियन्त्रित वृद्धि करती है तथा अर्बुद या निओप्लाज्म का निर्माण करती है। कैंसर का वास्तविक कारण ज्ञात नहीं है। ऐसा माना जाता है कि कुछ ओंकोजीन शरीर में होते हैं। कुछ जीन जिन्हें **प्रोटोओंकोजीन** कहते हैं, शरीर की सामान्य वृद्धि एवं परिवर्धन में सहायक हैं। किसी उत्परिवर्तन या विषाणु संक्रमण के फलस्वरूप ये कोशिकाएँ शरीर द्वारा नियन्त्रण में नहीं रहती तथा लगातार विभाजन करती हैं। इस प्रकार इन कोशिकाओं के समूह द्वारा ट्यूमर या कैंसर अति वृद्धि (cancerous outgrowth) का निर्माण होता है।

ट्यूमर के प्रकार (Types of Tumour)

ट्यूमर को उसके स्वभाव एवं जैव-चिकित्सीय परीक्षणों के आधार पर दो प्रकारों में विभक्त किया जा सकता है

(i) **बेनाइन ट्यूमर** (Benign or non-malignant tumour) शरीर के किसी विशिष्ट भाग में उद्‌गम के स्थान पर, कैप्सूल के रूप में वृद्धि प्रदर्शित करने वाले ये ट्यूमर घातक नहीं होते हैं तथा उत्पत्ति स्थल तक ही सीमित रहते हैं। ये ट्यूमर शरीर के अन्य भागों में स्थानान्तरित नहीं होते हैं। इस प्रकार के ट्यूमर मस्तिष्क आदि अंगों में घातक हो सकते हैं। यदि यह ट्यूमर संयोजी ऊतक की बनी झिल्ली के भीतर ही स्थित रहता है, तब इसे सुदम ट्यूमर (benign tumour) कहते हैं। यह कैंसर नहीं होता है।

(ii) **मैलिग्नेन्ट या मेटास्टेटिक ट्यूमर** (Malignant or metastatic tumour) इस प्रकार के ट्यूमर को **दुर्दम ट्यूमर** (malignant tumour) कहते हैं। यह कैंसर होता है। कैंसर जनित कोशिकाएँ रुधिर तथा लसिका के साथ दूसरे अंगों में पहुँच जाती हैं, जहाँ पहुँचकर ये द्वितीयक ट्यूमर बनाती हैं, जिसे **रोग विक्षेपण** या **मेटास्टेसिस** (metastasis) कहते हैं। ये ट्यूमर शरीर के अन्य भागों पर भी उत्पन्न हो सकते हैं तथा ये घातक सिद्ध होते हैं।

कैंसर के प्रकार (Types of Cancer)

कैंसर केवल एक रोग ही नहीं है अपितु बहुत से विभिन्न रोगों का जटिल रूप है, कैंसर ऊतक को बायोप्सी जाँच के आधार पर निम्न भागों में विभक्त किया जा सकता है

(i) **कार्सीनोमा** (Carcinoma) इस प्रकार के कैंसर सम्बन्धित भागों की एपीथीलियम ऊतक (epithelium tissue) की कोशिकाओं में बनते या विकसित होते हैं तत्पश्चात् एक्टोडर्म या एण्डोडर्म से बनने वाले अंगों में अपना प्रभाव दर्शाते हैं। ये लगभग 85-89% तक पाए जाते हैं; जैसे–त्वचा, सर्वाइकल भाग, स्तन, आमाशय एवं फेफड़ों में उत्पन्न होने वाले कैंसर।

(ii) **सार्कोमा** (Sarcoma) यह मीसोडर्म पेशियाँ तथा संयोजी ऊतक से उत्पन्न होने वाले शारीरिक अंगों में विकसित होता है, सार्कोमा कैंसर का नामकरण, इसके उद्‌गम स्थान (उत्पत्ति स्थल) के नाम पर करते हैं; जैसे–लाइपोसर्कोमा, वसीय ऊतकों का कैंसर है, फ्राइब्रोसर्कोमा फाइब्रस संयोजी ऊतक का कैंसर है। यह लगभग 2-5% तक मिलते हैं।

(iii) **लिम्फोमास** (Lymphomas) ये लिम्फॉयड अंगों; जैसे–प्लीहा, थाइमस, अस्थि मज्जा में विकसित होता है। इस प्रकार के कैंसर लगभग 5-7% मिलते हैं।

(iv) **ल्यूकीमिया** (Leukaemia) यह श्वेत रुधिर कणिकाओं का कैंसर है, जिसको सामान्यता **रुधिर कैंसर** कहा जाता है। इस कैंसर में श्वेत रुधिर कणिकाओं की संख्या असामान्य रूप से अत्याधिक बढ़ जाती है तथा विभिन्न अंगों एवं ऊतकों में छनकर पहुँच जाते हैं तथा इस सम्बन्धित अंगों का आकार बढ़ जाने से ट्यूमर विकसित हो जाता है, इस प्रकार के कैंसर 4-6% तक पाए जाते हैं।

कैंसर कोशिकाओं की विशेषताएँ (Characteristics of Cancer Cells)

कैंसर कोशिकाओं का इलेक्ट्रॉन सूक्ष्मदर्शी द्वारा अध्ययन करने पर कोशिकाओं में निम्नलिखित असामान्य लक्षण दिखाई देते हैं

(i) **केन्द्रक** (Nucleus), यह अत्यधिक बड़ा हो जाता है, जिसमें क्रोमेटिन पदार्थ अव्यवस्थित रूप से बिखरा हुआ प्रतीत होता है।

(ii) **गाल्जी बॉडीज** (Golgi bodies) कैंसर कोशिकाओं का यह अंग सामान्य कोशिकाओं की अपेक्षा अत्यधिक विकसित पाया जाता है।

(iii) **राइबोसोम तथा अन्तःप्रद्रव्यी जालिका** (Ribosomes and Endoplasmic Reticulum) कैंसर कोशिकाओं में इन अंगों की मात्रा सामान्य कोशिका की अपेक्षा अधिक होती है, क्योंकि तीव्रता से विभाजन करती कोशिकाओं को अधिक प्रोटीन की आवश्यकता होती है।

(iv) **माइटोकॉण्ड्रिया** (Mitochondria) कोशिका के ये अंगक फूल जाते हैं, जिनमें क्रिस्टी की संख्या कम दिखाई देती है। कैंसर कोशिकाओं में, अमरत्व (immortalisation), सम्पर्क अवरोध में ह्रास (loss of contact inhibition), कोशिकीय आकर्षण में कमी, आक्रमकता (invasiveness) प्रोटियोलिटिक विकारों की अत्यधिक स्रावण, आदि क्रियात्मक परिवर्तन देखे जा सकते हैं।

कोशिका रूपान्तरण (Cell Transformation)

जब कोशिका के आनुवंशिक गुणों में बदलाव या परिवर्तन हो जाते हैं, तब कोशिका का फ्रीनोटाइप (दैहिक लक्षण) भी परिवर्तित हो जाते हैं, यह प्रक्रम या परिघटना कोशिकीय रूपान्तरण (cellular transformation) कहलाती है। कोशिका का यह रूपान्तरण विभिन्न कारक;

जैसे–जेनेटिक (आनुवंशिकीय), गुणसूत्रीय असामान्यता तथा जीन उत्परिवर्तन एवं रासायनिक (बाह्य कारक); जैसे–बहुचक्रीय हाइड्रोकार्बन, ऐरोमेटिक एमीन, मस्टर्ड गैस एवं विनायल क्लोराइड, एस्बेस्टॉस, आदि द्वारा प्रेरित होता है। इस प्रकार सामान्य कोशिका का कैंसर कोशिका में रूपान्तरण या परिवर्तन **कार्सीनोजेनेसिस** (carcinogenesis) कहलाता है। कुछ कार्सिनोजन (कैंसर कारक) तथा सम्बन्धित/प्रभावित अंगों की एक तालिका नीचे दी गयी है।

कार्सीनोजेनेसिस के रासायनिक कारक तथा प्रभावित शारीरिक अंग
(Chemical carcinogens and affected organs)

मस्टर्ड गैस	फेफड़े
निकिल तथा क्रोमियम यौगिक	फेफड़े
एस्बेस्टॉस	फेफड़े
डाइ इथाइल स्टिबेस्ट्रॉल	योनि
विनायल क्लोराइड	यकृत
कोलतार (3, 4 बेंजूपायरीन)	त्वचा एवं फेफड़े
सिगरेट स्मोक (एन-नाइट्रोसोडाइमिथायलीन)	फेफड़े
कैडमियम ऑक्साइड	प्रोस्टेट ग्रन्थि
एफ्लाटॉक्सिन	यकृत

अभ्यास प्रश्नावली

1. कार्सिनोमा कैंसर उत्पन्न होता है
(a) WBCs में (b) RBCs में
(c) मीसोडर्मल कोशिकाओं में (d) एपीथिलियल कोशिकाओं में

2. कैंसर सम्बन्धित है
(a) ऊतकों की अनियन्त्रित वृद्धि से (b) नॉन-मेलिगनेन्ट ट्यूमर से
(c) ऊतकों के नियन्त्रण विभाजन से (d) उपरोक्त में से कोई नहीं

3. सार्कोमा कैंसर उत्पन्न होता है
(a) RBCs में (b) मीसोडर्मल कोशिकाओं में
(c) एपीथिलियल कोशिकाओं में (d) WBCs में

4. निम्न में से किसको रुधिर कैंसर के नाम से भी जाना जाता है?
(a) ल्यूकोपेनिया (b) ल्यूकोडर्मा
(c) ल्यूकोसाइटोसिस (d) ल्यूकीमिया

5. कैंसर कोशिकाओं की प्रवृति कैसी होती है?
(a) हेला (Hela) कोशिकाओं जैसी (b) CD_4 कोशिकाओं जैसी
(c) मेमोरी कोशिकाओं जैसी (d) प्लाज्मा कोशिकाओं जैसी

6. लिम्फोमा, माइलोमा और ल्यूकीमिया विकसित होता है
(a) मीसोडर्मल कोशिकाओं में
(b) RBCs में
(c) बोन मैरो और प्रतिरक्षी तन्त्र कोशिकाओं से
(d) WBCs में

7. विकिरण द्वारा कैंसर कोशिकाएँ त्वरित रूप से नष्ट की जा सकती हैं, क्योंकि
(a) इन्हें पोषण की प्राप्ति नहीं होती (b) इनकी संरचना भिन्न होती है
(c) इनमें विभाजन जल्दी होता है (d) उपरोक्त सभी

8. पुरुषों में सबसे अधिक कौन-सा कैंसर पाया जाता है?
(a) मुहँ तथा गले का कैंसर (b) ल्यूकीमिया
(c) मुँह का कैंसर (d) फेफड़ों का कैंसर

9. मनुष्य में रिट्रोविषाणु को कार्सिनोजन क्यों माना जाता है?
(a) जीनोम में कोशिकीय प्रोटोओंकोजीन की उपस्थिति के कारण
(b) रिवर्स ट्रान्सक्रिप्टेज जीन की उपस्थिति के कारण
(c) आनुवंशिकीय पदार्थ का ssRNA होना
(d) जीनोम में ओकोंजीन की उपस्थिति

10. कैंसर की किस अवस्था में मेटास्टेशिया विकसित होता है?
(a) प्रथम अवस्था (b) द्वितीय अवस्था
(c) तृतीय अवस्था (d) चतुर्थ अवस्था

11. निम्नलिखित में कौन-सा कैंसर नहीं होता है?
(a) ल्यूकीमिया (b) ग्लूकोमा (c) कार्सीनोमा (d) सार्कोमा

12. कैंसर विकसित करने वाले जीन्स कहलाते हैं
(a) कैंसर जीन्स (b) कार्सिनोजन जीन्स
(c) कार्सिनोमास (d) ओंकोजीन्स

13. उद्गम स्थान से शरीर के दूसरे अंगों तक कैंसर कोशिकाओं का प्रसार या फैलाव कहलाता है
(a) मेटास्टेसिस (b) हाइपरस्टेसिस
(c) पैरासाइटैसिस (d) पेरास्टेसिस

14. कैंसर कोशिकाओं का केन्द्रक किस प्रकार का होता है?
(a) सामान्य से आकार में छोटा (b) सामान्य से आकार में बड़ा
(c) अत्यधिक फूला हुआ (d) अकर्मण्यकारी

15. निम्नलिखित में से रुधिर कैंसर की दशा स्थिति है
(a) ल्यूकीमिया (b) यूरीमिया (c) प्रोटीनिमिया (d) क्लोरीमिया

16. निम्न में से कौन-सा कैंसर लिम्फॉइड अंगों में पाया जाता है?
(a) सार्कोमा (b) ल्यूकिमिया (c) कार्सिनोमा (d) लिम्फोमास

17. सबसे अधिक किस प्रकार का कैंसर पाया जाता है?
(a) कार्सीनोमा (b) सार्कोमा (c) लिम्फोमास (d) ल्यूकीमियास

➔ उत्तरमाला

1. (d) **2.** (a) **3.** (b) **4.** (d) **5.** (a) **6.** (c) **7.** (c) **8.** (d) **9.** (a) **10.** (b)
11. (b) **12.** (d) **13.** (a) **14.** (b) **15.** (a) **16.** (d) **17.** (a)

42

जीव विज्ञान एवं मानव कल्याण
Biology and Human Welfare

मानव कल्याण में जीव विज्ञान के सिद्धान्त
(Biological Theories in Human Welfare)

प्राचीन मानव को पशुपालन तथा पौधों को उगाने का ज्ञान नहीं था। उसका अधिकाँश समय भोजन की खोज में ही व्यतीत हो जाता था। सम्भवतया वह गूदेदार फलों, सरल फली तथा जो जंगली शिकार पकड सकता था, उन्हें ही खाकर जीवित रहता था।

विश्व की सबसे प्राचीन सभ्यताओं का विकास नदियों के किनारे हुआ, परन्तु स्थायी संस्कृति का विकास अपेक्षाकृत ऐसे शुष्क क्षेत्रों में हुआ जहाँ पर पानी भी समुचित मात्रा में उपलब्ध था। भारत में **सिन्धु घाटी** (Indus vally), मिस्र में नील (Nile) तथा एशिया में मेसोपोटामिया (Mesopotamia–टाइग्रिस तथा यूफ्रेटस नदियों के बीच) सभ्यताओं का विकास हुआ। इन क्षेत्रों में कृषि की तकनीक का विकास हुआ। इन क्षेत्रों की भूमि काफी उपजाऊ थी और नदियों की उपस्थिति के कारण पानी भी उपलब्ध था। इन क्षेत्रों में सभ्यताओं का विकास मूलतः खेती के कारण ही हुआ।

लिखित इतिहास से पूर्व ही अधिकाँश खेती योग्य पौधों का उत्पादन तथा पालतू जानवरों का पालन शुरू हो चुका था। संचार तथा परिवहन साधनों का तब अभाव था। इसीलिए खेती योग्य पौधों के मूल निवास के क्षेत्रों के निकटवर्ती क्षेत्रों में ही खेती प्रचलित थी। उदाहरण के लिए, धान, नीबू, सेम तथा गन्ने की उत्पति मलाया प्रायद्वीप में हुई। इनकी खेती विश्व के अन्य भागों में तब तक शुरू नहीं हुई, जब तक परिवहन की सुविधाएँ विकसित नहीं हो गईं। अनेक फल; जैसे–सेब, नाशपाती, आडू, आदि तथा अनाज; जैसे–गेहूँ , जौ, जई, आदि फारस व आसपास के क्षेत्रों से आए। गोभी, गांठगोभी, आदि भी मेसोपोटामिया में उगाए जाते थे।

नई दुनिया (new world) के क्षेत्रों में खेती की शुरूआत दक्षिणी एवं केन्द्रीय अमेरिका में अत्यन्त सीमित क्षेत्र में हुई। आलू, मक्का, लौकी, तम्बाकू, टमाटर, अनन्नास, आदि की उत्पत्ति **पेरू** (Peru) में हुई। वैदिक साहित्य, रामायण तथा महाभारत के अध्ययन से पता चला है कि उन दिनों भारतवर्ष में खेती की व्यवस्था भली-भाँति विकसित थी। मोहनजोदड़ो की सभ्यता में खेती की शुरूआत के स्पष्ट संकेत मिलते हैं, जोकि वैदिक काल (2500 ई पू) तक काफी विकसित हो गई थी।

मोहनजोदड़ो सभ्यता के खण्डरों में गेहूँ और जौ के दाने मिले हैं। इससे स्पष्ट है कि उस समय इन अनाजों की खेती होती थी। प्राचीन भारत में हिन्दुओं को खजूर, कपास तथा अनेक फलों व सब्जियों का अच्छा ज्ञान था। वैदिक काल में पौधों का प्रवर्धन बीजों से, कलम से, कलियों, आदि द्वारा किया जाता था।

जन्तुओं से प्राप्त उपयोगी पदार्थ
(Useful Products from Animals)

जन्तुओं से अनेक प्रकार के उपयोगी पदार्थ प्राप्त होते हैं, जो निम्न प्रकार से हैं

खाद्य अथवा भोजन (Food)

जन्तुओं से प्राप्त निम्न पदार्थों का खाद्य के रूप में प्रयोग किया जाता है

1. दूध तथा दूध उत्पाद (Milk and Milk Products)

गाय, भैंस, बकरी, आदि प्रायः हमें दूध देती है, जो शरीर के लिए पौष्टिक पदार्थ हैं। दूध में पानी, वसा, लैक्टोज, प्रोटीन, आदि पदार्थ होते हैं।

दुग्ध का व्यापार हमारे देश में लोग **कच्चा दुग्ध** (raw milk), उबला (boiled), **निर्जर्मित** (sterilised) (रोगाणु रहित), सुरूचिक (flavoured), सूखा मक्खन-रहित (dried skimmed) रूप में करते हैं। दुग्ध से यदि क्रीम निकाल दें, तब उसे टोन दुग्ध (toned milk) या म्वरक दुग्ध कहते हैं। संघनित दुग्ध (condensed milk) दुग्ध को उबालकर उसमें से जल दूर करने के पश्चात् सूखा दुग्ध पाउडर तैयार किया जाता है। दुग्ध का मन्थन करके क्रीम निकाली जाती है, जिसमें दुग्ध वसा-रहित हो जाता है।

दुग्ध से दही जमाने के लिए इसमें **किण्व-कारक** (fermenting agent) मिलाया जाता है। **स्कन्दित दुग्ध** (coagulated milk) में **केसीन प्रोटीन** (casein protein), वसा तथा जल होता है, इसे पनीर (cheese) कहते हैं।

क्रीम या दही का मंथन करने से **मक्खन** (butter) प्राप्त होता है। इसमें 90% से अधिक वसा होती है। मक्खन को गरम करने से घी (ghee) का निर्माण होता है। घी में 100 प्रतिशत वसा होती है। छैना तैयार करने के लिए दुग्ध में नींबू मिला कर उसे फाड़ना पड़ता है। इस प्रकार दुग्ध का **स्कन्दन** (coagulation) होता है। यदि हम दुग्ध को गरम करके उसमें से 50 प्रतिशत पानी निकाल दें, तब मावा या खोआ बनता है।

2. अण्डा (Egg)

अण्डे में संचित भोजन होता है, जिसे **पीत या योक** (yolk) कहते हैं। इसमें भी अनेक पोषक तत्व होते हैं। इसलिए यह पौष्टिक पदार्थ के अर्न्तगत ही रखा जाता है। अधिकाँशतया कुक्कुट (बत्तख मुर्गी) के अण्डे ही भोजन के रूप में ग्रहण किए जाते हैं।

3. **शहद** (Honey)

यह मधुमक्खी (*Apis*) से प्राप्त होता है। यह एक रासायनिक यौगिक है, जिसमें साधारण शर्करा (simple sugar) होती है। यह मधुमक्खी के लार में उपस्थित एन्जाइम द्वारा मकरन्द की जटिल शर्करा पर प्रतिक्रिया से प्राप्त होती हैं। मधुमक्खी पुष्पों से मकरन्द एकत्रित करती है।

मधुमक्खी एक सामाजिक प्राणी है। ये निवह में रहती है और अपना छत्ता बनाती है। इनमें श्रम-विभाजन पूर्ण विकसित होता है। एक निवह में तीन प्रकार की प्रावस्थाएँ होती है। इसलिए इन्हें बहुरूपी (polymorphic) भी कहते हैं।

औषधियाँ (Medicines)

जन्तुओं से अनेक प्रकार की औषधियाँ प्राप्त होती है।

कैंथ्रीडीन तेल ब्लीस्टर बीटल (Blister Beetle) कीट से प्राप्त होता है। मछली का तेल मछलियों के शरीर से प्राप्त होता है। घोड़ों के रुधिर से **ऐण्टिविनिम** (antivenom) साँप काटने के इलाज के लिए तैयार की जाती है। पोलियो, खसरा, आदि रोगों की वैक्सिन भी जन्तुओं के रुधिर से तैयार की जाती हैं। विटामिन-A तथा D मछली के तेल से प्राप्त किए जाते हैं। पुराने समय में जोंक का प्रयोग अशुद्ध रुधिर चूसने के लिए किया जाता था। केंचुओं से पथरी, पीलिया, बवासीर, डायरिया, आदि रोगों के निदान के लिए औषधियाँ बनाई जाती है। मधुमक्खी के जहर से गठियाँ का इलाज होता था।

व्यापारिक महत्त्वपूर्ण पदार्थ
(Commercially Important Products)

- **सिल्क** (silk) सिल्क मॉथ, *बॉम्बिक्स मोरी* (*Bombyx mori*) से सिल्क प्राप्त होती है। सिल्क वर्म को शहतूत के पेड़ों पर पाला जाता है। नर व मादा कीटों के बीच मैथुन से अण्डे पैदा होते हैं, जिनमें लार्वा उत्पन्न होते हैं। ये लार्वा अपनी लार ग्रंथियों से चिपचिपे तरल पदार्थ का स्रावण करता है, जो वायु में सूखकर लम्बे ठोस तन्तु में परिवर्तित हो जाता है।

  यह तन्तु शरीर के ऊपर लिपटता जाता है और कृमिकोश नामक आवरण या कोश बन जाता है। इस अवस्था को **प्यूपा** या **कोशित** या **कोशस्थ** कहते हैं। एक पौण्ड सिल्क लगभग 25000 **कोकूनों** (cocoons) से प्राप्त होती है। सिल्क से साड़ियाँ तथा अन्य वस्त्र बनते हैं।

- **मोम** (wax) मोम का उत्पादन मधुमक्खियों की मोम-ग्रन्थि से होता है। मधुमक्खी मोम का प्रयोग छत्ता बनाने में करती है। मधुमक्खियाँ 1 किलोग्राम मोम उत्पादन करने के लिए 10-20 किलोग्राम शहद का प्रयोग करती हैं। मोम का प्रयोग मोमबत्ती, पॉलिश, वार्निश, कागज, कार्बन पेपर, औषधियों, आदि में होता है।

- **लाख** (*lac*) यह मादा लाख कीट *टेकार्डिका लक्का* द्वारा उत्पन्न किया जाता है। यह कीट पीपल तथा बरगद के पेड़ों पर रहते हैं। मादा कीट चिपचिपा पदार्थ स्रावित करते हैं और अपने शरीर के चारों ओर आवरण बना लेते हैं। इसी के द्वारा ये पेड़ों की शाखाओं से चिपके रहते हैं। लाख का प्रयोग, आदि समय से किया जाता रहा है। पाण्डवों के लिए लाख का महल बनवाया गया था। आजकल इससे चूड़ी, कंगन, ग्रामोफोन के रिकॉर्ड, पॉलिश तथा बिजली का समान, आदि बनते हैं। यह स्पिरिट में घुलनशील होती है।

- ***बीटी* विष** (*Bt* toxin) एक प्रकार का जीव विष है, जो एक जीवाणु जिसे *बेसीलस थूरिन्जिएन्सिस* (संक्षेप में *बीटी*) कहते हैं, से निर्मित होता है। *बीटी* जीव विष जीन जीवाणु से क्लोनिकृत होकर पौधों से अभिव्यक्त होकर कीटों (पीड़कों) के प्रति प्रतिरोधकता पैदा करता है, जिससे कीटनाशकों के उपयोग की आवश्यकता नहीं रह गई है। इस तरह से जैव-पीड़कनाशकों का निर्माण होता है।

  उदाहरण—*बीटी* कपास, *बीटी* मक्का, *बीटी* धान, *बीटी* टमाटर, *बीटी* आलू एवं *बीटी* सोयाबीन, आदि।

आनुवंशिक इन्जीनियरिंग का महत्त्व
(Importance of Genetic Engineering)

आनुवंशिक इंजीनियरिंग के महत्त्व को निम्नांकित बिन्दुओं की सहायता से समझा जा सकता है

(i) इस तकनीक की सहायता से ऐसे जीवों को उत्पादित किया जा सकता है, जिनका **जीन प्रारूप** (genotype) बिल्कुल नया हो, जिससे कि आवश्यकतानुसार नये लक्षणों को उभारा जा सके।

(ii) कुछ मुख्य फसलों में नील-हरित शैवालों तथा जीवाणुओं से प्राप्त नाइट्रोजन स्थिरीकरण जीन्स का स्थानान्तरण भी सम्भव हो गया है, जिससे ये फसले स्वयं ही अपनी आवश्यकतानुसार वायुमण्डलीय नाइट्रोजन का स्थिरीकरण कर सकती है इस प्रयास से यह सम्भव हो सकेगा कि फसलों की उपज बढ़ाई जा सके तथा मंहगे उर्वरकों की खपत को कम करके पैसा भी बचाया जा सके।

(iii) आजकल जीन थेरेपी का उपयोग करके कई रोगों को जड़ से खत्म करने के प्रयास किए जा रहे हैं।

(iv) जेनेटिक इंजीनियरिंग से जीन की संरचना तथा उसकी भावाकृति को समझने में मदद मिलती है।

(v) पौधों की जंगली प्रजातियों से जीनों को प्राप्त करके उन्हें फसली पौधों में स्थानान्तरित कर उनमें कीड़े-मकोड़े तथा परजीवियों के प्रति प्रतिरोधकता पैदा करने के प्रयास किए जा रहे हैं।

(vi) इस तकनीक की सहायता से पौधों में स्वतः रोग प्रतिरोधकता उत्पन्न करने के प्रयास किए जा रहे हैं।

(vii) हरितलवक एवं केन्द्रिकीय जीन्स को पुनः समायोजित (reassemble) कर फसली पौधों की प्रकाश-संश्लेषण करने की क्षमता बढ़ाने के प्रयास किए जा रहे हैं।

(viii) कुछ ऐसी कोशिकाओं के उत्पादन के प्रयास किए जा रहे हैं, जो बायोरिएक्टर्स पोषक खाद्यों का उत्पादन कर सकें।

क्लोनिंग (Cloning)

यह विधि सबसे अधिक सरल तथा उपयोगी सिद्ध हुई है, आप जानते हैं कि कोशिकाओं में DNA का प्रतिकृतिकरण होता है, परन्तु यह भी तभी होता है, जब स्वयं जीन इसका आदेश देता है। कोशिका में इन 'प्रतिकृतिकरण जीनों' की संख्या बहुत कम होती है; जैसे–कुछ जीवाणुओं के गुणसूत्र में 300-500 तक जीन होते हैं, परन्तु 'प्रतिकृतिकरण जीन' केवल एक ही होता है।

इस जीन की एक विशेषता यह भी है कि यदि इसे मूल DNA से अलग करके किसी दूसरे DNA के साथ जोड़ दिया जाए तो यह उसकी प्रतिकृति करने लगता है। जीवाणुओं के **प्लाज्मिड** में भी यह जीन उपस्थित होता है। यही कारण है कि जिन जीवाणु कोशिकाओं में प्लाज्मिड होता है वे तेजी से गुणन करती हैं।

शरीर में प्रत्येक पदार्थ के संश्लेषण के लिए कोई निश्चित जीन उत्तरदायी होता है। यदि इस विशिष्ट जीन को प्लाज्मिड के साथ पहले बताई गई विधियों द्वारा संकरित किया जाए और इस संकरित DNA को पुनः जीवाणु की कोशिका में स्थापित करके उपयुक्त संवर्धन माध्यम में उगने दिया जाए, तो जीवाणु में वह जीन उसी-पदार्थ का संश्लेषण करता है, जोकि वह मूल शरीर में करता था। इस समस्त प्रक्रिया को क्लोनिंग कहते हैं। पोषी जीवाणु के लिए *ई.कोलाई* का उपयोग किया जाता है।

क्लोनिंग द्वारा ही सर्वप्रथम इन्सुलिन को (सन् 1892) में प्राप्त किया गया, जो बाजार में 'ह्यूमिलिन' के नाम से उपलब्ध है।

जीन लाइब्रेरी (Gene Library)

उपरोक्त विधियों से किसी जीवधारी के सम्पूर्ण जीनोम को अनेक जीनों में खण्डित करके उन्हें उपयुक्त जीवाणु, कीट, जन्तु अथवा पादप कोशिका में क्लोन किया जा सकता है। किसी जीवधारी के समस्त जीनों के इस प्रकार प्राप्त क्लोनों को उस जीवधारी की जीन लाइब्रेरी कहते हैं।

स्टेम सेल (Stem Cell)

स्टेम सेल शरीर के कोशिका, ऊतक और प्रत्येक अंगों के आधार कोशिका होते हैं। वे एक रिक्त माइक्रोचिप की भाँति होते हैं, जिसमें कितने भी विशेषीकृत कार्यों के लिए कार्यक्रम डाला जा सकता है, जो उचित वातावरण में विशेषीकृत ऊतक एवं अंगों के रूप में विकसित किए जा सकते हैं अर्थात् उनमें शरीर के किसी भी अंग की कोशिका के रूप में विकसित होने की क्षमता पाई जाती है।

ये पूर्वगासी गैर विशेषीकृत अविभाज्य कोशिका होते हैं, जो स्वप्रसरण प्रवासन और विभेदीकरण (differentiation) में सक्षम है।

अभ्यास प्रश्नावली

1. दूध का किस तापमान पर पाश्चुरीकरण होता है?

(a) 62.8°C पर 30 मिनटों के लिए
(b) 71.6°C पर 15 मिनटों के लिए
(c) 78.2°C पर 3 सेकण्ड के लिए
(d) सभी तापों पर

2. *सैकेरोमाइसिस सेरीविसी* नामक पदार्थ, जो ब्रेड बनाने में प्रयोग होता है क्या है?

(a) यीस्ट (b) शैवाल
(c) कीटाणु (d) लाइकेन

3. जीन लाइब्रेरी के सन्दर्भ में कौन-सा तथ्य सत्य है?

(a) जीन लाइब्रेरी जानवरों के संग्रह का रूप है
(b) उपरोक्त विधि से किसी जीवधारी के सम्पूर्ण जीनोम को अनेक जीनों में खंडित करके उन्हे उपयुक्त जीवाणु, कीट अथवा पादप कोशिका में क्लोन किया जा सकता है
(c) एक कोशिका को दूसरी कोशिका में प्रत्यरूप करने की प्रक्रिया को जीन लाइब्रेरी कहते हैं
(d) उपरोक्त सभी

4. इनमें से कौन-सा कथन शहद के सन्दर्भ में सही है?

I. यह एक रसायनिक यौगिक है।
II. इसमें साधारण शर्करा होती है।
III. यह मधुमक्खी के लार में उपस्थित एन्जाइम द्वारा मकरन्द स्रावित करती है।
IV. मधुमक्खी पुष्पों से मकरन्द एकत्रित करती है।

(a) I, II और III
(b) II और III
(c) I, II और IV
(d) I, II, III और IV

5. *बेसीलस थूरिन्जिएन्सिस (Bt)* से सम्बधित कथनों पर ध्यान दे तथा सही का चयन करें।

(a) यह एक प्रकार का जीव विष है, जो पौधों में होने वाले कीटों में प्रतिरोधकता पैदा करता है
(b) यह एक कवक से निर्मित होता है
(c) यह एक किस्म की ज्वार की फसल है
(d) उपरोक्त में से कोई नहीं

6. घोड़ों के रुधिर से प्राप्त प्रतिविष (antivenom) किसमें प्रयोग की जाती है?

(a) सौन्दर्य पदार्थ में (b) साँप काटने के इलाज के लिए
(c) मावा य खोआ प्राप्ति में (d) इनमें से कोई नहीं

7. *बीटी* की सहायता से निर्मित की गई निम्नलिखित फसलों में से सही है?

I. *बीटी* चना II. *बीटी* कपास
III. *बीटी* मक्का

(a) I और II (b) I और III
(c) II और III (d) इनमें से कोई नहीं

8. जेनेटिक इन्जीनियरिंग (GE) के सन्दर्भ में कौन-सा कथन सत्य है?

I. जेनेटिक इन्जीनियरिंग से जीन की संरचना तथा उसकी भावाकृति को समझने में मदद मिलती है।
II. जेनेटिक इन्जीनियरिंग से कुछ ऐसी कोशिकाओं के उत्पादन के प्रयास किए जा रहे हैं जो बायोरिएक्टर्स पोषक खादों का उत्पादन कर सकें।
III. इस तकनीक की सहायता से पौधों में स्वत: रोग प्रतिरोधकता उत्पन्न करने के प्रयास किए जा रहे हैं।
IV. ये पूर्वगामी गैरविशेषीकृत अविभाज्य कोशिकाएँ होती हैं।

कूट

(a) I, II और III
(b) I, II, III और IV
(c) I, II और IV
(d) II, III और IV

9. स्टेम सेल की विशेषताओं के आधार पर उचित कथन चुने।

I. स्टेम सेल शरीर की कोशिका, ऊतक और प्रत्येक अंगों की आधार कोशिका होती है।
II. उनमें शरीर को किसी भी अंग की कोशिका के रूप में विकसित होने की क्षमता पाई जाती है।
III. ये पूर्वगामी गैरविशेषीकृत अविभाज्य कोशिका होती हैं, जो स्वप्रसरण प्रवासन और विभेदीकरण से सक्षम हैं
IV. इस समस्त प्रक्रिया को क्लोनिंग कहा जाता है।

कूट

(a) I, II और III
(b) I, II, III और IV
(c) I, II और IV
(d) II, III और IV

10. लाख (lac) किस कीट द्वारा उत्पन्न किया जाता है?
(a) *बॉम्बिक्स मोरी*
(b) नर कीट *लैसीफर लक्का*
(c) मादा लाख कीट *टैकार्डिया लक्का*
(d) *एपिस इण्डिका* द्वारा

11. एकल कोशिका प्रोटीन (SCP) से क्या तात्पर्य है?
(a) यह जानवरों तथा मानवों में एक जरूरी पोषण है
(b) यह फसलों में पाया जाने वाला साध्य है
(c) यह फरमन्टेशन प्रक्रिया में उपयोग होता है
(d) उपरोक्त में से कोई नहीं

12. सूची मिलान करें

सूची I (एन्टिबायोटिक)	सूची II (स्रोत)
A. इरिथ्रोमायसिन	1. *बैसीलस लाइकेनीफॉर्मिस*
B. बैसिट्रिन	2. *सेकैरोमाइसिस ग्रेसियस*
C. क्लोरोम्फैनिकॉल	3. *से. वेनुजेली*
D. स्ट्रैप्टोमायसिन	4. *से. इरिथ्रिस*

कूट

	A	B	C	D
(a)	1	2	3	4
(b)	4	1	3	2
(c)	4	3	2	1
(d)	1	4	2	3

13. सूची मिलान करें

सूची I (औद्योगिक उत्पादक)	सूची II (सूक्ष्मजीव)
A. एसीटिक एसिड	1. *मोनोस्कस परप्यूरियस*
B. सिट्रिक एसिड	2. *एसीटोबैक्टर एसीटि*
C. स्टैटिन्स	3. *केन्डिडा लाइपोलिटिका*
D. लाइपेज	4. *एस्परजिलस नाइगर*

कूट

	A	B	C	D
(a)	2	4	1	3
(b)	1	2	3	4
(c)	4	3	2	1
(d)	4	2	1	3

14. क्लोनिंग द्वारा 1892 में बनाई गई इन्सुलिन आज बाजार में किस नाम से उपलब्ध है?
(a) ह्यूमिलिन (b) विसफोटिन
(c) IGF पेप्टाइड (d) इनमें से कोई नहीं

15. एन्टिबायोटिक की खोज के सन्दर्भ में निम्न कथनों पर विचार करें।
I. एलेक्जेण्डर फ्लेमिंग ने सन् 1928 में खोज की।
II. इसकी खोज *पेनिसिलियम नोटेटम* से की गई।
(a) केवल I (b) केवल II
(c) I और II (d) इनमें से कोई नहीं

उत्तरमाला

1. (a) **2.** (a) **3.** (b) **4.** (d) **5.** (a) **6.** (b) **7.** (c) **8.** (a) **9.** (a) **10.** (c)
11. (a) **12.** (b) **13.** (a) **14.** (a) **15.** (c)

43

पारिस्थितिक तन्त्र

Ecosystem

संरचना तथा कार्ग की दृष्टि से पर्यावरण (वातावरण) तथा जैविक समुदाय एक तन्त्र का निर्माण करते हैं। इस तन्त्र का निर्माण पर्यावरण के जैविक घटक तथा अजैविक घटक (वायुमण्डलीय या पारिस्थितिकीय कारक) के मध्य अन्तः क्रियाओं के परिणाम स्वरूप होता है। इस प्रकार इस तन्त्र में एक निश्चित पोषण खाद्य स्तर, खाद्य शृंखला (पोषण कड़ी), जैविक विविधता तथा अजैविक घटकों के मध्य चक्रीय विनिमय सतत् होता रहता है।

अतः यह निष्कर्ष निकलता है, कि जैव समुदाय तथा पर्यावरण (अजैविक घटक) संयुक्त रूप से एक स्थायी तन्त्र निर्मित करते हैं, यह स्थायी तन्त्र पारिस्थितिक तन्त्र कहलाता है। पारिस्थितिक तन्त्र (पारितन्त्र) शब्द का प्रयोग सर्वप्रथम **ए जी टैन्सले** (सन् 1935) ने किया। कार्ल मोबियस (Karl Mobius) ने इकोसिस्टम के लिए **बायोसिनोसिस** (biocoenosis) का प्रयोग किया।

टैन्सले (AG Tansley; 1935) के अनुसार 'पारिस्थितिक तन्त्र वह तन्त्र है, जो वातावरण के जैविक तथा अजैविक सभी कारकों के परस्पर सम्बन्धों तथा प्रक्रियाओं द्वारा प्रकट होता है, पारिस्थितिक तन्त्र **प्रकृति की एक क्रियात्मक इकाई** (functional unit of nature) है।

पारिस्थितिक तन्त्र के घटक (Components of Ecosystem)

पारिस्थितिक तन्त्र के दो घटक होते हैं

जैविक घटक (Biotic Components)

(i) **उत्पादक** (Producers) हरे पौधे, जो सूर्य के प्रकाश में भोजन बनाते हैं, **प्राथमिक** या **मूल उत्पाद** (primary producers) कहलाते हैं। इस संश्लेषित भोजन के द्वारा पौधों में वृद्धि और प्रजनन होता है।

(ii) **उपभोक्ता** (Consumers) कुछ जन्तु; जैसे–कीड़े-मकोड़े, खरगोश, गाय, आदि पौधों की पत्तियों व कोमल तनों को खाते हैं, इन्हें शाकाहारी (herbivores) या **प्राथमिक उपभोक्ता** (primary consumer) कहते हैं। कुछ अन्य जन्तु; जैसे–मेंढक, शेर, चीता, आदि शाकाहारी जन्तुओं को खा लेते हैं, इन्हें **द्वितीयक उपभोक्ता** (secondary consumers) कहते हैं। वे जन्तु, जो माँसाहारी जन्तुओं को खा लेते हैं, **तृतीयक उपभोक्ता** (tertiary consumers) कहलाते हैं।

(iii) **अपघटक** (Decomposers) जीवाणु तथा कवक मृत शरीर के कार्बनिक पदार्थों को साधारण भौतिक तत्वों में अपघटित कर देते हैं, इन्हें अपघटक कहते हैं।

अजैविक घटक (Abiotic Components)

(i) **भौतिक घटक** (Physical components); जैसे–ताप, जल, वायु, आदि।

(ii) **अकार्बनिक पदार्थ** (Inorganic matter); जैसे–नाइट्रोजन, कार्बन, कैल्शियम, सल्फर फॉस्फोरस, आदि।

(iii) **कार्बनिक पदार्थ** (Organic matter); जैसे–प्रोटीन, कार्बोहाइड्रेट, लिपिड्स, आदि।

पारिस्थितिक तन्त्र के प्रकार (Types of Ecosystem)

पारिस्थितिक तन्त्र को कृत्रिम एवं प्राकृतिक प्रकार में विभाजित किया जा सकता है।

(i) **कृत्रिम पारिस्थितिक तन्त्र** (Artificial ecosystem) यह मनुष्य द्वारा संचालित होता है; जैसे–फसल पारिस्थितिक तन्त्र, जलीय जीवशाला, फार्म हाऊस, आदि।

(ii) प्राकृतिक पारिस्थितिक तन्त्र (Natural ecosystem)

ये प्राकृतिक स्थितियों के द्वारा संचालित होते हैं। ये दो प्रकार के होते हैं

(a) **स्थलीय** (Terrestrial); जैसे–वन, घास का मैदान तथा मरुस्थलीय पारिस्थितक तन्त्र।

(b) **जलीय** (Aquatic) यह स्थिरजलीय स्वच्छ (lentic); जैसे–तालाब, पोखर, सरितजलीय स्वच्छ (lotic); जैसे–नदी, धारा, झरना तथा समुद्री (marine); जैसे–महासागर होता है।

तालाब का पारिस्थितिक तन्त्र (Pond Ecosystem)

हरे पौधे अर्थात् उत्पादक प्रकाश-संश्लेषण द्वारा प्रकाश ऊर्जा को रासायनिक ऊर्जा में बदलते हैं। कुछ छोटे जन्तु अर्थात् प्राथमिक उपभोक्ता; जैसे–कोपपोड्स (copepods), हरे शैवालों को खाते हैं।

प्राथमिक उपभोक्ताओं को द्वितीयक उपभोक्ता; जैसे–कीटाणु तथा छोटी मछलियाँ खा लेते हैं। तृतीय श्रेणी के उपभोक्ता; जैसे–माँसाहारी मछलियाँ, बत्तख, बगुले, आदि कीटाणु तथा छोटी मछलियों को खा लेते हैं। माँसाहारी मछलियों व अन्य प्राणियों की मृत्यु के पश्चात् अपघटकों द्वारा इनके शरीर का अपघटन कर दिया जाता है।

वन पारिस्थितिक तन्त्र (Forest Ecosystem)

वन में आवृतबीजी तथा अनावृतबीजी पेड़ होते हैं। प्रायः किसी वन में विभिन्न स्तरों पर विभिन्न प्रकार के पौधे पाए जाते हैं। ऊपर के स्तर पर 20 मीटर तक की ऊँचाई के पेड़ पाए जाते हैं, जो सूर्य के प्रकाश को अच्छी तरह ग्रहण करते हैं। दूसरे स्तर पर कम ऊँचाई के पेड़ व झाड़ियाँ, तीसरे स्तर पर पर्णपाती (deciduous) और सदाबहार (ever green) झाड़ियाँ तथा चौथे स्तर पर छोटे-छोटे पौधे पाए जाते हैं।

छोटे पौधों को सूर्य का पर्याप्त प्रकाश नहीं मिल पाता, इस कारण या तो ये कम वृद्धि करते हैं, या कुछ समय पश्चात् उनकी मृत्यु हो जाती है। बड़े पेड़ के नष्ट होने के बाद केवल एक पौधा ही पूर्णरूप से विकसित होकर उसका स्थान लेता है।

खाद्य शृंखला (Food Chain)

उत्पादकों से प्राथमिक, द्वितीयक एवं तृतीयक उपभोक्ताओं तक जीवधारियों की श्रेणी के द्वारा ऊर्जा के स्थानान्तरण की प्रक्रिया खाद्य शृंखला (food chain) कहलाती है।

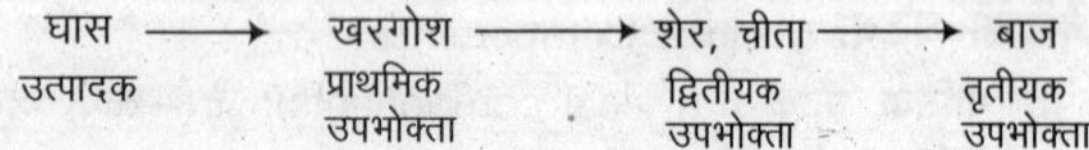

प्रकृति में खाद्य शृंखला तीन प्रकार की हो सकती हैं

(i) **परभक्षी खाद्य शृंखला** (Predator food chain) यह हरे पौधों से प्रारम्भ होकर छोटे जन्तुओं में और फिर बड़े जन्तुओं की ओर जाती है।

(ii) **परजीवी खाद्य शृंखला** (Parasitic food chain) यह बड़े जन्तुओं से प्रारम्भ होकर छोटे जन्तुओं की ओर जाती है।

(iii) **मृतोपजीवी खाद्य शृंखला** (Saprophytic food chain) यह मृत प्राणियों से आरम्भ होकर सूक्ष्मजीवों की ओर जाती है।

खाद्य शृंखला में उत्पादक से उपभोक्ता तथा अपघटक तक ऊर्जा का स्थानान्तरण सीधी कड़ी के रूप में होता है, परन्तु प्रकृति में विभिन्न खाद्य शृंखलाएँ आपस में जुड़कर एक तन्त्र बनाती हैं, इसे **खाद्य जाल** (food web) कहते हैं। इस प्रकार प्रकृति में खाद्य के अनेक वैकल्पिक रास्ते (alternative pathways) होतें हैं, जो पारिस्थितिक तन्त्र में साम्यावस्था के लिए महत्त्वपूर्ण है।

पारिस्थितिक तन्त्र की गतिकी (Dynamics of Ecosystem)

पारिस्थितिक तन्त्र में ऊर्जा का प्रवेश, रूपान्तरण तथा विसरण, पारिस्थितिक तन्त्र में ऊर्जा का प्रवाह (energy flow in ecosystem), ऊष्मागतिकी के नियमों (laws of thermodynamics) का पालन करता है।

ऊष्मागतिकी के प्रथम नियम के अनुसार 'ऊर्जा न तो उत्पन्न की जा सकती है और न ही नष्ट की जा सकती है'।

ऊष्मागतिकी के द्वितीय नियम के अनुसार 'ऊर्जा के रूपान्तरण की क्रिया में कुछ ऊर्जा परिवर्तित रूप में तन्त्र से परिक्षेपित अवस्था में विसरित होती है'।

हरे पौधे या उत्पादक प्रकाश-संश्लेषण की क्रिया द्वारा प्रकाश ऊर्जा को रासायनिक ऊर्जा में परिवर्तित कर देते हैं। पारिस्थितिक तन्त्र में ऊर्जा का स्थानान्तरण एकदिशीय (unidirectional) होता है।

लिन्डेमान (Lindeman; 1942) के 10% नियम के अनुसार, एक पोषक स्तर से दूसरे पोषक स्तर में ऊर्जा का केवल 10% भाग स्थानान्तरित होता है, शेष 90% ऊर्जा व्यर्थ जाती है। किसी पारिस्थितिक तन्त्र में ऊर्जा का मूल स्रोत सूर्य है। पारिस्थितिक तन्त्र में खाद्य शृंखला जितनी छोटी होगी। ऊर्जा का हॉस उतना ही कम होगा।

पारिस्थितिक पिरामिड (Ecosystem Pyramids)

पारिस्थितिक पिरामिड का सिद्धान्त एल्टन (Elton) के द्वारा (1927) में दिया गया। पारिस्थितिक तन्त्र की पोषक संरचना एक प्रकार की उत्पादक-उपभोक्ता व्यवस्था है और पारिस्थितिक तन्त्र की पोषक संरचना का अलेखी (graphic) प्रदर्शन पारिस्थितिक पिरामिड कहलाता है। इन आलेखों में सबसे नीचे का पोषक स्तर उत्पादक तथा सबसे ऊपर का पोषक स्तर माँसाहारी का होता है।

पारिस्थितिक पिरामिड तीन प्रकार के होते हैं

(i) **संख्या का पिरामिड** (Pyramid of number) इस पिरामिड में प्रत्येक पोषक स्तर पर व्यक्तिगत संख्या दर्शायी जाती है। संख्या का पिरामिड घास तथा तालाब पारिस्थितिक तन्त्र में सीधा वृक्ष पारिस्थितिक तन्त्र में उल्टा होता है।

(ii) **जीवभार का पिरामिड** (Pyramid of biomass) इस पिरामिड में प्रत्येक पोषक स्तर पर जीवभार दर्शाया जाता है। जीवभार का पिरामिड घास पारिस्थितिक तन्त्र तथा वन पारिस्थितिक तन्त्र में सीधा, जबकि तालाब पारिस्थितिक तन्त्र में उल्टा होता है।

(iii) **ऊर्जा का पिरामिड** (Pyramid of energy) इसमें निहित ऊर्जा या विभिन्न पोषक स्तरों पर उत्पादकता दर्शायी जाती है। ऊर्जा का पिरामिड सभी पारिस्थितिक तन्त्रों में सदैव सीधा होता है।

उत्पादकता (Productivity)

प्राथमिक उत्पादकों द्वारा प्रकाश-संश्लेषण क्रिया द्वारा बनाए गए कार्बनिक पदार्थों की कुल मात्रा को **सकल प्राथमिक उत्पादकता** (gross primary productivity) कहते हैं।

प्राथमिक उत्पादकों द्वारा संचित कार्बनिक पदार्थों या ऊर्जा की मात्रा **शुद्ध प्राथमिक उत्पादकता** (net primary productivity) कहलाती है। शुद्ध प्राथमिक उत्पादकता, सकल प्राथमिक उत्पादकता का वह भाग है, जो श्वसन क्रिया में कार्बनिक पदार्थों के ऑक्सीकरण के पश्चात् शेष बचता है अर्थात्

शुद्ध प्राथमिक उत्पादकता = सकल प्राथमिक उत्पादकता - श्वसन में प्रयुक्त ऊर्जा

उपभोक्ताओं के विभिन्न स्तरों द्वारा अधिक मात्रा में संचित पदार्थों के कारण जीवभार में हुई वृद्धि **द्वितीयक उत्पादकता** (secondary productivity) कहलाती है।

पारिस्थितिकी से सम्बन्धित शब्दावली (Terminology Related to Ecology)

आवास एवं पारिस्थितिक निकेत (Habitat and Ecological Niche)

वह स्थान जहाँ जीव निवास करता है, **आवास** (habitat) कहलाता है, जबकि पारिस्थितिकी तन्त्र में जीवन की अभिलाक्षणिक भूमिका, सहनशीलता तथा संसाधनों के उपयोग की क्षमता की स्थिति पारिस्थितिक निकेत (ecological niche) कहलाता है। निच निकेत शब्द सर्वप्रथम ग्रिनल (Grinnel) ने सूक्ष्मवास स्थान के वर्णन के लिए प्रयोग किया। किसी जीवधारी द्वारा वास स्थान में लिया गया निश्चित भाग, समुदाय में उसका क्रियात्मक स्तर और वातावरणीय परिवर्तन दर में उसकी स्थिति को पारिस्थितिक निच (ecological niche) कहते हैं।

एक निश्चित निच में एक ही जाति रह सकती है, दो या अधिक जातियों द्वारा एक ही निच में निवास करने को **पारिस्थितिक समतुल्य** (ecological equivalent) कहलाता है।

इकोटॉन एवं कोर प्रभाव (Ecotone and Edge Effect)

इकोटॉन वह स्थान या क्षेत्र है, जहाँ दो प्रमुख समुदायों का सम्मिश्रण होता है अथवा यह दो बायोम (biome) के बीच की विस्तृत संक्रामी पट्टी है। वन व ज्वारनदमुखी (estuarine) संक्रामी क्षेत्रों के उदाहरण हैं अतः इकोटॉन वह संकीर्ण संगम स्थान है, जो विस्तृत समुदाय प्रदेशों के बीच स्थित होते हैं।

इसमें कुछ जीव तो दोनों प्रदेशों में होते हैं, किन्तु कुछ जातियाँ केवल इकोटॉन में सीमित रहती है। इसलिए इकोटॉन में किसी भी संलग्न बायोम की अपेक्षा जीवों की सघनता एवं विभिन्न जातियों की संख्या दोनों ही अधिक होते हैं। इकोटॉन की इस प्रवृत्ति को **कोर प्रभाव** (edge effect) कहते हैं।

कोर प्रभाव इकोटॉन की वह प्रवृत्ति है, जिसके द्वारा यह जातियों की अधिक संख्या एवं समष्टि की सघनता को बनाए रखता है। इकोटॉन में प्रमुख रूप से या अधिक संख्या में पाई जाने वाली जातियों को कोर जातियाँ कहते हैं।

उदाहरण–वन पारितन्त्र व चरागाह का सम्मिश्रण से निर्मित पट्टी कोनीफर एवं टुण्ड्रा वनों के मध्य क्षेत्र, नदी एवं समुद्र के मध्य ज्वारनदमुखी, आदि।

की स्टोन प्रजाति (Key Stone Species)

वह प्रजाति, जिसका समुदाय अथवा पारिस्थितिकी पर प्रभाव मात्र उनकी अत्यधिक संख्या के कारण ही नहीं, बल्कि आशा से कहीं अधिक उनके कार्यों से अभिव्यक्त होता है, उसे 'की स्टोन' प्रजाति कहा जाता है।

ये प्रजातियाँ पारिस्थितिक तन्त्र में ऊर्जा के प्रवाह, खाद्य शृंखला और खनिजों के चक्रण को प्रभावित कर अपनी परस्पर क्रियाओं से समुदाय की संरचना और जैवकि घटकों को परिवर्तित कर देती है। उच्च कोटि का परभक्षी या ऐसा पौधा, जो दूसरे जीव जन्तुओं को भोजन और आश्रय प्रदान करता है, की स्टोन प्रजाति बन सकता है।

इकोटाइप एवं इकेड (Ecotype and Ecads)

इकोटाइप एक ही जाति की आनुवंशिक विविधता युक्त दो सम्मष्टियाँ हैं। इकेड एक ही आनुवंशिक संग्रह युक्त जीवों की समष्टि है, जिसके सदस्य फीनोटिपिक गुण; जैसे–रंग एवं आकार में भिन्नता प्रदर्शित करते हैं।

पारिस्थितिक कुशलता (Ecological Efficiency)

विभिन्न ऊर्जा स्तरों से होकर ऊर्जा प्रवाह में कितनी ऊर्जा एक स्तर से दूसरे स्तर को उपलब्ध होती है, इसे **पारिस्थितिक कुशलता** (ecological efficiency) कहते हैं।

जीवोम (Biome)

जलवायु के विभिन्न कारकों के तालमेल से स्थापित होने वाले जीव-जगत (biological realms) को जीवोम (biome) कहते हैं। भौगोलिक स्थिति तथा भू-आकृति के आधार पर इन्हें टुण्ड्रा (tundra), उत्तरी शंकुधारी वन (Northern coniferous forest), शीतोष्ण पर्णपाती वन (temperate deciduous forest), उष्ण कटिबन्धीय मानसूनी वन (Tropical forest), चपरल (chapparal), उष्ण कटिबन्धीय सवाना (Savanna), घास के मैदान, मरुस्थल (Desert) श्रेणियों में रखा जाता है।

अभ्यास प्रश्नावली

1. पारिस्थितिक तन्त्र की परिभाषा है
(a) किसी क्षेत्र में रहने वाले जन्तु तथा पादप
(b) किसी क्षेत्र में रहने वाले विभिन्न पादप, जन्तु, सूक्ष्मजीव तथा उनके साथ भौतिक रासायनिक वातावरण
(c) किसी क्षेत्र में रहने वाले पौधे और सूक्ष्मजीव तथा उनके साथ भौतिक रासायनिक वातावरण
(d) उपरोक्त में से कोई नहीं

2. जैव-साम्यावस्था (biological equilibrium) ऐसी साम्यावस्था है
(a) जो उत्पादक एवं उपभोक्ता के मध्य रहती है
(b) उत्पादक तथा अपघटकों के मध्य रहती है
(c) उत्पादक उपभोक्ता तथा अपघटकों के मध्य बनी रहती है
(d) केवल उत्पादकों के मध्य रहती है

3. पारिस्थितिक तन्त्र की उत्पादकता
(a) उसमें उपस्थित तृतीय श्रेणी के उपभोक्ताओं की खपत के बाद बची कार्बनिक मात्रा को कहते हैं
(b) कार्बनिक पदार्थ की उस मात्रा को दर्शाता है, जो एक एकिक समय में एकत्रित होती है
(c) उसमें उपस्थित उपभोक्ताओं की संख्या पर निर्भर करती है
(d) उपरोक्त सभी

4. निम्नलिखित में से सर्वाधिक ऊर्जा किसमें होती है?
(a) उत्पादक
(b) प्राथमिक उपभोक्ता
(c) द्वितीयक उपभोक्ता
(d) अपघटक

5. पारिस्थितिक पिरामिड के शीर्ष पर स्थित है
(a) शाकाहारी (b) माँसाहारी
(c) उत्पादक (d) उपरोक्त में से कोई नहीं

6. किसी घास स्थल में खरगोश द्वारा नए जैविक पदार्थ के बनने की दर को क्या कहते हैं?
(a) शुद्ध उत्पादकता
(b) द्वितीयक उत्पादकता
(c) शुद्ध प्राथमिक उत्पादकता
(d) सकल प्राथमिक उत्पादकता

7. सूची I को सूची II से सुमेलित कीजिए।

सूची I	सूची II
A. पारिस्थितिकी की मूल इकाई	1. जीवोम
B. संकरण जीवों का समूह	2. जनसंख्या
C. बड़ी प्रादेशिक इकाई जिसमें विशिष्ट वनस्पति तथा सम्बन्धित प्राणी पाए जाते हैं	3. पारिस्थितिकी तन्त्र
D. विशिष्ट क्षेत्र में समान जाति के सदस्य	4. जीव
	5. जाति

कूट

	A	B	C	D
(a)	2	4	1	5
(b)	3	4	1	5
(c)	4	5	1	2
(d)	2	4	3	5

8. निम्नलिखित में से किस एक पारितन्त्र में सर्वाधिक वार्षिक शुद्ध प्राथमिक उत्पादकता पाई जाती है?
(a) उष्णकटिबन्धीय वर्षा वन
(b) उष्णकटिबन्धीय पर्णपाती वन
(c) शीतोष्ण सदाबहार वन
(d) शीतोष्ण पर्णपाती वन

9. निम्नलिखित में से कौन-सा जन्तु किसी पारितन्त्र में एक ही समय पर एक से अधिक पोषी स्तरों में रखा जा सकता है?
(a) गौरैया (b) शेर
(c) बकरी (d) मेंढक

10. शाकाहारियों तथा अपघटनकर्त्ताओं के उपभोग हेतु उपलब्ध जैवभार कहलाता है
(a) शुद्ध प्राथमिक उत्पादकता
(b) द्वितीयक उत्पादकता
(c) स्थित शस्य
(d) सकल प्राथमिक उत्पादकता

11. मनुष्य जैव-समुदाय का भाग
(a) सदैव होता है
(b) केवल तभी जब वह गाँवों में रहता है
(c) केवल तभी जब वह घने जंगल में निवास करता है
(d) कभी नहीं होता है

12. अनुक्रमण क्रिया के आक्रमण (invasion) में होता है
(a) अभिगमन (b) आस्थापन
(c) एकत्रीकरण (d) ये सभी

13. एक पारिस्थितिक तन्त्र से सभी अपघटक हटा देने पर
(a) सभी उपभोक्ता समाप्त हो जाएंगे
(b) ऊर्जा चक्र प्रभावित होगा
(c) जैव भू-रासायनिक चक्र का सन्तुलन बिगड़ जाएगा
(d) केवल शाकाहरी समाप्त होंगे

14. एक खाद्य श्रृंखला किससे शुरू होती है?
(a) नाइट्रोजन स्थिरीकरण जीवों से
(b) प्रकाश-संश्लेषी जीवों से
(c) श्वसन से
(d) विघटनकर्त्ता से

15. पारिस्थितिक तन्त्र में ऊर्जा प्रवाह होता है
(a) बहुदिशीय (b) द्विदिशीय
(c) एकदिशीय (d) अनियमित

16. सूची I को सूची II से सुमेलित कीजिए।

सूची I	सूची II
A. पोषक स्तर	1. पक्षी
B. अपघटक	2. कीट
C. द्वितीयक उपभोक्ता	3. हरे पौधे
D. प्राथमिक उपभोक्ता	4. फफूँद

कूट

	A	B	C	D
(a)	3	2	1	4
(b)	4	3	2	1
(c)	3	4	1	2
(d)	4	2	3	1

17. पारितन्त्र के दो घटक होते हैं
(a) खरपतवार एवं वृक्ष
(b) जैवीय एवं अजैवीय
(c) मेंढक तथा मानव
(d) जन्तु एवं पादप

18. ऊर्जा के पिरामिड के सन्दर्भ में निम्नलिखित में से कौन-सा कथन असत्य है, जबकि अन्य सभी कथन सही हैं?
(a) यह विभिन्न पोषी स्तरों एवं जीवों की ऊर्जा को प्रदर्शित करता है
(b) यह आकृति में उल्टा होता है
(c) यह आकृति में सीधा होता है
(d) इसका आधार चौड़ा होता है

19. खाद्य कड़ी में निम्न में कौन-सा क्रम सही है?
(a) गिरी हुई पत्तियाँ → जीवाणु → कीटों के डिम्भक → पक्षी
(b) फाइटोप्लैंक्टॉन → जूप्लैंक्टॉन → मेंढक → साँप
(c) घास → लोमड़ी → शशक
(d) घास → गिरगिट → कीट → पक्षी

20. किसी समय पर एक क्षेत्र में एक पोषी स्तर पर जीवित पदार्थ का द्रव्यमान होता है
(a) डेट्राइट्स (b) ह्यूमस (c) स्टेन्डिंग स्टेट (d) स्टेन्डिंग क्रॉप

21. दो समुदायों के बीच का संयोजी क्षेत्र (transition zone) कहलाता है।
(a) इकोटाइप (ecotype)
(b) पारितन्त्र (ecosystem)
(c) इकोलाइन (ecoline)
(d) इकोटॉन (ecotone)

22. ताल पारिस्थितिकी तन्त्र में नितलस्थ आबादी (benthic population) में आते हैं
(a) मछली, कीट, मोलस्क, क्रस्टेशियन्स, आदि
(b) *हाइड्रिला*, *वैलिसनरिया*, आदि
(c) जीवाणु
(d) कवक

23. संख्या का सीधा पिरामिड अनुपस्थित होता है
(a) तालाब में (b) वन में
(c) झील में (d) घास के मैदान में

24. पारितन्त्र का महत्त्व होता है
(a) ऊर्जा के प्रवाह में
(b) खनिजों के चक्रण में
(c) (a) एवं (b) दोनों में
(d) उपरोक्त में से कोई नहीं

25. पारितन्त्र का चालक बल (driving force) होता है
(a) उत्पादक (b) पौधों में कार्बोहाइड्रेट
(c) जैव-मास (d) सौर ऊर्जा

26. निम्नलिखित में से किसे सर्वाधिक उपयुक्त प्रकार से स्पष्ट किया गया है?
(a) पोषी वह जीव है, जो किसी अन्य जीव को भोजन उपलब्ध कराता है
(b) एमनसेलिज्म एक सम्बन्ध है, जिसमें एक जाति लाभ प्राप्त करती है, जबकि दूसरी अप्रभावित रहती है
(c) परभक्षी वह जीव है, जो भोजन प्राप्त करने के लिए अन्य जीवों को पकड़कर मार देता है
(d) परजीवी वह जीव है, जो सदैव किसी अन्य जीव के शरीर के भीतर रहता है तथा उसे मार सकता है

27. खाद्य शृंखलाओं से सम्बन्धित निम्नलिखित कथनों पर विचार कीजिए।
I. एक क्षेत्र से 80% बाघों के हटा दिए जाने पर वहाँ की वनस्पति में भारी वृद्धि हो गई।
II. अधिकतर माँसभक्षियों के हटाए जाने से हिरनों की आबादी बढ़ गई।
III. खाद्य शृंखलाओं की लम्बाई सामान्यत 3-4 पोषण स्तरों तक ही सीमित होती है, जो ऊर्जा हानि के कारण होती है।
IV. खाद्य शृंखलाओं की लम्बाई 2–8 पोषण स्तरों तक हो सकती है।
ऊपर दिए गए कथनों में से कौन-से दो कथन सही हैं?
(a) II एवं III (b) III एवं IV
(c) I एवं IV (d) I एवं II

28. पारिस्थितिकी तन्त्र के जैविक घटकों में होते हैं
(a) उत्पादक (b) उपभोक्ता
(c) अपघटक (d) ये सभी

29. 'बायोसिनोसिस' शब्द प्रस्तावित किया था
(a) टैन्सले ने (b) वार्मिंग ने
(c) ऑडम ने (d) कार्ल मोबियस

30. वृक्ष पारितन्त्र में संख्या का पिरामिड होता है
(a) सीधा (b) उल्टा
(c) अनियमित (d) इनमें से कोई नहीं

31. एक खाद्य-कड़ी के घटकों को इस प्रकार
उत्पादक → शाकाहारी → माँसाहारी → सर्वोच्च माँसाहारी मानिए, तो किस स्तर में सर्वाधिक ऊर्जा होगी?
(a) माँसाहारियों में
(b) शाकाहारियों में
(c) प्राथमिक उत्पादकों में
(d) सर्वोच्च माँसाहारियों में

32. किस खाद्य कड़ी में सर्वाधिक बड़ी आबादी होती है
(a) प्राथमिक उपभोक्ताओं की (b) द्वितीयक उपभोक्ताओं की
(c) अपघटकों की (d) उत्पादकों की

33. माँसाहारी होते हैं
(a) प्राथमिक उपभोक्ता
(b) द्वितीयक उपभोक्ता
(c) द्वितीयक अथवा तृतीयक उपभोक्ता
(d) अपघटनकर्त्ता

34. तालाब के पारितन्त्र में जीव संख्या का पिरामिड होता है
(a) सीधा (b) उल्टा (c) अनियमित (d) रेखीय

35. निम्नलिखित में से कौन-सा कथन सत्य है
(a) अपघटनकारी कभी-भी, की-स्टोन प्रजाति नहीं हो सकते हैं
(b) शाकाहारी (herbivores) सर्वथा की-स्टोन प्रजाति होते हैं
(c) सर्वोच्च उपभोक्ता कभी-कभी की-स्टोन प्रजाति हो सकते हैं
(d) सर्वोच्च उपभोक्ता सामान्यता कभी-भी की-स्टोन प्रजाति नहीं हो सकते हैं

36. किस पारितन्त्र में सर्वाधिक विविधता युबत जीव है
(a) उत्पादक (b) उपभोक्ता
(c) माँसाहारी (d) अपघटक

37. वह पिरामिड, जो किसी स्थिर पारितन्त्र में उल्टा नहीं हो सकता, होता है
(a) संख्या का पिरामिड
(b) ऊर्जा का पिरामिड
(c) जीवभार का पिरामिड
(d) ये सभी

38. सर्वाधिक स्थायी पारितन्त्र कौन-सा है?
(a) पर्वत (b) रेगिस्तान
(c) महासागर (d) वन

→ उत्तरमाला

1. (b)	**2.** (c)	**3.** (b)	**4.** (a)	**5.** (b)	**6.** (b)	**7.** (c)	**8.** (a)	**9.** (a)	**10.** (a)
11. (a)	**12.** (d)	**13.** (c)	**14.** (b)	**15.** (c)	**16.** (c)	**17.** (b)	**18.** (b)	**19.** (b)	**20.** (d)
21. (d)	**22.** (a)	**23.** (c)	**24.** (c)	**25.** (d)	**26.** (c)	**27.** (a)	**28.** (d)	**29.** (d)	**30.** (b)
31. (c)	**32.** (a)	**33.** (c)	**34.** (a)	**35.** (d)	**36.** (d)	**37.** (b)	**38.** (c)		

44

पारिस्थितिकी, पारिस्थितिक सम्बन्ध एवं जनसंख्या

Ecology, Ecological Relationship and Population

पारिस्थितिकी (Ecology)

जीव तथा उसके पर्यावरण के पारस्परिक सम्बन्धों का अध्ययन पारिस्थितिकी कहलाता है। **प्रो रामदेव मिश्रा** को भारतीय पारिस्थितिकी का जनक कहा जाता है। पारिस्थितिकी को दो शाखाओं **स्वपारिस्थितिकी** (autecology) अर्थात् किसी एक प्राणी या एक जाति एवं उसके वातावरण के बीच पारस्परिक सम्बन्धों का अध्ययन व **संपारिस्थितिकी** (synecology) अर्थात् किसी स्थान पर पाए जाने वाले समस्त जीव-समूह एवं वहाँ के वातावरण के पारस्परिक सम्बन्धों का अध्ययन, में विभाजित किया जाता है। **संपारिस्थितिकी** के अन्तर्गत **समष्टि पारिस्थितिकी** (population ecology), **समुदाय पारिस्थितिकी** (community ecology) तथा **पारितन्त्र पारिस्थितिकी** (ecosystem ecology) आते हैं। पारिस्थितिक कारक, जलवायवीय (प्रकाश, ताप एवं, जल), स्थलाकृतिक (ऊँचाई, ढ़लान एवं इसकी दिशा), मृदीय एवं जैवीय प्रकार के होते हैं। पारिस्थितिक तन्त्र जैवीय तथा अजैवीय घटकों से मिलकर बना होता है।

पारिस्थितिक सम्बन्ध (Ecological Relationship)

उपलब्ध संसाधनों (available resources) और ऊर्जा (energy) का उपयोग करने के लिए वातावरण में रहने वाले विभिन्न जीव आपस में पारस्परिक अन्तः क्रियाएँ करते रहते हैं।

ये अन्तःक्रियाएँ या सम्बन्ध दो प्रकार की होती हैं

1. धनात्मक अन्तःक्रियाएँ (Positive Interactions)

जब दोनों सहयोगी समान रूप से लाभान्वित होते हैं और किसी को कोई हानि नहीं होती, तो इसे **सहोपकारिता** (mutualism) कहते हैं; जैसे–लाइकेन, *साइकस* की कोरेलॉइड मूल, कवक मूल, दीमक की आँत्र में *ट्राइकोनिम्फा* प्रोटोजोआ, *जूक्लोरेला* एवं सीलेन्ट्रेट, हर्मिट क्रैब, सी एनिमोन, आदि।

जब एक सहयोगी बिना दूसरे को हानि पहुँचाए ही लाभान्वित होता है, तो इसे **सहभोजिता** (commensalism) कहते हैं; जैसे–ऑर्किड, आरोही (climbers), कंठलताएँ (lianas), स्लॉथ की त्वचा पर शैवाल का पाया जाना, शार्क एवं चूषक मीन, आदि।

यदि दोनों सहयोगी भौतिक सम्बन्ध स्थापित किए बिना ही परस्पर लाभान्वित होते हैं, तो इसे **आदि सहयोग** (protocooperation) कहते हैं; जैसे–मूलपरिवेशी सूक्ष्म वनस्पति जात (rhizosphere microflora)।

2. ऋणात्मक अन्तःक्रियाएँ (Negative Interactions)

ऋणात्मक अन्तःक्रियाओं को निम्न भागों में वर्गीकृत किया गया है

(i) स्पर्धा (Competition)

स्थान, जल, खनिज, ऊर्जा एवं अन्य संसाधनों के लिए कई प्रजातियों के सदस्यों के मध्य स्पर्धा **अन्तराजातीय स्पर्धा** (interspecific competition), जबकि एक ही प्रजाति के दो या दो से अधिक सदस्यों के बीच स्पर्धा आन्तरजातीय स्पर्धा (intraspecific competition) कहलाती है।

उदाहरण–क्रोम्बल ने आटे में भृंग की दो जातियों *ट्राइबोलियम* तथा *ओरजिफिल्स* के मध्य स्पर्धा में ऑरजिफिल्स की समष्टि का ह्रास होते देखा।

(ii) विरोधी या प्रतिजीविता (Antagonism or Antibiosis)

एक जीव की जटिल उपापचयी क्रियाओं द्वारा उत्पन्न वृद्धि रोधक विषाक्त रासायनिक पदार्थों के स्राव द्वारा, किसी दूसरे जीव की वृद्धि को पूर्ण या आंशिक रूप से रोक देना विरोधी अथवा प्रतिजीविता कहलाता है;

जैसे–कवकों द्वारा प्रतिजैविकों का स्रावण, *माइक्रोसिस्टिस* (BGA) द्वारा हाइड्रेक्सिल एमीन का स्रावण, जिस कारण जल विषैला हो जाता है। बाह्य परजीवी; जैसे–जौंक, खटमल, टीक्स एवं माइट्स, आदि एवं अन्तःपरजीवी; जैसे–*ऐस्केरिस, टीनिया,* वूचेरेरिया *बैक्रॉफ्टी*, आदि।

(iii) परजीविता (Parasitism)

विषमपोषी जीव, जो परपोषी (host) के शरीर से अपना आहार प्राप्त करते हैं, **परजीवी** कहलाते हैं; जैसे–*कस्कुटा (Cuscuta)*–पूर्ण तना परजीवी, *विस्कम (Viscum)* तथा *लोरेन्थस* (*Loranthus*)– आंशिक तना परजीवी, *रेफ्लेशिया (Rafflesia)* एवं *ऑरोबेन्की* (*Orobanche*)-पूर्ण जड़ परजीवी तथा *सेन्टेलम एल्बम* (*Santalum album)* आंशिक जड़ परजीवी हैं।

(iv) **परभक्षिता** (Prey)

दूसरे अन्य जीवों पर आक्रमण करके पोषण प्राप्त करना परभक्षिता कहलाता है, यहाँ एक परभक्षी (predator); जैसे–शेर, चीता तथा दूसरा परभक्षण; जैसे–बकरी, हिरन, आदि शाकाहारी (प्रथम श्रेणी उपभोक्ता) कहलाते हैं, परभक्षी सदैव सक्रिय एवं शक्तिशाली होता है। उदाहरण–कुछ पादप (कीटभक्षी पादप)।

जनसंख्या या समष्टि (Population)

एक ही समय में एक ही क्षेत्र में रहने वाले एक ही जाति के जीवों के समूह को जनसंख्या या समष्टि कहते हैं।

जनसंख्या की विशेषताएँ (Characteristics of Population)

घनत्व (Density)

एक निश्चित स्थान एवं समय में आवास के इकाई आयतन में पाए जाने वाले प्राणियों की कुल संख्या घनत्व कहलाती है।

जन्म दर (Birth rate or natality)

दी गई पर्यावरणीय परिस्थिति में जनसंख्या में, एक समय अवधि में, व्यक्तियों की संख्या में वृद्धि जन्मदर कहलाती है।

मृत्युदर (Death rate of mortality)

किसी जनसंख्या में एक समय अवधि में मरने वाले व्यक्तियों की संख्या मृत्युदर कहलाती है।

उम्र वितरण (Age distribution)

जनसंख्या में विभिन्न उम्र समुदाय मिलकर उसकी प्रजनन स्थिति को निश्चित करते हैं। तीन उम्रों, प्रजनन पूर्व (prereproduction) प्रजनन समय (reproduction) एवं प्रजनन उपरान्त (postreproduction) की जनसंख्या को पारिस्थितिक आयु कहते हैं।

जैविक विभव (Biotic potential)

पर्यावरण की रूकावट के अभाव में किसी जीव की अर्न्तनिहित प्रजनन या संख्या वृद्धि क्षमता जैविक विभव कहलाती है।

पर्यावरण प्रतिरोध (Ecological resistance)

जनसंख्या या जैविक विभव पर पर्यावरण का नियन्त्रण पर्यावरण प्रतिरोध कहलाता है।

यह अजैविक तथा जैविक कारकों के सीमित प्रभाव को दर्शाता है।

अभ्यास प्रश्नावली

1. जीव विज्ञान की वह शाखा, जिसमें वातावरण व जीवों के बीच पाए जाने वाले पारस्परिक सम्बन्धों का अध्ययन किया जाता है

(a) फाइटोजिओग्राफी
(b) इकोलॉजी
(c) इकोसिस्टम
(d) पीडोलॉजी

2. सहभोजिता में

(a) सहभोजी लाभान्वित होता है
(b) परपोषी लाभान्वित होता है
(c) सहभोजी दूसरे सहभोजी को बिना हानि पहुचाएँ लाभान्वित होता है
(d) कोई भी लाभान्वित नहीं होता

3. जैव घटक

(a) मृदा के रासायनिक घटक हैं, जो जीवन प्रभावित करते हैं
(b) वह सभी जीवित जीव, जो दूसरे जीवों को प्रभावित करते हैं
(c) वायुमण्डलीय घटक हैं, जो जीवन को प्रभावित करते हैं
(d) मृदा के भौतिक घटक हैं, जो जीवन को प्रभावित करते हैं

4. सहभोजिता (commensalism) है, एक

(a) अविकल्पी सम्बन्ध
(b) विकल्पी सम्बन्ध
(c) परजीवी सम्बन्ध
(d) असहजीवी सम्बन्ध

5. *नेपेन्थीस* है

(a) प्राथमिक उत्पादक (b) उपभोक्ता
(c) उत्पादक एवं उपभोक्ता (d) इनमें से कोई नहीं

6. *ट्राइकोनिम्फा (Trichonympha)* निम्न में से किसकी आहारनाल में पाया जाता है?

(a) दीमक की (b) चौपायों की
(c) मनुष्य की (d) इन सभी की

7. यदि संसार में पौधे नहीं रहेंगे, तो जन्तुओं की मृत्यु किस कारण से होगी?

(a) ठण्डी वायु से (b) काष्ठ की कमी से
(c) ऑक्सीजन के अभाव से (d) भोजन के अभाव से

8. *क्लोरेला वल्गैरिस* (*Chlorella vulgaris*) सहजीवी सम्बन्ध स्थापित करता है

(a) *हाइड्रा* के साथ (b) *हाइड्रिला* के साथ
(c) *एन्थोसिरोस* के साथ (d) *एजोला* के साथ

9. अप्रतिबन्धित जनन क्षमता (unrestricted reproductive capacity) कहलाती है

(a) जन्म दर (b) जैव विभव
(c) वहन क्षमता (d) उर्वरता

10. खाद्य श्रृंखला में सर्प, भक्ष्य (prey) हैं

(a) बाज या चीलों के (b) परभक्षी पक्षियों के
(c) मोर के (d) इन सभी के

11. निम्नलिखित कथनों में से कौन असत्य है?

(a) *एनाबीना* तथा *नॉस्टॉक* स्वतन्त्र जीवी अवस्था में भी नाइट्रोजन स्थिरीकरण करने में सक्षम हैं
(b) जड़ ग्रन्थिकाओं का निर्माण करने वाले नाइट्रोजन स्थिरीकारक जीव स्वतन्त्र जीवी दशाओं में वायवीय जीवों (aerobes) की भाँति रहते हैं
(c) फॉस्फोरस कोशिका कलाओं, कुछ न्यूक्लिक अम्लों तथा सभी प्रोटीनों का एक संघटक है
(d) *नाइट्रोसोमोनास* तथा *नाइट्रोबैक्टर* रसायन स्वपोषी होते हैं

12. अल्पकालिक तालाबों व सरोवर में मेंढक

(a) सिर्फ परभक्षी होते हैं
(b) सर्प के भक्ष्य किन्तु कीटों के परभक्षी हैं
(c) सर्प के परभक्षी किन्तु *हाइला* (*Hyla*) के भक्ष्य हैं
(d) सैलामेण्डर के परभक्षी किन्तु सर्प के भक्ष्य हैं

13. सघन वन में स्पर्धा (competition) उत्पन्न होती है

(a) शाकीय (herbs) पौधों में (b) वृक्षों (trees) में
(c) झाड़ियों (shrubs) में (d) इन सभी में

14. अधिपादप (epiphyte) और उसके अतिक्षेय (support) के बीच सम्बन्ध होता है

(a) एमेनसैलिज़म का (b) सहभोजिता का
(c) सहोपकारिता का (d) स्पर्धा का

15. खाद्य, प्रकाश तथा स्थान के लिए तीव्र संघर्ष है

(a) एक ही प्रकार के आवास में वृद्धि करते हुए निकटीय सम्बन्धित जातियों में
(b) विभिन्न प्रकार के आवासों में वृद्धि करते हुए निकटीय सम्बन्धित जातियों में
(c) एक ही प्रकार के आवासों में वृद्धि करते हुए दूरस्थ सम्बन्धित जातियों में
(d) विभिन्न प्रकार के आवासों में वृद्धि करते हुए दूरस्थ सम्बन्धित जातियों में

16. लोबोस्टर परभक्षी है

(a) समुद्री अर्चिन (sea urchin) का
(b) समुद्री अर्चिन व समुद्री शैवाल का
(c) समुद्री शैवाल (sea weeds) का
(d) शार्क और व्हेल का

17. अन्तराजातीय प्रतियोगिता देखी जाती है, उन पौधों में जो

(a) एक ही जाति के हों
(b) निकट के सम्बन्धी हों
(c) विभिन्न प्रजातियों के हों
(d) विभिन्न प्रजातियों के हों, चाहे वे निकट सम्बन्धी हों या भिन्न-भिन्न हों

18. मीथेनोजन नामक जीव सर्वाधिक प्रचुर होते हैं

(a) पशुओं के बाड़े में (b) प्रदूषित धाराओं में
(c) गर्म झरनों में (d) सल्फर चट्टानों में

19. कौन-सा जैवीय कारक मरूस्थलों में कम वनस्पति के उत्पादन के लिए उत्तरदायी होता है?

(a) जन्तुओं तथा बकरियों द्वारा चरना
(b) रहने वाले मानव
(c) निम्न वर्षा
(d) मृदा की दुर्बल उर्वरकता

20. जब एक जीवधारी, बिना किसी जीवधारी को नुकसान पहुँचाए लाभान्वित होता है, तो इसे कहते हैं

(a) परजीविता (b) कोमेनसेलिज्म
(c) मृतजीविता (d) सहजीविता

21. अन्तराजातीय (interspecific) स्पर्धा उन फसलों वाले खेतों मे देखी जा सकती है, जहाँ पर पौधे

(a) सघन रूप में लगे हों (b) दूर-दूर लगे हों
(c) क्रमबद्ध ढंग से लगे हों (d) इनमें से कोई नहीं

22. परपोषी होते हैं

(a) उपभोक्ता (b) अपघटक
(c) दोनों (a) तथा (b) (d) इनमें से कोई नहीं

23. एक सूक्ष्मजीवी दूसरे सूक्ष्मजीवी को अपने आस-पास उगने से रोकता है, जिसे कहते हैं

(a) प्रतिजीविता (b) एमेनसैलिज्म
(c) सहोपकारिता (d) आदिसहयोग

24. जन्तु परागण प्रस्तुत करता है

(a) सहोपकारिता (b) एमेनसैलिज्म
(c) परजीविता (d) इनमें से कोई नहीं

25. निम्नलिखित में से स्पर्धा है

(a) धनात्मक पारस्परिक क्रिया
(b) विरोध क्रिया
(c) ऋणात्मक पारस्परिक क्रिया
(d) सहजीवन

26. इडेफिक कारक का सम्बन्ध है

(a) मिट्टी से (b) पशु से
(c) मनुष्य से (d) ताप से

27. निम्नलिखित में से जैवीय घटक कौन-सा है?

(a) अपघटक एवं मृदा
(b) उपभोक्ता एवं सौर उर्जा
(c) उत्पादक एवं सौर उर्जा
(d) उत्पादक एवं अपघटक

28. सतह भक्षी (surface feeder) वर्ग के परभक्षी हैं

(a) अपने शिकार की तुलना में बहुत छोटे
(b) अपने शिकार की तुलना में बहुत बड़े
(c) अपने शिकार के लगभग बराबर आकार के
(d) अपने शिकार के ऊपर परजीवी के रूप में

29. कुछ पौधे, जिनकी समुदाय में एक-सी भूमिका प्रतीत होती है, वह सहअस्तित्वता दिखाते हैं, जबकि दूसरा पौधा, जिसकी उस समुदाय में विशेष भूमिका रहती है, इसकी अस्तित्वता अपेक्षाकृत बहुत कम या न के बराबर होती है। इस प्रक्रिया को निम्नलिखित में से किसके आधार से समझा जा सकता है?

(a) कर्म स्थिति धारणा द्वारा
(b) लीबेग की धारणा द्वारा
(c) शैलफोर्ड की धारणा द्वारा
(d) इन सभी के आधार पर

30. वायु में कार्बन डाइऑक्साइड की मात्रा कितनी होती है?

(a) 0.003% (b) 0.03%
(c) 0.3% (d) 3%

31. परभक्षियों का भोजन सदैव होता है

(a) जीवित ऊतकों पर
(b) जीवित और मृत दोनों ही प्रकार के ऊतकों पर
(c) मृत ऊतकों पर
(d) जन्तुओं की संख्या पर

32. पारितन्त्र दो घटक है

(a) प्रकाश एवं आद्रता
(b) वायु एवं वायवीय जीव
(c) स्थलीय जीव तथा जलीय जीव
(d) उपरोक्त सभी

33. मैन्ग्रोव पौधों के नवोद्भिद में जरायुजता अंकुरण (viviparous germination) के कारण होती है

(a) अन्तरजातीय स्पर्धा
(b) मातृ पौधे के चारों ओर शिशु पौधों की अत्यधिक तेज वृद्धि
(c) दो पौधों के बीच उचित दूरी का पाया जाना, जिससे स्पर्धा न हो सके
(d) मातृ पौधे के चारों ओर शिशु पौधों की आसानी से और सफलतापूर्वक वृद्धि

34. उष्ण कटिबन्ध वर्षा वाले वन पाए जाते हैं

(a) असोम में (b) राजस्थान में
(c) जम्मू में (d) पंजाब में

35. वे परभक्षी, जो अपने शिकार से बहुत छोटे होते हैं
(a) पौधों पर पाए जाने वाले एफिड्स
(b) शेर
(c) भेड़िये
(d) पादपप्लवक

36. स्पर्धा प्रभाव डालती है
(a) आबादी घनत्व पर (b) उत्पादन क्षमता पर
(c) समुदाय विकास पर (d) इन सभी पर

37. जनक शैल से मृदा के विकास को कहते हैं
(a) मृदीय कारक
(b) मृदाजनन
(c) मृदानुवर्तन
(d) मृदीय चरम अवस्था

38. परभक्षियों के आकार इनके शिकारों की तुलना में
(a) बहुत छोटे होते हैं
(b) बहुत बड़े होते हैं
(c) छोटे या बड़े हो सकते हैं
(d) ये सभी

39. मूल परिवेशी सूक्ष्मवनस्पतिजात (Rhizosphere microflora) प्रस्तुत करते हैं
(a) विरोध को (b) सहोपकारिता को
(c) सहभोजिता को (d) आदिसहकारिता को

40. कुछ जन्तुओं द्वारा प्रादेशिकता प्रदर्शित की जाती है, जो प्रस्तुत करते हैं
(a) अन्तरजातीय प्रतियोगिता को
(b) अन्तराजातीय प्रतियोगिता को
(c) शिकार परभक्षण सम्बन्धों को
(d) सहजीवन को

➜ उत्तरमाला

1. (b)	**2.** (c)	**3.** (b)	**4.** (b)	**5.** (c)	**6.** (a)	**7.** (d)	**8.** (a)	**9.** (b)	**10.** (a)
11. (c)	**12.** (b)	**13.** (d)	**14.** (b)	**15.** (a)	**16.** (c)	**17.** (d)	**18.** (a)	**19.** (a)	**20.** (b)
21. (a)	**22.** (c)	**23.** (a)	**24.** (a)	**25.** (c)	**26.** (a)	**27.** (d)	**28.** (b)	**29.** (a)	**30.** (b)
31. (a)	**32.** (b)	**33.** (a)	**34.** (a)	**35.** (a)	**36.** (d)	**37.** (b)	**38.** (d)	**39.** (d)	**40.** (a)

45

प्रदूषण एवं प्राकृतिक संसाधनों का संरक्षण

Pollution and Conservation of Natural Resources

वातावरणीय प्रदूषण (Environmental Pollution)

'प्रदूषण' शब्द की व्याख्या **ओडम** ने की। वायु, जल तथा मृदा के भौतिक, रासायनिक तथा जैविक गुणों में अवांछनीय परिवर्तन, जो प्रत्यक्ष या अप्रत्यक्ष रूप से मनुष्य को प्रभावित करता है, प्रदूषण कहलाता है। प्रदूषण उत्पन्न करने वाले कारक या पदार्थ प्रदूषक (Pollutants) कहलाते हैं। अनिम्नीकरणीय प्रदूषक (non-degradable pollutants); जैसे–एल्युमिनियम के बर्तन, पारे के यौगिक, डीडीटी, काँच, आर्सेनिक तथा प्लास्टिक सूक्ष्मजीवों द्वारा अपघटित नहीं होते, जबकि जैव निम्नीकरणीय प्रदूषण (biodegradable pollutants); जैसे–घरेलू वाहित मल (domestic sewage), कपड़ा, कागज, कूड़ा-करकट, आदि सूक्ष्मजीवों द्वारा अपघटित कर दिए जाते हैं।

प्रदूषण के प्रकार (Types of Pollution)

प्रदूषण को अनेक भागों में वर्गीकृत किया जा सकता है

1. वायु प्रदूषण (Air Pollution)

वायु के भौतिक, रासायनिक या जैविक गुणों का ऐसा अवांछनीय परिवर्तन, जिससे हमारी प्राकृतिक सम्पदा नष्ट हो, वायु प्रदूषण कहलाता है।

बड़े शहरों में 60% वायु प्रदूषण कार, ट्रक, स्कूटर, आदि स्वचालित वाहनों (automobiles) में आन्तरिक दहन इंजन के कारण होता है। इंजनों से उत्पन्न मुख्य प्रदूषक कार्बन मोनोऑक्साइड (77.2%), नाइट्रोजन के ऑक्साइड (7.7%) तथा हाइड्रोकार्बन (13.7%) हैं।

कार्बन मोनोऑक्साइड (CO) गैस, की अधिक मात्रा के कारण यह रुधिर के हीमोग्लोबिन में घुलकर स्थायी यौगिक कार्बोक्सीहीमोग्लोबिन (carboxyhaemoglobin) बनाती है, जिससे साँस लेने में कठिनाई होती है और अन्त में श्वासावरोध (asphyxia) के कारण मृत्यु हो सकती है।

रेफ्रिजरेटरों तथा जेट हवाई जहाजों से विमोचित एरोसोल (aerosol) में फ्ल्यूरोकार्बन (fluorocarbon) होता है, जो ओजोन पर्त को नष्ट करता है।

अदग्ध हाइड्रोकार्बनों (unburnt hydrocarbons) में 3, 4 बेन्जोपाइटिन होता है, जो फेफड़ों में पहुँचकर कैन्सर उत्पन्न करता है।

नाइट्रोजन के ऑक्साइड आँख तथा नाक में अस्वस्थता (irritation) उत्पन्न करते हैं, और वातावरण में प्रकाश रासायनिक कोहरा (photochemical smog) बनाकर ओजोन (O_3) मुक्त करते हैं।

नाइट्रोजन ऑक्साइड + हाइड्रोकार्बन $\rightarrow$ परऑक्सी एसीटिल नाइट्रेट (PAN) + ओजोन (O_3) जीवाश्म ईधनों में पाई जाने वाली सल्फर ऑक्सीकृत होकर सल्फर डाइऑक्साइड तथा सल्फर ट्राइऑक्साइड बनाती है। सल्फर डाइऑक्साइड (SO_2) जल के साथ मिलकर सल्फ्यूरिक तथा सल्फ्यूरस अम्ल बनाते हैं। नाइट्रोजन के ऑक्साइड भी नाइट्रिक अम्ल (nitric acid) बनाते हैं। सल्फ्यूरिक अम्ल तथा नाइट्रिक अम्ल बूँदों के रूप में पृथ्वी पर पहुँचते हैं। इसे **अम्ल वर्षा** (acid rain) कहते हैं।

सल्फर डाइऑक्साइड जीवित कोशिकाओं के झिल्ली तन्त्र (membrane system) को नुकसान पहुँचाती है और जन्तुओं के श्वसन पथ में प्रवेश कर H_2SO_4 बनाती है, जिसके कारण ऊतकों की क्षति तथा सिर-दर्द होने लगता है। कुछ लाइकेन; जैसे–*यूस्निया* (*Usnea*) SO_2 प्रदूषण के सूचक (indicator) होते हैं। पत्थरों की कटाई तथा पिसाई में लगे मजदूरों में **सिलिकोसिस** (silicosis) नामक रोग हो जाता है।

CO_2 की अधिक सान्द्रता के कारण वायुमण्डल में एक मोटा आवरण बन जाता है, जो पृथ्वी से वापस लौटने वाली ऊष्मा को रोकता है। इससे पृथ्वी का तापमान बढ़ने लगता है। इसे हरितगृह प्रभाव (greenhouse effect) कहते हैं। CO_2, N_2O, NH_4, CH_4, CFCs, आदि प्रमुख हरितगृह गैस हैं।

मथुरा तेल परिशोधन कारखाने (petroleum refinery) से उत्पन्न SO_2 के कारण ताजमहल पर हानिकारक प्रभाव पड़ रहा है।

2. जल प्रदूषण (Water Pollution)

घरेलू अपमार्जकों (household detergents) में फॉस्फेट, नाइट्रेट, अमोनिया के यौगिक तथा एल्किल बेन्जीन सल्फोनेट (alkyl benzene sulphonate), आदि होते हैं, जो नदियों, तालाबों एवं झीलों में जाकर पानी को दूषित करते हैं। मकानों से निकले वाहितमल (sewage) में कार्बनिक पदार्थ तथा जैव प्रदूषक अत्यधिक मात्रा में होते हैं।

फॉस्फेट तथा नाइट्रोजन की अधिक मात्रा के कारण, शैवालों की अत्यधिक वृद्धि से **जल प्रस्फुटन** (water bloom) हो जाता है।

जलाशय में अधिक कार्बनिक पदार्थों की उपस्थित को **सुपोषण** (eutrophication) कहते हैं।

सूक्ष्मजीवों द्वारा अपघटन के लिए आवश्यक ऑक्सीजन की मात्रा **बॉयोलॉजिकल ऑक्सीजन डिमाण्ड** (Biological Oxygen Demand or BOD) कहलाती है।

जल प्रदूषण के लिए *डैफ्निया (Daphnia)*, ट्राउट (trout) तथा कुछ मछलियाँ संवेदनशील होती हैं और प्रदूषण की तीव्रता को दर्शाती हैं। औद्योगिक इकाइयाँ अनेक विषैली गैसें, धुआँ एवं विषैले रसायन वर्ज्य पदार्थ (waste products) निकालती हैं। ये वर्ज्य पदार्थ नदियों में पहुँचकर जलीय जन्तुओं को प्रभावित करते हैं।

अधिक मात्रा में फ्लुओराइड्स (fluorides) युक्त जल से **फ्लुओरोसिस** (fluorosis) नामक रोग हो जाता है। इसके कारण अस्थियों व दाँतों में तेजी से कैल्सिकरण (calcification) होता है। आर्सेनिक के लगातार सम्पर्क से **ब्लैक फुट** (black foot) बीमारी हो जाती है। पारे (Hg) के कारण **मिनामेटा** (Minamata) नामक रोग हो जाता है।

कैडमियम के कारण **इटाई-इटाई** (itai-itai) नामक बीमारी हो जाती है। जल में अत्यधिक मात्रा में उपस्थित नाइट्रेट हीमोग्लोबिन से क्रिया कर मिथेमोग्लोबिन (methaemoglobin) बनाता है, जो ऑक्सीजन यातायात को विकृत करता है। इसे **मिथेमोग्लोबीनिमिया** (methaemoglobenimia) या **ब्लू-बेबी सिण्ड्रोम** (blue-baby syndrome) कहते हैं।

अनिम्नकारी पदार्थों की सान्द्रता प्रत्येक पोषक स्तर पर बढ़ती जाती है और उच्च उपभोक्ता में अधिकतम हो जाती है। इस क्रिया को **जैविक आवर्धन** (biological magnification) कहते हैं।

3. मृदा प्रदूषण (Soil Pollution)

मृदा में विभिन्न प्रकार के अवशिष्टों द्वारा लाया गया अवांछित परिवर्तन मृदा प्रदूषण कहलाता है।

कृषि विधियों में नाशक जीवों (pests) को मारने के लिए कीटनाशी (insecticide), शाकनाशी (herbicide), खरपतवार नाशी (weedicide), आदि विभिन्न पीडकनाशियों (pesticides) का प्रयोग किया जाता है, इनसे पौधों तथा मृदीय जीवों को हाँनि पहुँचती है।

4. ध्वनि प्रदूषण (Sound Pollution)

ध्वनि की तीव्रता **डेसीबल** या **बेल** (bel) में नापी जाती है। 80 डेसीबल से अधिक ध्वनि को शोर का नाम दिया जाता है और इस पर मनुष्य में अस्वस्थता व बेचैनी उत्पन्न हो जाती है। 130-140 डेसीबल पर पीड़ा तथा दर्द होने लगता है।

हरे पौधे जो उच्च ध्वनि प्रदूषित क्षेत्रों में रोपे गए हैं, **हरी पट्टिकाओं** (green mufflers) के रूप में जाने जाते हैं। इनमें ध्वनि तरंगों को अवशोषित करने की क्षमता होती हैं।

5. रेडियोधर्मी प्रदूषण (Radioactive Pollution)

रेडियोधर्मी प्रदूषण का मुख्य स्रोत नाभिकीय विस्फोट (nuclear explosion) हैं। द्वितीय विश्व युद्ध के दौरान सन् 1945 में जापान के दो शहरों **हिरोशिमा** व **नागासाकी** में रेडियोधर्मी विस्फोट के कारण भयानक जन-हाँनि हुई थी।

आयनीकारी विकिरण (ionising radiation); जैसे–X-किरणों के कारण उत्परिवर्तन (mutation), ट्यूमर (tumour) तथा कैन्सर (cancer), आदि रोग उत्पन्न होते हैं। अनायनीकारी विकिरण (non-ionising radiation); जैसे–UV किरणें, DNA, RNA तथा प्रोटीन की संरचना को प्रभावित करती हैं, तथा **जिरोडर्मा पिगमेन्टोसम** (xeroderma pigmentosum) नामक त्वचा रोग पैदा करती है। स्ट्रान्शियम-90 (Sr^{90}) से **अस्थि कैन्सर** (bone cancer) होता है, तथा ऊतक नष्ट हो जाते हैं। आयोडीन-131 (I^{131}) अस्थि मज्जा (bone marrow), लाल रुधिराणु (RBCs), लसीका पर्व (lymph node) तथा प्लीहा (spleen) को हाँनि पहुँचाती है।

प्राकृतिक संसाधन एवं उसके संरक्षण (Natural Resources and Their Conservation)

प्राकृतिक रूप से उपलब्ध सम्पदा या संसाधन या स्रोत को प्राकृतिक संसाधन या **सम्पदा** कहा जाता है। मनुष्य इनका निर्माण करने में असमर्थ है।

प्राकृतिक संसाधनों का वर्गीकरण (Classification of Natural Resources)

प्राकृतिक रूप से उपलब्ध संसाधनों या स्रोतों को दो भागों में विभक्त किया जा सकता है, क्षयकारी संसाधन (exhaustable resources) एवं अक्षयकारी संसाधन (non-exhaustable resources)

ऐसे प्राकृतिक संसाधन, जिनके उपयोग से उनके धीरे-धीरे समाप्त होने की सम्भावना होती है या कम होते रहते हैं, **क्षयकारी संसाधन** कहलाते हैं। उदाहरण–जीवाश्यीय ईंधन; जैसे–कोयला, पेट्रोलियम पदार्थ एवं खनिज पदार्थ, आदि।

अक्षयकारी संसाधनों का उपयोग करने पर तत्काल इनकी मात्रा में कोई ह्रास या कमी नहीं दिखाई देती; जैसे–वायु, सौर ऊर्जा एवं जल।

क्षयकारी संसाधनों को पुनः दो वर्गों में विभाजित किया जा सकता है; नवीनीकरण योग्य संसाधन (renewable resources) एवं अनवीनीकरणीय संसाधन (non-renewable resources)।

नवीनीकरण योग्य संसाधनों का पुनःनवीनीकरण किया जा सकता है; जैसे–वन, जन्तु घास परितन्त्र, आदि। अनवीनीकरणीय संसाधनों को पुनः प्रयोग में नहीं लाया जा सकता अर्थात् इनका नवीनीकरण लगभग असम्भव होता है; जैसे–पेट्रोलियम पदार्थ, खनिज पदार्थ (ताँबा, सोना, चाँदी, लोहा, आदि), मृदा, आदि।

प्राकृतिक संसाधनों की संरक्षण विधि (Method of Conservation of Natural Resources)

प्राकृतिक संसाधनों का संरक्षण उनके पारिस्थितिक मूल्य (ecological value) व्यापारिक मूल्य (commercial value), खेल मूल्य (sports value), वैज्ञानिक मूल्य (scientific value), सौन्दर्य (aesthetic values) एवं औषधीय मूल्यों (medicinal value) के कारण अत्याधिक आवश्यक है। प्राकृतिक संसाधनों का संरक्षण उचित प्रबन्धन एवं परियोजनाओं द्वारा किया जा सकता है।

वनरोपण (afforestation) से भूमिका अपरदन रोका जा सकता है। वन, भोजन, ईंधन, औषधि एवं जीवाश्म ईंधन के स्रोत हैं।

मृदा संरक्षण हेतु जैविक विधियाँ (फसल चक्र, कन्टूर कृषि, सीढीनुमा कृषि, पट्टीदार कृषि, ले कृषि, मल्चिंग एवं घास विज्ञानीय विधि तथा यान्त्रिक विधियाँ (बाँध) अपनाई जाती है।

वन प्रबन्धन के अन्तर्गत वनोत्पाद का यथोचित उपभोग, वनरोपण, अधिक तेजी से बढ़ने वाले वृक्ष; जैसे–*केजुआराइना*, पोपलर, आदि को उगाना, सामाजिक वनीकरण, आदि आते हैं। वनों के विनाश वन्य जीव का मनोरंजन तथा व्यवसायिक कारणों से शिकार एवं बाह्य जातियों के प्रवेश से वन्य जीव जातियाँ विलुप्ति की ओर है।

क्षति आशंकित जातियों की अवधारण (Concept of Thretened Species)

क्षति आशंकित जातियों की अवधारणा निम्नलिखित हैं

वन्य जीवों के संरक्षण तथा प्राकृतिक संसाधनों के उचित उपयोग के लिए सन् 1948 में I UCN (International Union for Conservation of Nature and Natural Resources) की स्थापना स्विट्जरलैण्ड के मॉर्गस शहर में की गई थी।

यह संस्थान **रैड डाटा बुक** (Red Data Book) का प्रकाशन करता है, जिसमें संकटापन्न प्राणी व पौधों की जातियों के विषय में जानकारी प्रकाशित की जाती है।

संरक्षण के उद्देश्य हेतु जातियों को निम्नलिखित श्रेणियों में रखा गया है

(i) **संकटापन्न जातियाँ** (Endangered species) वे जातियाँ जो विलुप्त होने के कगार पर हैं। इन जातियों के सदस्यों की संख्या एक विशेष स्तर से कम हो गई है।

(ii) **दुर्लभ जातियाँ** (Rare species) वे जातियाँ जिनकी छोटी अबादियाँ विशेष भौगोलिक क्षेत्रों में सीमित हैं।

(iii) **अनुक्षिक्त जातियाँ** (Vulnerable species) वे जातियाँ जिनकी संख्या तेजी से कम हो रही है किन्तु अभी संकटापन्न स्तर तक कम नहीं हुई हैं। यदि परिस्थितियाँ न बदली गई, तो ये जातियाँ संकटापन्न जाति की श्रेणी में पहुँच जायेंगी।

(iv) **क्षति आशंकित जातियाँ** (Threatened species) इस शब्द का प्रयोग जातियों के संरक्षण के सन्दर्भ में किया जाता है, जो उपरोक्त तीन श्रेणियों (E R V) में से किसी एक में आती है।

अन्तर्राष्ट्रीय व राष्ट्रीय वन्य जीव संस्थाएँ (International and National Wild Life Conservation)

वन्य जीवों के संरक्षण में संलग्न कुछ राष्ट्रीय एवं अन्तर्राष्ट्रीय संस्थाएँ निम्नलिखित हैं

(i) **इण्टरनेशनल यूनियन फॉर द कंजरवेशन ऑफ नेचर एण्ड नेचुरल रिसोर्सेस** (International Union for the Conservation of Nature and Natural Resources–IUCN) की स्थापना सन् 1948 **में मॉर्गस, स्विट्जरलैण्ड** में हुई थी।

(ii) **विश्व वन्य जीव कोष या द वर्ल्ड वाइल्ड लाइफ फण्ड** (The World Wild life Fund–WWF) की स्थापना (सन् 1961) में **मॉर्गस, स्विट्जरलैण्ड़** में हुई थी, इसका चिन्ह विशालकाय **पाण्डा** (giant panda) है।

विश्व वन्य जीव कोष की भारतीय इकाई की स्थापना मुम्बई में 1969 में हुई थी। WWF के सहयोग से सन् 1972 में 'बाघ संरक्षण परियोजना' प्रारम्भ की गई थी।

(iii) **बॉम्बे नेचुरल हिस्ट्री सोसाइटी** (Bombay Natural History Society–BNHS) की स्थापना मुम्बई में सन् 1883 में हुई थी। यह अराजकीय संस्थान है। यह सोसाइटी वैज्ञानिक अन्वेषण एवं क्षेत्रीय कार्यों का संचालन करती है।

(iv) **भारतीय वन्य जीव परिषद** (Indian Board for Wild Life – IBWL) की स्थापना सन् 1952 में हुई थी। यह केन्द्र सरकार द्वारा स्थापित किया गया था।

(v) **भारतीय वन्य जीव परिरक्षण सोसाइटी** (Wild Life Preservation Society of India or WPSI) की स्थापना देहरादून में सन् 1958 में हुई। यह अराजकीय संस्था है।

वन्य जीव संरक्षण (Conservation of Wild Life)

मानव द्वारा जैव मण्डल के उचित तथा सीमित प्रयोग के प्रबन्धन को **संरक्षण** कहा जा सकता है। यूनेस्को (UNESCO) ने अन्तर्राष्ट्रीय स्तर पर 'मानव तथा जैवमण्डल परियोजना 8' (Man and Biosphere Project 8) सन् 1971 में प्रारम्भ की। प्रकृति तथा प्राकृतिक संसाधनों के संरक्षण के लिए अन्तर्राष्ट्रीय संगठन विभिन्न राष्ट्रीय उद्यानों व संरक्षित क्षेत्रों को सहायता देता है।

वन्य जीव का संरक्षण *स्व स्थाने* संरक्षण (*in situ* conservation) तथा *बाह्य स्थाने* संरक्षण (*ex situ* conservation) द्वारा किया जाता है। *स्व स्थाने* संरक्षण में जीवों का संरक्षण उनके प्राकृतिक आवासों में करते हैं; जैसे–राष्ट्रीय उद्यान, जैवमण्डल, पशु-विहार, आदि, जबकि *बाह्य स्थाने* संरक्षण में जीवों को प्राकृतिक आवासों से हटाकर मानव द्वारा निर्मित सुरक्षित स्थलों पर रखा जाता है; जैसे चिड़ियाघर एवं वानस्पतिक उद्यान।

राष्ट्रीय उद्यान (National Parks)

वह क्षेत्र जो वन्य जीवों के लिए पूर्णरूप से संरक्षित होता है तथा जहाँ शिकार खेलना, पशु चराना, फसल बोना, आदि वर्जित होते हैं, राष्ट्रीय उद्यान कहलाता है।

भारत में 96 (अप्रैल-2007) राष्ट्रीय उद्यान है, जिनका अनुमानित क्षेत्र लगभग 38029,18 वर्ग किलोमीटर है। यह क्षेत्र भारत के भौगोलिक क्षेत्र का 1.16% है।

जिम कॉर्बेट नेशनल पार्क (Jim Corbett National Park) भारत का **प्रथम राष्ट्रीय उद्यान** है, जिसकी स्थापना सन् 1953 में हुई थी, यह अब **उत्तराखण्ड** में स्थित है।

विश्व के महत्त्वपूर्ण राष्ट्रीय उद्यान (Important National Parks of the world)

राष्ट्रीय उद्यान	देश	उद्यान में संरक्षित विशिष्ट संकटापन्न जन्तु
एल्बर्टा (Alberta) राष्ट्रीय उद्यान	कांगो, अफ्रीका	पर्वतीय गोरिल्ला (*Gorilla gorilla*)
बोन्टेबोक (Bontebok) राष्ट्रीय उद्यान	दक्षिण अफ्रीका, अफ्रीका	बोन्टेबोक बारहसिंगा
माउण्ट सिमियन (Mt Simien) राष्ट्रीय उद्यान	इथियोपिया, अफ्रीका	अबिसीनी आइबेक्स या स्टाइन बोक (Ibex or Stein bok-*Copra wallie*)
बाएलोविस्का (Bialowieska) राष्ट्रीय उद्यान	पोलैण्ड, यूरोप	यूरोपीय बाइसन (*Bison bonasus*)
ऑर्डेसा (Ordesa) राष्ट्रीय उद्यान	स्पेन, यूरोप	पाइरीनीज का स्टाइन बोक (Stein bok)
एवरग्लेड्स (Everglades) राष्ट्रीय उद्यान	फ्लोरिडा, अमेरिका	प्यूमा (*Felis concolor*)
कॉर्बेट (Corbett) राष्ट्रीय उद्यान	उत्तराखण्ड, भारत	भारतीय बाघ (*Panthera tigris*)
डाचिगाम (Dachigam) राष्ट्रीय उद्यान	कश्मीर, भारत	कश्मीरी हांगुल (*Cervus elephas hanglu*)
गिर (Gir) राष्ट्रीय उद्यान	गुजरात, भारत	एशियाई सिंह (*Panthera leo persia*)
घाना (Ghana) पक्षी विहार	राजस्थान, भारत	पक्षीजात (*Avian fauna*)
काजीरंगा (Kaziranga) राष्ट्रीय उद्यान	असोम, भारत	एक सींग वाला गेण्डा (*Rhinoceros unicornis*)

अभयारण्य (Senctuaries)

अभ्यारण्य या जन्तु विहार में केवल जन्तुजात (fauna) को संरक्षण दिया जाता है, यहाँ लकड़ी काटना तथा वन उत्पादों को एकत्र करने, आदि पर रोक नहीं होती। भारत में 500 से अधिक अभयारण्य स्थित हैं।

रेड डाटा बुक (Red Data Book)

इस समय विश्व में लगभग 600 जातियाँ संकटापन्न (endangered) जातियों की सूची में हैं। IUCN द्वारा **लाल आँकड़ों की पुस्तक** में लगभग 1000 संकटापन्न, आपत्तिग्रस्त जातियों को स्थान दिया गया है। अनुक्षिक्त, दुर्लभ तथा संकटापन्न जातियों के विषय में नवीनतम सूचना IUCN द्वारा जारी **रैड डाटा बुक** (Red Data Book) में प्रकाशित की जाती हैं।

पहचान के पश्चात् दुर्लभ तथा संकटग्रस्त पादप जातियों के पौधों को सुरक्षित स्थानों पर उगाया जाता है, ऐसे पौधों का विवरण, **हरित पुस्तक** (green book) में दिया जाता है।

रेड डाटा बुक के लाल पृष्ठों (red pages) पर उन लुप्त प्रायः या लुप्त हो रही प्रजातियों को बताया गया है, जिनके बचाव का पूरा ध्यान रखना आवश्यक है।

रेड ड़ाटा बुक के सफेद पृष्ठों (white pages) पर उन प्रजातियों की जानकारी दी गई है, जो दुर्लभ है, कुछ निश्चित स्थानों पर उपलब्ध है और इनकी संख्या बहुत कम है।

रेड डाटा बुक के पीले पृष्ठों (yellow pages) पर उन लुप्त हो रही प्रजातियों की जानकारी दी गई है, जिनकी संख्या तेजी से कम होती जा रही है।

रेड डाटा बुक के भूरे पृष्ठों (brown pages) पर उन प्रजातियों की जानकारी दी गई है, जिनके बारे में आशंका है कि ये कम हो रही है, लेकिन इनका पूर्ण विवरण उपलब्ध नहीं हैं।

पर्यावरण सम्बन्धी तथ्य
(Environmental Related Facts)

- भारत में 1 अप्रैल सन् 1973 में विश्व वन्य जीव कोष (WWF) तथा IUCN की सहायता से 'बाघ परियोजना' (Project Tiger) प्रारम्भ की गई। इसका मुख्य उद्देश्य बाघों की लुप्त होती जनसंख्या पर नियन्त्रण करना था।
- भारत में सर्वप्रथम स्थापित होने वाला जैवमण्डल निंचय या बायोस्फीयर रिजर्व 'नीलगिरी बायोस्फीयर रिजर्व' (Nilgiri biosphere reserve) था।
- भारत में जन्तुओं की लगभग 75000 जातियाँ पाई जाती हैं, इनमें 350 जातियाँ स्तनधारियों की हैं तथा लगभग 2100 जातियाँ पक्षियों व सरीसृपों की हैं।
- चिपको आन्दोलन टिहरी गढ़वाल क्षेत्र (उत्तराखण्ड) में वृक्षों को बचाने के लिए **सुन्दर लाल बहुगुणा** द्वारा प्रारम्भ किया गया था।
- **शान्त घाटी** यह केरल प्रदेश का ट्रोपीकल सदाबहार वन क्षेत्र है, जिसे राष्ट्रीय रिजर्व वन घोषित किया गया है।
- भारत में बाघ परियोजना के अन्तर्गत लगभग 25 बाघ अभयारण्य स्थापित किए गए हैं।
- सन् 1972 को **अन्तर्राष्ट्रीय प्रकृति संरक्षण** वर्ष घोषित किया गया।
- सारनाथ में **मृग दाव** नामक उद्यान है।
- डा सलीम अली प्रसिद्ध भारतीय पक्षी विज्ञानी (ornithologist) हैं।
- प्रथम पृथ्वी दिवस सन् 1970 में मनाया गया था।
- विश्व वानिकी दिवस प्रति वर्ष **21 मार्च** को मनाया जाता है।
- वन्य जीवन सप्ताह प्रतिवर्ष **1-8 अक्टूबर** तक मनाया जाता है।
- विश्व पर्यावरण दिवस **5 जून** को मनाया जाता है।
- विश्व पृथ्वी दिवस **22 अप्रैल** को मनाया जाता है।
- विश्व जल दिवस **22 मार्च** को मनाया जाता है।
- विश्व संरक्षण दिवस **3 दिसम्बर** को मनाया जाता है।
- विश्व जन्तु दिवस **3 अक्टूबर** को मनाया जाता है।
- विश्व आवास दिवस **4 अक्टूबर** को मनाया जाता है।
- जैव विविधता दिवस **29 दिसम्बर** को मनाया जाता है।
- विश्व ओजोन दिवस **16 सितम्बर** को मनाया जाता है।
- विश्व शाकाहार दिवस **2 अक्टूबर** को मनाया जाता है।
- विश्व प्रकृति दिवस **3 अक्टूबर** को मनाया जाता है।
- विश्व वन्य जीव कल्याण दिवस **4 अक्टूबर** को मनाया जाता है।
- विश्व वन्य जीवन आवास दिवस **5 अक्टूबर** को मनाया जाता है।

अभ्यास प्रश्नावली

1. मेट्रोपोलीटन नगरों में प्रदूषण का प्रमुख स्रोत कौन-सा है?
(a) रेडियोधर्मी पदार्थ
(b) स्वचालित वाहन
(c) उद्योग
(d) कीटनाशक

2. पेय जल में एक खास रासायनिक तत्त्व के मौजूद होने से दाँतों में चितकबरापन पैदा हो जाता है, यह तत्व है
(c) बोरॉन (b) क्लोरीन
(c) फ्लोरीन (d) पारा

3. हमारे देश का एक प्रसिद्ध पक्षी विहार स्थित है
(a) बांदीपुर में
(b) काजीरंगा में
(c) पलामू में
(d) भरतपुर में

4. पेरियार राष्ट्रीय उद्यान का मुख्य जन्तु है
(a) एन्टीलोप (b) हाथी
(c) गधा (d) चीता

5. अधिकतम नुकसान दायक प्रदूषक है
(a) CO_2 (b) SO_2
(c) SO_3 (d) NO_2

6. जेट हवाई जहाज के विमोचन में प्रमुख प्रदूषक है
(a) कार्बन टेट्राक्लोराइड (b) सल्फर डाइऑक्साइड
(c) कार्बन मोनोऑक्साइड (d) फ्लोरोकार्बन

7. निम्नलिखित में से कौन *बाह्यय स्थाने* (*ex situ* conservation) का उदाहरण है?
(a) वन्यजीव अभयारण्य (b) बीज बैंक
(c) पवित्र वन (d) राष्ट्रीय उद्यान

8. सूची I को सूची II से सुमेलित कीजिए।

	सूची I		सूची II
A.	जैवसंवेदी क्षेत्र	1.	सीमित स्थान तक प्रतिबन्धित
B.	शान्त घाटी	2.	जाति की पूर्ण विलुप्ता
C.	स्थानिक जाति	3.	थार मरुस्थल
D.	विलोपन	4.	पश्चिम घाट
		5.	पवित्र वन

कूट

	A	B	C	D
(a)	2	1	4	3
(b)	5	4	2	3
(c)	2	4	1	5
(d)	4	5	1	2

9. निम्न में से कौन-सी गैस हीमोग्लोबिन से जुड़कर रुधिर में एक विषैला पदार्थ बनाती है?

(a) CO_2 (b) मीथेन
(c) CO (d) O_2

10. स्ट्रेटोस्फीयर में ओजोन के विलोपन के फलस्वरूप होगी

(a) त्वचा कैन्सर में अत्यधिक वृद्धि (b) ग्लोबों पर गर्मी
(c) वनों में आग लगने की क्रिया (d) उपरोक्त में से कोई नहीं

11. स्ट्रेटोस्फीयर की सुरक्षात्मक ओजोन परत को नष्ट करने के लिए उत्तरदायी है

(a) SO_2 (b) CO_2
(c) क्लोरोफ्लोरोकार्बन्स (CFCs) (d) अम्लीय वर्षा

12. अम्ल वर्षा किसके द्वारा होती है?

(a) CO_2 (b) O_3
(c) SO_2 या NO_2 (d) CO

13. लाल आँकड़ों की पुस्तक (Red Data Book) है

(a) लाल रंग के आवरण की एक पुस्तक
(b) कार्ल मार्क्स द्वारा लिखी गई एक पुस्तक
(c) विलुप्त जातियों की सूची की एक पुस्तक
(d) एक ऐसी, पुस्तक जिसमें दुर्लभ तथा विलुप्तप्राय जातियों की सूची है

14. हरित गृह गैसें (greenhouse gases) कहलाने वाली गैसें होती हैं

(a) CO_2, O_2, NO_2, NH_3 (b) CFCs, CO_2, NH_3, N_2
(c) CH_4, N_2, CO_2, NH_3 (d) CFCs, CO_2, CH_4, NO_2

15. सूची I को सूची II से सुमेलित कीजिए।

	सूची I		सूची II
A.	बाघ परियोजना	1.	टिकरपाडा जिला घेनकनाल, ओडिशा
B.	सिंह परियोजना	2.	काजीरंगा
C.	मगरमच्छ	3.	रणथम्भोर
D.	गेंडा परियोजना	4.	पेरियार
		5.	गिर वन

कूट

	A	B	C	D
(a)	2	4	1	5
(b)	4	2	1	3
(c)	2	3	4	5
(d)	3	5	1	2

16. निम्न में से कौन जल प्रदूषण का मुख्य कारक है?

(a) पेस्टीसाइड्स (b) औद्योगिक अपशिष्ट
(c) अपमार्जक (d) NH_3

17. निम्नलिखित में से कौन-सा वायुमण्डलीय प्रदूषक नहीं होता?

(a) हाइड्रोकार्बन्स (b) CO
(c) CO_2 (d) SO_2

18. पृथ्वी की वह परत जिसमें जीव रहते हैं, कहलाती है

(a) स्थलमण्डल (b) जीवमण्डल
(c) वायुमण्डल (d) जलमण्डल

19. आरक्षित जैवमण्डल की अवधारणा किसने विकसित की थी?

(a) MAB ने (b) UGC ने (c) CSIR ने (d) DSI ने

20. U^{238} से निकलती है

(a) γ-गामा किरणें (b) β-किरणें
(c) α-एल्फा किरणें (d) इनमें से कोई नहीं

21. वाहित मल को जलाशयों में बहा देने से वहाँ की मछलियाँ मर जाती हैं, क्योंकि

(a) जल में अत्यधिक CO_2 मिल जाती है
(b) उससे एक दुर्गन्ध निकलती है
(c) इससे मछलियों का आहार समाप्त हो जाता है
(d) घुली ऑक्सीजन के लिए मछलियों की स्पर्धा बढ़ जाती है

22. लाइकेन अच्छे संकेतक हैं

(a) जल प्रदूषण के (b) ध्वनि प्रदूषण के
(c) वायु प्रदूषण के (d) मृदा प्रदूषण के

23. प्रदूषित जल का प्रमुख सूचक जीव है

(a) *एन्टअमीबा* (b) हैजा जीवाणु
(c) *ई. कोलाई* (d) टायफॉइड जीवाणु

24. सल्फर डाइऑक्साइड तथा उसके रूपान्तरित उत्पादों द्वारा मुख्यतया प्रभावित होता, है

(a) किण्वन (b) पर्णहरित विनाश
(c) गॉल्जीकाय विनाश (d) कोशिका भित्ति विनाश

25. निम्न में से कौन-सा एक द्वितीयक वायु प्रदूषक है?

(a) ऐरोसॉल (b) SO_2 (c) CO (d) PAN

26. कौन-सा प्राणी विश्व वन्य जीवन कोष (WWF) का चिन्ह है?

(a) लाल पाण्डा (b) विशालकाय पाण्डा
(c) सिंह (d) मोर

27. भारत का प्रथम जैवमण्डल रिजर्व है

(a) नीलगिरी (b) कान्हा (c) मानस (d) नन्दा देवी

28. वृक्षों की अनुपस्थिति तथा बौने पौधों की उपस्थिति लक्षण है

(a) उष्ण कटिबन्धीय वर्षा वनों का (b) शंकुधारी वनों का
(c) टुण्ड्रा का (d) पर्णपाती वनों का

29. हाल ही में कुछ औद्योगिक शहरों में वायुमण्डल प्रदूषण के प्रभाव से अम्ल वर्षा के समाचार मिले हैं, प्रदूषण का कारण है

(a) ईंधन जैसे लकड़ी, कोयला के जलने, वनों के काटने, प्राणियों की बढ़ती जनसंख्या के कारण अत्यधिक CO_2 निकलने से
(b) अत्यधिक NO_2 व SO_2, जो जीवाश्मीय ईंधन के जलने से वायुमण्डल में मुक्त होती है
(c) औद्योगिक कारखानों और कोल गैस से अत्यधिक मात्रा मुक्त NH_3
(d) ऑक्सीजन की कमी के कारण कोयले और अन्य कार्बन युक्त ईंधन के अपूर्ण ज्वलन से निकली CO

30. नन्दन-कानन प्रणाली उद्यान किस के लिए जाना जाता है?
(a) दरियाई घोड़ा (b) नीलगिरी पहाड़ी बकरा
(c) सफेद बाघ (d) व्हेल

31. वन्य जीव सप्ताह मनाया जाता है
(a) 1-7 जनवरी (b) 1-7 जुलाई
(c) 1-7 मार्च (d) 1-7 अक्टूबर

32. भारत में मिलने वाला एकमात्र कपि है
(a) गोरिल्ला (b) चिम्पेन्जी
(c) हुलोक गिब्बन (d) ओरंगउटान

33. सवाना क्या है?
(a) उष्ण कटिबन्धीय वन
(b) मरुस्थल
(c) घास स्थल बिखरे पेड़ों के साथ
(d) घना वन जिसका वितान बन्द हो

34. निम्नलिखित में से कौन एक *स्व स्थाने* संरक्षण में सम्मिलित नहीं किया गया है?
(a) अभयारण्य (b) वानस्पतिक वाटिका
(c) जैवमण्डल रिजर्व (d) राष्ट्रीय उद्यान

35. पेट्रोल में से लैड तथा इसके यौगिकों को निकालना आवश्यक है, क्योंकि यह
(a) त्वचा का कैन्सर करता है
(b) श्वसन रोकता है
(c) हीमोग्लोबिन का बनना रोकता है
(d) उपरोक्त सभी

36. स्मोग (smog) किसके आपस में मिलने से बनता है?
(a) वायु तथा जल के (b) आग तथा जल के
(c) धुआँ तथा धुन्ध के (d) जल तथा धुआँ के

37. सूची I को सूची II से सुमेलित कीजिए।

सूची I		सूची II	
A.	नंदा देवी	1.	उत्तराखण्ड
B.	काजीरंगा	3.	कर्नाटक एवं केरल
C.	फूलों की घाटी	4.	चेन्नई
D.	नीलगिरी	4.	असोम
		5.	उत्तराखण्ड

कूट

	A	B	C	D
(a)	2	4	1	5
(b)	1	4	5	2
(c)	3	2	4	1
(d)	5	3	1	2

38. निम्न में से किससे प्रदूषण नहीं होता है?
(a) CO (b) NO_2
(c) H_2 (d) O_3

39. जैविकीय ऑक्सीजन माँग (BOD) किसका मापन है?
(a) जल राशियों में बहाए जाने वाले औद्योगिक अपशिष्ट
(b) जल में कार्बनिक यौगिकों के प्रदूषण की सीमा
(c) कार्बन मोनोऑक्साइड की मात्रा, जो हीमोग्लोबिन के साथ अपृथकशील रूप में संयोजित हो जाती है
(d) हरे पौधों के लिए रात में आवश्यक ऑक्सीजन की मात्रा

40. भारत में निम्नलिखित क्षेत्रों में से कौन जैव-विविधता का जैव संवेदी क्षेत्र है?
(a) पूर्वी घाट
(b) गंगा के मैदान
(c) सुन्दरवन
(d) पश्चिमी घाट एवं पूर्वी घाट

41. अभी हाल में भारत में कौन-सा प्राणी विलुप्त हो गया है?
(a) हिमतेन्दुआ (b) शेर
(c) गैण्डा (d) चीता

42. भोपाल गैस काण्ड की त्रासदी के लिए कौन-सी गैस उत्तरदायी है?
(a) इथाइल आइसोथायोसायनेट
(b) मिथाइल आइसोसायनेट
(c) सोडियम आइसोथायोसायनेट
(d) पोटैशियम आइसोथायोसायनेट

43. DDT के फसलों पर छिड़काव से किस तरह का प्रदूषण उत्पन्न होता है?
(a) वायु (b) वायु और भूमि
(c) वायु, भूमि और जल (d) वायु तथा जल

44. सूची I को सूची II से सुमेलित कीजिए।

सूची I		सूची II	
A.	एल्फा विविधता	1.	आवासों या समुदायों के सहारे जातियों के पुर्नस्थापन की दर
B.	बीटा विविधता	2.	सम्पूर्ण जाति का जीनोम
C.	गामा विविधता	3.	सम्पूर्ण जनसंख्या का जीनोम
D.	आनुवंशिक विविधता	4.	एक ही आवास या समुदाय के भागीदार जीवों की विविधता
		5.	कुल दृश्य भूमि या भौगोलिक

कूट

	A	B	C	D
(a)	2	4	1	5
(b)	4	1	5	2
(c)	4	1	5	3
(d)	1	5	2	3

45. पारे के यौगिकों से मुक्त औद्योगिक अपशिष्ट द्वारा संदूषित मछली को खाने से उत्पन्न रोग होता है।
(a) ब्राइट रोग (b) मिनामेटा रोग
(c) हाशीमोटो रोग (d) ऑस्टियोस्क्लेरोसिस

46. ध्वनियों के किस स्तर से ऊपर घातक शोर प्रदूषण माना जाता है?
(a) 80 डेसीबल (b) 120 डेसीबल
(c) 30 डेसीबल (d) 100 डेसीबल

47. 'केन्द्रीय गंगा जल प्रदूषण बोर्ड' स्थापित किया गया था
(a) 1985 में (b) 1989 में
(c) 1982 में (d) 1987 में

48. हाथी दाँत हैं
(a) इन्साइजर (d) केनाइन्स
(c) प्रीमोलर (d) मोलर

49. ताजमहल को किसके प्रभाव से खतरा बना हुआ है?
(a) क्लोरीन
(b) सल्फर डाइऑक्साइड
(c) ऑक्सीजन
(d) हाइड्रोजन

50. जब किसी नदी में मल जल की भारी मात्रा प्रवाहित कर दी जाती है, तो BOD

(a) बढ़ जायेगा (b) उतना ही रहेगा
(c) थोड़ा सा घटेगा (d) घट जायेगा

51. सूची I को सूची II से सुमेलित कीजिए

सूची I	सूची II
A. गल्फ ऑफ मन्नार	1. गुजरात
B. दुधवपार्क	2. उत्तर प्रदेश
C. सुन्दरबन	3. दक्षिण बंगाल
D. रन ऑफ कच्छ	4. तमिलनाडु

कूट

	A	B	C	D
(a)	4	3	2	1
(b)	4	2	3	1
(c)	1	3	4	2
(d)	2	4	1	3

52. भारत में बाघ परियोजना (Project Tiger) का प्रारम्भ हुआ था

(a) 1965 में (b) 1969 में
(c) 1973 में (d) 1989 में

53. वन्य जीव संरक्षण अधिनियम पारित हुआ था

(a) 1889 में (b) 1958 में
(c) 1972 में (d) 1989 में

54. 'मानव और जैवमण्डल' (man and biosphere) परियोजना UNESCO द्वारा प्रारम्भ की गई थी

(a) 1986 में (b) 1980 में
(c) 1972 में (d) 1965 में

55. 'बॉम्बे नेचुरल हिस्ट्री सोसायटी' की स्थापना हुई थी

(a) 1941 में (b) 1927 में
(c) 1881 में (d) 1809 में

56. वे जातियाँ जिनकी संख्या बहुत कम हो गई है और विलुप्तता के कगार पर हैं, कहलाती है

(a) दुर्लभ जातियाँ (b) संकटापन्न जातियाँ
(c) क्षति आशंकित जातियाँ (d) भेद्य जातियाँ

57. कान्हा राष्ट्रीय उद्यान किस राज्य में है?

(a) राजस्थान में (b) उत्तर प्रदेश में
(c) मध्य प्रदेश में (d) असोम में

58. किसी भौगोलिक क्षेत्र की जैव-विविधता प्रदर्शित करती है

(a) क्षेत्र में पाई जाने वाली संकटग्रस्त (endangered) जातियाँ
(b) क्षेत्र में निवास करने वाले जीवों की विविधता
(c) क्षेत्र में पाई जाने वाली प्रभावी जातियों में उपस्थित आनुवंशिक विविधता
(d) क्षेत्र की स्थानीय जातियाँ

59. भारत के किस राज्य ने अपने सभी पर्यटन स्थानों को चिड़ियाँ के नाम पर नामकरण कर दिया?

(a) असोम (b) केरल
(c) आन्ध्र प्रदेश (d) हरियाणा

उत्तरमाला

1. (b)	**2.** (c)	**3.** (d)	**4.** (b)	**5.** (b)	**6.** (d)	**7.** (b)	**8.** (d)	**9.** (c)	**10.** (a)
11. (c)	**12.** (c)	**13.** (d)	**14.** (d)	**15.** (d)	**16.** (b)	**17.** (c)	**18.** (b)	**19.** (a)	**20.** (c)
21. (d)	**22.** (c)	**23.** (c)	**24.** (d)	**25.** (d)	**26.** (b)	**27.** (a)	**28.** (c)	**29.** (b)	**30.** (c)
31. (d)	**32.** (c)	**33.** (c)	**34.** (b)	**35.** (c)	**36.** (c)	**37.** (b)	**38.** (c)	**39.** (a)	**40.** (d)
41. (d)	**42.** (b)	**43.** (c)	**44.** (b)	**45.** (b)	**46.** (b)	**47.** (c)	**48.** (a)	**49.** (b)	**50.** (a)

46

आर्थिक जन्तु विज्ञान

Economic Zoology

आर्थिक जन्तु विज्ञान के अन्तर्गत पशुपालन (डेयरी फार्मिंग), मधुमक्खी पालन, मत्स्य पालन, लाख एवं रेशम कीट पालन, एक्वाकल्चर, मोती पालन एवं मुर्गी पालन का अध्ययन किया जाता है।

कृषि विज्ञान की वह शाखा, जिसके अन्तर्गत पालतू पशुओं के भोजन, आवास एवं प्रजनन का अध्ययन किया जाता है, **पशुपालन** (animal husbandry) कहलाती है। जानवरों को मानव द्वारा अपने कार्य के लिए साधना, पालना तथा पालतू बनाना **घरेलूकरण** (domestication) कहलाता है। प्रथम पालतू पशु कुत्ता था। सभी लाभदायक एवं पालतु पशु; जैसे–गाय, भैंस, बकरी, भेड़, घोड़ा, सुअर, आदि पशुधन कहलाते हैं। दुग्ध उत्पादन हेतु डेयरी फार्मिंग में गाय, भैंस, बकरी (दुधारु पशु) का पालन किया जाता है। भारी कार्य में प्रयोग किए जाने वाले पशुओं को बोझा ढोने वाले या भारकस पशु कहा जाता है; जैसे–घोड़ा, खच्चर, भैंसा, बैल, कुत्ता, बिल्ली एवं अन्य पालतू पशु सामान्य उपयोग पशु कहलाते हैं।

मत्स्य पालन (Fisheries Pisciculture)

मछली उपयोग में भारत का विश्व में **सातवाँ स्थान**, जबकि मछली उत्पादन में विश्व में **दूसरा स्थान** है। मछलियाँ एक प्रोटीनयुक्त, अत्यन्त पौष्टिक तथा आसानी से प्राप्त किये जाने वाला भोजन का स्रोत है। अलवणजलीय मछलियों के पालन को **मीठा जल मत्स्य पालन** (inland fisheries) कहते है। **एक्वाकल्चर** (aquaculture) में जलीय प्राणियों के साथ उपयोगी पौधों का भी संवर्धन शामिल है। समुद्री मत्स्य पालन (marine fisheries) में मुख्यता समुद्र, समुद्र तट तथा यूस्वरी (Eustary) से मछलियाँ पकड़ी जाती हैं। मछलियों में प्राकृतिक जनन तथा उत्प्रेरित जनन पाया जाता है। निषेचित अण्डों को बीज कहते हैं, जिनसे प्रस्फुटित छोटी मछलियाँ अर्थात् फ्राई (fry) प्राप्त होती हैं, जो बाद में मछली में रूपान्तरित हो जाती हैं। मछलियों से विटामिन-A एवं D युक्त तेल, फिश मील (fish meal) तथा खाद प्राप्त होते हैं।

भारत की मुख्य खाद्य मछलियाँ (Some Important Edible Fishes of India)

1. **अलवणजलीय मछलियाँ** (Freshwater Fishes)
   कटला–*कटला कटला* (Catla—*Catla catla*)
   रोहू–*लेबियो रोहिता* (Rohu—*Labeo rohita*)
   मागुर–*क्लेरियस बैट्रेकस* (Magur—*Clarias batrachus*)
   सिंघाड़ा–*मिस्टस सिंघाला* (Singhara—*Mystus singhala*)
   लाची या माली–*वैलेगो अट्टू* (Lachi or Malli— *Wallago attu*)
2. **लवणजलीय मछलियाँ** (Marinewater Fishes)
   पॉम्फ्रेट–*स्ट्रोमेटियस* (Pomphret—*Stromateus*)
   हिल्सा–*हिल्सा इलिसा* (Hilsa—*Hilsa ilisha*)
   बॉम्बे डक–*हारपोडॉन* (Bombay duck—*Harpodon*)
   सारडीन–*सार्डीनेला* (Sardine—*Sardinella*)
   साल्मॉन–*एल्यूथीरोनीमा* (Salmon—*Aluitheronema*)
   ईल–*एंगुइला* जातियाँ (Eel—*Anguilla* sp)
3. **कुछ आयातित मछलियाँ** (Some Ipmorted Fishes)
   कार्प–*साइप्रिनस कार्पिओ* (Carp—*Cyprinus carpio*)
   टेंच–*टिंका टिंका* (Tench—*Tinca tinca*)
   गोरामी–*ऑस्फ्रोनीमस गोरामी* (Goramy—*Osphronemus goramy*)
   क्रुशिअन कार्प–*कैरेसिअस कैरेसिअस* (*Carassius carassius*)
   तिलापी–*तिलापिआ मोजम्बिका* (Tilapi—*Tilapia mussambica*)

मुर्गीपालन (Poultry Farming)

मुर्गीपालन में मुर्गे, फीजेण्ट, बत्तख तथा टर्की पालन आते हैं। मुर्गों की भारतीय किस्में हैं–असील, बसरा, घैगस, ब्रह्मा, काराकन्त, आदि। यूरोपीय प्रजातियाँ हैं–प्लाइमाउथ रॉक (plymouth rock), सफेद लैगहॉर्न (white leghorn), रोडे आइलैण्ड रैड (rhode island red) तथा न्यू हैम्पशायर (new hampshire)।

मुर्गीपालन द्वारा अण्डे एवं माँस का उत्पादन किया जाता है।

वर्तमान में **भारत** प्रथम छः अण्डा उत्पादक देशों में सम्मिलित है।

पॉल्ट्री रोगों के अन्तर्गत चेचक, रानीखेत, कोराइजा, एस्परजिलोसिस एवं अतिसार, आदि आते हैं।

मधुमक्खी पालन (Apiculture)

मधुमक्खियों के पालन तथा रख-रखाव की वैज्ञानिक विधि को एपीकल्चर कहते हैं। मधुमक्खियों का मुख्य उत्पाद **शहद** है, जबकि **मोम** सहउत्पाद (byproduct) है।

भारत में मधुमक्खी की चार जातियाँ हैं

(i) *एपिस फ्लोरिया (Apis florea)*–लिटिल

(ii) *एपिस इण्डिका (Apis indica)*–भारतीय

(iii) *एपिस डॉरसेटा (Apis dorsata)*–राक

(iv) *एपिस मेलिफेरा (Apis mellifera)*–यूरोपियन

मधुमक्खी के छत्ते में एक रानी मक्खी, श्रमिक तथा ड्रोन होते हैं, अर्थात् इनमें **बहुरूपता** (polymorphism) तथा कार्य विभाजन (division of labour) की क्षमता पाई जाती है।

रानी मक्खी अण्डे देती है, जबकि श्रमिक, भ्रूण की देखभाल, भोजन का संचय, छत्ता निर्माण एवं छत्ते की सफाई करते हैं। ड्रॉन का कार्य केवल अण्डों के निषेचन का होता है, उसके पश्चात् इसकी मृत्यु हो जाती है।

रानी मक्खी कई वर्ष तक जीवित रहती है, जबकि श्रमिक केवल एक या दो महीने तक ही जीवित रहती हैं। सामान्यता एक कालोनी में एक रानी पाई जाती है और यह रॉयल जैली (royal jelly) से अपना पोषण प्राप्त करती है।

श्रमिक द्विगुणित **बन्ध्य मादाएँ** (sterile female) हैं और इनमें जननांगों का विकास नहीं होता, जबकि ड्रॉन (drone) अनिषेकजनन द्वारा उत्पन्न अगुणित नर होते हैं। श्रमिक मक्खियों में **स्टिंग** (sting) एवं **मोम ग्रन्थियाँ** (wax glands) पाई जाती हैं, जबकि नर में ये अनुपस्थित होती हैं।

शहद (pH 3-4) में जल (15-20%), फ्रक्टोज (40-45%), ग्लूकोज (32-37%), सुक्रोज (12%) तथा विटामिन, खनिज एवं प्रोटीन पाए जाते हैं।

प्रो के वॉन फ्रिश (Prof. K Von Fritsch) ने बताया, कि मधुमक्खियों में नाच (dancing) आपस में सूचना देने का एक माध्यम है।

लाख कीट पालन (Lac Culture)

लाख एक चिपचिपा रेसिन (resin) है, जो *टेकारडिया लक्का* (*Tachardia lacca*) नामक, लाख-कीट से प्राप्त होता है। यह कीट बबूल, बेर, पलाश, कुसुमी, पीपल, गूलर, शीशम, साल, आदि पर परजीवी है। पलास एवं बेर के **पादप** से प्राप्त लाख को **कुसुमी लाख** (kusumi lac) कहते हैं।

लाख, लाख कीट के शरीर से स्रावित होता है, इसमें 68-90% रेजिन, 2-10% डाई, 6% मोम, 5-10% एल्यूमिनस पदार्थ तथा 3-7% खनिज होते हैं।

भारत में बिहार, देश का सबसे अधिक लाख उत्पादक राज्य है, इसके बाद मध्य प्रदेश, पश्चिमी बंगाल तथा महाराष्ट्र हैं। भारत संसार की कुल उत्पादकता का लगभग 75% उत्पादन करता है।

लाख का प्रयोग छपाई उद्योग में, ग्रामोफोन के रिकार्ड तथा बिजली का सामान बनाने में, विद्युत धारा का विलगाव पदार्थ, वार्निश पोलिश में, चूड़ी उद्योग में, प्रसाधनों में तथा सील लगाने वाले पदार्थ के रूप में होता है।

सन् 1925 में **राँची** में नामकुम में 'भारतीय लाख अनुसन्धान केन्द्र (Indian Lac Research Institute)' की स्थापना हुई थी।

रेशमकीट पालन (Sericulture)

रेशम प्राप्ति के लिए रेशम कीटों के पालन को रेशमकीट पालन या सेरीकल्चर कहते हैं। भारत का रेशम उत्पादन में विश्व में **पाँचवा स्थान** है।

भारत में रेशमकीट की चार जातियाँ पाई जाती हैं

(i) *बॉम्बिक्स मोराई* या शहतूत का रेशमकीट (*Bombyx mori*), इससे मलबेरी रेशम (mulberry silk) प्राप्त होता है।

(ii) *एन्थेरिया पैफिया* (*Antheria paphia*) या टसर रेशमकीट, इससे टसर रेशम प्राप्त होता है।

(iii) *फ्लोसामिया रिसिनी* (*Phlosamia ricini*) या ऐरी रेशमकीट, इससे एरी (eri) रेशम प्राप्त होता है।

(iv) *ऐन्थीरीया असामा* (*Antheraea assama*) या मूगा रेशमकीट, इससे मूगा रेशम (muga silk) प्राप्त होता है।

रेशम का उत्पादन लारवा करता है। लारवा या कैटरपिलर (catterpillar) की लार ग्रन्थियों द्वारा एक द्रव का स्रावण होता है, जो स्पिनरेट (spinneret) द्वारा बाहर निकलता है। यह द्रव सूखकर, कड़ा होकर रेशम के धागे का निर्माण करता है। ये धागे कैटरपिलर के चारों ओर लिपट कर कोकून (cocoon) बनाते हैं। कोकून के भीतर कैटरपिलर प्यूपा (pupa) में बदल जाता है। प्यूपा को उबालकर मार देते हैं (स्टिफलिंग-stiffling) तथा रेशम प्राप्त कर लेते हैं। यदि प्यूपा वयस्क में बदल जाता है, तब यह कोकून को काटकर बाहर आ जाता है तथा रेशम खराब हो जाता है।

3 दिन में कोकून में 1000-1200 मी लम्बे धागे का निर्माण हो जाता है। 25000 कोकून से एक पौण्ड (454 ग्राम) रेशम प्राप्त किया जा सकता है।

रेशम का संघटन (Composition of Silk)

रेशम दो प्रकार की प्रोटीन से बना होता है

(i) फाइब्रोइन (Fibroin)–रेशम धागे का 75%

(ii) सेरिसिन (Sericin)–रेशम धागे का 27%

भारत में पहला रेशम अनुसन्धान केन्द्र पश्चिमी बंगाल में बरहमपुर में सन् (1943) में स्थापित हुआ था। कोकून से सिल्क प्राप्त करना **पश्च कोकून क्रियाविधि** (post cocoon processing) कहलाती है तथा मृत कोकून से धागा प्राप्त करना **रिलिंग** (reeling) कहलाता है। कायान्तरण के दौरान **हिस्टोलाइसिस** (histolysis) व **हिस्टोजेनेसिस** (histogenesis) होता है और प्यूपा वयस्क में बदल जाता है।

मोती पालन (Pearl Culture)

मोती एक जीव उत्पाद है तथा यह मोलस्का संघ के पर्ल ओस्टर (pearl oyster = मस्सल) नामक जन्तु का स्रवित पदार्थ है। पर्ल ओस्टर (pearl oyster) का जन्तु वैज्ञानिक नाम *पिंकटाडा वुल्गेरिस* (*Pinctada vulgaris*) है, जब कोई बाहरी कण मेन्टल (mantle) के सम्पर्क में आता है, तो इसे एक सेक (sac) बनाकर घेर लेता है, इसके चारों ओर एपीथीलियम द्वारा अनेक संकेन्द्रित (concentric) परतों का निर्माण होता है, जिसके फलस्वरूप मोती का निर्माण होता है। रासायनिक प्रकृति के आधार पर मोती $CaCO_3$ तथा **कोलकाइटिन** का बना होता है।

कोकिची मिकीमोटो (Kokichi Mikimoto) को **मोती उद्योग का पिता** कहा जाता है। जापान का मोती उद्योग में विश्व में **प्रथम स्थान** है।

अभ्यास प्रश्नावली

1. मोती बना होता है
(a) केवल कैल्शियम कार्बोनेट का
(b) कोलकाइटिन का
(c) कैल्शियम, सोडियम कार्बोनेट तथा अन्य खनिजों का
(d) (a) व (b) दोनों का

2. भारत में वह प्रदेश, जो सबसे अधिक मलबेरी (शहतूत) रेशम का उत्पादन करता है
(a) मध्य प्रदेश (b) महाराष्ट्र
(c) पश्चिम बंगाल (d) कर्नाटक

3. निम्नलिखित में से रेशम का स्रोत कौन-सा है?
(a) अण्डे (b) झिल्ली
(c) कोकून (d) प्यूपा

4. मोती उत्पादक मोलस्का की जाति है
(a) *ट्राइडेकना मैक्सीमा* (b) *सोलन कैम्पी*
(c) *पिंकटाडा वुल्गेरिस* (d) *माइटिलस विरिडिस*

5. किसके माँस में सबसे अधिक वसा की मात्रा पाई जाती है?
(a) सुअर के माँस में (b) भेड़ के माँस में
(c) गाय के माँस में (d) मुर्गे के माँस में

6. मोती सीप किस वर्ग से सम्बन्धित होता है?
(a) गेस्ट्रोपोडा से (b) पेल्सीपोडा से
(c) स्कैफोपोडा से (d) एम्फीन्यूरा से

7. लाख उत्पादन होता है
(a) लाख कीट के लारवा से
(b) शरीर के स्रावण के रूप में
(c) शरीर के उत्सर्जन के रूप में
(d) शरीर के अतिरिक्त भोजन का निष्कासन

8. रेशम प्राप्त किया जाता है
(a) *बॉम्बिक्स मोराई* से (b) *नोसेमा बॉम्बिसिस*
(c) *लैसीफर लैक्का* से (d) इनमें से कोई नहीं

9. निम्नलिखित में से कौन मोती उद्योग का जनक माना जाता है?
(a) इवानोवस्की (b) लुई पाश्चर
(c) कोकिची मिकीमोटो (d) हार्वे

10. रानी मधुमक्खी एक समय में लगभग कितने अण्डे देती है?
(a) 2000 अण्डे (b) 20,000 अण्डे
(c) 200 अण्डे (d) 20,000-25,000 अण्डे

11. शहद रासायनिक तौर पर है
(a) मोनोसैकेराइड (b) डाइसैकेराइड
(c) पॉलीसैकेराइड (d) प्रोटीन

12. मुर्गीपालन में कोराइजा रोग का कारण है
(a) जीवाणु (b) विषाणु
(c) कवक (d) प्रोटोजोआ

13. किस नोबेल पुरस्कार विजेता वैज्ञानिक ने मधुमक्खियों की भाषा का अर्थ लगाया और पता लगाया, कि ये रस एकत्रित करने के लिए फूलों की पहचान कैसे करती हैं और कैसे नाच द्वारा इसकी सूचना अन्य मक्खियों को देती हैं?
(a) डार्विन (b) हॉर्वे
(c) वॉन फ्रिश (d) लिनियस

14. मधुमक्खी में निम्न में से किसके द्वारा 'शाही जेली' का स्राव होता है?
(a) क्रोप ग्रन्थियों द्वारा (b) मोम ग्रन्थियों द्वारा
(c) जम्भिका ग्रन्थियों द्वारा (d) लार ग्रन्थियों द्वारा

15. लाख उत्पन्न करने वाला कीट है
(a) *टैकार्डिया* (b) *बॉम्बिक्स*
(c) *डेक्टिलीपियस* (d) *लाइटा*

16. पिसीकल्चर में उत्पादन होता है
(a) मछली का (b) उभयचर का
(c) सरीसृप का (d) पक्षी का

17. मुर्गीपालन के क्षेत्र में भारतवर्ष में प्रथम स्थान है
(a) केरल का (b) मध्य प्रदेश का
(c) आन्ध्र प्रदेश का (d) उत्तर प्रदेश का

18. किस वर्ग में आर्थिक रूप से महत्त्वपूर्ण जातियों की सर्वाधिक संख्या पाई जाती है?
(a) डिप्लोपोडा
(b) चीलोपोडा
(c) क्रस्टेशिया
(d) इनसेक्टा

19. व्यापारिक स्तर पर रेशम का उत्पादन होता है
(a) प्यूपा द्वारा
(b) डिम्भक एवं वयस्क पतंगा दोनों के द्वारा
(c) वयस्क पतंगा द्वारा
(d) डिम्भक द्वारा

20. मुर्गीपालन में कवक द्वारा फैलने वाला रोग है
(a) कोकोडोसिस (b) मैरिक्स
(c) मोनिलिएसिस (d) कोराइजा

21. रेशम उत्पन्न होता है
(a) लारवा की उपत्वचा (cuticle) से
(b) लारवा की लार ग्रन्थियों (salivary glands) से
(c) कोकून से
(d) वयस्क की लार ग्रन्थियों से

22. मछलियों का केवल स्वच्छ जल में संवर्धन क्या कहलाता है?
(a) एक्वाकल्चर (b) अन्तर्देशीय मत्स्य पालन
(c) पिसीकल्चर (d) इनमें से कोई नहीं

23. विज्ञान की वह शाखा, जो पालतू जन्तुओं के सुधार के अध्ययन से सम्बन्धित होती है, क्या कहलाती है?
(a) पशु विज्ञान (b) आनुवंशिक अभियांत्रिकी
(c) पशुपालन (d) जन्तु विज्ञान

24. रेशम में कौन-सी प्रोटीन होती है?
(a) फाइब्रोइन (b) केसीन
(c) सेरीसिन (d) (a) व (c) दोनों

25. कौन-से देश में लाख का उत्पादन सबसे अधिक होता है?
(a) जापान (b) फिलीपिन्स
(c) भारत (d) चीन

26. मधुमक्खी पालन कहलाता है
(a) सेरीकल्चर (b) एपीकल्चर
(c) टिश्यू कल्चर (d) पिसीकल्चर

27. *गेम्बूशिया* है
(a) मच्छर के लारवा खाने वाली मछली
(b) केकड़े पर परजीवी
(c) रोगकारक प्रोटोजॉन
(d) मछली पर पेस्ट

28. रेशम के कीट से प्राप्त होने वाला रेशम किसका उत्पाद होता है?
(a) लारवा की लार ग्रन्थि (b) वयस्क की क्यूटिकल
(c) लारवा की क्यूटिकल (d) वयस्क की लार ग्रन्थि

29. रानीखेत बीमारी किसमें पाई जाती है?
(a) मधुमक्खी में (b) मछली में
(c) मुर्गी में (d) सुअर में

30. मधुमक्खी में ड्रोन्स (नर) उत्पन्न होते हैं
(a) अनिषेचित अण्डों से
(b) निषेचित अण्डों से
(c) रॉयल जैली द्वारा पोषित लारवा से
(d) फार्स्टिग लारवा से

31. मोती का निर्माण किसके स्राव से होता है?
(a) प्रिज्मीय स्तर से
(b) प्रावार की स्तम्भी उपकला कोशिकाओं द्वारा
(c) प्रावार की प्रक्ष्माभी (रोमाभ) उपकला कोशिकाओं द्वारा
(d) प्रावार के संयोजी ऊतक द्वारा

32. पेब्राइन रोग होता है
(a) मधुमक्खी में (b) मछलियों में
(c) रेशमकीट में (d) लाख कीट में

33. शहद होता है
(a) अम्लीय (b) क्षारीय
(c) उदासीन (d) कुछ दिन बाद क्षारीय

34. मुर्गीपालन में भारत का विश्व में कौन-सा स्थान है?
(a) चौथा (b) छठा
(c) दूसरा (d) इनमें से कोई नहीं

35. केन्द्रीय रेशम अनुसन्धान केन्द्र किस नगर में स्थित है?
(a) नांगलोई में (b) कर्नाटक में
(c) बरहमपुर में (d) इनमें से कोई नहीं

36. किस मधुमक्खी में मोम की ग्रन्थियाँ पाई जाती है?
(a) सेवक मक्खी में (b) रानी मक्खी में
(c) नर मक्खी में (d) रानी एवं सेवक दोनों में

37. 'पिसीकल्चर' निम्न में से किसका संवर्धन होता है?
(a) जलीय जन्तु का (b) प्रॉन का
(c) मछली का (d) इनमें से कोई नहीं

38. आइजिंग्लास मत्स्य पालन के उपोत्पाद का उपयोग होता है
(a) मवेशियों के पोषण के रूप में
(b) वार्निश एवं पेन्ट के निर्माण में
(c) कृत्रिम इन्सुलिन के निर्माण में
(d) एल्कोहॉल युक्त पेय पदार्थ (बीयर एवं शराब) एवं सिरका के शुद्धीकरण में

39. शहद है
(a) पुष्पों का पराग रस
(b) शहद थैली में संग्रहित पराग रस
(c) शहद थैली में संग्रहित लारयुक्त पराग रस
(d) मखुमक्खी द्वारा चूसा हुआ जल तथा पराग रस

40. प्रोटीन की सबसे अधिक मात्रा किसके दूध में होती है?
(a) सिंधी गाय के (b) सूरती भेड़ के
(c) काठियावाड़ी भेड़ के (d) मुर्रा भैंस के

41. श्रमिक मक्खी का जीवन काल होता है
(a) 10 दिन (b) 15 दिन
(c) 6 सप्ताह (d) 10 सप्ताह

42. टर्म 'एक्वाकल्चर' का अर्थ है
(a) एस्परजिलोसिस
(b) समुद्री मत्स्य पालन
(c) भूमि मत्स्य पालन
(d) (b) व (c) दोनों

43. पशुधन में कृत्रिम गर्भाधान का अर्थ है
(a) प्रयोगशाला में अण्डे का निषेचन
(b) यांत्रिक तरीकों से मादा की योनि में स्परमेटोजोअन को पहुँचाना
(c) (a) व (b) दोनों
(d) उपरोक्त में से कोई नहीं

➜ उत्तरमाला

1. (d)	**2.** (d)	**3.** (c)	**4.** (c)	**5.** (c)	**6.** (b)	**7.** (b)	**8.** (a)	**9.** (c)	**10.** (a)
11. (a)	**12.** (a)	**13.** (c)	**14.** (c)	**15.** (a)	**16.** (a)	**17.** (c)	**18.** (d)	**19.** (a)	**20.** (c)
21. (c)	**22.** (a)	**23.** (c)	**24.** (d)	**25.** (c)	**26.** (b)	**27.** (a)	**28.** (a)	**29.** (c)	**30.** (a)
31. (b)	**32.** (c)	**33.** (a)	**34.** (a)	**35.** (c)	**36.** (a)	**37.** (c)	**38.** (d)	**39.** (c)	**40.** (d)

47

पीड़कनाशी एवं पीड़क नियन्त्रण

Pesticides and Pest Control

पीड़कनाशी (Pesticides)

कोई भी जीव, जो मनुष्यों को भौतिक या आर्थिक रूप से हानि पहुँचाते हैं तथा लाभकारी जीवों की प्रजनन क्षमता अथवा लाभकारी पदार्थों को नुकसान पहुँचाते हैं, पीड़क (pest) कहलाते हैं; जैसे–कीट पतंगा (insects), चूहे (rats), गोलकृमि (nematodes), दीमक (termites), खरपतवार (weeds), जीवाणु (bacteria) तथा कवक। वे रसायन जो जीवों के उत्पादन पदार्थ को नष्ट करते हैं या भगाते हैं, पीड़कनाशी कहलाते हैं। पीड़कनाशी वे रसायन हैं, जो कीटों, रोगोत्पादक जीवों, खरपतवारों, दीमकों तथा निमेटोड्स कहलाने वाले छोटे कृमियों और चूहों को भी मारते हैं। **पेस्टीसाइड्स** शब्द की उत्पत्ति लैटिन शब्द **पेस्टिस** से हुई है, जिसका अभिप्राय है, **विनाशकारी साधन**।

LD-50 यह कीटनाशी की वह मात्रा है, जोकि कीट की 50% संख्या नष्ट करने के लिए पर्याप्त है। LC-50 तथा LC-100 घातक सान्द्रता (lethal concentration) शब्दों का प्रयोग तब किया जाता है, जब कीटनाशक को पानी में घोला जाता है तथा प्राणियों को हम जल में रखते हैं।

पीड़कनाशियों की क्रियाविधि (Mechanism of Pesticides)

अधिकाँश पीड़कनाशी कीटों (पिडक) के तन्त्रिका तन्त्र पर प्रभाव डालते हैं। वनस्पति नाशक (herbicides) प्रकाश-संश्लेषण के प्रकाश तन्त्र-II (जल फोटोलाइसिस तथा ऑक्सीजन उत्पादन) पर आक्रमण करते हैं। कीटनाशी पदार्थों को उनके प्रभाव व कार्य के आधार पर तीन वर्गों में बाँटा गया है

(i) **सम्पर्क विष** वे विष पदार्थ, जो जन्तु के सम्पर्क में आने से जन्तु का नाश करते हैं, सम्पर्क विष कहलाते हैं।

(ii) **आमाशयी विष** जो पदार्थ आमाशय में भोजन के साथ पहुँचते हैं, आमाशयी विष कहलाते हैं।

(iii) **फ्यूमीगेट्स** ये धूम्र उत्पन्न करने वाले पदार्थ हैं। पीड़कनाशी, जिनका सर्वप्रथम प्रयोग किया गया, प्रथम पीढ़ी पीड़कनाशी (first generation pesticides) कहलाए; जैसे–कुछ तेल तथा पादप निष्काषित पदार्थ। द्वितीय पीढ़ी पीड़कनाशी (second generation pesticides) संश्लेषित पीडकनाशियों (synthetic pesticides) को कहा जाता है। जैव पीड़नाशियों की तीसरी पीढ़ी (third generation) के पीड़कनाशी कहते हैं; जैसे–कीट हॉर्मोन एनालॉग।

पीड़कनाशियों के प्रकार (Types of Pesticides)

पीड़कनाशियों को रासायनिक पीड़कनाशी तथा जैव-पीड़कनाशी वर्गों में विभक्त किया जा सकता है

रासायनिक पीड़कनाशी (Chemical Pesticides)

वे रासायनिक पदार्थ जो कीटों, रोगाणुओं, घासों, निमेटोड्स तथा अन्य हानिकारक जीवों को मारने के लिए प्रयोग किए जाते हैं, रासायनिक पीड़कनाशी कहलाते हैं।

प्रथम व्यवसायिक पीड़कनाशी मिलारडेट (Millardet; 1882) ने बॉर्डेक्स मिश्रण (Bordeaux mixture) के रूप में खोजा था। बॉर्डेक्स मिश्रण कॉपर सल्फेट, कैल्शियम हाइड्रॉक्साइड ($CaCO_3$ का जलीय विलयन) तथा जल का मिश्रण है।

बरगण्डी मिश्रण में $CaCO_3$ के स्थान पर सोडियम कार्बोनेट (Na_2CO_3) का प्रयोग किया जाता है। पीड़कों के आधार पर रासायनिक पीड़कनाशियों के निम्न प्रकार होते हैं

(i) **कवकनाशी** (Fungicides) ये कवक रोगजनकों को मारते हैं; जैसे–बॉर्डेक्स मिश्रण (Bordeaux mixture), कार्बामेट्स (carbamates), एन्टीबायोटिक (antibiotic), आदि।

(ii) **खरपतवारनाशी** (Weedicides) ये खरपतवारों (weeds) को नष्ट करते हैं; जैसे–आर्सेनिक, सोडियम सल्फ्यूरिक एसिड, पैराक्यूट (paraquat), डाइक्यूट (diquat), प्रोफन (prophan), एट्राजीन (atrazine), प्रोपाजीन (propazine), आदि।

(iii) **कीटनाशी** (Insecticides) ये कीटों (insects) को मारते हैं; जैसे–DDT, रोटिनॉन (rotenone), जिंक फॉस्फाइड (zinc phophide), आदि।

(iv) **कृमिनाशी** (Nematicides) ये कृमियों (nematodes) को मारते हैं; जैसे–इथाइलीन डाइब्रोमाइड (ethylene dibromide), एथोप्रोप (ethoprope), फोरेट (phorate), आदि।

(v) **रोडेन्टीनाशी** (Rodenticides) ये रोडेन्ट्स (चूहे) को मारते हैं; जैसे–वारफेरिन (warfrain), स्ट्राइकनिन (strychnine), आदि।

रासायनिक संगठन के अनुसार रासायनिक प्रीड़कनाशियों को निम्न वर्गों में विभक्त किया गया है

(i) **ऑर्गेनोक्लोरीन** (Organochlorine) ये बहुत धीमी गति से विघटित होने वाले क्लोरीन के असंख्य परमाणुओं युक्त कार्बनिक यौगिक होते हैं। ये वसीय ऊतकों से काफी समानता रखते हैं और शाकाहारी जन्तुओं के शरीर में जमा हो जाते हैं; जैसे–DDT, BHC, एल्ड्रिन (aldrin), एन्डोसल्फॉन (endosulphan), क्लोरडेन (chlordane), लिन्डेन (lindane), आदि।

(ii) **ऑर्गेनोफास्फेट्स** (Organophosphates) ये फॉस्फोरिक अम्ल के कार्बनिक एस्टर (esters) हैं। ये पीड़कों के तन्त्रिका तन्त्र को प्रभावित करते हैं। ये तन्त्रिका तन्त्र के एन्जाइम एसीटाइल कोलीनेस्टरेस (acetyl cholinesterase) की क्रिया को सन्दमित करते हैं, जिससे पैरालाइसिस (paraylsis) तथा मृत्यु हो जाती है, जैसे–मेलाथिऑन (melathion), पैराथिऑन (parathion) तथा फेनिट्रोथिऑन (fenitrothion)।

(iii) **कार्बामेट्स** (Carbamates) ये कार्बोनिक अम्ल से उत्पन्न होते हैं। इनकी संरचनात्मक व्यवस्था एसीटिलकोलिन के समान होती है, ये कार्यविधि में ऑर्गेनोफॉस्फेट्स के समान होते हैं, जैसे–कार्बारिल (carbaryl), कार्बोफ्यूरॉन (carbofuron), एल्डीक्रेब (aldicarb) तथा प्रपोक्सर (propoxure) या बेगॉन (baygon)।

(iv) **पाइरीथ्रॉइड्स** (Pyrethroids) ये पाइरीथ्रिन के संश्लेषित व्युत्पन्न होते हैं, जो *क्राइसेन्थेमम सिनेरेरिफोलियम* (*Chrysanthemum cinnerarifolium*) से निकाले जाते हैं।

(v) **ट्राइजीन्स** (Triazines) इस समूह के खरपतवारनाशी यूरिया से उत्पादित किए जाते हैं। ये चाय, तम्बाकू तथा कपास की फसलों के खरपतवारों के नियन्त्रण में प्रयोग होते हैं; जैसे–सीमाजीन (simazine), एट्राजीन (atrazine)।

जैवपीड़कनाशी (Biopesticides)

कीटों को भगाने, मारने या नष्ट करने के लिए प्रयुक्त जीवों (जन्तुओं तथा पादपों) अथवा इनके उत्पादों को जैव पीड़कनाशी (biopesticides) कहते हैं। जीव वैज्ञानिक नियन्त्रण की यह विधि रासायनिक कीट नियन्त्रण से अधिक प्रभावी और लाभदायक है। ये भूमि की रासायनिक प्रकृति को नहीं बदलते हैं। जैव पीड़कनाशियों को दो भागों में बाँट सकते हैं

1. **जैवशाकनाशी** (Bioherbicides) ये, वे पदार्थ हैं, जो खरपतरवारों की वृद्धि कम कर उन्हें नष्ट करते हैं; जैसे–ऑस्ट्रेलिया तथा भारत में नागफनी को रोकने के लिए *कैक्टोब्लास्टिस कैक्टोरम* नामक कीट तथा नींबू के बगीचे में उगने वाले खरपतवार (milkweed) को नष्ट करने के लिए *फाइटोफ्थोरा पाल्मिवोरा* नामक कवक का प्रयोग किया जाता है।

2. **जैवकीटनाशी** (Bioinsecticides) वह जीव या जैविक उत्पाद, जो कीटों को नष्ट करने के लिए प्रयोग किए जाते हैं। कुछ जैव कीटनाशी निम्नलिखित हैं

(i) **परभक्षी जीव** (Predators) नाशक कीटों या पादपों के पीड़कों को उनके प्राकृतिक परभक्षी जीव नष्ट कर देते हैं। कीटों के इन प्राकृतिक शत्रुओं का कृत्रिम जनन द्वारा गुणन कराने पर, ये निश्चित समय पर बाहर आते हैं, जैसे–हुबर मक्खी के लारवा पौधों के एफिड्स को खाकर नष्ट कर देते हैं। लेडी बर्ड बीटल या *रोडोलिया कार्डीनेलिस* फ्लूटेड स्केल कीट (fluted scale insect) का भक्षण करता है। मच्छरों के लारवा की रोकथाम के लिए *गैम्बसिया* मछली का प्रयोग किया जाता है।

(ii) **जन्तु परजीवी** तथा **रोगवाहक** (Animal parasites and pathogens) कुछ कीटों को उनके परजीवियों द्वारा नष्ट किया जाता है; जैसे–नारियल के पीड़क *नेफेन्टिस सेरिनोपा* के दो परजीवी *पेरिसेरोला नेफेन्टिडिस* तथा *ट्राइकोस्पाइलस प्यूपीवोरा* हैं। गन्ने के तने बेधक *किलो इन्डिकस* को परजीवी *ट्राइकोग्रामा आस्ट्रेलिकम* नष्ट करता है।

(iii) **कीट हॉर्मोन** (Insect hormone) प्रजनन काल में एक लिंग के कीट दूसरे लिंग के कीटों को आकर्षित करने के लिए कुछ रासायनिक पदार्थ स्रावित करते हैं, जिन्हें फेरोमोन्स कहते हैं।

प्राकृतिक एवं संश्लेषित फेरोमोन नर कीटों को ट्रेप (trap) की ओर आकर्षित करते हैं, जिसमें फँसकर कीट मर जाते हैं।
सम्भ्रांति तकनीक (confusion technique) में नर कीट को आकर्षित करने वाले फेरोमोन युक्त पेपर को खेत में डाल देने से नर कीट मादा कीट तक नहीं पहुँच पाते। आजकल कीटों को बड़ी संख्या में पकड़कर मार डालने के लिए फेरोमोन्स जाल प्रयोग किए जाते हैं।

एक्डीसोन (Ecdysone) जुवेनाइल हॉर्मोन (juvanile hormone) तथा मोल्टिंग हॉर्मोन (moulting hormone) विधि द्वारा कीटों (insects) की प्रारम्भिक अवस्था में उपयोग करने से जीव की परिपक्वता (maturity) का समय बढ़ जाता है।
प्राकृतिक कीटनाशी (Natural insecticides) ये कीटनाशी कवक या पादपों से प्राप्त किये जाते हैं, से हानिकारक नहीं होते तथा इनका अपघटन हो सकता है; जैसे–एजाडाइरेक्टिन *एजाडाइरेक्टा इण्डिका* से, रोटीनॉन (rotenone) *डेरिस इलिप्टिका* की जड़ो से,पाइरीथ्रम *क्राइसेन्थेमम सिनेरेरिफोलियम* से तथा थूरीओसाइड (thurioside) *बैसिलस थूरिन्जिएन्सिस* से प्राप्त किया जाता है।

बन्ध्याकरण नियन्त्रण बन्ध्य नरों की आबादी उत्पन्न करके स्क्रूवर्म नामक मुख्य कीट का उन्मूलन किया गया है और प्राकृतिक जनन योग्य सदस्यों के बीच में प्रतियोगिता हेतु इनहें छोड़ा जाता है, जिसके फलस्वरूप कीटों की संख्या में कमी आती है।

पीड़क नियन्त्रण (Pest Control)

समाकलित पीड़क प्रबन्ध (Integrated pest management) के अन्तर्गत पीड़क नियन्त्रण निम्न विधियों द्वारा होता है

(i) **क्वेरेन्टाइन** (Quarantine) इसमें पौधों, अनाजों या फलों को एक देश से दूसरे देश में कुछ नियमों व परीक्षणों के तहत ले जाया जाना चाहिए, जिससे पीड़क साथ न जाएँ।

(ii) **यान्त्रिक नियन्त्रण** (Mechanical control) इसके अन्तर्गत कीटों व कृन्तकों को पकड़कर मारना, खरपतवार व पौधों के संक्रमित भागों को उखाड़कर मिट्टी में दबाना, जलाकर नष्ट करना, आदि शामिल हैं।

(iii) **संवर्धन नियन्त्रण** (Cultural control) इसके अन्तर्गत फसल को जल्दी या विलम्ब से बोना, ट्रेप फसलों का बोना, फसलों का चक्रण (rotation of crops) शामिल हैं।

(iv) **प्रतिरोधी किस्मों का प्रयोग** (Use of resistant varieties) पीड़कों के संक्रमण से बचने के लिए पीड़क प्रतिरोधी किस्मों का प्रयोग करना चाहिए।

(v) **जैविक नियन्त्रण** (Biological control) इसके अन्तर्गत पीड़कों का नियन्त्रण उनके भक्षकों तथा परजीवियों द्वारा किया जाता है।

अभ्यास प्रश्नावली

1. मच्छरों के लारवा का जैव-नियन्त्रण किया जाता है
(a) लेडीबग द्वारा
(b) एफिड्स द्वारा
(c) *गैम्बूशिया* द्वारा
(d) रोहू मछली द्वारा

2. विष मिश्रित भोजन (कीटों का मारने के लिए) कहलाता है
(a) पेस्टीसाइड (b) बैट
(c) IPM (d) ये सभी

3. केक्टाई को फैलने से रोकने के लिए किस मच्छर का उपयोग किया जाता है?
(a) *कोलियस यूराइथीयम*
(b) *केक्टोब्लास्टिस केक्टोरम*
(c) *निओडीप्रिओन सर्टीफर*
(d) उपरोक्त में से कोई नहीं

4. कशेरुकियों के प्रति सबसे विषाक्त पेस्टीसाइड है
(a) ऑर्गेनोक्लोरीन्स
(b) ऑर्गेनोफॉस्फेट्स
(c) काबोमेट्स
(d) उपरोक्त में से कोई नहीं

5. सर्वाधिक विश्व प्रसिद्ध तथा प्रतिबन्धित पेस्टीसाइड है
(a) मिथाइल आइसोसायनेट (b) DDT
(c) गेमेक्सीन (d) मेलाथिऑन

6. भारत में सर्वाधिक लोकप्रिय जैव-कीटनाशक किससे प्राप्त किया जाता है?
(a) *अकेशिया* से
(b) *डलबर्जिआ* से
(c) *केसिआ* से
(d) *एजाडाइरेक्टा* से

7. रोटिनॉन क्या होता है?
(a) एक जैवशाकनाशी
(b) एक कीट हॉर्मोन
(c) एक प्राकृतिक शाकनाशी
(d) एक संश्लेषी कीटनाशी

8. 'एजेन्ट ओरेन्ज' क्या है?
(a) जैव-निम्नीकारक कीटनाशक
(b) डाइऑक्सिन युक्त खरपतवारनाशी
(c) प्रतिदीप्त लैम्पों में प्रयुक्त रंग
(d) प्रतिदीप्त पौधों में प्रयुक्त हानिकारक रसायन

9. एथिलीन डाइक्लोराइड किस प्रकार का विष है?
(a) आमाशय विष
(b) सम्पर्क विष
(c) धूम्रक
(d) जैविक नियन्त्रक

10. स्पोरीन है, एक
(a) हर्बीसाइड (b) पेस्टीसाइड
(c) माइकोहर्बीसाइड (d) इन्सेक्टीसाइड

11. जैव-नियन्त्रण घटक विकसित कृषि उत्पादन के केन्द्र हैं। निम्न में से कौन-सा तीसरी पीढ़ी का पेस्टीसाइड है?
(a) पैथोजन्स
(b) फैरोमोन्स
(c) कीट रीपेलेन्ट
(d) कीट हॉर्मोन एनालॉग

12. कौन-सा पदार्थ कवकनाशी (fungicide) है?
(a) थिराम (b) डाइक्लोन
(c) केप्टन (d) ये सभी

13. पाइरीथ्रॉइड्स की उत्पत्ति है
(a) संशलेषण
(b) पौधों से
(c) (a) एवं (b) दोनों से
(d) जन्तुओं से

14. लेडी बग......के नियन्त्रण के लिए प्रयोग किया जाता है
(a) मच्छर
(b) एफिड्स
(c) गोरैया
(d) पेराकीट

15. बौर्डेक्स मिश्रण निम्न में से किसको पानी में घोलने से बनता है?
(a) कॉपर सल्फेट
(b) कैल्शियम कार्बोनेट
(c) (a) व (b) दोनों
(d) इनमें से कोई नहीं

16. ट्रांसजेनिक पौधे मुख्यतया प्रतिरोधी होते हैं
(a) पीडक या कीट के लिए (b) जीन के लिए
(c) वृद्धि के लिए (d) उत्परिवर्तन के लिए

17. कार्बारिल है
(a) कार्बामेट
(b) ऑर्गेनोफॉस्फेट
(c) एजाइड
(d) पाइरीथॉइड

18. 50% पेस्ट हानिकारक जन्तु नष्ट करने के लिए आवश्यक पेस्टीसाइड की मात्रा कहलाती है
(a) LD-50 (b) LC-50
(c) LB-50 (d) LE-50

19. IPM का पूरा नाम क्या है?
(a) इन्टीग्रेटेड पेस्ट मेनेजमैन्ट
(b) इन्टीग्रेटेड प्रोग्राम फॉर मेलन्यूट्रीशन
(c) भारतीय पेट्रोलियम प्रबन्धन
(d) उपरोक्त में से कोई नहीं

20. आमाशयी विष निम्न में से किस प्रकार के होते हैं?
(a) जब वे इन्जेक्शन की सहायता से शरीर में प्रवेश कराए जाते हैं, तो हानिकारक होते हैं
(b) जब वे सूँघे जाते हैं तथा इन्जेक्शन से प्रवेश कराए जाते हैं, तो हानिकारक होते हैं
(c) जो आमाशय में भोजन के साथ पहुँचते हैं
(d) (a) एवं (b) दोनों

21. वे विष पदार्थ, जोकि जन्तु के सम्पर्क में आने से जन्तु का नाश करते हैं, कहलाते हैं
(a) सतह विष (b) सम्पर्क विष
(c) फ्यूमीगेन्टस (d) इनमें से कोई नहीं

22. BHC का पूरा नाम है
(a) बैन्जीन हेक्साक्लोराइड
(b) हेक्सा क्लोरोहेक्सेन
(c) बैन्जीन हेप्टाक्लोराइड
(d) उपरोक्त में से कोई नहीं

23. नीम से प्राप्त प्राकृतिक कीटनाशी है
(a) निकोटिन (b) एजारडिक्टिन
(c) एक्डीसोन (d) ये सभी

24. पीड़कनाशी वे पदार्थ होते हैं, जो नष्ट या मारने का कार्य करते हैं
(a) कवकों को
(b) कीटों को
(c) जीवाणुओं को
(d) ये सभी को

25. ऑस्ट्रेलिया में आयातित खरगोश की आबादी को नियन्त्रण करने हेतु खरगोश कौन-से रोग से ग्रस्त कराया गया?
(a) मिक्सोफायसिस
(b) मिक्सोमायटोसिस
(c) मिक्सोमायकोटिसिस
(d) मिक्सोबैक्टीरियम

26. निम्न में से लिपिडरागी (lipophilic) पीड़कनाशी होता है
(a) ट्राएजिन्स
(b) पायरीथॉइड्स
(c) कार्बनिक फॉस्फेट्स
(d) कार्बनिक क्लोरीन्स

27. निम्नलिखित में से कौन प्राकृतिक कीटनाशी पादपों से प्राप्त होते हैं?
(a) रोटिनॉन
(b) अजाडाइरेक्टिन
(c) निकोटिन, पायरीथ्रम एवं सिनेरिना
(d) उपरोक्त सभी

28. कार्बामेट पीड़कनाशी है
(a) एट्रेजिन (b) प्रोपोक्सर
(c) सिमेजिन (d) मेलाथिऑन

29. निम्न में से कौन प्रथम जैवशाकनाशी था?
(a) कवकशाकनाशी
(b) शैवालशाकनाशी
(c) नीमैटोशाकनाशी
(d) जीवाणुशाकनाशी

30. वर्ष 1981 में विकसित प्रथम जैवशाकनाशी प्राप्त किया गया था
(a) *फाइटोफ्थोरा इनफेस्टेन्स*
(b) *फा. पाल्मीवोरा*
(c) *एजाडाइरेक्टा इण्डिका*
(d) *बेसिलस थूरीन्जिएन्सिस*

31. बोर्डेक्स मिश्रण की खोज किसने की?
(a) बोर्डेक्स ने (b) डॉ खुराना ने
(c) विशप एवं वैरेनस ने (d) मिलरडेट ने

32. अनाज के गोदामों में निम्न से किस वर्ग का रासायनिक पीड़कनाशी अधिक प्रभावी होता है?
(a) सर्वांगी (b) स्पर्श विष
(c) धूमक (d) उदर विष

33. धूमक पीड़कनाशी को रोका जा सकता है
(a) मिथाइल ब्रोमाइड से
(b) मछली के तेल से
(c) केरोसिन तेल से
(d) निकोटिन घोल से

34. *बेसिलस थूरीन्जिएन्सिस* व्यवसायिक स्तर पर किसमें उपयोगी होता है?
(a) जैव कीटनाशी के रूप में
(b) जैव उर्वरक के रूप में
(c) रोगकारी जो सूरजमुखी में रोग पैदा करता है
(d) किण्वनकारी कारक के रूप में

35. यह एक कवकनाशी है
(a) DDT
(b) BHC
(c) बोर्डेक्स मिश्रण
(d) 2, 4-D

36. DDT है
(a) कार्बेमेट
(b) ऑर्गेनोफॉस्फेट
(c) ऑर्गेनोक्लोरीन
(d) ट्राएजिन

37. 2, 4-D है
(a) कवकनाशी
(b) अपतृणनाशी
(c) जीवाणुनाशी
(d) कीटनाशी

38. निम्न में से कौन-सा एल्केलॉयड एक उत्तम पादप कीटनाशी होता/होते है/हैं?
(a) सिनेरिन
(b) पायरीथ्रम
(c) निकोटिन
(d) ये सभी

39. निम्न में से कौन-से कीटनाशी पादप उत्पाद है
(a) पायरीथ्रम एवं एण्ड्रीन
(b) एण्ड्रीन एवं रोटिनॉन
(c) रोटिनॉन एवं पायरीथ्रम
(d) एल्ड्रीन एवं रोटिनॉन

40. यूरिया का व्युत्पन्न शाकनाशी के रूप में प्रयोग किया जाता है, वह है
(a) पायरीथ्रॉइड्स
(b) ट्राएजिन्स
(c) कार्बामेट्स
(d) उपरोक्त में से कोई नहीं

41. निम्न में से कौन-सा पीड़कनाशी के ऑर्गेनोक्लोरीन्स समूह से सम्बन्ध नहीं रखता है?
(a) एन्ड्रिन
(b) एल्ड्रिन
(c) एल्डिकार्ब
(d) डायल्ड्रिन

42. कीटनाशी प्राय: प्रभावित करते हैं
(a) श्वसन तन्त्र
(b) तन्त्रिका तन्त्र
(c) पेशी तन्त्र
(d) रुधिर तन्त्र

43. मनुष्यों के शरीर में DDT की मात्रा होती है
(a) 0.3-0.7 ppm
(b) 1.3-3.1 ppm
(c) 13-31 ppm
(d) 30-70 ppm

उत्तरमाला

1. (c)	**2.** (b)	**3.** (b)	**4.** (b)	**5.** (b)	**6.** (d)	**7.** (c)	**8.** (d)	**9.** (c)	**10.** (d)
11. (d)	**12.** (d)	**13.** (b)	**14.** (b)	**15.** (c)	**16.** (a)	**17.** (a)	**18.** (a)	**19.** (a)	**20.** (c)
21. (b)	**22.** (a)	**23.** (b)	**24.** (d)	**25.** (b)	**26.** (d)	**27.** (d)	**28.** (b)	**29.** (a)	**30.** (b)
31. (d)	**32.** (b)	**33.** (a)	**34.** (a)	**35.** (c)	**36.** (c)	**37.** (b)	**38.** (d)	**39.** (c)	**40.** (b)
41. (b)	**42.** (b)	**43.** (c)							

48

जन्तु व्यवहार एवं संचरण
Animal Behaviour and Communication

जन्तु व्यवहार (Animal Behaviour)

समस्त दिखने वाली चेष्टाओं, शरीर की स्थिति, इसका आकाशीय विन्यास, भावनाएँ, अभिव्यक्तियाँ स्वरोच्चारण, गन्धीय पदार्थों का स्रावण, रंग परिवर्तन, रोंगटों का खड़े होना (pilo-erection), आदि का पूर्णता से वैज्ञानिक अध्ययन व्यवहार कहलाता है। वास्तव में व्यवहार, उद्दीपन एवं प्रतिक्रिया का परिणाम है।

जन्तु व्यवहार का वैज्ञानिक, जैविक व विशिष्ट अध्ययन इथोलॉजी (Ethology) कहलाता है। इस शब्द का सही अर्थों में प्रयोग सन् 1950 में निको टिन्बर्जन (Niko Tinbergen) ने किया था। चार्ल्स डार्विन (Charles Darwin) को प्राणी व्यवहार के वैज्ञानिक अध्ययन का जनक कहा जाता है।

इन्होंने *एक्सप्रेसन ऑफ इमोशन इन मैन एण्ड एनिमल* (सन् 1872) नामक पुस्तक में प्राणी व्यवहार का जीवान्त वर्णन किया। वियना के जन्तु मनोवैज्ञानिक कोनरेड लॉरेन्ज (Konrad Loranz), हॉलैण्ड के प्राणीशास्त्री निको टिन्बर्जन (Niko Tinbergen) तथा जर्मनी के कार्ल वॉन फ्रिश ने व्यवहारिकी को लोकप्रियता के शिखर तक पहुँचाया। इनके उल्लेखनीय कार्य हेतु, इन्हें (सन् 1972-73) के नोबेल पुरस्कार से सम्मानित किया गया। कोनरेड लॉरेन्ज (सन् 1903-89) को **व्यवहारिकी का संस्थापक** (founder of Ethology) माना जाता है।

व्यवहार के प्रारूप (Prototype of Behaviour)

सामान्यतया प्राणियों में दो प्रकार का व्यवहार पाया जाता है; जैसे–स्वाभाविक या जन्मजात (innate) तथा सीखा गया व्यवहार (learned behaviour)।

प्रत्येक जन्तु में विविध प्रकार के उद्दीपनों (stimuli) के अनुसार, प्रतिक्रियाएँ करने की मौलिक, जन्मजात (inborn) क्षमता होती है। इस मौलिक प्रतिक्रियाशीलता को जन्तुओं का **स्वाभाविक व्यवहार** (innate behaviour) कहते हैं। यह जीन्स (genes) द्वारा नियन्त्रित और आनुवंशिक (hereditary) होता है। व्यवहार में कोई परिवर्तन, जो अनुभव के परिणाम स्वरूप होता है। **अधिगम** (learning) या **सीखा गया व्यवहार** (learned behaviour) कहलाता है। इसमें जन्तु अपनी स्वाभाविक प्रतिक्रियाओं में अनुभव के आधार पर परिवर्तन करता है।

रुढ़िबद्ध व्यवहार (Stereotyped Behaviour)

जब कोई जन्तु किसी एक निर्दिष्ट प्रकार के उद्दीपन के लिए बार-बार समान प्रतिक्रिया करता है, इस प्रकार का व्यवहार रुढ़िबद्ध व्यवहार (stereotyped behaviour) कहलाता है। यह जन्मजात (innate) होता है। राजहंस (grey lag geese) द्वारा अण्डे लुढ़काना रुढ़िबद्ध व्यवहार का एक उदाहरण है।

ऐसे व्यवहार, जो जीनों के द्वारा नियन्त्रित किए जाते हैं तथा जो अन्य सजातीय जन्तु को देखे या सीखे बिना ही प्रदर्शित होते हैं, नियत क्रिया प्रतिमान (Fixed Action Pattern–FAP) कहलाते हैं। सभी नियत क्रिया प्रतिमान जन्मजात तथा रुढ़िबद्ध होते हैं। रुढ़िबद्ध व्यवहार की प्रतिक्रियाओं को पाँच प्रमुख श्रेणियों में वर्गीकृत किया जा सकता है

1. गतिक्रम प्रतिक्रियाएँ (Kinesis Reaction)

किसी वातावरणीय दशा के उद्दीपन के कारण जन्तु में गमन (locomotion) होता है, परन्तु इसकी कोई निश्चित दिशा (direction) व दर (rate) नहीं होती। जन्तु की प्रतिक्रिया उद्दीपन की तीव्रता के अनुपात में बढ़ती है। *डेन्ड्रोसीलम लैक्टियम* प्रवणगतिक्रम (klinokinesis) तथा *लेम्प्रेटा प्लेनेराई* ऋजुगतिक्रम (orthokinesis) प्रदर्शित करते हैं।

2. अनुचलन प्रतिक्रियाएँ (Taxis Reaction)

उद्दीपन से प्रभावित होकर जन्तु में उद्दीपन स्रोत की दिशा में या उससे विपरीत दिशा की ओर निश्चित दिशात्मक गमन होता है। स्रोत की ओर गमन को सकारात्मक अनुचलन (positive taxis) तथा विपरीत दिशा में गमन को नकारात्मक अनुचलन (negative taxis) कहते हैं। उद्दीपनों तथा ग्राही अंगों (receptors) के सम्बन्धों के आधार पर अनुचलन निम्न प्रकार के हो सकते हैं

(a) **ट्रोपोटेक्सिस** (Tropotaxis), जब जन्तु उद्दीपन को एक ही समय में दो या अधिक अंगों से ग्रहण करता है तथा सन्तुलित होकर उद्दीपन के स्रोत की ओर या विपरीत दिशा में गमन करता है।

(b) **प्रतिअनुचलन** (Telotaxis) इस क्रियाविधि में उद्दीपन ग्राही अंग पर एक निश्चित स्थान पर प्राप्त किया जाता है।

(c) **अंशानुचलन** (Menotaxis), इसमें जन्तु आपाती उद्दीपन से एक नियत कोण बनाकर एक नियत दिशा में गति करता है।

उद्दीपन स्रोत के आधार पर अनुचलन निम्न प्रकार का होता है

- **जलानुचलन** (Hydrotaxis) जल के प्रति प्रतिक्रिया।
- **ताप अनुचलन** (Thermotaxis) ताप के प्रति प्रतिक्रिया।
- **प्रकाशानुचलन** (Phototaxis) प्रकाश के प्रति प्रतिक्रिया।
- **स्पर्शानुचलन** (Thigmotaxis) स्पर्श के प्रति प्रतिक्रिया।
- **रसोनुचलन** (Chemotaxis) रसायनों के प्रति प्रतिक्रिया।
- **विद्युत अनुचलन** (Galvanotaxis) विद्युतीय क्षेत्र के प्रति प्रतिक्रिया।
- **गुरुत्वानुचलन** (Geotaxis) गुरुत्व के प्रति प्रतिक्रिया।
- **धरानुचलन** (Rheotaxis) जलधारा के प्रति प्रतिक्रिया।

3. **प्रतिवर्ती प्रतिक्रियाएँ** (Reflexes Reaction)

ये तन्त्रिकीय नियन्त्रण के अधीन अचेतन प्रतिक्रियाएँ होती हैं। ये स्पर्श, ताप, पीड़ा एवं विद्युत, आदि के अचानक उद्दीपन से अनायास यन्त्रवत् हो जाती हैं।

प्रतिवर्ती क्रियाओं का नियन्त्रण मेरुरज्जु (spinal cord) के द्वारा होता है। तेज प्रकाश के सामने आँखों का बन्द हो जाना, किसी गर्म वस्तु पर हाथ पड़ने पर तुरन्त हाथ खींच लेना, आदि प्रतिवर्ती क्रियाओं के उदाहरण हैं।

4. **अनुप्राणित प्रतिक्रियाएँ या मूल प्रवृत्तियाँ** (Instincts Reaction)

ये सबसे जटिल और अत्यधिक स्थायी शृंखलाबद्ध प्रतिक्रिया होती हैं, इसीलिए इन्हें स्थायी क्रियानुकरण (FAP) भी कहते हैं। पक्षियों द्वारा घोंसला बनाना, देशान्तरण (migration), आवास का चयन, आदि अनुप्राणित प्रतिक्रियाएँ होती हैं। ये एक पीढ़ी से दूसरी पीढ़ी में प्रसारित होती रहती हैं। चार्ल्स डार्विन के अनुसार, अनुप्रभावित प्रतिक्रिया या मूल प्रवृत्ति 'प्रतिवर्ती क्रियाओं की वंशागत होती है।' जिनका प्राकृतिक चयन होता है तथा इसका अनुकूल व विकास भी होता है।

मूल प्रवृत्ति व्यवहार का कम जीवन अवधि वाले प्राणियों के जीवन में बहुत महत्त्व है, क्योंकि उनके पास सीखने का समय नहीं होता, अनेक प्राणी जो अकेले रहते हैं, उन्हें अन्य जीवों से सीखने का अवसर नहीं मिलता। उनके लिए भी यह आवश्यक है। रेत खोदने वाली बर्रे या ततैंया (wasps) मूल प्रवृत्ति का एक अच्छा उदाहरण है। मादा बर्रे रेत में अनेक बिल खोदती हैं, जो ऊपर से संकरे व नीचे से चौड़ी होती हैं, इनमें यह कैटरपिलर को मारकर डाल देती हैं और उसके पास ही अण्डा देती है। अण्डे से निकलते लार्वे इन कैटरपिलर को खाकर वृद्धि करते हैं।

5. **अभिप्रेरित प्रतिक्रियाएँ** (Motivations Reaction)

ये शरीर की भीतरी दशाओं (conditions) द्वारा अभिप्रेरित होती है। ये किसी विशेष उद्देश्य की पूर्ति के लिए आवश्यक रूप से करनी होती हैं और उद्देश्य की प्राप्ति के बाद स्वत:समाप्त हो जाती हैं। भूख तथा प्यास के उद्दीपन हमें मस्तिष्क के हाइपोथैलेमस के नियन्त्रण में भोजन व जल प्राप्त करने के लिए विवश करते हैं तथा तृप्ति हो जाने पर प्रतिक्रियाएँ समाप्त हो जाती हैं।

सीखा गया व्यवहार (Learned Behaviour)

अपनी प्रतिक्रियाओं में पूर्व अनुभवों के आधार पर, किंचित् परिवर्तन करने की प्रक्रिया को अधिगम या सीखना (learning) कहा जाता है। जन्तु इसे अपने जीवन काल में अर्जित करते हैं अर्थात् यह उपार्जित व्यवहार (acquired behaviour) होता है। इसमें होने वाले प्रतिक्रियाओं को पाँच प्रमुख श्रेणियों में बाँटा जा सकता है

1. **अभ्यसन** (Habituation)

इसमें किसी निर्दिष्ट उद्दीपन के बार-बार होने पर जन्तु की प्रतिक्रिया धीरे-धीरे कम हो जाती है। यह एक प्रकार का अनुकूली व्यवहार (adaptive behaviour) होता है।

2. **अनुकूलित प्रतिक्षेप** (Conditioned Reflex)

इसमें जन्तु की किसी क्रिया को प्रेरित करने वाले उद्दीपन के साथ किसी अन्य उद्दीपन का भी प्रशिक्षण दे दिया जाए, तो पहले उद्दीपन वाली प्रतिक्रिया दूसरे उद्दीपन पर भी स्वतन्त्र रूप से होने लगती है।

रुसी वैज्ञानिक पैवलोव (Pavlov; 1927) ने कुत्तों में इस प्रक्रिया को प्रदर्शित किया।

3. **प्रयत्न व त्रुटि की सीख** (Trial and Error Learning)

यदि जन्तु को एक ऐसा उद्दीपन दिया जाए, जो जन्तु के लिए लाभकारी है, तो वह इसके प्रति प्रतिक्रिया करता है, लेकिन यदि इसी उद्दीपन के समान एक हानिकारक उद्दीपन दिया जाए, तो जन्तु लाभकारी और हानिकारक उद्दीपनों के प्रति कोई प्रतिक्रिया नहीं करता है। इसे प्रयत्न व त्रुटि की सीख कहते हैं।

4. **प्रबोध तर्क** (Insight Reasoning)

इसमें जन्तु पूर्व अनुभवों के बिना प्रबोध तर्क से किसी उद्दीपन के प्रति आवश्यक प्रतिक्रिया दर्शाते हैं।

5. **अध्यंकन** (Imprinting)

यह एक विशिष्ट प्रकार का सीखा हुआ व्यवहार होता है, जो एक बार स्थापित होने पर तुलनात्मक रूप से परिवर्तनों के प्रति प्रतिरोधी (अपरिवर्तनीय) होता है।

के लॉरेन्ज (K Loranz; 1935) से बत्तख के चूजे पर इस प्रकार के व्यवहार को दर्शाया तथा इसे अध्यंकन नाम दिया।

जन्तुओं के बीच संचार विधियाँ (Communication Methods between Animals)

जन्तुओं में ऐसे संकेत उत्पन्न करने की क्षमता होती है, जो अन्य जन्तुओं में विशिष्ट प्रतिक्रियाएँ प्रेरित करने के लिए उद्दीपनों का कार्य करते हैं। जन्तुओं में संचार सामान्यतया एक ही जाति के विभिन्न जन्तुओं में पाया जाता है, क्योंकि आवास, भोजन तथा संगम साथी के लिए अधिकतम प्रतिस्पर्द्धा इन्हीं के बीच होती है।

प्राणियों में संचार की प्रमुख विधियाँ इस प्रकार हैं

1. **दृश्य संचार** (Visual Communication)

यह सूचना तन्त्र सामान्यतया आर्थ्रोपोडा, मोलस्का तथा कशेरुकियों में पाया जाता है, जिनमें नेत्र पूर्णतया विकसित होते हैं।

शरीर की भंगिकाओं (postures) तथा शरीर के भागों की विभिन्न प्रकार की गतिविधियाँ इनमें महत्त्वपूर्ण भूमिका निभाती हैं। शरीर के निर्दिष्ट भागों की माप, आकृति व रंग अन्य जन्तुओं को सूचना प्रदान करते हैं।

2. **ध्वनि संचार** (Auditory Communication)

यह बड़े-बड़े क्षेत्रों और जल में संदेश भेजने में उपयोगी है। ध्वनि की लय, प्रतिरूप तथा तीव्रता से विभिन्न प्रकार के संदेश दिए जाते हैं। पक्षियों तथा स्तनियों में शत्रु के खतरों अथवा सम्भोग के लिए विभिन्न प्रकार की ध्वनियाँ उत्पन्न करने की क्षमता होती हैं।

3. **रासायनी संचार** (Chemical Communication)

इसमें जन्तुओं के शरीर की सतह पर या मूत्र में ऐसे पदार्थ स्रावित होते हैं, जो जातीय सदस्यों में प्रतिक्रियाएँ प्रेरित करते हैं। इन पदार्थों को फीरोमोन्स (pheromones) कहा जाता है। फीरोमोन्स वाष्पशील (volatile) व गन्धयुक्त (odorous) पदार्थ होते हैं। इनका प्रभाव काफी बड़े क्षेत्रों में होता है।

ये दो प्रकार के होते हैं

(i) **निर्मोची फीरोमोन्स** (Releaser pheromones) ग्राही के केन्द्रीय तन्त्रिका तन्त्र (CNS) को उद्दीप्त कर उसके व्यवहार में तुरन्त परिवर्तन लाते हैं, जिसे मोचक व्यवहार कहते हैं।

(ii) **उत्कर्णी फीरोमोन्स** (Primer pheromones) ग्राही में कार्यकीय क्रियाओं के समूह में परिवर्तन कर देते हैं। इसके बाद में किसी उपयुक्त उद्दीपन से किसी प्रकार का व्यवहार अभिव्यक्त होता है।

रानी मधुमक्खी एक उत्कीर्ण फीरोमोन्स का स्रावण करती है, जो छत्ते की अन्य मादा मक्खियों के लैंगिक परिपक्व को रोक देता है।

4. स्पर्श संचार (Tactile Communication)

यह अनेक प्रकार के जन्तुओं में सामाजिक बन्धनों को प्रदर्शित करता है। अनेक जन्तुओं में नर व मादा के बीच प्रणय निवेदन (courtship) में इनका उपयोग होता है।

मानव की मूल प्रवृत्तियाँ एवं सम्बन्ध संवेग
(Basic instincts of human and associated behaviour momentum)

मूल प्रवृत्ति	सम्बन्ध संवेग
भोजनान्वेषण	क्षुधा
काम-प्रवृत्ति	कामुकता
शरणगति	कष्ट
हास्य	आमोद
आत्महीनता	अधीनता
पुत्रकामना	वात्सलय
संघ-प्रवृत्ति	एकाकीपन
संग्रह-वृत्ति	स्वामित्व की अनुभूति
विधायकता	कृति भाव
पलायन	भय
निवृत्ति	घृणा
जिज्ञासा	आश्चर्य
युयुत्सा	क्रोध
आत्म गौरव	संकारात्मक आत्मानुभूति

अभ्यास प्रश्नावली

1. जीव विज्ञान की किस शाखा के अन्तर्गत प्राणी व्यवहार का अध्ययन किया जाता है?
(a) इकोलॉजी (b) इथोलॉजी
(c) इवोल्यूशन (d) एथनोलॉजी

2. 'प्राणी व्यवहार के वैज्ञानिक अध्ययन का जनक' किसे कहा जाता है?
(a) मेण्डल को (b) हक्सले को
(c) पैवलोव को (d) डार्विन को

3. किसी प्राणी के नवजात शिशु के व्यवहार में कैसी प्रतिक्रियाएँ होती हैं?
(a) अन्तर्जात (b) स्वाभाविक
(c) अन्तर्निहित (d) ये सभी

4. स्वाभाविक व्यवहार में किस कारण परिवर्तन हो सकता है?
(a) जीन उत्परिवर्तन (b) प्राकृतिक चयन
(c) सीखने (d) ये सभी

5. निम्न में से कौन-से जन्तु समूह किसी अनूठी वस्तु के प्रति बहुत कम अन्वेषी व्यवहार दर्शाता है?
(a) स्तनधारी द्वारा (b) सरीसृप द्वारा
(c) पक्षी द्वारा (d) मछलियों द्वारा

6. अधिगम का वर्गीकरण प्रस्तुत किया गया।
(a) थोर्पे द्वारा
(b) टिनबर्जन द्वारा
(c) लॉरेन्ज द्वारा
(d) इवान पावलोव द्वारा

7. मध्यम प्रकाश की ओर *यूग्लीना* का गमन कैसे व्यवहार का दृष्टान्त है?
(a) गतिक्रम (b) अनुप्राणित
(c) अनुचलन (d) अभिप्रेरित

8. पक्षियों में घोंसला बनाना किस श्रेणी की प्रतिक्रिया है?
(a) अनुप्राणित (b) अभिप्रेरित
(c) प्रतिवर्ती (d) गतिक्रम

9. एक मकड़ी के पश्च् उदर स्राव द्वारा जाल निर्माण किस व्यवहार का उदाहरण है?
(a) आक्रामक व्यवहार (b) सहज व्यवहार
(c) अधिगम व्यवहार (d) जननिक व्यवहार

10. पुरस्कार व दण्ड से सम्बन्धित हैं
(a) स्वाभावीकरण
(b) जाँच व त्रुटि विधि
(c) गुप्त अधिगम
(d) अन्तर्दृष्टि अधिगम

11. ऊपर लटके हुए केलों तक पहुँचने के लिए चिम्पैन्जी किस प्रकार की प्रतिक्रिया का प्रदर्शन करते हैं?
(a) प्रयत्न-त्रुटि (b) अधिचिन्हित
(c) प्रबोध तर्क (d) इनमें से कोई नहीं

12. संसूचना के लिए शरीर की भंगिमाओं के संकेतों को कैसे संकेत कहते हैं?
(a) दृश्य (b) रसायनी (c) ध्वनि (d) स्पर्श

13. सहज या नैसर्गिक व्यवहार किसके लिए महत्त्वपूर्ण होता है?
(a) चूहों के लिए (b) कीटों के लिए
(c) पक्षियों के लिए (d) जीवों के लिए

14. मकड़ियों द्वारा जाला बनाना किस प्रकार की प्रतिक्रिया का दृष्टान्त है?
(a) अभिप्रेरित (b) स्थायी क्रियानुकरण
(c) अनुप्राणित (d) अधिचिह्निता

15. प्राणियों में चन्द्र चक्र दिवारात्रि तालबद्धता एवं जैविक घड़ी किस प्रकार का उदाहरण प्रस्तुत करते हैं?
(a) अधिगम व्यवहार (b) जन्मजात व्यवहार
(c) अध्यंकन (d) अन्तर्मुखी अधिगम

16. सहज मोचन प्रणाली के प्रतिपादक हैं
(a) टिनबर्जन व परडेक ने (b) लॉरेन्ज व टिन्बर्जन ने
(c) इवान पावलोव ने (d) स्किनर ने

17. नियत क्रिया प्रतिमान को अभिव्यक्त करने के लिए आवश्यक ऊर्जा है
(a) गतिज ऊर्जा (b) स्थितिज ऊर्जा
(c) सक्रियण ऊर्जा (d) क्रिया विशिष्ट ऊर्जा

18. निम्न में कौन-सा व्यवहार अन्तर्जात, अनम्य होता है
(a) अधिगम (b) सहज
(c) उद्दीपन (d) इनमें से कोई नहीं

19. गतिक्रमीय अभिविन्यासी व्यवहार की दिशा किस ओर होती है?
(a) उद्दीपन की ओर
(b) उद्दीपन से दूर
(c) उद्दीपन से दूर अथवा उसकी ओर
(d) कोई निश्चित नहीं

20. स्वभाविकीकरण का सम्बन्ध होता है
(a) पुरस्कार से (b) दण्ड से
(c) (a) व (b) दोनों (d) इनमें से कोई नहीं

21. किसी रूमिनेंट को असामान्य भोजन प्रदान करने पर उसके सिर पर एवं गर्दन की बाएँ तथा दाएँ शीत स्थिति भोजन के लिए किस प्रकार का व्यवहार प्रदर्शित करती है?
(a) विरोधी (b) उपगमन
(c) अन्तर्ग्राही (d) इनमें से कोई नहीं

22. सूची I को सूची II से सुमेलित कीजिए।

सूची I	सूची II
A. पैवलोव	1. मधुमक्खी
B. वॉन फ्रिश	2. चूजे
C. टिनबर्जन	3. कुत्ते
D. स्किनर	4. कबूतर

कूट

	A	B	C	D
(a)	4	2	3	1
(b)	3	1	2	4
(c)	2	1	3	4
(d)	1	2	3	4

23. मक्खी एवं *ड्रोसोफिला* में गुरुत्वानुचलन होता है
(a) धनात्मक (b) ऋणात्मक
(c) (a) व (b) दोनों (d) इनमें से कोई नहीं

24. *यूग्लीना* का तेज प्रकाश से मध्यम प्रकाश की ओर भागना है
(a) प्रतिवर्ती क्रिया (b) गतिक्रमीय क्रिया
(c) अनुवर्ती क्रिया (d) मूल प्रवृत्ति

25. निम्न में कौन संचरण की सरलतम लेकिन व्यापक विधि है?
(a) रासायनिक (b) स्पर्श
(c) ध्वनि (d) फेरोमोन

26. प्राणियों के व्यवहार को आधुनिक अध्ययन की शुरुआत करने वाले वैज्ञानिकों में नहीं थे
(a) कार्ल वॉन फ्रिश (b) जी डब्ल्यू मार्टिन
(c) कॉनरेड लॉरेन्ज (d) निको टिनबर्जन

27. सीखे गए व्यवहार में महत्त्वपूर्ण होता है
(a) केवल वंशागति का
(b) केवल पर्यावरण का
(c) वंशागति का अधिक तथा पर्यावरण का कम
(d) पर्यावरण का अधिक तथा वंशागति का कम

28. प्राइमेटों में सीखे गए व्यवहार का प्रमुख आधार है
(a) प्रेरणा (b) स्मृति
(c) मूल प्रवृत्ति (d) अध्यंकन

29. एक आदमी एक बच्चे को चिढ़ाता रहता है। बच्चा नाराज होता है, परन्तु बाद में चिढ़ना बन्द हो जाता है। यह उदाहरण है
(a) अध्यंकन का (b) स्वभाविकीकरण का
(c) प्रानुकूलन का (d) चाक्षुक संचार का

30. सूची I को सूची II से सुमेलित कीजिए।

सूची I	सूची II
A. पलायन	1. आमोद
B. जिज्ञासा	2. भय
C. हास्य	3. स्वामित्व की अनुभूति
D. संग्रह पद्धति	4. आश्चर्य

कूट

	A	B	C	D
(a)	3	2	4	1
(b)	4	1	2	3
(c)	2	4	1	3
(d)	2	1	4	3

उत्तरमाला

1. (b)	**2.** (d)	**3.** (b)	**4.** (c)	**5.** (b)	**6.** (a)	**7.** (a)	**8.** (a)	**9.** (b)	**10.** (b)
11. (c)	**12.** (a)	**13.** (b)	**14.** (c)	**15.** (c)	**16.** (b)	**17.** (d)	**18.** (b)	**19.** (d)	**20.** (d)
21. (b)	**22.** (c)	**23.** (b)	**24.** (c)	**25.** (d)	**26.** (b)	**27.** (d)	**28.** (b)	**29.** (b)	**30.** (c)

49

जन्तुओं में जननिक एवं सामाजिक व्यवहार

Reproductive and Social Behaviour in Animals

किसी भी जाति का किसी भी आवास में अस्तित्व उसकी पोषण प्राप्ति तथा स्वयं का अन्य परभक्षियों से बचाव पर निर्भर करता है। पोषण प्राप्ति के पश्चात् उस जीव का इस पृथ्वी पर अस्तित्व उसकी जनन क्षमता द्वारा निर्धारित किया जाता है। किसी जीव की जनन क्षमता तथा स्वयं की जाति को शाश्वत रखने की योग्यता, उस जीव का अदभुत व अद्वितीय लक्षण है। कोई भी जीव इस अद्वितीय लक्षण (प्रजनन) के द्वारा ही अपनी जाति के युवा जीव उत्पन्न करके जीन को एक पीढ़ी से दूसरे पीढ़ी में स्थानान्तरित करता है।

किसी भी पारिस्थितिक तन्त्र में उसके सजीव घटकों (जन्तु, एवं पौधों) तथा अजैविक घटक; जैसे–पारिस्थितिकीय कारक में सदैव अन्तः क्रियाएँ होती रहती हैं। ये पारस्परिक अन्तः क्रियाएँ जैविक व अजैविक घटकों के साथ-साथ, उस पर्यावरण के जैविक घटकों के मध्य विभिन्न जातियों के मध्य तथा एक ही जाति के विभिन्न सदस्यों के मध्य निरन्तर होती रहती हैं। ये अन्तः क्रियाएँ जन्तुओं में पारस्परिक सम्पर्क, संचार, लैंगिक व्यवहार तथा सामाजिक व्यवहार का निर्धारण करती हैं।

जन्तुओं के बीच अन्तःक्रियाएँ (Interactions between Animals)

जन्तुओं में एक ही जाति के विभिन्न सदस्यों के बीच अन्तःजातीय (intraspecific) तथा विभिन्न जाति के सदस्यों के बीच अन्तर्जातीय (interspecific) अन्तक्रियाएँ होती हैं।

1. अन्तःजातीय अन्तक्रियाएँ (Intraspecific Interaction)

सामाजिक अन्तःक्रियाएँ कुछ **प्रतियोगी** (competitive) व अन्य **सहयोगी** (cooperative) होती हैं। अक्रामकता (aggressiveness), प्रभाविता (dominance) तथा क्षेत्रीयता (territoriality) महत्त्वपूर्ण अन्तःजातीय प्रतियोगी अन्तः क्रियाएँ होती हैं। ये मुख्यतया आवास, भोजन व प्रजनन में प्रयोग होती हैं। अन्तःजातीय अन्तःक्रियाओं में सहयोगी अन्तःक्रियाएँ मुख्यतया **प्रजनन** (reproduction) से सम्बन्धित होती हैं। सम्भोग से पहले **प्रणय-निवेदन** (courtship) इसका एक उदाहरण है।

कुछ सहयोगी अन्तःक्रियाएँ निम्न प्रकार की होती हैं

(i) **झुण्ड निर्माण** (Herd formation) सामान्यतया जन्तु अपनी सुरक्षा भोजन, जल एवं निवास स्थान, आदि हेतु झुण्ड बनाकर रहते हैं; जैसे–हाथी, गीदड़, बन्दर, भेड़, आदि। प्रत्येक झुण्ड में एक नेता होता है।

(ii) **परिवार निर्माण** (Family formation) मैथुन एवं प्रजनन के पश्चात् नर तथा मादा अपने शिशुओं के साथ एक ही स्थान पर रहते हैं। इसे परिवार कहते हैं।

(iii) **मैथुन** (Mating) इसमें नर तथा मादा जीव, पारस्परिक सहयोग से प्रजनन करने में समर्थ होते हैं। इनकी सन्तान की देख-भाल भी नर अथवा मादा द्वारा की जाती है।

(iv) **समाज निर्माण** (Society formation) मनुष्य तथा सामाजिक कीट समाज बनाकर ही रहते हैं। प्रत्येक समाज के जीवों में श्रम विभाजन (division of labour) होता है अर्थात् इनमें कुछ जीव एक कार्य करते हैं और अन्य दूसरा कार्य करते हैं।

(v) **प्रादेशिकता** (Territory formation) प्रदेश निर्माण भी जन्तुओं में प्रायः पाया जाता है। प्रदेश निर्माण निवास स्थान, भोजन तथा प्रजनन हेतु होता है। इसमें जन्तु पारस्परिक सहयोग से एक विशिष्ट स्थान को अपना प्रदेश बना लेते हैं, इसमें बाहर से अन्य जन्तुओं को नहीं आने देते। इन प्रदेशों की पूर्णतया रक्षा की जाती है।

2. अन्तर्जातीय अन्तःक्रियाएँ (Interspecific Interaction)

एक ही क्षेत्र में वास करने वाली विभिन्न जातियों के सदस्यों के बीच अन्तर्जातीय अन्तःक्रियाएँ पाई जाती हैं।

समान आवश्यकता रखने वाली जातियों के सदस्यों के बीच **प्रतियोगी** (competitive) तथा असमान आवश्यकता रखने वाली जातियों के सदस्यों के बीच **सह अस्तित्व** (coexistence) की अन्तःक्रियाएँ पाई जाती हैं।

ये सम्बन्ध निम्न प्रकार के हो सकते हैं

- दो जातियों के बीच ऐसा घनिष्ठ सम्बन्ध, जिससे दोनों लाभान्वित हों, **सहजीविता** (symbiosis) कहलाता है।
- प्रतियोगी अन्तःक्रियाओं में **परभक्षण** (predation) तथा **परजीविता** (parasitism) प्रमुख होती है।

जन्तुओं में प्रणय निवेदन (Courtship in Animals)

प्राणियों में प्रणय निवेदन एवं उसके प्रदर्शन ने मानव को सदैव एक कौतूहल व आकर्षक विषय प्रदान किया है। विशेषकर एक समान जाति के प्राणियों में पारस्परिक अन्तःक्रिया प्रजनन से सम्बन्धित होती है। प्रणय निवेदन के अन्तर्गत नर मादा को विभिन्न प्रकार से मैथुन क्रिया के लिए आकृषित करता है।

प्रणय निवेदन या अनुरंजन समान जाति के दो विपरीत लिंगों जन्तुओं को करीब लाने में सहायक होता है, जिसके अन्तर्गत संचारीय साधन (communicative methods) संकेतों का एक जटिल क्रम होता है, ताकि उचित उपयुक्त साथी के साथ संगम किया जा सके। यह जन्तुओं में सामाजिक व्यवहार को इंगित करता है। मैथुन से पूर्व होने वाले इस जनन व्यवहार का प्राथमिक कार्य स्वयं की जाति तथा वांछित लिंग की पहचान है; जैसे–नर सिचिलिड (cichilid) साथी मादा को जल पर पूँछ को बार-बार मारकर आकृषित करते हैं।

प्रणय निवेदन के महत्त्वपूर्ण, उदाहरण–तीन कटँकी पीठ युक्त (three spined stickle back) *गेस्ट्रोस्टीयस एक्यूलिएटस, टिलापिया* मछलियों द्वारा तथा ग्रेलिग तितली द्वारा प्रदर्शित किए जाते हैं।

सफल प्रणय निवेदन के लिए प्राणी का एक ही जाति से सम्बन्धित होना, मिलन की तीव्र इच्छा, सामाजिक उत्तरदायित्व, सन्तति की देखभाल तथा विपरीत लिंगों का होना मूलाधार लक्षण है।

अनुरंजन या प्रणय निवेदन की विशेषताएँ (Characteristics of Courtship)

जन्तुओं प्रणय के समय कुछ विशिष्ट प्रकार के प्रदर्शनों द्वारा साथी को आकृषित करते हैं तथा अपनी जाति के विपरीत लिंगों को जोड़ा बनाने की सहमति प्रदान करते हैं। अनेक जातियों के जन्तुओं में पाए जाने वाले कुछ विशेष लक्षण सम्भावित जोड़ीदार को बहुत दूर से आकृषित करने के लिए अनुकूलित होते हैं ये विशेषताएँ प्रदर्शन, दृश्य श्रव्य, र्स्पश तथा घ्राण संवेदी होते हैं।

1. प्रकाश (Light)

विभिन्न प्रकार की प्रजाति के जीव विपरीत लिंग के जीवों को प्रकाश उत्सर्जित करके आकर्षित करते हैं। उदाहरण–साइलिडि (Syllidae) गण सदस्य। जुगनू उड़ते समय प्रकाश के उत्सर्जन द्वारा संकेत देता है, जबकि वनस्पतियों में बैठी मादा अपनी जाति के नर के संकेत को पहचान कर अपनी विशिष्ट चमक का संकेत देती है। अनेक गहरे समुद्र की मछलियाँ; जैसे–लालटेन मछली तथा मिक्टोफोएडी तथा एनोमेलपिडी के सदस्य भी अपने जीवन साथी से प्रणय निवेदन हेतु प्रकाश की चमक छोड़ते हैं।

2. चाक्षुस या दृश्य (Ficturd)

पंखों का फड़फड़ाना, उपागों (antennae) का लहराना, रंगों की व्यवस्था तथा प्रकाश को उत्पन्न करना दृश्य प्रदर्शन के अन्तर्गत आता है।

3. ध्वनि (Sound)

कुछ अकशेरुकी अपने पंखों को फड़फड़ा कर ध्वनि को उत्पन्न करते हैं। कुछ उपागों को रगड़कर तथा कशेरुकी जन्तु स्वर यन्त्र के द्वारा ध्वनि को उत्पन्न करके प्रणय प्रदर्शन करते हैं।

4. स्पर्श (Tactile)

स्पर्श प्रणय व सहवास में महत्त्वपूर्ण भूमिका का निर्वाह करता है। प्रणय कर रहे जन्तुओं द्वारा पारस्परिक शरीर रगड़ना, धकेलना, कुण्डली मारना, चाटना, गले मिलना, सामान्यतया देखा जाता है।

हाथी प्रणय के समय स्पर्श संकेतों का प्रयोग करते हैं। सूण्ड इसमें महत्त्वपूर्ण भूमिका निभाता है। मादा का पीछा करने के बाद नर उसके सिर, सूण्ड को दुलारता है और उसकी पीठ की ओर से धकेलता है यह प्रक्रम तब तक चलता रहता है, जब तक कि वह सहवास के लिए तैयार नहीं हो जाती।

5. घ्राण संचारण (Olfactory Communication)

घ्राण सम्प्रेषण के अन्तर्गत जन्तु एक-दूसरे को रासायनिक सन्देशवाहकों से सन्देश देते हैं जिन्हें फीरोमोन कहते हैं, ये विशिष्ट ग्रन्थियों से स्रावित किए जाते हैं। घ्राण संकेतन स्तनियों के लैंगिक व्यवहार में अत्यन्त महत्त्वपूर्ण तथा कीटों, विशेषकर पतंगों में जीवन साथी को ढूँढने का अत्यन्त विकसित तन्त्र है। उदाहरण–मादा रेशम कीट अपने उदर की ग्रन्थियों से एक वाष्पशील स्राव उत्पन्न करती है, जिसे बाम्बिकोल कहा जाता है तथा इसे अपने पंख फड़फड़ाकर हवा में फैला देती है, जो नर कीट द्वारा सात मील दूर से भी पहचान लिया जाता है। नरों की शृंगिकाएँ इन्हें ग्रहण करने के लिए अत्यन्त विकसित एवं बड़ी होती है।

रानी मधुमक्खी एवं दीमक द्वारा मोचित किए गए फीरोमोन नरों को कामद उड़ान के लिए आकृषित करते हैं।

विशालकाय सर्पों; जैसे–बोआ कन्स्ट्रिक्टर, अजगर एवं एनाकोण्डा में नर मादा को उसके गुदीय ग्रन्थियों (anal glands) से स्रावित स्राव के आधार पर पहचानते हैं।

नर हाथी अपने सिर की आर्बिटल ग्रन्थियों से एक दूधिया पदार्थ का स्रावण करता है, कुत्ते मदकाल (heat) में आई मादा द्वारा छोड़ी गई विशेष गन्ध से उसका पीछा करते हैं।

मछली एवं पक्षियों में प्रवासी व्यवहार (Migratory Behaviour in Fishes and Birds)

मछली तथा पक्षियों में प्रवासी व्यवहार भी प्रजनन से सम्बन्धित होता है। जन्तुओं का एक स्थान से दूसरे स्थान को नियतकालिक भ्रमण, प्रवास (migration) कहलाता है।

पक्षियों में प्रवास (Migration in Birds)

पक्षियों का एक स्थान से दूसरे स्थान को नियतकालिक भ्रमण, प्रवास कहलाता है। पक्षी प्रवास एक **द्विपक्ष यात्रा** (two-way journey) होती है।

पक्षियों में प्रवास एक नैसर्गिक (instinct) अभिक्रिया है। भोजन का अभाव, दिन के प्रकाश का घटना तथा शीत की उत्तरोत्तर वृद्धि होना इसके मुख्य कारण है। प्रवास **लैंगिक चक्र** (sexual cycle) का एक भाग है।

विलियम रौवेन के अनुसार, दीप्तिकाल (photoperiod) जनन ग्रन्थियों के परिवर्धन को प्रभावित करता है। जनदों के फूलने से पक्षी उत्तर दिशा की ओर गमन करते हैं तथा जनन स्थलों पर पहुँचकर जनन करते हैं।

पक्षियों के प्रवास के अध्ययन दूरबीन या टेलीस्कोप और रेडार के प्रयोग से करते हैं।

प्रवासों के अध्ययन की एक महत्त्वपूर्ण विधि **वलयन** (ringing) तथा **पट्टाभन** (banding) है। इसका प्रयोग सर्वप्रथम डेनमार्क के पक्षी विज्ञानी एच सी सी मार्टेन्सन (HCC Martensen) ने 1899 में किया था।

मछलियों में प्रवास (Migration in Fishes)

मछलियाँ ऋतु या मौसमी प्रवास (seasonal migration) करती हैं। प्रवासी मछलियाँ मुख्यतया तीन प्रकार की होती हैं

(i) **उभयत्रगामी मछलियाँ** (Diadromous Fishes)

ये मछलियाँ समुद्र व स्वच्छ जल के बीच प्रवास करती हैं।
ये तीन प्रकार की होती हैं

(a) वे मछलियाँ, जो प्रजनन के लिए समुद्र से स्वच्छ जल की ओर प्रवास करती हैं, **समुद्रापगामी मछलियाँ** (anadromous fishes) कहलाती हैं।
उदाहरण–*साल्मोन, हिल्सा*।

(b) वे मछलियाँ, जो स्वच्छ जल से समुद्र की ओर प्रवास करती है, **समुद्राभिगामी मछलियाँ** (catadromous fishes) मछलियाँ कहलाती हैं।
उदाहरण–अमेरिकी ईल।

(c) वे मछलियाँ, जो समुद्र से स्वच्छ जल की ओर तथा स्वच्छ जल से समुद्र अर्थात् दोनों दिशाओं में प्रवास करती हैं, **उभयगामी मछलियाँ** (amphidromous fishes) कहलाती हैं।
उदाहरण–गोबीज।

(ii) **सरितगामी मछलियाँ** (Potamodromous Fishes)

ये मछलियाँ सिर्फ नदियों में रहती हैं और वहीं प्रवास करती हैं।
उदाहरण–कार्प, ट्राउट।

(iii) **समुद्रगामी मछलियाँ** (Oceanodromous Fishes)

ये समुद्र में रहती हैं तथा वहीं प्रवास करती हैं।
उदाहरण–*अटलाण्टिक हेरिंग, सारडाइन्स*।

अभ्यास प्रश्नावली

1. राजहंस पक्षी पर सर्वप्रथम अध्ययन कर अध्यंकन सिद्धान्त दिया गया।
(a) लॉरेन्ज द्वारा (b) टिनबर्जन द्वारा
(c) फिशर द्वारा (d) रोमेनेज द्वारा

2. मूल प्रवृत्ति में किसका योगदान है?
(a) केवल वंशागति का (b) अधिकाँश वंशागति का
(c) अधिकाँश पर्यावरण का (d) केवल पर्यावरण का

3. सम्भोग हेतु तैयार होने पर नर मेंढक की मादा से संचार की विधि है
(a) रासायनिक (b) चाक्षुक
(c) स्पर्शीय (d) श्रवण

4. कुछ पक्षी दूसरे पक्षियों के चूजों को पालने में मदद करते हैं। मदद करने वाले पक्षी कहलाते हैं
(a) चूजे के माता-पिता के सम्बन्धी होंगे
(b) अपने लिए क्षेत्र ढूँढ़ नहीं सकते
(c) (a) व (b) दोनों
(d) भोजन इकट्ठा करने में असमर्थ होते हैं

5. बच्चों से अपनापन पाने की आशा मादा की अपेक्षा नर में कम होती है अत: नर को
(a) मादा के प्रतिआक्रामक होना चाहिए
(b) अपने क्षेत्र की रक्षा करनी चाहिए
(c) जितनी ज्यादा मादाओं को गर्भवती बना सके, बनाना चाहिए
(d) उपरोक्त सभी

6. *मानव व जन्तुओं में भावनाओं की अभिव्यक्ति (the expression of emotions in man and animals)* नामक पुस्तक लिखी गयी
(a) चार्ल्स डार्विन द्वारा (b) टिनबर्जन द्वारा
(c) वॉन फ्रिश द्वारा (d) रोमेनेज द्वारा

7. मीनोटैक्सिस व्यवहार प्रारुप का उदाहरण है
(a) मधुमक्खी (b) चूहा
(c) सिल्क कीट (d) कॉकरोच

8. व्यवहार होता है
(a) वंशागत
(b) पर्यावरण द्वारा प्रेरित
(c) वंशागतिक व पर्यावरण की अन्तर्किया का परिणाम
(d) उपरोक्त में से कोई नहीं

9. निम्न में किस संप्रेषण साधन द्वारा प्राणियों में सूचनाओं का आदान-प्रदान होता है?
(a) रासायनिक संचार (b) चाक्षुष संचार
(c) स्पर्श संचार (d) ये सभी

10. अनुरंजन व्यवहार आक्रामक व्यवहार का संदमन करता है
(a) मोलस्कों में
(b) परभक्षियों में
(c) सहजीवियों में
(d) उपरोक्त में से कोई नहीं

11. एक समान जाति में जीवों के रासायनिक संकेतों को कहते हैं
(a) हॉर्मोन्स (b) फेरोमोन
(c) व्यवहार (d) इनमें से कोई नहीं

12. फीरोमोन का कार्य है/हैं
(a) क्षेत्र का सीमांकन करना
(b) समूह के अन्य सदस्यों को सचेत करना
(c) लैंगिक आकर्षण
(d) उपरोक्त सभी

13. निम्नलिखित में कौन एक समुद्रीप्रगामी मछली है?
(a) *हिल्सा* (b) ईल
(c) गोबीज (d) *सारडाइन्स*

14. निम्नलिखित में समुद्रीप्रगामी मछलियाँ हैं
(a) *हिल्सा* एवं ईल
(b) ईल एवं *साल्मोन*
(c) *साल्मोन* एवं *हिल्सा*
(d) *सारडाइन्स* एवं *साल्मोन*

15. तैरती हुए पत्तियों पर घोंसला बनाने वाले पक्षी का नाम है
(a) क्वील्स (b) फैलेन्जर
(c) जाकानस (d) इनमें रो कोई नहीं

16. *हिप्पोकैम्पस* (समुद्री घोड़ा) में अण्डों का परिवर्धन होता है
(a) मादा में
(b) नर में
(c) (a) व (b) दोनों में
(d) उपरोक्त में से कोई नहीं

17. *मेन मीट्स डॉग* नामक पुस्तक के लेखक हैं

(a) रोमेजन (b) टिनबर्जन
(c) लॉरेन्ज (d) फिशर

18. कार्ल वॉन फ्रिश ने अपने प्रयोग निम्नलिखित में से किस पर किए?

(a) चूजों पर (b) मधुमक्खियों पर
(c) कॉकरोच पर (d) चूहों पर

19. जनन काल के समय कुछ जन्तु अपने क्षेत्र की सुरक्षा करते हैं। इस प्रकार के क्षेत्र को कहते हैं

(a) खाद्य क्षेत्र (b) मेटिंग क्षेत्र
(c) शिकारी त्याग क्षेत्र (d) पालन पोषण क्षेत्र

20. जननिक व्यवहार का नियन्त्रण होता है

(a) हॉर्मोन द्वारा
(b) जीन द्वारा
(c) वातावरण द्वारा
(d) जाति द्वारा

21. *जन्तुओं में सामाजिक व्यवहार* (*social behaviour in animals*) नामक पुस्तक का लेखन किया

(a) रोमेनज ने
(b) टिनबर्जन ने
(c) लॉरेन्ज ने
(d) फिशर ने

उत्तरमाला

1. (a) **2.** (b) **3.** (d) **4.** (a) **5.** (c) **6.** (a) **7.** (c) **8.** (c) **9.** (d) **10.** (b)
11. (b) **12.** (d) **13.** (a) **14.** (c) **15.** (c) **16.** (b) **17.** (c) **18.** (b) **19.** (b) **20.** (a)
21. (b)

50

स्वास्थ्य एवं जीवन शैली

Health and Lifestyle

स्वास्थ्य (Health)

'स्वास्थ्य' शरीर की वह अवस्था है, जिसमें शरीर शारीरिक, मानसिक एवं कार्यिकीय रूप से पूर्णतया सही होता है, जबकि **रोग** (disease) शरीर की वह अवस्था है, जिसमें संक्रमण, दोषपूर्ण आहार, आनुवंशिक एवं पर्यावरणीय कारणों द्वारा शरीर के सामान्य कार्यों एवं कार्यिकी में अनियमितताएँ उत्पन्न हो जाती हैं।

संक्रमण (Infection) रोगाणु (pathogen) का सुग्राही पोषी में भेदन, स्थिरीकरण तथा उसकी वृद्धि है।

रोगाणु (Pathogen) का गमन किसी अभिकर्ता (agency); जैसे–जल, भोजन तथा अन्य कारकों के द्वारा होता है। उदाहरण–मक्खियों, मच्छरों एवं कीटों द्वारा।

जीवन शैली (Lifestyle)

एक उचित जीवन शैली व्यक्ति को स्वस्थ रखने के साथ-साथ उसका अनेक रोगों से बचाव भी करती है। उचित जीवन शैली के साथ उचित एवं सन्तुलित आहार के सेवन से व्यक्ति में जरावस्था (ageing) के लक्षण विलम्ब से प्रकट होते हैं।

आहार (Diet)

आहार में प्रोटीन की उचित मात्रा कोशिका तथा आच्छादित ऊतकों के पुनरुद्भवन में सहायक है। वह आहार, जिसमें सभी पोषक तत्त्व उचित अनुपात में सम्मिलित होते हैं, **सन्तुलित आहार** कहलाता है। सन्तुलित आहार प्रत्येक व्यक्ति की उम्र, स्वास्थ्य और कार्य के अनुसार निर्धारित होता है। सन्तुलित आहार के निर्धारण के लिए भोजन सामग्रियों में **कार्बोहाइड्रेट्स, प्रोटीन्स** तथा **वसाओं** की प्रतिशत मात्राएँ तथा भोजन से इन सामग्रियों के तालमेल के लिए ग्राम में इनकी आवश्यक मात्राओं से सम्बन्धित तालिकाएँ अध्याय-13 (पोषण एवं पाचन) में दर्शायी गयी हैं।

खाद्य पदार्थों में मिलावट (Adultration in Food Substances)

खाद्य पदार्थों में सस्ते, निम्न गुणवत्ता युक्त, अखाद्य एवं कभी-कभी विषैले पदार्थों का संक्रमण (मिलावट) ही खाद्य मिलावटता (adultration) कहलाती है। खाद्य पदार्थों में मिलावट से खाद्य धीमा विष बन जाते हैं तथा विभिन्न प्रकार के रोगों का कारक बन जाते हैं। मिलावट खाद्य पदार्थों को असुरक्षित एवं अशुद्ध बना देती है।

मिलावट की रोकथाम (Prevention of Adulteration)

घी में वनस्पति घी की मिलावट की जाँच या परीक्षण मिलावटी घी को कुछ मात्रा तथा उसके बराबर सान्द्र हाइड्रोक्लोरिक अम्ल की मात्रा को एक परखनली में मिश्रित करते हैं। इसके बाद एक चुटकी सामान्य शर्करा (चीनी) मिलाते हैं। घी में मिलावट होने पर परखनली में मिश्रण के निचली सतह पर क्रिमसन रंग उपस्थित हो जाता है।

दाल में अखाद्य वर्णक (रंग) **मेटानिल येलो** की मिलावट की जाँच भी, लगभग 5-10 ग्राम दाल को 5-10 मिली जल मिलाते हैं, तत्पश्चात् तनु हाइड्रोक्लोरिक अम्ल की कुछ बूँद मिश्रण में मिलाते हैं। परीक्षण में गुलाबी रंग की उपस्थिति दाल में मेटानिल येलो की पुष्टि करती है।

खाद्य तेलों में *आर्जीमोन मैक्सीकान* के बीजों को तेल की मिलावट की जाँच, खाद्य तेल के लगभग 5 मिली मात्रा में सान्द्र नाइट्रिक अम्ल की 2-3 बूँद मिलाने से लाल भूरा रंग प्राप्त होने पर आर्जीमोन मिलावट की पुष्टि होती है। आर्जीमोन मुक्त तेलों के सेवन से ड्रॉप्सी बीमारी हो जाती है।

सामुदायिक स्वास्थ्य (Community Health)

मानव कल्याण में कार्यरत कुछ स्वास्थ्य संगठन, जो मानव रोगों की रोकथाम बचाव, टीकाकरण, आदि स्वास्थ्य सेवाओं की जानकारी मुहैया कराते हैं, निम्नलिखित हैं

1. **विश्व स्वास्थ्य संगठन** (World Health Organisation—WHO) इसकी स्थापना सन् 1948 में की गयी थी। यह संयुक्त राष्ट्र संघ की एजेन्सी है, जिसका मुख्यालय **जेनेवा** में है।
2. **रेडक्रॉस** (red cross) इसकी स्थापना सन् 1864 में की गयी थी। यह अन्तर्राष्ट्रीय तथा राष्ट्रीय संस्थान है। इसका चिह्न लाल क्रॉस (Red cross) है, जिसका अस्पतालों, एम्बुलेन्सों तथा डॉक्टरों द्वारा प्रयोग किया जाता है।
3. **यूनाइटेड नेशन्स इन्टरनेशनल चिल्ड्रन्स एमरजेन्सी फंड** (United Nations International Children's Emergency Fund–UNICEF) यह संयुक्त राष्ट्र संघ का संस्थान है। यह सारे संसार के बच्चों की देखभाल करता है।

विश्व की जनसंख्या में प्रतिवर्ष लगभग 2-3% की वृद्धि हो रही है। यदि यही वृद्धि दर निरन्तर समान बनी रहे, तब 21वीं शताब्दी में विश्व की जनसंख्या 50 खरब से अधिक होगी। एक अनुमान के मुताबिक, भारत की जनसंख्या 2050 में

लगभग दोगुनी हो जायेगी। सम्पूर्ण विश्व में जनसंख्या की निरन्तर वृद्धि (जनसंख्या विस्फोट) एक चिन्तनीय विषय है। जनसंख्या विस्फोट से गरीबी बेरोजगारी, खाद्य पदार्थों की कमी, शिक्षा सम्बन्धी समस्याएँ, मकानों की समस्या एवं प्रदूषण समस्या; जैसे–हानियाँ एवं दुष्प्रभाव दिखाई देते हैं।

जननीय स्वास्थ्य (Reproductive Health)

जननीय (जननिक) स्वास्थ में जन्म दर पर नियन्त्रण की विधियाँ **बाँझपन, बन्धयता, प्रयोगशाला में निषेचन**, प्रक्रिया, आदि का अध्ययन करते हैं। विश्व स्वास्थ्य संगठन (WHO) ने यह समस्या प्राथमिकता के आधार पर ली है। भारत की उच्च, उच्चतर जनसंख्या वृद्धि के कारण देश की योजना एवं विकास अत्यन्त बुरी तरह प्रभावित हुए हैं। वर्तमान में भारत की जनसंख्या लगभग 121 करोड़ है।

जनसंख्या नियन्त्रण कारक निम्न प्रकार हैं

(i) वैवाहिक आयु में वृद्धि।
(ii) प्रजनन अंगों की शिक्षा।
(iii) परिवार नियोजन की कुछ विशेष विधियों का उपयोग।

जन्म नियन्त्रण उपाय (Birth Controlling Measure)

जनसंख्या वृद्धि रोकने के लिए प्रभावकारी साधन उपलब्ध है। जन्म नियन्त्रण करने की वैज्ञानिक विधियाँ निम्न हैं।

1. **गर्भ निरोधक वस्तुओं का प्रयोग** (Use of Contraceptives)

गर्भ निरोधक वस्तुओं को निम्नलिखित दो विधियों द्वारा प्रयोग किया जाता है।

(i) **यॉन्त्रिक विधियाँ** (Mechanical methods); जैसे–कण्डोम, डायफ्राम, अन्तरा गर्भाशय विधि (Intra Uterine Device–IUD) का प्रयोग।
(ii) **रासायनिक विधियाँ** (Chemical methods); जैसे–जैली, फोम, क्रीम तथा मुखीय गोलियाँ (एस्ट्रोजन एवं प्रोजेस्टेरॉन, माला-D)

2. **गर्भपात** (Abortion)

चिकित्सकीय गर्भ समापन (Medical Termination of Pregnancy–MTP)

3. **नसबन्दी या बन्ध्यकरण** (Sterilisation)

(i) वेसेक्टॉमी (Vesectomy) पुरुषों में नसबन्दी
(ii) ट्यूबेक्टॉमी (Tubectomy) स्त्रियों में नसबन्दी

4. **प्राकृतिक उपाय** (Natural Methods)

(i) संभोग से बचे रहना।
(ii) सुरक्षित समय में संभोग करना।
(iii) शुक्राणुओं के निकलने से पहले ही लिंग को योनि से बाहर निकालना।

परखनली शिशु (Test-tube Baby)

परखनली शिशु, एक ऐसी विधि है, जिसमें निषेचन माँ के गर्भाशय से बाहर परखनली में होता है। इस विधि में भ्रूण को 32 **कोशिका अवस्था** में किसी प्रतिनिधि माता (surrogate mother) के गर्भाशय में अगले विकास के लिए स्थापित किया जाता है। संसार का सर्वप्रथम परखनली बच्चा लुई जोय ब्राउन (Louis Joy Brown) नामक लड़की है, जिसका जन्म सन् 1978 में **इंग्लैण्ड** में हुआ।

एम्निओसेन्टेसिस (Amniocentesis)

यह एक जन्म से पूर्व निदान तकनीक है, जिससे निम्न जानकारी ली जा सकती हैं

(i) बार बॉडी (Barr bodies) द्वारा विकसित होते हुए भ्रूण का लिंग जानना।
(ii) भ्रूण में उपापचयी रोग विकारों (metabolic disorders) को जानना।
(iii) भ्रूण में आनुवंशिक त्रुटियों (genetical errors) को जानना।

अभ्यास प्रश्नावली

1. विश्व स्वास्थ्य संगठन ने कौन-सी औद्योगिक प्रक्रियाओं को मानव के लिए कैंसर कारक बताया है?
(a) रबर एवं फर्नीचर उद्योग
(b) हेमेटाइट खनन
(c) आइसोप्रोपाइल एल्कोहॉल निर्माण
(d) उपरोक्त सभी

2. निम्नलिखित में से किस रोग को टीकाकरण/प्रतिरक्षण (immunisation) द्वारा नहीं रोका जा सकता है?
(a) पोलियो (b) डिफ्थीरिया
(c) एन्जाइना (d) तपेदिक

3. डीपीटी (DPT) का प्रयोग किसे रोकने में होता है?
(a) ट्यूबरक्यूलोसिस को (b) डिफ्थीरिया को
(c) पोलियो को (d) प्रोटोजोआ को

4. चूहे किसके रोगाणुओं के स्थानान्तरण के लिए जाने जाते हैं?
(a) मलेरिया के (b) टायफॉइड के (c) प्लेग के (d) रेबीज के

5. बीसीजी (BCG) का प्रयोग किसे रोकने में होता है?
(a) काली खाँसी को (b) कैंसर को
(c) टीबी को (d) मधुमेह को

6. *एण्टअमीबा जिन्जीवेलिस* से होता है
(a) अस्थमा (b) पेचिस
(c) मसूड़ों का रोग (d) एड्स

7. सी-सी मक्खी या *ग्लोसिना (Glossina)* के काटने से संचारित (transmit) होता है
(a) *ट्रिपैनोसोमा गैम्बिएन्स* (b) *प्लाज्मोडियम फैल्सीपेरम*
(c) *लैशमानिया डोनोवेना* (d) *वूचेरेरिया बेंक्रोफ्टी*

8. पोलियो के टीके का निर्माण सर्वप्रथम किसके द्वारा किया गया?
(a) जे साल्क (b) लुई पाश्चर
(c) जी जे मेण्डल (d) वॉट

9. पहला ट्रिपल एन्टीजन टीका बच्चे को कितनी उम्र पर दिया जाता है?
(a) एक महीना (b) तीन महीने
(c) चार महीने (d) एक साल

10. वैक्सीनेशन के बाद शरीर बनाता है
(a) टॉक्सिन (b) लिम्फ (c) एन्टीबॉडी (d) प्लाज्मा

11. गर्भ निरोधक गोलियाँ किसके संयोग से बनती हैं?
(a) एस्ट्रोजन एवं टेस्टोस्टेरॉन (b) एस्ट्रोजन एवं प्रोजेस्टेरॉन
(c) प्रोजेस्टेरॉन एवं टेस्टोस्टेरॉन (d) एस्ट्रोजन एवं LH

12. अपनी पुस्तक के कारण, जो सम्बन्धित है
(a) गणित से (b) आनुवंशिकी से (c) जनसंख्या से (d) भूगोल से

13. परखनली शिशु होता है
(a) निषेचन बांहर परखनली में करवाकर भ्रूण मादा के गर्भाशय में स्थापित कर देते हैं
(b) निषेचन अन्दर होता है
(c) बडी परखनली में भ्रूण का विकास होता है
(d) निषेचन एवं परिवर्धन दोनों ही अन्दर होते हैं

14. मानव जनसंख्या ज्यामितीय अनुपात में बढ़ती है, जबकि भोजन पदार्थों की वृद्धि अंकगणितीय अनुपात में होती है, यह कहा था
(a) विलियम बेटसन ने (b) टी आर माल्थस ने
(c) एम एस स्वामीनाथन ने (d) चार्ल्स डार्विन ने

15. निम्न में से जन्म नियन्त्रण की विधि है
(a) IVE-ET (b) HTF (c) GIFT (d) IUD

16. सर्वाधिक वृद्धि दर होती है
(a) स्थिर अवस्था (b) चरघातांकी अवस्था
(c) पश्चता अवस्था (d) जीर्णमान अवस्था

17. 11 जुलाई को मनाया जाता है
(a) विश्व खाद्य दिवस (b) विश्व जनसंख्या दिवस
(c) राष्ट्रीय विज्ञान दिवस (d) विश्व पर्यावरण दिवस

18. मानव जनसंख्या के वृद्धि वक्र की एक्सपोनेन्शियल अवस्था (exponential phase) के समय अत्यधिक वृद्धि का कारण है
(a) उच्च जन्म एवं निम्न मृत्यु दर (b) उच्च जन्म एवं मृत्यु दरें
(c) निम्न जन्म एवं उच्च मृत्यु दरें (d) निम्न जन्म एवं मृत्यु दरें

19. किस देश की जनसंख्या वृद्धि दर सबसे अधिक है?
(a) अफगानिस्तान (b) पाकिस्तान (c) भारत (d) बांग्लादेश

20. स्तनधारी पुनरुद्भवन कर सकते हैं
(a) मस्तिष्क का (b) यकृत का (c) फेफड़ों का (d) वृक्क का

21. परखनली शिशु कार्यक्रम के अन्तर्गत किस तकनीक का प्रयोग किया जाता है?
(a) इण्ट्रासाइटोप्लाज्मिक स्पर्म इन्जेक्शन (ICSI)
(b) इण्ट्रायूटेराइन इनसेमीनेशन (IUI)
(c) गैमीट इण्ट्राफेलोपियन ट्रान्सफर (GFT)
(d) जाइगोट इण्ट्राफेलोपियन ट्रान्सफर (ZIFT)

22. निम्न में से कौन-सी प्रोटीन वयता में महत्त्वपूर्ण भूमिका निभाती है?
(a) इलास्टिन (b) कोलेजन (c) एक्टिन (d) मायोसिन

23. गैमीट इण्ट्रा फैलोपियन ट्रान्सफर (GIFT) की तकनीक का सुझाव, उन महिलाओं के लिए दिया जाता है,
(a) जो अण्ड उत्पन्न करने में अक्षम होती है
(b) जो गर्भाशय के भीतर गर्भ को धारण नहीं कर पाती हैं
(c) जिनकी ग्रैव नली बहुत शंकरी होती है, जिसके कारण शुक्राणुओं को उचित मार्ग प्रदान नहीं हो पाता है
(d) जो निषेचन हेतु उपयुक्त परिस्थिति प्रदान करने में अक्षम होती है

24. इनमें से कौन-सा शरीर का निर्माणकारी पदार्थ है?
(a) प्रोटीन (b) शर्करा
(c) खनिज (d) वसा

25. जन्म दर रोकने हेतु निम्नलिखित में से कौन-सा उपाय भारत में वैध नहीं है?
(a) गर्भवती महिला को मौलिक अधिकारों से वंचित करना
(b) चिकित्सकीय गर्भ समापन
(c) गर्भ निरोधकों का प्रयोग
(d) विवादों पर रोक

26. प्राणियों में केलोन (chalones) तत्व उत्तरदायी है
(a) पुनरुद्भवन (b) जरण
(c) अनिषेक जनन (d) परिवर्धन

27. जन्तुओं का वृद्धि वक्र किस प्रकार का होता है?
(a) डेल्टा वक्र (b) एल्फा वक्र
(c) बीटा वक्र (d) सिग्मॉइड वक्र

28. जन्मदर, मृत्युदर संख्या प्रतिशत अनुपात को कहते हैं
(a) जैव अभिसूचक (b) जनसंख्या घनत्व
(c) कुल व्यक्ति संख्या (d) जनन क्षमता दर

29. मनुष्य की जनसंख्या अनुकरण करती है
(a) J-रूपीय जनसंख्या वृद्धि का (b) Z-रूपीय जनसंख्या वृद्धि का
(c) S-रूपीय जनसंख्या वृद्धि का (d) ये सभी

30. 17वीं सदी के पश्चात् मानव जनसंख्या समझी जाती है
(a) पश्चा प्रावस्था में (b) घातांकीय प्रावस्था में
(c) स्थाई प्रावस्था में (d) इनमें से कोई नहीं

31. भारत में जनसंख्या के विस्फोट का कारण है
(a) जलवायु (b) सीमित शिक्षा
(c) जन्म दर में वृद्धि (d) ये सभी

32. आर्किडेक्टॉमी (archedectomy) शल्य चिकित्सा द्वारा निकाल दिया जाता है
(a) यकृत को (b) वृक्क को
(c) अण्डाशय को (d) वृषणों को

33. अण्डवाहिनी (oviduct) के शल्य क्रिया द्वारा निष्कासन अथवा काटने एवं बाँधने की क्रिया को कहते हैं
(a) ट्यूबेक्टॉमी (b) ओवीडक्टॉमी
(c) कैस्ट्रेशन (d) वेसेक्टॉमी

34. *स्व-पात्रे (in-vitro)* निषेचन की तकनीक के अन्तर्गत निम्नलिखित में से किसका स्थानान्तरण फैलोपियन नलिका में किया जाता है?
(a) केवल भ्रूण का, 8-कोशिकीय अवस्था तक
(b) युग्मनज अथवा 8-कोशिकीय अवस्था तक के प्राक्भ्रूण का
(c) 32-कोशिकीय अवस्था के भ्रूण का
(d) केवल युग्मनज का

35. आदर्श दशाओं के अन्तर्गत जन्म-दर कहलाती है
(a) मोर्टेलिटी (b) नेटैलिटी
(c) न्यूडिलिटी (d) जनसंख्या

उत्तरमाला

1. (d)	**2.** (c)	**3.** (b)	**4.** (c)	**5.** (c)	**6.** (c)	**7.** (a)	**8.** (a)	**9.** (b)	**10.** (c)
11. (b)	**12.** (c)	**13.** (a)	**14.** (b)	**15.** (d)	**16.** (b)	**17.** (b)	**18.** (a)	**19.** (d)	**20.** (b)
21. (d)	**22.** (b)	**23.** (a)	**24.** (a)	**25.** (a)	**26.** (b)	**27.** (d)	**28.** (a)	**29.** (c)	**30.** (b)
31. (d)	**32.** (d)	**33.** (a)	**34.** (b)	**35.** (b)					

प्रैक्टिस सैट 1

1. सूत्री विभाजन वाली कोशिका के तर्कु तन्तु बने होते हैं
(a) एक्टिन के (b) मायोसिन के
(c) कोलेजन के (d) ट्यूबुलिन के

2. कौन-सा इपोक (epoch) मानव सभ्यता का है?
(a) होलोसीन (b) पेलियोसीन (c) प्लीस्टोसीन (d) प्लायोसीन

3. पक्षियों का उद्भव सरीसृपों से होने का प्रमाण है, इनमें उपस्थिति
(a) पिच्छों की (b) शल्कों की
(c) पंजों की (d) रोमों का

4. खरहा (hare) के खरगोश (rabbit) से किस लक्षण द्वारा विभेदित किया जाता है?
(a) पूँछ से (b) पँजों से
(c) छोटे पश्च पाद से (d) बाह्य कर्ण से

5. वर्णान्ध पिता की सामान्य पुत्री की सामान्य पुरुष से उनके पुत्रों तथा पुत्रियों के वर्णान्ध होने के क्या आसार हैं?
(a) सारे पुत्र सामान्य तथा पुत्रियाँ वर्णान्ध
(b) 50% पुत्र वर्णान्ध तथा सारी पुत्रियाँ समलक्षणी सामान्य
(c) पुत्र तथा पुत्रियाँ दोनों समलक्षण सामान्य
(d) पुत्र तथा पुत्रियाँ वर्णान्ध

6. मानव जनसंख्या प्रदर्शित करती है
(a) J-आकृति का जनसंख्या वृद्धि
(b) Z-आकृति का जनसंख्या वृद्धि
(c) S-आकृति का जनसंख्या वृद्धि
(d) उपरोक्त सभी

7. गैस्ट्रुला की (आरकेन्ट्रॉन) गुहा के चारों ओर के स्तर का निर्माण होता है
(a) एक्टोडर्म (b) मीसोडर्म
(c) एण्डोडर्म (d) एण्डोडर्म एवं मीसोडर्म

8. *बॉम्बिक्स मॉरी* से प्राप्त रेशम में प्रोटीन का कौन-सा जोड़ा पाया जाता है?
(a) सेरेसिन एवं किरेटिन (b) फाइब्रोइन एवं जिलेटिन
(c) सेरेसिन एवं फाइब्रोइन (d) सेरेसिन एवं रेजिलिन

9. लारवा अवस्था में लिंगी जनन को कहा जाता है
(a) पीडोगेमी (b) ऑटोगेमी (c) आइसोगेमी (d) एनिसोगेमी

10. केंचुए में क्लाइटेलम का मुख्य कार्य क्या है?
(a) मैथुन (b) उत्सर्जन
(c) लैंगिक द्विरुपता (d) कोकून-निर्माण

11. तन्त्रिका आवेग के संवहन के समय, जब आवेग का प्रसारण एक न्यूरॉन से दूसरे न्यूरॉन पर होती है, जब इसमें कुछ समय लगता है। इसे सिनेप्टिक देरी (synaptic delay) कहते है, यह होता है
(a) न्यूरोट्रांसमीटर के मुक्त होने में एवं दूसरे न्यूरॉन के उद्दीपन में लगने वाले समय के कारण
(b) तरल माध्यम में तन्त्रिका आवेग के संवहन के कारण
(c) सिनेप्स पर सिनेप्टिक विदर (synaptic cleft) के दबाव के कारण
(d) उपरोक्त सभी

12. हाइपोफाइसैक्टोमी से क्या होता है?
(a) हृदय का दौरा (b) तीव्र पाचन
(c) मृत्यु (d) प्रजनन क्रिया में शिथिलता

13. ऐस्केरिस का हैंब्डीटीफॉर्म लार्वा अवस्था के समबन्ध में सत्य विकल्प है
(a) प्रथम प्रावस्था का तरुण
(b) द्वितीय अवस्था का तरुण
(c) तृतीय प्रावस्था का तरुण
(d) चतुर्थ प्रावस्था का तरुण

14. जब DNA फिंगरप्रिन्टिंग द्वारा जनकता निर्धारित करनी हो, तो बच्चे के DNA अनुक्रम
(a) पिता के DNA के साथ पूरी तरह मिलना चाहिए
(b) माता के DNA के साथ पूरी तरह मिलना चाहिए
(c) कुछ VNTR एलील माता के साथ मिलने चाहिए तथा कुछ VNTR पिता के साथ
(d) उपरोक्त में से कोई नहीं

15. अण्डाणु में वेजिटल अर्द्धांश पर होता है
(a) पीत (b) रंगा कण
(c) ग्रे क्रिसेण्ट (d) जर्मिनल वेसीकिल

16. शरीर का सन्तुलन बनाए रखने में कौन-सा भाग कार्य करता है?
(a) कॉक्लिया (b) यूस्टेकियन नलिका
(c) अर्द्धवृत्ताकार नलिकाएँ (d) हथौड़े के समान अस्थि

17. सूची I को सूची II मे दशसि गए जीवों से उचित मिलान करें तत्पश्चात दिए गए कूट से सही उत्तर दे

	सूची-I		सूची-II
A.	गिल बुक	1.	किंग क्रेब
B.	गिल बास्केट	2.	डिप्नोई
C.	लंग बुक	3.	मछली व साइक्लोस्टोमेटा
D.	लंग फिश	4.	मकड़ी व बिच्छू

कूट

	A	B	C	D
(a)	1	5	4	2
(b)	5	3	4	2
(c)	1	3	5	2
(d)	1	3	4	2

18. उदकमेह से पीड़ित व्यक्ति का मूत्र होता है
(a) उत्स्वेदित तथा जलीय
(b) उत्स्वेदित एवं गाढ़ा
(c) स्वादरहित और जलीय
(d) स्वादरहित और गाढ़ा

19. अमीबा की किस संरचना के चारों तरफ माइटोकॉण्ड्रिया का जमाव होता है?
(a) सेण्ट्रोसोम के (b) गॉल्जीकाय के
(c) खाद्य रिक्तिका के (d) कुंचनशील रिक्तिका के

20. काकरॉच के जीवन चक्र में
(a) अपूर्ण कायान्तरण होता है (b) कायान्तरण नहीं होता है
(c) पूर्ण कायान्तरण होता है (d) जटिल कायान्तरण होता है

21. नीचे दी गयी सूचियों में सूची-I में दिए गए सामान्य नामों को सूची-II में दिए गए जन्तु वैज्ञानिक नामों से सुमेलित करिए।

सूची I (सामान्य नाम)	सूची II (जन्तु वैज्ञानिक नाम)
A. सितारामीन	1. *सेपिया*
B. जैलीमीन	2. *एस्ट्रोपैक्टिन*
C. दैत्यमीन	3. *ऑरेलिया*
D. कटल मीन	4. *ऑक्टोपस*
	5. *हिप्पोकैम्पस*

कूट

	A	B	C	D
(a)	2	1	4	3
(b)	2	3	4	1
(c)	5	1	3	2
(d)	5	4	1	3

22. किसके बन्द होने पर हृदय की प्रथम ध्वनि उत्पन्न होती है
(a) अर्धचन्द्राकार कपाट (b) अलिन्द निलय कपाट
(c) यूस्टैकियन कपाट (d) साइनस कपाट

23. अण्डोत्सर्गया डिम्बोत्सर्ग किस हॉर्मोन के द्वारा नियन्त्रित होता है
(a) थायराइड प्रेरक हार्मोन
(b) एसी टी एच
(c) पुटिका प्रेरक हार्मोन व ल्यूटिनाइजिंग हार्मोन
(d) एन्टी डाईयूरेटिक हार्मोन

24. ऑटोसोम 21 की ट्राइसोमी से उत्पन्न होता है
(a) मेनिन्जाइटिस (b) मोन्गोलिज्म
(c) बेरी-बेरी (d) जड़मानवता

25. किसके द्वारा निद्रालु व्याधि (sleeping sickness) उत्पन्न होती है?
(a) *ट्रिपैनोसोमा गैम्बिएन्स* (b) *ट्रिपैनोसोमा रोडिसिएन्स*
(c) *ट्रिपैनोसोमा ब्रूसाइ* (d) *ट्रिपैनोसोमा क्रुजी*

26. प्रोटीजोआ के वर्गीकरण का मुख्य आधार है
(a) माप (b) आकार
(c) गमन की युक्ति (d) केन्द्रक संख्या

27. मूत्र का प्राथमिक रूप से निर्माण बोमैन सम्पुट में केशिकागुच्छ (glomerular capillary) के रुधिर से एक बिना प्रोटीन के तरल के निस्यन्दन द्वारा होता है। इस निस्यन्दन के लिए दबाव प्राप्त होता है
(a) रुधिर दाब द्वारा
(b) ग्लोमेरुलर निस्यन्दन दाब द्वारा
(c) प्लाज्मा प्रोटीनों के दाब द्वारा
(d) ग्लोमेरुलर केशिका रुधिर दाब तथा प्लाज्मा प्रोटीनों के दाब व सम्पुट निस्यन्द के दाब के कुल जोड़ के अन्तर द्वारा

28. क्रमशः भ्रूणीय एक्टोडर्म, एण्डोडर्म तथा मीसोडर्म से व्युत्पन्न एक-एक रचनाओं का कौन-सा सेट सही है
(a) हृदय, प्लीहा तथा नेत्रगोलक
(b) मूत्राशय, पेशियाँ तथा चर्म
(c) अन्तः कर्ण, फेफड़े तथा प्लीहा
(d) थाइमस, नेत्रयुजा तथा मस्तिष्क

29. मनुष्य के मल (faeces) के साथ त्यागे गए ऐस्कैरिस के अण्डे होते हैं
(a) निषेचित एवं खण्डित (b) निषेचित एवं अखण्डित
(c) अनिषेचित एवं अखण्डित (d) अनिषेचित

30. स्तनियों की लम्बी अस्थियों में उपस्थित तिरछी आड़ी नलियाकाएँ कहलाती हैं
(a) ऑस्टियल नलिकाएँ (b) हैवर्सियन नलिकाएँ
(c) वोल्कमान नलिकाएँ (d) वास्कुलर नलिकाएँ

31. रेटिना में पार्श्व दिशा में पगडण्डी से पगडण्डी में सूचना का अभिगमन होता है
(a) शलाका कोशिकाओं द्वारा
(b) शंकु कोशिकाओं द्वारा
(c) अनुप्रस्थ कोशिकाओं तथा एमाक्राइन कोशिकाओं द्वारा
(d) द्विध्रुवीय न्यूरॉन द्वारा

32. दुधवा राष्ट्रीय उद्यान स्थित है
(a) मध्य प्रदेश में (b) हिमाचल प्रदेश में
(c) अरुणाचल प्रदेश में (d) उत्तर प्रदेश में

33. भू-वैज्ञानिक दृष्टि से निम्न में से एक महाकाल 'सरीसृपों का युग' कहलाता है
(a) पैलियोजोइक (b) सीनोजोइक
(c) मीसोजोइक (d) साइकोजोइक

34. एमाइलेज टाइलिन एन्जाइम द्वारा आमाशय में पाचन क्रिया नहीं होती, क्योंकि
(a) यह कार्बोहाइड्रेट पांचक होता है
(b) HCl इसे निष्क्रिय कर देता है
(c) इसकी मात्रा बहुत कम होती है
(d) यह लार ग्रन्थियों द्वारा स्त्रावित होता है

35. *हाइड्रा* में श्रम विभाजन का प्रमुख कारण है
(a) अंग स्तरीय शारीरिक संगठन
(b) ऊतक स्तरीय शारीरिक संगठन
(c) अरीय सममिति
(d) दो कोशिकीय परतों का होना

36. दाता भ्रूणीय कोशिका/कायिक कोशिका का केन्द्रक अकेन्द्रकी अण्ड कोशिका में स्थानान्तरित किया गया। फिर जन्तु के निर्माण के बाद, क्या सत्य होगा?
(a) जन्तु में दाता कोशिका की केन्द्रक बाह्य जीन होंगी
(b) जन्तु में ग्राही कोशिका की केन्द्रक बाह्य जीन होंगी
(c) दोनों (a) एवं (b)
(d) जन्तु में ग्राही कोशिका की केन्द्रक जीन होंगी

37. पॉलिमरेज श्रृंखला अभिक्रिया (PCR) दी थी
(a) इआन विल्मट एवं केथ कैम्पबेल ने सन् 1997 में
(b) रॉबर्ट ब्रिग्स एवं थॉमस किंग ने सन् 1952 में
(c) केरी मुलिस एवं एम स्मिथ ने सन् 1983 में
(d) स्टीवन स्टाइस एवं जेम्स रॉब्ल ने सन् 1998 में

38. एन्जाइम थ्रोम्बोप्लास्टिन उत्प्रेरण करता है
(a) प्रोथ्रोम्बिन का थ्रोम्बिन में बदलना
(b) थ्रोम्बोप्लास्टिन का प्रोथ्रोम्बिन में बदलना
(c) फाइब्रिनोजन का प्रोथ्रोम्बिन में बदलना
(d) उपरोक्त में से कोई नहीं

39. सामान्य ECG रिकॉर्डिंग में हृदय ध्वनि उत्पन्न होगी

(a) P तरंग पर तथा QRS जटिल के अन्त पर

(b) QRS तरंग पर तथा T जटिल के अन्त पर

(c) P तरंग के अन्त पर तथा T तरंग पर

(d) QRS जटिल के अन्त पर तथा T तरंग पर

40. कैंसर में रेट्रोवाइरस की भूमिका बताने के लिए निम्न में से किसे नोबेल पुरस्कार प्राप्त हुआ?

(a) जे एम बिशप तथा एच ई वार्मस

(b) डी बाल्टीमोर, आर डल्बेको तथा एच टेमिन

(c) रॉबर्ट ब्रिग्स तथा थॉमस किंग

(d) ई बी लेविस, सी एन वाल्हार्ड तथा ई विसचाउस

41. सूची I को सूची II के साथ मिलाइए और सही उत्तर का चयन कीजिए।

सूची I		सूची II	
A.	हीमोडायलेसिस	1.	गर्भाशय देखने के लिए
B.	पॉलीग्राफ	2.	रुधिर से एकत्रित अपशिष्ट उत्पादों को हटाने के लिए
C.	एन्जियोग्राफी	3.	देहगुहा देखने के लिए
D.	लेप्रोस्कोपी	4.	हृदय स्पन्द दर, आपेक्षिक रुधिर दाब, हृदयी परिवर्तन, आदि की रिकॉर्डिंग
		5.	हृदय में जाने वाले रुधिर प्रवाह को देखने के लिए

कूट

	A	B	C	D
(a)	2	3	1	5
(b)	2	4	5	1
(c)	2	3	1	5
(d)	5	4	1	5

42. केंचुए में प्रकाशग्राही अंग पाए जाते हैं

(a) पेरिस्टोमियम की त्वचा

(b) अधर देहभित्ति की एपिडर्मिस

(c) प्रोस्टोमियम की पृष्ठभित्ति

(d) पृष्ठ देहभित्ति की एपिडर्मिस

43. सिलिऐटेड कोशिकाएँ पायी जाती हैं

(a) ब्रोन्कस में (b) अग्नाशय में (c) यकृत में (d) गर्भाशय में

44. निम्न में किस परजीवी वर्ग में, घोंघा निर्विवाद रूप से मध्यस्थ पोषकों में से एक होता है

(a) स्पोरोजोआ (b) ट्रिमेटोडा (c) सेस्टोडा (d) टर्बीलेरिया

45. लघु व दीर्घ केन्द्रक किसमें पाए जाते हैं?

(a) *एण्टअमीबा* एवं *प्लाज्मोडियम*

(b) *यूग्लीना* एवं *वॉलवॉक्स*

(c) *पैरामीशियम* एवं *वोर्टीसेला*

(d) *एण्टअमीबा* एवं *वोर्टीसेला*

46. निम्न वर्गों में से कौन पूर्णत: परजीवी होते हैं

(a) सीलिएटा (b) मैस्टिगोफोरा (c) स्पॉरोजोआ (d) सार्कोडाइना

47. स्तनधारी कर्ण के स्केला वेस्टीब्यूलाई तथा सिएल मीडिआ को पृथक् करने वाली झिल्लीमय संरचना है

(a) टैक्टोरियल कला (b) ओटोलिथ कला

(c) रेसिस्नर कला (d) बेसिलर कला

48. कॉकरोच के पादों की शिखर संरचना जिसकी सहायता से कॉकरोच चिकनी दीवारों, आदि पर भी चढ़ सकता है

(a) पलैंटुला (b) प्लवाइलस (c) एरोलियम (d) ट्रोकैन्टर

49. निम्नलिखित में से किसमें श्वसन साइफन उपस्थित होता है?

(a) तितली के लारवा में (b) मच्छर के लारवा में

(c) गृह मक्खी के लारवा में (d) तिलचट्टे के लारवा में

50. पीत ज्वर (yellow fever) फैलता है

(a) *क्यूलेक्स* द्वारा (b) गृह मक्खी द्वारा

(c) *एडीज* द्वारा (d) *एनॉफिलीज* द्वारा

उत्तरमाला

1. (d)	**2.** (d)	**3.** (b)	**4.** (c)	**5.** (b)	**6.** (a)	**7.** (c)	**8.** (c)	**9.** (a)	**10.** (d)
11. (a)	**12.** (d)	**13.** (b)	**14.** (c)	**15.** (a)	**16.** (a)	**17.** (d)	**18.** (b)	**19.** (d)	**20.** (a)
21. (b)	**22.** (b)	**23.** (c)	**24.** (b)	**25.** (a)	**26.** (c)	**27.** (d)	**28.** (c)	**29.** (b)	**30.** (c)
31. (c)	**32.** (d)	**33.** (c)	**34.** (b)	**35.** (b)	**36.** (b)	**37.** (c)	**38.** (a)	**39.** (c)	**40.** (a)
41. (b)	**42.** (d)	**43.** (a)	**44.** (b)	**45.** (c)	**46.** (c)	**47.** (d)	**48.** (c)	**49.** (b)	**50.** (c)

प्रैक्टिस सैट 2

1. केंचुए की पीत कोशिकाएँ (chloragen cells) शशक के किस अंग के समरूप (analogous) होती हैं?
(a) अग्न्याशय के (b) वृक्क के
(c) यकृत के (d) उपरोक्त में से कोई नहीं

2. रात्रिचर प्रवासी पक्षी अपनी उड़ान की दिशा का निर्धारण करने में प्रयोग करते हैं
(a) चाँद का (b) पंखों की गति का
(c) सितारों का (d) अपने झुण्ड का

3. खरगोश के वीर्य में शुक्राणुओं के अतिरिक्त किस ग्रन्थि का स्त्राव होता है?
(a) पेरीनियल ग्रन्थि का (b) बार्थोलिन्स ग्रन्थि का
(c) प्रीयूशियल ग्रन्थि का (d) काउपर ग्रन्थिर का

4. हिज सन्धि पायी जाती है
(a) स्केपुला तथा ग्लीनॉइड गुहा में (c) फीमर तथा एसीटेबुलम
(c) ह्यूमरस तथा अल्ना (d) खोपड़ी का एटलस

5. नेत्र लेन्स की उत्पत्ति किस भ्रूणीय स्तर पर होती है?
(a) एण्डोडर्म से (b) एक्टोडर्म से
(c) मीसोडर्म में (d) एक्टोडर्म एवं मीसोडर्म से

6. अप्रभावी ऑटोसोम जीन के कारण होने वाला पहला आनुवंशिक रोग........था तथा........ने इसका अध्ययन किया था
(a) एल्केप्टोन्यूरिय, जेकोब एवं मोनाड
(b) मध्यलिंगी स्थिति-सी बी ब्रिज्स
(c) हीमोफिलिया, इर्थोसम एच मॉर्गन
(d) एल्केप्टोन्यूरिया-आर्कीबाल्ड गैरोड

7. नेत्रों में अन्ध बिन्दु (blind spot) पर पेक्टीन की उपस्थिति लक्षण है
(a) मछलियों का (b) सरीसृप का (c) स्तनी का (d) पक्षी का

8. सार्कोमीयर किन दो के मध्य का भाग है?
(a) H-पट्टियाँ (b) Z-पट्टियाँ (c) A-पट्टियाँ (d) I-पट्टियाँ

9. रुधिर का pH धमनी एवं शिरा में होता है
(a) शिरा में अधिक (b) समान
(c) धमनी में अधिक (d) अनिश्चित

10. सूची I को सूची II से सुमेलित करे तथा सही उत्तर का चुनाव करे।

	सूची-I		सूची-II
A.	यकृत	1.	एमाइलेज
B.	β-कोशिकाएँ	2.	काइमोट्रिप्सिन
C.	ड्यूओडिनम	3.	इन्सुलिन
D.	अग्नाशय	4.	स्टर्कोबिलिन

कूट

	A	B	C	D
(a)	4	3	2	1
(b)	4	3	1	2
(c)	3	2	1	4
(d)	1	2	3	4

11. नकल द्वारा सीखा गया व्यवहार कहलाता है
(a) सहज व्यवहार (b) सीखा हुआ व्यवहार
(c) सम्मिलित व्यवहार (d) सेक्सुअल व्यवहार

12. एक रोगी पुरुष सामान्य स्त्री से विवाह करता है। इनमें तीन पुत्री तथा पाँच पुत्र होते हैं। सारी पुत्रियाँ रोगी होती हैं तथा पुत्र सामान्य, इस रोग का जीन है
(a) लिंग सहलग्न प्रभावी (b) लिंग सहलग्न अप्रभावी
(c) लिंग सहलग्न लक्षण (d) अलिंगसूत्री प्रभावी

13. न्यूरॉन तथा तन्त्रिका तन्तुओं को तन्त्रिका आवेग के प्रवाहित होने की दिशा के अनुसार वर्गीकृत किया गया है। केन्द्रीय तन्त्रिका तन्त्र से परिधीय तन्त्रिका तन्त्र की ओर तन्त्रिका आवेग ले जाने वाले न्यूरॉनों को कहते हैं
(a) अपवाही (efferent) तन्त्रिका तन्तु
(b) संवेदी तन्त्रिका तन्तु
(c) अभिवाही (afferent) तन्त्रिका तन्तु
(d) मेरुरज्जु तन्त्रिकाएँ तन्त्रिका तन्तु

14. वन्य जीव अभ्यारण्य के बारे में दिए गए कथनों में कौन-सा कथन सही नहीं है?
(a) प्राणि समूह संरक्षित है
(b) पशु चराना निषेध है
(c) शिकार निषेध है
(d) वनस्पति समूह तथा वनोत्पाद का उपयोग किया जा सकता है

15. कॉपर्स कैलोसम किस प्राणी के मस्तिष्क में पाया जाता है?
(a) हाथी के (b) कबूतर के
(c) घड़ियाल के (d) मेंढक के

16. द्विपार्श्व सममित, विखण्डन, प्रगुहा तथा विवृत परिसंचारी तन्त्र लक्षण हैं
(a) एनीलिडा का (b) मोलस्का का
(c) आर्थोपोडा का (d) इकाइनोडर्मेटा का

17. प्रतिजन वे पदार्थ होते हैं, जो
(a) शरीर के ताप को कम करते हैं
(b) हानिकर बैक्टीरिया को नष्ट करते हैं
(c) प्रतिरक्षा तन्त्र को प्रवर्तित करते हैं
(d) विष के प्रतिकारक के रूप में प्रयोग किया जाते हैं

18. मेंढक की देहगुहा में शारीरिक अंग देहभित्ति से किसके द्वारा निलम्बित रहते हैं?
(a) त्वचा के वलय
(b) डर्मिस
(c) आँत्रयोजनी (mesenteries)
(d) किसी विशेष संरचना द्वारा निलम्बित नहीं रहते

19. प्रीन ग्रन्थियाँ (preenglands) किस वर्ग की चारित्रिक विशेषता हैं?
(a) उभयचर (b) सरीसृप (c) पक्षी (d) स्तनी

20. वे जातियाँ, जो विशेष बाधाओं (barries) द्वारा पृथक होकर विभिन्न भौगोलिक क्षेत्रों में पायी जाती हैं, होती हैं
(a) सिम्पैट्रिक (b) एलोजेनिक
(c) एलोपेट्रिक (d) ऑटोजेनिक

21. सूची I को सूची II के साथ मिलाइए तथा सही उत्तर का चयन करिए।

	सूची-I		सूची-II
A.	प्रोमोटर भाग	1.	पैराइटल पालि
B.	सोमेस्थैटिक भाग	2.	फ्रन्टल पालि
C.	लिम्बिक तन्त्र	3.	ऑक्सीपिटल पालि
D.	वरनिके का भाग	4.	टेम्पोरल पालि
		5.	हायपोथेलैमस

कूट

	A	B	C	D
(a)	3	5	4	2
(b)	2	5	4	1
(c)	2	1	5	4
(d)	3	5	2	1

22. गर्भावस्था में कॉर्पस ल्यूटियम निम्न में से किसके प्रभाव से बनी रहती है?
(a) कोरिओनिक गोनेडोट्रॉपिक हॉर्मोन
(b) LH
(c) एस्ट्रोजन
(d) प्रोजेस्टोरॉन

23. सूची I को सूची II से सुमेलित कीजिए और नीचे दिए गए कूट का प्रयोग करके सही उत्तर का चयन करें

	सूची-I		सूची-II
A.	उत्परिवर्तन का सिद्धान्त	1.	बीडल और टैटम
B.	विकास का सिद्धान्त	2.	जैकब और मोनोड
C.	एक जीन-एक एन्जाइम की परिकल्पना	3.	डार्विन
D.	ओपैरॉन अवधारणा	4.	डी व्रीज

कूट

	A	B	C	D
(a)	3	4	1	2
(b)	4	3	1	2
(c)	4	3	2	1
(d)	3	4	2	1

24. नीरेनबर्ग व मैथाई द्वारा सबसे पहले खोजा जाने वाला mRNA कोड था?
(a) UUU (b) UGA
(c) AUG (d) UAU

25. तर्कुरुपी प्राक्कोशिकाएँ (Fusiform initials) बनाती हैं
(a) वाहिकीय तत्त्व (b) फ्लोएम मृदूतक
(c) संवहन रश्मियाँ (d) रश्मि मृदूतक

26. कितनी पराग मातृ कोशिकाएँ 1000 परागकण उत्पन्न करेंगी?
(a) 100 (b) 200
(c) 400 (d) 250

27. उपांग रहित छिपकली है
(a) *ड्रैको* (b) *ऑफिओसॉरस*
(c) *ऐम्बिलरिंकस* (d) *मोलेक*

28. निम्नलिखित में से कौन *ट्रिप्नोसोमा गैम्बिएन्स* के संचरण के लिए उत्तर दायी हैं?
(a) *क्यूलेक्स* (b) *ग्लोसिना*
(c) *एनोफिलीज* (d) *मस्का*

29. फ्रीमार्टिन उदाहरण है
(a) अन्तःस्त्राव द्वारा लिंग नियन्त्रण का
(b) वंशाणु द्वारा लिंग नियन्त्रण का
(c) पारिस्थितिकी द्वारा लिंग नियन्त्रण का
(d) उपरोक्त में से कोई नहीं

30. वृषण जालिका तथा डक्टस एपीडाइडिमिस के निचले भाग से जुड़ी उपकला नलिकाओं को कहते हैं
(a) डक्टस कोलेडोकस (b) डक्टस रीयूनियन्स
(c) डक्टयुलि एबेरेन्टस (d) डक्टयुलि एफेरेन्टेस

31. एक मोल ग्लूकोज के पूर्ण ऑक्सीकरण में कितनी ऊर्जा निकलती है?
(a) 6860000 कैलोरी (b) 686000 कैलोरी
(c) 68600 कैलोरी (d) 686 कैलोरी

32. जब एक लाल आँखों वाले मादा *ड्रोसोफिला* को सफेद आँखों वाले नर द्वारा क्रॉस कराते हैं, तो F_1 पीढ़ी में सन्तानों की फीनोटाइप होगी
(a) 1 लाल, 2 गुलाबी एवं 1 सफेद आँखों वाला
(b) 3 लाल एवं 1 सफेद आँखों वाला
(c) सभी लाल आँखों वाले
(d) सभी सफेद आँखों वाले

33. हिपेरिन एक प्रतिस्कन्दक है, जो रुधिर को रुधिर वाहिनियों में जमने से रोकता है। यदि रुधिर में सोडियम ऑक्सलेट मिलाकर रख दिया जाए, तब भी रुधिर नहीं जमता क्योंकि, यह
(a) फाइब्रिनोजन को प्लाज्मा से पृथक् कर देता है
(b) सोडियम ऑक्सलेट प्रोथ्रोम्बिन के साथ एक जटिल यौगिक बनाता है
(c) सोडियम ऑक्सलेट कैल्शियम आयनों को पृथक् कर देता है
(d) सोडियम ऑक्सलेट फाइब्रिनोजन के साथ एक जटिल यौगिक बनाता है

34. मलेरिया परजीवी *प्लाज्मोडियम* होता है
(a) द्विपोषी (b) एकलपोषी
(c) बाह्य परजीवी (d) बहुपोषी

35. अग्नाशय की α– कोशिकाएँ स्त्रावित करती है
(a) इन्सुलिन (b) ग्लुकागॉन
(c) म्यूसिन (d) ये सभी

36. यदि रुधिर में कार्बन डाइऑक्साइड की मात्रा अधिक हो, तो ऑक्सीजन वक्र किधर झुकेगा?
(a) दाएँ (b) बाएँ
(c) मध्य (d) कहीं नहीं

37. होलोण्ड्रिक जीन्स पाए जाते हैं
(a) X-गुणसूत्र पर (b) Y-गुणसूत्र पर
(c) ऑटोसोम्स पर (d) उपरोक्त में से कोई नहीं

38. आंकलन के अनुसार, व्यक्ति के सम्पूर्ण जीनोम में होते हैं
(a) लगभग एक अरब बेस जोड़े
(b) लगभग 1000 लाख बेस जोड़े
(c) लगभग 100 अरब बेस जोड़े
(d) लगभग दो अरब बेस जोड़े

39. व्यवहार के स्टीरियोटाइप पैटर्न का मुख्य उद्देश्य है
(a) प्रजनन (b) पाचन
(c) बोलचाल (वार्तालाप) (d) गमन

40. मदिरापान से रुधिर में शर्करा की मात्रा पर क्या प्रभाव पड़ता है?
(a) कोई प्रभाव नहीं पड़ता (b) कम हो जाती है
(c) अधिक हो जाती है (d) उपरोक्त में से कोई नहीं

41. सूची I को सूची II के साथ मिलाइए तथा सही उत्तर का चयन कीजिए।

सूची-I	सूची-II
A. एमाक्राइन कोशिकाएँ	1. कर्ण मोम
B. सायनोलेब्स	2. संवेदी रोम
C. सेरुमिनस ग्रन्थियाँ	3. नीले प्रकाश किरणों के प्रति संवेदी
D. कोरटाई का अंग	4. रेटिना
	5. लाल प्रकाश किरणों के संवेदी

कूट

	A	B	C	D
(a)	5	3	1	2
(b)	5	3	2	1
(c)	1	3	5	4
(d)	4	5	1	2

42. सिग्मॉएड रूप किसमें होता है?
(a) यकृत में
(b) अंश मेखला में
(c) फेफड़े में
(d) करौटि में

43. नर कॉकरोच का लक्षण है
(a) गुद शूक (b) श्वसन रन्ध्र
(c) गुद लूस (d) लम्बे पंख

44. ऑर्निथीन चक्र में किस युग्म अपशिष्ट पदार्थों को रुधिर से उत्सर्जित किया जाता है
(a) CO_2 एवं अमोनिया (b) यूरिया एवं सोडियम लवण
(c) CO_2 एवं यूरिया (d) अमोनिया एवं यूरिया

45. पैपीलरी पेशियाँ स्थित होती हैं
(a) कॉकरोच की हीमोसील में (b) हृदय के अलिन्द में
(c) हृदय के निलय में (d) हाथ में

46. नि:श्वसित वायु में ऑक्सीजन की प्रतिशत मात्रा होती है
(a) 2% (b) 16%
(c) 79% (d) 4%

47. मनुष्य के रुधिर का pH होता है
(a) 6.2 (b) 7.4 (c) 9 (d) 10

48. सरीसृपों का प्रकार विदलन है
(a) पूर्णभंजी समान (b) पूर्णभंजी असमान
(c) अंशभंजी बिम्बाभ (d) अंशभंजी सतही

49. निम्नलिखित कौन-सा अकशेरुकी पश्चमुखी एवं आन्त्रगुहिक है
(a) *पाइला* (b) *ऐस्कैरिस*
(c) *एफ्रोडाइट* (d) *एस्टीरियस*

50. स्पन्जो की पहचान किस की उपस्थिति से हो सकती है?
(a) आन्तरगुहा से (b) कीप कोशिकाओं से
(c) स्पर्शकों से (d) कैल्सियमी कंकाल से

उत्तरमाला

1. (c)	**2.** (c)	**3.** (d)	**4.** (c)	**5.** (b)	**6.** (d)	**7.** (d)	**8.** (b)	**9.** (a)	**10.** (b)
11. (a)	**12.** (a)	**13.** (a)	**14.** (d)	**15.** (a)	**16.** (c)	**17.** (c)	**18.** (c)	**19.** (c)	**20.** (c)
21. (c)	**22.** (a)	**23.** (b)	**24.** (d)	**25.** (b)	**26.** (d)	**27.** (b)	**28.** (b)	**29.** (a)	**30.** (d)
31. (b)	**32.** (c)	**33.** (c)	**34.** (a)	**35.** (b)	**36.** (a)	**37.** (b)	**38.** (d)	**39.** (c)	**40.** (c)
41. (a)	**42.** (d)	**43.** (a)	**44.** (a)	**45.** (c)	**46.** (b)	**47.** (b)	**48.** (c)	**49.** (d)	**50.** (b)

प्रैक्टिस सैट 3

1. 'प्रतिरक्षी' शब्द किसने दिया था?
(a) एडवर्ड जेनर (b) लुईस पाश्चर
(c) सेलमेन वॉक्समेन (d) एलेक्जेण्डर फ्लेमिंग

2. पेस-मेकर में कौन-सी बैटरी का उपयोग किया जाता है?
(a) कैडमियम बैटरी (b) लीथियम हैलाइड बैटरी
(c) कार्बन बैटरी (d) यूरेनियम बैटरी

3. निम्न में से किस एक जोड़े में विवाह बच्चे की मृत्यु का कारण हो सकता है?
(a) Rh^+ पिता एवं Rh^- माता (b) Rh^- पिता एवं Rh^+ माता
(c) Rh^+ पिता एवं Rh^+ माता (d) Rh^- पिता एवं Rh^- माता

4. गर्भ में स्थित बच्चे का मूत्राशय कौन-सा है?
(a) मूत्राशय (b) उल्ब
(c) अपरापोषिका (d) यकृत

5. कार्बोनिकएनहाइड्रेज की अधिक सान्द्रता होती है
(a) प्लाज्मा (b) RBC में
(c) WBC में (d) वृक्क नलिकाओं

6. निम्नलिखित में से कौन-सी अन्त:स्त्रावी ग्रन्थि अपने स्त्राव को रुधिर में मुक्त करने से पूर्व बाह्यकोशीय द्रव्य में संचित करती है?
(a) थाइमस (b) एड्रीनल
(c) थाइरॉइड (d) अग्नाशय

7. पेयर के चकतों (peyer's patches) में होता है
(a) श्लेष्मा (b) तेलीय स्त्राव
(c) लिम्फोसाइट (d) लाल रुधिर कणिकाएँ

8. कण्डरा एक संरचना है, जो जोड़ती है
(a) एक अस्थि को दूसरी अस्थि से
(b) एक तन्त्रिका को एक पेशी से
(c) एक पेशी को एक अस्थि से
(d) एक पेशी को एक पेशी से

10. अंधेरे में किस हॉर्मोन का स्त्राव अधिक होता है?
(a) इन्सुलिन (b) एड्रिनेलीन
(c) थायरॉक्सिन (d) मिलेटोनिन

11. लकवा या अंगमारी का प्रमुख कारण होता है
(a) पेशियों में कुछ विकार
(b) संवेदी तन्त्रिका का पूर्ण विनाश
(c) प्रेरक तन्त्रिका का पूर्ण विनाश
(d) उपरोक्त में से कोई नहीं

12. निम्न में से कौन-सा कार्बनिक पदार्थ कीटोन बाडी रहित होता है?
(a) ऐसीटोऐसेटिक अम्ल (b) सक्सीनिक अम्ल
(c) ऐसीटोन (d) β-हाइड्रोक्सीब्यूटाइरेट

13. वह पदार्थ, जो प्रेरणा का युग्मानुबन्धन (synapse) पर एक न्यूरॉक से दूसरे न्यूरॉन तक पेशी में संवहन करता है
(a) एसीटिलकोलिन (b) ग्लोब्यूलिन
(c) रेनिन (d) ATP

14. मधुमक्खियों द्वारा विशिष्ट नृत्य द्वारा प्रेषित करने में भोजन के स्रोत की सूचना अन्य मक्खियों को किस प्रकार का उद्दीपन कार्य करता है?
(a) दृष्टि (b) स्पर्श
(c) श्रवण (d) स्पर्श एवं श्रवण

15. एक सामान्य मनुष्य के लिए प्रतिदिन कितनी ऊर्जा की आवश्यकता होती है? लगभग
(a) 1000 किलो कैलोरी
(b) 500 किलो कैलोरी
(c) 2800 किलो कैलोरी
(d) 2000 किलो कैलोरी

16. दाँत उपस्थित नहीं होते हैं
(a) चमगादड़ में (b) स्लोथ में
(c) झाऊ चूहा में (d) छछूंदर में

17. ह्यूगो डी-व्रीज ने उत्परिवर्तन सिद्धान्त में निम्न में से किस बात को स्पष्ट नहीं कर पाए?
(a) उत्परिवर्तन अनिश्चित होते हैं
(b) नयी जीव-जातियों की उत्पत्ति उत्परिवर्तनों के कारण होती है
(c) सभी जीव-जातियों में उत्परिवर्तन की प्राकृतिक प्रवृत्ति होती है
(d) जैव-विकास में संयोजक जातियों के माध्यम से एक क्रम दिखाई देता है

18. रुधिर में कार्बन डाइऑक्साइड का वहन किस रूप में होता है?
(a) सोडियम बाइकार्बोनेट (b) सोडियम कार्बोनेट
(c) पोटैशियम कार्बोनेट (d) मैग्नीशियम कार्बोनेट

19. अन्नपुट की उपस्थिति लक्षण
(a) पक्षियों का (b) कॉकरोच का
(c) जोंक का (d) उपरोक्त सभी का

20. किन औषधियों के साथ एल्कोहॉल लेने से मृत्यु हो जाती है
(a) कैफीन (b) कोकीन
(c) वार्बिट्यूरेट्स (d) इनमें से कोई नहीं

21. परानुकम्पी तन्त्रिका तन्त्र का कार्य है
(a) हृदय-स्पन्दन दर घटाना
(b) हृदय-स्पन्दन दर बढ़ाना
(c) हृदय-स्पन्दन को प्रारम्भ करना
(d) हृदय-स्पन्दन दर पर कोई प्रभाव नहीं

22. निम्न में से कौन-सा सुमेलित सेट है?
(a) एन्जिओग्राफी–गर्भाशय देखने के लिए
(b) हीमोडायलेसिस–हृदय का रुधिर प्रवाह देखने के लिए
(c) लेप्रोस्कोप–गर्भाशय देखने के लिए
(d) पॉलिग्राफ–रुधिर से संचयित अपशिष्ट उत्पादों को हटाने के लिए

23. यकृत में आर्जिनेस एन्जाइम की उपस्थिति दर्शाती है
(a) ऑर्निथीन का आर्जिनीन में परिवर्तन
(b) आर्जिनीन का ऑर्निथीन में परिवर्तन
(c) आर्जिनीन का सक्सीनिक अम्ल में परिवर्तन
(d) आर्जिनीन का आर्जीनी सक्सीनिक अम्ल में परिवर्तन

24. जन्म के उपरान्त किस ऊतक में परिवर्तन होते हैं?
(a) संयोजी (b) एपिथीलियमी
(c) तन्त्रिका (d) पेशी

25. पेशी संकुचन में
(a) ATP टूटता है (b) ATP निर्मित होता है
(c) GTP टूटता है (d) इनमें से कोई नहीं

26. 'हिस का बम्डल' एक समूह है
(a) तन्त्रिका तन्तुओं का (b) गुच्छिकाओं का
(c) संयोजी ऊतकों का (d) पेशी जन्तुओं का

27. नर चूहे के वृषण वृषणकोषों में नीचे की ओर आ जाते हैं
(a) जन्म के समय
(b) जीवन के 10वें एवं 12वें दिन के बीच
(c) जीवन के 30वें एवं 40वें दिन के बीच
(d) वृषण-वृषणकोषों में नीचे की ओर कभी नहीं आते, हमेशा उदर गुहा में रहते हैं

28. नीचे सूची । में दिए ग्रन्थियों के नामों को सूची ॥ में दी गई उनकी स्थिति के साथ सुमेलित कीजिए तथा सही उत्तर का चयन कीजिए।

सूची-I		सूची-II	
A.	लिबरकुहन की दरारें	1.	ड्यूओडिनम के पास
B.	अग्नाशय	2.	आमाशय
C.	एड्रिनल ग्रन्थि	3.	आँत्र
D.	आमाशय ग्रन्थि	4.	वृक्क

कूट

	A	B	C	D
(a)	1	3	4	2
(b)	3	1	4	2
(c)	3	1	2	4
(d)	1	4	3	2

29. मेंढक का अण्डा है
(a) अपीतकी (b) केन्द्रपीतकी
(c) समपीतकी (d) गोलार्धपीतकी

30. शशक के शरीर की सबसे छोटी हड्डी है
(a) जान्विका (b) स्टेपीस
(c) एटलस (d) मुक्त पर्शुका

31. मास्ट कोशिकाएँ पाई जाती हैं
(a) एडिपोस ऊतक में
(b) एरिओलर ऊतक में
(c) पीले तन्तुमय ऊतक में
(d) सफेद तन्तुमय ऊतक में

32. *मस्का डोमेस्टिका* का पूर्ण वृद्धि प्राप्त लारवा होता है
(a) कैटरपिलर (b) प्यूपेरियम
(c) मैगट (d) कोकून

33. *ऐस्केरिस* की बाह्य त्वचा होती है
(a) अकेन्द्रकीय
(b) एककेन्द्रकीय
(c) द्विकेन्द्रकीय
(d) बहुकेन्द्रकीय

34. तन्त्रिका आवेग का संवहन एक न्यूरॉन के एक्सॉन के अंत्य बटनों (terminal end buttons) से दूसरे न्यूरॉन के डेन्ड्राइट्स/कोशिका कार्य पर होता है, कभी भी इससे उल्टी दिशा में नहीं होता, क्योंकि
(a) डेण्ड्राइट्स एक्सॉन के सम्पर्क में नहीं होते
(b) न्यूरोट्रांसमीटर केवल एक्सॉन अंत्य बटनों में भरा होता है
(c) डेण्ड्राइट न्यूरोट्रांसमीटर मुक्त नहीं करते हैं
(d) एक्सॉन लम्बे होते हैं तथा डेण्ड्राइट छोटे होते हैं

35. निम्न में से किसमें मिथ्या देह गुहा पायी जाती है?
(a) ड्रैगन मक्खी (b) एमिया
(c) *वूचेरेरिया बैंक्रोफ्टी* (d) *लेपिस्मा*

36. *फेरिटिमा* में कितने पार्श्व हृदय होते हैं
(a) 16 (b) 6
(c) 8 (d) 12

37. *फैसियोला* के मिरेसीडियम से किसका निर्माण होता है?
(a) स्पोरोसिस्ट (b) रीडिया
(c) सर्केरिया (d) परिकोष्ठित सरकेरी

38. निम्न में से कोन-सा जोड़ा सुमेलित नहीं है?
(a) *ग्लोसीना पेल्पेलिस*–निद्रा रोग
(b) *क्यूलेक्स पाइपेन्स*–फाइलेरिएसिस
(c) *एडीज एजिप्टी*–पीत ज्वर
(d) *एनॉफिलीज क्यूलीफेसिज*–लीशमानिएसिस

39. सूची I में दिए गए विज्ञान की शाखाओं के नाम को सूची II में दिए गए अध्ययन के क्षेत्र के साथ सुमेलित करें।

सूची-I		सूची-II	
A.	मायकोलॉजी (Mycology)	1.	पक्षियों का अध्ययन
B.	आर्निथोलॉजी (Ornithology)	2.	क्रमियों का अध्ययन
C.	हर्पेटोलॉजी (Herpatology)	3.	मछलियों का अध्ययन
D.	इक्थियोलॉजी (Ichthyology)	4.	फफूंद का अध्ययन
		5.	सर्पों का अध्ययन

कूट

	A	B	C	D
(a)	4	1	5	3
(b)	4	1	5	2
(c)	1	3	4	5
(d)	2	4	3	5

40. निम्न में से किस जन्तु में ट्यूबफीट द्वारा प्रचलन होता है
(a) सितारा मछली (b) *स्कोलियोडॉन*
(c) केंचुआ (d) जोंक

41. सारे संसार में शुद्ध दुग्ध के वितरण के लिए उत्तरदायी हैं
(a) रॉबर्ट कोच (b) लुईस पाश्चर
(c) ल्यूवेनहॉक (d) बेकमैन

42. पोलियो टीकाकरण में क्या प्रवेश कराया जाता है?
(a) प्रतिजैविक
(b) जीवाणु निरोधी
(c) प्रतिजन
(d) प्रतिरक्षी

43. मनुष्य का रुधिर चूसते समय मादा *एनॉफिलीज* मच्छर द्वारा डाली गयी लार में होता है
(a) गैमीटोसाइट (b) ऊकाइनीट
(c) युग्मक (d) प्रतिस्कन्दक

44. कार्य विधि के आधार पर तिलचट्टे का हृदय होता है
(a) न्यूरोजेनिक (b) एपीजेनिक
(c) मायोजेनिक (d) एजेनिक

45. *ऐस्कैरिस* के शुक्राणु होते हैं
(a) कशाभ युक्त (b) कशाभिका युक्त
(c) बहुकशाभिक (d) अमीबाभ

46. इण्डोल-3 एसीटिक अम्ल जिसे ऑक्सिन कहते हैं, सबसे पहले कहाँ से अलग किया गया?
(a) मनुष्य के मूत्र से (b) कॉर्न गर्म तेल से
(c) *फ्यूजेरियम* से (d) *राइजोपस* से

47. समसूत्री विभाजन की खोज किसने की?
(a) फॉर्मर एवं मूरे ने (b) हार्वे ने
(c) फ्लेमिंग ने (d) इनमें से किसी ने नहीं

48. पाचन के समय कौन-से बन्धों का विघटन होता है?
(a) कोवेलेण्ट बन्ध (b) कोऑर्डिनेट बन्ध
(c) डाइसल्फाइड बन्ध (d) हाइड्रोजन बन्ध

49. ग्लाइकोलाइसिस में भाग लेने वाले एन्जाइम होते हैं
(a) माइटोकॉण्ड्रिया में
(b) कोशिकाद्रव्य में
(c) (a) एवं (b) दोनों में
(d) रिक्तिका में

50. FAD या FMN को-एन्जाइम हैं, इनमें कौन-सा विटामिन जुड़ा होता है?
(a) विटामिन-B (b) विटामिन-B_2
(c) विटामिन-B_6 (d) विटामिन-C

➔ उत्तरमाला

1. (c)	**2.** (b)	**3.** (a)	**4.** (c)	**5.** (b)	**6.** (c)	**7.** (c)	**8.** (c)	**9.** (c)	**10.** (d)
11. (c)	**12.** (b)	**13.** (a)	**14.** (d)	**15.** (c)	**16.** (b)	**17.** (d)	**18.** (a)	**19.** (d)	**20.** (c)
21. (a)	**22.** (c)	**23.** (b)	**24.** (c)	**25.** (b)	**26.** (d)	**27.** (c)	**28.** (b)	**29.** (d)	**30.** (b)
31. (b)	**32.** (c)	**33.** (d)	**34.** (b)	**35.** (c)	**36.** (c)	**37.** (a)	**38.** (d)	**39.** (a)	**40.** (a)
41. (b)	**42.** (b)	**43.** (d)	**44.** (a)	**45.** (d)	**46.** (a)	**47.** (c)	**48.** (b)	**49.** (b)	**50.** (b)

प्रैक्टिस सैट 4

1. *इक्थियोफिस* को आप किसके अन्तर्गत वर्गीकृत करोगे?
(a) कृमि (b) पादपविहीन सरीसृप
(c) स्तनधारी (d) पादपविहीन उभयचर

2. माइटोकॉण्ड्रिया में इलेक्ट्रॉन अभिगमन तन्त्र स्थित है
(a) बाहरी झिल्ली में (b) अन्तरक्रिस्टी कोष्ठ में
(c) आन्तरिक झिल्ली में (d) आन्तरिक झिल्ली कोष्ठ में

3. *प्लाज्मोडियम* के जीवन-चक्र में संक्रमणकारी अवस्था प्रवेश करती है
(a) मनुष्य के लाल रुधिराणु में
(b) मनुष्य की यकृत कोशिका में
(c) मादा *एनॉफिलीज* के आमाशय की गुहा में
(d) मादा *एनॉफिलीज* की लार ग्रन्थियों में

4. स्पंजों में पाया जाने वाला सबसे जटिल प्रकार का नाल-तन्त्र होता है
(a) रैहगन प्रकार का (b) एस्कन प्रकार का
(c) साइकन प्रकार का (d) ल्यूकन प्रकार का

5. अर्द्धसूत्री विभाजन की क्रिया में कब समजातीय गुणसूत्र युग्मित होते हैं?
(a) लेप्टोटीन (b) पैकीटीन
(c) जाइगोटीन (d) मेटाफेज-I

6. आण्विक जीव विज्ञान के सेन्ट्रल डोग्मा (केन्द्रीय सिद्धान्त) के प्रतिपादक है
(a) मुल्डर (b) वॉटसन (c) क्रिक (d) बेरी कोमोनर

7. बाईसेप्स एवं ट्राइसेप्स घेरे रहती है
(a) रेडियस को (b) अल्ना को
(c) ह्यूमरस को (d) फीमर को

8. अन्तःकर्ण में कॉर्टी के अंग, जो रोम कोशिका को वहन करते हैं, निम्न में स्थित होते हैं
(a) स्कैली टिम्पैनी (b) स्केला मीडिया
(c) स्केला वेस्टीबुली (d) सैक्यूलस

9. जीवन रक्षक हॉर्मोन किस ग्रन्थि द्वारा स्त्रावित होता है?
(a) एड्रिनल ग्रन्थि (b) हाइपोथेलेमस ग्रन्थि
(c) पीयूष ग्रन्थि (d) थायरॉइड ग्रन्थि

10. अमीनो अम्ल से व्युत्पन्न हॉर्मोन है
(a) इन्सुलिन (b) ऑक्सिटोसिन (c) इरिथ्रोपोइटिन (d) थायरॉक्सिन

11. सबसे पहला ECG रिकार्ड किया था?
(a) हैन्स बर्गर ने (b) एन्थोविन ने
(c) ब्लॉच एवं पर्सेल ने (d) बेब्स ने

12. स्तनियों के रुधिर प्लेटलेट्स का जीवन काल है
(a) 10-12 दिन (b) 5-10 दिन (c) 3-5 दिन (d) 1-3 दिन

13. भ्रूण में एरीथ्रोसाइट का निर्माण होता है
(a) रुधिर प्लाज्मा में (b) सारकोप्लाज्मा में
(c) यकृत तथा प्लीहा में (d) लाल अस्थि मज्जा में

14. निम्न में से कौन-सा सिद्धान्त जरण के त्रुटि सिद्धान्त (error theory) का उदाहरण है?
(a) क्रॉस बन्धन सिद्धान्त (b) टूट-फूट का सिद्धान्त
(c) मुक्त-मूलक सिद्धान्त (d) ये सभी

15. सूची I में दिए गए हार्मोन, ग्रन्थि को सूची II में दिए गए कार्य से उचित मिलान करें, तत्पश्चात नीचे दिए कूट से उत्तर का चुनाव करें

	सूची-I		सूची-II
A.	प्रोजेस्टिरोन	1.	स्त्रियों में गौण लैंगिक लक्षण
B.	इन्सुलिन	2.	जल का पुनः अवशोषण
C.	आपाती अन्तःस्त्रावी ग्रन्थि	3.	एड्रीनल ग्रन्थि
D.	वेसोप्रेसिन	4.	मधुमेह
E.	ADH	5.	एण्टीड्यूरेटिक हॉर्मोन
F.	मिलैटोनिन	6.	पीनियल बॉडी

कूट

	A	B	C	D	E	F
(a)	1	3	4	2	5	6
(b)	1	4	3	5	2	6
(c)	1	4	3	2	5	6
(d)	4	1	3	2	5	6

16. जैनर ने चेचक का टीका तैयार करने के लिए प्रयोग किया
(a) कमजोर चेचक वाइरस
(b) चेचक वाइरस की छोटी खुराकें
(c) कमजोर गौ चेचक वाइरस की खुराकें
(d) चेचक वाइरस की बड़ी खुराक

17. जब एक गुणसूत्र में दो जीन्स एक-दूसरे के बहुत नजदीक होते हैं, तो
(a) उनके मध्य क्रॉसिंग ओवर का प्रतिशत बहुत अधिक होता है
(b) मुश्किल से कोई क्रॉसिंग-ओवर देखा जाएगा
(c) उनके मध्य कोई भी क्रॉसिंग ओवर नहीं हो सकता
(d) उनके मध्य में केवल जीन विनिमय होता है

18. मुर्गी पालन में कवक द्वारा फैलने वाला रोग है
(a) कोकोडोसिस (b) मैरिक्स (c) मोनिलिएसिस (d) कोराइजा

19. काजीरंगा राष्ट्रीय उद्यान प्रसिद्ध है
(a) गैण्डे के लिए (b) नील गाय के लिए
(c) कस्तूरी मृग के लिए (d) बाघ के लिए

20. स्तनधारियों के अण्डाशयों ग्रैफियन पुटिकाएँ (Graffian follpcles) निर्मित होती हैं
(a) जननिक एपिथीलियम से (b) अण्डाशयी स्ट्रोमा से
(c) दोनों (a) एवं (b) (d) फैलोपियन नलिकाओं से

21. 'जीनोफोर' का तात्पर्य है
(a) ऐसा केन्द्रक जिसमें हिस्टोन-प्रोटीन-रहित हों और DNA जीवद्रव्य में बिखरा हो
(b) ऐसा केन्द्रक जिसमें हिस्टोनयुक्त प्रोटीन DNA के साथ संगठित हो
(c) ऐसा केन्द्रक जिसमें हिस्टोन-प्रोटीन-रहित एक DNA हो
(d) ऐसा केन्द्रक जिसमें हिस्टोनरहित एक से अधिक तरह के DNA हो

22. पोलीटीन गुणसूत्र सबसे पहले किसने देखे थे?
(a) वैरेनेट्जस्की (सन् 1881) ने (b) हेइट्ज तथा बाउर (सन् 1930) ने
(c) बालबियानी (सन् 1818) ने (d) स्टीवेन्स तथा विल्सन (सन् 1905) ने

23. भ्रूणीय परिवर्धन के अन्तर्गत वयस्क मनुष्य या शशक के वृक्क बने होते हैं
(a) मीसोनेफ्रोज (b) प्रोनेफ्रोज
(c) मेटानेफ्रोज (d) ओपिस्थोनेफ्रोज

24. निम्न में से कौन सामान्यता 'स्तनधारियों का युग' कहलाता है?
(a) मीसोजोइक (b) सीनोजोइक (c) पेलियोजोइक (d) एजोइक

25. गुणसूत्र रचनात्मक इकाइयों का बना होता है, जिन्हें कहते है
(a) न्यूक्लियोलाई (b) एण्डोसोम
(c) न्यूक्लियोसोम (d) सेन्ट्रोसोम

26. गुणसूत्रों की सर्वाधिक संख्या पाई जाती है
(a) *ऑफियोग्लोसम* में (b) *साइकस* में
(c) *होमो सेपियन्स* में (d) *ड्रायोप्टेरिस* में

27. सुमेलित कीजिए

	सूची-I		सूची-II
A.	घातक जीन	1.	1 : 2 : 1
B.	पूरक जीन	2.	2 : 1
C.	निरोधी जीन	3.	13 : 3
D.	अपूर्ण प्रभाविता	4.	9 : 7

कूट

	A	B	C	D
(a)	1	2	3	4
(b)	2	4	1	3
(c)	2	4	3	1
(d)	4	3	2	1

28. शशक के निचले जबड़े के एक अर्ध भाग में दाँतों की संख्या होती है
(a) छः (b) आठ (c) सात (d) पाँच

29. घोड़े के विकास में प्रारम्भिक जीवाश्म है
(a) *इओहिप्पस* (b) *मेरीकीहिप्पस*
(c) *इक्वस* (d) *मीजोहिप्पस*

30. जन्तु शरीर में जीवाणु द्वारा संश्लेषित होने वाला विटामिन है
(a) विटामिन-B_1 (b) विटामिन-A
(c) विटामिन-E (d) विटामिन-B_{12}

31. शशक में सीकम किसके पाचन से सम्बन्धित है?
(a) वसा (b) स्टार्च (c) सेलुलोज (d) प्रोटीन

32. एम्निऑन का कार्य है
(a) श्वसन (b) उत्सर्जन (c) पोषण (d) आघातों से सुरक्षा

33. प्राणियों में पाए जाने वाले पदार्थ कैलोन, उत्तरदायी है
(a) पुनरुद्भवन के (b) वृद्धिकरण के
(c) अनिषेकजनन के (d) प्रवर्धन के

34. निर्मोचन आवश्यक है
(a) शरीर की वृद्धि एवं विकास हेतु
(b) आन्तरिक अंगों की संरचना परिवर्तन हेतु
(c) आकार में वृद्धि हेतु
(d) उपरोक्त सभी

35. किस वाद के अनुसार थाइमस तथा मस्तिष्क जीर्णता (ageing) के प्रमुख कारक हैं?
(a) उत्परिवर्तनवाद (b) जीनवाद
(c) स्ट्रैसवाद (d) पेस-मेकरवाद

36. जेलीफिश का वयस्क बनता है
(a) प्लेनुला लार्वा से (b) हाइड्रोट्यूबा लार्वा से
(c) एफाइरा लार्वा से (d) इन सभी से

37. अरीय सममिति पायी जाती है
(a) मोलस्का में (b) प्रोटोजोआ में (c) तारामीन में (d) स्पंजों में

38. आवास में समान, किन्तु जनन में पृथक जाति कहलाती है
(a) उपजाति (b) सहोदर जाति
(c) समस्थानिक (d) एलोपेट्रिक जाति

39. उदकमेह से ग्रसित व्यक्ति एक दिन में कितना पेशाब करेगा?
(a) 1 L (b) 1/2 L (c) 3 L (d) 1.5 L

40. लाख के कीट का गण है
(a) हाइमेनॉप्टेरा (b) लेपीडॉप्टेरा (c) हमीप्टेरा (d) डिप्टेरा

41. यकृत के निष्क्रिय होने से रुधिर में किसकी मात्रा बढ़ जाएगी?
(a) यूरिया (b) यूरिक अम्ल (c) अमोनिया (d) प्रोटीन्स

42. अतिरिक्त 18वें अलिंगी गुणसूत्र से उत्पन्न होता है
(a) एडवर्ड संलक्षण (b) पटाऊ संलक्षण
(c) डाउन संलक्षण (d) इनमें से कोई नहीं

43. स्पंजों में कंकाल निर्मित करने वाली कोशिकाएँ हैं
(a) कोएनोसाइट्स (b) पिनेकोसाट्इस
(c) पोरोसाइट्स (d) स्कलेरोब्लास्ट्स

44. क्लाइन्फेल्टर्स सिण्ड्रोम में गुणसूत्रों का क्रम निम्न होता है
(a) 44 + XXY (b) 66 + XXY (c) 44 + XO (d) 45 + XY

45. AIDS विषाणु में आनुवंशिक पदार्थ होता है
(a) दो सूत्रीय DNA सूत्र (b) एक सूत्री RNA सूत्र
(c) दो सूत्रीय RNA सूत्र (d) एक सूत्री DNA सूत्र

46. वर्टीब्रल दण्ड किसका रुपान्तरण है
(a) अम्बीलीकल कोर्ड का (b) स्पर्मेटिक कोर्ड का
(c) तन्त्रिका रज्जु का (d) नोटोकार्ड का

47. टर्नर सिण्ड्रोम में गुणसूत्रों का क्रम होता है
(a) XX (b) XXY (c) XY (d) XO

48. *पेरीपेटस* संयोजी कड़ी है
(a) एनीलिड एवं मोलस्क के बीच (b) एनीलिड एवं आर्थ्रोपोड के बीच
(c) सरीसृप एवं स्तनधारी के बीच (d) मोलस्क एवं आर्थ्रोपोड के बीच

49. निम्न में से टीलियोस्ट मछलियों का मुख्य लक्षण है
(a) वायु कोष (b) क्लेसपर्स
(c) अवस्कर (d) उपास्थिल अन्तः कंकाल

50. वॉल्कमैन नलिकाएँ पाई जाती हैं
(a) पक्षियों की हड्डियों में (b) उभयचरों की हड्डियों में
(c) स्तनियों की हड्डियों में (d) स्तनियों की उपास्थित में

➜ उत्तरमाला

1. (d)	**2.** (c)	**3.** (a)	**4.** (d)	**5.** (c)	**6.** (c)	**7.** (c)	**8.** (b)	**9.** (a)	**10.** (d)
11. (b)	**12.** (b)	**13.** (c)	**14.** (d)	**15.** (c)	**16.** (c)	**17.** (b)	**18.** (c)	**19.** (a)	**20.** (a)
21. (a)	**22.** (b)	**23.** (c)	**24.** (b)	**25.** (c)	**26.** (a)	**27.** (c)	**28.** (a)	**29.** (a)	**30.** (d)
31. (c)	**32.** (d)	**33.** (b)	**34.** (a)	**35.** (d)	**36.** (c)	**37.** (c)	**38.** (b)	**39.** (c)	**40.** (c)
41. (c)	**42.** (a)	**43.** (d)	**44.** (a)	**45.** (b)	**46.** (d)	**47.** (d)	**48.** (b)	**49.** (a)	**50.** (c)

प्रैक्टिस सैट 5

1. 'जीवन की उत्पत्ति' आदि पृथ्वी के वाता ण में हुई होगी, यद्यपि आज की परिस्थितियों में यह सम्भव नहीं है, यह विचार प्रतिपादित किया था
(a) सर जोसेफ हुक्स ने (b) चार्ल्स डार्विन ने
(c) ओपेरिन तथा हैल्डेन ने (d) लुईस पाश्चर ने

2. मलेरिया ज्वर में कँपकपी तथा शरीर में दर्द होता है
(a) यकृत से क्रिप्टोमीरोजोइट्स मुक्त होने के समय
(b) यकृत से शाइजोइन्ट मुक्त होने के समय
(c) लाल रुधिराणुओं से मीरोजोइट मुक्त होने के समय
(d) लाल रुधिराणुओं में गैमीटोसाइट बनने के समय

3. *अमीबा* में सॉल अवस्था का जेल में तथा जेल अवस्था का सॉल में बदलना किस कारण से होता है?
(a) श्यानता में बदलाव से (b) साइक्लोसिस गति से
(c) प्रचलन से (d) उपरोक्त सभी से

4. *हाइड्रा* के निमेटोसिस्ट में पक्षाघात करने वाला प्रतिविष है
(a) हिप्नोटॉक्सिन (b) ग्लूटाथायोन
(c) हिपेरिन (d) हिस्टामीन

5. स्पंज अपना भोजन पकड़ते हैं
(a) पोरोसाइट द्वारा (b) पिनेकोसाइट द्वारा
(c) कोएनोसाइट द्वारा (d) मेसोग्लिया द्वारा

6. एस्कॉन प्रकार का नाल तन्त्र पाया जाता है
(a) *हाइलोनीमा* में (b) *यूस्पॉन्जिया* में
(c) *ल्यूकोसोलीनिया* में (d) *ग्रैन्शिया* में

7. *टीनिया सोलियम* का सिस्टीसर्कस लारवा पाया जाता है
(a) मनुष्य में (b) भेड़ में
(c) सुअर में (d) घोंघा में

8. अर्द्धसूत्री विभाजन का महत्त्व है
(a) गुणसूत्रों की द्विगुणित संख्या को अगुणित संख्या में अपघटित करना
(b) जीवों के लैंगिक प्रजनन में द्विगुणित गुणसूत्रों की संख्या को स्थिर रखना
(c) किसी भी जाति की जनसंख्या में आनुवंशिक विविधता उत्पन्न करना
(d) उपरोक्त सभी

9. DNA फिंगरप्रिन्टिंग के लिए DNA अनुक्रमण की कितनी मात्रा की आवश्यकता होती है?
(a) लगभग एक माइक्रोग्राम
(b) लगभग दस माइक्रोग्राम
(c) लगभग सौ माइक्रोग्राम
(d) केवल कुछ कोशिकाएँ

10. हटिंगटन कोरिया एक ऐसा रोग है, जो प्रभावी जीन के कारण होता है, किन्तु इस प्रकार के व्यक्तियों की पहचान बचपन में प्रकट नहीं की जा सकती तथा जनन के लिए रोके नहीं जा सकते है, क्योंकि
(a) यह कथन गलत है तथा हटिंगटन कोरिया अप्रभावी जीन के कारण होती है
(b) हटिंगटन कोरिया प्रायः 45 या 50 वर्षों के पश्चात् दिखाई देता है
(c) हटिंगटन कोरिया से पीड़ित व्यक्ति बन्ध्य होते हैं
(d) हटिंगटन कोरिया उत्पन्न करने वाली जीन का पता अभी तक नहीं लगा है

11. कोरोनरी हृदय रोग में
(a) हृदय रुधिर का पम्पन रोक देता है
(b) अधिक घी खाना चाहिए
(c) रुधिर का थक्का कोरोनरी धमनी की शाखा अवरुद्ध कर देता है, जो हृदय पेशियों को ऑक्सीजनित रुधिर की आपूर्ति काट देता है
(d) (a) एवं (c) दोनों

12. नेत्रों में शलाकाएँ कार्य करने के लिए उपयोजित होती है, जब
(a) प्रकाश धुँधला हो
(b) इन्फ्रा रेड स्पेक्ट्रम प्रकाश उपलब्ध हो
(c) पराबैंगनी विकिरण के लिए
(d) प्रकाश सीधे ही नेत्रों पर पड़ता हो

13. मूत्र का निर्माण ग्लोमेरुलर केशिका रुधिर से ग्लोमेरुलर निस्यन्द के निस्यन्दन से होता है। यह निस्यन्द बोमैन सम्पुट में प्लाज्मा से निम्न में से किसमें भिन्न होता है?
(a) प्लाज्मा प्रोटीन की अधिक संख्या से
(b) प्लाज्मा प्रोटीन की कम संख्या से
(c) प्लाज्मा प्रोटीन की अनुपस्थिति के कारण
(d) प्लाज्मा प्रोटीन तथा रुधिराणुओं की अनुपस्थिति के कारण

14. पृथ्वी पर सबसे पहले प्रकट होने वाले जीवन के रूप थे
(a) प्रोटोवाइरस (b) विषाणु (c) *माइकोप्लाज्मा* (d) जीवाणु

15. कल्पना चावला के जीनोम में जीन्स की निकटतम संख्या थी
(a) 40,000 (b) 30,000 (c) 80,000 (d) 1,00,000

16. कीटों में मोल्टिंग हॉर्मोन का स्रावण होता है
(a) मस्तिष्क की न्यूरोसेन्सरी कोशिकाओं द्वारा
(b) कॉरपोरा एलाटा द्वारा
(c) कॉरपोरा कार्डियाका द्वारा
(d) प्रोथोरेसिक ग्रन्थि द्वारा

17. इकाइनोडर्मल हृदय रहित, मस्तिष्क रहित, शीर्ष रहित होते हुए भी विकास की दृष्टि से अकशेरुकियों के संघों में सबसे उच्च शिखर पर रखे जाने का कारण है, इनमें
(a) सर्वाधिक प्रजनन क्षमता (b) पुनरुद्भवन क्षमता
(c) केवल समुद्री आवास (d) आँत्र गुहा की उपस्थिति

18. तन्त्रिका आवेग के रासायनिक पारमगन पर कार्य के लिए किसे नोबेल पुरस्कार प्राप्त हुआ?
(a) बेन्टिग तथा बेस्ट
(b) सर हेनरी हेलेट डेल तथा ओटो लेइवी
(c) नॉर्मन बोरलोग
(d) रोगर स्पेरी, डेविड होबेल तथा टी विसेल

19. एल्कोहॉल से डाइयूरेसिस होता है, इसमें मूत्र का अत्यधिक प्रवाह होता है। एल्कोहॉल के डाइयूरेटिक प्रभाव किस कारण होता है?
(a) मूत्र के साथ जल के अत्यधिक उपभोग से
(b) रुधिर का तनुकरण
(c) ADH के स्त्रावण का संदमन
(d) उपरोक्त में से कोई नहीं

20. मनुष्य में वेगस तन्त्रिका की क्षति से निम्न में से किसके ऊपर कोई प्रभाव नहीं होगा?
(a) जिव्हा की गति
(b) जठर अंगीय गतियाँ
(c) अग्न्याशयिक स्त्रावण
(d) जठरीय गतियाँ

21. मायबोमी ग्रन्थियाँ अध्यावरणी ग्रन्थियाँ हैं, ये पाई जाती हैं
(a) भुजा गर्त में
(b) योनि के ओष्ठों तथा शिश्न मुण्ड पर
(c) बाह्य कर्ण की नली अस्तरण
(d) पलकों के कोरों पर

22. उम्र बढ़ने के साथ गंजापन होने का कारण है
(a) रुधिर प्रवाह का कम हो जाना
(b) प्रोटीन की कमी
(c) रुधिर प्रवाह का अधिक होना
(d) कार्बोहाइड्रेट की कमी

23. स्तनधारियों में ग्वानीन तथा एडीनीन उपापचय का अपशिष्ट उत्पाद है
(a) यूरिया
(b) NH_3
(c) यूरिक अम्ल
(d) उपरोक्त में से कोई नहीं

24. एक रोगी का हृदय पेसमेकर (cardiac pace maker) सामान्य रूप में कार्य नहीं कर रहा है। डॉक्टर पाते हैं, कृत्रिम पेस मेकर के प्रत्यारोपण से अत्यधिक लाभ होगा। सम्भावना है, कि इसका प्रत्यारोपण होगा
(a) अलिन्द-निलय बण्डल पर
(b) पुरकिंजे तन्त्र पर
(c) साइनो अलिन्द गाँठ पर
(d) अलिन्द निलय गाँठ पर

25. एक बहुध्रुवीय न्यूरॉन में तन्त्रिका आवेग के प्रवाह की उचित दिशा निम्न में से कौन सी है?
(a) डेन्ड्राइट्स → कोशिका काय → एक्सॉन → दूरस्थ शाखाएँ
(b) कोलेट्रल शाखाएँ → एक्सॉन → कोशिका काय → डेन्ड्राइट्स
(c) डेन्ड्राइट्स → एक्सॉन → कोशिका काय → कोलेट्रल शाखाएँ
(d) कोशिका काय → डेण्ड्राइट्स → एक्सॉन → दूरस्थ शाखाएँ

26. *अमीबा* की खोज करने वाले वैज्ञानिक थे
(a) रसेल वॉन रोजेनहॉफ
(b) रसेल वॉन एवं मास्ट
(c) जैनिंग्स एवं डेलिन्जर
(d) रोजेनहॉफ एवं पेण्टिन

27. निम्नलिखित में से कौन-सा हॉर्मोन सकस एन्ट्रीकस के स्त्रावण को प्रेरित करता है?
(a) इन्सुलिन
(b) सिक्रेटिन तथा कोलीसिस्टोकाइनिन
(c) ग्लूकेगॉन
(d) सिक्रेटिन

8. स्तनधारी भ्रूण में ट्रोफोएक्टोडर्म का प्रमुख कार्य है
(a) विकासशील कोशिकाओं का रक्षण
(b) विकासशील कोशिकाओं के लिए खाद्य ग्रहण करना
(c) भावी एक्टोडर्म का निर्माण
(d) उपरोक्त सभी

प्ट्रा ओवेलिस के कम्पन प्रसारित होते हैं
स्केला वेस्टीबुली की अन्तर्लसिका में
केला टिम्पैनी की परिलसिका में
ला वेस्टीबुली की परिलसिका में
ा टिम्पैनी की अन्तर्लसिका में

30. अस्थि से अस्थि जुड़ी होती है
(a) कण्डरा द्वारा
(b) स्नायु द्वारा
(c) पेशियों द्वारा
(d) उपरोक्त सभी के द्वारा

31. सबसे मोटी पेशी परत पाई जाती है
(a) दाएँ अलिन्द में
(b) दाएँ निलय में
(c) बाएँ अलिन्द में
(d) बाएँ निलय में

32. अस्थि निर्माण करने वाली कोशिकाएं है
(a) ऑस्टिओक्लास्ट
(b) ऑस्टिओब्लास्ट
(c) कान्ड्रोब्लास्ट
(d) कैलकोब्लास्ट

33. निम्न में से कौन-सा जोड़ा सही नहीं मिलाया गया है?
(a) विटामिन-B_{12}–परनीशियम रक्ताल्पता
(b) विटामिन-B_6–भूख न लगना
(c) विटामिन-B_1–बेरी-बेरी
(d) विटामिन-B_3–पेलेग्रा

34. मस्तिष्क के किस भाग में श्वसन केन्द्र पाया जाता है?
(a) हाइपोथैलेमस में
(b) प्रमस्तिष्क में
(c) अनुमस्तिक मे
(d) मेड्यूला आब्लोंगेटा मे

35. हृदय गति का नियन्त्रण होता है
(a) वेगस तन्त्रिका द्वारा
(b) अनुकंम्पी तन्त्रिका तन्त्र द्वारा
(c) (a) एवं (b) दोनों के द्वारा
(d) हॉर्मोन द्वारा

36. रुधिर में कार्बन डाइऑक्साइड किस रूप में होता है?
(a) सोडियम बाइकार्बोनेट
(b) सोडियम कार्बोनेट
(c) पोटैशियम कार्बोनेट
(d) मैग्नीशियम कार्बोनेट

37. एरिथ्रोपोइटिन का उत्पादन होता है
(a) अस्थि मज्जा
(b) प्लीहा
(c) वृक्क
(d) मैगाकेरियोसाइट

38. आहारनाल में होने वाली पेशीय गतियाँ कहलाती हैं
(a) पेशी संकुचन
(b) डायस्टोल
(c) सिस्टोल
(d) पेरीस्टेल्सिस

39. मेंढक में कौन-सी अस्थि सबसे बड़ी होती है?
(a) फीमर
(b) टिबियो-फिबुला
(c) ह्यूमरस
(d) रेडियो-अल्ना

40. ग्लीसन का कैप्सूल पाया जाता है
(a) यकृत में
(b) फेफड़ों में
(c) वृक्क में
(d) आमाशय में

41. कीटों के अण्डे किस प्रकार के होते हैं?
(a) सेण्ट्रोलेसीथल
(b) टीलोलेसीथल
(c) डिस्कोलेसीथल
(d) एलेसीथल

42. पक्षियों में बनने वाला ब्लास्टुला है
(a) टीलोब्लास्टुला
(b) होलोब्लास्टुला
(c) सीलिओब्लास्टुला
(d) डिस्कोब्लास्टुला

43. मनुष्यों में अपरा का निर्माण होता है
(a) उल्ब से
(b) जरायु से
(c) अपरापोषिका से
(d) अपरापोषिका, जरायु तथा गर्भाशय भित्ति से

44. ऐसी जीन्स, जो जीवाणुओं में प्रतिजैविक प्रतिरोध प्रदान करती है, स्थित रहती है
(a) गुणसूत्री DNA पर (b) प्लाज्मिड पर
(c) RNA पर (d) पोलीसोम पर

45. ओकाजाकी खण्ड किसके समय दिखायी देते हैं?
(a) प्रतिलिपिकरण के (b) पारक्रमण के
(c) अनुलेखन के (d) अनुलिपिकरण के

46. एक त्रिक कोडॉन, जो प्रोटीन संश्लेषण को प्रारम्भ करती है
(a) AUC (b) AUU
(c) AUA (d) AUG

47. 'वेस्टर्न ब्लॉट' परीक्षण किसकी पुष्टि के लिए किया जाता है?
(a) मलेरिया की (b) फाइलेरिया की
(c) रक्ताल्पता की (d) एड्स की

48. एलर्जी के समय कौन-सा हॉर्मोन दिया जाता है?
(a) कोलीनएस्ट्रेज (b) एडीनो-कॉर्टिकॉएड
(c) कॉर्टिसोन (d) एपीनेफ्रीन

49. गुणसूत्र में टीलोमीयर का कार्य है
(a) सही संख्या को पहचानना
(b) दो क्रोमेटिड्स का ध्रुव की ओर चलन
(c) गुणसूत्र के सिरों को बन्द करना
(d) RNA संश्लेषण का प्रारम्भ करना

50. गर्भ निरोधक गोलियों में मुख्य रूप से होता है
(a) प्रोजेस्टेरॉन
(b) वृद्धि हॉर्मोन
(c) एस्ट्रोजन
(d) ल्यूटिनाइजिंग हॉर्मोन

उत्तरमाला

1. (c)	**2.** (c)	**3.** (a)	**4.** (a)	**5.** (c)	**6.** (c)	**7.** (c)	**8.** (d)	**9.** (a)	**10.** (b)
11. (c)	**12.** (a)	**13.** (c)	**14.** (b)	**15.** (b)	**16.** (d)	**17.** (a)	**18.** (b)	**19.** (c)	**20.** (a)
21. (d)	**22.** (a)	**23.** (c)	**24.** (c)	**25.** (a)	**26.** (a)	**27.** (d)	**28.** (c)	**29.** (c)	**30.** (b)
31. (d)	**32.** (b)	**33.** (b)	**34.** (d)	**35.** (c)	**36.** (a)	**37.** (c)	**38.** (d)	**39.** (b)	**40.** (a)
41. (a)	**42.** (d)	**43.** (d)	**44.** (b)	**45.** (a)	**46.** (d)	**47.** (d)	**48.** (c)	**49.** (c)	**50.** (c)